马克思哲学论坛丛书

第 十 九 辑

新时代
“公共价值与美好生活”

李潇潇 袁祖社 主编

中国社会科学出版社

图书在版编目（CIP）数据

新时代“公共价值与美好生活”／李潇潇，袁祖社主编．—北京：
中国社会科学出版社，2024.6
（马克思哲学论坛丛书）
ISBN 978－7－5227－3703－4

Ⅰ.①新… Ⅱ.①李… ②袁… Ⅲ.①马克思主义—公共管理—研究—中国 Ⅳ.①A811.64

中国国家版本馆CIP数据核字(2024)第110760号

出 版 人 赵剑英
责任编辑 喻 苗 田 耘
责任校对 韩天炜
责任印制 王 超

出 版 中国社会科学出版社
社 址 北京鼓楼西大街甲158号
邮 编 100720
网 址 http://www.csspw.cn
发 行 部 010－84083685
门 市 部 010－84029450
经 销 新华书店及其他书店

印 刷 北京明恒达印务有限公司
装 订 廊坊市广阳区广增装订厂
版 次 2024年6月第1版
印 次 2024年6月第1次印刷

开 本 710×1000 1/16
印 张 40.25
插 页 2
字 数 639千字
定 价 208.00元

目　录

马克思主义哲学的中国化

马克思基础理论再反思

公共性与公共价值

新时代美好生活及其建构

马克思主义哲学的中国化

马克思主义哲学中国化：百年回顾与展望

王南湜*

如果我们把李大钊1919年5月和11月在《新青年》第6卷第5号和同卷第11号上发表的《我的马克思主义观（上）》和《我的马克思主义观（下）》① 视作中国比较全面地介绍马克思主义哲学之始和马克思主义哲学中国化的开端的话，那么，这一进程至今正好是一个百年。百年来，随着中国社会发生翻天覆地的变化，中国马克思主义哲学也发生了多次形态变化。在现今中华民族正在走向伟大复兴从而亦对中国哲学精神的伟大复兴提出急切要求之际，对作为中国社会之主导性思想的马克思主义哲学之发展进程作一回顾和展望，便具有无可置疑的重大意义。特别是新中国七十年所取得的巨大成就，不仅极大地增强了国人对于中国道路的自信，同时也极大地增强了国人的文化自信心，这使得我们有可能以一种更为开放的心态和更为高远的眼光去回顾和评价中国马克思主义哲学百年所走过的路，对其所取得的成就做更为准确的理解，并从中获得一些重要的启示。

---

* 作者简介：王南湜，南开大学哲学院教授。

① 该期《新青年》由李大钊主编，是"马克思研究号"，除了李大钊的文章外，还集中发表了顾兆熊的《马克思学说》、凌霜的《马克思学说批评》、陈启修的《马克思的唯物史观与贞操问题》、渊泉译河上肇的《马克思的唯物史观》、渊泉的《马克思奋斗的生涯》、刘秉麟的《马克思传略》。

一 百年回顾与展望从何切入

对于马克思主义哲学中国化的百年回顾和展望，不能流于只是对表面形态之直观描述，而是要从本质结构或根本问题上对其变迁进行一种深层分析考察。在一般意义上，各种哲学的根本问题无疑是有着相通之处的，但不同的哲学往往又有不同的理论旨趣，特别是马克思主义哲学一反以往哲学之单纯的解释世界之旨趣，而将改变世界置于首位，因而便与以往哲学具有了相当不同的根本问题。那么，这一本质结构或根本问题是什么呢？这便是我们曾多次讨论过的决定论与能动论的关系问题。那么，决定论与能动论的关系问题何以构成了马克思主义哲学的根本问题呢？这又是为其改变世界的理论旨趣所必然具有的解释世界与改变世界的双重诉求所决定的。简单地说，解释世界就是将世界之存在和变化、发展以某种具有确定性的法则加以描述，这须世界本身在某种意义上是决定论的，否则，任何解释都将是不可能的，而改变世界则须世界是可改变的，要为人的能动性留下余地，即能动论的。

不仅如此，解释世界的理论与改变世界的行动之间还存在多重关联，使这两种诉求之间呈现十分复杂的状态。人类改变世界的活动是借助某种中介或手段而指向某种目的的自觉的活动，而目的和手段在某种意义上也都是借助于理论建构而成的。但这里的复杂和困难之处在于，目的和手段的建构对于理论的基本原则有不同的要求。改变世界的行动意味着所欲改变的世界按其本然存在是不合于目的的。因而，要使得改变得以可能，便须这世界具有可改变性，即是非决定论或能动论的。但改变世界的手段要求所欲改变的世界具有某种确定性，即是决定论的，以便其手段具有能达于目的的有效性。这是说，理论对于改变世界的实践或行动来说，是从两个并非一致的方面发生作用的，一个方面是建构实践主体的意志或目的，即引导主体意志或目的，另一个方面是建构实践主体的手段，或指导、设计实际行动或实践的具体进程。这两个方面的不同，或可借用康德哲学范导性或调节性功能的理性与构造性功能的知性的划分来理解。就建构实践主体的意志或目的而言，与解释世界是少数精英人物便可执行的事情不同，改变世界却非多数人即群众参与不可，因而，如何动员群众投身其中，便是一个关键性的问题。就直接性层面而言，这须群众对其目的的认同，即其目的正是群众所欲的目的，但这还不够。要使群众全身心地投入其中，尚须群众认同其目的的正当性和可实现性。而正当性和可实现性的证明又须超出主观领域而达于客观世界本身，即证明这一目的的正当性和可实现性是为客观世界本身所具有。但这样一来，又在某种意义上预设了世界的决定论性质，不论这决定论性质是源于世界本身还是源于某种超越于世界的神灵。显然，这一点又与前述目的的设定所要求的非决定论相矛盾。

而正是这种双重诉求及其间的多重关联方式，使马克思主义哲学必然内在地包含决定论与能动论的张力或矛盾，也正是这一关系问题的不同存在方式与不同解决方式构成了中国马克思主义哲学之存在形态的变迁或进展。如果我们抓住了这一根本问题，就能够达至对于中国马克思主义哲学进展之深层把握。而这一根本问题的不同存在方式，则又是为时代变迁中凸显的重大问题所制约的。真正的哲学是时代精神的精华，那么，它的发展便不能不为现实生活中的重大问题所牵绊和推动。因而，面对不同时代所提出的不同问题，马克思主义哲学这一根本问题便会在其特定的条件下，具有不同的表现方式，呈现不同的张力关系。说到张力，人们往往会将之视为消极的或否定性的东西，但从辩证法的观点来看，却正是这种张力或矛盾的存在和人们对于其解决方式的探讨，推动着马克思主义哲学理论的进展。中国马克思主义哲学的发展变化，自然也不会例外。

二　中国马克思主义哲学内在张力之初现

李大钊作为在中国系统传播马克思主义哲学的第一人，是我们马克思主义哲学百年回顾与展望绕不过的人物。更重要的是，与后来的诸多论者不同，李大钊初次接触马克思主义哲学，便深切地意识到了其中所内含的决定论与能动论之间的张力。

李大钊所理解的马克思的唯物史观之核心要点是两个方面，一是历史发展的动力及规律，另一则是人的活动即阶级斗争的作用。李大钊没有像当时和后来许多介绍马克思主义理论的人那样，要么一味无批判地完全赞同通常对马克思主义的阐释，要么在接受通常阐释的前提下对之加以攻击，而是在赞同马克思主义大原则的前提下，保留着自己的疑问，即认为马克思主义的上述两个方面之间存在理论张力。他写道：“马氏学说受人非难的地方很多，这唯物史观与阶级竞争说的矛盾冲突，算是一个最重要的点。盖马氏一方既确认历史——马氏主张无变化即无历史——的原动力为生产力；一方又说从来的历史都是阶级竞争的历史，就是说阶级竞争是历史的终极法则，造成历史的就是阶级竞争。一方否认阶级的活动，无论是直接在经济现象本身上的活动，是间接由财产法或一般法制上的限制，常可以有些决定经济行程的效力；一方又说阶级竞争的活动，可以产出历史上根本的事实，决定社会进化全体的方向。”李大钊此处所论显然涉及了后来人们大多讳言的马克思主义理论中内在张力的问题。对此张力，李大钊承认列拿努驳马克思的一段话是“可谓中了要厄”，但认为“这个明显的矛盾，在马氏学说中，也有自圆的说法”，即“马氏实把阶级的活动归在经济行程自然的变化以内”，但又认为这个解释“终觉有些牵强矛盾的地方”①。

对于李大钊这一疑问，这里必须追究的问题是，马克思哲学自身就存在一种张力呢，还是这一问题是由于李大钊对马克思哲学的误解而造成的？对于李大钊对马克思学说的质疑，以往人们大多讳言或即便提到也视之为其思想不成熟之故，因而其预设的前提是马克思哲学中并不存在李大钊所说的张力。但如前所述，一种以改变世界为鹄的哲学，其中必定不可避免地存在一种张力关系，而这种张力便是源于解释世界与改变世界，或者说，理论与实践之间的张力。就此而言，对于一种只是解释世界的哲学来说，其中存在矛盾，自然并非福音，而对于一种改变世界的哲学来说，其中存在的张力，则为必然。因此，认识到马克思学说中包含着矛盾，在某种意义上就不是误读或贬低，而是意味着达到了这一哲学理论的最为深刻之处。当然，问题不在于只是承认这一张力的存在，而是如何在理论与实践的张力场中把握住这一矛盾，并以某种方式

① 《我的马克思主义观》，《李大钊全集》第3卷，人民出版社2006年版，第30—31页。

予以解决。在这里，李大钊也为我们提供了一个十分不同于流俗的视角。他写道："有人说，历史的唯物论者以经济行程的进路为必然的、不能免的，给他加上了一种定命的彩色，后来马克思派的社会党，因为信了这个定命说，除去等着集产制自然成熟以外，什么提议也没有，什么活动也没有，以致现代各国社会党都遇到很大的危机。这固然可以说是马氏唯物史观的流弊，然自马氏与昂格思合布《共产者宣言》，大声疾呼，檄告举世的劳工阶级，促他们联合起来，推到资本主义，大家才知道社会主义的实现，离开人民本身，是万万作不倒的，这是马克思主义的一个绝大的功绩。"显然，在李大钊看来，这唯物史观之决定论的观念在理论上固然有可能导向定命论，但在实践上恰恰相反，有可能起到鼓舞人们行动之功："在别一方面，也可以拿这社会主义有必然性的说，坚人对于社会主义的信仰，信他必定发生，于宣传社会主义上，的确有如耶教福音经典的效力。"① 李大钊在《唯物史观在现代史学上的价值》一文中更是声言："有人误解了唯物史观，以为社会的进步只靠物质上自然的变动，勿须人类的活动，而坐待新境遇的到来。因而一般批评唯物史观的人，亦有以此为口实，便说这种定命（听命有天的）人生观，是唯物史观给下（的）恶影响。这都是大错特错，唯物史观基于人生的影响乃适居其反。"而"晚近以来，高等教育机关里的史学教授，几无人不被唯物史观的影响，而热心创造一种社会的新生"②，便是一个极为显著的例证。李大钊对于决定论体系之积极的实践动员功能的这一阐发，为我们理解后来所发生教科书之决定论体系何以长期居于中国马克思主义哲学理论之支配地位提供了一个极具启发性的视角。

三 教科书体系何以大获成功又何以被诟病

教科书体系在近四十年来受到持续的批评，且这些批评之声，至今

① 《我的马克思主义观》，《李大钊全集》第3卷，人民出版社2006年版，第32页。

② 《唯物史观在现代史学上的价值》，《李大钊全集》第3卷，人民出版社2006年版，第221页。

仍不绝于耳。但当人们在进行这种批评时，是否也有必要追问一下，何以这样一种饱受批评的理论体系能如此之久地居于马克思主义哲学的支配地位，是否也有必要追溯一下这一理论体系当初可有过其辉煌时代。凡存在者，必有其存在之理由。而这理由，是我们必须追问的。毫无疑问，教科书体系存在诸多理论缺陷，亟待加以改进，但若不问缘由，只是一股脑地批评，恐怕很难真正地找到取代的方案。

我们知道，李大钊和李达早期所传播的马克思主义，主要是唯物史观，而从瞿秋白开始，中国马克思主义的传播却偏重于辩证唯物主义，并趋向于体系化。这一变化除了受传播的路径依赖之限制外，马克思主义理论在中国的发展的内在需要恐怕是一个主导性原因。但遗憾的是，这后一方面却往往被研究者忽略了。而要理解这一转变，便必须从马克思主义之解释世界和改变世界之双重诉求上去看。

若是单从解释世界之诉求来看，从日本传入的唯物史观，作为恩格斯称之为马克思的两大发现之一，无疑是马克思主义之核心内容，从而具有理论自身的正统性，理当以之为主导。但若从改变世界的诉求来看，问题又有所不同了。马克思主义初入中国，是作为众多社会主义理论之一种而为人们所知道的，而一般意义上的社会主义乃是为当时几乎所有忧国忧民的知识分子所普遍信仰者。但苏俄十月革命的胜利，使马克思主义的社会主义的优胜性凸显，引起了一些先进分子的特别关注，意欲在中国仿效而行，以图一举而使中国亦挺立于世界，摆脱近百年之屈辱。这便是要将马克思主义之社会主义付诸实施，付诸改变世界。而要有效地改变世界，便不能仅靠少数先进分子，而需要极其广泛的群众性实践主体参与其中。而一旦马克思主义从众多外来的“主义”中脱颖而出，为当时先进的中国人所选中之时，便立即面临一个问题：如何使其成为广大国人所信奉之“主义”，而不仅仅是少数先进分子的“主义”。要做到这一点，首要必须进行的工作便是，通过论辩，驳倒其他竞争性的“主义”，使马克思主义在理论上获得全胜。事实上，五四时期的数次思想论争，即“问题与主义”论争，社会主义问题论争，无政府主义问题论争，以及30年代的唯物辩证法论争，都是一种通过论辩，驳倒竞争性对手而扩大自身影响的特殊的传播行为。这一点，其实在唯物辩证法论战中的对手们也自觉到了。例如，张东荪便说，“唯物辩证法既然是侵入了哲学的领土，则哲学家便不能置之不理”。[①] 与此同时，通过通俗化的宣传，使广大民众，首先是广大青年接受马克思主义，使马克思主义大众化，亦是壮大自身的传播所必须的。但要使这两个方面的工作富有成效，基于决定论的体系化是必不可少的。基于自然科学之巨大成功的决定论，在论战中无疑具有无可辩驳的理论力量，而体系化则更是使这种力量汇聚为一体，成为难以战胜的精锐之师。若比之于战争，正如成体系化的即有组织的队伍才能更有效地战胜对手一样，只有体系化了的决定论，才能一方面最有力地驳倒其他竞争对手，另一方面最有成效地传播于广大民众。

由于各种机缘与条件，中国马克思主义哲学这一体系化的工作是由瞿秋白开始的。瞿秋白一方面批评将唯物史观作为马克思主义哲学的片面性，同时将以苏联哲学教科书为范本的马克思主义哲学系统地介绍到中国，开体系化之先河。这一体系化进程中，经转向苏联教科书体系的李达之深化，特别是艾思奇之大众化，其深远的意义，那就是它动员群众的力量。若说是解释世界，一般而言，可能只是少数人去做的事情，但若要改变世界，非少数人之事，特别是事关人类解放事业，更非少数人的活动便可奏效，而是必须动员广大群众参与其中。而要动员群众，解释世界的理论却也能够起到不可替代的作用：马克思早就指出过理论动员群众的作用。“批判的武器当然不能代替武器的批判，物质力量只能用物质力量来摧毁；但是理论一经掌握群众，也会变成物质力量。理论只要说服人，就能掌握群众；而理论只要彻底，就能说服人。”[②] 所谓体系化，便是将理论基于某一或某些原则而在逻辑上彻底化，使其所描述的对象世界达到理解上的确定性；而只有依据那些决定论性质的原则，才可能做到这一点。而这一关于世界之决定论性质的原则，又是与已经取得巨大成就的近代自然科学相关联的，因而，携着科学之辉煌成就的决定论体系，便不可避免地会产生极其巨大的影响力。

从实效上看，这一体系化的确也产生了十分巨大的积极意义，其典范便是艾思奇大众化的《大众哲学》。据当年那些深受其影响的当事人的

① 张东荪：《唯物辩证法之总检讨》，转引自许全兴《中国现代哲学史》，北京大学出版社1992年版，第292页。

② 《马克思恩格斯选集》第1卷，人民出版社1995年版，第9页。

回忆，“从抗战前直到解放前，在这本书的影响下一批又一批青年走上了革命的道路。一些人就是由此入门，登堂入室，深入到更广阔的马克思主义宝库的”。有人甚至还估计，当时《大众哲学》动员了十万青年参加革命①。正是这种动员群众的巨大力量，才能够合理地说明，尽管教科书理论体系存在种种内在困难，却能够占据中国马克思主义哲学理论支配地位达如此之久。后来毛泽东的“让哲学从哲学家课堂解放出来，变成群众手中的武器”的号召，也只有从动员群众的角度才能理解其用意。

然而，教科书体系毕竟在近四十年受到了严厉的批评、诟病，而这些批评、诟病也正是主要地针对其对于人之能动性的忽视的决定论体系。那么，如何理解决定论这一成也萧何、败也萧何的现象呢？恐怕只能从理论与实践的多重复杂关系加以说明。教科书作为一种较为通俗的普及性读物，其主要功能在于动员群众，收拢人心去实现社会主义革命和建设之目标。这一体系在革命战争年代，以其决定论而指证了合于群众之所欲的革命目的的正当性和可实现性，因而起到了动员群众参与其中之重大作用。但到1949年新中国成立，革命目的的正当性与可实现性问题已成不言而喻之事，无须再行证明，而进入社会主义建设时期之后，对于动员群众而言，一个新的方面便凸显了，那便是为能动性正名。前面指出过，改变世界须设定世界具有可改变性，即设定一方面世界是非决定论的，另一方面设定活动主体具有能动性；而要动员群众参与又须借助决定论体系证明目的的正当性与可实现性。这两个方面的要求显然是相互冲突的，因而在一个时期中，便只能突出其一，而搁置其一。在革命年代，由于革命乃是破坏一个旧世界，而破坏既存事物是无须设定人的能动的创造性的，而证明目的的正当性与可实现性却需要决定论原则，因而，便只能舍弃能动性原则而突出决定论原则。而建设一个新的世界，却必须设定人的能动的创造性，即预设世界是非决定论的，以使活动主体具有可进行创造的空间，而非被决定论性的规律全然支配。然而，在中国社会发生了历史性变化之时，教科书体系不仅未意识到现实实践方式的转变对其提出了新的理论任务，而且更进一步借助苏联专家之权威和国家意识形态之力量对其决定论体系大加推广。而这就埋下了后来被

① 参见卢国英《智慧之路——一代哲人艾思奇》，人民出版社2006年版，第95—101页。

批评和诟病的种子。而教科书体系所持决定论原则之弊端，导致不得不由毛泽东直接出面来强调能动性方面。而这样一来，便有可能导致将作为意志目的建构的理论与指导实际实践手段建构的理论合二为一，进而有可能导致将建构意志目的之用的能动性直接移植到对于实践手段的建构上，从而埋下过度夸大人的能动性的种子。这一点，下面再论。

四 毛泽东哲学思想的再理解

把这一时期的中国马克思主义哲学称为苏联教科书体系的时代，主要是就哲学层面的理论宣传而言的，而若就理论整体，特别是涉及现实政治、经济，尤其是军事斗争的理论而言，则有以偏概全之嫌。这是因为，在这一时期，还有一种不能忽视的哲学，那就是毛泽东的哲学。以往对毛泽东哲学的理解，往往是将之纳入苏联教科书体系之中，以便排列成一个马克思主义发展之前后顺次相继的编年序列，却未曾想到，这样一来却对理解毛泽东哲学思想造成了严重的障碍。为了更好地把握毛泽东哲学，我们必须从马克思主义哲学之解释世界与改变世界之双重诉求中寻求新的理解。

马克思主义在中国传播和发展的理论轨迹，如果从李大钊 1919 年正式传播算起，到李达的《社会学大纲》问世，可以说已经大致上完成了从尚不成体系且缺乏内在严密性的理论向体系化理论的过渡。理论的体系化所要解决的问题是通过辩驳性的争论，战胜竞争性的理论对手，使自身获得最广泛的传播。然而，吊诡的是，这一理论传播所要求的具有决定论性质的体系化理论，虽然在理论上是战胜竞争性对手的利器，但一旦其直接进入具体实践之中，却往往导致相反的结果，即会成为导致实践失败的根源。这便是教条主义支配政治实践而实行“左倾”冒险主义，从而导致多次失败的原因。在这里，以改变世界为鹄的马克思主义之解释世界与改变世界之双重诉求，便以极为惨烈的现实方式提了出来。这就提出了一个重大的思想任务：如何一方面维持已经发展起来的体系化理论，另一方面又能防止将普遍性理论简单地构成性地应用于实践。

如何解决这一似乎不可能解决的难题呢？这两种诉求的互相冲突，

已表明这一问题注定是无法以一种理论的方式予以解决的。因此，一种可能的解决方式便似乎只能是非理论智慧的实践智慧了。这便是毛泽东的贡献之所在。毛泽东之所以能够做到这一点，是与毛泽东一身而兼具理论家和实践家双重身份分不开的，同时也与中国传统哲学思维方式的影响有莫大之关联。实践哲学的核心要义是解释世界，从根本上说从属于改变世界，即理论从根本上说根源于实践、从属于实践。这一关于理论与实践关系的实践哲学的核心要义并非只是一种理论上的思辨性命题，而首先是一种实际上的对待理论与实践关系的生活方式。这就要求思想者在实际上而不仅仅是在理论观点上将理论从属于实践。但这一点对于一个单纯的理论家来说，是很难做到的，而对于一个实践家来说，则不难做到。当然，单纯的实践家往往只能将这一点作为自己实践中的原则，而不能将这一原则上升到理论高度。而毛泽东由于兼具理论家与实践家之双重品格，他就在这一马克思主义哲学的根本性问题上获得了一个极为优越的位置，即他不仅能够在实际上坚持这一原则，而且能够在理论上将之表达出来，构成自己的哲学原则。这样一来，毛泽东就获得了一个克服苏联哲学教科书中理论哲学倾向的立足点，并进而构建起一种“实质上”而非“形式上”的实践哲学体系。

毛泽东是认真研究过苏联的哲学教科书的，但他并不满意于这种带有明显理论哲学倾向的教科书体系，而是以自己的方式对之进行了超越和改造。而改造的方式便是基于实践哲学而强调人的能动性和理论运用的具体性原则。一些学者指出，在青年毛泽东的思想中存在一种强调精神能动作用，同时又注重事功实效似乎相反而又一致的倾向。这种带有二元色彩的思想结构，若从理论哲学的角度来看，是缺乏理论所要求的单一视角的不彻底的哲学，但若置于实践哲学的视野，则又不同。正是这种二元结构，便有可能构成一种能够平衡理论与实践、决定论与能动论的方法论基础。而正是这样一种既注重客观实效，又强调发挥人的能动作用的思想结构，构成了毛泽东实践哲学的活的灵魂。因此，要理解毛泽东的哲学思想，更应该在他的政治、军事著作中去寻找。在此问题上，李泽厚言之有理：“毛最光辉的理论论著无疑是有关军事斗争的论著，其代表是《中国革命战争的战略问题》（一九三六年十二月）和《论持久战》（一九三八年五月）。毛在这些论著中，总是尽量地把这些战争问题提到马克思主义辩证唯物论的认识论的理论形态上来论证和叙说。同时他又非常重视为列宁称之为‘马克思主义灵魂’的‘具体问题具体分析’。毛的许多论著的论述形式似乎是从一般到特殊，而思维的实际过程却是从特殊到一般，即从感性到理性，从个别到一般的经验总结。毛泽东由于从实际出发，很重视事物的经验特殊性，反对套用一般的公式、教条去认识问题和解决问题，但又总是把这特殊性提高到一般性的规律上来，这成为他思想的一个特点。”①

毛泽东实践哲学的核心思想可以说体现于《中国革命战争的战略问题》和《论持久战》这两段话中：“军事家不能超过物质条件许可的范围外企图战争的胜利，然而军事家可以而且必须在物质条件许可的范围内争取战争的胜利。军事家活动的舞台建筑在客观物质条件的上面，然而军事家凭着这个舞台，却可以导演出许多有声有色威武雄壮的活剧来。”②“我们反对主观地看问题，说的是一个人的思想，不根据和不符合于客观事实，是空想，是假道理，如果照了做去，就要失败，故须反对它。但是一切事情是要人做的，持久战和最后胜利没有人做就不会出现。做就必须先有人根据客观事实，引出思想、道理、意见，提出计划、方针、政策、战略、战术，方能做得好。思想等等是主观的东西，做或行动是主观见之于客观的东西，都是人类特殊的能动性。这种能动性，我们名之曰‘自觉地能动性’，是人之所以区别于物的特点。”③ 显而易见，在毛泽东的思想中，存在一个双重结构：一方面“强调这种‘自觉能动性’，并把它看作‘人之所以区别于物’的族类本性，强调运动、活动、劳动、实践、直接经验，从而强调产生和支配行动的实践意志，强调‘精神变物质’、‘思维与存在的同一性’等等，似乎是毛从早年到晚岁一以贯之的基本哲学观念”。另一方面则是“强调对经验规律客观性的认识，强调‘调查研究’，强调从‘实际情况出发，从其中引出其固有的而不是臆造的规律性，即找出周围事变的内部联系，作为我们行动的向导’。即‘实事求是’”。而正是“这种经验论的唯物论，亦即‘经验理性’，保证了‘自觉的能动性’不流于乱闯盲干，使得革命战争和革命的

① 李泽厚：《马克思主义在中国》，生活·读书·新知三联书店 1988 年版，第 44—45 页。

② 《毛泽东选集》第 1 卷，人民出版社 1991 年版，第 182 页。

③ 《毛泽东选集》第 2 卷，人民出版社 1991 年版，第 447 页。

政治斗争能不断取得胜利"①。换言之，我们可以说，毛泽东实践哲学的基本结构便是自觉能动性与客观规律性两个方面的关系，亦即能动论与决定论的关系。

毛泽东对于能动论和决定论关系问题的解决方式，显然不同于教科书体系那种理论哲学的方式，可以说是一种实践智慧或实践辩证法的方式。这种解决方式不同于理论智慧之追求确定性的方式，对于在多大程度上发挥能动性之作用，对于具体的情境具有极大的依赖性。在变动性极大的战争方面，能动性能够获得极大的发挥条件，而在经济建设方面，能动性的作用则会受到客观条件的较大制约。这样，在客观条件发生了极大转换的情况下，便需要适应变化而调整能动性发挥之空间限度，而若不加以适当调整，则有可能导致经济建设和相关方面的严重失误。如毛泽东所发动的"大跃进"运动，便是一个导致了严重后果的例证②。但对毛泽东对于能动性之强调，若从建构实践手段方面看，由于过度强调能动性，无疑是出现了失误，但若从对于教科书体系在建构主体之意志目的方面的能动性缺失之纠偏方面看，则又有着须加以肯定的意义。也正是由于存在这种复杂交错状况，才导致后来关于实践标准问题的讨论与实践唯物主义讨论中对于实践概念之不同方面的强调，以及后来人们评论这两场理论讨论的某些误解与错评。

五 实践标准问题的大讨论与实践唯物主义的兴起

在经历了"文化大革命"十年动乱之后，中国进入了改革开放，建

---

① 李泽厚：《马克思主义在中国》，生活·读书·新知三联书店1988年版，第53—54页。

② 中共中央关于《关于建国以来党的若干历史问题的决议》指出："一九五八年，党的八大二次会议通过的社会主义建设总路线及其基本点，其正确的一面是反映了广大人民群众迫切要求改变我国经济文化落后状况的普遍愿望，其缺点是忽视了客观的经济规律。在这次会议前后，全党同志和全国各族人民在生产建设中发挥了高度的社会主义积极性和创造精神，并取得了一定的成果。但是，由于对社会主义建设经验不足，对经济发展规律和中国经济基本情况认识不足，更由于毛泽东同志、中央和地方不少领导同志在胜利面前滋长了骄傲自满情绪，急于求成，夸大了主观意志和主观努力的作用，没有经过认真的调查研究和试点，就在总路线提出后轻率地发动了'大跃进'运动和农村人民公社化运动，使得以高指标、瞎指挥、浮夸风和'共产风'为主要标志的左倾错误严重地泛滥开来。"中共中央文献研究室：《〈关于建国以来党的若干历史问题的决议〉注释本》，人民出版社1983年版，第23页。

立社会主义市场经济的新时期，在此情况下，对于新的哲学理论的需求也提上了议事日程。由于存在解释世界与改变世界的双重逻辑，这场解放思想运动事实上在两个方面对于新的理论的需求也是有所不同的。在改变世界的逻辑方面，由于所要改变的是长期以来过分夸大主观能动性、夸大思想观念上层建筑作用之弊，因而，有针对性地提出了“实践是检验真理的唯一标准”之命题，对此，邓小平说得很清楚：“目前进行的关于实践是检验真理的唯一标准问题的讨论，实际上也是要不要解放思想的争论。大家认为进行这个争论很有必要，意义很大。从争论的情况来看，越看越重要。一个党，一个国家，一个民族，如果一切从本本出发，思想僵化，迷信盛行，那它就不能前进，它的生机就停止了，就要亡党亡国。”[①] 而所针对者，“是因为十多年来，林彪、‘四人帮’大搞禁区、禁令，制造迷信，把人们的思想封闭在他们假马克思主义的禁锢圈内，不准越雷池一步”。[②] 这就是说，这一大讨论从实践上说，是为了让人们“打破精神枷锁，使我们的思想来个大解放”，一切从实际出发，实事求是地建设现代化。这里的关键便是“打破精神枷锁”，回归实事求是，回归一切从实际出发的唯物主义认识路线。

在哲学理论界，随着实践标准问题讨论的深入，引发了实践唯物主义的大讨论。实践唯物主义的讨论无疑是与实践标准问题的讨论有着密切关联的，却不能将之简单地视为同一思想事件。如果我们将视野放大，概观这场讨论之理论走向，就不难发现，实践唯物主义发展的内在逻辑与实践标准大讨论所要解决的问题并非同一。这是因为，就哲学理论而言，理论界所面对的并非社会实践中因脱离实事求是原则而出现的那些问题，而是如何在理论上合理地说明人的能动活动与社会客观规律的关系问题，亦即能动论与决定论的关系问题。而既然成体系存在且居于主导地位的哲学理论便是教科书所主张的决定论体系，因而，这一讨论便必然主要的是针对这种决定论体系的，即要破除这种机械决定论而为能动论张目。这一目标显然是与回归实事求是的实践目标不尽相同的。这种问题目标的不同，在理论讨论上也有所显现，特别是在关于实践概念内涵的定义上的分歧显示了这种不同。一些论者试图将实践概念定义为

① 《邓小平文选》第 2 卷，人民出版社 1994 年版，第 143 页。

② 《邓小平文选》第 2 卷，人民出版社 1994 年版，第 141 页。

一种纯粹客观的活动，将主体能动性从中剥离，提出了要“净化实践概念”的说法；而与之相反，实践唯物主义讨论的总体倾向却是强调和凸显实践的能动性方面。强调客观性，强调从实际出发，实事求是，这是要用客观事实去消除那些不合于实际之主观性的“精神枷锁”，而强调能动性则是要在理论上合理地解释能动性与客观性的关系。如果我们把这两场理论讨论关联于毛泽东之对于能动性之强调，就更能见出其间趋向的不同：前者在于强调实践之客观性，以纠正“夸大了主观意志和主观努力的作用”之倾向，而后者则倾向于强调实践中人的能动性，这又在某种意义上是对毛泽东对于教科书体系之决定论倾向纠正之延续和发展。由于存在这种目标的不同，对于这两场理论讨论便不能以同一标准去加以评论，而是要基于各自不同的目标去看。如有论者对于实践标准问题的讨论以学术水平不高论之，便是一种具体性误置。而一些论者对于实践唯物主义及主体性理论从政治角度加以批驳，不能不说亦是一种具体性误置。

当然，这两场讨论之间也是存在某种逻辑关联的。这一关联通过实践这一内涵丰富的概念而体现了出来。如前述，实践这一概念一方面无疑是包含能动性的，去除了能动性的实践便很难说还是一个能理解的概念。但同时，实践作为人的存在方式，同样无可置疑地是有其客观性的。尽管因此人们会对于实践的内涵给予大相径庭的定义，但实践概念本身所内含的客观性与能动性两个方面是难以分割开来的。而正是由于这两个方面的内在关联，便存在两个方面内在滑动的可能性。这样，就实际生活本身而言，人们在特定情境下可能出于不同的目标而凸显其中一个方面，但无论如何，这种凸显也只能是在实践概念所包含的能动性和客观性之间的滑动，而不可能走向一种彻底的单一性。就实践标准问题的讨论与实践唯物主义的讨论而言，前者所强调的无疑是实践活动的客观的受动性方面，而后者则无疑突出了实践活动的能动性方面。因此之故，两者对于现实生活影响的效果便亦是不同的。实践标准问题的讨论是在于拨乱反正，“打破精神枷锁”，归于一切从实际出发，实事求是之强调客观性的唯物主义认识路线，而实践唯物主义的讨论则是在前者所奠定的基础上，弘扬建立社会主义市场经济所必需的主体能动性。这便是基于实践唯物主义的主体性哲学的兴起和发展，乃至于成为居于支配地位的理论范式。

六　主体性哲学的得与失

实践唯物主义大讨论将主体能动性引入以往的决定论体系之中，这可以说是对主体性哲学的一种弘扬。这种弘扬乃是对于中国经济建设特别是市场经济的发展对于人的能动性发展之吁求在哲学理论上的一种回应。但中国社会发展所吁求的并不只是人的能动性，同时也吁求把握客观规律的科学精神，以便能够有效地改变世界。事实上，在改革开放的起始，不仅有关于建立社会主义商品经济或市场经济的呼吁，同时也有全国科学大会的召开和向科学进军的召唤。因此，一种只是从主体能动活动及其异化和异化扬弃出发的主体性哲学便不能充分满足社会生活之需求。而且，从理论上看，这样一种主体性哲学虽然看上去似乎以某种方式比较完美地解决了能动论与决定论的张力问题，但若仔细考察，则会发现这种解决方式亦存在相当严重的理论上的问题。因此，问题便不在于只是简单地弘扬主体性，而是如何合理地解决主体能动性与客观规律性之间的关系问题。而实践唯物主义和主体性哲学讨论的进一步发展，便也不可避免地导向了对于这一理论趋向中所存在问题的反思。

由于卢卡奇所开创的西方马克思主义对于改革开放以来中国马克思主义哲学的发展所产生的极为重要的影响，因而，对于主体性哲学、实践唯物主义讨论反思的源头，便自然地要追溯到卢卡奇那里。事实上，在西方马克思主义的后继者如阿多诺、阿尔都塞、哈贝马斯等人那里，对于主体性哲学的批判和反思，也是从卢卡奇哲学开始的。由于卢卡奇在《历史与阶级意识》中所倡导的是一种对于马克思哲学的黑格尔主义阐释，亦即一种黑格尔主义的马克思主义，因而，对于卢卡奇哲学的批判反思便往往是从对于黑格尔主义的批判着手的。中国学界实践唯物主义讨论之最后走向历史唯物主义，其进路亦同样是一种黑格尔主义阐释之进路，因而，卢卡奇哲学的问题实际上也可以说是黑格尔主义阐释之一般性问题，无疑也就构成了中国学界实践唯物主义理论发展的一般问题，或者说，构成了实践唯物主义理路发展的一般前景。而卢卡奇哲学的主要问题便在于在反对第二国际的经济决定论阐释时，过多地走向了黑格尔哲学，过多地“从主体方面去理解”了，这使其在发展人的能动性时失却了现实性，如马克思所批判的黑格尔的唯心主义那样，将“能动的方面”给“抽象地发展了”。而中国学界之马克思哲学的黑格尔主义阐释，大致上并未超出卢卡奇之进路，因而其理论上的困难便也与之相同。

近年来中国学界的一个重大事件，是被经济学界冷落多年的《资本论》在2008年金融危机后高调地重返人们的视野。但这一重返与西方世界要在马克思那里寻找理解金融危机的原因不同，在国内学界却主要地不是回归政治经济学研究领域，而是其通过哲学之门来到了人们面前。从哲学上解读，卢卡奇那里已有先例，因而不出意料的，人们大多仍循由卢卡奇将《资本论》解读为拜物教批判之路，而多半忽略了《资本论》之从根本上说乃是一部政治经济学著作，是一部科学著作这一事实。然而，马克思之所以从早期的异化论批判转向《资本论》的科学研究，其目的只能是要通过客观的科学分析资本逻辑即资本主义运行规律，以为有效地改变资本主义之生存方式提供科学依据。这一科学分析是基于剩余价值论而论证利润率下降规律，从而证明资本主义并非如资产阶级经济学家所设想的那样是一种永恒的自然存在，而是有其生发，也有其终结的有限的历史存在。就此而言，黑格尔主义阐释进路由于只是抽象地发展了主体能动性而牺牲了探索客观规律的科学精神，可谓付出了太大的代价。

如此回过头来看，教科书体系之决定论阐释，虽然片面，但亦自有其合理之处。教科书体系可以说起源于第二国际理论家对马克思主义创始人思想的阐释工作。这一工作所关心的问题，如安德森所指出的，是“以不同的方式将历史唯物主义作为有关人和自然的全面理论而加以系统化，使之能代替对立的资产阶级学科，并为工人运动提供其战斗者们易于掌握的广泛而一贯的世界观”①。而借助于已大获成功的科学决定论，亦是一个事半功倍之有效法门。事实上，马克思的主要著作《资本论》的确是一部科学著作，而科学著作自然是要以决定论的方式进行论述。

① ［英］佩里·安德森：《西方马克思主义探讨》，高铦等译，人民出版社1981版，第13—14页。

而且，更重要的是，马克思也在这部著作中明确表达了其决定论指向："社会经济形态的发展是一种自然历史过程。不管个人在主观上怎样超脱各种关系，他在社会意义上总是这些关系的产物。"① 因此，对于马克思哲学的决定论阐释亦是有其依据的。

当然，这只是问题的一个方面。而另一个方面则是马克思不仅早年批评旧唯物主义之缺失能动性，强调"人的类特性恰恰就是自由的自觉的活动"，"这种生产是人的能动的类生活"②，"现实中的个人……是在一定的物质的、不受他们任意支配的界限、前提和条件下活动着的"，"人创造环境，同样，环境也创造人"③，在中期著作中肯认"人们自己创造自己的历史"④，在后期对于"自由王国"的构想中，无疑是以世界在某种程度上的非决定论和人的能动性存在为前提的。因此，问题的关键是如何从理论上合理地解决这一关系问题，而不是趋向一个方面，取消此一问题。就此而言，对黑格尔主义阐释进路之抽象地发展主体能动性的反思，对教科书决定论体系的重估，并不意味着重返那种忽视主体能动性的旧唯物主义决定论体系，而是要重返马克思主义哲学作为改变世界的哲学所必须面对的能动论与决定论的内在张力这一根本问题，而归根结底，就是基于何种出发点去解决或处理这一根本问题的问题。由于这一张力在理论上的根本性以及与现实实践关联的不稳定性，在如何解决或如何处理这一问题上无疑很难达成某种一致认可之学说，因而理论上的主张各异便可能会是一种常态。近年来关于马克思哲学与康德哲学、黑格尔哲学关系的争论，便是一种集中的表现。这一持续多年争论的实质，无疑是面对这一能动论与决定论的张力问题时，我们是能够借助黑格尔的历史辩证法将之克服，还是说，我们作为有限的存在者必须承认这一张力乃是必须永远面对者，而只能在现实生活中以某种实践智慧加以折中调和，而将那种克服视为只具有调节性之功能的理性理念。可以预见，这一争论可能还会以各种不同的表现形式在相当长的一个时期内持续进行下去。

---

① 《马克思恩格斯全集》第23卷，人民出版社1972年版，第12页。

② 《马克思恩格斯全集》第42卷，人民出版社1979年版，第96、97页。

③ 《马克思恩格斯选集》第1卷，人民出版社1995年版，第72、92页。

④ 《马克思恩格斯选集》第1卷，人民出版社1995年版，第585页。

七　中国马克思主义哲学百年发展之启示

对于马克思主义哲学中国化的百年发展之回顾，对于中国马克思主义哲学未来发展而言，我们当能获得以下启示。

首先，既然马克思主义哲学中国化的进程所循由的不是一个单一的逻辑，而是一个涉及解释世界的理论智慧与改变世界的实践智慧的双重逻辑，那么，对这一进程的理解和考察，也就必须循由这一双重逻辑来进行。既然解释世界的理论智慧与改变世界的实践智慧各有其目的，前者指向通过对人们的主观世界的改变而达于掌握群众、聚拢人心、为革命实践集合队伍之目标，而后者则指向获取有效的实践之方法、策略而达于成功地改变世界之目的，则对这两个方面的评价便不能一概而论，而是必须依据各自不同的目的而分别评价之。进而，对于这两种不同的哲学智慧，人们在将之应用于实际当中时，以应当根据所欲达到的目的不同而加以运用，而不可将之应用于其所不能的目的上。当然，分别评价并不意味着不可将之以某种方式一元化，但这种一元化必须考虑到解释世界与改变世界之双重诉求，考虑到价值理想的建构和实践手段的建构所依据原则的不同，考虑到价值原则与科学原则，或规范与事实的不同。因此，如欲将之以某种形式一元化，便须以某种方式实现价值原则与科学原则之间的转换或过渡，就须认真研究马克思是如何从其早期异化论的历史辩证法，过渡到《资本论》的科学体系的，特别是必须研究《资本论》第一卷“商品和货币”章中马克思关于“价值形式”的分析之从主体行动的历史辩证法向客观结构的科学体系过渡的意义，从中把握马克思之从历史逻辑过渡到科学逻辑的科学辩证法①。马克思的这一过渡方式所展现的正是一种将上述双重逻辑、双重诉求统合起来形成一元论体系之基本方法论原则，因而是能够引导我们对马克思哲学进行一种全新的阐释的。

其次，对于马克思主义哲学之双重诉求与双重逻辑的分别，并不意

---

①　关于这一问题，这里不能展开讨论，可参阅王南湜、夏钊《从主体行动的逻辑到客观结构的逻辑——〈资本论〉“商品和货币”篇的辩证法》，《哲学研究》2019 年第 3 期。

味着将之分解开来即可万事大吉，即便在理论上将上述双重逻辑统合为一个一元论体系，也还只是在理论上解决了问题，而尚未及于实践。事实上，前面的分析已经显明在实际生活中这两种诉求、两种逻辑是交织在一起的，因而，在将一项具体实践付诸实行之时，是必须将这些不同诉求与逻辑放置在一起加以综合考虑，权衡各种因素在其中的分量，以便设置具体的行动方案的。特别是在科学发展到现代社会条件下，如何将抽象的科学理论整合进具体实践之中，更是具有极端重要的意义。在这方面，毛泽东的实践辩证法当有发挥作用之大空间。在面对具体的实践之时，如何将科学的理论纳入实践智慧之中，形成有效的具体行动方案，马克思、恩格斯、列宁都曾经有具体的分析，但由于种种原因，他们并未将之提升为一种实践智慧之构成的方法论体系，而毛泽东则通过对中国传统哲学辩证法之改造提升，创建出了一套实践辩证法理论体系，即其矛盾学说。但这一点，在以往的研究中往往被忽视或误读了。以往人们多注重于解释世界的教科书体系之类理论形态的东西，而往往忽视了改变世界的实践智慧或实践哲学中国化方面的研究，或者即便涉及了这方面的内容，却又往往将之归结到解释世界的理论智慧方面去，从而使之丧失了其本来面目。如将毛泽东的矛盾学说纳入教科书体系中，既使之丧失了其本来的实践哲学辩证法之意味，又使教科书体系在辩证法问题上无法做到逻辑上的自洽。由于以往相关研究的缺失，因而，我们应当更为注重对马克思主义哲学中国化的这一方面的研究。通过这种研究，进而构建起一种中国马克思主义的实践哲学或实践辩证法来。如果我们将毛泽东之实践智慧方法论体系以其本然面目放置于马克思主义哲学辩证法体系之中，当能够形成一个完整的从历史辩证法，到科学辩证法再到实践辩证法的辩证法系列来。这样一个辩证法系列当能满足解释世界与改变世界之双重诉求，满足价值目标建构与实践手段建构之不同需求，以及以实践辩证法将这些不同方面纳入具体行动方案以实现其价值目标之最终欲求。

最后，既然马克思主义哲学包含价值理想的建构与实践手段的建构之双重原理，那么，马克思主义哲学中国化便也必定包含这两个方面的中国化。当然，这一中国化不是一个一劳永逸的一次性事件，而是一个随着时代的变化而持续地与时俱进的过程，因而，人们也必须随着社会历史条件之变迁而在新的条件下以新的思路推进这一过程。就此而言，中国目前的社会条件已经发生了翻天覆地的变化，其中最为根本之点是社会主义市场经济体系已经初步建成，这便使社会生活状况不仅大不同于20世纪之初马克思主义进入中国之时，亦大不同于改革开放之初。这种根本性的不同从而也给人们提出了新的任务。特别是，如果我们把哲学理论分为价值理想与实践手段两个方面或层面的话，那么，既往的马克思主义哲学中国化，更多的是聚焦于方法论方面，而在如今中国社会发展取得如此成就，国人之民族自信心高涨之际，价值理想方面的深度中国化问题也就提上了议事日程。在这方面，如果要使马克思主义哲学真正深入国人之心，成为国人安身立命之本，那么，将其源于古希腊文明之自由王国理想与中国传统之“民胞物与”式的天人合一理想相融合，以“民胞物与”之理想去阐释“自由王国”之理想，并由之重建中国传统之天人合一理想，便是我们当今应当加大力度深入进行的工作。

当代新资本形态的逻辑运演及其哲学反思

夏　莹*

一　缘起

2018 年年底至今，关心中国和世界未来发展的人们都能鲜明感受到，世界经济发展的不确定性正在上升。一方面，中美经贸摩擦悬而未决，这两个占据世界经济总量前两名、在过去全球经济体系中分别担当制造业中心和金融科创中心角色的大国之间关系发生的变化，似乎预示着过去三十年积累而成的世界经济格局本身到了需要反思自己未来的时刻。随着中国经济增长下行压力加大、经济进入新常态，中国的庞大产能和美国的庞大消费市场之间搭配形成的增长引擎受到挑战，在过去高增长时代中成长起来的一代人所拥有的常识，正经历着动摇和重新定义。另一方面，未来技术革命的声音不绝于耳，但其具体路径和方向尚不明朗；究竟哪种技术路径能够占据盈利窗口，在哪个国家落地生根，衍生出何种商业模式，目前都尚属未知。进一步讲，新技术革命会对人类在世界中感知和行动的方式造成何种改变，会倒逼人类对自身本质的理解做出何种调整，会产生何种新的定义和生产知识的方式，尤其是会对不同阶级之间力量的对比造成何种影响，也都属于我们被迫要“前置思考”的问题。

---

* 作者简介：夏莹，清华大学人文学院哲学系教授。

在常识的惯性逐渐耗尽之时，马克思所说的“历史视域当中的经济规律”已经无须辩护而降临在每个人的生命体验之中。马克思主义哲学变革的重大意义恰恰在于，从批判的视角出发，将经济规律视为历史的产物，穿过资本主义生产方式所建构的拜物教，将资产阶级经济“科学”认为是物与物之间自然规律的东西，还原为人与人之间变动着和斗争着的社会关系。也就是说，只有从马克思主义政治经济学批判的高度出发，从哲学的视角洞察这个正在发生剧烈变动的时代，才有可能准确定义和预判我们所生活的世界及其所赖以构成的方式。这就要求我们从哲学高度出发，以其富有穿透力的反思力量把握我们这个时代的根本性质及其特征。

马克思主义哲学高度强调历史思维，它将一切目前现成的东西当作在历史中生成的东西来理解，认为理解一种事物目前规律的方式总是包括理解它在时间上和逻辑上的过去。同样，只有理解了今日世界的生成历程，才能够判断其未来的何种变化是真正可能的。从这一观点来看，我们今天的世界实际上是从20世纪70年代以来开始的一系列变革的直接后果。70年代滞胀危机之后，西方主要资本主义国家的资本积累方式发生了重大变化，不同学者从不同的视角，以不同概念，比如“新自由主义”“金融化”“后福特主义”“认知资本主义”等来指称这一阶段的变化。

从现象上看，这些变化主要有：金融部门在经济整体中的重要性和利润份额显著上升，对实体经济的控制能力增强；凯恩斯主义的“阶级妥协”被打破，阶级之间的不平等扩大；国家提供的公共服务收缩，原本属于公共服务的部门经历了私有化和金融化；以所谓的第三、第四次科技革命，即电子计算机、互联网、物联网、人工智能等为代表的新技术重塑了生产过程的物质基础和人们的生活方式；工人阶级的工作处境变得不稳定，不充分就业、频繁更换工作的情况成为常态；劳动过程中的知识密度加大，原先脑力劳动与体力劳动之间的界限变得模糊；发达国家制造业外迁，推动全球分工深化，形成了复杂的全球供应链网络；边缘国家频繁陷入主权债务危机，被迫进行经济制度改革，成为中心国家剥削的对象；等等。

尽管这些变化并没有改变西方发达国家生产方式的资本主义性质，

且这些变化是在什么层次上发生的，是短期的制度性变化还是开启了另一个长周期的体制性变化，这仍然是有争议的，但这些变化本身的存在则是学者们的共识。正是基于这些变化自身，笔者提出了“新资本形态研究”这一新的研究方向，即指那些从20世纪70年代开始兴起，尤其是在2008年全球金融危机之后得到加强并延续至今的资本运行方式的新变化。它们在生产过程的物质基础、吸取剩余价值的机制、资本对劳动的关系、资本对资本的关系、配套的社会再生产体制等方面，都不同于马克思所描述的19世纪经典资本主义，也不同于在第二次世界大战后“黄金年代”中达到巅峰的福特制资本主义，在其表现形态上，则以更为去中心化的、公益性、共享式的模式来掩盖资本运行逻辑的内在本质。因此对这些新资本形态的研究，就意味着一种可能的再启蒙式的工作：即揭开原本被马克思已经揭示出来，却被新技术发展重新遮蔽了的资本逻辑的运行规律。

值得关注的是，中国是在20世纪70年代新资本形态兴起的同时，开始改革开放并逐渐走上经济腾飞之路的。可以说，如果在此前的全球资本主义体系中，中国总是处在受剥削者或局外人的位置上，那么这种新兴的资本形态，则从一开始就汇入了中国本身私营经济部门的资本逻辑当中。资本逻辑在现代中国的表现向来已经是新资本形态的表现，甚至这种新资本形态的国际秩序本身，也已经不可能脱离中国这个社会制度上的“他者”而独自成立。因此在对新资本形态的分析当中，中国本土新资本形态的演进将直接为我们提供充足的研究对象，并且在其最新的表现形态上甚至是最具典型性在中国本土得以呈现。

二 新资本形态的裂变形式及其界限

马克思对于资本固有矛盾的分析有助于我们理解新资本形态的变化。需要重点关注的是，马克思提出的诸如利润率的下降与劳资矛盾并没有因为新技术介入而发生根本变化，变化的只是这些矛盾的存在形式。不可否认的是，21世纪进入第二个十年，资本主义的现实形态又表现出一些新变化，从表面上同马克思主义政治经济学的一些预设形成了张力，这就要求马克思主义学者运用政治经济学批判的科学洞见对这些现象做出解释，同时，利用对社会现象的客观性观察重新阐释马克思主义政治经济学批判，对时代问题做出有立场、有洞察的回应。

新资本形态在现象上所表现出的多种有待阐发的裂变形式包括如下三个方面。

首先，金融部门利润在总利润中所占的份额空前膨胀，大量资本从实体部门转入金融运作之中，导致金融部门对实体部门的挤压效应扩大、权力效应上升；经济增长越发依赖金融投机活动所支撑的资产泡沫。在这一过程中，国家以公共债务形式通过信贷创造货币成为经济增长的主要动力，而这一货币创造活动背后却缺乏实体剩余价值生产的支持。这一点，在带来全球经济系统性风险的同时，也强化了金融资本的拜物教意识形态，将马克思所说的价值同其货币表现之间的矛盾提升到了新的神秘形态之中。在劳动者方面，金融部门对实体部门的挤压造成了实体部门工人就业状况的不稳定、消费信贷的增长，以及劳动者储蓄卷入金融投机活动中，由此造成的劳动者主体性变化与劳资之间力量对比的变化，是马克思主义者在当代分析日常生活领域意识形态变迁的一个基本条件。

其次，在过去十年间，全球经济中最具统治力的企业从制造业企业变成了科技巨头，这些企业市值极大、利润率极高，但雇佣的活劳动相对极少；从其业务范围来看，这些企业的主营业务主要是流通领域的服务或非排他性的知识产品的生产，这些业务在马克思主义政治经济学的经典框架之内更接近不直接产生价值的经济环节；此外，还有相当一部分创业企业处在实体剩余价值生产能力不明、靠推高企业估值吸引金融资本接盘来套利的阶段，这部分企业所产生的财富效应在过去三十年中也是不可忽视的。因此，如何在马克思主义政治经济学批判的框架内，协调当代高科技资本形态的高统治力、高利润率，同其较高的资本有机构成以及新的业务形态之间的矛盾，并在此基础上分析和批判当代资本逻辑驱动下技术变革的走向、评估其与人的存在状况之间的关系，是当代马克思主义者必须回应的一个时代张力。与此同时，在劳动者方面，这一类型的企业造成了雇佣劳动领域中知识劳动的增加，以及消费领域中消费行为与生产行为之间界限的模糊；随之而来的劳动者和消费者的主体性结构的变化也有待解释。

最后，资本的主导性载体——货币，在当代社会历史情境中也发生了根本性变化。而货币在当今世界存在形态的变化，一方面以最为直接的方式显现出新资本形态的产生，另一方面也会最为直接地表现出新资本形态的内在矛盾。

当代新资本形态的变迁最为直接的表现是货币形态的变化：即从人格化货币到分布式信用的转变。马克思早在《詹姆斯·穆勒〈政治经济学原理〉一书摘要》中，就以否定性的态度评价了资本主义的信用，此时的马克思是将信用放在一个异化的逻辑下进行探讨，即资本主义的信用就是在私有制的范围内，人与货币达成一体化，马克思将信用看作货币相对完善的一种存在形态，而银行则是信用业进一步发展的结果，即货币的完成形态。在《资本论》第三卷中，马克思用“信用和虚拟资本”以及“信用制度下的流通手段”两章更为详尽地探讨信用问题，无论是对生息资本逻辑下的虚拟资本的探讨还是对以银行为中心的信用制度的批判，对于马克思而言，信用本身都是一种资本的虚拟化，它必然是以货币体系为前提的。

货币体系所构建的信用机制的方式变迁是当代虚拟资本普遍化的重要标志。近年来，逐步发展起来的区块链技术分布式信用体系是超越货币体系界限的信用。信用，作为人类进行社会交往的重要行为规范，是内生于信用主体的。不同于传统货币衡量标准下的信用体系，在区块链的世界中，人作为庞大网络中的一个节点（这里的网络已经不再是1.0时代的信息互联网，而是2.0时代的价值互联网），一言一行、一举一动都会被盖上时间戳记录在可追溯且不可篡改的区块链中，个体间价值的互通不仅局限于以货币为基础的价值体系。在一个中心化的体系中，人想要获得信用就需要得到中介机构的信任，但信任本身是否足够公平可靠呢？人们一直在试图通过不同的技术、法制和组织形式在各个领域中建立互相协作的“信任”，“信任”本身也成为社会和经济领域实现协作可能性的第一成本来源。在这个过程中，我们通常将建立信任的方式大致分为社群信任、法制信任和技术信任三种。社群信任只能应用在局部的范围或场景中，譬如村庄、部落族群等，社会学分析表明，这个族群的规模一般只能维持在几十人到几百人之间，因为社群信任模式的建立基础是人与人之间的充分、深入了解，因此这种模式产生出的信用模式很难开展规模性的经济活动和协作。法制信任是目前使用最为广泛的信用机制，大量的人力资源、财产、事件都在通过日益清晰、明确、规范、细化的法律进行确权和保护。这种模式一方面将人与人之间的信用关系规范化，但另一方面也同样存在诸多痛点，譬如信任源的分散，证明材料的获取、验证等诸多环节操作复杂、流程长、成本高，还存在大量信息泄露的风险；同时，单一的信息管理体系也很难对个人形成一种全面、综合的评价，不同信息管理体系之间的信息连接互通十分薄弱；对于相对新兴的一些信用模式，比如众筹、公益捐赠等，法制信任还存在权益管理透明度低、信息不对称、项目款项难以追踪、项目运作过程中难以建立信任等诸多问题。技术信任是一种在人类社会进入信息时代之后发展最为迅猛的信任模式，它可以通过密码学、生物设备、大数据分析等不同技术手段为不同情况下的协作情境提供技术信任支持。但目前的技术信任所基于的信任框架还是中心化的，这种中心化管理方式带来的直接后果就是客户端与服务端权益的极度不对等，作为客户端的使用者，他们缺失个体角色，对自己生产出的数据在使用和授权方面都没有足够的话语权和知情权，即便他们已经具有了相关的权利意识，依然无法通过便捷的、低成本的方式对这些数据加以利用；而相反，作为中心化受益者的服务端却免费保有大量利用的权力，这不仅对客户的数据隐私安全造成严重威胁，同时基于这种中心化的数据交换体系，个体客户只能通过服务端作为中介建立信任，无法建立个体间点对点的信任关系。

区块链通常被认为是技术信任模式的一种最新演进，但实际上，它同样也是对之前中心化技术所搭建的信任平台的彻底颠覆。它的分布式账本体系所带来的分布式、多方共同维护的技术信任框架不仅会实现点对点信任关系的变化，同时也会实现一个体系化的生态型变化。基于上述谈到的传统社群信任、法制信任和技术信任中存在的信任痛点，区块链凭借其去分布式记录、不可篡改和可追溯性三大特点完成其对底层信任框架的搭建，以便实现一种分布式的信用体系。“达成共识是区块链的运作核心。分布方式（区块链的基础）将权力和信用转移到分散的网络，授权网络中的节点连续并有序地将交易记录在公共‘区块’上，创建唯一的‘链’——区块链。”那么这种交易的范围是什么？比特币当然是最为人们所“津津乐道”的。但实际上，比特币只是区块链技术的一种外化形式，或者说，区块链是隐藏在比特币身后的真正技术创新，区块链使比特币的存在及其交易成为可能。因此，当我们在面对比特币挖矿耗电量大、币值波动大、被不正当用作诈骗行为等初期会出现的一系列不良现象时，不应忽视的是其背后区块链技术对于交易本身更多可能性的探索。

这种探索最为重要的路径就是对于财产权确权中介的去人化。这种去人化首先体现在对于传统金融行业，譬如对银行、保险公司、信托投资公司等的替代或消解；其次它还将在传统中心化模式中难以确权的智能财产和声誉财产领域发挥重要作用；最终，这种区块链技术支撑下的去人化、无中介、点对点模式将可能重塑人们的价值体验与价值判断，财产权的确权将呈现出一种信用化趋势，且这种信用化并不是基于货币体系下的。区块链科学研究所（Institute for Blockchain Studies）的创始人梅兰妮·斯万认为，“区块链是任何事物所有量子数据（指离散单位）呈现、评估和传递的一种新型组织范例，而且也有可能使人类活动的协同达到空前的规模”。她将区块链已经带来的和可能带来的革命性创新分为三个阶段：区块链1.0是对货币体系的革新，重塑货币的转移、汇兑和支付系统；区块链2.0是对合约体系的革新，它的应用广度将超越现金的转移，在经济、市场、金融方面，譬如股票、期货、按揭、产权、贷款、智能资产等多方面得到应用；最终，区块链3.0将会超越货币、市场、金融行业，这时的区块链应用将会覆盖健康、科学、文学、艺术等多个领域。

随着科技的发展、社会的进步，工业化、城市化、全球化进程的不断推进，以地域、宗族或血缘为纽带的“熟人社会”或小型社群被打破，千万人体量的大都市“陌生人”社会形成。不过，出于社会分工与协作的发展，人们不可避免地要与他人联结，建立稳定的社会信任机制。如前文所述，区块链技术支撑下的后人类信用与马克思所批判的资本主义信用相比有一个最为显著的特点，即其并非全然基于货币体系，信用的范围和累积、交换方式被大大拓展。

但区块链显然可以做到更多。它可能带来的分布式的，点对点的、“物物”之间的直接交换极大地摆脱了中心化的金融中介的束缚，使生产者本身可以获得更大的交易自由，也使价值的生产回归到劳动的本原。传统的、中心化的金融交易壁垒被大大打破，劳动成果交换的即时性和便捷性将会实现对劳动者价值体验与价值判断的重塑。

基于资本形态在当代产生出来的新表现和新问题，笔者计划以诸资本形态的收入来源为标准，将近年来新产生的资本形态归为三类：

第一，通过利息和金融资产交易获得收入的金融资本；

第二，通过类似于收取“垄断租金”的剩余价值分配活动获得收入的平台资本；

第三，通过吸取来自用户的无偿数据劳动而剥削剩余价值的数据资本。

进一步，用一种同马克思主义政治经济学批判相融贯的方式解析这些新资本形态的收益来源、资本构成和周转过程，将其表面上的拜物教形态还原到背后的资本—劳动关系中，并在此基础上分析可能由此产生的个别资本之间的关系、产业部门之间的关系以及相应的资本集中逻辑。同时，基于马克思主义的劳动过程理论、劳动力再生产理论、原始积累理论和异化劳动批判理论等，参照当代欧陆思想家发展出来的知识—权力批判理论和生命政治理论，分析新资本形态下知识生产过程、日常生活中的权力再生产过程、劳动主体性的重构过程以及存在论处境的转变过程等，将其还原到其在当代资本逻辑下的共同根源之中。

借此，我们希望将当代思想对人类生存处境变化的抽象的、非历史性的思考，转变为批判性的、社会历史性的思考，指出权力日益上升的资本逻辑作为一种异己的、不以人的意志为转移的事物性的力量对人的存在命运的扭曲；进而挖掘资本逻辑本身驱动的新的技术条件和生产组织形态中所包含的、克服资本逻辑的辩证潜力，探索人类在新的历史条件下克服人类自己所生产出来的物质力量的异化形态、恢复对这种物质力量的集体的有意识的控制的可能性；指出资本逻辑在当代的各种拜物教式的裂变形态所包含的内在矛盾，归根结底还是资本逻辑作为一种社会关系所包含的社会矛盾，而人类面对这些拜物教式力量的威胁，其重新掌握自身存在命运的可能性仍然在于建立一种后资本主义的生产方式和社会关系，通过广泛的社会变革促成“自然规律”的变革。

在此矛盾分析的原则基础之上，我们将尝试列举新资本形态所包含的内在矛盾：

1. 资源共享与平台数据私有化之间的矛盾；

2. 技术无限定的推进与利润转化对技术推进的限定之间的矛盾；

3. 指向可持续发展的创业观念与投资人的短期收益率之间的矛盾；

4. 科技企业基于高估值的高股东回报，同制造业利润率受到挤压之间的矛盾；

5. 科技企业“轻资产”模式减小固定资本投资风险，与全社会的建成环境高度僵化之间的矛盾；

6. 灵活、实时、真实的数据生产，同数据垄断对市场价格的扭曲之间的矛盾；

7. 知识经济的意识形态同“系统化愚蠢”之间的矛盾；

8. 消费互联网对高消费的依赖，同智能技术造成工人失业、总需求萎缩之间的矛盾；

9. 资本逻辑下积累的技术能力的应用潜力，同其资本主义应用对技术潜力的扭曲之间的矛盾等。

对以上这些矛盾的分析，最终将为探讨新资本形态的界限以及对它们的超越提供必要的理论基础。

三　新资本形态的自我颠覆之可能性路径

2008 年金融危机之后，人们再次感到对于设想一种后资本主义的，至少是后新自由主义的社会秩序的迫切要求。这是因为，金融危机之后资本主义尽管采取了各种修复机制来维持增长率、延缓下一次致命危机的到来，但是并没有建立一种长效体制，不少学者认为，资本主义可能进入了一个新的非常漫长的衰退周期，甚至迎来了过去二百年人类经济快速增长的历史的终结；而且，资本主义使用的新的修复机制很大程度上建立在金融掠夺、货币超发、增加全部门债务水平的基础上，这使资本主义增加社会总体物质财富、增进全人类福祉的意识形态神话濒临破产，其掠夺的实质暴露了出来；同时，资本本身推动并寄予厚望的新一波技术革命，反而激活了人们对后资本主义社会的想象，因为这一波技术革命至少提供了生产资料公共化、共享化，生产过程在保证效率的同时得以高度计划和协调，尤其是以物质资料的使用权代替所有权的可能性的一种直观印象。

在这一背景下，重新思考一种后资本社会的可能性，既是可能的也是必要的；我们始终不能排除一种可能性，即马克思在 19 世纪所预见的、在一定生产力水平上资本主义生产方式的自然消亡和向更先进的生产方式的过渡，只有在我们今天乃至未来的技术水平上才是可能的。不过，这需要首先区分这些技术的资本主义运用和非资本主义运用（乃至区分资本主义所选择的技术路径，和非资本主义生产方式可能会选择的另一条技术路径），在新的物质基础上重新界定包括法权观念在内的各种社会历史性的观念和制度框架，并且先行规划生产力的发展自行冲破资本主义外壳的可能逻辑。

据此，笔者将从马克思政治经济学批判著作中对资本主义自行扬弃逻辑的设想，以及关于社会主义和共产主义社会的科学界定入手，以此展开如下几个方面的讨论。

首先，探讨马克思有关资本主义自行扬弃的主导性方式，即资本利润率下降趋势以及这一趋势在新资本形态当中的一种显现。一方面，马克思在《资本论》第三卷中提出"社会消费力"的概念，认为社会消费力既不取决于绝对的生产力，也不取决于绝对的消费力，而是取决于以对抗性的分配关系为基础的消费力。这种分配关系也决定了大多数人的消费只会被限定在相当狭小的范围内，而在马克思看来，工人的消费是一种不充分的消费，这种不充分的消费并不能规避生产过剩的危机。大量的共享单车"横尸街头"就是对资本家为追求相对剩余价值，盲目扩大对不变资本的投入，最终导致资源浪费、生产过剩、利润率下降这样一个资本增值的恶性循环的最好例证。而另一方面，有可能消解掉这一问题的方式就是对对抗性分配关系进行重组，实现社会消费力的变革。这种消费力变革的实现需要依托于物联网平台的产消一体化，即将一种大规模生产转变为大众生产。这种大众生产的前提是 3D 打印技术的普及，即"人人可打印，一切可打印"，它所带来的是一种分布式的生产。不变资本会变成分布式的，工人不会再因为无法占有生产资料而被剥削，同时，规模化生产的打破导致资本家也无须再对不变资本进行大量投入。而当3D打印技术进一步嵌入物联网基础设施，意味着世界上任何人都可以成为产消者，都可以采用开源软件生产产品，以供使用或共享。这种通过接入物联网基础设施生产、营销和分发实物的方式将极大地影响空间范畴的社会组织，实现一种社会消费力的变革。

其次，探讨新资本形态中所蕴含资本拓展的自我界限及其可能的超越。其中包括：生产自动化所带来的生产过程中雇佣活劳动的急剧减少，会以何种方式激化资本主义的内在矛盾；生产的知识化和网联化对于塑造一种非私人占有的公共资源的可能性；基于大数据和机器学习技术的生产智能化，是否有可能克服自由市场体制和自上而下的中央计划体制的两难，建立一种能兼顾计划和效率、多点互动、实时协同的参与性计划，以作为后资本主义社会的资源分配方式；共享经济模式以及相应的物质生产技术，是否有可能以对物质资料的使用权代替所有权，不仅做到私有产权的公有化，甚至消灭“所有权”的概念；区块链技术是否可能逆转目前金融和互联网经营模式下社会资源向最顶层集中的趋势，建立一种真正的“个人所有制”；就目前的技术演进路径而言，其自身内部是否包含内在地有利于资本的倾向，如果是，那么其后资本主义的形态是怎样的以及如何可能的；如何善用当代技术所包含的向后资本主义社会过渡的辩证潜力，建立一种能自我存续、循环乃至扩展的公共性共同体，防止技术资源被资本占有和收编；等等。

最后，新资本形态中包含的自我悖论究竟在何种意义上为未来社会的构图奠定现实基础。目前预先设想或可在以下诸方面展开讨论：区块链对抗财产权的法权关系、人工智能促进订制性生产方式、共享平台还原物的有用性、货币的幽灵化构筑物物交换的新经济形态。例如面对共享经济的问题，讨论将从其包含的自我悖论入手，切入左右共享经济之本质的资本：如果说初期的共享民宿爱彼迎（Airbnb）还是一种将闲置房屋进行再利用，或者说避免“剩余”的有益方式，那么到了为解决“最后一公里”而出现的共享单车则纯粹是一种被“制造”出来的需要。而这种通过贩卖绿色出行、环保出行、共享理念等概念从而制造出一种消费需求的方式，正是一种典型的“意识形态消费”。这种“意识形态”消费实际上消费的是理念而非商品本身，某种意义上，它是对一种新理念的实践，贴上“共享”标签后的自行车具有了表征性和象征性，商家试图通过一种文化行为来粉饰一种纯粹的商业行为。但同时，它所宣扬的绿色、环保、节约等观念能够获得更广泛的认同，最终为未来推崇使用而非拥有的共享观念建立了良好的群众基础。

马克思哲学何以是改变世界的哲学*

吕世荣　聂海杰**

对于马克思的哲学革命这一经典课题，国内外思想界都非常关注。自改革开放以来，这一课题成为我国学界长期关注的热点和焦点。马克思主义理论界和西方哲学界的许多学者都参与了进来，从各种视角进行了研究和诠释。大家的研究深刻展现了马克思哲学革命的丰富内涵，为我们理解和把握马克思的哲学思想提供了重要的理论资源。然而，在最为根本的问题即马克思哲学革命的实质这个问题上，我国学界直到今天都没有真正达成一致。新时代通过对这一问题的深入探索，不仅可以回应长期以来国内外学界的争议，而且有利于我们进一步深入领会和把握马克思主义哲学的精神实质。

一　问题的提出

国内外的研究状况表明，很少有学者否认马克思发动哲学革命这个事实。人们的分歧和争议在于究竟如何理解这一哲学革命的性质。马克思的哲学革命究竟是传统西方哲学体制内的变革，还是对全部旧哲学的彻底超越？以海德格尔为代表的现代西方哲学家们认为，马克思哲

---

* 本文系作者主持的国家社科基金项目“马克思主义意识形态思想的演进与发展研究”(17BKS009)的阶段性成果。

** 作者简介：吕世荣，河南大学马克思主义与当代中国研究所研究员，教授，博士生导师；聂海杰，博士，郑州轻工业大学马克思主义学院讲师，硕士生导师。

学革命并未超出传统西方哲学的地基，不过是从形式上翻转了旧哲学的理论建制。我国学者对此普遍反对，认为马克思的哲学革命绝非对旧哲学的简单颠倒，而是从根基处对旧哲学的彻底变革。

海德格尔高度承认马克思发动哲学革命的事实。他认为，“因为马克思在体会到异化的时候深入到历史的本质性的一度中去了，所以马克思主义关于历史的观点比其余的历史学优越。但因为胡塞尔没有，据我看来萨特也没有在存在中认识到历史事物的本质性，所以现象学没有、存在主义也没有达到这样的一度中，在此一度中才有可能有资格和马克思主义交谈”①。这一论断既展现了马克思哲学的优势，也凸显了马克思哲学革命的现代意义。我国学界普遍肯定这个事实。吴晓明教授认为，“马克思不是以一种形而上学去抗衡另一种形而上学，而是非常坚决地揭穿一切形而上学的秘密，并终结超感性世界本身，从而开启了全新的、以实践为纲领的哲学发展路向”②。这一看法，确认马克思颠覆传统西方哲学而开创了一条新的哲学道路，已然成为我国学界的共识。

在肯定马克思发动哲学革命的事实之际，海德格尔进一步对其实质展开深入研究。在这个问题上，他却提出了与其上述看法截然相反的观点。“解释世界与改变世界之间是否存在着真正的对立？难道对世界的每一个解释不都已经是对世界的改变了吗？……对世界的每一个改变不都把一种理论前见（Vorblick）预设为工具吗？”③ 这显然是对《关于费尔巴哈的提纲》（以下简称《提纲》）最后一条的反诘。这一反诘实际上是对马克思哲学革命的本质及其效应的评判。在海德格尔看来，“由卡尔·马克思完成了的对形而上学的颠倒，哲学达到了最极端的可能性。哲学进入其终结阶段了”④。这个结论得到了不少现代西方哲学家的认同。他们认为，马克思的哲学革命只是颠覆了旧哲学的理论架构，并未跳出形

① ［德］海德格尔：《海德格尔选集》上卷，孙周兴选编，生活·读书·新知三联书店1996年版，第383页。

② 吴晓明：《形而上学的没落——马克思与费尔巴哈关系的当代解读》，人民出版社2006年版，第548页。

③ ［德］海德格尔：《晚期海德格尔的三天讨论班纪要》，F. 费迪耶等辑录，丁耘编译，《哲学译丛》2001年第3期，第53页。

④ ［德］海德格尔：《海德格尔选集》上卷，孙周兴选编，生活·读书·新知三联书店1996年版，第1244页。

而上学的地基。

我国学界的看法与此不同。“哲学家们只是用不同的方式解释世界，问题在于改变世界。”① 人们普遍认为，马克思《提纲》的这个“第十一条”击中了传统西方哲学的要害，集中展现了马克思哲学革命的实质。人们据此得出结论：马克思的哲学革命不是对传统西方哲学的修补或完善，而是对旧哲学的彻底变革和根本超越；传统西方哲学是“解释世界”的哲学，而马克思哲学则是“改变世界”的哲学。然而，传统西方哲学何以只是“解释世界”的哲学？马克思哲学何以又是“改变世界”的哲学？这两种哲学究竟何以区别开来？对于这些关乎紧要的问题，大家却陷入了激烈的争论。

人们通常给出的答案是，“包括马克思哲学在内的任何哲学都包含着解释世界的维度，马克思哲学中也存在”。马克思所“否定的只是那种不从‘改变世界’的视角来‘解释世界’的方式——追求统一性和终极性说明的解释哲学正是这种方式——而不包括从‘改变世界’的视角来‘解释世界’的方式”②。这种理解范式的问题在于，它只是从形式上强调马克思哲学比传统西方哲学优越，而没有真正从内容上展现马克思的哲学观与传统西方哲学的本质区别。当然，不少学者往往也会基于思想史视角，具体而细微地分析“解释世界”和“改变世界”的含义，并展现马克思解决二者对立的思路。然而，究其实质，人们的做法要么是从教科书的既定知识出发将问题简单化为“理论与实践的统一”，要么则强行将马克思拉入西方哲学家的行列，由此将马克思的哲学革命抽象地归结为“认识论变革”。

这样一来，两种貌似截然对立的意见实则就殊途同归。海德格尔等现代哲学家是将马克思的哲学革命归结为传统西方哲学体制内的变革；我国一些学者虽极力强调马克思哲学革命的彻底，却又独断地将判定依据诉诸传统西方哲学的理论资源和话语体系，因而只是形式上赋予马克思哲学以“新意”，实则是迂回地将马克思拉回西方哲学家的行列。如何才能克服人们关于马克思哲学革命的误解？为此，我们就必须老老

① 《马克思恩格斯文集》第 1 卷，人民出版社 2009 年版，第 502 页。

② 鲍金：《“解释世界”与“改变世界”：马克思对“解释哲学”的批判及其超越》，《上海交通大学学报》（哲学社会科学版）2017 年第 6 期，第 9 页。

实实地立足于马克思哲学文本，深入其问题意识，分析其变革和超越西方哲学的理论逻辑和思想内涵。

二 传统西方哲学的局限和困境

马克思哲学革命的目标是要变革和超越传统西方哲学，他发动这场哲学革命的出发点是破解旧哲学的局限及其困境。马克思认为，包括费尔巴哈在内的旧唯物论者和唯心论者，这些"哲学家们只是用不同的方式解释世界，问题在于改变世界"①。马克思所针对的并非哲学家们的具体做法，而是直指其"解释世界"的方式，亦即支撑哲学家们构造理论体系的世界观、历史观以及价值观。这既是哲学家们从事哲学思考的理论建制，也是导致其陷入困境的前提禁锢。

（一）传统西方哲学的世界观及其局限

在马克思看来，传统西方哲学两个派别旧唯物论和唯心论的世界观各有各的问题。"从前的一切唯物主义（包括费尔巴哈的唯物主义）的主要缺点是：对对象、现实、感性，只是从客体的或者直观的形式去理解，而不是把它们当做感性的人的活动，当做实践去理解，不是从主体方面去理解。"② 传统唯物论的世界观充满形而上学的二元论色彩，人们虽然承认自然界的本原地位，却割裂了人与自然界的本质联系，抹杀了人们实践活动（特别是劳动生产）对于自然界的变化发展所发挥的能动作用。如此一来，哲学家们就无法对世界作出真正唯物主义的解释。"和唯物主义相反，唯心主义却把能动的方面抽象地发展了，当然，唯心主义是不知道现实的、感性的活动本身的。"③ 唯心论者深刻的地方是凸显了主体能动性；其问题则是脱离实践抽象地夸大了这种主体能动性作用，将本来是属于人的某种精神或意识与人和人的实践割裂开来，把精神本身绝对化、神圣化为能动的主体与世界的本原，并对其如何"创生世界"进

① 《马克思恩格斯文集》第1卷，人民出版社2009年版，第502页。
② 《马克思恩格斯文集》第1卷，人民出版社2009年版，第499页。
③ 《马克思恩格斯文集》第1卷，人民出版社2009年版，第499页。

行种种先验的理论演绎，好像这些精神可以脱离人和人的实践本身具有自我意识的想象活动之主体性和能动性。这样唯心论者便陷入自我意识的臆想和幻想，把某种精神作为所谓能动的主体和实体而使自己陷入自己构造的“理论王国”，陷入自我意识的各种先验幻象之中，而任意把它神化、主体化和能动化了。其实，离开人和人的实践的“精神”不仅毫无现实性，也根本谈不上主体性和能动性。无论旧唯物论还是唯心论，它们所研究的世界无疑都是抽象的观念世界，并最终是将世界归结为某种非实践基础上理解的某种抽象实体，它们不过是这种实体主义思辨地理解的抽象观念的世界观理论。

（二）传统西方哲学的历史观及其局限

对于旧唯物论者而言，他们的历史观更多的是其形而上学的世界观在社会历史发展领域的直观投射。由于抹杀了社会实践的现实性并忽略了这种对象性的［*gegenständliche*］活动的变革作用，这些人必然主观而又独断地将自然界和人类社会的发展二元分离（如费尔巴哈还将人本身二重化为二元分裂对立的矛盾统一体系）。他们一方面将抽象的“自然界”——独立于人们的社会实践之外的自在之物——设定为最高实体，另一方面又将社会发展极其粗陋地理解为重大历史事件的演变。于是，旧唯物论者的不彻底性就在其历史观层面暴露无遗，走向了自己的反面，倒向了唯心主义的怀抱。唯心论者的历史观与其世界观高度同一，不过是将设定为世界本原的观念范畴，进一步设定为主宰历史发展的动力。黑格尔哲学是这种唯心史观的典型代表。黑格尔力图透过现象深入历史发展的本质逻辑之中，“把整个自然的、历史的和精神的世界描写为一个过程，即把它描写为处在不断的运动、变化、转变和发展中，并企图揭示这种运动和发展的内在联系”①。这种虽则思辨却辩证的历史观克服了旧唯物论的局限，为人们认识历史发展规律提供了重要启示。但其局限性也十分明显：历史发展的客观性被某种意识形态幻想所消解；历史规律的必然性被归结为上帝或神的神秘意旨；历史演进的过程性被“绝对精神”派生的抽象逻辑序列所抹杀。

---

① 《马克思恩格斯全集》第26卷，人民出版社2014年版，第26页。

（三）传统西方哲学的价值观及其局限

哲学家们既然生活在现实社会中，就不得不面对现实问题，不得不对时代发展作出反映。哲学家们分析和解决现实问题和时代课题都是基于其世界观和历史观这个逻辑前提，因而不可避免地受到这个逻辑前提的制约。于是，传统西方哲学的根本局限就必然在价值观层面暴露出来。一方面，受制于观念论的世界观和唯心史观的双重制约，这些哲学家们沉醉于抽象的"思想世界"和"理论王国"中，以至于与世隔绝、不问世事；另一方面，他们却又以真理的掌握者而自居，坚信自己手中攥着关于人世间的"全部秘密"。于是他们就陷入将应有与现有割裂的二元论困局之中。这在青年黑格尔派身上表现得淋漓尽致。"青年黑格尔派的意识形态家们尽管满口讲的都是所谓'震撼世界的'词句，却是最大的保守派。……他们只是用词句来反对这些词句；既然他们仅仅反对这个世界的词句，那么他们就绝对不是反对现实的现存世界。"[①] 青年黑格尔派是德国资产者的意识形态家。出于维护自己从属的社会阶级的利益的目的，这些哲学家们对于封建专制制度十分不满，本能地对之展开了激烈的批判和斗争，但又十分不彻底。由于德国资本主义的不发达，注定了他们的"批判"只能是脱离实践的纯粹思想运动。由于形而上学的世界观和唯心史观的制约，他们也无法对眼前的社会现实即十分尖锐的阶级矛盾的实质给予科学揭示。双重的局限导致这些德意志意识形态家们陷入困局：既无法科学地"解释世界"，又无法切实有效地"改变世界"。他们对世界的"解释"实际上是将德国资产者要求摆脱德国封建专制束缚的阶级意识加工成一种哲学形式的意识形态，由于其根本没有触及造成问题的根源即封建私有制，也就注定了这种貌似激进的"哲学意识形态"不过是脱离革命实践的空洞幻想。

综上，受自身理论建制的束缚，传统西方哲学陷入了自身无法克服的困境之中。哲学家们对世界的"解释"本质上是把自己置身其中的社会现实转化成抽象的哲学话语；他们给出的充满天真幻想的"哲学答案"虽然不乏批评甚或批判，却不过是一种纯粹主观的不满和某种

---

① 《马克思恩格斯文集》第1卷，人民出版社2009年版，第516页。

情绪化的拒斥，由此不仅消解了社会现实的客观实在性，而且遮蔽和掩盖了真实存在着的阶级矛盾尤其是统治阶级和被统治阶级的对立。由此导致的是这样一个充满儿戏化的结果："改造社会的事业被归结为批判的批判的大脑活动。"① 因此，旧哲学只是停留于对"旧世界"的解释，只是满足于采取某种先验的方式将既定的社会现实构造为纯粹的哲学范畴；他们有些人虽然也提出了"批判"乃至"消灭"旧世界的主张，然而根本无法找到切实地推动着"旧世界"朝着"新世界"转变的实践途径。

三 马克思对旧哲学的批判和变革

对问题的认识本身就蕴含着解决问题的答案。如笛卡儿所说，"哲学好像一棵树，树根是形而上学"②。旧哲学的理论建制——世界观、历史观和价值观——就是它的根，就是所有哲学体系奠立其上、赖以生成的逻辑始基。马克思不是在旧哲学的形而上学地基上构建哲学体系，而是要根本扬弃这样一种"构造体系"的传统思路。因此，马克思的哲学革命十分彻底，不像青年黑格尔派对黑格尔的批判——从来没有"离开过哲学的基地"③。马克思对旧哲学的批判既根本又全面。他从根基处着手，对其理论建制亦即逻辑始基进行彻底的前提批判，因而展现为三重批判——世界观批判、历史观批判和价值观批判——的统一④。

（一）世界观批判与马克思的世界观变革

马克思的世界观批判针对的是旧哲学世界观的固有症结，即破解其将"理念王国"与"感性世界"决然对立的先验幻象，为新哲学奠定世

① 《马克思恩格斯文集》第1卷，人民出版社2009年版，第293页。

② ［法］笛卡儿：《谈谈方法》，王太庆译，商务印书馆2000年版，第70页。

③ 《马克思恩格斯文集》第1卷，人民出版社2009年版，第514页。

④ 这"三重批判"是一个整体，它们是马克思变革和超越旧哲学的哲学革命的有机构成。马克思对旧哲学的批判是世界观批判、历史观批判和价值观批判的三位一体。这三者并非决然孤立，在每一个环节中，都不是单一的批判，而是三重批判内在地交织在一起。对于马克思哲学革命的这一整体性特质，需要另外撰文研究。

界观根据。结合马克思哲学思想发展的过程和逻辑，我们大致可将马克思的世界观变革概括为以下几点内容。

其一，从前提上瓦解了旧哲学的"柏拉图主义"悬设。在马克思看来，哲学并非哲学家们所自以为的纯粹的"思"，而是"可以通过经验来确认的、与物质前提相联系的物质生活过程的必然升华物"①。因此，哲学的研究主题和对象既非唯心论者栖居的"理念王国"，也非旧唯物论者栖居的"感性世界"，而是"人的世界"——人们生活于其中的"现实世界"。其二，从根本上破除了旧哲学的"观念论"理路。"德国哲学从天国降到人间；和它完全相反，这里我们是从人间升到天国。"② 马克思既克服了唯心论者将"精神"设定为"本体"的先验幻象，也克服了旧唯物论者将"自然界"设定为"本体"的经验主义迷误，因而彻底地摒弃了以"一"去统摄"多"的"观念论"理路③。马克思的世界观要义不是要将活生生的现实世界抽象地建构成"思想客体"或"感性客体"，而是对人类社会及其历史发展的本质进行彻底的唯物主义探问：立足于实践，从生产力和生产关系的矛盾运动揭示"现实的人及其历史发展"的本质逻辑。其三，深刻揭示了哲学的本质及其能动性。马克思肯定了唯心论者对于哲学的"能动性"的合理凸显，但又祛除了这些哲学家们停留于先验观念论境域的狭隘性。在《德意志意识形态》等论著中，马克思对哲学与世界的真实关系作了彻底的唯物主义剖析。和政治、法律、道德、宗教一样，哲学是内嵌于社会机体的"精神生产"，即由一定的经济基础所派生的"观念的上层建筑"④。哲学家们所构建的理论体系，是作为"观念上层建筑"的哲学的观念形式。自原始社会解体一直到现代资产阶级社会，推动哲学家们进行"体系构建"的动因是阶级斗争。

① 《马克思恩格斯文集》第 1 卷，人民出版社 2009 年版，第 525 页。

② 《马克思恩格斯文集》第 1 卷，人民出版社 2009 年版，第 525 页。

③ 在马克思看来，这是"神创论"在人们头脑中的一种虚幻且虚妄的残余，人们情不自禁地为这样一个问题所困扰："谁生出了第一个人和整个自然界？"马克思对此认为，"你的问题本身就是抽象的产物。请你问一下自己，你是怎样想到这个问题的；请你问一下自己，你的问题是不是来自一个因为荒谬而使我无法回答的观点。请你问一下自己，那个无限的过程本身对理性的思维来说是否存在。既然你提出自然界和人的创造问题，你也就把人和自然界抽象掉了。你设定它们是不存在的，你却希望我向你证明它们是存在的。"（《1844 年经济学哲学手稿》单行本，人民出版社 2000 年版，第 91—92 页）

④ 《马克思恩格斯文集》第 1 卷，人民出版社 2009 年版，第 583 页。

统治阶级内部会分化出自己的“哲学家阶层”，“他们是这一阶级的积极的、有概括能力的意识形态家”①，其职责是弥合国家与市民社会的矛盾、缓和阶级冲突从而稳固统治阶级的地位；被统治阶级也会在社会矛盾推动下产生自己的哲学家，其职责是为被统治阶级反抗统治阶级的革命运动提供思想武器。

马克思由此确立了将“批判的武器”与“武器的批判”有机统一的新唯物主义世界观。“旧唯物主义的立脚点是市民社会，新唯物主义的立脚点则是人类社会或社会的人类。”② 马克思将哲学熔铸到了其所领导和参加的无产阶级反抗资产阶级的革命实践中，确立了旨在解放无产者和全人类的新唯物主义世界观。这种新唯物主义世界观将“世界历史”即人类社会的发展整体视为“不外是人通过人的劳动而诞生的过程”③，并牢牢从无产阶级根本利益出发，赋予哲学以“批判的武器”和“武器的批判”之双重属性。新唯物主义世界观是“批判的武器”，以“批判旧世界发现新世界”④ 亦即批判现代资产阶级社会而发现共产主义社会的必然性为鹄的；这一“批判”又并非纯粹主观的“头脑思辨”，本质上是“武器的批判”：“哲学把无产阶级当做自己的物质武器。同样，无产阶级也把哲学当做自己的精神武器”⑤，马克思由此不仅为新唯物主义奠定了坚实的世界观基础，而且赋予这种新世界观以共产主义运动之思想武器的鲜明特质。

（二）历史观批判与马克思的历史观变革

世界观批判及其变革深层地为马克思的历史观变革奠定逻辑支撑。马克思的历史观变革主要解决以下两个问题：一是破除包括费尔巴哈在内所有哲学家们特别是青年黑格尔派的唯心史观幻想；二是破解困扰旧哲学的“历史之谜”亦即揭示贯穿于“现实的人及其历史发展”过程中的客观规律。结合马克思思想发展历程，我们可以将马克思这一变革的内涵归结为以下要点。

---

① 《马克思恩格斯文集》第1卷，人民出版社2009年版，第551页。

② 《马克思恩格斯选集》第1卷，人民出版社2012年版，第136页。

③ 《马克思恩格斯文集》第1卷，人民出版社2009年版，第196页。

④ 《马克思恩格斯全集》第47卷，人民出版社2004年版，第64页。

⑤ 《马克思恩格斯选集》第1卷，人民出版社2012年版，第16页。

第一，马克思深入考察了历史的“本体”究竟是什么这一问题。马克思批驳了黑格尔之“国家决定市民社会”的唯心史观悬设，得出了与之截然相反的“市民社会决定国家”的结论。马克思由此从前提处瓦解了旧哲学历史观的唯心主义架构，确认“市民社会”是“全部历史的真正发源地和舞台”[①]，唯物主义地廓清了历史的“本原”，为揭开历史本来面目奠定前提。第二，马克思深入研究了历史发展的过程性及其规律问题。马克思高度肯定黑格尔对于历史发展的过程性及其辩证规律的认识。“我们仅仅知道一门唯一的科学，即历史科学。”[②]“历史科学”的任务就是站在黑格尔的肩膀上对人类社会历史发展规律作进一步考察，因而就是对“市民社会”进行彻底的唯物主义解剖，“这一任务，归根到底，就是要发现那些作为支配规律在人类社会的历史上起作用的一般运动规律”[③]。第三，马克思深刻揭示了贯穿人类社会发展历史的必然规律。“历史不外是各个世代的依次交替。每一代都利用以前各代遗留下来的材料、资金和生产力；由于这个缘故，每一代一方面在完全改变了的条件下继续从事先辈的活动，另一方面又通过完全改变了的活动来改变旧的条件。”[④] 历史的发展贯穿着不以人们的意志为转移的客观必然规律：“人们不能自由地选择自己的生产力——这是他们的全部历史的基础，因为任何生产力都是一种既得的力量，以往活动的产物。……但是由于后来的每一代人所得到的生产力都是前一代人已经取得而被他们当作原料来为新生产服务这一事实，就形成人们历史中的联系，就形成人类的历史。”[⑤] 历史规律就是人类社会有机体及其社会形态演变的内在必然性，亦即在生产力和生产关系、经济基础和上层建筑矛盾推动下所呈现的由低到高的发展趋势。对此，人们通常根据马克思和恩格斯的经典阐发将之概括为“三形态说”和“五形态说”，这里不再赘述。需要强调的一点是，这二者并不矛盾，实则是马克思从不同角度对历史规律的揭示：“‘三形态’说明的则是社会经济体制的历史演变与人的发

---

① 《马克思恩格斯文集》第 1 卷，人民出版社 2009 年版，第 196 页。

② 《马克思恩格斯文集》第 1 卷，人民出版社 2009 年版，第 196 页。

③ 《马克思恩格斯选集》第 4 卷，人民出版社 2012 年版，第 253 页。

④ 《马克思恩格斯全集》第 3 卷，人民出版社 1960 年版，第 51 页。

⑤ 马克思：《致巴·瓦·安年科夫》（1846 年 12 月 28 日），《马克思恩格斯选集》第 4 卷，人民出版社 1972 年版，第 321 页。

展的关系。‘五形态’揭示的是生产关系的内容与社会根本制度的历史发展。”①

“这样一来，唯心主义从它的最后的避难所即历史观中被驱逐出去了，一种唯物主义的历史观被提出来了，用人们的存在说明他们的意识，而不是像以往那样用人们的意识说明他们的存在这样一条道路已经找到了。”② 通过以上逐步深入的批判，马克思破解了“历史之谜”，破除了哲学家们的唯心史观迷误，确立了科学的历史观即唯物史观。

（三）价值观批判与马克思的共产主义价值立场

哲学家们何以纷纷陷入割裂应有与现有的意识形态幻象？这既是由于其作为统治阶级的思想家代表维护和巩固本阶级的社会地位和阶级利益的本然意图的驱使，也是由于其蔑视人民群众的历史地位的唯心史观所致。他们至多从抽象的“云端世界”给予这些“贫贱阶级”以同情一瞥和伦理关怀，根本不能从价值观的高度深切体认这些劳动阶级与历史发展的本质联系。就连无限怜悯无产者并无限诅咒资产者的社会主义者们，对广大人民群众最多也只是投以人道主义的怜悯。总之这些思想家们有一个共同点：“他们都不是作为当时已经历史地产生的无产阶级的利益的代表出现的。”③ 他们没有看到：历史发展的“秘密”不是在精英们身上，而是蕴藏在这些“贫苦阶级”之中。基于科学的世界观和历史观，基于对现实的人及其历史发展的本质和规律的科学认识，马克思牢牢地将为人民群众谋利益作为自己鲜明的价值观立场，科学地认识到貌似一无所有的无产者恰恰是历史的真正主人，无产阶级领导和发动的社会革命是消灭资本主义而建立共产主义的动力，“无产者在这个革命中失去的只是锁链。他们获得的将是整个世界”④。马克思不仅戳穿了旧哲学脱离人民群众的抽象价值观的保守性乃至反动性，而且将新哲学牢牢地奠立在科学的共产主义价值观立场之上。

这样，通过世界观、历史观和价值观的多重批判性改造，马克思完

① 吕世荣：《马克思社会发展理论研究》，中国社会科学出版社 2001 年版，第 103 页。

② 《马克思恩格斯选集》第 3 卷，人民出版社 2012 年版，第 401 页。

③ 《马克思恩格斯文集》第 9 卷，人民出版社 2009 年版，第 21 页。

④ 马克思、恩格斯：《共产党宣言》，人民出版社 2014 年版，第 65 页。

成了对旧哲学基本理论建制的固有局限和根本症结的破除。马克思以新的哲学世界观批判颠覆了旧的哲学世界观之观念论架构，揭示了人的实践主体性与现实世界发展的过程性之间的辩证关系；而他的唯物主义历史观则批判破除了旧哲学哲学家们的唯心史观迷误，并以此为基础实现了以科学革命的价值观批判扬弃旧哲学哲学家们的意识形态幻象及其剥削阶级资产阶级价值观，揭示了人民群众（无产阶级）的历史主体地位和价值。马克思因此牢牢地将哲学奠立在了彻底的唯物主义世界观、历史观和价值观的基础之上，从根本上完成了对旧哲学的变革和超越。

四 马克思“改变世界”的哲学观

马克思对旧哲学的批判意义重大。这一哲学革命从前提上瓦解了其理论建制，开辟了一条崭新的哲学道路。马克思由此确立了一种与旧哲学根本对立的哲学观，即创立了一门“改变世界”的新哲学。“新思潮的优点又恰恰在于我们不想教条地预期未来，而只是想通过批判旧世界发现新世界。”① 马克思哲学不是不“解释世界”，而是诉诸“批判旧世界”这样的崭新形式；它不是为了批判而批判，而是以“发现新世界”为目标。而马克思“通过批判旧世界发现新世界”的哲学观，具体地通过其世界观、历史观和价值观集中得以展现。

马克思的世界观是彻底的唯物主义的世界观。马克思秉持将“人类历史实践的关联物或构造物”作为现实可能的理解和说明研究对象，立足人与其现实生活世界具体而历史地发生的现实实践关联关系去理解说明所有现实对象和问题，将一切脱离实践——人所不能也无力说明的对象或自我意识主观臆造的各种虚假对象和问题统统排除在了他的研究视野和说明对象之外，这才为彻底唯物地、科学地说明世界并以科学的世界观理论来改造现实生活世界奠定了坚实可靠的基础。“既然唯物主义总是用存在解释意识而不是相反，那么应用于人类社会生活时，唯物主义就要求用社会存在解释社会意识。”② 这里所说的社会存在显然就是人类

① 《马克思恩格斯全集》第47卷，人民出版社2004年版，第64页。

② 《列宁专题文集·论马克思主义》，人民出版社2009年版，第13页。

通过自己的生产实践—社会实践这一存在方式而建构的这样一种存在，马克思也是立足于这种历史地展开的关系实践来把握理解现实生活世界的关系和关系运动，他才能将黑格尔思辨唯心主义主观任意地设定的不彻底的辩证法改造为彻底的、革命的唯物辩证法。“辩证法在对现存事物的肯定的理解中同时包含着对现存事物的否定的理解，即对现存事物的必然灭亡的理解；辩证法对每一种既成的形式都是从不断的运动中，因而也是从它的暂时性方面去理解；辩证法不崇拜任何东西，按其本质来说，它是批判的和革命的。”[①] 这种“批判的和革命的”唯物辩证法构成马克思世界观的内核，即赋予马克思的世界观以“批判旧世界”即对“对现存的一切进行无情的批判”[②] 的方法论内涵。

马克思的历史观为他的这种“批判的和革命的”世界观提供了“历史科学”支撑。唯物史观的要义绝非为人们提供了将历史“客体化”（凝固为一幅“历史图画”）的公式，而是将客观的“历史辩证法”（历史发展所遵循的客观规律）逻辑地展现为思维的或理论形态的“主观辩证法”——“唯物辩证法”，它们不过是客观历史的辩证法经过人们的科学的历史抽象而形成的科学历史理论或思维的辩证法理论。立足于唯物史观，站在人类社会发展的高度，马克思从历史发展规律的维度揭示了“现存事物”（人类社会发展的既定形态）的暂时性及其必然灭亡的过程性特质。于是，马克思“批判的和革命的”世界观就赢获了一种有别于黑格尔的“历史感”：“‘解放’是一种历史活动，不是思想活动，‘解放’是由历史的关系，是由工业状况、商业状况、农业状况、交往状况促成的”人类社会对私有制的彻底消除[③]。因此在马克思看来，对现存现实的“批判”，不能像旧哲学那样停留在“纯粹理论批判”的主观层面，而是要将“批判的武器”锻造为“武器的批判”，将哲学批判现实化为推动历史发展的革命实践。

这种革命实践的本质就是“通过批判旧世界而建立新世界”。问题在于，何以能够“通过批判旧世界”而“建立新世界”？马克思的共产主义立场为此提供了不可或缺的价值观支撑。马克思的共产主义价值观既是

---

① 《马克思恩格斯文集》第5卷，人民出版社2009年版，第22页。

② 《马克思恩格斯全集》第47卷，人民出版社2004年版，第22页。

③ 马克思、恩格斯：《德意志意识形态》（节选本），人民出版社2018年版，第19页。

渗透于其世界观和历史观之中的阶级立场，又是其世界观和历史观所必然导向的价值原则。"实际上，而且对实践的唯物主义者即共产主义者来说，全部问题都在于使现存世界革命化，实际地反对并改变现存的事物。"[①] 马克思坚持将共产主义作为自己的价值观，并非主观任意，而是以其对工人阶级反抗资产阶级的共产主义运动的科学认识为前提。马克思哲学由此为无产阶级运动提供了强大思想武器。"哲学把无产阶级当做自己的物质武器，无产阶级把哲学当做自己的精神武器；哲学不消灭无产阶级，就不能成为现实；无产阶级不把哲学变成现实，就不可能消灭自身。"[②] 马克思不仅坚持将共产主义作为价值观，而且将工人阶级自觉自为的共产主义立场提升到了确立科学的世界观和历史观之不可缺少的理论前提这一高度，并将之熔铸和内化为哲学的最高价值追求和终极社会理想。

由此我们便可窥探马克思主义哲学超越旧哲学所实现的哲学革命本质上是确立了一种全新的"改变世界"的哲学观。马克思从根本上摒弃了脱离实践思辨唯心主义、形而上学地思考的"世界是什么"（实体主义本体论）、"主体如何切中在它之外的客体"、先验确定的人何以能够认识世界（实体主义的认识论或观念论）这样的哲学叙事和运思逻辑，开辟了一条以人的实践来建构与理解人的一切关系、创造人的世界历史的崭新的哲学道路。立足于实践，面向社会现实，站立在时代和历史发展的高度，马克思对"现实的人及其历史发展问题"[③] 进行了彻底的唯物主义解剖；解剖的目的不单是为了理解现存现实世界，不是为其存在的合理性或合法性提供哲学证明，而是基于共产主义立场确证这个充满矛盾的现实世界必将走向灭亡、人类社会必将消灭私有制而进入共产主义社会。这样，就像普罗米修斯将火种从天上带到人间那样，马克思自觉地将哲学与无产阶级所担负的革命的历史任务有机统一，既为这场共产主义革命提供了科学的世界观、历史观和价值观支撑，又使哲学实现了其现实化而必须能够指导人们科学有效地"改变世界"的历史使命。

---

① 《马克思恩格斯文集》第1卷，人民出版社2009年版，第527页。

② 《马克思恩格斯选集》第1卷，人民出版社2012年版，第16页。

③ 《马克思恩格斯选集》第4卷，人民出版社2012年版，第247页。

五 马克思哲学“改变世界”的方式

马克思发动哲学革命的旨趣绝非为了确立一套比旧哲学更为精致和完满的形而上学理论建制；虽然马克思哲学的世界观、历史观和价值观的的确确比旧哲学高明，但这种“高明”并非意味着以“新的形而上学体系”代替“旧的形而上学体系”，而是以切合实际合乎历史必然性地“改变世界”的彻底的唯物主义新哲学代替形而上学地、抽象思辨地“解释世界”的旧哲学。然而马克思哲学究竟如何“改变世界”？这不仅是马克思哲学革命的落脚点，也是关涉如何理解马克思哲学要义的根本性问题。

首先，马克思基于哲学高度深刻揭示了资本主义社会的矛盾本质及其未来发展趋势。基于唯物史观原理，马克思得出了两个重要结论。其一，资本主义社会的发展遵循人类社会发展的一般规律。“从封建社会的灭亡中产生出来的现代资产阶级社会并没有消灭阶级对立。它只是用新的阶级、新的压迫条件、新的斗争形式代替了旧的。”① 其二，资本主义社会的社会基本矛盾及其主要矛盾（阶级对立）呈现了不同于以往的特质。就其基本矛盾而言，“社会的生产和资本主义占有的不相容性”② 变得极端化起来，资本生产力的私有性质与其生产关系即雇佣劳动制之间的对立达到了异常尖锐的程度。“使相对过剩人口或产业后备军同积累的规模和能力始终保持平衡的规律把工人钉在资本上，比赫斐斯塔司的楔子把普罗米修斯钉在岩石上钉得还要牢。”③ 和以往各个时代一样，资本主义社会的基本矛盾必定以主要矛盾即阶级斗争的形式展现出来，“社会化生产和资本主义占有之间的矛盾表现为无产阶级和资产阶级的对立”④。资本主义的主要矛盾也达到了极端化的程度：“整个社会日益分裂为两大敌对的阵营，分裂为两大相互直接对立的阶级：资产阶级和无产阶级。”⑤

① 《共产党宣言》，人民出版社 2014 年版，第 28 页。
② 《马克思恩格斯选集》第 3 卷，人民出版社 2012 年版，第 621 页。
③ 《马克思恩格斯文集》第 5 卷，人民出版社 2009 年版，第 743—744 页。
④ 《马克思恩格斯全集》第 26 卷，人民出版社 2014 年版，第 288 页。
⑤ 马克思、恩格斯：《共产党宣言》，人民出版社 2014 年版，第 28 页。

事物的矛盾的极端化必然引发矛盾的不断积累以至矛盾的对抗性爆发并引发事物发生质变，人类社会的基本矛盾在资本主义时代的极端化必然引起社会自身性质的改变。"它在使生产过程的物质条件和社会结构成熟的同时……也使生产过程的资本主义形式的矛盾和对抗成熟起来，因此也同时使新社会的形成要素和旧社会的变革要素成熟起来。"① 和以往一样，社会矛盾亦即生产力与生产关系如此尖锐对立的结果必然是新旧阶级统治的更迭，必然是"无产阶级专政"代替"资产阶级专政"："资产阶级的灭亡和无产阶级的胜利是同样不可避免的。"② 立足于此，基于对资本主义基本矛盾和主要矛盾的科学分析，马克思将新旧世界交替的客观规律逻辑地提升为共产主义必然消灭资本主义的哲学理念。

其次，马克思通过政治经济学批判将深刻的共产主义哲学理念提升为科学的社会理想。马克思关于共产主义的哲学理念与空想社会主义有本质区别。它不是仅仅诉诸主观幻想的纯粹理论研究，不是"用个别学究的头脑活动来代替共同的社会生产"③（如蒲鲁东），也非停留于一种不切实际的个体化的"社会实验"（如罗伯特·欧文）。马克思的深刻之处就是将这种哲学理念牢牢植根于无产阶级革命运动的实践，并通过系统而又彻底的政治经济学批判对实践经验作了原则性的提升，上升到了"经济科学"的高度：而这门"经济科学的任务在于：证明现在开始显露出来的社会弊病是现存生产方式的必然结果，同时也是这一生产方式快要瓦解的征兆，并且从正在瓦解的经济运动形式内部发现未来的、能够消除这些弊病的、新的生产组织和交换组织的因素"④。要言之，马克思基于对资本主义社会基本矛盾和主要矛盾的哲学统握，将矛盾的解决诉诸彻底唯物主义的政治经济学批判，而且诉诸无产阶级对资本私有制及其生产方式（生产力和生产关系）的革命变革。在《资本论》及其手稿中，马克思发现了"现代资本主义生产方式和它所产生的资产阶级社会的特殊的运动规律"⑤，由此创立的科学的劳动价值论发现了剩余价值的本质及其生产的"秘密"。恩格斯深刻地指出，"由于马克思以这种方式

① 《马克思恩格斯文集》第5卷，人民出版社2009年版，第576—577页。
② 《共产党宣言》，人民出版社2014年版，第40页。
③ 《马克思恩格斯文集》第10卷，人民出版社2009年版，第219页。
④ 《马克思恩格斯全集》第26卷，人民出版社2014年版，第157页。
⑤ 《马克思恩格斯全集》第25卷，人民出版社2001年版，第597页。

说明了剩余价值是怎样产生的，剩余价值怎样只能在调节商品交换的规律的支配下产生，所以他就揭露了现代资本主义生产方式以及以它为基础的占有方式的机制，揭示了整个现代社会制度得以确立起来的核心”①。马克思因此就揭示了资本的本质及其运行规律，并尤其深刻地剖析了它在其固有矛盾的推动下必然发生变革的趋势。马克思基于哲学和政治经济学批判而得出的这个结论，绝非乌托邦的空想。对此，英国著名的马克思主义史学家埃里克·霍布斯鲍姆不无道理地指出：“马克思主张的不是资本主义已经达到它推动生产力发展的能力的极限，而是资本主义增长的不均衡运动产生了周期性的生产过剩危机，这种生产过剩危机迟早会证明生产与资本主义管理经济的方式不相容，造成推翻资本主义的社会冲突。资本主义就其本质来说不可能适合随之而来的社会化生产经济。马克思认为，这必然会是社会主义经济。”② 概言之，马克思通过对剩余价值的本质、源泉的揭示，破除了日常人们和资产阶级思想家们耽于拜物教幻象而将之夸大为一个永恒的“千年王国”的意识形态幻想，科学地剖析了资本时代作为人类社会一个发展阶段的暂时性和过渡性的特质。于是，马克思崇高的共产主义哲学理念就在其政治经济学批判中被升华为一种科学的社会理想：关于资本主义社会矛盾的哲学求解被政治经济学批判赋予科学的内涵，共产主义得以实现的可能性被现代资产阶级社会运动规律的发现而确立为历史发展的必然。

最后，马克思将科学的共产主义理想与现实的无产阶级革命运动有机统一。“思想根本不能实现什么东西。为了实现思想，就要有使用实践力量的人。”③ 共产主义理想的实现也得落实到人，也得把科学的理论变成革命的实践。早在1843年的“德法年鉴”上，马克思就意识到了解决这个课题的现实途径：“批判的武器当然不能代替武器的批判，物质力量只能用物质力量来摧毁；但是理论一经掌握群众，也会变成物质力量。理论只要说服人［ad hominem］，就能掌握群众；而理论只要彻底，就能说服人［ad hominem］。”④ 科学的共产主义理想实现的关键显然就在于

---

① 《马克思恩格斯全集》第26卷，人民出版社2014年版，第215页。

② ［英］埃里克·霍布斯鲍姆：《如何改变世界：马克思和马克思主义的传奇》，吕增奎译，中央编译出版社2014年版，第7页。

③ 《马克思恩格斯全集》第2卷，人民出版社1957年版，第152页。

④ 《马克思恩格斯全集》第3卷，人民出版社2002年版，第207页。

"批判的武器"能否真正和"武器的批判"实现有机的统一与结合。问题在于二者究竟如何统一？在这个更为具体的维度——同时也是至关重要的环节上，马克思展现出了他作为哲学家、科学家和革命家完美结合的伟大。他不是一般地实现了人们通常所说的"知行合一"，而是将崇高的哲学理念、科学的社会理想与无产阶级推翻资本统治的社会革命有机统一，因而"它把严格的和高度的科学性（它是社会科学的最新成就）同革命性结合起来，并且不仅仅是因为学说的创始人兼有学者和革命家的品质而偶然地结合起来，而是把二者内在地和不可分割地结合在这个理论本身中"①。马克思积极主动而又十分冷静地参与工人运动中，以无产阶级思想家和革命导师的身份直接给予其以科学的理论指导。"马克思的哲学是完备的哲学唯物主义，它把伟大的认识工具给了人类，特别是给了工人阶级。"② 正是在马克思的指导下，"正义者同盟"被改造成为"共产主义同盟"，第一个建立在科学社会主义理论基础上的无产阶级政党得以诞生，无产者的革命力量和历史地位被先进的政党组织承载和实现；正是在马克思的指导下，无产者被联合成为一个阶级，"第一国际"即国际工人联合会才得以成立，无产阶级运动才得以被提升到了政治斗争即谋取无产阶级专政的高度。正是在马克思的指导下，正是马克思以切合实际、合乎历史必然性地"改变世界"的彻底的唯物主义新哲学代替了形而上学旧哲学，而且通过以唯物史观为理论基础的政治经济学批判经验实证地揭示了资本主义的经济规律、社会历史的本质和规律，并揭示了资本主义所无法克服的不断积累发展的固有矛盾及经济社会危机，指出了无产阶级所担负的伟大历史使命与社会主义革命的途径，整个无产阶级才实现了由自在自发到自觉自为的质变，并由以实现了社会主义共产主义学说由空想到科学的转变与飞跃，从而为无产阶级为争取自身解放、人类解放进行共产主义革命运动指明了前进的道路和方向，为无产阶级科学认识和有效地改造世界提供了锐利的思想武器。马克思因此彻底地超出了旧哲学的地平线，其哲学革命的实质根本不是认识论意义上的"解释世界"和"改变世界"的统一，也非一般意义上的理论与实践的统一，而是立足于现代社会发展的本质逻辑为无产阶级推翻资本主

① 《列宁选集》第1卷，人民出版社2012年版，第83页。
② 《列宁选集》第2卷，人民出版社2012年版，第311页。

义制度的人类解放事业提供世界观、历史观和价值立场支撑。

马克思哲学也的的确确改变了世界。历史上，以马克思主义为指导的国际共产主义运动曾经波澜壮阔、蓬勃发展；今天，中国共产党领导中国人民开创的中国特色社会主义事业繁荣昌盛，“科学社会主义在二十一世纪的中国焕发出强大生机活力，在世界上高高举起了中国特色社会主义伟大旗帜”①。许多西方当代思想家都高度肯定马克思哲学的重大时代价值。美国当代著名经济学家罗伯特·L. 海尔布隆纳认为，“马克思主义是我们这个时代的‘必要的’哲学。……它为我们生活的历史和社会难题提供了至关重要的见解”②。而法国当代著名经济学家托马斯·皮凯蒂则更为具体地指出，“马克思提出的无限积累原则表现出其深邃的洞察力，它对于21世纪的意义毫不逊色于其在19世纪的影响”③。显然，这些思想家都看到了马克思的学说在当代并未过时的事实。“马克思并不仅仅是只研究19世纪欧洲资本主义的思想家，他还是研究资本主义本质的思想家。”④ 正是由于马克思基于本质维度科学地把握住了资本时代的矛盾本质及其发展规律，他的思想也就赢获了超越资本主义时代的力量。也就是说，马克思不仅把握住了自己置身其中的“维多利亚时代”这个资本发展的特殊形态的脉搏，而且也基于这一科学认识而把握住了“资本一般”即整个资本时代的脉搏。正是在这个意义上，马克思虽然没有为当今世界的发展提供具体的方案，却为当今世界如何朝着“变革和超越资本时代”的道路和方向发展提供了思想引导。

结　语

马克思的哲学革命并非海德格尔理解的对旧哲学体制的修复，而是

① 习近平：《决胜全面建成小康社会 夺取新时代中国特色社会主义伟大胜利》，人民出版社2017年版，第10页。

② ［美］罗伯特·L. 海尔布隆纳：《马克思主义：支持与反对》，马林梅译，东方出版社2014年版，第9页。

③ ［法］托马斯·皮凯蒂：《21世纪资本论》，巴曙松等译，中信出版社2014年版，第11页。

④ ［英］彼得·奥斯本：《问题在于改变世界》，王小娥、谢昉译，中信出版社2016年版，“导言”，第Ⅻ页。

对其基本理论建制的瓦解。针对形而上学旧哲学的世界观、历史观和价值观的根本局限，马克思对之展开逐步深入的批判，从前提上颠覆了旧哲学的形而上学根基。马克思哲学革命的本质并非我国一些学者理解的“仅仅是解决了理论与实践的统一”，而是表现为哲学立场、哲学思维方式、哲学方法论、哲学研究对象、哲学理论原则和哲学宗旨深刻性、彻底性变革，由此确立了与旧哲学根本不同的世界观、历史观和价值观。马克思主义哲学的世界观揭示了现实世界的矛盾本质，确证“旧世界”必将为“新世界”所消灭；马克思主义哲学的历史观揭示了新旧世界转换的历史规律，为无产阶级建设“新世界”消灭“旧世界”的革命实践提供了历史科学支撑；马克思主义哲学的价值观揭示了无产阶级的历史地位，为无产阶级消灭私有制的共产主义运动提供价值引领。正是基于这样的哲学世界观、历史观和价值观的统一，马克思完成了对旧哲学的彻底变革，以“科学有效改变世界”的无产阶级新哲学实现了对“单纯解释世界”的旧哲学的扬弃和超越。马克思明确将“改变世界”作为自己新哲学的时代责任和历史使命，基于人类社会发展规律和资本主义社会发展规律的双重维度，将共产主义的哲学理念在政治经济学批判中升华为科学的社会理想，并与无产阶级革命实践有机地统一结合起来，由此才实现了科学有效地改造世界的马克思主义哲学理论宗旨。国际共产主义运动的推进和蓬勃发展以及社会主义革命建设事业的成功发展，正是在马克思主义哲学的思想指导下所取得的伟大历史成就。

走向未来的哲学精神

——高清海先生“类哲学”思想的自我意识

胡海波*

强调“抓根”和“笨想”，这是高清海先生在自己一生的哲学教育与哲学研究中一以贯之的哲学立场和思想方法。“抓根”是先生从刘丹岩教授那里继承发扬的哲学研究方式，强调抓住重大的根本问题进行深入研究；“笨想”则是先生提出的治学方法，强调“暂时抛开书本加予的概念和原则，清除头脑里积存的一切公式和教条，让自己恢复到原来的本我，使问题退回始源的根基，从真实的生活重新起步，以发挥‘自我’的思考能力”①。高清海先生青年时期摆脱教条主义习气的哲学批判，中年时期思考马克思主义哲学体系与内容的改革，以及晚年研究人与哲学，创想“类哲学”，一直以来始终坚持与发挥“抓根”与“笨想”的思想方式，创造了他极具个性的哲学生命，展开了丰富多彩的哲学思想。

高清海先生于20世纪50年代较早地开始反思苏联模式的哲学教科书，探索哲学内容和体系的改革，在80年代末中国哲学界马克思主义哲学教科书改革的思想讨论中，先生创造性地提出马克思主义哲学的实质在于“实践观点的思维方式”，应该以此重新理解马克思主义哲学的性质、对象与功能。按照这种理解马克思主义哲学的自我意识，高清海先生在20世纪90年代开始集中思考“人与哲学”的思想理论问题，尤其

---

* 作者简介：胡海波，东北师范大学哲学院教授（长春130024）。

① 高清海：《高清海哲学文存·续编》第2卷，黑龙江教育出版社2004年版，第262页。

是在中国特色社会主义市场经济的语境下研究马克思关于人的发展的三个基本阶段或形态的重要理论。在这一理论基础上，高清海先生基于坚持马克思主义哲学、批判西方传统哲学、弘扬中国哲学传统的思想精神，按照自己把握时代性与人类性问题，以及人类世界的未来发展趋向的独立思考，创造性地提出了"类哲学"的思想。

一　"类哲学"的人性自觉

高清海先生的哲学研究始于对苏联式马克思主义哲学教科书的反思。在刘丹岩教授的影响和启发下，高清海先生认为，从苏联借鉴而来的马克思主义哲学教科书并不完全符合马克思的思想原义，开始摆脱对马克思主义哲学的照本宣科式的讲授与教条化理解。真正超越苏联模式的哲学教科书，实现对马克思主义哲学的真实理解，是在20世纪70年代末以后。高清海先生在80年代初提出"辩证法就是认识论"，并通过主持编写《马克思主义哲学基础》，以"客体—主体—主客体统一"为框架打破苏联教科书的传统模式，实现对马克思主义哲学的认识论理解。在编写《马克思主义哲学基础》的同时，高清海先生发表了一系列"哲学探进断想"文章，主张从哲学思维方式的变革把握马克思哲学革命的真义，认为"实践观点的思维方式"破除了传统哲学的本体论思维方式，是现代哲学的思维方式。从90年代开始，高清海先生以"实践观点的思维方式"研究人与哲学的问题，深入思考哲学表达人性的方式与当代中国哲学的理论形态，提出"类生命"与"类哲学"的思想，这是高清海先生哲学思想集大成意义的变革与创新。

在创想"类哲学"的思想过程中，高清海先生把哲学研究的视角转向人的本性与哲学的本性，深入人的观念变革当中。在先生看来，理解哲学的本性，关键在于抓住"人"这一根本。"只有抓住人，从对人、人的本性、人的历史发展的理解中，才能揭开、解开哲学理论中的一切秘密。"① 高清海先生立足于人来审视哲学，提出"哲学的奥秘在于

① 高清海：《高清海哲学文存》第1卷，吉林人民出版社1997年版，"总序"第3页。

人”，“人是哲学的真正的主题，哲学不过是人的自我理解、自我反思、自我意识的一种理论形态”[①]。基于对哲学与人性关系的这一理解，先生认为哲学史是人性生成与完善的人类生命史，是人的思维方式、价值理想和精神境界不断更新的自我意识的历史。虽然哲学在不同的民族和国家呈现了不同的表达方式、理论品格，但哲学的基点和轴心都是人的生存活动和生活意义。哲学理论、哲学研究离不开人、人性。哲学的发展及其理论形态和人性的生成与发展具有内在的一致性关系。哲学理论向我们展现出的是人自我觉解的程度，以及表达自己的方式。

人们怎样理解关于“人”的观念，就会怎样理解曾经的哲学、当下的哲学和未来的哲学。“人与哲学有着最为密切的关系，‘人’的观念关联着整个哲学内容的理解。”[②] 在一切观念的变革中，转变“人”的观念是带有根本性的。只是在哲学体系的意义上转变哲学观念并不能导致根本性变革，唯有转变“人”的观念才能导致根本性的哲学变革。重新理解“人”，成为哲学观念变革的一个关键问题。在“人”的观念转变过程中，高清海先生认为有两个问题需要解决。

第一个问题是在认识人的方式上从按照“物”的方式转变到按照“人”的方式认识人，从抽象的人走向具体的人。“认识‘人’的关键，在我看来，主要不在于把人看作什么，而在于如何去看人。”[③] 在人类思想史上，关于人的认识，不外乎两种基本看法：或者把人“物化”，归结为物质本性，如“人是‘机器’”的观点；或者把人“神化”，归结为精神本质，如“人是‘纯粹理性’”的观点[④]。物化观点和神化观点是认识人的两种方式，这两种观点在本质上都是以认识物的方式去认识人。所谓认识物的方式，是指按照物种的规定方式与原则，追求单一、前定、不变本性的思维方式。按照这种思维方式，人的本质是预先规定的、外

① 高清海：《高清海哲学文存》第1卷，吉林人民出版社1997年版，“总序”第1页。

② 高清海：《找回失去的“哲学自我”：哲学创新的生命本性》，北京师范大学出版社2004年版，“序”第3页。

③ 高清海：《找回失去的“哲学自我”：哲学创新的生命本性》，北京师范大学出版社2004年版，第203页。

④ 高清海：《找回失去的“哲学自我”：哲学创新的生命本性》，北京师范大学出版社2004年版，第204页。

在给予的、单一的、绝对的，这是对人性的一种抽象化理解。高清海先生将其概括为"物种思维""物种逻辑"。西方传统哲学总是从某种本原性的存在去解释人的存在，通过某种本体如柏拉图的理念、亚里士多德的 ousia，包括基督教、中世纪神学的本体来理解人，亦即所谓的人总是从其所不是的存在者那里来理解自身存在。在这种前提下，人被抽象化、非人化，没有被作为人本身来理解。变革和超越传统哲学，就要打破物种思维、物种观念，确立与人本性相符合的思维、观念，实现以人的方式来认识人与哲学。

高清海先生认为马克思对人的自为本性做出了具体的理解，在认识人的方法论上实现了一次历史性的根本转变，结束了从本体、实体而非人本身理解人的历史状态，"真正突破自然物种思维的规定和限制，开创了从'人'的观点去理解人的本性的全新思路"[①]。高清海先生经常引述马克思、恩格斯在《德意志意识形态》中的一段话来说明马克思所开启的认识人的新思路与新方法："可以根据意识、宗教或随便别的什么来区别人和动物。一当人开始生产自己的生活资料，即迈出由他们的肉体组织所决定的这一步的时候，人本身就开始把自己和动物区别开来。"[②] 依马克思的看法，一当人自己生产自己的生活资料时，才开始生成为人。生产活动、劳动是人所特有的生存活动方式，"是对自然、自然性、自然关系的一种否定性活动"[③]。高清海先生认为，马克思把人视为自己活动的创造物，突破了传统哲学的"种的思考方式"，为人们理解人的本性提供了一种崭新的原则和方法。马克思关于人的观点，构成了高清海先生认识人的本性、创想"类哲学"的重要方法论原则和思想资源。高清海先生认为，以人的方式和观点认识人，就是"从人之为人的自身根源去理解人、把握人，确立起把人理解为自身创造者的思维方式"；"从人的生存方式的历史变化中去把握人的历史的和具体的本性"，"把人理解为处于自我追求中的不断否定自身、超越自身的'自由自觉的存在'"；"从人与对象的双向的主导作用去理解人的生存活动"；"从两重化的观点去

① 高清海：《找回失去的"哲学自我"：哲学创新的生命本性》，北京师范大学出版社 2004 年版，第 244 页。

② 《马克思恩格斯文集》第 1 卷，人民出版社 2009 年版，第 519 页。

③ 高清海：《高清海哲学文存》第 2 卷，吉林人民出版社 1997 年版，第 125 页。

理解人的本性，把人理解为多重性、多义性、多面性、多层性的存在体系”；“从‘否定性统一’的观点去理解人与自然的关系”①。

第二个问题是从“类生命”入手理解人的本性。人应从人本身来理解，“人本身”是什么？高清海先生认为“人本身”即是人的“双重生命”本性。高清海先生把人的本能生命、自然生命视为人的第一重生命，即“种生命”；把人的自为生命、超自然生命视为人的第二重生命，即“类生命”。“种”的概念代表天然、给予、单一、不变的本性，而“类”概念则表示自在的自为性、历史的生成性、否定的统一性、超越的自我性、自由的整体性②。具体来说：第一，“种”的内涵是自然的、本能的或者野蛮的、蒙昧的，“类”的内涵则是超越本能的、超自然的；第二，“种”具有单一性、前定性、固定性，“类”是对“种”属性的超越，不是前定的、先天的，它来源于人的生命活动的自我创造，它是创造性的、具体性的。“类”是人的生命的本质，它的根本含义是创造性和创新性。

高清海先生对类、类生命的理解，得益于马克思在《1844 年经济学哲学手稿》中关于人的类特性的论述。马克思说：“一个种的整体特性、种的类特性就在于生命活动的性质，而自由的有意识的活动恰恰就是人的类特性。”③ 马克思把人视为类存在物，通过赋予“类”以新的含义，实现了对人的本质的具体理解。在马克思之前，费尔巴哈把人的本质也理解为“类”，但他所理解的“类”并未跳出“种规定”。马克思批评费尔巴哈没有抓住人的本质，把“类”理解为“一种内在的、无声的、把许多个人自然地联系起来的普遍性”④。费尔巴哈所理解的“类本质”依然是一个自然的、神学的抽象本质，“并不是从人的现实存在和历史本质中概括出来的”⑤。马克思从生命活动的自为性质和社会历史的现实过程论述人的类本性，指出人把自己的生命活动变成自己意志和意识的对象，实现合规律性与合目的性的统一。

---

① 高清海：《找回失去的“哲学自我”：哲学创新的生命本性》，北京师范大学出版社 2004 年版，第 244 页。

② 高清海：《找回失去的“哲学自我”：哲学创新的生命本性》，北京师范大学出版社 2004 年版，“序”第 4 页。

③ 《马克思恩格斯文集》第 1 卷，人民出版社 2009 年版，第 162 页。

④ 《马克思恩格斯文集》第 1 卷，人民出版社 2009 年版，第 501 页。

⑤ 高清海、胡海波、贺来：《人的“类生命”与“类哲学”：走向未来的当代哲学精神》，吉林人民出版社 1998 年版，第 232 页。

高清海先生认为，类生命作为人生命的本质，是人“在后天活动中自我创生的自为生命”，是“主宰生命的生命”，“属于生命又突破了生命、依托个体又超越了个体、区别于万物又与万物一体、属于有限又趋向于永恒、服从必然又具有自由”①。人的类生命体现了人与自然、人与人、人与自身之间的“否定性统一关系”。人并非生来就能占有自己的生命本质，而是需要不断地“超越本能生命，达到自我主宰（‘自主生命’）”，“超越个体自我，与他人的本质结为一体（‘社会生命’）”，“超越物种界限，通过变革对象与世界达到一体关系（‘自由生命’）”②，以生成为“人”。

二 “类哲学”的现实基础与未来关怀

以人为主体探索哲学的思想者，总是把哲学思想的自我超越与人的生命历程、生存境遇紧密地联系在一起。高清海先生立足于人去追问和思考哲学的本质，理解哲学的思想活动，以哲学的方式实现对人性与人类命运的深刻觉解，他的哲学创新是面向人类未来生存与发展的思想探索。在先生看来，马克思主义哲学蕴含着一种从人本身来理解问题的思维特质。马克思在《1857—1858年经济学手稿》中阐述了人所经历的发展阶段，提出了关于人与社会发展的“三形态”理论，揭示了人的自为本性的展开过程及其历史形态。基于对马克思的“三形态”理论的理解，高清海先生就人的存在形态作了如下的概括：在“人的依赖关系”阶段，人以群体为本位，属于集群主体形态；在“以物的依赖性为基础的人的独立性”阶段，人以个体为本位，属于个人主体形态；在人的“自由个性”联合体阶段，人自觉以“类”为本位，属于类主体形态，这是人类的高级存在形态③。当代人类经由“群体”依赖性、“个体”独立性，正在走向“类体”自由个性的时代。按照高清海先生的理解，随着人的存

① 高清海：《找回失去的“哲学自我”：哲学创新的生命本性》，北京师范大学出版社2004年版，“序”第4页。

② 高清海：《找回失去的“哲学自我”：哲学创新的生命本性》，北京师范大学出版社2004年版，“序”第4页。

③ 高清海：《高清海哲学文存·续编》第3卷，黑龙江教育出版社2004年版，第73页。

在形态与发展趋向的变化，哲学的思维与哲学的形态也必定会发生一个相应的根本性转变，“从个人的主体体验哲学转向具有更为广阔的宏观视野的类主体哲学”[①]。先生从人的主体的生成过程把握哲学理念与哲学精神的走向。

在马克思关于人的发展的“三形态”理论的启发下，高清海先生提出从人的主体生成研究市场经济，将“市场经济与中国哲学的发展”问题作为自己研究和思考的主要课题，关注中国人在世界历史进程中的命运与未来，撰写了“市场经济、个人主体与现代哲学”相关问题的文章。高清海先生说，如果按照马克思的“三形态”理论来理解市场经济，那么市场经济的本质不仅仅是生产、分配、交换、消费问题，不仅仅是资源配置问题，更是关涉人的存在形态的变革，具有社会历史形态变革的意义。“市场经济发展最为根本的意义就在于促进普遍的独立个人的生成。”[②] 促使人生成个体的独立性是市场经济发展的根本历史作用。从人的存在形态的历史性变化来看，市场经济具有促使人性的发展和完善的意义。人类的历史形态变革和人性的发展完善，归结起来就是市场经济的形上意义。中国特色社会主义市场经济，对于中国人生成“个人的独立性”和成为“具有自由个性的人”有着特殊的历史作用和意义，是人的发展中一个不可或缺的阶段。随着人的存在形态的变化，人的思想观念也必将发生深刻的变革。高清海先生对中国市场经济的形而上理解，既切中了中国改革的核心问题，也创新了当代中国哲学研究中国问题的理论范式。从当今社会的发展来看，人类已经进入个体本位的时代。市场经济在唤醒和调动个人的主体性的同时，也造成了异己力量的统治，产生一系列社会矛盾及弊端。人必然会从以个体为主体和本位的时代，走向以类为主体和本位的时代，从而在思想理论上引起新一轮的观念变革。“类哲学”是从对人的发展的理性映照中引申出来的新的理解方式和理念模式，是对人的类存在、类本性的表征。人类的未来需要自觉按照超越“种哲学”的“类哲学”思维来理解人的生命和人类社会。在高清海先生的论著中，《人的“类生命”与“类哲学”》一书是集中阐释“类

① 高清海：《高清海哲学文存》第 2 卷，吉林人民出版社 1997 年版，第 116 页。

② 高清海：《找回失去的“哲学自我”：哲学创新的生命本性》，北京师范大学出版社 2004 年版，第 180 页。

生命”与“类哲学”思想的著作。从该书的思想内容来看，“类哲学”主要表达了如下思想。

第一，类哲学是面向未来的新哲学理念。《人的“类生命”与“类哲学”》一书，最初拟定的书名是“走向未来的当代哲学精神”。书稿写完之后，根据书中的内容，把两个最核心的概念“类生命”“类哲学”提取出来，定名为《人的“类生命”与“类哲学”》，将“走向未来的当代哲学精神”作为书的副标题。从书名的变化可以看出，“类哲学”是作为面向未来的哲学理念提出的，是人类走向未来的哲学精神和价值追求。人们以往把哲学看作关于终极存在的绝对真理、科学之上的理性权威，今天应当重新调整理解哲学的基点和视野，确立一种与哲学的本性、人的本性相契合的新哲学理念和人性观念。“今天人类已经开始进入自觉的类存在阶段，那么，哲学也必然会从自发的类观念走向自觉的类观念。”①“类哲学”是以“类”为核心内容和根本性质的，是适应于现代人走向自觉的类存在的哲学观念，是符合人的类生命本性的思维方式、价值观念与精神意境。在这个意义上，“类哲学”是价值性、超越性的概念，是富有追求性、理想性、创造性和个性的哲学理论。

第二，类哲学是人的自我意识达到了自觉形态的哲学。哲学是对人的发展状态和生存境界的表征。以往的哲学只是对人的存在形态作了自发的、本能的表达，形成了片面化、绝对化的观点，没有摆脱物种的规定方式、思维逻辑。“类哲学”则是在对人的本性及存在形态的思考和研究中形成的新观念。“所谓‘类哲学’，是从对人的重新理解中引申出来的对哲学的一种新的理解和认识。类哲学并不意味着一种什么另外的哲学体系、哲学门派，它实质只是从人的更高意境、人的更本质的关系、人的全部发展历史尤其是他的未来发展前景，去看待人和人的一切存在的一种理解方式、理念模式、理论框架。”② 类哲学是以人的类存在和类本性为主题的哲学，是对人的类生命所形成的自觉的自我意识。“类哲学”的基础和核心是“类生命”。“类生命”主要是指对“种生命”的超越；“类哲学”则是指对以本体论思维方式为基础的“物种哲学”的超

① 高清海、胡海波、贺来：《人的“类生命”与“类哲学”：走向未来的当代哲学精神》，吉林人民出版社 1998 年版，“序”第 10 页。

② 高清海：《高清海哲学文存》第 2 卷，吉林人民出版社 1997 年版，“前言”第 6 页。

越。高清海先生提出的“类生命”以及表达类生命的自我意识的“类哲学”，面向的是走向自由个性的新时代的人。“类哲学”作为一种崭新的哲学观念和思维方式，内在地包含对种本性、物种思维的否定与超越，是按照人的生命本性以“否定性统一”的观点去看待和认识人与自然、人与人、人与自身的关系，是人走向未来的超越性精神。

第三，“类哲学”对于理解和回答人类社会的发展问题有重大的现实意义和实践价值。“社会的发展根本上就是人的发展。”① “类哲学”作为理解人和看待事物的根本性的理念原则和观念方法，是符合时代发展精神的哲学理念。“类哲学”的提出触及了当代人类社会和中国社会发展的现实。解决人类社会的发展问题，特别是那些全球性问题，需要充分发挥人的观点，升华人的思想境界。“从提高人的类意识，从个体本位提高到自觉的类本位的格局中，去求取解决办法。”② 高清海先生认为，现代哲学已经到了研究“类哲学”的时候了，这是时代、历史的趋势。人的发展应该走出狭隘的民族国家界限去形成人的“类本位”。世界性难题的解决必须诉诸超越个体、民族国家的类思维与类意识。“今天的人类已经发展到了这一地步，每一个人、每一民族或国家的生存发展都与人类总体（包括人的世界）的生存命运直接连在了一起，因此必须从人类总体的发展需要出发去对待一切事物，这是今日人类走向‘一体化’的现实，也是‘类意识’的根本要求。”③ 只有确立“类哲学”的精神与意识，个人和民族国家所面对的民族性和世界性问题才能得到彻底的解决。“‘类哲学’是包容人类的世界性整体、把全人类的生命意义和生活价值作为终极关怀的哲学。”④ 总而言之，高清海先生提出的“类哲学”的理念，既是对自己思想理念的理论表达，更是对当代中国哲学新形态的理论展望。“类哲学”是人的充分自觉的理论形态，是人类未来的哲学精神和哲学观念，是我们理解人类的发展及其未来的重要思想资源。

---

① 高清海：《找回失去的“哲学自我”：哲学创新的生命本性》，北京师范大学出版社 2004 年版，第 280 页。

② 高清海、胡海波、贺来：《人的“类生命”与“类哲学”：走向未来的当代哲学精神》，吉林人民出版社 1998 年版，第 264 页。

③ 高清海：《找回失去的“哲学自我”：哲学创新的生命本性》，北京师范大学出版社 2004 年版，第 55 页。

④ 高清海、胡海波、贺来：《人的“类生命”与“类哲学”：走向未来的当代哲学精神》，吉林人民出版社 1998 年版，第 252 页。

三 “思想自我”的哲学个性

随着人类进入21世纪，高清海先生的“类哲学”思绪转向哲学个性与哲学自我的悟觉，倡导研究和挖掘中国传统哲学的精神特质及其当代价值，呼吁走向未来的中华民族应有属于自己的哲学理论。“哲学个性”与“哲学自我”作为他对人的生命本性与具体人性论研究的思想升华，是“类哲学”理念直面中华民族哲学传统以及当代中国人与社会发展问题的思想诉求。

在构想“类哲学”的过程中，高清海先生也有自己的苦恼，这个苦恼主要来自人们对“类”概念、“类哲学”的误解和不理解。人们习惯于停留在原来的“物种思维”“物种观念”上，一时难以理解“类哲学”这一面向未来的哲学理念。但高清海先生并未因此怀疑与动摇“类哲学”的研究方向和他已经取得的思想成果。虽然晚年的高清海先生不再频繁使用“类”概念，但仍坚定地在“类哲学”的思想境界中琢磨和体会哲学的个性，悟觉中华民族自己的哲学理论。在生命的最后阶段，高清海先生更加关注中国传统哲学，阐释中国人理解生命问题的方式，从中国经典思想当中寻找“类哲学”的思想基因。高清海先生从1996年开始直到2004年去世，投入了相当多的精力研究中国传统哲学，撰写了《中国传统哲学属于全人类的精神财富》《中国传统哲学的思维特质及其价值》等数篇关于中国传统哲学的论文。高清海先生指出，我们应该使中国传统哲学所蕴含的巨大能量和潜在价值充分发挥和展现出来，不能丢弃自己的传统。如果失去了思想自我及其特质，那也就失去了中华民族特有的存在价值和意义①。“类哲学”的思想理念作为当代中国人自我意识的哲学理念，理应是反映中华民族鲜明个性、时代精神、生活情境的哲学理念。高清海先生认为，中国传统哲学的思想特质、中国人的思维方式和思想智慧，必定会对中国的发展以及人类文明产生重要的影响。

东西方哲学的交流和对话以及思维方式上的相互批判和借鉴，是未

---

① 高清海：《中华民族的未来发展需要有自己的哲学理论》，《吉林大学社会科学学报》2004年第2期，第5—7页。

来哲学创新的必由之路。“走向一体性的自觉类化趋向并不排除自我的个性，不但不排除，它还必须以自我个性的充分发展为自己的内在规定和发展基础。”① 按照“类”的观点，人类走向“一体化”不是消解差异、泯灭个性，而是人与他人、人与（人的）世界处于本质的统一联系之中②。“类意识”所要求的个性化，意味着要尊重文化及其哲学的民族差异性。高清海先生晚年常讲：“‘哲学’作为人的自我意识理论，不同于科学，它表达的是人的多重性、多样化并始终处于变化中的内在本性；哲学不仅没有先验固定的对象和理论模式，哲学的表达方式也是多种多样的。哲学当然也具有人类性，哲学同时又属于那种历史性、时代性、民族性，一句话，赋有个性化的理论。”③ 哲学作为人性的自觉意识、思想样式，对人性的表达离不开它所属的民族和时代，这就形成了不同民族、不同时代在哲学思维方式和理论形态上的差别。中西方哲学各有自己的思维方式、理论形态、价值取向、精神意境和语言风格。关于哲学个性的思考，是高清海先生生命最后阶段“类哲学”研究的重要成果。

从理论性格和思维特质上看，尽管中西方哲学的基点都在人的生命活动中，但西方主要关注的是成就人的生命活动价值，完成人性的生存使命，讲求“知物”，着重发挥了理性的认知功能，形成了“存在论”形态的哲学；中国关注的则是完善人的生命本性，开发生命的内在价值，讲求“悟道”，着重发挥了“心性”的悟觉作用，形成了“生成论”形态的理论④。中国哲学和西方哲学在思维方式上确实存在根本性的差异，西方哲学“概念”的表达方式与中国哲学“意象”或“体悟”的把握方式也各有其优势。黑格尔的概念辩证法代表着西方哲学概念化思维的最高成就，它打破概念的凝固性，赋予概念自身以变化的本性。“中国的辩证法不同于黑格尔的概念辩证法，它是一种‘生命辩证法’，是从生命的体验当中形成的一种活的思维。”⑤ 相比于西方哲学逻辑化的概念思维，

① 高清海：《找回失去的“哲学自我”：哲学创新的生命本性》，北京师范大学出版社 2004 年版，第 54 页。

② 高清海：《高清海哲学文存·续编》第 1 卷，黑龙江教育出版社 2004 年版，第 180 页。

③ 高清海：《中华民族的未来发展需要有自己的哲学理论》，《吉林大学社会科学学报》2004 年第 2 期，第 5—7 页。

④ 高清海：《找回失去的“哲学自我”：哲学创新的生命本性》，北京师范大学出版社 2004 年版，第 401 页。

⑤ 高清海：《高清海哲学文存·续编》第 1 卷，黑龙江教育出版社 2004 年版，第 226 页。

中国哲学的意象思维、悟觉思维，是通过意象或体悟深入事物内部了解和把握事物的本性，使意象和对象始终处于一体性的关系中。中国哲学以意象或体悟的方式把握形而上的东西，形成了以“道”为核心的理论，走的是内在性超越之路。“中国哲学所理解的‘道’，体现的是一种生命本性，‘生命’与‘物种’的区别就在于，它不是预先包含一切，而是在变化中化育万物，生成一切。”① 中国哲学的“道”论，不同于西方哲学本体论的外在性超越。中国的意象思维、悟觉思维不仅在表达人的形而上学本性方面，在把握人、人的本性、人的生命、人与外部世界的关系方面也有其长处。中国哲学是真正关于人的生命本身的理解和领悟的学问，在理解生命的问题上它要比西方哲学有更大的优势。中国哲学立足于人的生命体验、现实活动，强调靠“心”去体悟，在思维上讲究时、权、中、和的变通，不会陷入西方哲学诸如“本体不可知”之类的理论困境。

高清海先生在晚年如此关注中西哲学思维的不同特质，主要是基于他对哲学发展和时代发展的一个基本认识。先生认为，西方文化只是人类文明多种文化样式中的一种。“我们只能从我们自己的生活出发去吸取我们需要的成果，不应该一味去模仿西方式的生活。”② 更何况，西方人的生活样式也陷入了一种生存困境。“在那里，‘文明已经征服了世界’，而人却‘失去了灵魂’，变成了‘物和技术的奴隶’，异化为‘失落个性的机器人，待价而沽的商人，贪婪占有的消费人’，一句话，成了失去了内在精神世界的‘单面人’。”③ 现代西方社会的生存困境，反映的是西方理论思维方式的困境。要想跳出西方式的生存困境，就必须走出西方理论思维的困境。现代西方哲学对传统哲学的概念化思维和本体论理论展开了持续的批判与反思，“对西方以先验理性为核心的‘主客二元对立’、‘逻各斯中心主义’、追求抽象普遍原则、相信铁的必然规律等传统理论思维，进行了彻底的‘摧毁’、‘解构’和‘消解’”④。现代西方哲

① 高清海：《找回失去的“哲学自我”：哲学创新的生命本性》，北京师范大学出版社 2004 年版，第 73 页。

② 高清海：《找回失去的“哲学自我”：哲学创新的生命本性》，北京师范大学出版社 2004 年版，第 56 页。

③ 高清海：《找回失去的“哲学自我”：哲学创新的生命本性》，北京师范大学出版社 2004 年版，第 57 页。

④ 高清海：《找回失去的“哲学自我”：哲学创新的生命本性》，北京师范大学出版社 2004 年版，第 57 页。

学已经意识到传统哲学的内在局限。高清海先生认为，现代西方人囿于自己的民族特性，很难完全超越自己的思想传统，并不能彻底摧毁和消解“本体论思维方式”。

高清海先生认为，现代西方哲学对传统哲学的批判与反思启示我们：一方面，西方哲学并不是唯一、绝对的哲学形态，它既有优长又有局限和不足，我们不能陷入“西方话语中心主义”，用西方的哲学理论代替我们自己的哲学思考和研究；另一方面，不能忘记“我们自己是谁”，“不能失掉民族的自我，特别是不能失掉自己的文化传统和思想传统”①，把中国传统哲学这一人类共有的精神财富充分发挥和展现出来，创造合乎人的本性与哲学的本性的哲学理念与哲学精神。高清海先生在晚年的最后一篇论文中提出，“中华民族的未来发展需要有自己的哲学理论”，呼吁创建能够反映我们自身生存境遇的“民族性”、“时代性”和“人类性”内在统一的当代中国哲学②。

① 高清海：《高清海哲学文存·续编》第1卷，黑龙江教育出版社2004年版，第204页。

② 高清海：《中华民族的未来发展需要有自己的哲学理论》，《吉林大学社会科学学报》2004年第2期。

论马克思政治经济学命题中的社会历史线性演化逻辑及其语境

宫敬才　谷菁菁*

问题的提出及其说明

马克思在《资本论》第一卷“第一版序言”中提出了如下命题：“工业较发达的国家向工业较不发达的国家所显示的，只是后者未来的景象。”命题中具有政治经济学内容，既包括社会历史转型的经济性内容，也包括经济发展道路内容。直接指称对象中的政治经济学内容更明显，英、德两国经济发育程度比较和二者之间社会历史意义的内在联系。

现在需要研究的问题是，这一命题中存在经济哲学内容吗？如果对问题作出否定性回答，结果将会与马克思原生态思想实际冲突，只有对问题作出肯定性回答，才能得到符合马克思原生态思想实际的答案。如何才能得到这一答案？有效途径是回到马克思文献中，分析马克思论述这一问题时各不相同的语境。

在马克思文献中，这一命题出现于四种语境中：原生态语境、一般性理论语境、东方特定社会历史情势语境和俄国特定社会历史情势语境。四种语境的主题思想是一个，内在于马克思政治经济学又具有经济哲学内容的社会历史线性演化逻辑。这一逻辑是一般性意义的历史唯物主义，不同语境中的内容是对这种历史唯物主义的验证和具体化。验证和具体

* 作者简介：宫敬才，河北大学政法学院教授；谷菁菁，河北大水政法学院哲学系博士。

化过程中产生了极具挑战性的理论问题，不解决这些问题，就无法消除马克思社会历史线性演化逻辑中有可能存在的理论瑕疵。

原生态语境

马克思上述命题直接出现于如下语境中："我要在本书研究的，是资本主义生产方式以及和它相适应的生产关系和交换关系。到现在为止，这种生产方式的典型地点是英国。因此，我在理论阐述上主要用英国作为例证。但是，如果德国读者看到英国工农业工人所处的境况而伪善地耸耸肩膀，或者以德国的情况远不是那样坏而乐观地自我安慰，那我就要大声地对他说：这正是说的阁下的事情！""问题本身并不在于资本主义生产的自然规律所引起的社会对抗的发展程度的高低。问题在于这些规律本身，在于这些以铁的必然性发生作用并且正在实现的趋势。工业较发达的国家向工业较不发达的国家所显示的，只是后者未来的景象。""撇开这点不说。在资本主义生产已经在我们那里完全确立的地方，例如在真正的工厂里，由于没有起抗衡作用的工厂法，情况比英国要坏得多。在其他一切方面，我们也同西欧大陆所有其他国家一样，不仅苦于资本主义生产的发展，而且苦于资本主义生产的不发展。"①

马克思提出命题的时间是1867年。命题涉及的空间是英国、德国和西欧其他国家，时间是社会经济历史的发育程度，即前资本主义时期、资本主义早期和资本主义成熟期。提出和论述命题的阶级立场不言而喻，工人阶级或说是劳动者立场。既然马克思以英国为典型和例证说明资本主义生产方式，为什么又对德国人甚至西欧其他国家的人喊话说："这正是说的阁下的事情！"这与马克思对问题的理解有直接关系。《资本论》中列举的事实、对事实的分析和基于分析而来的理论概括，除具有政治经济学意义外，更具有经济哲学内容。

像自然时间一样，经济史观中的时间也有过去、现在和未来之分。马克思论述涉及经济史观意义的时间是前资本主义时期、资本主义的昨

① 《马克思恩格斯文集》第5卷，人民出版社2009年版，第8—9页。

天和今天（1867 年）。三个时间段之间具有社会历史演化意义的普遍性和必然性，实质是社会历史线性演化逻辑。普遍者涉及社会历史性空间即英国、德国和西欧其他国家；必然者涉及社会历史性时间，指称内容为英国的昨天是德国和西欧其他国家的今天，英国的今天是德国和西欧其他国家的明天。英国与德国和西欧其他国家之间除空间意义的并存关系外，更具有社会历史线性演化逻辑意义的前后相继关系。在这种关系中，英国发展在先，德国和西欧其他国家跟随其后。社会历史线性演化逻辑意义的时间具有两重关系性质：此地和彼地的社会历史性空间关系；昨天、今天和明天的社会历史性时间关系。关系性质由特定社会经济的历史性内容决定。

马克思命题及其展开性分析表明，社会历史线性演化逻辑意义的资本主义社会也有不同的历史时期。在不同历史时期中，对工人阶级的态度、做法，甚至态度和做法的法律表现各不相同。英国资本主义社会的昨天即德国和西欧其他国家资本主义社会的今天，是资本主义生产的"粗野时期、躁动时期"①。在这样的历史时期中，资本家贪婪无度，行为漫无节制甚至任意妄为，结果是工人阶级生存状况悲惨无比。马克思《资本论》第一卷中运用的由英国官方公布的具体事实已充分证明这一点。英国资本主义社会的今天即德国和西欧其他国家资本主义社会的明天怎么样？马克思说："在英国，变革过程已经十分明显。它达到一定程度后，一定会波及大陆……现在的统治阶级，撇开其较高尚的动机不说，他们的切身利益也迫使他们除掉一切可以由法律控制的、妨害工人阶级发展的障碍。因此，我在本卷中还用了很大的篇幅来叙述英国工厂立法的历史、内容和结果。一个国家应该而且可以向其他国家学习。一个社会即使探索到了本身运动的自然规律——本书的最终目的就是揭示现代社会的经济运动规律——它还是既不能跳过也不能用法令取消自然的发展阶段。但是它能缩短和减轻分娩的痛苦。"② 英国经济演化和法律变革的历史表明，资本主义社会不是一成不变的，基于内在需要，加上工人阶级的斗争，也会由"粗野时期、躁动时期"的残酷无比变为较为温和人道的成熟时期，仅从英国为保护工人阶级权益而进行的立法过程就可

① 《马克思恩格斯文集》第 8 卷，人民出版社 2009 年版，第 321 页。

② 《马克思恩格斯文集》第 5 卷，人民出版社 2009 年版，第 9—10 页。

以看出这一点。马克思告诉我们，英国例证具有经济规律性质。这样的经济规律是硬性约束，后继国家既没有可能“跳过”这一经济规律发挥作用的社会历史时期，也没有可能用人为方法躲避这一时期。

既然英国例证具有经济规律性质，结论会自然而然地出现在我们面前，英国的今天就是德国和西欧其他国家的明天。国与国之间或许有差别，但本质有共同之处，因为它们“既不能跳过也不能用法令取消自然的发展阶段”。相对于英国是“自然的发展阶段”，但相对于西欧其他国家，除具有“自然的发展阶段”含义外还具有空间扩张含义。

马克思从资本主义社会历史发展事实中提炼出来的社会历史线性演化逻辑被后来的恩格斯证实。他在1892年为青年时期的作品《英国工人阶级状况》所写的德文版序言中说，“随着大工业的发展，据说德国的许多情况也改变了”，“玩弄这些狡猾手腕和花招在大市场上已经不合算了，那里时间就是金钱，那里商业道德必然发展到一定的水平，其所以如此，并不是出于伦理的狂热，而纯粹是为了不白费时间和辛劳”①。恩格斯论述的重点是德国，这里同样表现出资本主义经济发展的阶段性质。早期资本主义的德国经济以坑蒙诓骗为能事，诚如马克思、恩格斯在1845—1846年写作的《德意志意识形态》中指出的，“小工商业者的骗术只是在浅陋的竞争条件下，在中国人、德国人和犹太人中以及一般地走街串巷的小商贩中才盛行”②。与此形成鲜明对比的是，1892年的德国资本主义经济以诚信为本，诚信是最大竞争力。基于此，恩格斯提出了直到现在仍被学术界无视其客观存在更没有领悟其巨大理论价值的诚信经济规律论，“现代政治经济学的规律之一（虽然通行的教科书里没有明确提出）就是：资本主义生产越发展，它就越不能采用作为它早期阶段的特征的那些小的哄骗和欺诈手段”③。

诚信是商业伦理原则，怎么能说是“现代政治经济学的规律”呢？恩格斯列举三个方面的事实证明，诚信确为资本主义成熟时期的经济规律。

第一，“大工业从表面看来也变得讲道德了。工厂主靠对工人进行琐

① 《马克思恩格斯文集》第1卷，人民出版社2009年版，第366页。
② 《马克思恩格斯全集》第3卷，人民出版社1960年版，第427页。
③ 《马克思恩格斯文集》第1卷，人民出版社2009年版，第366页。

细偷窃的办法来互相竞争已经不合算了”。“所有这些都同自由贸易和无限制竞争的精神直接矛盾，但却使大资本家同条件较差的同行的竞争更具优势。”① 有法度的自由竞争是一种强制性的外在约束力量，它迫使不想通过残酷剥削手段压榨工人阶级而自取灭亡的资本家，逐步改善工人阶级的生活条件和工作条件，使他们的生存状况得到改善，不再生活于“曼彻斯特资本主义”阴森恐怖的境况中。从 1844 年到 1892 年是近半个世纪的时间，资本主义经济生活从外在表现到实际内容已发生了明显变化。变化前后的区别是“粗野时期、躁动时期”和成熟时期之间的区别，这种区别正好表现出德国资本主义经济发展的阶段性质。

第二，“企业规模越大，雇用的工人越多，每次同工人发生冲突时所遭受的损失和经营方面的困难也就越多。因此，工厂主们，尤其是那些最大的工厂主，就渐渐产生了一种新的想法。他们学会了避免不必要的纷争，默认工联的存在和力量，最后甚至发现罢工——发生得适时的罢工——也是实现他们自己的目的的有效手段。于是，过去带头同工人阶级作斗争的最大的工厂主们，现在却首先起来呼吁和平与和谐了”②。恩格斯论述的对象是工人阶级政治生活条件的改善。工人有了组织工会和罢工的权利，资本家“默认”这种权利，这本身就是一大进步。更为重要者，工人阶级有了自己的政治性组织，这样的组织有助于工人阶级维护和争取自己的经济权益。经济权益和政治权益的有机统一，证明工人阶级生存状况的改善是客观事实。这样的事实是一种能力，也是一种力量，它约束甚至迫使资本家和官府约束起码是收敛自己的残酷本性，对工人阶级的态度不能总是要钱不要命，无视工人阶级的苦难与死活。

第三，“霍乱、伤寒、天花以及其他流行病的一再发生，使英国资产者懂得了，如果他想使自己以及自己的家人不致成为这些流行病的牺牲品，就必须立即着手改善自己城市的卫生状况。因此，这本书里所描写的那些最令人触目惊心的恶劣现象，现在或者已经被消除，或者已经不那么明显”③，像被污染的空气一样，流行病也是天生平等派。在它眼中，

---

① 《马克思恩格斯文集》第 1 卷，人民出版社 2009 年版，第 367 页。
② 《马克思恩格斯文集》第 1 卷，人民出版社 2009 年版，第 367 页。
③ 《马克思恩格斯文集》第 1 卷，人民出版社 2009 年版，第 368—369 页。

没有高官显贵和平民百姓之分，也没有资本家和工人阶级之别。在以普遍交往为基础的社会中，没有人能避开流行病或被污染的空气的袭扰。这样的客观情势是命令，资本家必须与官方一道提供改善生活环境的公共产品，否则，自己和家人的性命或有不保。恩格斯的论述告诉我们，这样的事情确实发生了。是资本家和官府突然良心发现？当然不是，客观的经济发展规律迫使资本家和官府不得不如此行为。

恩格斯明确提出和证明的诚信经济规律论是针对资本主义经济发展的成熟期而言。这从一个侧面证明，马克思在原生态语境中提出的命题“工业较发达的国家向工业较不发达的国家所显示的，只是后者未来的景象”，确实符合资本主义经济发展的历史实际。

这里应当引起我们关注的是恩格斯提出的诚信经济规律论。这个高度浓缩了经济伦理学和经济哲学于一身的伟大思想，直到现在还没有获得在学术语境中表示存在的机会。当如此频繁、普遍和恶劣的商业丑闻被公布于世时，如每年“3·15”所披露的大量事实，人们往往借机大发伦理道德性议论和感慨，但如此做时人们根本没有意识到，这于事无补，因为诚信首先是经济规律，其次才是伦理道德原则。当不诚信者获暴利而机会成本微乎其微时，诚信的人也会变得不诚信。这样的情势一旦形成，不诚信“竞赛”就会开始，消费者遭殃却毫无办法。按照恩格斯诚信经济规律论的思路理解问题，结果会截然相反。不诚信就毁灭，用经济学术语说是破产。久而久之，诚信就会成为习惯，诚信伦理原则就会真正地确立起来。

一般性理论语境

如上引述和分析表明，马克思命题具有相对明确的指称对象：英国与德国和西欧其他国家社会经济发展程度之间的关系。这种关系涉及的社会历史性时间是资本主义“粗野时期、躁动时期”向成熟时期的过渡。但是，这个原生态语境只不过是例证，让这个例证成为一家之言且独树一帜的理论是其中隐含的一般性理论因素。第一，社会经济发展具有阶段性质，这种性质已为人类社会经济演化历史的客观事实所证明。

第二，经济发展先行一步的国家对后发国家具有“波及”效应。这样的“波及”效应以两种形式表现出来，自然而然和强制。原生态语境中例证的演化过程是自然而然（如德国和西欧其他国家），这与强制有本质区别。第三，“波及”表现出来的是地理学意义的空间扩张过程，这一过程不存在固定界限。第四，经济发展阶段的前后相继具有线性演化特点，这种特点不以个人、民族和国家的意志为转移。第五，社会历史性经济发展阶段前后相继和不断演化的目标是马克思（包括恩格斯）终生奋斗所追求的共产主义社会。第六，共产主义社会的到来需要前提条件，这样的前提条件是资本主义社会。没有资本主义社会准备前提条件而谈论共产主义社会及其实现，只具有空想性质，不具有现实可能性。

马克思文献中存在上述一般性理论因素吗？当然存在。我们以《德意志意识形态》《共产党宣言》《哲学的贫困》《资本论》为例证就能说明问题。

其一，前资本主义社会与资本主义社会之间有本质区别，前者向后者过渡具有社会历史必然性，《共产党宣言》用强劲有力的理论逻辑为我们揭示出这一必然性。“资产阶级赖以形成的生产资料和交换手段，是在封建社会里造成的。在这些生产资料和交换手段发展的一定阶段上，封建社会的生产和交换在其中进行的关系，封建的农业和工场手工业组织，一句话，封建的所有制关系，就不再适应已经发展的生产力了。这种关系已经在阻碍生产而不是促进生产了。它变成了束缚生产的桎梏。它必须被炸毁，它已经被炸毁了。”根本性经济变化“必然产生的结果就是政治的集中。各自独立的、几乎只有同盟关系的、各有不同利益、不同法律、不同政府、不同关税的各个地区，现在已经结合为一个拥有统一的政府、统一的法律、统一的民族阶级利益和统一的关税的统一的民族”①。上述内容展示的是西欧不同民族国家的形成过程。这一过程伴随经济和政治两个方面的质变，封建主义经济变为资本主义经济，封建主义政治变为资本主义政治。经济和政治变化导致整个社会生活的根本性变化。“资产阶级在它已经取得了统治的地方把一切封建

---

① 《马克思恩格斯文集》第2卷，人民出版社2009年版，第36页。

的、宗法的和田园诗般的关系都破坏了。它无情地斩断了把人们束缚于天然尊长的形形色色的封建羁绊，它使人和人之间除了赤裸裸的利害关系，除了冷酷无情的'现金交易'，就再也没有任何别的联系了。"①政治和社会变化的源头是经济变化，资本主义经济在民族国家范围内进行两个方面的扩张。在经济生活领域，它永远不满足于现状，把不利于自己发展的非资本主义经济因素统统消灭掉。它不顾一切地向政治领域和社会生活领域扩张，使这两大领域适应自己发展的客观需要，为自己的发展服务。西欧近代社会历史发展的客观事实已经证明了这一点。

其二，资本主义经济进行地理学意义的空间扩张具有社会历史必然性。《德意志意识形态》对此的揭示如下："随着美洲和通往东印度的航线的发现，交往扩大了，工场手工业和整个生产运动有了巨大的发展。从那里输入的新产品，特别是进入流通的大量金银完全改变了阶级之间的相互关系，并且沉重地打击了封建土地所有制和劳动者；冒险者的远征，殖民地的开拓，首先是当时市场已经可能扩大为而且日益扩大为世界市场——所有这一切产生了历史发展的一个新阶段。"②这样的空间扩张具有资本主义经济发展的早期特征，待到资本主义经济大工业时期，空间扩张对世界社会历史性质的影响要巨大得多、深刻得多。大工业"首次开创了世界历史，因为它使每个文明国家以及这些国家中的每一个人的需要的满足都依赖于整个世界，因为它消灭了各国以往自然形成的闭关自守的状态"。与此同时，"大工业发达的国家也影响着那些或多或少是非工业性质的国家，因为那些国家由于世界交往而被卷入普遍竞争的斗争中"③。

在《共产党宣言》中，马克思、恩格斯对资本主义经济空间扩张的论述更有气势："资产阶级，由于一切生产工具的迅速改进，由于交通的极其便利，把一切民族甚至最野蛮的民族都卷到文明中来了。它的商品的低廉价格，是它用来摧毁一切万里长城、征服野蛮人最顽强的仇外心理的重炮。它迫使一切民族——如果它们不想灭亡的话——采用资产阶

① 《马克思恩格斯文集》第2卷，人民出版社2009年版，第33—34页。

② 《马克思恩格斯文集》第1卷，人民出版社2009年版，第562页。

③ 《马克思恩格斯文集》第1卷，人民出版社2009年版，第566、567页。

级的生产方式；它迫使它们在自己那里推行所谓的文明，即变成资产者。一句话，它按照自己的面貌为自己创造出一个世界。"① 后来的社会历史演化表明，客观事实确实如此。资本主义经济空间扩张没有止境、没有限度，用现在流行的话说是全球化。资本主义经济空间扩张结果性的具体表现是什么？请看马克思恩格斯的论述："资产阶级使农村屈服于城市的统治……正像它使农村从属于城市一样，它使未开化和半开化的国家从属于文明的国家，使农民的民族从属于资产阶级的民族，使东方从属于西方。"②

资本主义经济空间扩张的表现让我们明白了四点内容。第一，资本主义经济空间扩张的社会历史性质是使非资本主义经济转变为资本主义经济，非资本主义经济不仅指称封建主义经济，此外还有其他社会历史性质的经济，如尚未发育到封建主义经济程度的美洲印第安人经济和非洲黑人经济。第二，资本主义经济空间扩张的阶级性质是资产阶级按照自己的需求获得一切、统治一切、改造一切、主宰一切。第三，资本主义经济空间扩张具有社会历史时间性质，它把还没有演化到资本主义社会历史阶段的经济体强制地纳入资本主义经济洪流之中，使社会历史的时间之流按照自己的需要行进。第四，资本主义经济空间扩张带有明显和具体的目标："文明的国家"向未开化和半开化国家扩张；"城市"向"农村"扩张；"资产阶级的民族"向"农民的民族"扩张；"西方"向"东方"扩张。扩张具有两种性质：自然而然和强制。强制指称的内容是侵略、征服或其他卑劣手段。马克思在《资本论》第一卷"所谓原始积累"一章中实证性地描述了这些手段③。

其三，资本主义社会并不像资本家所期望和资产阶级学者所宣扬的那样具有永恒性质，由于其不可避免又无法解决的内在矛盾，必然结局是过渡到共产主义社会。在《共产党宣言》中，这一主题思想以高度浓缩的形式出现在我们面前："资产阶级的生产关系和交换关系，资产阶级的所有制关系，这个曾经仿佛用法术创造了如此庞大的生产资料和交换手段的现代资产阶级社会，现在像一个魔法师一样不能再支配自己用法

① 《马克思恩格斯文集》第2卷，人民出版社2009年版，第35—36页。

② 《马克思恩格斯文集》第2卷，人民出版社2009年版，第36页。

③ 《马克思恩格斯文集》第5卷，人民出版社2009年版，第860—864页。

术呼唤出来的魔鬼了。”因此，“资产阶级的灭亡和无产阶级的胜利是同样不可避免的”①。这个强劲有力的社会历史线性演化逻辑极富鼓动性，支撑逻辑的经验性事实也司空见惯，但要充分地展开并详加论证，还要等到19世纪50年代以后才能变为现实。但是，资本主义社会必然灭亡和共产主义社会必然到来的社会历史线性演化逻辑毕竟用一般性理论语言表述出来了。

其四，共产主义社会的内在灵魂。共产主义社会的具体内容是什么？在不同文献和语境中，马克思（包括恩格斯）从不同角度和层面回答了这一问题。例如，消灭私有制和建立公有制，在共产主义社会初级阶段是工人阶级专政或无产阶级专政，等等。但是，或许人们不够重视的是共产主义社会的灵魂性内容，即个人自由全面的发展。在《德意志意识形态》中，我们见到的是如下论述：“在共产主义社会里，任何人都没有特殊的活动范围，而是都可以在任何部门内发展，社会调节着整个生产，因而使我有可能随自己的兴趣今天干这事，明天干那事，上午打猎，下午捕鱼，傍晚从事畜牧，晚饭后从事批判，这样就不会使我老是一个猎人、渔夫、牧人或批判者。”② 在《共产党宣言》中，我们见到了有关共产主义灵魂性内容的最经典表述：“代替那存在着阶级和阶级对立的资产阶级旧社会的，将是这样一个联合体，在那里，每个人的自由发展是一切人的自由发展的条件。”③ 两处论述表明，共产主义之所以为共产主义的本质性特征是个人的自由全面发展。发展的前提是生存，由于共产主义社会中生产力高度发达，消灭了阶级和剥削，生存便不会成问题。自由全面发展何谓？自由相对于约束而言，约束主要表现于四个方面：自然必然性约束、社会制度性约束、人际关系性约束和个人心智性约束。相对于资本主义社会四个方面的约束而言，共产主义社会中的个人已从这些约束中解放出来，自由的获得是自然而然的结果，获得自由后的结果是全面发展。

其五，向共产主义社会过渡需要特定的前提条件即生产力的高度发展。马克思始终坚定不移地认为，首先，没有生产力的发展，就会有“极端贫穷的普遍化”，争夺生活必需品的斗争会死灰复燃。其次，只有

① 《马克思恩格斯文集》第2卷，人民出版社2009年版，第37、43页。

② 《马克思恩格斯文集》第1卷，人民出版社2009年版，第537页。

③ 《马克思恩格斯文集》第2卷，人民出版社2009年版，第53页。

生产力的发展，个人与个人和民族与民族之间的普遍交往才能建立起来。最后，只有生产力的发展，地域性个人才能为世界历史性个人所代替①。三个理由中包含了极其丰富又极为重要的内容。生产力的高度发展之所以是实践性共产主义绝对必需的前提，是因为不如此就不能解决如下四个矛盾：第一，物质财富的充分涌流与因贫困普遍化而导致的争夺生活必需品斗争之间的矛盾；第二，因普遍交往而来的全面相互依赖关系与“地域性迷信”之间的矛盾；第三，民族的世界历史性存在与地域性存在之间的矛盾；第四，世界历史性个人与地域性个人之间的矛盾。这四个矛盾不解决，共产主义就不会具有实践性，而要解决这四个矛盾，生产力高度发展是绝对必需的前提。这里有一点必须强调指出，在马克思语境中，生产力高度发展在先，共产主义性质的社会变革在后，相反的理解是离马克思原生态思想而去。

其六，为共产主义社会到来准备物质性前提条件的社会历史形式是什么?《德意志意识形态》《共产党宣言》都告诉我们，只能是资本主义社会。后来，马克思在《资本论（1863—1865 年手稿)》中，用生产方式三段论形式更为具体地回答了这一问题：“资本关系本身的出现，是以一定的历史阶段和社会生产形式为前提的。在过去的生产方式中，必然发展起那些超出旧生产关系并迫使它们转化为资本关系的交往手段、生产资料和需要。但是，它们只需要发展到使劳动在形式上从属于资本的程度。然而，在这种已经改变了的关系的基础上，会发展起一种发生了特殊变化的生产方式，这种生产方式一方面创造出新的物质生产力，另一方面，它只有在这种新的物质生产力的基础上才能得到发展，从而在实际上给自己创造出新的现实的条件。由此就会出现完全的经济革命，这种革命一方面为资本对劳动的统治创造并完成其现实条件，为之提供相应的形式，另一方面，在这个由革命发展起来的与工人相对立的劳动生产力、生产条件与交往关系中，这个革命又为一个新生产方式，即扬弃资本主义生产方式这个对立形式的新生产方式创造出现实条件，这样，就为一种新形成的社会生活过程，从而为新的社会形态创造出物质基础。”② 这个强劲有力的生产方式三段论以资本主义生产方式为核心、为

① 《马克思恩格斯文集》第 1 卷，人民出版社 2009 年版，第 538 页。
② 《马克思恩格斯文集》第 8 卷，人民出版社 2009 年版，第 546—547 页。

支点。前资本主义生产方式向资本主义生产方式过渡具有必然性，资本主义生产方式向共产主义生产方式过渡也具有必然性。必然性的原因在资本主义生产方式内部，实际是为这种必然性转变为现实准备前提条件。

相对于资产阶级而言，生产力的发展是一把双刃剑，贪婪的欲望得以满足，发财致富的目的能够达到，但这一阶级没有想到的是，生产力的发展还是自己灭亡的前提条件，是共产主义社会到来的物质前提。在这一社会历史线性逻辑演化过程中，有惊心动魄和连绵不断的阶级斗争，有让资产阶级心惊肉跳的经济危机和因经济危机而来的社会危机。斗争与危机的相互交替和彼此影响，恰好构成资产阶级逐步走向灭亡的生命历程。资产阶级不愿意也不敢承认这样的逻辑，不承认与不存在是两码事，事实胜于雄辩。

综上所述，马克思一般性理论语境中的社会历史线性演化逻辑思路清晰，前资本主义社会向资本主义社会演化，资本主义社会向共产主义社会演化。社会历史线性演化逻辑以经济为先导、为基础，但经济会向其他社会生活领域扩张，典型者是向政治生活、社会生活和整个文化领域扩张。任何扩张都一样，时间性质和空间性质同时并存，相互交织和相互推进，使资本主义社会消灭前资本主义社会的“洪流”凯歌行进，无法阻挡。“洪流”中被冲击者是前资本主义社会因素，如旧生产方式中的农民和非西方国家的种族或民族，“洪流”中的主角、主导者和得益者，则是人格化的资本即资产阶级。让资产阶级没有想到的是，物极必反。资产阶级的凯歌行进过程是经济、社会双重意义的肆意妄为过程。这一过程必然造成两种危机的出现。经济危机周期性爆发使经济秩序难以维持；社会危机不断出现和累积，资产阶级自己造就的掘墓人——无产阶级会因无法生存下去而进行革命。社会历史线性演化逻辑的必然结果是共产主义社会的到来。

东方特定社会历史情势语境

马克思亲自参加 1848 年欧洲革命后不得不重新流亡，1849 年 8 月 26 日到达伦敦，除短暂外出旅行外直到逝世再也没有离开过英国。对马克思来说，这里是研究政治经济学的好地方。如此说的根据有二，英国是资本主义生产方式的典型，这里有关资本主义生产方式的文献资料最为系统和丰富。但是，为了养家糊口，除政治经济学研究外，马克思不得不为美国《纽约每日论坛报》工作，是该报驻欧洲的通讯员。在十年多一点的时间（1851 年 8 月至 1862 年 2 月）里，马克思写了大量有关欧洲重大事件的通讯和评论，有人统计说，这样的文章总数是近 500 篇[①]。需要说明的是，为了给马克思腾出时间研究政治经济学，文章的约三分之一由恩格斯写作而由马克思署名发表，军事方面文章的情况更是如此。在为数巨量的文章中，有不少论述的对象是东方国家，如中国、印度、波斯和阿富汗，还有半东方国家如俄国和土耳其。此时的东方国家是欧洲特定社会历史情势和重大事件中的东方国家，这是由当时特定世界历史情势决定的。在这些文章中，《资本论》提出的政治经济学命题——“工业较发达的国家向工业较不发达的国家所显示的，只是后者未来的景象”——中包含的社会历史线性演化逻辑以特殊形式表现出来，因为与西欧国家相比，东方国家的历史、地理、文化和语言，尤其是面临的社会历史情势特点明显。作为社会历史线性演化逻辑特殊表现形式的思想是马克思思想整体的有机组成部分，我们有责任把它梳理和再现出来。

马克思对东方国家如中国和印度的社会历史和现状、与资本主义国家的关系以及这种关系发展前景等的看法，以对东方国家社会经济结构的认知为前提。在讲到 19 世纪 50 年代中英贸易关系时马克思指出，“妨碍对华出口贸易迅速扩大的主要因素，是那个依靠小农业与家庭工业相结合而存在的中国社会经济结构”[②]。马克思未曾到过中国，不懂中文，也没有专门研究过中国的历史及其现状。上述看法从何而来？英国官员米切尔的实地观察记录为我们回答了问题：“在收获完毕以后，农家所有的人手，不分老少，都一齐去梳棉、纺纱和织布；他们就用这种家庭自织的料子，一种粗重而结实、经得起两三年粗穿的布料，来缝制自己的衣服；而将余下来的拿到附近城镇去卖……每一个富裕的农家都有织布

① ［意］马塞罗·默斯托主编：《马克思的〈大纲〉——〈政治经济学批判大纲〉150 年》，闫月梅等译，中国人民大学出版社 2011 年版，第 14、30、203 页。

② 《马克思恩格斯文集》第 2 卷，人民出版社 2009 年版，第 672 页。

机，世界各国也许只有中国有这个特点。”因此，中国农民“不单单是一个农民，他既是庄稼汉又是工业生产者”①。在讲到印度的情况时，马克思基于二手资料而来的观点又出现在我们面前，“从遥远的古代直到19世纪最初十年，无论印度过去在政治上变化多么大，它的社会状况却始终没有改变”。“从远古的时候起，在印度便产生了一种特殊的社会制度，即所谓村社制度，这种制度使每一个这样的小结合体都成为独立的组织，过着自己独特的生活。”② 马克思论述中的“小结合体”指称何谓?《资本论》为我们作出了具体说明。“那些目前还部分地保存着的原始的规模小的印度公社，就是建立在土地共同占有、农业和手工业直接结合以及固定分工的基础之上的，这种分工在组成新公社时成为现成的计划和略图。”“因此，生产本身与整个印度社会以商品交换为中介的分工毫无关系。”③ 基于如上认知，马克思的结论是，“亚洲各国不断瓦解、不断重建和经常改朝换代，与此截然相反，亚洲的社会却没有变化。这种社会的基本经济要素的结构，不为政治领域中的风暴所触动”④。

由以上所述可知，马克思对亚洲的看法很明确。亚洲社会经济结构的特点是小农业与家庭手工业牢不可破的结合。由于这一特点，任由政治风浪冲击，亚洲社会生活的客观基础不变，自古如此，没有例外。

这样的特点及基于此而来的结论，与马克思基于西欧社会经济历史发展实际抽象出来的社会历史线性演化逻辑不协调。面对这样的不协调，马克思肯定陷入了深深的沉思，他自己提出的如下问题足以证明这一点:“问题在于，如果亚洲的社会状态没有一个根本的革命，人类能不能实现自己的使命?”⑤ 人类的“使命”是硬性约束，具有如此特点的亚洲社会结构需要一场变革，应当有一场变革，这场变革的实质是一场“社会革命”，只有一场“社会革命”，才能与完成人类使命的客观需要相一致。

这场“社会革命”的原动力在哪里?马克思找到和指出的原动力具有外力论性质。在讲到中国社会经济结构的变动情况时马克思说，“英国的大炮破坏了皇帝的权威，迫使天朝帝国与地上的世界接触。与外界完

① 转引自《马克思恩格斯文集》第2卷，人民出版社2009年版，第675页。
② 《马克思恩格斯文集》第2卷，人民出版社2009年版，第680、681页。
③ 《马克思恩格斯文集》第5卷，人民出版社2009年版，第413页。
④ 《马克思恩格斯文集》第5卷，人民出版社2009年版，第415页。
⑤ 《马克思恩格斯文集》第2卷，人民出版社2009年版，第683页。

全隔绝曾是保存旧中国的首要条件，而当这种隔绝状态通过英国而为暴力所打破的时候，接踵而来的必然是解体的过程，正如小心保存在密闭棺材里的木乃伊一接触新鲜空气便必然要解体一样”①。在讲到印度社会经济结构变化的情况时马克思又说，“内战、外侮、革命、征服、饥荒——尽管所有这一切接连不断地对印度斯坦造成的影响显得异常复杂、剧烈和具有破坏性，它们却只不过触动它的表面。英国则摧毁了印度社会的整个结构，而且至今还没有任何重新改建的迹象”。“这些细小刻板的社会机体大部分已被破坏，并且正在归于消失，这与其说是由于不列颠收税官和不列颠士兵的粗暴干涉，还不如说是由于英国蒸汽机和英国自由贸易的作用……结果，就在亚洲造成了一场前所未闻的最大的、老实说也是唯一的一次社会革命。”② 读罢马克思的论述不用思索便能得出结论，亚洲各国自身没有能力从非资本主义社会向资本主义社会过渡，以往的历史只有社会动荡和改朝换代但没有真正意义上的社会革命。英国人在中国是用大炮和鸦片，在印度则是用蒸汽机和自由贸易，从根本上摧毁了中国和印度的社会经济结构。这种根本性变化的社会历史性质被马克思称为“社会革命”。这是资本主义经济向非资本主义经济空间扩张的结果。相对于资本主义国家而言，这种结果的出现是“凯歌行进”过程，相对于被空间扩张的非资本主义国家如中国和印度，则是灾难！

马克思如何看待资本主义经济向非资本主义经济空间扩张造成的灾难？社会历史线性演化逻辑的刚性特点又一次表现出来。他在讲到印度被英国征服的情况时说，“印度本来就逃不掉被征服的命运，而它过去的全部历史，如果还算得上是什么历史的话，就是一次又一次被征服的历史”。“因此，问题并不在于英国人是否有权征服印度，而在于我们是否宁愿让印度被土耳其人、波斯人或俄国人征服而不愿让它被不列颠人征服。”③ 马克思论述涉及未被马克思主义研究者顾及的话题。不列颠文明真的高于印度文明？仅仅因为不列颠文明高于印度文明就有权利征服印度？马克思在这个特定语境中的表层逻辑相对简单，不列颠人有自由贸易和蒸汽机，印度人没有，所以不列颠文明高于印度文明。但是，从精

① 《马克思恩格斯文集》第2卷，人民出版社2009年版，第609页。

② 《马克思恩格斯文集》第2卷，人民出版社2009年版，第679、682页。

③ 《马克思恩格斯文集》第2卷，人民出版社2009年版，第685—686页。

神文明层面看问题，结论与此截然相反。当印度人创立了伟大的宗教和写出启人心智的哲理性诗篇时，不列颠人作为“金发碧眼的野兽”（尼采语）仍在阴暗潮湿的北欧原始森林游荡，而人之所以为人的精神世界还几乎是一片空白呢。尤为重要者，侵略和征服也有好坏之分？谁赋予英国征服者这样的权力？以下是马克思对问题的回答。

他认为，英国之所以具有征服印度的优先权，是因为它负有的人类社会历史使命具有特殊性。“英国在印度要完成双重的使命：一个是破坏的使命，即消灭旧的亚洲式的社会；另一个是重建的使命，即在亚洲为西方式的社会奠定物质基础。”马克思告诉我们，英国人在印度重建中能够带来六个方面的内容：第一，政治统一；第二，现代化的军队；第三，自由报刊；第四，土地私有制；第五，管理国家的知识精英；第六，电报、铁路和轮船等通信与交通工具。[①] 六个方面的内容同时也是判断标准，有了它们，资本主义经济向非资本主义经济空间扩张的过程便是“大功告成”，否则，这个过程还要持续下去。与西欧社会历史线性逻辑演化过程不同的是，亚洲社会历史线性逻辑演化过程要靠外部力量，这种外部力量使用的手段是强制，要靠英国人这种“杀人又强奸妇女的文明贩子们”（恩格斯语）来完成[②]，而西欧社会历史线性演化逻辑则是自生、自发过程。这个对比具有强烈刺激性，它客观地存在于马克思的论述中。

马克思语境中的东方社会历史线性演化逻辑进展到此似乎已经结束，资本主义经济向非资本主义经济空间扩张过程已被阐释清楚。如此理解问题既与马克思观点相冲突，也没有把马克思观点与带有帝国主义倾向的资产阶级观点区别开来。马克思的观点还有一部分内容是我们绝对不能忽略的。他心里很清楚，“英国资产阶级将被迫在印度实行的一切，既不会使人民群众得到解放，也不会根本改善他们的社会状况，因为这两者不仅仅取决于生产力的发展，而且还决定于生产力是否归人民所有”[③]。从这一角度看问题，英国资产阶级只是“充当了历史的不自觉的工具”[④]，

① 《马克思恩格斯文集》第 2 卷，人民出版社 2009 年版，第 686—687 页。

② 《马克思恩格斯文集》第 2 卷，人民出版社 2009 年版，第 626 页。

③ 《马克思恩格斯文集》第 2 卷，人民出版社 2009 年版，第 689 页。

④ 《马克思恩格斯文集》第 2 卷，人民出版社 2009 年版，第 683 页。

因为资产阶级还负有没有自觉意识到也根本不情愿的“为新世界创造物质基础的使命：一方面要造成以全人类互相依赖为基础的普遍交往，以及进行这种交往的工具；另一方面要发展人的生产力，把物质生产变成对自然力的科学支配。资产阶级的工业和商业正为新世界创造这些物质条件，正像地质变革创造了地球表层一样。只有在伟大的社会革命支配了资产阶级时代的成果，支配了世界市场和现代生产力，并且使这一切都服从于最先进的民族的共同监督的时候，人类的进步才会不再像可怕的异教神怪那样，只有用被杀害者的头颅做酒杯才能喝下甜美的酒浆”①。这或许就是马克思所理解的人类使命。

通过比较可以看出，外力论的社会历史线性演化逻辑与自生、自发论的社会历史线性演化逻辑之间区别很大，最明显的区别是不同国家和民族处于不同的地位，实际获得的结果也很不相同。马克思确实意识到了这个问题的客观存在，所以他在观察和评论诸如印度被征服和中国被侵略的问题时，精神世界就复杂得多。这种精神世界有三个层面：情感、道义和社会历史线性演化逻辑。三者之间的关系是情感和道义有所表露，但最终还得服从社会历史线性逻辑演化的刚性需要。

情感。马克思写有《鸦片贸易史》一文。在讲到英国通过东印度公司向中国输出鸦片毒害中国人民的情况时说，“一个人口几乎占人类三分之一的大帝国，不顾时势，安于现状，人为地隔绝于世并因此竭力以天朝尽善尽美的幻想自欺。这样一个帝国注定最后要在一场殊死的决斗中被打垮：在这场决斗中，陈腐世界的代表是激于道义，而最现代的社会的代表却是为了获得贱买贵卖的特权——这真是任何诗人想也不敢想的一种奇异的对联式悲歌”②。马克思对中国的情感很复杂，哀其不幸，怒其不争，痛恨其与世隔绝和不思进取的处世态度，指出中国必然被打垮的趋势，但说这是难以想象的“悲歌”。

道义。1856 年，英国人以蓄意编造的理由发动了侵略中国的第二次鸦片战争。针对英国人的所谓“理由”马克思怒斥道，“广州城的无辜居民和安居乐业的商人惨遭屠杀，他们的住宅被炮火夷为平地，人权横遭侵犯，这一切都是在‘中国人的挑衅行为危及英国人的生命和财

① 《马克思恩格斯文集》第 2 卷，人民出版社 2009 年版，第 691 页。

② 《马克思恩格斯文集》第 2 卷，人民出版社 2009 年版，第 632 页。

产’这种站不住脚的借口下发生的！英国政府和英国人民——至少那些愿意弄清这个问题的人们——都知道这些非难是多么虚伪和空洞……英国人控告中国人一桩，中国人至少可以控告英国人九十九桩”①。马克思在道义上站在中国人民一边并声援中国人民，揭露和怒斥英国人的侵略行径。中华民族在那个风雨飘摇、四面楚歌的危难屈辱年代，一位西方人仗义执言地为中国人民声辩，实在是雪中送炭，难能可贵。

社会历史线性演化逻辑。在《不列颠在印度的统治》一文中，马克思针对印度人的遭遇和有可能的历史命运，发表了基于社会历史线性演化逻辑而来的相对系统的看法。我们可以明显地感受到，在社会历史线性演化逻辑面前，他对亚洲人民的情感和道义担当都退居次要地位，必须服从于社会历史线性演化逻辑的硬性要求。马克思为自己的做法列出的理由如下。首先，印度农村公社是专制制度的基础，其中的人是迷信的驯服工具和传统规则的奴隶，无任何首创精神。其次，印度人是不开化的利己主义者，看到自己生活于其中的帝国崩溃和各种暴行肆虐无动于衷。再次，在性情上，印度人野性、盲目和放纵，苟且偷安。最后，印度人把生活于其中的社会状态变成自然命运，屈服于外在环境，典型表现是竟向动物叩拜②。四个理由是马克思眼中印度人的缺陷，当存在这些缺陷的印度人遭遇以英国人为代表的西方文明挑战时，被征服、被西方文明彻底改造，成为在劫难逃的命运。

在以上论述中，马克思让情感和道义服从于社会历史线性演化逻辑的想法还以潜在形式存在，在如下论述中，这种想法则是以直白形式表达出来：“的确，英国在印度斯坦造成社会革命完全是受极卑鄙的利益所驱使，而且谋取这些利益的方式也很愚蠢。但是问题不在这里。问题在于，如果亚洲的社会状态没有一个根本的革命，人类能不能实现自己的使命？如果不能，那么，英国不管犯下多少罪行，它造成这个革命毕竟是充当了历史的不自觉的工具。”“总之，无论一个古老世界崩溃的情景对我们个人的感情来说是怎样难过，但是从历史观点来看，我们有权同

① 《马克思恩格斯文集》第2卷，人民出版社2009年版，第620—621页。

② 《马克思恩格斯文集》第2卷，人民出版社2009年版，第682—683页。

歌德一起高唱：‘我们何必因这痛苦而伤心，既然它带给我们更多欢乐？难道不是有千千万万生灵曾经被帖木儿的统治吞没？’”① 以直白形式表达出来的让情感服从于社会历史线性演化逻辑的想法是客观事实。面对这样的客观事实，印度人怎么想呢？中国人怎么想呢？或许马克思表达想法时并没有意识到要听一听印度人和中国人的想法。这个刚性强劲的社会历史线性演化逻辑背后是世界历史演化过程，在这一过程中，以英国人为代表的西方人是发动者、主宰者、定调者，是哲学理念的提供者。

马克思对亚洲社会及其未来命运的看法已如上所述。为了使自己的看法与《资本论》中原生态语境的社会历史线性演化逻辑保持一致，也为了与《德意志意识形态》《共产党宣言》等文献中一般性理论语境中的社会历史线性演化逻辑保持一致，马克思在说明亚洲社会状况及其前景问题时附加了诸多新理论因素。第一，社会经济结构特殊论；第二，亚洲社会变革需要外力推动论；第三，特种文明优越论；第四，优等文明双重历史使命论；第五，侵略有理论；第六，情感和道义服从社会历史线性演化逻辑论。如何看待和评价这六个极富挑战性又极具复杂性的理论因素？或许我们这些被马克思评价过的东方人的子孙也会陷入马克思当时遇到的思想困境：情感与理智不协调，相冲突。

俄国特定社会历史情势语境

到目前为止，我们已经论及了马克思社会历史线性演化逻辑的三种语境：资本主义工业较不发达国家向资本主义工业较发达国家过渡的原生态语境、前资本主义社会向资本主义社会过渡和资本主义社会向共产主义社会过渡的一般性理论语境，以及东方国家由前资本主义社会向资本主义社会过渡的特定社会历史情势语境。马克思论述社会历史线性演化逻辑的语境还有一个，即俄国特定社会历史情势中的线性演化逻辑语境。这种语境更为特殊，它涉及的是前资本主义社会向共产主义社会过渡的可能性问题。

① 《马克思恩格斯文集》第2卷，人民出版社2009年版，第683、683—684页。

人们基于对马克思相关文献的特定解读，对问题作出了肯定性回答，由此衍生出解读者倾向明显的马克思东方社会理论。这一理论试图告诉人们，俄国社会历史具有特殊性，面临的国际情势也具有特殊性，所以马克思认为，俄国可以不经历资本主义社会的苦难，直接过渡到共产主义社会。这就是马克思在俄国社会历史线性演化逻辑问题上“跨越资本主义制度的卡夫丁峡谷”理论。

有关这一理论的研究成果丰富到汗牛充栋的程度。这是马克思观点吗？这样的观点、这样的理论和这样的回答与马克思一般性理论语境中的社会历史线性演化逻辑是什么关系？与原生态语境中不发达资本主义社会向发达资本主义社会过渡的社会历史线性演化逻辑是什么关系？没有人提出这样的问题，也没有人回答这样的问题。不提出和不回答问题不等于问题不存在。不管我们多么无视它们的客观存在，不让它们在学术语境中表示存在，它们仍然会以挑战性姿态在那里客观地存在着，逼迫我们作出回答。基于马克思文献，梳理马克思极为复杂的理论表述，对上述问题作出符合马克思原生态思想实际的回答，是我们义不容辞的责任。

马克思与俄国社会历史、现状及未来前景问题结缘有三个契机。

第一，《资本论》第一卷出版后，马克思开始整理加工第二、三卷的内容。在涉及地租和土地制度历史问题时，接触到了俄国土地关系的历史资料。为了更好地研究和利用这些历史资料，马克思自学了俄语(1869 年)。在他逝世后，恩格斯吃惊地发现马克思稿纸中有超过两立方米的材料全是俄国的统计数据。马克思用细小字体几乎写满了3000 页纸。如此巨量的经过加工的统计数据表明，马克思在俄国社会历史、现状和前景问题上已经下了多么大的功夫。

第二，1877 年，俄国国内学术界针对俄国农业公社制度历史、现状及其前景问题的争论中涉及了马克思《资本论》中“所谓原始积累”一章的基本观点。争论中的资产阶级自由派认为，马克思的观点表明，俄国农业公社的命运是必然灭亡；民粹派的观点则认为，马克思的观点表明了俄国农业公社恰恰相反的历史命运。为了回应这种争论，马克思专门写作了《给〈俄国纪事〉杂志编辑部的信》，借以澄清自己的立场，“假如俄国想要遵照西欧各国的先例成为一个资本主义国家——它最近几年已经在这方面费了很大的精力——它不先把很大一部分农民变成无产者就达不到这个目的；而它一旦倒进资本主义制度的怀抱，它就会和尘世间的其他民族一样地受那些铁面无情的规律的支配。事情就是这样。但是这对我的批评家来说是太少了。他一定要把我关于西欧资本主义起源的历史概述彻底变成一般发展道路的历史哲学理论，一切民族，不管它们所处的历史环境如何，都注定要走这条道路——以便最后都达到在保证社会劳动生产力极高度发展的同时又保证每个生产者个人最全面的发展的这样一种经济形态。但是我要请他原谅。（他这样做，会给我过多的荣誉，同时也会给我过多的侮辱。）"①。从马克思论述中可以概括出如下内容：其一，《资本论》中关于西欧资本主义历史起源的概述不是关于一般性社会经济发展道路的历史哲学理论，如此理解者的所谓"理解"是误解；其二，按照经济自由主义者的意愿，俄国要模仿西欧资本主义发展的道路，必然结果是经历已经在西欧发生过的资本主义苦难；其三，把特殊语境中的理论性概述变为一般性理论，貌似给概述者"过多的荣誉"，实际是给了概述者"过多的侮辱"；其四，提出上述观点的根据在于，"极为相似的事变发生在不同的历史环境中就引起了完全不同的结果"。对俄国农业公社的命运问题要作具体分析，这是不能随意改变的方法论原则。

第三，1881 年 2 月 16 日，俄国劳动解放社创始人之一查苏利奇写信请求马克思谈谈对俄国农业公社命运的看法："如果你能说明你对我国农村公社可能的命运以及关于世界各国由于历史的必然性都应经过资本主义生产各阶段的理论的看法，那么，这将使我们获得极大的帮助。"② 这封求教信情真意切，但涉及的理论因素较为复杂。持俄国农业公社必然灭亡论观点的有两类人，一类是经济自由主义者，一类是自称马克思学生的人。写信求教者查苏利奇具有民粹主义思想背景，其观点与上述两种观点尖锐对立。面对这样的求教信，马克思不能不作出回答，要作出回答，就必须表明自己在俄国农业公社历史、现状及前景问题上的基本立场。这样的立场是一种社会历史线性演化逻辑，这种逻辑与《资本论》中的基本观点和《德意志意识形态》《共产党宣言》等文献中一般性社会

① 《马克思恩格斯文集》第 3 卷，人民出版社 2009 年版，第 466 页。

② 转引自《马克思恩格斯文集》第 3 卷，人民出版社 2009 年版，第 703 页。

历史线性演化逻辑的关系是难点之一，也是焦点之一。马克思确实写了复信且一共写了四稿，但其中的理论观点到底何谓？这绝对不是一个简单因而能轻易作出回答的问题。

复信一共写四稿的事实表明，马克思对自己所要回答的问题一时陷入困惑之中。其一，如果马克思能够胸有成竹地回答问题，复信写一稿足矣，犯不着非写四稿不可。其二，第一稿与第四稿比较就可发现，马克思对自己观点的表述有一个从具体到抽象的演化过程。尤为重要者，到第四稿中不再出现"跨越资本主义制度的卡夫丁峡谷"提法。其三，统计数据也能说明问题。第一稿由46个自然段构成，第四稿则仅有7个自然段，大量理论分析被舍弃掉。其四，在同一稿中出现重复论述的情况，前三稿中这样的例证可以找到六处。其五，马克思在复信终稿开头便说，"承蒙您向我提出问题，但很遗憾，我却不能给您一个适合于发表的简短说明"①。这句话中有两点需要关注。"很遗憾"的提法不仅仅是客套，它表明马克思由于确实拿不出自己认为满意的理论性回答而表示惭愧；"不能"提供"适合于发表"的"说明"则表明，马克思对自己信中的观点拿不准。

作为具有如此超人学识和智慧的人，马克思为什么会陷入理论困惑之中？我们能够找到的答案是，俄国农业公社的历史、现状及命运问题，既具有存在形态意义的极度复杂性，又具有理论形态意义的极度复杂性。对这一问题的回答涉及马克思自己的理论所要面对的一系列问题。第一，如果对问题作出否定性回答，俄国农业公社可能的命运是必然灭亡，那么，就有可能陷入自己的观点与资产阶级经济自由主义观点难以区分的局面。第二，如果对问题作出肯定性回答，俄国农业公社可能的命运是不经历资本主义苦难而"跨越资本主义制度的卡夫丁峡谷"，那么，就有可能陷入自己的观点与俄国民粹主义者的观点难以区分的局面。第三，如果对问题作出肯定性回答，其内在的理论本质是生产关系先行论，那么，这样的观点与自己其他语境中的社会历史线性演化逻辑相冲突，因为其他语境中的基本观点坚定不移，生产力发展是绝对必需的前提。第四，如果对问题作出否定性回答，灭亡是俄国农业公社在劫难逃的命运，

① 《马克思恩格斯文集》第3卷，人民出版社2009年版，第589页。

那么，评价中国和印度社会历史线性演化逻辑问题时遇到的困境又会出现，即情感与理智相冲突。与此同时，这会挫伤俄国革命者的革命积极性。第五，如果对问题作出肯定性回答，那么，俄国农业公社的现状会“提出抗议”，从1861年到1881年20年的时间内，俄国资本主义经济获得了长足发展，俄国农业公社已遭到致命性破坏，再恢复原状以便成为“社会新生的支点”实属不可能，至于理论上的可能性，那只不过是理论上的可能性，此外什么也不是。由这五个难以回答的问题就可以看出，俄国农业公社的前景问题是马克思晚年的真正困惑之一。

不管问题多么难以回答，该回答的问题还是要回答。马克思确实作出了回答。综合马克思复信四稿的内容可以看出，他回答问题的理论结构由三部分内容组成。其一，说明《资本论》第一卷中相关内容与俄国农业公社命运问题争论的关系；其二，从纯理论可能性上分析俄国农业公社有可能的发展前景；其三，“回到俄国现实中来”看待俄国农业公社的现状和命运。两种回答问题的方式得到的是几近正相反对的结论。

从1877年起，马克思就被迫卷进了有关俄国农业公社命运的争论中，其中的原因并不复杂，《资本论》中的“所谓原始积累”一章对西欧资本主义的起源作了基于历史事实的理论概述。争论双方都以马克思概述中的内容作为确立自己观点的理论根据。马克思要回答查苏利奇信中提出的问题，前提条件之一是说清楚《资本论》中相关内容与俄国农业公社前景问题争论之间的关系。复信第三稿对这种关系的说明最为明确，“我在分析资本主义生产的起源时说：‘因此，在资本主义制度的基础上，生产者和生产资料彻底分离了……全部过程的基础是对农民的剥夺。这种剥夺只是在英国才彻底完成了……但是，西欧的其他一切国家都正在经历着同样的运动。’”“可见，这一运动的‘历史必然性’明确地限制在西欧各国的范围内。造成这种限制的原因在第三十二章的下面这一段里已经指出：‘以自己的劳动为基础的私有制……被以剥削他人劳动即以雇佣劳动为基础的资本主义私有制所排挤。’”“因此，在这种西方的运动中，问题是把一种私有制形式变为另一种私有制形式。相反，在俄国农民中，则是要把他们的公有制变为私有制。人们承认还是否认这种转变的必然性，提出赞成或反对这种转变的理由，都和我对资本主义制度起源的分析毫无关系。"[①] 争论的语气表明，马克思不愿意自己的观点被当作争论双方中一方的理论根据这种现象出现。既然这种现象出现了，就要把自己的立场以最直接明确的形式表达出来，"毫无关系"之说可资为证。说"毫无关系"就得拿出根据，马克思确实拿出了根据。其一，从地理角度看，一是在西欧，一是在东欧，这二者之间毕竟有区别。其二，《资本论》指涉的对象是从一种私有制转变为另一种私有制，有关俄国农业公社前景问题的争论焦点，则是从公有制转变为私有制或更高形态的公有制。这二者之间确实具有本质性区别。忽略二者之间的本质性区别而生搬硬套地运用《资本论》中的理论是不切合实际的。

回到查苏利奇信中求教的问题上来。俄国农业公社的前景到底如何呢？马克思首先运用一种特殊的方式回答问题。他假定了一种俄国农业公社纯而又纯的理论状态，即"理论上的可能性"，"从纯理论观点"上看等[②]。在这样的理论状态中，俄国农业公社可以"跨越资本主义制度的卡夫丁峡谷"，成为"俄国社会新生的支点"。

第一，与较古类型的公社相比，俄国农业公社具有三个特点，实际是优点。"首先，所有较早的原始公社都是建立在公社社员的血缘亲属关系上的；'农业公社'割断了这种牢固然而狭窄的联系，就更能够扩大范围并经受得住同外界的接触。""其次，在公社内，房屋及其附属物——园地，已经是农民的私有财产，可是远在引入农业以前，共有的房屋曾是早先各种公社的物质基础之一。""最后，虽然耕地仍然是公有财产，但定期在农业公社各个社员之间进行分配，因此，每个农民自力经营分配给他的田地，并且把产品留为已有，然而在较古的公社中，生产是共同进行的，只有产品才拿来分配。这种原始类型的合作生产或集体生产显然是单个人的力量太小的结果。而不是生产资料社会化的结果。"[③] 之所以说上述特点是优点，根据在于比较范围。与较古类型的公社相比，俄国农业公社的构成要素更能适应于未来共产主义社会的客观需要，如交往的普遍化和更高的个人生产能力。

① 《马克思恩格斯文集》第3卷，人民出版社2009年版，第583页。

② 《马克思恩格斯文集》第3卷，人民出版社2009年版，第571、573、576、577、578、579—580页。

③ 《马克思恩格斯文集》第3卷，人民出版社2009年版，第573—574页。

第二，俄国农业公社固有的二重性有利于过渡到未来共产主义社会。这样说的理由在于，“显然，农业公社制度所固有的这种二重性能够赋予它强大的生命力。它摆脱了牢固然而狭窄的血缘亲属关系的束缚，并以土地公有制以及公有制所造成的各种社会联系为自己的稳固基础；同时，各个家庭单独占有房屋和园地、小地块耕种和私人占有产品，促进了那种与较原始的公社机体不相容的个性的发展”①。马克思的观点表述得很清楚，俄国农业公社中的公有制因素有利于形成共产主义社会所需要的社会联系，而其中的私有制因素则有利于形成未来共产主义社会所需要的个人个性的发展。

第三，俄国农业公社与资本主义制度同时并存，使它具有了过渡到未来共产主义社会的物质可能性。马克思在讲到这一点时信心满满，“设备、肥料、农艺上的各种方法等等集体劳动所必需的一切资料，到哪里去找呢？俄国‘农村公社’比同一类型的古代公社大大优越的地方正是在这里。在欧洲，只有俄国的‘农村公社’在全国范围内广泛地保存下来了。因此，它目前处在这样的历史环境中：它和资本主义生产的同时存在为它提供了集体劳动的一切条件。它有可能不通过资本主义制度的卡夫丁峡谷，而占有资本主义制度所创造的一切积极的成果”②。

三个方面的条件确实很诱人，由此得出俄国农业公社可以跨越“资本主义制度的卡夫丁峡谷”的结论显得有充分根据。人们据此而认定，马克思对查苏利奇信中的问题作出了肯定性回答，进而认定，马克思有一个所谓的东方社会理论。基于马克思文献理解问题就会发现，这样的“认定”离马克思原生态想法很远。人们在看到马克思以上论述时并没有注意到或是有意忽略了，得出能够跨越资本主义“卡夫丁峡谷”的结论只不过是就“理论上的可能性”而言，要使“理论上的可能性”变为现实，就必须具备一系列前提条件，马克思列出了这些前提条件，稍加梳理便是七个方面的内容。其一，俄国农业公社被置于正常条件之下；其二，消除对俄国农业公社的破坏性影响；其三，消除压在俄国农业公社身上的重负；其四，获得正常数量的土

① 《马克思恩格斯文集》第3卷，人民出版社2009年版，第586页。

② 《马克思恩格斯文集》第3卷，人民出版社2009年版，第578页。

地；其五，俄国爆发革命；其六，国债等经济社会资源都用于发展俄国的农业公社①；其七，西欧爆发无产阶级革命且与俄国革命相呼应②。马克思写复信的1881年存在上述前提条件吗？实际情况是其中的一个前提条件也不具备，更遑论全部七个方面的前提条件。缺乏前提条件的“理论上的可能性”只能停留于理论假定层面，什么问题也说明不了。

认定马克思对查苏利奇信中问题作出肯定性回答的人们显然是犯了以偏概全的错误，因为马克思还有另一种回答问题的方式，这就是“我们必须从纯理论回到俄国现实中来”③。基于这种回答问题方式而来的看法，俄国农业公社的前景黯淡起来，它几近灭亡，或者说它必然会灭亡。这样的前景表明，现在再谈论跨越“资本主义制度的卡夫丁峡谷”问题，已经没有现实意义。为了说明俄国农业公社前景不容乐观，马克思为我们陈述了三个方面的情况。

第一，国家正在加大力度地破坏农业公社。“正是从所谓农民解放的时候起，国家把俄国公社置于不正常的经济条件之下，并且从那时候起，国家借助集中在它手中的各种社会力量来不断地压迫公社。由于国家的财政搜刮而被削弱得一筹莫展的公社，成了商业、地产、高利贷随意剥削的任人摆布的对象。这种外来的压迫激发了公社内部原来已经产生的各种利益的冲突，并加速了公社的各种瓦解因素的发展。”④ 资本主义生产关系绝非像资产阶级经济学家（如哈耶克）所说的那样是自生自发过程，而是国家深度地参与其中，发挥巨大的推动作用。俄国的国家机器在俄国农业公社被挤压以至于被消灭的过程中发挥了同样性质的作用。这种作用的结果可想而知，俄国农业公社灭亡是必然结局。

第二，俄国已经产生和存在的资本主义经济因素正在推波助澜地加速俄国农业公社灭亡的进程，这是由资本主义经济发展的客观需要决定的。要发展资本主义经济就“必须创造一个由比较富裕的少数农民组成的农村中等阶级，并把大多数农民干脆都变为无产者”⑤。马克思的叙述让我们见到似曾相识的惊人一幕，他写复信时即1881

---

① 《马克思恩格斯文集》第3卷，人民出版社2009年版，第571、590、578、582页。

② 《马克思恩格斯文集》第2卷，人民出版社2009年版，第8页。

③ 《马克思恩格斯文集》第3卷，人民出版社2009年版，第576页。

④ 《马克思恩格斯文集》第3卷，人民出版社2009年版，第576—577页。

⑤ 《马克思恩格斯文集》第3卷，人民出版社2009年版，第577页。

年的俄国正在经历西欧国家尤其是英国已经经历过的资本原始积累过程。这一过程是"绞肉机"，即资本与政治权力相结合肆虐的过程，已经脆弱不堪的俄国农业公社及这一公社的主体——农民怎么能经受得住这种资本主义进程的冲击呢？俄国农业公社的前景只有一个，那就是灭亡。作出这样的结论似乎显得绝对，后来的历史发展证明，马克思的预言不幸言中了。

第三，俄国农业公社作为根本性特点存在的"二重性"，内在地包含促使公社灭亡的因素，一旦具备适宜的社会历史条件，这种因素就会发挥作用。马克思三次关注和强调这一点，此处引证论述较为典型的一次。在复信第三稿马克思说，"除了外来的各种破坏性影响，公社内部就有使自己毁灭的因素。土地私有制已经通过房屋及农作园地的私有渗入公社内部，这就可能变为从那里准备对公有土地进攻的堡垒。这是已经发生的事情"①。貌似自在存在的私有制因素并不是完全处于自在状态，它有一种扩张自身并表示存在的强烈冲动。如果遇到适宜扩张和发展的社会历史环境，这种私有制因素会更加活跃和更加急迫地表现自己。最终结果如何？是俄国农业公社的灭亡。

如上思想梳理明证可鉴，针对查苏利奇信中提出的问题，马克思用两种方式作出回答，一种是纯理论方式，另一种是"回到俄国现实中来"的方式。两种方式得到了具有本质性区别的两种结论，两种结论与马克思一般性社会历史线性演化逻辑具有各不相同的关系。基于"回到俄国现实中来"的方式回答问题与一般性社会历史线性演化逻辑相符合，也与俄国农业公社的最终命运相一致。人们或是忽略了这种回答，或是情感上不愿意见到这种回答，在后来的相关研究中这种回答及其结果已没有表示存在的机会。纯理论方式回答问题的结论被大部分人接受，在国内是几乎已成定论的所谓"马克思东方社会理论"。在国外如此看问题者也不乏其人，例如著名的英国历史学家和马克思主义思想家霍布斯鲍姆就认为，"马克思倾向于赞同民粹派的观点"②。

---

① 《马克思恩格斯文集》第3卷，人民出版社2009年版，第586页。

② ［英］埃里克·霍布斯鲍姆：《如何改变世界——马克思和马克思主义的传奇》，吕增奎译，中央编译出版社2014年版，第151—152页。

虽然马克思以纯理论方式回答问题得到的结果成了主流性理论，我们必须要指出的是，这不是马克思的过错，而是后继理解者的过错。过错表现于两个方面。其一，马克思原生态思想中有两种回答问题的方式，得到的理论结果也是两种，但后继理解者仅仅看到了一种而忽略了同样客观存在的另一种。其二，如此理解问题的人们既没有看到也没有指出马克思用纯理论方式回答问题及其结果中存在的缺陷。第一，马克思对生产力及其发展程度的制约作用问题关注不够，这与《德意志意识形态》对相关问题的论述形成鲜明对照。第二，虽然马克思说“要拯救俄国公社，就必须有俄国革命”①，但农民性质的革命与向共产主义社会过渡的无产阶级革命之间有本质区别，此革命非彼革命。马克思并没有指出这一点。第三，马克思对交往的普遍性问题估计不足，他以为俄国农业公社“与世隔绝”造成的孤立状态“这个障碍好消除”②。

看到并指出马克思纯理论方式回答问题及其结果中的理论缺陷，回归“回到俄国现实中来”回答问题的方式及其结果，就能避免与马克思一般性社会历史线性演化逻辑相冲突的瑕疵，否则，这一冲突无法避免。例如，马克思纯理论回答问题的方式及其结果能做到与下述论断协调一致吗？这个论断出现于1859年的《政治经济学批判》（第一分册）“序言”中：“无论哪一个社会形态，在它所能容纳的全部生产力发挥出来以前，是决不会灭亡的；而新的更高的生产关系，在它的物质存在条件在旧社会的胎胞里成熟以前，是决不会出现的。”③ “回到俄国现实中来”回答问题的方式及其结果与马克思两个“决不会”论断相一致。这种一致表明，虽然马克思在回答查苏利奇信中的问题时表现出一定程度的困惑，但困惑过程中还是发现了问题的症结所在。找到问题的症结思路便会明确起来，国家的肆意破坏、资本主义因素的巨大冲击和俄国农业公社内部的私有制因素发酵三个方面的原因使然，俄国农业公社的灭亡是在劫难逃的历史命运。看到这种命运的必然到来或许情感上不舒服，但社会历史线性演化逻辑不以个人意志为转移。

---

① 《马克思恩格斯文集》第3卷，人民出版社2009年版，第582页。
② 《马克思恩格斯文集》第3卷，人民出版社2009年版，第575页。
③ 《马克思恩格斯文集》第2卷，人民出版社2009年版，第592页。

需要进一步探讨的问题

论述至此，马克思社会历史线性演化逻辑不同语境中的经济哲学内容已被揭示出来。但是，因语境不同而造成的理论内容的复杂性和其中某些观点既具有冲击性又具有挑战性而使我们不能就此住笔，而是要在更高层面上提出和分析其中隐含的理论问题。

第一，社会历史线性演化逻辑的语境问题。

马克思在四个语境中发表对社会历史线性演化逻辑的看法。语境各不相同的原因不难找到，社会历史情势、学术背景、叙说对象和论说目的四个方面的情况各不相同，造成了语境的各不相同。人们习惯性地按历史唯物主义教科书理解马克思的社会历史线性演化逻辑，至于语境问题，则是在自觉意识层面没有表示存在的机会。习惯性做法导致了一系列理论后果的出现。首先，有那么多经济哲学内容被置于视野黑洞之中，最终变成了不存在。其次，在发表对中国被侵略和印度被征服问题的看法时，马克思说了那么多有可能伤及我们民族感情的话，如果不在微观和中观语境层面细加辨析，如果不在宏观语境层面紧紧抓住马克思社会历史线性演化逻辑中的阶段性内容，得出他是“侵略有理论”者的结论很容易，但这是对马克思的误解，因为他的观点与此时帝国主义者如约翰·穆勒和托克维尔等帝国主义者的观点之间有本质区别①。最后，如果不关注语境问题，特别是关注马克思不同语境之间核心思想的本质性联系，误解马克思相关论述是可以预料的结果。例如，不少人对马克思关于俄国能否“跨越资本主义制度的卡夫丁峡谷”论述作出了肯定性理解。问题在于，马克思还有更符合俄国社会历史实际因而更具说服力的“回到俄国现实中来”的论述。这种论述的必然性结论是对查苏利奇信中的问题作出否定性回答。更重要的问题在于，如果仅仅各取所需地理解马克思的相关论述，必然产生的结果是陷入二难择一的困境：要一般性理论语境中的社会历史线性演化逻辑还是要俄国例外论？二者择一才能

① 关于这两个人的帝国主义倾向和观点，请见［美］珍妮弗·皮茨《转向帝国——英法帝国自由主义的兴起》（金毅、许鸿艳译，江苏人民出版社 2012 年版）一书的相关部分。

得出一以贯之的结论。这里必须强调的是，从19世纪40年代中期提出社会历史线性演化逻辑以来，马克思从来没有在基本观点上发生过动摇，虽然在面对查苏利奇信中提出的问题时遇到了理论困难。由是观之，马克思社会历史线性演化逻辑的语境问题不是个小问题，无视其客观存在，不让它在学术语境中表示存在，既是不足取的态度，也会导致误解马克思原生态思想实际的结果。

第二，社会历史线性演化逻辑的根据问题。

从马克思社会历史线性演化逻辑的出场时间看，四个语境的顺序如下：一般性理论语境、东方特定社会历史情势语境（主要针对中国和印度的社会历史情势）、原生态语境（主要针对英国和西欧其他国家的社会历史情势）和俄国特定社会情势语境（主要针对俄国农业公社的命运）。这种顺序容易给人造成印象，马克思社会历史线性演化逻辑是先有一般性理论假设，后有社会历史特别是社会经济历史的根据，一般性理论语境后的其他三个理论语境都可视为对一般性理论假设的验证。列宁在《什么是"人民之友"以及他们如何攻击社会民主党人?》中的相关论述进一步加固了这种印象，"社会学中这种唯物主义思想本身已经是天才的思想。当然，这在那时暂且还只是一个假设"。"马克思在40年代提出这个假设后，就着手实际地（请注意这点）研究材料。他从各个社会经济形态中取出一个形态（即商品经济体系）加以研究，并根据大量材料（他花了不下25年的工夫来研究这些材料）对这个形态的活动规律和发展规律作了极其详尽的分析"①。列宁把人们的习惯性印象变成了理论。由于研究资料的匮乏使列宁作出了不符合马克思思想发展实际的结论。我们不能苛求他，这是时代的局限。这个结论对后世产生了有害性影响。例如，马克思主义哲学原理和马克思主义哲学史教科书在讲到马克思哲学思想形成过程时，都不顾及社会历史线性演化逻辑提出时的根据问题，对马克思政治经济学研究与社会历史线性演化逻辑提出之间的关系问题，或是一笔带过，或是无视这一问题的客观存在。马克思提出社会历史线性演化逻辑时到底是有所根据还是仅凭"假设"？后来面世的材料证明，马克思提出社会历史线性演化逻辑时有根据，直接证据是他研究政治经

① 《列宁选集》第1卷，人民出版社1995年版，第7、9页。

济学的三大笔记即《巴黎笔记》《布鲁塞尔笔记》《曼彻斯特笔记》。笔记中的思想成果收入了《1844年经济学哲学手稿》《神圣家族》《德意志意识形态》《哲学的贫困》《共产党宣言》等文献中。微观证据可以《德意志意识形态》《共产党宣言》为例证，其中对大工业革命性的经典论述后来被充实和扩展为《资本论》第一卷的第四篇即“相对剩余价值的生产”①。马克思《政治经济学批判》（第一分册）“序言”，以最直接的形式告诉我们，社会历史线性演化逻辑的提出与政治经济学研究之间具有直接和本质的联系，政治经济学研究中涉及的社会经济发展的历史性事实就是根据。

第三，社会历史线性演化逻辑的验证问题。

马克思社会历史线性演化逻辑的分析中心是资本主义社会，根本性诉求是未来共产主义社会。把社会历史线性演化逻辑四种语境具体化，我们见到的是如下情况。一般性理论语境是前资本主义社会→资本主义社会→共产主义社会；东方特定社会历史情势语境是殖民地社会（印度）和半殖民地社会（中国）→资本主义社会→共产主义社会；命题的原生态语境是前资本主义社会→资本主义社会低级阶段→资本主义社会高级阶段→共产主义社会；俄国特定社会历史情势语境是原始社会遗存物（俄国农业公社）→资本主义社会（或不经历这一“卡夫丁峡谷”）→共产主义社会。四个语境表明，社会历史线性演化逻辑涉及了这么复杂的社会历史状况。面对如此复杂的社会历史状况，马克思如何验证自己的社会历史线性演化逻辑？实际情况是，三种非一般性理论语境中的内容都是对一般性理论语境中社会历史线性演化逻辑的验证，在这一验证中，原始社会“遗存物”的情况（俄国农业公社）、封建社会的情况（中国）和资本主义社会的情况（英国和西欧其他国家）都顾及到了，只是奴隶制社会的情况未及顾涉。社会历史形态方面如此复杂的情况表明，马克思确实对社会历史线性演化逻辑进行了理论验证，并基本做到了言之成理和持之有故。关键问题在于实践验证，这是马克思无能为力的事情。后来的社会历史发展表明，实践同样在某种程度上验证了马克思社会历史线性演化逻辑是正确的。西欧国家很快发展到了资本主义社会的

① 见《马克思恩格斯文集》第1卷，人民出版社2009年版，第565—567页；《马克思恩格斯文集》第2卷，人民出版社2009年版，第32—36页。

高级阶段，中国、印度和俄国都先后不一地进入了市场经济社会。资本主义市场经济与社会主义市场经济之间肯定有区别，但市场经济就是市场经济，所以有论者说，中国目前的社会是有“中国特色的资本主义”①。我们可以不同意且据理驳斥这种观点，但中国用市场经济体制配置资源且成就举世瞩目是不争的客观事实。未来的共产主义社会呢？由市场经济体制爆发出来的生产力的高速发展、交往普遍化导致的全面性依赖关系的形成和个人素质的不断提高，随着这些被马克思一再强调的前提性条件的日积月累，共产主义社会一定能到来。

第四，社会历史线性演化逻辑中的学科性内容问题。

马克思在展开和论证社会历史线性演化逻辑问题时涉及和运用了诸多学科性知识，例如，一般性理论语境主要是政治经济学研究的结果，这是政治经济学与哲学的内在联系问题；原生态语境中系统论述英国工厂法立法的历史，这是法学领域中的问题；东方特定社会历史情势语境中论及印度和中国问题时，马克思在情感上同情和道义上声援印度与中国，这是伦理学领域中的问题；俄国特定社会历史情势语境中论及俄国社会历史状况和前景问题时，详尽分析俄国农业公社涉及的各种问题并与其他历史时代和地域的原始公社进行比较，这是历史学领域中的问题，等等。我们在这里关注经济学和哲学这两个学科。人们普遍接受的看法是，发展经济学产生于第二次世界大战后。这种看法是用西方主流经济学的经济学帝国主义眼光看问题的结果。从经济学历史发展的客观实际出发就能发现，发展经济学的真正创立者是马克思，西方主流经济学的流行观点是数典忘祖。马克思在论证社会历史线性演化逻辑时涉及发展经济学的核心观点如下。第一，经济发展是时代的核心任务；第二，欠发达国家模仿和追赶发达国家；第三，不管主观选择意愿如何，发展经济的唯一途径是资本主义经济体制（市场经济体制）；第四，经济发展的动力是不被世界历史潮流淘汰。把这四个核心性观点放到发展经济学语境并用经济学语言加以表述，我们马上就能发现，发展经济学的真正创立者到底是谁。经济哲学性的内容更丰富，例证如下。其一是世界历史论，这种观点的核心内容是社会历史性的时间延续和空间扩张，二者中

① 见［美］戴维·罗特科普夫《权力组织：大公司与政府间历史悠久的博弈及前景思考》，梁卿译，商务印书馆2014年版，第355页。

的主体是资本主义经济。后来，有专有名词表征这一内容即全球化。其二是生产力发展绝对必需论。这种观点主张，任何社会历史性变迁，包括向未来共产主义社会过渡，生产力发展并达到一定程度都是绝对必需的前提。马克思终生都在坚持这一观点，始终没有变化。其三，社会历史线性演化逻辑中的阶段不可超越论，此为马克思在各种语境中都在坚持的观点，就是在论述俄国农业公社前景问题时情况也是如此，因为马克思要求自己和其他人"必须从纯理论回到俄国现实中来"①，而"俄国现实"中的种种状况"必然会导致农村公社的灭亡"②。其四是后继国家要在世界历史大潮中占得一席之地，经历资本主义社会的痛苦过程是必然结局。它们所能做的是缩短这一痛苦的过程并减轻痛苦程度，但这样的痛苦过程无法"跨越"③。其五，外力论。马克思在谈论非英国和西欧其他国家如中国和印度的社会历史发展问题时，始终坚持外力论的观点，即西方发达资本主义国家抱着卑鄙目的，利用各种手段，包括侵略和征服手段，促使非资本主义国家进入资本主义的社会历史时代。后来的社会历史发展证明，这种外力论的观点符合社会历史实际。其六，诚信经济规律论。这个被恩格斯以更明确形式表述出来的观点直到现在仍然没有进入人们的研究视野，但它的客观存在当是不争事实④。上述六个观点只是例证，这样的例证表明，马克思社会历史线性演化逻辑中确实具有极为丰富的经济哲学内容。

第五，社会历史线性演化逻辑的思想资源问题。

社会历史线性演化逻辑的一般性哲学基础是进步观念。有学者考据说，这种观念产生于16世纪⑤。进步观念先是以知识进步论形式大行其道⑥，然后向各个具体知识领域渗透，政治经济学和社会历史学领域中出现的结果是进步论的经济史观。经济史观是哲学性内容，又是政治经济

① 《马克思恩格斯文集》第3卷，人民出版社2009年版，第576页。

② 《马克思恩格斯文集》第3卷，人民出版社2009年版，第577页。

③ 见《马克思恩格斯文集》第5卷，人民出版社2009年版，第9—10页。

④ 对恩格斯诚信经济规律论的展开性论述，请见宫敬才《诚信的经济规律性质》，《求是》2002年第15期。

⑤ 见［英］约翰·伯瑞《进步的观念》，范祥涛译，生活·读书·新知三联书店2005年版，第4页。

⑥ 见［法］孔多塞《人类精神进步史表纲要》，何兆武、何冰译，生活·读书·新知三联书店1998年版，第2—3页。

学理论的有机组成部分。这种经济史观（哲学）与政治经济学理论的结合始自亚当·斯密，持续到19世纪上半叶，后来只是新古典主义经济学运动的兴起及其渐成气候，继而成为经济学主流，才使这种结合成为可有可无的内容。在这一历史时期内，各不相同的经济史观异彩纷呈，成为马克思提出和论证社会历史线性演化逻辑的思想资源。例如，亚当·斯密在18世纪中叶的学术演讲中说，"人类社会的四个时期是：畋猎、畜牧、农作和贸易"①。到19世纪上半叶，李斯特在他那部开创政治经济学研究新范式的《政治经济学的国民体系》中，把经济史观表述得更为具体，"从经济方面看来，国家都必须经过如下发展阶段：原始未开化时期，畜牧时期，农业时期，农工业时期，农工商业时期"。② 与马克思社会历史线性演化逻辑相比，作为例证的亚当·斯密和李斯特的观点显得粗糙，缺乏论证，给人以力单势薄之感，但其中隐含的哲学性理念却十分重要。人类社会历史中的经济演化呈线性状态，总体趋势是不断进步和发展，这种进步和发展具有阶段性，后一阶段高于和好于前一个阶段，进步和发展没有止境。这些哲学性理论带有一般性质，它们启发和影响了马克思，帮助马克思提出自己的社会历史线性演化逻辑。这样的思想史梳理和例证表明，马克思在提出和论证社会历史线性演化逻辑时，确实利用了前人的思想资源。

① ［英］坎南编：《亚当·斯密关于法律、警察、岁入及军备的演讲》，陈福生、陈振骅译，商务印书馆1962年版，第126页。

② ［德］弗里德里希·李斯特：《政治经济学的国民体系》，陈万煦译，商务印书馆1961年版，第155页。

为实践唯物主义所做的原则性辩护

卜祥记　刘雅兰*

以“实践标准大讨论”为标志性事件，国内围绕“实践唯物主义”所展开的激烈研讨已经有四十多年的历程。从理论指向看，这一旷日持久的研讨所关涉的核心问题是如何理解马克思所发动的哲学革命，以及通过这场伟大的哲学革命马克思究竟给我们提供了何种意义上的哲学；从实践意义看，它所关涉的核心问题是如何内在地而非外在性地呈现马克思哲学对人类现实活动的指导意义。如果说前者体现的是马克思哲学的学术性向度，那后者呈现的则是马克思哲学的现实性向度。在这个意义上，对马克思哲学所做的实践唯物主义解释方案的学术规定性在于：立足于作为全部理论基石的现实个人的实践活动，把此前以往一切形式的旧哲学都归之于“理论哲学”，而把马克思的哲学革命视作对这一类型的理论哲学的彻底颠覆和全新实践哲学范式的创建；它的现实性规定则在于：实践哲学不仅在其立足点和出发点上，而且在其研究对象、理论场域和诉求旨归上，都清楚明白地指向并限定于现实性的人类活动，即把现实个人的实践活动以及由之而创生出的人类社会作为研究对象，并立足于一定的实践活动方式本质性追问人类社会的运行机制，揭示人类社会历史的发展规律，并据此展开对一定形式的社会生活的剖析。回顾四十多年来的研讨与争论，我们会发现：在如上学术性和现实性的双重维度上，马克思哲学的实践唯物主义解释方案都面临来自“物质本体论”诠释路径的指责与批评②。在近年来争论虽

* 作者简介：卜祥记，上海财经大学人文学院教授；刘雅兰，上海财经大学人文学院马克思主义哲学博士研究生（上海 200433）。

② 王雨辰、孙珮云：《近年来国内有机马克思主义研究述评》，《云梦学刊》2017 年第 6 期。

日渐平息但深层次问题并未解决的背景下，在马克思主义哲学研究依然自恋于纯粹的学术而不能真正深入社会生活深处的背景下，在学术界和社会大众依然把马克思主义哲学误读为抽象哲学之一种的背景下——尤其是我们还注意到一些曾经坚持实践唯物主义解释方案的学者陆续放弃了原有立场，我们意识到为实践唯物主义展开原则性的辩护，是非常必要的。

一 实践唯物主义与唯物主义：作为真理的实践唯物主义

在“物质本体论”与“实践本体论”的争论中，如何理解实践唯物主义与唯物主义的关系问题，是争论的核心问题之一；在针对实践唯物主义的多样化指责和批评中，“实践唯物主义放弃了唯物主义的基本立场”可能是一个最具原则性高度的指责和批评。对此，我们也必须做出原则性高度的辩护——正如马克思指出的那样，实践唯物主义“既不同于唯心主义，也不同于唯物主义，同时又是把二者结合起来的真理”。①我们做出这一辩护的基本依据在于以下几点。

第一，恩格斯对唯物主义与唯心主义的划界是有严格标准和适用边界的。当恩格斯在《路德维希·费尔巴哈与德国古典哲学的终结》一文中，最为系统地提出全部哲学尤其是近代哲学的基本问题是思维与存在的关系问题后，他立刻把这个关系划分为两个不同方面，即在本体论层面上的本原问题和认识论层面上的同一性问题，并依据不同哲学家对本原问题的不同回答，确定了一个划分唯物主义与唯心主义的方案，然后，恩格斯立刻指出：“除此之外，唯心主义和唯物主义这两个用语本来没有任何别的意思，它们在这里也不是在别的意义上使用的。下面我们可以看到，如果给它们加上别的意思，就会造成怎样的混乱。”② 由此可见，在马克思去世后，当恩格斯创造性地设定出哲学基本问题并据此划分唯物主义和唯心主义时，他是非常理性而清醒的，即唯物主义和唯心主义

① 《马克思恩格斯文集》第1卷，人民出版社2009年版，第209页。

② 《马克思恩格斯文集》第4卷，人民出版社2009年版，第278页。

各自的定性和它们之间的划分只是在本原问题上才有意义，绝不可以在认识论维度上套用这两个概念；否则，就会像施达克那样造成类似的理论混乱。[①]这是我们在讨论实践唯物主义是不是唯物主义时，必须首先注意的一个基本理论事实。

第二，我们还必须同时注意到另一个理论事实：当我们后来依据恩格斯的本体论标准界定历史上的哲学家时，我们恰恰违背了恩格斯一再强调的本体论原则，常常用或者实际上只是用认识论原则作为划分唯物主义和唯心主义的标准，从而给许多哲学家贴上了唯心主义的标签。事情之所以变得如此诡异，根本原因在于如果严格执行恩格斯的本体论标准，我们在哲学史中实际上是找不到典型的唯心主义哲学家的。不论是被我们作为客观唯心主义哲学家的柏拉图和黑格尔，还是被我们作为主观唯心主义哲学家的贝克莱等，他们从来都没有在本体论意义上把某种类型的客观精神或主观精神视作创造万物的本原——在他们的理论著述中，我们根本就找不到任何直接相关的理论证据。对于黑格尔来说，他是依据"逻辑在先"而绝非"时间在先"的认识论原则执行着从理念向现实世界的过渡；在这里呈现的不是精神实体创生现实世界，而是人类知识从抽象走向具体的认识过程。对于贝克莱来说，他著名的"物是观念的集合""存在就是被感知"等论断所要表达的也绝非主观精神创造出现实的物质实体，而是认识论意义上的物质实体在人的主观观念中的呈现；换言之，贝克莱据此所要表达的是苹果对于"我"而言的存在就是"我"所感知到的如此这般的苹果，就是"我"关于苹果的各种观念的集合，而绝不是"我"关于苹果的观念创造出现实的苹果。因此，当我们言之凿凿地把他们作为唯心主义哲学家时，从主观上看，我们实际上是把他们的认识论逻辑和认识论命题曲解成了本体论逻辑和本体论命题；从客观上看，我们并没有依据恩格斯一再强调的本体论标准，而是依据他特别反对的认识论标准指认他们是唯心主义的。

第三，当我们经常性地在认识论意义上把许多哲学家错误地界定为唯心主义者时，所谓唯心主义已经不再是在本体论领域中把精神作为本原的唯心主义，而是在认识论领域内从精神出发看待与裁剪现实的主观

---

① 《马克思恩格斯文集》第4卷，人民出版社2009年版，第285—286页。

主义——从“大我”出发的客观唯心主义和从“小我”出发的主观唯心主义都不过是此类主观主义的两种不同表达方式；与此相对应的唯物主义也已经不再是在本体论领域中把物质实体作为本原的唯物主义，而是在认识论领域内从现实存在出发看待现实世界的客观主义。换言之，在这里所使用的唯物主义和唯心主义已经变成了认识世界的两种不同方式或道路。在这个意义上，它们的近代表达形式就是“经验论”和“唯理论”，而它们的现代存在形式就是列宁所说的两种不同的认识道路。既然适用对象和适用标准都已经发生了本质性的位移，因此我们就不能再简单地套用唯物主义和唯心主义的概念，而应该更为准确地把这两条不同的认识道路称为客观主义和主观主义①。

第四，应当看到，这种适用标准和概念使用上的混乱并非源自单纯的主观故意或误解，而是有其客观原因的；这一原因与马克思对唯物主义和唯心主义概念的使用有关。当恩格斯在本体论意义上使用或界定唯物主义和唯心主义时，马克思并不经常局限于本体论的维度，甚至基本上不是在本体论维度上使用这两个概念的。如果我们仔细体味马克思的大量相关用语，那么就可以清楚地看到，马克思大都是在认识论的意义上，即在认知世界的方式上，在客观主义和主观主义的意义上使用唯物主义和唯心主义。比如，在《1844年经济学哲学手稿》中，当马克思把黑格尔哲学称为“非批判的实证主义和同样非批判的唯心主义”时，它之作为“唯心主义”的本质特征并不是由于他把精神或理念作为本原，而是在于他从现实事物的理念出发描述现实事物的历史，在于“他只是为历史的运动找到抽象的、逻辑的、思辨的表达，这种历史还不是作为既定的主体的人的现实历史，而只是人的产生的活动、人的形成的历史”②，“因此，全部外化历史和外化的全部消除，不过是抽象的绝对的思维的生产史，即逻辑的思辨的思维的生产史”③。正是在这个意义上，马克思经常性地把黑格尔哲学称为思辨哲学或思辨唯心主义；在这里，“思辨”乃是一个本质性的概念，而这一概念的全部内涵都只能是认识论

① 参阅卜祥记《马克思哲学的实践唯物主义性质与唯物史观的理论空间（一）》，《徐州工程学院学报》（社会科学版）2016年第1期。

② 《马克思恩格斯文集》第1卷，人民出版社2009年版，第201页。

③ 《马克思恩格斯文集》第1卷，人民出版社2009年版，第278页。

意义上的主观主义。在《神圣家族》中，当马克思借用"一般果实"与"苹果"、"梨"、"扁桃"的关系来刻画"黑格尔方法的基本特征"时，黑格尔哲学的思辨唯心主义性质也并不在于他把"一般果实"作为现实果实的本原，而是在于他"把实体了解为主体，了解为内部的过程，了解为绝对的人格"。[①] 与把唯心主义作主观主义的使用相适应，马克思也经常是在客观主义的意义上来理解唯物主义，即把唯物主义理解为从客观事物本身出发来解释现实世界的一种认识论道路。在《神圣家族》中，马克思还据此把客观主义意义上的唯物主义划分为两种不同类型：以霍布斯和斯宾诺莎为代表的"漠视人"的唯物主义[②]和以培根和费尔巴哈为代表的"和人道主义相吻合的唯物主义"[③]，它们之间的区别在于客观主义解释世界之出发点的不同：与人无涉的冰冷的物质实体或者现实的人及其生活世界。

第五，既然马克思是在客观主义和主观主义的意义上界定使用唯物主义和唯心主义的概念，那马克思据此在《1844年经济学哲学手稿》中得出唯物主义和唯心主义、客观主义和主观主义都是片面的真理，因而必须超越唯物主义与唯心主义、客观主义与主观主义之争，就不再是马克思思想中的不成熟因素，而是必然的科学结论。在《1844年经济学哲学手稿》中，马克思曾经在两个地方表达了这个结论。其一，当马克思把共产主义表述为"自然主义=人道主义"，即表述为"人和自然界之间、人和人之间的矛盾的真正解决"的"社会"状态时，这种"社会"状态不仅本质性意味着人与自然界、人与人的统一，而且本质性地意味着唯物主义与唯心主义、客观主义和主观主义对立基础的瓦解。换言之，唯物主义和唯心主义、客观主义和主观主义的对立乃是以人与自然界、人与人的对立为前提的两种解释世界的路向，当真正的社会状态已经本质性破除了这个对立前提，已经本质性地达成了人与自然界、人与人的内在统一时，那么不仅唯物主义和唯心主义、客观主义和主观主义的对立，而且它们作为这样的对立面都将不再存在。正是在这个意义上，马克思深刻指出："我们看到，主观主义和客观主义，唯灵论和唯物

① 《马克思恩格斯文集》第1卷，人民出版社2009年版，第280页。

② 《马克思恩格斯文集》第1卷，人民出版社2009年版，第331页。

③ 《马克思恩格斯文集》第1卷，人民出版社2009年版，第327页。

主义，活动和受动，只是在社会状态中才失去它们彼此间的对立，从而失去它们作为这样的对立面的存在。”① 其二，基于对黑格尔思辨唯心主义哲学的思辨性及其“伟大之处”的综合性分析，当马克思提炼出感性活动并把感性活动作为“自然主义 = 人道主义”的根据时，马克思立足于更高的理论高度再次指出：“我们在这里看到，彻底的自然主义或人道主义，既不同于唯心主义，也不同于唯物主义，同时又是把这二者结合起来的真理。我们同时也看到，只有自然主义能够理解世界历史的行动。”②

第六，既然只有“彻底的自然主义或人道主义”才是超越主观主义和客观主义、唯灵论和唯物主义的对立，把唯物主义与唯心主义、客观主义和主观主义结合起来的真理，那么彻底的自然主义或人道主义是何以可能的呢？在现实个人的实践活动中！正如马克思在《1844 年经济学哲学手稿》中指出的那样——“我们看到，理论的对立本身的解决，只有通过实践方式，只有借助于人的实践力量，才是可能的；因此，这种对立的解决绝对不只是认识的任务，而是现实生活的任务，而哲学未能解决这个任务，正是因为哲学把这仅仅看做理论的任务。”③ 当唯物主义和唯心主义、客观主义和主观主义以人与自然界的对立为前提，并把自身本质性确立为一种解释世界的方式时，它们之间的对立就仅仅表现为“用不同的方式解释世界”④；在如此这般的认识论领域中，它们之间的对立是无从解决的；当马克思立足于现实个人的实践活动，并把实践活动作为贯通人与自然界对立的根本路径时，马克思也就找到了彻底突破唯物主义与唯心主义、客观主义和主观主义之间的对立，从而达成了“把这二者结合起来的真理”⑤。这里呈现的就是马克思实践唯物主义之超越性立场的初步表达；它的直接而完整的呈现则发生在此后的《关于费尔巴哈的提纲》中。

第七，如果按照马克思界定的那样，唯物主义与唯心主义、客观主

① 《马克思恩格斯文集》第 1 卷，人民出版社 2009 年版，第 192 页。

② 《马克思恩格斯文集》第 1 卷，人民出版社 2009 年版，第 209 页。

③ 《马克思恩格斯文集》第 1 卷，人民出版社 2009 年版，第 192 页。

④ 马克思指出，“哲学家们只是用不同的方式解释世界，而问题在于改变世界”（《马克思恩格斯文集》第 1 卷，人民出版社 2009 年版，第 502 页）。

⑤ 《马克思恩格斯文集》第 1 卷，人民出版社 2009 年版，第 209 页。

义和主观主义的对立还只是认识论意义上的两种理论哲学的对立，那么实践唯物主义则已经表现为本体论意义上的全新哲学范式。分析至此，我们就可以直接回答实践唯物主义还是不是唯物主义的问题了。在我们看来，如果我们在认识论意义上使用唯物主义和唯心主义，并按照马克思曾经赋予的内涵那样，把它们等同于客观主义和主观主义，那么马克思的实践唯物主义已经不再是唯物主义，因为实践唯物主义跳出了从客观物质实体或主观思想出发解释世界的窠臼并扬弃了它们片面的真理性而达到了全面而具体性的真理，它乃是从现实个人的实践活动出发揭示现实生活世界的来历，并把对现实生活世界的超越本质性地归结为变革现实个人实践活动的方式。如果我们依然在本体论的意义上使用唯物主义和唯心主义，并按照恩格斯曾经赋予的内涵那样，把唯物主义理解为物质本体论的唯物主义，那马克思的实践唯物主义也不再是唯物主义，因为马克思不再把某种抽象形式的物质实体作为世界的本原——他甚至不再关心这样的问题，而是把现实个人的实践活动作为整个现存感性现实世界的基础。正像马克思在《德意志意识形态》中明确指出的那样：“这种活动、这种连续不断的感性劳动和创造、这种生产，正是整个现存的感性世界的基础……”[①] 整个《德意志意识形态》第一章就是从现实个人的实践活动出发展开社会历史发展的宏大叙事，揭示人类社会发展规律的。

第八，实践唯物主义不再是唯物主义，这是就其作为一种与“理论哲学”截然不同的“实践哲学”范式而言的，但它并不意味着实践哲学是反唯物主义的。一方面，如果我们把唯物主义理解为本体论意义上的唯物主义，那就正像马克思指出的那样，实践唯物主义虽然不再把物质实体作为整个现存感性世界的基础，但“在这种情况下，外部自然界的优先地位仍然会保持着”[②]，即实践唯物主义依然会承认本体论意义上的“自然界是本原的”[③]，但它不再把“先于人类历史而存在的那个自然界”、那个“不是费尔巴哈生活于其中的自然界”作为对象，而是把现实个人实践活动中生成的属人的自然界，即把人类社会作为对象。如果

① 《马克思恩格斯文集》第1卷，人民出版社2009年版，第529页。
② 《马克思恩格斯文集》第1卷，人民出版社2009年版，第529页。
③ 《马克思恩格斯文集》第4卷，人民出版社2009年版，第278页。

我们把唯物主义理解为认识论意义上的客观主义，那么实践唯物主义虽然超越了客观主义与主观主义的片面性的真理性，但它依然坚决反对主观主义并积极倡导客观主义的认识道路，只不过在这里作为客观现实性的不再是僵死而冰冷的物质世界本身，而是现实个人的实践活动以及由此而生成的现实生活世界。在这个意义上，我们依然可以坚定不移地把辩证唯物主义作为共产党人的世界观和方法论，这也是毋庸置疑的真理。

二 实践唯物主义与唯物史观:作为哲学范式的实践唯物主义

在针对实践唯物主义的多样化指责和批评中，“实践唯物主义再度把实践本身神秘化，以至于把实践唯物主义与唯物史观对立起来”是又一个具有原则性高度的指责和批评。对此，我们也同样必须做出原则性高度的辩护——实践唯物主义是马克思发动哲学革命的宣言，是超越以往全部旧哲学的纲领，是全新的哲学立场——总之，是马克思的新哲学范式；唯物史观则是这一新哲学范式的具象化与展开。当我们把马克思的哲学名之曰“实践唯物主义”时，我们是在新哲学范式的意义上做出的原则性界定，旨在与包括旧唯物主义和思辨唯心主义在内的一切形式的旧哲学即理论哲学彻底划清界限，旨在清晰呈现马克思哲学在研究对象、研究领域和研究宗旨上的彻底转向，即从自然和思维向人类社会及其历史发展规律的彻底转向。因此，马克思哲学的实践唯物主义性质绝不意味着再度把“实践”神秘化，也绝不意味着把实践唯物主义与唯物史观对立起来；恰恰相反，正是实践唯物主义在马克思对全部旧哲学的颠覆与唯物史观的创建之间架设起中介性的桥梁。实践唯物主义既是对全部旧哲学范式的颠覆性重构，又是唯物史观基本立场的原则性表达，并引导着马克思走向唯物史观的创构，而唯物史观则是实践唯物主义哲学范式的有内容的展开。具体来说，我们做出这一辩护的基本依据为以下几个方面。

第一，作为两种不同哲学范式的理论哲学与实践哲学的区别，并非通常所理解的解释世界与改变世界的直观性差异，而是如何解释世界和改变世界的本质性差异。对于"理论哲学"与"实践哲学"范式的本质性界限，马克思自己有一个经典性的表述，这就是在《关于费尔巴哈的提纲》中马克思最后做出的一个总结性陈述——"哲学家们只是用不同的方式解释世界，问题在于改变世界。"① 这一著名论断既是对整个"提纲"的总结，也是与第一条总纲的呼应。能否准确把握这一著名论断的精义，是我们理解"理论哲学"与"实践哲学"本质性界限的关键所在。但是，在以往的流俗理解中，它的理论精义远没有得到真正的触及。本质地来说，这一著名论断是一个本体论意义上的判断，而且只有揭示出它内在的本体论意义，我们才能从中领悟出两种哲学范式的根本性差异。然而，在通常的理解中，它几乎全部是在认识论视域中，在认识与实践的差异中发生的，因而全部旧哲学与马克思新哲学的不同就被简单地归结为：前者是解释世界的哲学，而后者则是改变世界的哲学。但是，正如海德格尔追问并质疑的那样，"解释世界与改变世界之间是否存在着真正的对立？难道对世界每一个解释不都已经是对世界的改变了吗？"② 实际上，任何一种哲学——包括马克思的哲学，都既是解释世界同时也是改变世界的方案；那种只是解释世界而不改变世界的哲学是根本不存在的；对世界的任何一种哲学解释实际上都蕴含着并因而直接表现为一种改变世界的哲学方案。因此，我们绝不可以把"哲学家们只是用不同的方式解释世界，问题在于改变世界"直观性地诠释为解释世界与改变世界的差别，而应该上升到本体论的高度，即从如何解释世界以及由之而决定的如何改变世界的高度来理解。

第二，正是在对如何解释世界和改变世界的差异性追问中，理论哲学与实践哲学两种不同哲学范式的本质性界限才能真正呈现。对此，我们必须结合作为《关于费尔巴哈的提纲》总纲的第一条以及其他相关论述来理解。

首先，在第一条中，马克思直接而明确地呈现了新旧哲学解释世界范式的本质性差异。在马克思看来，包括费尔巴哈在内的从前的一切唯

① 《马克思恩格斯文集》第1卷，人民出版社2009年版，第502页。

② ［法］F. 费迪耶等辑录：《晚期海德格尔的三天讨论班纪要》，丁耘摘译，《哲学译丛》2001年第3期，第53页。

物主义只是从“客体的或者直观的形式去理解”去解释现实的感性对象，而不是“把它们当做感性的人的活动，当做实践去理解，不是从主体方面”即不是从现实个人的感性活动或实践活动方面“去理解”。换言之，对于费尔巴哈来说，“对象、现实、感性”就是直观中的存在，他没有从“感性的人的活动”或“实践”去理解“对象、现实、感性”，没有把它们看作“感性的人的活动”或“实践”活动的结果。对此，在《德意志意识形态》中，马克思有清晰明确的补充说明——“他没有看到，他周围的感性世界绝不是某种开天辟地以来就直接存在的、始终如一的东西，而是工业和社会状况的产物，是历史的产物，是世世代代活动的结果……”①；而以黑格尔哲学为代表的思辨唯心主义则把抓住了“能动的方面”，即抓住了“对象性活动”② ——或者按照马克思在《1844年经济学哲学手稿》中的表达“抓住了劳动的本质”，从而不仅提供了一种解释世界的全新视角，而且据此“把对象性的人、现实的因而是真正的人理解为人自己的劳动的结果”③，并试图呈现人的历史性。但是，黑格尔却是“抽象地发展了”这个“能动的方面”，即黑格尔据以解释世界的“劳动”并不是“现实的、感性的活动”——“唯心主义是不知道现实的、感性活动本身的”④——而是抽象的精神劳动⑤。因此，“他只是为历史的运动找到抽象的、逻辑的、思辨的表达，这种历史还不是作为既定的主体的人的现实历史，而只是认定产生的活动、人的形成的历史”⑥。与旧哲学解释世界的直观性和思辨性的出发点和路径完全不同，实践唯物主义则把现实的个人理解为从事实践活动的个人，把实践活动理解为现实个人的活动，从而把现实个人的实践作为全部理论的根基，并据此把现实世界看作现实个人实践活动的结果，把现实个人及其生活世界的历史归结为现实个人实践活动的历史，从而提供了一种完全与“理论哲学”截然不同解释世界的

① 《马克思恩格斯文集》第1卷，人民出版社2009年版，第528页。

② 《马克思恩格斯文集》第1卷，人民出版社2009年版，第499页。

③ 《马克思恩格斯文集》第1卷，人民出版社2009年版，第205页。

④ 《马克思恩格斯文集》第1卷，人民出版社2009年版，第499页。

⑤ 对此，在《1844年经济学哲学手稿》中，马克思明确指出：“黑格尔唯一知道并承认的劳动是抽象的精神的劳动”（《马克思恩格斯文集》第1卷，人民出版社2009年版，第205页）。

⑥ 《马克思恩格斯文集》第1卷，人民出版社2009年版，第201页。

“实践哲学”范式。

其次，任何对世界的哲学解释都不仅蕴含着而且直接表现为改变世界的特定哲学方案。当旧哲学基于直观或思辨展开对世界的纯粹理论的而非实践的解释时，它同时就意味着改变世界的理论哲学方案——理性的启蒙和思想的革命。就黑格尔为代表的思辨唯心主义而言，当它把现实的人的历史归结为人的精神劳作的历史，即归结为人的理性精神的成长史时，现实世界的异化也被原则性地归结为人类理性精神的分裂、冲突和异化，而超出这一异化的任务也就被决定性地归结为理性精神的自我扬弃，从而达到精神的自我圆满。在这里出现的乃是黑格尔哲学在欧洲现代历史上作为理性启蒙之决定性环节的重大意义，但同时也集中体现出理论哲学在改变世界路径上的固有缺陷——“虚假的实证主义”或“徒有其表的批判主义”①。就其作为“虚假的实证主义”而言，乃是由于黑格尔完全没有触及真正的现实，由于在黑格尔那里“被当做主体的不是现实的人本身，……而只是人的抽象，即自我意识”，而“自我意识通过自己的外化所能设定的只是物性，即只是抽象物，而不是现实的物”②。就其作为“徒有其表的批判主义”而言，乃是由于黑格尔通过否定性辩证法所表达出的现实性批判精神本质上不过是精神性的批判，是理性精神的自我扬弃，而这种扬弃“不仅具有扬弃异化的意义，而且具有扬弃对象性的意义，就是说，因此，人被看成非对象性的、唯灵论的存在物”③，从而既在理论上也在现实性上丧失了一切批判的可能性。因此，黑格尔哲学之作为理论哲学的基本性质就决定了它相应的改变世界方案只是具有“一个完全否定的和批判的外表”，但本质上不过是“非批判的实证主义和同样非批判的唯心主义”④。就费尔巴哈哲学而言，他“想要研究跟思想客体确实不同的感性客体”⑤，致力于把“把宗教世界归结于它的世俗基础”⑥，但他对作为“感性客体”的世俗世界，即“对感性世界

① 《马克思恩格斯文集》第1卷，人民出版社2009年版，第213页。
② 《马克思恩格斯文集》第1卷，人民出版社2009年版，第208页。
③ 《马克思恩格斯文集》第1卷，人民出版社2009年版，第206页。
④ 《马克思恩格斯文集》第1卷，人民出版社2009年版，第204页。
⑤ 《马克思恩格斯文集》第1卷，人民出版社2009年版，第499页。
⑥ 《马克思恩格斯文集》第1卷，人民出版社2009年版，第500页。

的‘理解’一方面仅仅局限于对这一世界的单纯的直观，另一方面仅仅局限于单纯的感觉”①。在对“单纯的直观”或“普通直观”中，现实世界是以“‘眼前’的东西”② 或直接性的现存呈现的；费尔巴哈从中“看到的是大批患瘰疬病的、积劳成疾的和患肺痨的穷苦人”③。在“单纯的感觉”“意识”或“看出事物的‘真正本质’的高级的哲学直观”④ 中，他意识到的则是作为理想状态的人的本质和作为应然状态的人类社会。为了排除它们之间的矛盾，费尔巴哈就不得不去追问人类社会何以发生异化的根源。正是从这里开始，我们看到了费尔巴哈直观唯物主义哲学在改变世界方案中的固有缺陷——遵循着“仍然停留在理论领域”的对现实世界的直观性理解，费尔巴哈把现实性异化的根源不是“从人们现有的社会联系”“从那些使人们成为现在这种样子的周围生活条件”，不是从“构成这一世界的个人的全部活生生的感性活动”去理解，而是把它归结为人类理性精神的迷误，并据此把消除现实异化的任务和道路归结为理性精神的启蒙、“观念上的‘类的平等化’”和“理想化的爱与友谊”⑤。正是在这个意义上，马克思指出：“正是在共产主义的唯物主义者看到改造工业和社会结构的必要性和条件的地方，他却重新陷入唯心主义。”⑥ 与理论哲学改变世界范式完全不同的是，基于对现实世界的实践哲学解释，马克思的实践唯物主义不仅把现实世界的来历，而且把现实世界的异化本质性地归之于现实个人的实践活动；正是现实个人实践活动的异化才决定性地导致了现实生活世界异化，因而破除现实生活世界异化的本质性路径就绝非单纯的理性启蒙和思想的革命，而是从根本上改造现实实践活动的方式以及与此相适应的社会结构。⑦ 这才是“哲学家

---

① 《马克思恩格斯文集》第1卷，人民出版社2009年版，第527—528页。

② 《马克思恩格斯文集》第1卷，人民出版社2009年版，第528页。

③ 《马克思恩格斯文集》第1卷，人民出版社2009年版，第530页。

④ 《马克思恩格斯文集》第1卷，人民出版社2009年版，第528页。

⑤ 《马克思恩格斯文集》第1卷，人民出版社2009年版，第530页。

⑥ 《马克思恩格斯文集》第1卷，人民出版社2009年版，第530页。

⑦ 正是在这个意义上，马克思指出：“实际上，而且对实践的唯物主义者即共产主义者来说，全部问题都在于使现存世界革命化，实际地反对并改变现存的事物。如果在费尔巴哈那里有时候也遇见类似的观点，那么它们始终不过是一些零星的猜测，而且对费尔巴哈的总的观点的影响微乎其微，以致只能把它们看做是具有发展能力的萌芽。”（《马克思恩格斯文集》第1卷，人民出版社2009年版，第527页）

们只是用不同的方式解释世界，问题在于改变世界”之著名论断的内在精义，是理论哲学与实践哲学在哲学范式上的本质性差异。

第三，作为立足于现实个人实践活动解释世界和改变世界的实践哲学范式，也因此重新规定了哲学研究的对象、领域和基本宗旨，实现了从自然和思维向人类社会及其历史发展规律的彻底转向。就以黑格尔为代表的思辨唯心主义而言，全部哲学的研究对象与领域不过是纯粹的思维，作为物化或对象化存在的自然界不过是“自我意识通过自己的外化”所设定的“物性”，即“只是抽象物、抽象的物，而不是现实的物”[①]；而思辨哲学的理论宗旨则是揭示人类理性精神成长的历史[②]。与之不同，旧唯物主义则把现实性的自然界和现实的人作为哲学研究的对象，并据此规定哲学研究的场域与宗旨。但是，正如马克思指出的那样，唯物主义也是包括不同类型的；在《神圣家族》中，马克思曾经把唯物主义划分为以霍布斯和斯宾诺莎为代表的“漠视人”的唯物主义[③]和以培根和费尔巴哈为代表的“和人道主义相吻合的唯物主义”[④]。就前者来说，它之作为“漠视人”的唯物主义，乃在于它抛开现实性的人孤立地研究与人无关的自然界，并把它诠释为抽象的物质实体；就后者来说，它从现实的人出发去探索现实性的自然界，从而把自然界的现实性描述为自然界的属人性，把人与自然界、人与人之间的对象性关系，即把社会性的自然界和社会性的人作为哲学研究的对象，因而可以被称为“和人道主义相吻合的唯物主义”。也正是在这个意义上，马克思认为费尔巴哈“创立了真正的唯物主义和实在的科学”，因为“费尔巴哈使社会关系即‘人与人之间的’关系也同样成为理论的基本原则”[⑤]。但尽管如此，在《关于费尔巴哈的提纲》中，马克思依然把费尔巴哈归于“旧唯物主义”之列，这是因为在费尔巴哈这里，人的社会性的现实性仍不过是一个直观的事实，他根本不懂得人之作为社会存在物的根据——现实个人的实践活动；因此，对于费尔巴哈来说，人的社会性本质不过是“单个人

---

① 《马克思恩格斯文集》第1卷，人民出版社2009年版，第208页。

② ［德］黑格尔：《精神现象学》上卷，贺麟、王玖兴译，商务印书馆1979年版，第19、59页。

③ 《马克思恩格斯文集》第1卷，人民出版社2009年版，第331页。

④ 《马克思恩格斯文集》第1卷，人民出版社2009年版，第327页。

⑤ 《马克思恩格斯文集》第1卷，人民出版社2009年版，第200页。

所固有的抽象物”，是“一种内在的、无声的、把许多个人自然地联系起来的普遍性”①。当马克思把现实个人的实践活动作为现存世界的全部根据，并据此解释现实世界时，作为实践哲学研究对象的现实世界就既不是“漠视人”的唯物主义意义上的与人无涉的纯粹自然界，也不是“和人道主义相吻合的唯物主义”意义上的直观性的人和直观的人类社会，更不是黑格尔思辨哲学意义上的纯粹的思维和作为抽象物性的自然界，而是在现实个人的实践活动中生成的现实的人和现实的人类社会②；本质性地揭示人类社会历史的发展规律，就成为马克思实践唯物主义的必然理论诉求和直接理论宗旨；它的后续性展开和富有内容的具象化，就是唯物史观。

总之，当我们把马克思哲学在哲学范式的高度，按照马克思自己的说法称之为“实践唯物主义”时，我们只不过是用这个概念来刻画马克思哲学之与以往全部理论哲学的本质性差异，而绝不是再度把“实践”神秘化；“实践唯物主义”只是马克思发动哲学革命并展示其基本哲学立场的宣言与纲领，是马克思的全新哲学范式；正是这一宣言、纲领或范式对哲学研究对象、领域和理论宗旨的基本规定，推动着马克思走向唯物史观的建构，而唯物史观就是实践唯物主义哲学范式的理论现实；据此，我们也完全可以把作为哲学范式的实践唯物主义看作唯物史观的导论。

三　实践唯物主义与中国现实：作为世界观和方法论的实践唯物主义

在针对实践唯物主义的多样化指责和批评中，“实践唯物主义既没有在理论体系上，也没有在解决现实问题上取得富有成效的成果”也是一

---

① 《马克思恩格斯文集》第 1 卷，人民出版社 2009 年版，第 501 页。

② 据此，马克思根本性地改写了传统哲学的一系列命题。比如，“谁生出了第一个人和整个自然界”的问题，在实践哲学的理论视域中，它就变成了人通过自己的劳动而诞生、自然界通过人的劳动而成为属人的自然界的问题，而这一问题实际上就是人类社会的产生——“整个所谓世界历史不外是人通过人的劳动而诞生的过程，是自然界对人来说的生产过程”（《马克思恩格斯文集》第 1 卷，人民出版社 2009 年版，第 196 页）；“人和自然的实在性”的问题，在实践哲学的视域中，就变成了人和自然界在实践中并通过实践而存在，即“人对人来说作为自然界的存在以及自然界对人来说作为人的存在”（《马克思恩格斯文集》第 1 卷，人民出版社 2009 年版，第 196 页）的问题，即变成了人与自然界的统一性问题，而人与自然界的统一就是人类社会。

个具有原则性高度的指责和批评。对此，我们同样也应该做出原则性高度的辩护——实践唯物主义只不过是马克思的新哲学世界观与方法论，是马克思得以深入现实社会生活深处的本质性路径；马克思既没有全面建构实践唯物主义哲学体系的理论兴趣，也从没有把实践唯物主义作为解决现实问题的包治百病的良药；即使是作为实践唯物主义之具象化展开的唯物史观，马克思也没有把它看作"提供可以适用于各个历史时代的药方和公式"，而是把它定位于"只能对整理历史资料提供某些方便，指出历史资料的各个层次的顺序"①。因此，作为马克思全新哲学范式的实践唯物主义，只是为我们提供了哲学必须密切关注现实问题以及如何关注现实问题的哲学精神和哲学方法。

第一，实践唯物主义哲学范式的革命本身并不是马克思的直接目的，它只是马克思破解时代课题的必要理论前提。从马克思早期思想大致的发展历程看，在博士学位论文中已经蕴含着的与鲍威尔自我意识基本哲学立场的差异，引导着马克思走向对德国政治现实的批判，并在《莱茵报》时期遭遇"物质利益的困惑"。围绕这一困惑所展开的理论反思直接催生了克罗茨纳赫时期的《黑格尔法哲学批判》，间接地却本质性地催生了：（1）对黑格尔《逻辑学》的批判诉求——在市民社会与国家问题上的黑格尔法哲学立场的错误，归根结底乃是其一般哲学立场的错误，因而必须把对黑格尔法哲学的批判转向对黑格尔一般哲学的批判；（2）对国民经济学的研究与反思——如果不是国家决定市民社会，而是市民社会决定国家，那就必须认真研究市民社会；（3）从民主主义向共产主义立场的转变——如果说君主立宪制不能给人民以真正的自由，那就必须探寻实现真正民主的可能性。正是在这样的背景下，马克思与费尔巴哈才真正发生思想的遭遇与共鸣②；经过《德法年鉴》的思想环节，马克思不仅确立了为人类解放提供哲学武器的理论使命，而且把这一使命的达成转化为初步回答克罗茨纳赫时期的三个遗留问题——这一事件是在《1844年经济学哲学手稿》中发生的，而且正是在该手稿中，实践唯物主义哲学范式的革命已经开始成为马克思破解时代课题、追求人类解放的必要理论前提。

---

① 《马克思恩格斯文集》第1卷，人民出版社2009年版，第526页。

② 参阅卜祥记、李华《论费尔巴哈对马克思影响的发生及其本质所在》，《上海理工大学学报》（社会科学版）2012年第34卷第2期。

首先，在“异化劳动和私有财产”部分，我们看到马克思对国民经济学的研究很快就转入对国民经济学理论前提的批判，并依据对国民经济学理论前提的颠覆，决定性地提出了作为《资本论》研究之初始表达的重构国民经济学理论体系的任务①。就其对国民经济学理论前提的批判性颠覆而言，马克思是以对劳动之作为现实个人对象性活动的理论设定为前提的②；就其重构国民经济学理论体系而言，马克思也是把对劳动何以成为异化劳动以及由异化劳动所导致的私有财产何以成为工业资本的追问为前提的③。在这里，劳动理论已经成为国民经济学理论重构的必不可少的理论前提。其次，在“私有财产和共产主义”部分，马克思不仅把作为私有财产之本质的劳动作为洞悉共产主义之作为“自然主义＝人道主义”的精髓，而且把劳动和实践作为突破主观主义和客观主义、唯灵主义和唯物主义、唯物主义和唯心主义之片面对立的根本路径④，并在围绕“创造”概念所展开的辨析中，把“人通过人的劳动而诞生”的“自然界对人来说的生成过程”——它同时就是“整个所谓的世界历史”的生成，作为真正哲学意义上的创造概念⑤。在这里，实践唯物主义已经成为洞悉共产主义的必要前提。最后，在“对黑格尔的辩证法和整个哲学的批判”部分，基于对费尔巴哈“伟大功绩”⑥和黑格尔否定性辩证法的“伟大之处”⑦及其各自局限性⑧的分析，马克思对“感性对象性活

① 参阅卜祥记《〈资本论〉的理论空间与哲学性质》，《中国社会科学》2013年第10期。

② 《马克思恩格斯文集》第1卷，人民出版社2009年版，第156—157页。

③ 《马克思恩格斯文集》第1卷，人民出版社2009年版，第167—168页。

④ 《马克思恩格斯文集》第1卷，人民出版社2009年版，第185、192页。

⑤ 《马克思恩格斯文集》第1卷，人民出版社2009年版，第195—196页。

⑥ 《马克思恩格斯文集》第1卷，人民出版社2009年版，第200页。

⑦ 《马克思恩格斯文集》第1卷，人民出版社2009年版，第205页。

⑧ 马克思指出：“由此可见，费尔巴哈把否定的否定仅仅看做哲学同自身的矛盾，看做在否定神学（超验性等等）之后又肯定神学的哲学，即同自身相对立而肯定神学的哲学。”（《马克思恩格斯文集》第1卷，人民出版社2009年版，第200页）如果结合马克思自己已经看出了黑格尔否定性辩证法的伟大之处在于“他抓住了劳动的本质，把对象性的人、现实的因而是真正的人理解为人自己的劳动的结果”（《马克思恩格斯文集》第1卷，人民出版社2009年版，第205页），那么马克思在对费尔巴哈的评价中所使用的“仅仅”二字，就意味着在马克思看来费尔巴哈没有看到这一至关重要之点，意味着马克思已经意识到费尔巴哈的局限性所在——不懂得劳动辩证法。就黑格尔而言，他抓住了劳动辩证法，这是他的“伟大之处”，但他“唯一知道并承认的劳动是抽象的精神的劳动”（《马克思恩格斯文集》第1卷，人民出版社2009年版，第205页），则是他的重大局限性。

动”——它不过是现实个人劳动与实践活动的哲学表达——做出了高度哲学化的凝练，并把它作为突破整个旧哲学，为即将展开的对国民经济学的理论重构奠定必要理论前提的突破口；《关于费尔巴哈的提纲》就是贯穿于整个《1844 年经济学哲学手稿》的劳动、实践或感性活动思想的集中表达，是马克思实践唯物主义哲学范式出场的理论宣言。就此而言，实践唯物主义哲学范式的生成，依附于并服务于马克思对时代课题的破解，是马克思破解时代课题的必要理论前提。

第二，不论是就作为必要理论前提的实践唯物主义哲学范式，还是就作为这一哲学范式之具象化展开的唯物史观而言，马克思都并没有构建理论体系的兴趣，这是由实践唯物主义哲学范式本身的哲学精神所决定的。这一哲学精神不仅直接地表现为对现实生活世界做实践性的解释，也不仅表现为把对现实世界的改变归于现实地改变创造一定现实生活世界的实践活动方式以及由之生成的一定社会结构，更集中地表现为对现实生活世界的现实性关注；在这里，对于马克思来说，哲学只不过是关注现实生活世界的一种理论工具，是分析研究一定社会结构的立场和方法。当马克思把自己的哲学使命本质性地归结于为无产阶级的解放提供思想的头脑和解构资本主义的理论武器时，他完全没有兴趣对构建这一理论武器的方法本身花费过多的精力，而是仅仅满足于清算以前的哲学信仰和“自己弄清问题”①，并迅疾把全部精力投入对资本主义的历史来历及其经济运行机制的分析。因此，我们看到：作为《1844 年经济学哲学手稿》之理论总结和新哲学范式出场的《关于费尔巴哈的提纲》，只不过是马克思顺手写下的一个简单却同时具有原则性高度的基本思路，旨在为自己厘清新旧哲学的本质性界限，确立通达社会现实的原则性路径；马克思在当时并没有、在此后也没有围绕这一提纲撰写一部宏观巨著的打算。这是符合实践唯物主义哲学精神的。同时，我们也看到，当马克思进而把这一实践哲学范式具象化为唯物史观的草创，并为此创作《德意志意识形态》时，他的本来目的似乎也不在于提供一个有关唯物史观的理论体系，而是为即将展开的《资本论》研究奠定必要的理论前提：一是为了回答《1844 年经济学哲学手稿》中遗留的两个问题——按照

① 《马克思恩格斯文集》第 2 卷，人民出版社 2009 年版，第 593 页。

马克思自己的说法是“在考察这些范畴的形成以前，我们还打算解决两个任务”[①]，按照这两个任务的基本内涵，就是历史地说明资本主义的来历，因为只有搞清楚资本主义的来历，才能真正搞清楚资本主义生产的秘密；二是为了澄清与旧哲学的本质性界限，确立《资本论》研究的科学道路与方法。因此，当出版社拒绝履行出版合同时，马克思和恩格斯立即停止了全书——尤其是与所谓的唯物史观体系直接相关的第一章的写作修改，并开始转入《资本论》研究工作。当马克思感觉到《资本论》研究的理论基础和理论方法依然不够清楚，而蒲鲁东的政治经济学研究方法误导着工人阶级斗争的方向时，马克思又撰写了《哲学的贫困》，以期进一步厘清和匡正政治经济学批判的唯物史观立场与方法。但是，纵观马克思一生的理论工作，他从来都没有兴趣去撰写一部系统而完整的唯物史观著作，构建唯物史观的哲学理论体系。这也是由实践唯物主义的基本精神所决定的。

据此，我们认为，那种对“实践唯物主义既没有在理论体系上，也没有在解决现实问题上取得富有成效的成果”的指责，本身就已经误解了实践唯物主义的基本精神。我们现在需要做的最为紧迫的工作绝不是替马克思写出一个“实践唯物主义”或“唯物史观”的哲学著作并构建出一个庞大的理论体系，而是遵循实践唯物主义和唯物史观的实践精神，以实践唯物主义和作为实践唯物主义之具象化的唯物史观为指导，研究我们在今天这个时代所面临的重大现实问题。这才是坚持和发展马克思主义的应有态度。

① 《马克思恩格斯文集》第1卷，人民出版社2009年版，第167页。

中国经验对全球发展的贡献

陈立新*

现代世界随同资产阶级走上历史舞台而问世并发展起来，这是资产阶级在历史上的“非常革命”作用。以资本为社会生活的组织原则，现代世界依循资本的导向，“第一次使自然科学为直接的生产过程服务”①，构建了有史以来最为发达的物质文明。然而，资本原则的大行其道，却把现代世界导入“痛苦中的安乐生活”，现代生活变革已然刻不容缓。中华民族历史性地选择社会主义道路，以后发赶超的方式，加入现代世界格局，参与现代世界的博弈。随着中国特色社会主义进入新时代，当今中国日益走近世界舞台的中央，解决中国场景中的问题同时有着解答世界性难题的担当和重要性。中国共产党紧密结合新的时代条件和实践要求，以全新的视野深化认识了共产党执政规律、社会主义建设规律、人类社会发展规律，由此形成的中国经验，可以上升为一般性的理论成果，能够为当今的全球治理和全球发展提供切中肯綮的替代性方案与方向引导。

一　深化认识共产党执政规律

中国特色社会主义实现了中华民族从站起来、富起来到强起来的伟大飞跃，令人信服地标识了中国发展道路的活力，证明了现代化之社会

---

* 作者简介：陈立新，华东师范大学哲学系系主任，教授。

① 《马克思恩格斯文集》第8卷，人民出版社2009年版，第356页。

主义路径的发展前景。当代中国之所以能够取得如此成就，关键在于中国共产党坚强、正确的领导。习近平指出："中国共产党的领导是中国特色社会主义最本质的特征。没有共产党，就没有新中国，就没有新中国的繁荣富强。坚持中国共产党这一坚强领导核心，是中华民族的命运所系。"① 中国共产党在领导中国革命、建设、改革与发展事业的历程中，作为长期执政的政党，形成了切实可行且行之有效的执政经验，具有推动人类政治文明进步的重要意义。

第一，不断吐故纳新、砥砺本领的学习型政党。

中国共产党是在中华民族内忧外患、中国社会危机空前深重的时代处境中产生的，只有深耕基层、密切联系农民和工人，才能将自己塑造成为中国社会的领导力量。在这样的历史背景中成长起来的中国共产党，逐渐形成了毛泽东后来所概括的"三大优良作风"或"三大优良传统"，即理论联系实际、密切联系群众、批评和自我批评，从而能够团结和依靠人民大众，取得了一个又一个历史性成就。在领导中国革命过程中练就的"三大优良传统"，随着中国社会主义制度的确立，中国共产党在领导中国建设和改革过程中予以贯彻实行并不断地完善，凝结为治国理政的基本素养，也就构成了中国共产党作为学习型政党的基本品格。正是内在品质的坚守与激励，中国共产党始终保持着开放的姿态，审时度势，与时俱进地实现自身全方位的更新与完善。

爱好学习是中华民族的传统美德。得益于民族文化氛围的熏陶和涵养，中国共产党作为学习型组织虽说其来有自，却始终不渝地通过自觉的行动，把民族心态自发生成的文化倾向提升为常规的、稳定的品质，善于学习、勇于学习，从而能够引领当代中国社会。改革开放历史性决策实施以来，中国共产党带领全国人民投身中国特色社会主义事业的建设之中，面临史无前例的问题或困难，没有现成的模式可以搬用，对于事关中国社会发展前途与命运的重大问题，都需要做出创新性的探索。可以说，改革开放新时期以来，中国社会再度进入了重新学习的历史发展时期。基于学习型内在品质而有着无比强大学习能力的中国共产党，已然拥有组织领导社会的能力和智慧。

---

① 《习近平谈治国理政》第2卷，外文出版社2017年版，第18页。

在中国特色社会主义的实践中，中国共产党不仅高扬“三大优良传统”，而且围绕治国理政的目标和要求，以三大优良传统和作风为指引和规范，从思想建设、政治建设、组织建设和作风建设等方面全景式绘制执政党建设方案和路线图，矢志不渝地加强自身建设。在一以贯之的历史传承和行之有效的实际运行相结合的原则高度上，中国共产党彰显了长期执政的内在定力，开创了一个学习型政党存在和发展的范例，为世界范围的执政党建设提供了可资借鉴的中国经验。

第二，更利于形成共识、提高社会行动效率的协商民主。

在中国共产党三大优良传统中，密切联系群众居于首位。群众路线是中国共产党的根本工作路线，是中国共产党近百年赖以存在和发展的生命线。这一优良传统体现在中国特色社会主义民主政治实践中，就是坚持人民当家作主，把协商民主当作社会主义民主政治的表现形式。

近代以来，民主制被人们推崇为现代国家得以良治的制度形式。就其基本含义而言，民主制就是人民参与国家治理的制度安排，其中的关键则是公民政治参与的有序性和广泛性。这是现代民主精神之真髓。这一含义不是由学者纯粹的理论论证而推导出来的，毋宁说乃是源自现代西方社会“选举式民主”（投票式民主）实践，是现代西方国家选举式民主的经验总结。问题在于，20世纪下半叶以来，选举式民主在具体实施中逐渐暴露出民众参与的无序状态和不充分性。这是有悖于现代民主精神的，并且显而易见成了选举式民主自身不可摆脱的缺陷。“协商式民主”（审议式民主）遂走出学者的书斋，进入现实的生活世界，跃升为现代民主制的新形式。协商式民主的实质，就是要实现和推进公民广泛有序的政治参与。针对选举式民主实际上所陷入的自反性困境，协商式民主能够充分吸收选举式民主的优长并克服其缺陷。正如很多研究者所洞察的，也是当今世界所期待的，协商式民主是当代民主制的核心之所在，代表着世界民主政治的发展方向。中国特色社会主义民主政治所推行的协商式民主形式，为当今世界的有效治理提供了切实可行的参照。

在中国特色社会主义民主政治中，协商式民主的要义，就是“有事好商量，众人的事情由众人商量”。在中国共产党领导下，协商式民主的具体开展，大体上有如下几个特点。（1）制度化。协商议事成为国家治理体系中的一项制度，政府各级组织和部门、社会各组织都务必遵照执行。（2）广泛性与多层次。民主协商议事已经扩展到社会生活的方方面面，成为人们参与公共领域生活的一种习惯方式。（3）效率和秩序协同共进。通过事前协商和反复讨论，引导参与者以理性合法的形式表达诉求，最大限度地消解分歧，达成共识。（4）社会治理的良性运行。民主协商旨在避免恶性竞争，维护公共利益的最大化，提高政治运行的质量，实现社会良性治理。由此来看，协商民主在中国的蓬勃生长，展示了中国特色社会主义民主政治的独特优势，为人类政治文明开创了一种富有发展前景的新路径。

第三，勇于自我革命、追求理想目标的使命型政党。

中国特色社会主义制度的最大优势，是中国共产党的领导。中国共产党的最大优点，就是从来不会躺在过去的功劳簿上，而是能够根据时代处境的变化，主动求变，迎难而上，践行使命。如此这般的优胜之处，全在于中国共产党人始终坚持共产主义的崇高理想，始终拥有并致力于实现为人民谋幸福、为民族谋复兴的初心和使命。

中国共产党成立伊始，就义无反顾地投身改造中国社会的革命实践中，探索并回答近代中国人念兹在兹的“中国何处去”问题，把实现中华民族的伟大复兴确立为自己的历史使命。基于真切领悟中国社会现实、解决中国社会问题，中国共产党人对于自己的历史使命，信心百倍，矢志不渝，敢于担当和作为，从而才能成为引领中国社会发展和进步的领导核心。这是中国共产党与世界上其他政党的根本区别。正是坚持“不忘初心、牢记使命”，中国共产党具有自我革命的胆识和智慧，练就了长期执政的能力和素养。要言之，其一，把握时代发展的脉搏，聆听时代发展的实际呼声，切中中国社会发展的实际问题，与时俱进地实行工作重心的转移。其二，坚持真理修正错误，及时发现和解决党内出现的新问题，使党始终充满生机活力，确保党在世界形势深刻变化的历史进程中始终走在时代的前列。

随着中国特色社会主义进入新时代，当代中国站到了新的历史起点上，国际社会越来越看好中国。当代中国既不走封闭僵化的老路，也不走改旗易帜的邪路。“我们走中国特色社会主义道路，具有无比广阔的时代舞台，具有无比深厚的历史底蕴，具有无比强大的前进定力。”① 中国共产党将不断增强自我净化、自我完善、自我革新、自我提高的能力，着力解决人民日益增长的美好生活需要和不平衡不充分的发展之间的矛盾，为解决当今人类发展问题贡献中国方案。

二　丰富和推进对社会主义建设规律的认识

众所周知，近代中国被西方列强用坚船利炮打开了封闭的国门，中华民族遭到西方列强的欺凌，中国社会沦入半殖民地半封建社会的生存境地。毋庸置疑，救亡图存是中华民族近代以来亟待解决的头等大事，中国社会只能依靠中国人自己的力量才能获得拯救和独立。马克思一语道破真相：“当西方列强用英法美等国的军舰把‘秩序’送到上海、南京和运河口的时候，中国却把动乱送往西方世界。”② 虽说走向现代化是人类历史发展的必然趋势，但中华民族的现代化进程却因特殊的历史处境而遭遇了历史性的延误。在与先发列强的殊死博弈中，中华民族选择社会主义道路，筹划自己的现代化发展蓝图，并具体落实现代化的建设任务。这是中华民族进入现代世界体系的独特性和复杂性。由之而来则有这样的推断：中华民族的现代化进程与社会主义道路紧密相连，毋宁说两者是一而二二而一的关系；中华民族的现代化建设，势必要以西方现代性为参照，学习西方现代性，建构中国自己的现代性；近代以降，“古今”“中西”问题作为极其重要的文化问题，出现在中华民族发展进程中，绽露出观念方面的塑造力，社会主义现代化建设需要合理妥善地解答中华民族特有的“古今”“中西”问题，为中国现代性建构赢获积极向上的思想资源和文化动力。

近代中国的生存处境以及相应而生的后发赶超式历史方位，使中国的社会主义现代化建设必须面对世界上已然先行发生的发展模式，合理地处理与它们的关系，这是中国社会主义建设不能回避的课题，直接相

① 《决胜全面建成小康社会　夺取新时代中国特色社会主义伟大胜利——在中国共产党第十九次全国代表大会上的报告》，人民出版社2017年版，第70页。

② 《马克思恩格斯选集》第1卷，人民出版社1995年版，第695页。

关于对于社会主义建设规律的探索与认识。

首先是西方国家所建立和发展起来的资本主义发展模式。资产阶级奔走于全球各地，到处落户和开发，按照自己的面貌创造“新世界”（亦即现代社会），毫不妥协地推行资产阶级的生产方式和生活方式，把一切民族甚至最野蛮的民族都卷进现代世界文明之中，以至于农村从属于城市、未开化和半开化的国家从属于文明的国家、农民的民族从属于资产阶级的民族、世界东方从属于西方①。在现代世界这样的格局中，中国的社会主义建设将如何开展？马克思晚年关于东方社会发展前途的思考，实际上给出了具有指导意义的解答。在马克思看来，以农村公社土地所有制为基础的东方社会，“可以不通过资本主义制度的卡夫丁峡谷”，但要充分利用“资本主义制度的一切肯定的成就”。马克思这里所说的“一切肯定的成就”，当然是指除了资本主义政治制度以外的一切积极的因素。这是从理论上预先论述像中国这样的东方国家如何建设社会主义的问题，在历史发展的普遍性与特殊性相互作用的原则高度，富有前瞻性地阐述了社会主义的建设规律。

其次是苏联的社会主义建设模式。俄国十月革命后建立了世界上第一个社会主义国家，形成了不同于资本主义世界的建设经验，对于20世纪世界的发展走向产生了极其重要的影响，特别是为包括中国在内的社会主义国家做出了榜样。值得提出的是，中国的社会主义建设，固然充分吸收了苏联社会主义建设的优点和积极经验，但没有照搬照抄苏联的发展模式，而是坚定不移地坚持独立自主的发展方针，创造性地探索社会主义建设规律，《论十大关系》正是这一探索的结晶。毛泽东撰写的这篇报告，通过梳理中国社会主义建设的实际问题，阐述了调动一切积极因素为社会主义建设服务的基本方针，明确了必须根据本国情况建设社会主义的根本思想，提出探索适合中国国情的社会主义建设道路的任务。这是中国共产党人在社会主义建设的早期阶段对于社会主义建设规律的富有创造性的探索。

结合上面的叙述可知，中国特色社会主义在理论与实际以及两者联结的意义上接续了社会主义思想谱系，通过“有原则高度的实践”

① 参见《马克思恩格斯选集》第1卷，人民出版社1995年版，第277页。

（马克思语）决定性地推进和深化了对社会主义建设规律的认识。

恩格斯认为，"资本和劳动的关系，是我们全部现代社会体系所围绕旋转的轴心"[①]。在资产阶级创造并主宰的这个现代世界，"资本和劳动的关系"的主导方面，是资本这一方。更为具体的指证，就是资本逻辑成为现代生活的组织原则，是资本原则对于整个生活世界的"抽象统治"。从人类历史的宏大视野来看，资本是因为人类生活的实际需要而降临世间。正是在资本主义社会形态中，资本发展成为支配一切的经济权力，资本的社会作用或影响力达到了登峰造极的地步。这种状态下的资本与劳动的关系，是一种"作为资本的私有财产"与"作为劳动的私有财产"的关系，实质则是"作为劳动之排除的资本"与"作为财产之排除的劳动"的关系。易言之，两者总体上处于对立或对抗之中。当然，资本原则在展开过程中，呈现生产性、建构性、造就性等积极方面的性质，产生了"伟大的文明作用"：克服民族界限和地域偏见，"摧毁一切阻碍发展生产力、扩大需要、使生产多样化、利用和交换自然力量和精神力量的限制"，促进"社会全体成员的平等的、合乎人的尊严的发展"[②]。在这种情形下，资本引导和推动活劳动持续不断地进入生产之中，"全面地发展生产力"就是不可阻挡和延宕的现实过程。正是资本与劳动的辩证作用，现代社会才能形成丰富多彩的社会生活图景。

问题在于，资本原则发展了"人的独立性"，却让人接受"物的依赖性"的规约和指引；现代这个"文明时代"却"使人的对象性本质作为某种仅仅是外在的、物质的东西同人分离"[③]。不消说，资本原则本质上"以物为本"，引领社会生活则必然制造疏离人的根本缺陷。现代社会"每一种事物好像都包含有自己的反面"这样的二律背反式生存状况即是明证。不言而喻，这种状况是不能继续下去了，20 世纪下半叶以来，世界范围内就出现了反抗和遏制资本的运动。这是人类自我纠错、自我拯救的开始，意味着现代生活的变革。全部问题的重中之重，当是社会生活组织原则的变更：让资本原则退位，人类按照劳动原则而不是资本原

① 《马克思恩格斯选集》第 2 卷，人民出版社 1995 年版，第 589 页。

② 参见《马克思恩格斯全集》第 30 卷，人民出版社 1995 年版，第 390 页；《马克思恩格斯选集》第 2 卷，人民出版社 1995 年版，第 596 页。

③ 《马克思恩格斯全集》第 3 卷，人民出版社 2002 年版，第 102 页。

则来组织社会生活。

这一变更，根本不是短暂的爆发和转瞬即逝的火光，不是某个区域的偶发行动，而是持久的、引发重大历史变迁的、具有世界历史性意义的行动。中国特色社会主义实践承当了这一重任。

改革开放以来，中国共产党牢牢坚守以人民为中心的根本立场，始终把人民利益摆在至高无上的地位，把人民拥护不拥护、赞成不赞成、高兴不高兴、答应不答应作为衡量一切工作得失的根本标准，把人民对美好生活的向往作为奋斗目标。这是中国共产党作为长期执政的执政党与世界上其他政党的区别之所在。事实证明，以人民为中心，充分发挥人民群众的主人翁精神，能够最大限度地调动人民群众的积极性，动员一切可以动员的社会力量，形成投身社会主义建设的向心力。中国特色社会主义取得的举世公认的成就，就是这样的明证。

以人民为中心，也就是尊重劳动，高扬劳动的优先性，以劳动为社会生活的原则。中国共产党人把这一价值追求，从观念构想落实到实际行动中，并通过中国特色社会主义实践给予了最有成效的贯彻和推进。还原到现代世界体系格局之中，我们毫无疑问能够发现，沿着现代化之社会主义道路，中国特色社会主义开创了以劳动原则为导向的社会实践，在建构劳动为原则的现实运动中执行社会主义现代化建设的任务。就此可以说，马克思当年期望德国开展“有原则高度的实践”，从而创建新世界，不折不扣地在中国特色社会主义伟大实践中变成了现实。沿着社会主义的现代化道路，当代中国坚定不移地按照“四个全面”的战略布局和“五位一体”的总体布局，深入贯彻落实新发展理念，在实践中科学回答了“什么是社会主义、怎样建设社会主义”这两个根本性问题，推进了对社会主义建设规律的认识。

正是通过“有原则高度的”——劳动原则——实践，当代中国实现了从“赶上时代”到“引领时代”的伟大跨越，开启了探索和构建新型文明的可贵尝试，标识了“科学社会主义在二十一世纪的中国焕发出强大生机活力”①。

---

① 《决胜全面建成小康社会 夺取新时代中国特色社会主义伟大胜利——在中国共产党第十九次全国代表大会上的报告》，人民出版社2017年版，第10页。

三　为人类社会发展规律增添新内容

改革开放标志着中国的现代化建设再度起航。始终坚持以人民为中心，激发人民群众的智慧和力量，充分利用后发赶超式发展的比较优势，中国特色社会主义开辟了一条不同于西方发达国家的现代化道路，形成了现代化建设的中国经验，为人类社会发展规律开辟新的主题、重构更为合理的实现机制，对于当今全球发展和全球治理具有重要的意义。

第一，经济发展构成现代社会的基本现实。

物质生产或经济发展是社会生活的现实基础、时代发展的现实动因、全部历史的现实主题，这是唯物史观一以贯之的基本原理或理论主干。20世纪中叶以后，整个世界进入了一个总体上相对和平与稳定的生存处境，“丰裕社会”逐渐成为西方发达国家的生活景象。这种由消费主导生活节奏被称为“消费社会”的生活境遇，很快就在全球传播开来。西方众多学者颇有识见地以理论形式阐述或解读那些滥觞于发达国家的生活变迁，恰好为这些新变化向全球输送起到了推波助澜的作用，同时也给马克思主义带来了最关本质的批评和质疑——物质生产是历史发展基础的原理过时了。果真如此吗？从世界历史“长时段”的发展进程来看，资本降临世间依其本性必然发生的运动，历史性地从生产领域进展到消费领域，并实际造成这两个领域的共生共荣。消费社会在当代的繁荣，让资本的历史性运动全景式地表现出来。与工业社会相比，消费社会确有其自身的特点，但它们两者不过是资本文明发展的先后阶段，而并无根本性质不同这回事——后起的消费社会仍在资本所有权规范的架构内运行，仍然执行着资本依其本性发布的行动指令。从工业社会到消费社会，无非对应着资本历史性运动从“短缺经济”阶段向“过剩经济”阶段的跃迁，其中包含着实体经济与虚拟经济的交互作用。毋庸置疑，没有实体经济阶段奠定的基础，虚拟经济阶段的出现是不可想象的。

改革开放以来，中国共产党始终以经济建设为中心，把发展作为执政兴国的“第一要务”，坚持社会主义市场经济改革方向，致力于建设强大的物质技术基础，推动经济持续健康发展。必须承认，中国特色社会主义的成功与加强经济建设休戚相关，毋宁说经济发展是中国特色社会主义取得举世公认成就的标志和动力。随着中国特色社会主义进入新时代，通过供给侧结构性改革，着力发展实体经济，中国经济转向高质量发展阶段，为促进中华民族的伟大复兴创造了坚实的物质基础。新时代中国特色社会主义的实践，以人们能够感觉得到的感性形式，彰显了唯物史观基本原理的真理光辉：物质生产决定人类历史的本质和前景，经济发展及其所需要的架构仍是当今社会的基本现实。

第二，经济增长与社会发展的同步并进。

20世纪下半叶，西方国家逐渐风行只要把“经济馅饼”做大其他问题就会迎刃而解的发展观，很快就扩散成具有全球性质的偏执于经济数量增长的发展主义文化心态：发展等同于经济增长，经济增长等同于美好生活，一言以蔽之，发展意味着明天总会比今天拥有得更多。这样就把复杂多维的社会发展简单等同为单一的经济发展，社会发展的其他指标被淡化和遗忘了。然而，迷信“增长第一”，把“丰裕”视为解决社会问题的唯一选择，并没有给人类带来真正的福祉。20世纪下半叶以来，世界经过几十年的急剧发展，工业化不可遏制地扩张，城市化风起云涌。这些所谓的成就，不是缩小而是加剧了全球收入的不平等，国际社会付出了无法估算的人文代价和生态代价。单纯追求经济增长的经济发展模式，在社会生活诸多领域引发了很多问题，出现了经济越发展问题越严重的发展悖论。“有增长而无发展”的发展主义取向，不可否认地制造了经济增长与社会发展之间的紧张和对立。

中国在改革开放之初，参照大多数国家经济起飞阶段的经济发展模式，以GDP增长率以及外资增长率为标志，经济增长显著，促进了综合国力的增强。随着国家经济总量达到一定的规模，改革开放从起初的经济领域延伸到社会生活的其他领域，调整并创新发展理念或发展观提到了突出的位置：社会发展不能单纯追求经济增长，关键仍在于促进经济社会协调发展，增进民生福祉，让人民群众有幸福感。中国特色社会主义新时代，全面深化改革，着力解决经济社会发展中的突出矛盾、解决关系到人民群众切身利益的突出问题，实现学有所教、劳有所得、病有所医、老有所养、住有所居的民生建设任务，实施经济社会全面协调、可持续的发展战略，实际解构发展主义的迷误。

推行经济与社会协调并进发展战略，就是扬弃线性一维发展观，倡扬非线性多维发展观，在文化观念的高度上构筑一道防范现代性难题的防火墙。先发国家的现代化演历表明，现代性在展开过程中，总会衍生出积极与消极双重效应的两面性，自我制造祛魅与返魅的文化难题，以至于哈贝马斯等人多次呼吁，现代性仍是一项未竟的事业。现代性借助科学、技术、资本、人权等武器，打破了神秘的宗教世界图景，挺立了世俗化生活。然而，充当祛魅先锋的那些现代性武器，却在世俗化进程中造成了诸如文化霸权、神秘主义、虚无主义这类新的压迫。例如，最有革命性的科学，在突飞猛进的发展中转化为技术，运用到现实生产过程，产生了巨大的物质财富，最终却会从属于资本，与资本形成共谋，构建新式“社会控制形式”。就此来说，只有坚持辩证多维发展观，我们才能洞穿现代性之魅，合理制定适合于人生存的发展战略。这是中国后发现代化实践所必须面对的经验教训，也是中华民族伟大复兴对人类的贡献。

第三，人与自然和谐共生的生态文明建设。

贯彻辩证多维发展观，题中应有之义，在于追求人与自然和谐共生的现代化。历史地看，人与自然关系的改变，在人对物的态度的历史性变迁中有其端倪。人对物的原初态度，可大体概括为人对物的敬重。这是“人靠自然界生活”的反映，是农业文明的标志。随着剩余产品的出现和生产资料私有制的确立，私人占有财产迅速成为社会生活中普遍必然的行为。与生活世界变局相适应，原初的人对物的敬重逐渐让位于人对物的占有，人类进入了工业文明的时代。人对物的占有，客观上为“物的依赖关系”建构了强大的吸收与熔铸的功能，人开始用物来炫耀显示自身，炫示成为人对物的新态度，物被赋予了符号的意义。这是工业文明的极致状态，同时蕴含了人类文明改弦更张的迫切性。既然人对物的态度历史性地发生着从敬重而占有而炫示的变化，记载着人与自然关系的演变以及人类文明性质的变更，那么，生态文明无疑是人类生活实践历史性演进的必然选择，是人类文明的新形态。

工业文明让人类享受着有史以来最繁华丰裕的物质生活，但制造了无可挽回的生态问题，人类不再可能依照工业文明的节律继续生活下去了。当代生态问题的实质无非是人与自然关系出了问题，而全部问题之所在的核心，乃是人类所引起的自然界的变化，而不单纯是自然界自身的改变。还原到人类历史发展的宏大背景之中，我们能够发现，正是资本降临世间之后，自然界才开始进入了“永远的不安定”之中，并从此始终遭遇了不是以自身的力量而是以人类的意志为枢轴的变动。“这是这样一种社会状况：人们在其中一方面日益打碎了、摆脱了、扔掉了纯‘自然的’、非理性的和实际存在的桎梏；但另一方面，又同时在这种自己建立的、‘自己创造的’现实中，建立了一个包围自己的第二自然，并且以同样无情的规律性和他们相对立，就像从前非理性的自然力量所做的那样。”① 所以，生态文明建设要以马克思关于“自然界生成为人”思想为指导，以人与人、人与自然、人与社会和谐共生为旨归，引导人类重走和谐、共荣、可持续的发展道路。

新时代中国特色社会主义的生态文明建设，正如习近平所指出的，“坚持人与自然和谐共生，牢固树立和切实践行绿水青山就是金山银山的理念，动员全社会力量推进生态文明建设，共建美丽中国，让人民群众在绿水青山中共享自然之美、生命之美、生活之美，走出一条生产发展、生活富裕、生态良好的文明发展道路”②。毫无疑问，中国特色社会主义生态文明建设表征着人类实践水平和生活质量的巨大跃升，是中华民族对于人类社会发展规律的丰富和发展。

第四，构建人类命运共同体。

马克思认为，产生“孤立个人”的18世纪，是迄今为止“最发达的社会关系”的时代③。正是商品和资本的现实作用及其不可遏制的世界性扩张，人类从近代以后才建立了普遍的社会联系和社会交往，开创了世界市场，民族历史转变为世界历史，整个世界变成利益相连、命运攸关的共同体。康德当年一力于探究“普遍历史”观念以及由之而来的“世界公民”问题，已然从何以可能的维度，先期思考了人类命运共同体这一人类历史发展的规律性问题。近代以后的世界历史进程，因为战争、恐怖主义以及列强霸权，世界分割成有着利益边界的版图，这是人类命

① ［匈］卢卡奇：《历史与阶级意识》，杜章智、任立、燕宏远译，商务印书馆1999年版，第204页。

② 习近平：《在纪念马克思诞辰200周年大会上的讲话》，《人民日报》2018年5月5日第2版。

③ 《马克思恩格斯选集》第2卷，人民出版社1995年版，第2页。

运共同体的特殊展示或恶性变异，都不能长久持存。一百多年来，有关世界联合或联盟的呼声不绝于耳，相关倡议和行动层出不穷，可以看成人类世界对于命运共同体的认同和向往。新时代中国特色社会主义建设，呼吁世界各国同心协力，构建人类命运共同体，这是在深刻洞察和把握人类历史发展大势基础上，对于人类历史发展规律的真切运用。

中华民族素有和平主义的文化智慧，“和而不同”“和为贵”“仇必和而解”等寓意深远的思想，影响跨越时空，直接塑造了中华民族的世界观乃至民族精神，成为中国古典思想精华之一。这是中华民族贡献给人类的生存智慧。中华民族进入现代世界之后，和平主义文化传统作为挥之不去的思维方式和行为习惯，影响乃至支配着中国人对于现代世界法则的认知和吸收，有助于克服现代世界的弊病，开启富有活力和前景的生存方式。从世界现代化历程的全景来看，唯有“和平发展”，才是迄今为止最能形成广泛共识的观念；唯有拥有深邃厚重和平主义文化传统的中国，才能把基于“和平发展”观念的人类命运共同体作为当代世界发展方略提示出来，并扎扎实实予以贯彻落实。中华民族的伟大复兴，破除了西方社会积习已久的“国强必霸”的魔咒或惯性思维，开启了一条不同于西方“民族国家”兴起的“文明国家”的成长道路。

和平与发展是一百多年来全人类的共同愿望。当今世界正处在大发展大变革大调整时期，和平、发展、合作、共赢的时代潮流更加强劲。以科技力量和资本力量为支撑的经济全球化，把世界连为一体，人类生活在同一个地球村里，各国相互联系、相互依存的程度空前加深。在当今世界面临许多全球问题的共同挑战面前，中国提出构建人类命运共同体的方案，倡导共建共赢共享，这是引领世界从工业文明向新型文明转型、“对于人类有较大的贡献”的文明发展新路。

从“教科书体系改革”到“学术体系构建”

——新中国马克思主义哲学70年

白　刚*

新中国70年辉煌发展的背后，离不开作为“时代精神的精华”的马克思主义哲学的引导。特别是改革开放以来，马克思主义哲学在推动社会解放思想的同时，也实现着自身的思想解放。马克思主义哲学自身的思想解放，体现为从苏联模式教科书体系形成到教科书体系变革，再到马克思主义哲学学术体系构建的发展历程。而这一历程，既意味着马克思主义哲学观念的不断变革，也标志着中国化马克思主义哲学的逐步形成，最终在创造中华民族的“思想自我”中让世界知道“学术中的中国”。

一　教科书体系形成：确立马克思主义哲学的“基本原理”

马克思生前，并没有专门创造和建构一个属于自己的哲学体系。虽然在柏林读大学时，也曾模仿黑格尔撰写过一个关于法哲学的形而上学体系，但不久他自己就放弃了。[①] 实际上，这一体系也只不过是黑格尔体

* 作者简介：白刚，吉林大学哲学社会学院教授。

① 参见《马克思恩格斯全集》第40卷，人民出版社1982年版，第10—13页。

系的模仿而已，但这并不意味着后人不可以总结和提炼马克思主义哲学的体系。

根据袁贵仁和杨耕教授考证，“用教科书的形式来解释、宣传马克思主义哲学是苏联首创，而始作俑者是德波林和布哈林，标志是德波林的《辩证唯物主义纲要》和布哈林的《历史唯物主义理论》”[①]。只不过一开始，在苏联的马克思主义哲学中“辩证唯物主义”和“历史唯物主义”是分开的。德波林的《辩证唯物主义纲要》（1916 年）是俄国人第一次试图以教科书的形式系统阐述辩证唯物主义原理，而布哈林的《历史唯物主义理论》（1921 年）则是俄国人第一次试图以教科书的形式系统阐述历史唯物主义原理。1929 年出版的芬格尔特和萨尔文特的《辩证唯物主义和历史唯物主义》，开始把辩证唯物主义与历史唯物主义相提并论，由此，辩证唯物主义与历史唯物主义这种“二分结构”已见雏形。可以说，这部书的出版，实际上标志着苏联马克思主义哲学教学体系初步形成。而 1932 年和 1934 年出版的米汀和拉祖莫夫斯基主编的《辩证唯物论与历史唯物论》，则标志着苏联马克思主义哲学“教学体系”基本形成[②]。

1938 年，由联共（布）中央特设委员会编著，经联共（布）中央审定的联共（布）党史正式课本——《联共（布）党史简明教程》出版。斯大林亲自撰写了其中的第四章第二节“论辩证唯物主义和历史唯物主义”。该教程明确指出：辩证唯物主义是马克思列宁主义的“世界观”，“历史唯物主义就是把辩证唯物主义的原理推广去研究社会生活，把辩证唯物主义的原理应用于社会生活现象，应用于研究社会，应用于研究社会历史”[③]。在这里，斯大林一方面从“哲学观”上明确把马克思主义哲学定位为关于“世界观”的学问；另一方面从“哲学体系”上又明确把马克思主义哲学划分为“辩证唯物主义和历史唯物主义”两大板块。实际上，斯大林的“论辩证唯物主义和历史唯物主义”是以米汀等的《辩证唯物论与历史唯物论》为基础的，并以有所变化的形式肯定了辩证唯物主义与历史唯物主义的“二分结构”。同时，由于斯大林在当时的苏联

① 袁贵仁、杨耕：《马克思主义哲学教学体系的形成与演变（上）》，《哲学研究》2011 年第 10 期。

② 袁贵仁、杨耕：《马克思主义哲学教学体系的形成与演变（上）》，《哲学研究》2011 年第 10 期。

③ 《联共（布）党史简明教程》，人民出版社 1975 年版，第 116 页。

和国际共产主义运动中的特殊地位，加上当时苏联的体制，斯大林的“论辩证唯物主义和历史唯物主义”又反过来巩固并确立了辩证唯物主义与历史唯物主义这一总体框架，最终使辩证唯物主义与历史唯物主义的“二分结构”成为马克思主义哲学教学体系的“经典”，产生了极其广泛而持久的影响。可以说，斯大林《论辩证唯物主义和历史唯物主义》的发表，标志着辩证唯物主义与历史唯物主义教学体系在苏联以至整个国际共产主义运动中真正确立下来了①。由此，以《联共（布）党史简明教程》的第四章第二节“论辩证唯物主义和历史唯物主义”为基础，苏联构建起了“两个主义”——辩证唯物主义和历史唯物主义——“四大块”——唯物论、辩证法、认识论、历史观——的马克思主义哲学教科书的体系和模板。自此，该书从“哲学观”和“哲学体系”这两个方面构成了苏联（乃至全世界）唯一的和权威的马克思主义哲学的“基本原理”，同时也成为马克思主义哲学的垄断性和标准化教材。在此基础上，人们把“辩证唯物主义和历史唯物主义”看作表述马克思主义哲学内容和结构的标准模式，并进一步推广到诸多哲学教科书中。

中华人民共和国成立后编写的哲学原理教科书，基本上是在继承和保持苏联教科书“哲学观”和“哲学体系”不变的前提下进行的。较早出版的是华岗的《辩证唯物论大纲》（上海人民出版社1955年版），该书虽未专门设计“历史唯物主义”章节，但在论述辩证唯物主义时贯彻了历史唯物主义是其“推广”和“应用”之说，这应该是苏联模式教科书体系的第一个“模本”。但国内最具权威性的马克思主义哲学原理教科书，应是艾思奇主编的《辩证唯物主义 历史唯物主义》（人民出版社1961年第1版，1962年修订再版）②。1977年恢复高考后，为适应高等学校教学急需，人民出版社1978年又重印此书，同时，人民出版社也公开出版了李达60年代主编的《唯物辩证法大纲》。艾思奇主编的《辩证唯物主义 历史唯物主义》，虽然融进了毛泽东《矛盾论》《实践论》等许多

① 袁贵仁、杨耕：《马克思主义哲学教学体系的形成与演变（上）》，《哲学研究》2011年第10期。

② 袁贵仁和杨耕教授认为，“这是新中国成立后出版的、由中国学者自己编写的第一本马克思主义哲学教科书”（参见《马克思主义哲学教学体系的形成与演变（上）》，《哲学研究》2011年第10期）。这可能有误，第一本应该是1955年华岗在上海人民出版社出版的《辩证唯物论大纲》。

著作和中国传统哲学相关的思想，内容有了中国元素，风格上也具有中国特色，但它的基本框架和结构还是采用苏联教科书的模式，并没有做出什么重大变革。苏联模式教科书具有的那些在今天看来显然属于缺点的东西，也都反映在这部教科书中，“这部书成为中国模式的标准哲学教材”[①]。也可以说，这部书就是苏联模式教科书的“中国样板”。后来，教育部委托肖前等主编了《辩证唯物主义原理》（人民出版社 1981 年版）和《历史唯物主义原理》（人民出版社 1983 年版）。这两本教材虽然是分开论述马克思主义哲学的辩证唯物主义和历史唯物主义“基本原理”，但总体上还是艾思奇本的模板。“就基本观点、基本原则和基本结构而言，《辩证唯物主义原理》和《历史唯物主义原理》同《辩证唯物主义 历史唯物主义》本质一致，没有超出苏联马克思主义哲学模式。即使 1991 年出版的《辩证唯物主义原理》修订版和《历史唯物主义原理》修订版，在总体上也是如此。”[②] 应该说，改革开放以来国内流传最广、影响最大的马克思主义哲学原理教科书，就是李秀林、王于、李淮春主编的、多次再版的高等学校文科教材《辩证唯物主义和历史唯物主义原理》[③]。但总体上说，无论是这些教材的内容还是体系，都没有突破和超出艾思奇主编的《辩证唯物主义 历史唯物主义》这一“样板”和“范本”。艾思奇教本在马克思主义哲学教学体系发展史上的重要地位在于，它标志着马克思主义哲学教学体系在中国的正式确立。同时，作为全国高校和党校等通用的马克思主义哲学教科书，它结束了在中国课堂上使用苏联马克思主义哲学教科书的历史。“《辩证唯物主义 历史唯物主义》在中国的影响是深远的：从 1961 年到 2011 年，50 年间，国内出版的各类马克思主义哲学教科书已高达千余种，但除极少数外，绝大多数教科书在基本内容、逻辑结构和理论体系上都没有超出《辩证唯物主义 历史唯物主义》。”[④] 可以说，苏联模式的“辩证唯物主义和历史唯物主义”体系，作为马克思主义哲学教科书的“基本原理”，在中国具有了“准经

① 高清海：《哲学与主体自我意识》，吉林大学出版社 1988 年版，第 44 页。

② 杨耕：《关于中国马克思主义哲学体系的历史沉思》，《哲学研究》2016 年第 1 期。

③ 中国人民大学出版社 1982 年第 1 版，1984 年第 2 版，1990 年第 3 版，1995 年第 4 版，2004 年第 5 版。

④ 袁贵仁、杨耕：《马克思主义哲学教学体系的形成与演变（上）》，《哲学研究》2011 年第 10 期。

典”甚至是“超经典”的地位和影响。

作为苏联模式哲学教科书的翻版，中华人民共和国成立后国内编辑出版的哲学教科书在“哲学观”和“哲学体系”两方面保持和继承了苏联教科书的“基本原理”，总体上它们都不可避免地打上了苏联教科书体系的烙印。比如关于哲学及其研究对象，艾思奇主编的《辩证唯物主义历史唯物主义》就认为：“哲学就是关于世界观的学问，哲学观点就是人们对于世界上的一切事物、对于整个世界的最根本的观点。因此它和任何一门自然科学和社会科学不同，它所研究和所涉及的问题，不是仅仅关于世界的某一个方面或某一个局部的问题，而是有关整个世界，有关世界的一切事物（包括自然界、社会和人类思维）的最普遍的问题。”① 而李秀林、王于、李淮春主编的《辩证唯物主义和历史唯物主义原理》，几乎也是如此解释的：“哲学和其他科学都以现实世界作为自己的研究对象。不过，各种具体的知识部门只研究世界的某一领域、某一方面或某一事物及其过程”，“哲学则不同，它的对象是包括自然界、人类社会和人类思维在内的整个世界”②。在这里，它们都是以研究对象领域范围的大小来区分哲学与其他学科的，实际上并没有也不能真正揭示出哲学所具有的不同于其他学科的独特理论性质：哲学与其他学科在理论性质和思维方式上是同一的，只不过哲学的普遍性和深刻性更广、更深一些罢了。

可以说，中华人民共和国成立后的中国版哲学教科书，虽然增加了一些中国特色的理论内容，特别是毛泽东哲学思想，但整体框架结构和基本原理的叙述都没有跳出苏联教科书体系的窠臼③。在实质性意义上，虽然后来各地如雨后春笋般出版的教材不计其数，但无论体系还是内容都互相雷同，并无多少新意和特色。这些千书一面的马克思主义哲学原理教材，其中很多不过是苏联教科书——艾思奇教本的框架结构和体系模式的改头换面。对此，高清海先生指出：“我们的教科书不是在马克思思想的基础上往前走，甚而可以说是反向逆行。它不仅失去了人

① 艾思奇主编：《辩证唯物主义 历史唯物主义》，人民出版社1961年版，第5页。

② 李秀林等主编：《辩证唯物主义和历史唯物主义原理》，中国人民大学出版社1982年版，第2、3页。

③ 杨学功：《马克思主义哲学体系问题再审视》，《江苏行政学院学报》2013年第1期。

的主体意识，连认识论哲学的内容也被抛掉，而是径直退回到旧本体论哲学和素朴实在论。这就是促使我要去改变哲学教科书理论体系的思想基础。”① 说到底，传统的苏联模式教科书“这一体系并未充分地反映出马克思主义哲学的理论性质，既未体现马克思主义哲学与旧哲学在哲学理论性质上的真正区别，也未充分反映马克思主义哲学在理论观点上变革的深刻内容和意义”②。所以，“旧的教科书体系已不适于表现马克思主义哲学的理论内容，体系妨碍内容的丰富和发展已到了非改不可的地步”③。因此，改革开放之后，随着实践和理论的不断发展，传统教科书体系改革势在必行。

二　教科书体系改革：探索马克思主义哲学的“新教学体系”

早在1961年，毛泽东就嘱咐李达编一本中国人自己的马克思主义哲学教科书，而1965年李达主编的《马克思主义哲学大纲（内部讨论稿）》，实际上已经开始了中国学者否定苏联模式教科书，对马克思主义哲学体系的新探索④。遗憾的是，由于种种历史原因，该书上册没有出版，下册没有写完。后来陶德麟先生主持对《马克思主义哲学大纲》上册进行了修改，并于1978年以《唯物辩证法大纲》为名由人民出版社出版。而真正开启中国马克思主义哲学教科书体系改革先声并担起这一重任的，就是高清海先生主编的《马克思主义哲学基础》(人民出版社1985年上册，1987年下册。以下简称《基础》)。该书按照“客体—主体—主体与客体的统一”的黑格尔式的逻辑框架设计和安排内容，在体系改革上大大突破了“两个主义四大块”传统教科书的板块模式，确实给人以耳目一新的巨大冲击力。同时，该教材在国内“认识论转向”的基础上，立足于世界观、认识论和方法论的统一（也即列宁所说的唯物主义认识

① 高清海：《哲学与主体自我意识》，吉林大学出版社1988年版，第6页。

② 高清海：《哲学与主体自我意识》，吉林大学出版社1988年版，第48页。

③ 高清海主编：《马克思主义哲学基础》上册，人民出版社1985年版，第1页。

④ 袁贵仁、杨耕：《马克思主义哲学教学体系的形成与演变（下）》，《哲学研究》2011年第11期。

论、辩证法和逻辑学的三者一致），对哲学的性质、研究对象和理论演变，以及物质、主体（人）、意识、规律、实践、认识、自由等核心概念的阐释，都从作为哲学基本问题的思维与存在关系的“认识论反省”意义上，也即在德国古典哲学概念反思的意义上，结合马克思主义经典文本和哲学史作出了新的理解和阐释。“《马克思主义哲学基础》突破了辩证唯物主义与历史唯物主义的‘二分结构’，在阐述‘辩证唯物主义的物质观’时就说明了社会的物质性，包括社会存在、社会发展是自然一历史过程，以及自然的物质性与社会的物质性的关系，并以意识与存在的关系这一认识活动的基本矛盾为基本线索，以客体的规定性、主体的规定性、主体与客体的统一以及自由的实现为逻辑结构，展示出一种新的马克思主义哲学教学体系。”① 总体上看，该教材无论是体系还是内容，都超越了传统教科书旧唯物主义非认识论反省的直观水平，达到了它那个时代教科书体系改革的最高成就，因此也被称为国内突破苏联教科书模式的第一本教材。但遗憾的是，这部有些“另类”的“教材性专著”并没有能够作为“教材”而普遍推广开来。其中缘由，可能与当时人们普遍的哲学观变革落后于哲学体系变革有关。

在20世纪80年代教科书改革之初，学者们主要集中在对传统教科书“体系”的变革，认为只要变革或更新了传统的教科书体系，就完成了马克思主义哲学本身的变革，还没有自觉或充分认识到“体系”变革背后更深层的“哲学观”变革。而这一自觉意识，是在80年代末的“实践唯物主义”大讨论之后，才被自觉提出来。“在体系构成中体现着对马克思主义哲学的内容实质如何理解的原则问题。改变旧的体系，这就意味着要立足现代水平去重新理解哲学的实质，意味着适应认识的发展重新调整观察哲学问题的视角。”② 高清海先生在完成教科书体系改革的《马克思主义哲学基础》之后出版的《哲学与主体自我意识》③，就最为充分地体现了这一自觉：“要体现马克思主义哲学与旧哲学的区别，体现马克思主义哲学在哲学发展中革命性变革的实质和意义，就必须把实践

① 袁贵仁、杨耕：《马克思主义哲学教学体系的形成与演变（下）》，《哲学研究》2011年第11期。

② 高清海：《高清海哲学文存》第5卷，吉林人民出版社1997年版，第11页。

③ 吉林大学出版社1988年第1版，中国人民大学出版社2010年第2版，北京师范大学出版社2017年版。

放在一切哲学理论的基础的位置上，必须把实践观点作为马克思主义用以观察一切问题的崭新的思维方式去理解，必须运用实践观的思维方式去看待并解决一切哲学问题，这应当是改革后的哲学体系的理论奠基石。”① 正是以此为基石，高先生的《哲学与主体自我意识》进一步深入推进了《基础》一书在教科书“体系改革”中所未能实现和完成的“哲学观变革”的理论探索。

教科书体系改革的其他成果，主要体现在 20 世纪 90 年代以后按照“实践唯物主义”思路编写的几部新教材中。如：辛敬良主编的《马克思主义哲学导论》（复旦大学出版社 1991 年版，以下简称《导论》），该《导论》作为“实践的唯物主义”（其副标题），它力图用“实践唯物主义”打破辩证唯物主义和历史唯物主义的“二元分立”，较好地贯彻和体现了马克思主义哲学的实践观点，对马克思主义哲学体系做了很有意义的尝试。“这是一个新的马克思主义哲学教学体系，而贯穿这一教学体系的红线就是实践唯物主义精神。”② 肖前主编（黄楠森、陈晏清副主编）的《马克思主义哲学原理》（上、下，中国人民大学出版社 1994 年版，以下简称《原理》），该《原理》是集中了当时国内高校马克思主义哲学学科博士点的主要力量，贯彻实践唯物主义原则来构建马克思主义哲学新教学体系的集中体现。该教材明确马克思主义哲学是“实践的唯物主义”，力图通过实践唯物主义实现唯物论与辩证法、唯物主义自然观与历史观、认识论与本体论、世界观与方法论、主体性原则与客观性原则的统一。“这些观点体现了马克思主义哲学的本真精神，为重建中国马克思主义哲学体系开辟了新的天地。”③ 陈晏清、王南湜、李淑梅合著的《现代唯物主义导引》（南开大学出版社 1996 年版、北京师范大学出版社 2017 年版，后一版书名改为《现代唯物主义导论》，并增加了副标题——“马克思哲学的实践论研究”）和升级版《马克思主义哲学高级教程》（南开大学出版社 2001 年版）。该书的最大特色是在实践唯物主义的基础上，突出和弥补了传统教科书体系“主体性维度”的缺失。而李秀林等

① 高清海：《哲学与主体自我意识》，吉林大学出版社 1988 年版，第 73—74 页。

② 袁贵仁、杨耕：《马克思主义哲学教学体系的形成与演变（下）》，《哲学研究》2011 年第 11 期。

③ 杨耕：《关于中国马克思主义哲学体系的历史沉思》，《哲学研究》2016 年第 1 期。

主编的《辩证唯物主义和历史唯物主义原理》（以下简称《原理》）虽然书名一直未改，却是一部多次修订和不断再版的高校文科教材，特别是从第4版（1995年）开始，无论在体系结构还是内容叙述上都作了重大调整和改变，比较彻底地贯彻和体现了“实践唯物主义”的基本主张①。可以说，这些新编教材“都明确提出实践的观点是整个马克思主义哲学首要的和基本的观点，并力图用实践唯物主义精神改造原有的马克思主义哲学教学体系，或者说，以实践为原则建构马克思主义哲学教学体系”②。改革开放，特别是实践唯物主义大讨论以来，我国的教科书体系改革确实取得了巨大成就，其最典型的体现就是主张用“实践唯物主义”来打通辩证唯物主义和历史唯物主义。但总的来说，这一体系改革仍没有从根本上解决辩证唯物主义、历史唯物主义和实践唯物主义“分立”的局面。如作为比较彻底地贯彻和体现了“实践唯物主义”基本主张的《辩证唯物主义和历史唯物主义原理》(第5版)就指出：“用‘实践唯物主义’来称谓马克思主义哲学，是为了透显马克思的唯物主义所内含的实践维度及其首要性和基本性”；“用‘辩证唯物主义’称谓马克思主义哲学，是为了透显马克思的唯物主义所内含的辩证法维度及其批判性和革命性”；“与‘辩证唯物主义’并列，加上‘历史唯物主义’来称谓马克思主义哲学，是为了透显马克思的唯物主义所内含的历史维度及其彻底性和完备性”③。这部《原理》依然未能很好地实现以实践唯物主义引出和统领辩证唯物主义和历史唯物主义的目的。但总体上，国内学者对马克思主义哲学体系作“实践唯物主义”的理解和阐释，具有重大的理论意义和实践意义：一方面大大推进和深化了教科书体系的改革，推动了社会的思想解放；另一方面也标志着中国学者开始尝试用自己的话语和方式来表达和阐释马克思主义哲学，逐渐让马克思主义哲学说“中国话”。

苏联构建的“辩证唯物主义和历史唯物主义”体系曾经被认为是

---

① 杨学功：《从真理标准讨论到哲学教科书体系改革》，《中共天津市委党校学报》2010年第1期。

② 袁贵仁、杨耕：《马克思主义哲学教学体系的形成与演变（下）》，《哲学研究》2011年第11期。

③ 李秀林、王于、李淮春主编：《辩证唯物主义和历史唯物主义原理》（第5版），中国人民大学出版社2004年版，第2页。

科学的，虽然20世纪80年代以来这种体系的科学性已经受到普遍质疑，但构建“科学体系”的目标并没有被放弃。在这方面，黄楠森先生的观点是最自觉、最系统因而也最具代表性的。黄先生关于构建马克思主义哲学“科学体系”的思想，酝酿于20世纪60年代，80年代得以初步表述，90年代更加明确，21世纪以来趋于系统化，并在《马克思主义哲学体系的当代构建》（上、下册，人民出版社2011年版）中得到了最集中、最充分的表达。黄先生的基本观点是：由苏联学者所构建的辩证唯物主义和历史唯物主义体系基本上是一个科学体系，但是不够完整和严密，因此可以通过改进和完善构建一个完整严密的马克思主义哲学的科学体系。[①] 对此，该书提出了构建“一总五分”的马克思主义哲学体系：一个整体——辩证唯物主义世界观，五个部门哲学 ——辩证唯物主义历史观、辩证唯物主义人学、辩证唯物主义认识论、辩证唯物主义价值论和辩证唯物主义方法论。其中，世界观包括自然观，历史观包括实践观，人学包括人生观。可以说，《马克思主义哲学体系的当代构建》是一部带有重大理论突破价值的学术著作，它融会了黄先生一生对马克思主义哲学体系的坚持、发展与创新的统一。但在一定意义上，黄先生对马克思主义哲学体系的当代构建，主要还是侧重于对传统教科书“体系”的调整和补充，并没有深入触及“哲学观”变革问题。

表面上看，传统哲学教科书是僵化的教条式“哲学体系”出了问题，实际上背后是把哲学常识化和经验化的“哲学观”出了问题。因此，教科书体系改革绝不仅仅是“体系”的变革，更是“哲学观”的变革。“马克思主义哲学作为哲学史的批判总结，它不仅概括了哲学史的认识成果，而且实现了哲学史上空前的大革命。但是，现行的教科书体系既没有充分地体现出经典作家已经提供给我们的理论成果，也没有深刻地表达出经典作家所实现的革命变革。”[②] 所以，教书体系改革并不能很好地体现和实现哲学观变革，哲学观变革不仅需要“教科书体系变革”，更需要“学术体系构建”。

---

① 杨学功：《马克思主义哲学体系问题再审视》，《江苏行政学院学报》2013年第1期。

② 孙正聿：《塑造和引导时代精神——论我国哲学教科书的体系改革》，《浙江学刊》1990年第2期。

三　后教科书体系：构建马克思主义哲学的"学术体系"

孙正聿先生曾把中华人民共和国成立以来国内的马克思主义哲学发展，概括为20世纪80年代前的"教科书哲学"，80年代的"教科书改革哲学"和90年代的"后教科书哲学"。20世纪80年代的哲学教科书改革，从其根本的指向性上看，是以新的教科书体系取代旧的教科书体系，也就是在重构教科书体系。进入90年代，学界则在理论探索中出现了较为明显的转向，这就是从"体系意识"转向"问题意识"："这突出地表现在，不是以争论教科书的利弊得失和如何重构教科书体系为研究的出发点，而是把教科书作为某种退入背景的理论框架，从现实生活或现代哲学中提出问题，并且注重提问方式的转换。"[①] 在此意义上，后教科书哲学标志着国内马克思主义哲学的发展进入了"后教科书体系"时代。在后教科书体系时代，国内马克思主义哲学的发展在"哲学观"和"哲学体系"方面有两个最突出的特征和趋向：一是部门哲学（或领域哲学）的兴起，二是马克思主义哲学学术体系的构建。

（一）"部门哲学"的兴起：马克思主义哲学"问题意识"的凸显

20世纪90年代以来马克思主义哲学研究"问题意识"凸显最直接和具体的表现，就是"部门（领域）哲学"研究的兴起。这里所说的部门（领域）哲学不同于通常所说的哲学各二级学科，而是指以某些特定的问题领域为研究对象和范围而形成的相对独立的专门化哲学研究。诸如社会哲学、历史哲学、文化哲学、人的哲学（人学）、价值哲学、经济哲学、政治哲学、法哲学、道德哲学、教育哲学、管理哲学、日常生活哲学等。其中，韩庆祥教授主编的"哲学理论创新丛书"（云南人民出版社2002年版）包括以下九种：《实践诠释学》《文化哲学》《主体性哲学》《生存哲学》《人学》《社会哲学》《经济哲学》《历史哲学》《社会认识

① 孙正聿：《从"体系意识"到"问题意识"——九十年代中国的哲学主流》，《长白学刊》1994年第1期。

论》。这套丛书对我国部门哲学研究的主要成果作了一次集中的展示。而这些“部门哲学”的兴起，实际上并不是表面的马克思主义哲学研究的某个领域或具体问题，而是指哲学原理与哲学各分支学科领域的一种双向融合。在一定意义上，它们都把自己看作“哲学本身”而不是“哲学之一种”，按孙正聿先生的说法这都是一种“准原理哲学”①。但这一作为“准原理哲学”的“部门哲学”，确实从不同的理论领域和视角拓展和补充了当代中国马克思主义哲学研究的实质性内容。同时，这也是教科书体系改革之后，马克思主义哲学研究问题意识凸显和哲学观变革深入推进的具体体现。

进入21世纪之后，在部门哲学兴起的基础上，国内的马克思主义哲学研究，又出现了两大热点：一是马克思主义政治哲学研究，二是《资本论》的哲学研究。

西方政治哲学的复兴，应该是20世纪70年代初罗尔斯的《正义论》发表之后，《正义论》是西方实践哲学研究的“轴心式的转折点”（哈贝马斯语）。虽然该书1988年就出版了中译本，但并未产生像国外那样的轰动效应和催生国内政治哲学的大发展。反而是进入21世纪，随着理论和现实的双重诉求，在“哲学的政治转向”（赵汀阳语）的基础上，国内政治哲学才逐渐兴起，马克思主义政治哲学也随之逐渐成为显学，从而一条对马克思主义哲学的“政治哲学”阐释道路才开辟出来。在此基础上，继对马克思主义哲学形态的辩证唯物主义、实践唯物主义和历史唯物主义理解之后，政治哲学又成为马克思主义哲学的最新形态，甚至出现了从“历史唯物主义”到“政治哲学”的转向。仅2017年度，就有三部关于马克思主义政治哲学的书稿入选“国家哲学社会科学成果文库”，并于2018年马克思200周年诞辰之际先后出版：王新生《马克思政治哲学研究》（科学出版社2018年版）、欧阳英《马克思政治哲学思想探析》（中国社会科学出版社2018年版）、刘同舫等《青年马克思政治哲学思想研究》（中国社会科学出版社2018年版）。马克思政治哲学的兴起，实际上并不是哲学的一个分支领域的兴起，而是体现了教科书体系改革之后，马克思主义哲学观念变革的深入推进和拓展。这一推进和拓展的另一体

① 孙正聿：《从“体系意识”到“问题意识”——九十年代中国的哲学主流》，《长白学刊》1994年第1期。

现，就是对《资本论》哲学思想的多维解读。

进入21世纪特别是2008年席卷全球的金融危机爆发以来，国内老、中、青三代学者对《资本论》的“哲学”展开了全方位的解读和研究。学者们从存在论、唯物史观、经济哲学、政治哲学、伦理学、人学、空间理论和审美等方面对《资本论》的哲学思想进行了多维阐释。同时对《资本论》的方法也从辩证法、现象学和修辞学等方面进行了深入解读。如果说，在教科书哲学和教科书改革哲学时期，国内学者的《资本论》研究，主要是集中在服务于马克思主义哲学教科书体系内容的补充和丰富，《资本论》只是马克思主义哲学的具体“运用”，很少触及马克思主义哲学的哲学观问题。但《资本论》的当代研究，却主要集中于马克思主义哲学的哲学观问题，明确《资本论》就是马克思主义哲学的“构建”：《资本论》就是马克思主义哲学的“新世界观”，因此，应当在马克思主义哲学与《资本论》的“互释”中，既阐释《资本论》的哲学思想，又重新理解马克思主义哲学[①]。2016年和2017年，先后有两部书稿入选“国家哲学社会科学成果文库”：仰海峰《〈资本论〉的哲学》（北京师范大学出版社2017年版）和白刚《回到〈资本论〉：21世纪的“政治经济学批判”》（人民出版社2018年版）。二者的共同点在于力图实现《资本论》哲学的“再现”。可以说，正是在《资本论》与马克思主义哲学的双向“互释”中，既推进了当代中国马克思主义哲学观念的变革，又为马克思主义哲学学术体系的构建打下了坚实的文本和理论基础。

（二）学术体系构建：马克思主义哲学观念的深刻变革

《在哲学社会科学工作座谈会上的讲话》中，习近平总书记指出：“面对新形势新要求，我国哲学社会科学领域还存在一些亟待解决的问题。比如，学科体系、学术体系、话语体系建设水平总体不高，学术原创能力还不强”[②]，因此习近平强调“只有以我国实际为研究起点，提出具有主体性、原创性的理论观点，构建具有自身特质的学科体系、学术体系、话语体系，我国哲学社会科学才能形成自己的特色和优势”[③]。所

① 孙正聿：《〈资本论〉与马克思主义哲学》，《学习与探索》2014年第1期。

② 习近平：《在哲学社会科学工作座谈会上的讲话》，人民出版社2016年版，第7页。

③ 习近平：《在哲学社会科学工作座谈会上的讲话》，人民出版社2016年版，第19页。

以，我们应该以“学术体系”构建为核心来推动“学科体系”和“话语体系”建设，而“构建当代中国马克思主义哲学学术体系”是首要任务。今天的马克思主义哲学研究，仅仅停留于“问题意识”是不够的，还必须把对重大理论问题的思考和探索进一步升华和凝结为一定的“学术体系”，也即从“教科书体系”走向“学术体系”，使当代中国的马克思主义哲学研究在构建“学术体系”中真正学会说“中国话”，并获得其“实体性内容”。

对此，孙正聿先生已有了充分的理论自觉，鲜明地提出了“构建当代中国马克思主义哲学学术体系”的主张：“任何一门学科的实质内容、研究水平和社会功能，无不集中地体现为该门学科的学术体系。学术体系的系统性和专业性，是该门学科成熟的标志；学术体系的权威性和前沿性，是该门学科的实力的象征；学术体系的主体性和原创性，则不仅是该门学科成熟的标志和实力的象征，而且是该门学科的特色、优势和自信的体现。”① 遵此宗旨，孙先生提出了构建当代中国马克思主义哲学学术体系的基本原则和根本方向：“以中国特色社会主义的伟大实践活化当代中国的马克思主义哲学研究，又以源于中国特色社会主义伟大实践的哲学理论照亮当代中国和当代世界的现实，并引领人类文明新形态的变革，这是构建具有主体性、原创性的当代中国马克思主义哲学学术体系的根本方向。”② 依此原则和方向，孙先生尝试探讨了以“实践”为核心范畴和解释原则、以“改变世界”为鲜明特点来构建具有“主体性、原创性”的当代中国马克思主义哲学学术体系的有益尝试。而作为孙正聿先生“学术知音”的孙利天先生，早在80年代就提出了“让马克思主义哲学说中国话”的主张。进入21世纪，他又提出要在“中西马会通”中，构建当代中国马克思主义政治哲学学术体系③。实际上，马克思主义哲学“学术体系”的构建，并不是为了简单地否定或取代“教科书体系”，而是为了进一步凸显和澄明马克思主义哲学的本真精神和理论旨趣，其本质上仍然是哲学观念的深刻变革，其最终目的仍然是要创造中华民族的“思想自我”，推进中国化马克思主义哲学发展，让世界知道

① 孙正聿：《构建当代中国马克思主义哲学学术体系》，《哲学研究》2019年第4期。

② 孙正聿：《构建当代中国马克思主义哲学学术体系》，《哲学研究》2019年第4期。

③ 孙利天：《构建马克思主义政治哲学学术体系》，《中国社会科学报》2019年6月27日。

"学术中的中国"。

在一定意义上，俞吾金先生在国内新一代学者中较早自觉地开始了重建马克思主义哲学体系"新路径"的寻求和探索。早在20世纪90年代，俞先生就主张以"广义的历史唯物主义"来打通传统教科书体系辩证唯物主义和历史唯物主义"二元化"的板块结构。历史唯物主义不仅是马克思哲学的"基础和核心"，而且是全部马克思哲学。成熟时期的马克思哲学就是历史唯物主义，它本身就蕴含着自己的自然观、认识论、方法论和范畴论，没有必要再设定一个"辩证唯物主义"来研究这些问题①。在俞先生看来，历史唯物主义就是马克思的划时代的哲学创造之所在。这实际上也是孙正聿先生强调的要把历史唯物主义提升到"世界观"而不仅仅是"历史观"的高度来理解和阐释马克思主义哲学的革命性变革②。进入21世纪之后，俞先生的探索，主要是从马克思主义哲学体系的四个核心概念——物、价值、时间和自由——进行学术体系重建的③。俞先生力图从"抽象物"到"具体物"、从"使用价值"到"交换价值"、从"自然时间"到"社会时间"、从"认识论自由"到"本体论自由"的转变，来突破和超越传统教科书的概念体系，并以之为根基重建马克思主义哲学的新体系。遗憾的是，因俞先生去世，他的新体系构建未能得以完整而系统地展开。

对马克思主义哲学体系的反思与重建，杨耕教授持续进行了"30年的学术追问"，提出了构建马克思主义哲学体系的总体方案：建构马克思主义哲学体系必须以无产阶级和人类解放为理论主题，以实践为逻辑起点和建构原则，应以实践唯物主义、辩证唯物主义、历史唯物主义的"一体化"作为马克思主义哲学体系的基本框架，最终使哲学批判、意识形态批判和资本批判高度关联、融为一体④。正是遵循这一总体方案和构想，杨耕教授在总结自己30年学术追问的基础上，主编了《马克思主义

① 俞吾金：《论两种不同的历史唯物主义观念》，《中国社会科学》1995年第6期。

② 参见孙正聿《历史的唯物主义与马克思主义的新世界观》，《哲学研究》2007年第3期；《历史的唯物主义的真实意义》，《哲学研究》2007年第9期；《历史的唯物主义与哲学基本问题——论马克思主义的世界观》，《哲学研究》2010年第5期。

③ 俞吾金：《物、价值、时间和自由——马克思哲学体系核心概念探析》，《哲学研究》2004年第11期。

④ 杨耕：《关于中国马克思主义哲学体系的历史沉思》，《哲学研究》2016年第1期。

哲学体系研究》（上、下卷，四川人民出版社 2019 年版）一书。该书从“历史演变与基本问题”（该书副标题）两个维度，既总结梳理了苏联模式教科书体系的形成和演变，又从本体论、辩证法、历史观、认识论、价值论等多维视角阐述了重建马克思主义哲学体系的基本问题，明确马克思主义哲学的理论主题是从“世界何以可能”转向“人类解放何以可能”，马克思主义哲学的理论特征是形而上学批判、意识形态批判和资本批判的高度统一，主张以“实践”为基础实现实践唯物主义、辩证唯物主义、历史唯物主义的“一体化”来重建马克思主义哲学体系。可以说，该书是中华人民共和国成立以来国内第一部全面系统地总结、梳理和阐发马克思主义哲学体系变革和构建的专题著作。在这里，杨耕教授虽然没有明确提出马克思主义哲学“学术体系”的构建问题，但他针对传统教科书体系的反思和重构，特别是其“一体化”的构想，已经不自觉地包含着从“教科书体系变革”走向“学术体系构建”了。

在实质而重要的意义上，从“教科书体系形成”到“教科书体系改革”再到“学术体系构建”，大致反映了中华人民共和国成立以来，中国的马克思主义哲学研究从“照搬”和“宣讲”苏联模式的教科书，到“反思”和“变革”教科书体系，再到“探索”和“构建”当代中国马克思主义哲学学术体系的发展历程。而自觉和努力推进当代中国马克思主义哲学学术体系的构建，以学术体系构建为核心带动和推进学科体系和话语体系建设，既是当代中国马克思主义哲学发展繁荣、推进中国化马克思主义哲学建设，也是创建中华民族的“思想自我”、让世界了解“学术中的中国”的必由之路。

社会主义理解史中的马克思政治经济学批判

韩　蒙[*]

社会主义理念在马克思哲学变革中究竟发挥了怎样的作用？这是传统研究中仍旧缺失的环节。与哲学、政治经济学、社会主义“三个组成部分”的质性划分不同，如何诠释三者的内在关联与融合才是把握马克思思想总体的关键。回溯从欧文、李嘉图派社会主义者到蒲鲁东的思想史进程，对社会主义的理解始终包含着唯物主义的前提性考量与政治经济学的批判性运用；可以说，社会主义的理解史也是政治经济学的批判史。正是在这一线索中，政治经济学批判与社会主义理念建构共同构成了马克思《资本论》的“总问题”。通过揭示一般唯物主义的视野局限，马克思在生产关系的历史性规定中界划了简单流通关系与高级生产关系，从最初认同李嘉图派社会主义转变为透视其拜物教认识与政治经济学局限，进而界定出这一社会主义理路只是不断实现着资产阶级理想的“空想”。由此，马克思在历史性视野、政治经济学批判中建构了“革命的科学”社会主义理念，凸显了其在社会主义理解史上的独特意义。

一　社会主义理解史中的政治经济学：从欧文到马克思

社会主义理念的政治经济学意涵是在资本主义发展中逐步凸显的。随着

* 作者简介：韩蒙，《哲学研究》编辑，中国社会科学院哲学研究所助理研究员。

资产阶级统治从政治革命向社会建设的时代议题转变，理论层面的自然法论证开始让位于追求实在利益的唯物主义、实证主义与功利主义；相应地，以自然法为基础的启蒙时期社会主义开始转向以唯物主义为基础的现代社会主义。在唯物主义视野中，社会主义与政治经济学具备了理论整合的初步趋向，政治经济学构成理解社会主义发展阶段的一条内在线索：以欧文为代表的早期社会主义的政治经济学指向、本身从政治经济学前提出发的李嘉图派社会主义、在政治经济学批判中建构社会主义的蒲鲁东和马克思。

首先，“社会主义”的政治经济学指向与唯物主义基础。“社会主义者”（socialist）一词首次出现于1827年欧文主义者的《合作杂志》（*Co-operative Magazine*）上，该词被用来指称拥护欧文（Robert Owen）合作学说的信徒；而“社会主义”（socialisme）一词则最早出现在1832年由勒鲁（Pierre Leroux）编辑的圣西门派机关报《地球报》（*Le Globe*）上①。“社会”之所以作为一种主义而被提出，是对近代工业发展的一种理论反映，是企图以合作为基础的社会组织来替代个人主义和竞争性经济制度②。圣西门（Saint Simon）从实证主义出发，凸显工业生产、政治经济学在社会组织中的重要性：“一切思想和努力所应追求的唯一目的，就是最合理地组织工业。”③ 傅立叶（Fourier）主张以“劳动引力”为内核的唯物主义，论证从生产分散的“文明制度”到复杂协作的“和谐制度”的历史进程的必然性。欧文则立足具有“面向实际的性质”的唯物主义，明确地在劳动价值论、财富分配与合作生产的基础上论证社会主义。

与“社会主义”几乎同时期，在1830年前后出现了“共产主义”（Communism）一词。这始于邦纳罗蒂（Buonarroti）在1828年出版、介绍巴贝夫思想的《为平等而密谋》。巴贝夫（Babeuf）一方面同样是在唯物主义层面说明了劳动义务与财产共有“乃是一个社会制度的真正目标和完美的体现”④；另一方面，开始将无产阶级视为一种革命力量，使得

① G. D. H. Cole, *The History of Socialist Thought*, Volume 1, London: Macmillan, 1953, pp. 1 - 2.

② ［美］卡尔·兰道尔：《欧洲社会主义思想与运动史》上卷，第1册，群立译，商务印书馆1994年版，第18页。

③ 《圣西门选集》第1卷，王燕生等译，商务印书馆1979年版，第156页，译文有改动。

④ ［法］菲·邦纳罗蒂：《为平等而密谋》上卷，陈叔平译，商务印书馆1989年版，第70页。

共产主义从启蒙的理性规划转变为革命的历史行动。如果说摩莱里（Morelly）与马布利（Mably）还是通过自然状态、自然秩序论证作为“合乎自然意图的法制蓝本”的共产主义，那么以巴贝夫与邦纳罗蒂为代表的“平等派并不满足于对乌托邦进行新的描绘，他们制订了一个执行计划，从而使共产主义得以第一次列入历史事件”①。

在马克思的思想建构中，“社会主义”与“共产主义”的理论意义直到1844年前后才凸显。《1844年经济学哲学手稿》成为马克思在异化劳动理论中统摄社会主义与政治经济学的理论成果，而直至《神圣家族》，马克思才真正读懂“现代社会主义”背后的唯物主义基础，从而一方面指认唯物主义本身具有的社会主义倾向，另一方面开始反思共产主义理论所依托的、具备社会革命力量的无产阶级实践。

其次，本身从政治经济学前提出发的李嘉图派社会主义。欧文的思路既区别于圣西门和傅立叶的社会主义，也不同于巴贝夫的共产主义。这种以政治经济学为理论武器、“从工业无产阶级的立场出发来反对资本主义生产”的思路进一步催生了李嘉图派社会主义。正如马克思所说，“在政治经济学上的李嘉图时期，同时也出现了反对派——共产主义（欧文）和社会主义（傅立叶、圣西门）”以及“本身从经济学家的前提出发的反对派”②，包括汤普逊（William Thompson）、霍吉斯金（Thomas Hodgskin）、格雷（John Gray）与勃雷（John Bray）。

从欧文到李嘉图派社会主义者，以政治经济学为前提的社会主义理念包含了多重的理论维度。第一，唯物主义视野中的社会改造。一方面，欧文强调人的性格养成是外部环境的结果，所以在物质生活层面改变财富的生产、分配、交换，继而改善道德与政治生活，便成为这种社会主义方案的唯物主义依据。另一方面，在具体的财富生产中，劳动与资本都被理解进而还原为劳动过程的因素：“把分配问题还原成为最简单的因素。人、劳动、原料；大自然所提供的，人类必须以他们的智力和体力从他们制造出一切财富所能提供的谋求幸福的手段的那些原料；这些就是我们的简单的因素。”③ 这两者构

① ［法］乔治·勒费弗尔：“序言”，选自邦纳罗蒂《为平等而密谋》上卷，陈叔平译，商务印书馆1989年版，第3页。

② 《马克思恩格斯全集》第35卷，人民出版社2013年版，第209页。

③ ［英］汤普逊：《最能促进人类幸福的财富分配原理的研究》，何慕李译，商务印书馆1986年版，第443页。

成了李嘉图派社会主义者共同的哲学起点。

第二，政治经济学中的社会安排。其一，从劳动价值论出发论证劳动权利。欧文与霍吉斯金都指出，劳动是一切财富的源泉，这是“根据政治经济学中最显而易见的首要原理中推演出来的”[①]，劳动者有权利获得全部劳动产品，然而，作为“自然原则”的劳动的生产性在现有资本主义制度下却表现为“如此彻底的一种奴役原则”，成为“造成劳动者阶级贫困和不幸的主要原因之一”[②]。其二，生产力的发展需要与之相适应的分配方式与交换制度。欧文认为，贫困与生产过剩的出现是生产力自然发展遭遇“人为障碍”的结果，因而提出了更为适应新生产力的分配方式和以“劳动券”“公平交易的交换银行”为核心的“完善的财富交换方法”。在此基础上，汤普逊将生产力发展的“同等保障”与财富“分配平等”之间的协调视为实现最大多数人幸福的必备条件；而格雷与勃雷在突出合理交换制度的重要性时，分别强调了“劳动货币”的优越性与工人“在工作上所必需的是资本而不是资本家”[③]。

第三，向共产主义和平过渡的政治经济学依据。欧文将私有财产视为社会灾祸的根源，合作生产与按劳动券进行平等分配成为消除私有财产的政治经济学举措；这种向未来制度的过渡是“和平”过程而非巴贝夫宣扬的“暴力”手段。勃雷也认为，为了彻底消除对劳动的迫害，需要从现在社会制度向未来共有制度转变的“股份公司”过渡形式。格雷则立足交换原理，认为“激进主义”的共产主义“终归不过是一个空想家、幻想家、热心分子、对于人类苦难和贫困的主要原因完全盲目无知的人”[④]。

欧文与李嘉图派社会主义的理路有力推动着马克思自觉整合政治经济学与社会主义理念。通过在曼彻斯特时期摘录并评价勃雷、汤普逊与欧文的著作[⑤]，马克思首次在物质生产层面诠释了社会主义理念的唯物主

① 《欧文选集》第1卷，柯象峰等译，商务印书馆1984年版，第307页。

② ［英］霍吉斯金：《通俗政治经济学》，王铁生译，商务印书馆2014年版，第56—57页。

③ ［英］约翰·勃雷：《对劳动的迫害及其救治方案》，袁贤能译，商务印书馆1959年版，第67页。

④ 《格雷文集》，商务印书馆1986年版，陈太先、眭竹松译，第59页。

⑤ 恩格斯在《哲学的贫困》德文版序言中说明了马克思的这段阅读经历，参见《马克思恩格斯全集》第21卷，人民出版社1965年版，第206、207页。

义基础，批驳了德国社会主义脱离现实历史进程的意识形态属性。并且，随着马克思发现在勃雷的著作中可以“找到了解蒲鲁东先生过去、现在和将来的一切著作的钥匙”①，蒲鲁东社会主义方案的秘密也逐渐呈现。

最后，超越政治经济学的蒲鲁东“科学”社会主义。蒲鲁东（Proudhon）继承了李嘉图派社会主义者从政治经济学视角论证社会主义的理路，特别是格雷的劳动货币方案与勃雷的平等交换思想；不同的是，蒲鲁东自觉地将这一理路置于社会主义理解史中，力图同时完成对政治经济学与社会主义的哲学超越。

蒲鲁东批判了政治经济学的“理论的缺陷”与社会主义的“批判的不足”。一方面，政治经济学是一种“自相矛盾的理论”，“亚当·斯密、李嘉图、马尔萨斯和让·巴·萨伊所留传给我们的那种政治经济学已经在某种意义上遭到否定，而且半个世纪来我们亲眼看到它停滞不前”②。另一方面，社会主义的规划也往往缺乏充足的政治经济学支撑，无法科学地证明其合理性。因而，蒲鲁东眼中的“科学”社会主义正是要为“真正的政治经济学”与“所有现代的社会主义者”提供了一个“新的出发点”③，这一新的出发点就是“政治经济学的形而上学”。政治经济学与社会主义的共同错误在于无法理解经济范畴的“二律背反”；二律背反是政治经济学的基本特点，产品过剩、工资降低、贫困等现象都源自价值范畴的矛盾性；矛盾性及其解决方案促使蒲鲁东搭建起经济矛盾的范畴体系。蒲鲁东的理论任务就是在范畴内部找出“能够把社会主义的乌托邦和政治经济学的支离破碎的学说很好协调起来的公式”④。

对于马克思而言，蒲鲁东的政治经济学批判意识是有启发性的：从相同的政治经济学原理出发的经济学家与社会主义者却得出了截然相反的结论，这只是说明两者实质上都陷入了经济范畴本身的矛盾之中，这种理论矛盾会使社会主义沦为空谈，需要对经济范畴进行哲学批判。蒲

① 《马克思恩格斯全集》第4卷，人民出版社1958年版，第110页。

② ［法］蒲鲁东：《贫困的哲学》上卷，余叔通、王雪华译，商务印书馆1998年版，第39页。

③ ［法］蒲鲁东：《什么是所有权》，孙署冰译，商务印书馆1963年版，第321页。

④ ［法］蒲鲁东：《贫困的哲学》上卷，余叔通、王雪华译，商务印书馆1998年版，第53—54页。

鲁东与马克思的分歧在于：蒲鲁东试图在经济范畴层面实现对政治经济学的形而上学批判；马克思则强调经济范畴的二律背反源于现实生产关系的矛盾。正是在反思蒲鲁东架构政治经济学的贫困哲学方法时，马克思凸显了"历史性"的哲学视野，从而逐步揭示李嘉图派社会主义、蒲鲁东社会主义的政治经济学局限与空想主义性质。

二　历史性视野与空想主义的政治经济学批判

历史性视野成为马克思超越蒲鲁东及其支援背景的李嘉图派社会主义者的重要哲学依据。马克思在致安年科夫的信和《哲学的贫困》中初步评判了基于政治经济学范畴的社会主义方案。第一，蒲鲁东没有看到，生产关系总是"一定的生产关系"，生产力发展的一定状况下就会有一定的交换和消费形式以及相应的社会制度、市民社会，所以"人们借以进行生产、消费和交换的经济形式是暂时的和历史性的形式"。第二，经济范畴、观念、原理只是生产关系的理论表现，因而经济范畴也只是"实在的、暂时的、历史性的社会关系的抽象"、是"历史性的规律"①。第三，蒲鲁东所依据的"平等原理"恰恰是资产阶级生产关系所特有的，当以表现了"资产阶级关系的范畴"来反抗资产阶级统治的时候，社会主义"理想"本身只是"现实世界的反映"，"在不过是这个社会美化了的影子的基础上来改造社会是绝对不可能的"②。这种历史性思想在《资本论》的政治经济学批判中获得了全面发展。

首先，生产关系的历史性规定与唯物主义的理论界限。在马克思的思想中，历史性是超越一般唯物主义意义上生产理论的重要哲学视野；以抽象的劳动一般、生产的一般条件为研究对象的政治经济学就是从一般唯物主义出发的③。对此，马克思指认，生产一般、劳动一般之所以是合理的抽象正是源于具体的生产关系基础，"最一般的抽象总是产生在最

---

① 《马克思恩格斯全集》第47卷，人民出版社2004年版，第441、445页。

② 《马克思恩格斯全集》第4卷，人民出版社1958年版，第117页。

③ 参见仰海峰《〈资本论〉的哲学》，北京师范大学出版社2017年版，第47—48页。

丰富的具体发展的场合”，因此在说明劳动、生产、资本等经济范畴的一般性同时更需要凸显其“本质的差别”、历史性的规定①。

这便构成了作为《资本论》中政治经济学批判与社会主义建构基点的“资本”概念的出场语境。在马克思看来，资本是“现代资产阶级社会”中居于主导性地位的生产关系，“在一切社会形式中都有一种一定的生产决定其他一切生产的地位和影响，因而它的关系也决定其他一切关系的地位和影响”②；同时作为生产关系的资本又必然体现在一个物上，并赋予这个物以独特的社会性质和形式规定。所以，当立足一般唯物主义的政治经济学家与李嘉图派社会主义者仅仅将资本理解为物即生产工具和积累的劳动时，那么“只看到了资本的物质，而忽视了资本成为资本的形式规定”，于是“资本存在于一切社会形式中，成了某种完全非历史的东西”③。这就是马克思指认的政治经济学的拜物教认识，也是一般唯物主义在面对特定资本主义社会时的理论界限。

这一界限也体现在对生产、分配、交换与消费之间关系的认识上。政治经济学家通常只看到生产、分配、交换与消费相互分离的“肤浅的联系”。马克思指出这种“粗暴割裂”做法是忽视了生产关系的历史性规定，没有看到“一定的生产决定一定的消费、分配、交换和这些不同要素相互间的一定关系”④。正是在这个层面马克思透视了李嘉图派社会主义交换、分配方案的生产关系界限。

其次，简单流通关系与生产关系的哲学界划。历史性视野的打开促使马克思界划了处在抽象层面的简单流通关系与深入具体层面的生产关系，从而揭示李嘉图派社会主义的劳动与资本联合、平等交换制度、劳动货币方案如何是一种空想主义的政治经济学要求。

第一，一般生产过程是以资本的生产过程为前提，劳动与资本的联合是以劳动力成为资本增殖工具为前提。政治经济学家与李嘉图派社会主义者都是在资本的拜物教认识中把握资本的：资本被视为劳动资料、积累的劳动，成为一般生产过程中的必要物质条件，于是，劳动成为财

① 《马克思恩格斯全集》第30卷，人民出版社1995年版，第45、26页。

② 《马克思恩格斯全集》第30卷，人民出版社1995年版，第48页。

③ 《马克思恩格斯全集》第30卷，人民出版社1995年版，第213页。

④ 《马克思恩格斯全集》第30卷，人民出版社1995年版，第40页。

富的唯一源泉而且是劳动成果的所有权依据，"经济学家们一到着手分析劳动过程的时候，他们便不得不把'资本'这个用语完全抛开，而去谈论劳动材料、劳动资料和生活资料。……在这方面绝对没有劳动和资本的关系，而只有人类合乎目的的活动在再生产过程中同它自己的产品的关系"①。正如汤普逊所说，当"社会上积累起来的资本在一群人手里而创造财富的生产力在另外一群人手里，这个被积累起来的资本就将被用来破坏分配的自然法则和使生产者不能享用他们自己的劳动产品"②，当务之急就是克服这种分离，使劳动与资本重新结合，从而使劳动者得到他的全部劳动产品。

然而，马克思指明，作为生产资料的资本和作为所有权依据的劳动本身都已经是以特定的"经济关系"为前提、是"资产阶级社会即发达的交换价值的社会的历史产物"③。在这种特定的生产关系中，劳动不是"对自己的对象性关系"，而是与劳动对象、劳动资料相分离的活劳动、劳动力；由此，在拜物教认识中呈现的劳动与资本的联合关系，实质上是劳动力依附于资本并成为资本增殖的工具，"这个生产过程现在表现为资本的自我运动的内容"④。相应地，作为劳动力进入资本生产过程的劳动者，就不可能获得劳动产品全部，而是一方面在交换过程中得到劳动力价值的等价物即"工资"，这是劳动的有偿部分；另一方面在劳动力的消费过程中生产"剩余价值"，这是劳动的无偿部分。霍吉斯金为"保护劳动"而提出的"资本的非生产性"恰恰是没有认识到，当资本被理解为一种生产关系而不是物时，资本才是生产性的，而劳动只不过是资本的可变形式而已。这种确证了资本生产性的劳动力，正是来自简单交换背后的作为资本的货币和作为商品的劳动力的交换。

第二，商品的简单交换是以资本和劳动交换为前提，劳动遭受迫害源于资本的生产关系而非资本家的主观欺骗。在简单交换层面，工人拿自己的劳动力商品，同资本出让的一定数额的货币相交换，"劳动力的买

① 《马克思恩格斯全集》第35卷，人民出版社2013年版，第239页。

② ［英］汤普逊：《最能促进人类幸福的财富分配原理的研究》，何慕李译，商务印书馆1986年版，第456页。

③ 《马克思恩格斯全集》第31卷，人民出版社1998年版，第349页。

④ 《马克思恩格斯全集》第30卷，人民出版社1995年版，第220、263页。

和卖是在流通领域或商品交换领域的界限以内进行的，这个领域确实是天赋人权的真正伊甸园。那里占统治地位的只是自由、平等、所有权和边沁"，这一过程属于"普通的流通范畴"。然而，资本家换来的劳动本身是一种独特的使用价值，一种使资本得以保存和增殖、一种属于资本的生产力与再生产力，所以一旦进入"隐蔽的生产场所"，"不仅可以看到资本是怎样进行生产的，而且还可以看到资本本身是怎样被生产出来的。赚钱的秘密最后一定会暴露出来"①。这后一个过程是在质上与普通流通不同的过程，是超过劳动有偿部分的剩余价值生产过程，"把资本和劳动之间的交换归结为作为交换价值的商品的简单交换，归结为简单流通的要素，也就是说，正好把决定一切的特殊区别抽掉"②。

李嘉图派社会主义者就是在抽掉了特殊生产关系基础上，在简单流通关系层面理解资本与劳动的交换，从而一切社会问题的症结都只是在于不合理的交换制度。勃雷指出，"表面上似乎是由资本家拿出来与工人的劳动来交换的财富，实际并不是资本家自己的劳动或钱财，而是原先从工人的劳动中获取来的；并且现在仍旧凭着骗人的不平等交换制度，天天在工人身上榨取"，因而这种交换纯粹是一种"赤裸裸的合法盗窃"③。尽管勃雷看到了资本家从劳动中获取了超过工人工资的"剩余"部分，却将这种源于生产过程的"剩余"归因于资本家在交换中的欺骗行为。在这个意义上，为了恢复交换的平等性，勃雷强调，"资本和劳动的相互依存性跟资本家和工人的相对地位是不相干的"，"凡是有利于资本的，也必有利于劳动"④，因此工人所必需的不是资本家，而是资本与劳动的"合作"与等值交换。这就涉及作为平等交换的必要环节的"合理的货币制度"。

第三，劳动货币只是自行取消的政治经济学要求。将劳动时间作为自然的价值标准的思路源于欧文，其后由格雷、勃雷、蒲鲁东、达里蒙不断完善。其中，格雷最为系统地阐释了劳动货币方案。与欧文相似，

① 马克思：《资本论》第1卷，人民出版社2004年版，第204页。

② 《马克思恩格斯全集》第30卷，人民出版社1995年版，第222页。

③ ［英］约翰·勃雷：《对劳动的迫害及其救治方案》，袁贤能译，商务印书馆1959年版，第56页，译文有改动，参见John Bray, *Labour's Wrongs and Labour's Remedy*, Routledge, 1997。

④ ［英］约翰·勃雷：《对劳动的迫害及其救治方案》，袁贤能译，商务印书馆1959年版，第67页。

格雷也认为，货币不应该具有内在价值，因为具有内在价值的货币无法成为始终不变的价值标准：“货币应该仅仅是一张价值凭证，证明货币持有人或者曾经对国民财富库存贡献了一定的价值，或者曾经从贡献这份价值的人那儿取得对这份价值的支配权。”① 与之相应，“国民银行”将发行直接代表劳动量的劳动小时券来取代现行流通的货币，人们可以在“国民商品仓库”中以体现相等劳动价值的劳动小时券进行直接交换。勃雷强调的劳动与劳动之间的直接交换、蒲鲁东提出的“无息信贷”、达里蒙的国家银行计划都是在这个思想脉络中产生的。

在马克思看来，劳动货币力图消除的价格与价值的差异其实不过是货币自身的物质内容与形式规定之间矛盾的表现，是商品本身使用价值与交换价值之间矛盾的进一步发展而已。当劳动货币仍旧是货币的一种具体形式时，也必然保留了这一矛盾。所以，在马克思的分析中，无论是李嘉图派社会主义者还是蒲鲁东，一切在货币层面的改革方案都存在理论的“界限”：认为仅仅通过改变流通工具就能够使现存的生产关系以及与之相适应的分配关系发生革命，“这种学说同样不了解生产关系、分配关系和流通关系之间的内部联系”②。由此，马克思强调，劳动货币方案在本质上只是对作为“结果”的流通与交换过程，而非作为“原因”的生产过程的攻击，无非是“手打麻袋意在驴子。但是，只要驴子没有感到麻袋上的打击，人们实际上打的就只是麻袋而不是驴子”③。这意味着对交换关系、货币形式的批判需要深入生产过程的牢固基础中，停留在简单流通关系层面的李嘉图派社会主义的货币改革注定只是一种“经济学上的空话”。

三 “革命的科学”社会主义的逻辑层级

李嘉图派社会主义的拜物教认识与政治经济学局限，决定了基于这种政治经济学的社会主义沦为“空想主义”。立足政治经济学批判的

① 《格雷文集》，陈太先、眭竹松译，商务印书馆1986年版，第43页。
② 《马克思恩格斯全集》第30卷，人民出版社1995年版，第69页。
③ 《马克思恩格斯全集》第30卷，人民出版社1995年版，第194页。

马克思在理念、理论与道路的不同逻辑层级中建构"革命的科学"，为社会主义发展确立了新的基础："马克思打算以批判迄今存在过的全部政治经济学的形式，总结自己多年研究的结果，并以此为社会主义的意图，奠定直到现在为止无论傅立叶和蒲鲁东，亦无论拉萨尔，都不能为它奠定的科学基础。"①

首先，"革命的科学"社会主义是历史性的理念。如何在资产阶级时代把握社会主义的理念？这是马克思在面对蒲鲁东时已经提出的问题。一切从当前既定的范畴、原理出发的社会主义都会带有其所处的资产阶级生产关系的历史性质："如果说经济形式，交换，在所有方面确立了主体之间的平等，那么内容，即促使人们去进行交换的个人和物质材料，则确立了自由"②；作为"观念形态"的平等、自由不过是作为"现实形态"的交换价值的结果，"观念的表现实际上只是这种现实的映象"③。以自由、平等作为理念依据的李嘉图派社会主义恰恰是在交换价值基础上反对交换价值、在反对资产阶级社会的口号中实现着"资产阶级社会的理想"。

以李嘉图派社会主义者和蒲鲁东为代表的思路之所以只是从观念出发反对现实，而不是在现实内部寻找超越路径，根本原因就在于其历史性视野的缺失，从而无法辨析现实自身的内部结构：简单流通关系层面的现象界与生产关系层面的本质界。由于在拜物教认识中混淆了简单流通关系与生产关系，这些社会主义者未能从抽象的简单流通关系上升到具体的高级生产关系，理解交换中的简单规定性是以较发达的生产关系为中介、资本主义社会的不平等现象根源于生产关系。于是，李嘉图派社会主义者将简单流通关系中呈现的经济范畴、原则当作既定的事实，乃至是永恒的评判尺度，"抓住交换价值本身的简单规定性，来反对交换价值的比较发达的对抗形式"，认为体现了劳动与等价原则的交换价值在现实中被货币与资本的形式歪曲了。相应的解决思路就是构想出最适合这一原则的真实性质的形式，这才出现了劳动所有权、平等交换、劳动小时券的社会主义方案。在马克思看来，将生产关系还原为简单流通关

① 《马克思恩格斯全集》第16卷，人民出版社1964年版，第242页。
② 《马克思恩格斯全集》第30卷，人民出版社1995年版，第199页。
③ 《马克思恩格斯全集》第31卷，人民出版社1998年版，第363页。

系，“认为交换价值不会发展成为资本，或者说，生产交换价值的劳动不会发展成为雇佣劳动，这是一种虔诚而愚蠢的愿望”[①]。

与之相比，当马克思在生产关系层面凸显现实本身的历史性规定时，观念的永恒化表象才会退却、观念的现实形态才会呈现。对社会主义者而言，超越资本主义的路径不应是从流通关系层面既定的简单规定与观念出发反对现实、设想未来，而是依据现实生产关系的内在矛盾、历史运动及其阶级表征来理解社会主义理念的历史情境与理念演化。在此基础上，社会主义的理念才有可能超出“资产阶级社会的理想”而成为无产阶级历史运动的理论表现。此时“这个由历史运动产生并且充分自觉地参与历史运动的科学就不再是空论，而是革命的科学（revolutionär Wissenschaft）了”[②]，这种“科学”由于是从“对本身就产生了解放的物质条件的运动的批判的认识”[③] 即对资产阶级生产关系的科学认知，因而是切中现实本身的社会主义理念。

其次，“革命的科学”社会主义是资本批判理论与普遍政治行动的融合。社会主义的历史性理念在政治经济学批判中具体化为资本的批判性认识与政治行动的必要性。与李嘉图派社会主义者从交换制度入手不同，马克思从对抗性的生产关系出发，指认了资本的内在矛盾及其自行扬弃的可能。劳动的社会生产力在现有生产关系中表现为剩余价值率提升与利润率不断下降的共存情况，这在马克思看来恰恰是根据资产阶级生产关系的本质而产生的“一种不言而喻的必然性”；作为“目的”的价值的保存和增殖即“为资本而生产”，开始不断与作为“手段”“必须使用的并旨在无限制地增加生产”发生冲突[④]。

面对这一生产关系层面的冲突，资本的“集中”与“社会化”成为解决途径的同时又不断再生产出冲突，从而孕育着资本实现自行扬弃的可能形式：“股份公司”与“合作工厂”。资本的股份形式的出现，推动着由资本形成的“一般的社会权力”和资本家个人对社会生产条件拥有的“私人权力”之间的矛盾越发尖锐，“生产资

① 《马克思恩格斯全集》第30卷，人民出版社1995年版，第204页。

② 《马克思恩格斯文集》第1卷，人民出版社2009年版，第616页。

③ 《马克思恩格斯文集》第3卷，人民出版社2009年版，第20页。

④ 马克思：《资本论》第3卷，人民出版社2004年版，第237、278—279页。

料的集中和劳动的社会化，达到了同它们的资本主义外壳不能相容的地步”[①]。于是，客观上造就了把资本转化为“联合起来的生产者的财产，即直接的社会财产”所必需的过渡点，从而将资本的私有形式改造为“一般的、公共的、社会的生产条件”[②]。正是在资本社会化与股份形式基础上，工人在生产过程中组织起自己的“合作工厂”，在其中“资本和劳动之间的对立在这种工厂内已经被扬弃”，“工人作为联合体是他们自己的资本家，也就是说，他们利用生产资料来使他们自己的劳动增殖”[③]。

合作工厂与股份公司已经出现在了欧文、汤普逊、勃雷的著作中。但是，不同的哲学视野与政治经济学批判深度，决定了马克思与这些社会主义者之间的思想差异。汤普逊和勃雷都在资本拜物教认识中区分了作为一般的劳动产品的资本和“使用强力抽取劳动产品的一部分”的资本家。在此基础上，汤普逊认为“少数大企业所需要的是大资本，而不是大资本家”，因而可以用股份制来代替资本家的职能[④]；而勃雷则指出最佳的生产方法将是以最少的资本和劳动的支出而获得最大数量的财富，所以股份公司作为一种“集中力量和分工的基础上所能掌握的力量”将取代以前是属于个别资本家的地位[⑤]。可见，资本的股份形式并不是生产关系内在矛盾的社会化解决，而只是在物质内容层面实现的生产资料的集中，这仍旧是在简单流通关系中反观生产关系的理论结果。

就合作工厂而言，马克思一方面高度赞许了欧文的成就：在理论上说明了工厂制度是社会革命的起点，在实践上以合作工厂为社会实验的范本，在英国播下了“合作制的种子”[⑥]。但是另一方面，马克思也明确指出，“合作制度限于单个的雇佣劳动奴隶通过自己的努力所能创造的这种狭小形式，决不能改造资本主义社会”，而是需要转变为一个广泛的、普遍的自由合作劳动制度，这是以“全面的社会变革、社会制度基础的

---

① 马克思：《资本论》第1卷，人民出版社2004年版，第874页。

② 马克思：《资本论》第3卷，人民出版社2004年版，第495、294页。

③ 马克思：《资本论》第3卷，人民出版社2004年版，第499页。

④ ［英］汤普逊：《最能促进人类幸福的财富分配原理的研究》，何慕李译，商务印书馆1986年版，第200—201页。

⑤ ［英］约翰·勃雷：《对劳动的迫害及其救治方案》，袁贤能译，商务印书馆1959年版，第180页。

⑥ 马克思：《资本论》第1卷，人民出版社2004年版，第577页。

变革”为前提，这一前提又只有“把社会的有组织的力量即国家政权从资本家和大地主手中转移到生产者本人的手中才能实现”①。所以，与欧文、李嘉图派社会主义者纯粹在经济领域构想社会主义不同，马克思通过对资本社会化的深度考察，在揭示资本自行扬弃的同时凸显了在生产关系变革的边界会相应地生成无产阶级的普遍政治行动。

正是在这个意义上，马克思“革命的科学”社会主义理念，既不同于从经济领域进行“科学”论证的欧文、李嘉图派社会主义者与蒲鲁东，也明显不同于仅仅宣扬政治“革命”的巴贝夫与布朗基的共产主义。一方面，深受欧文、李嘉图派社会主义与蒲鲁东思想影响的工联主义者，在经济层面提出了平等交换、提高工资等要求。但是马克思的资本批判已经表明，从简单流通层面提出的这些要求只是“对劳资之间的游击式的斗争”而不能彻底消除生产关系层面的雇佣劳动制度本身；“资本在其纯粹经济的行动上是比较强有力的一方”恰恰表明了“普遍政治行动的必要性”②。另一方面，巴贝夫与布朗基未能自觉深入革命政治行动的特定生产关系前提。而马克思强调，工人阶级唯有在资本社会化过程中获得的关于自身的意识、认识到解放的物质条件，“把对资产阶级社会经济结构的科学研究作为唯一牢靠的理论基础”，才能使工人阶级革命免于密谋和诡计的方式而获得普遍化的解放意义③。

最后，“革命的科学”社会主义的具体化道路。基于资本主义现实本身的社会主义是不断生成着的历史性理念，在不同的历史条件与革命情境中具体化为发展中的政治经济学批判理论与不断获得自觉意识的无产阶级革命，从而演化为各不相同的具体实践道路。

在《资本论》出版与国际工人协会成立后，马克思始终强调，社会主义理念不能脱离具体的历史情境而被单纯抽象为一种“主义”，否则就会重返以往社会主义理路共同遭遇的“虔诚而愚蠢的愿望”，而无法认识到“取代乌托邦的，是对运动的历史条件的真正理解以及工人阶级战斗组织的力量的日益积聚”④。恩格斯也是在这个意义上评价道：没有人比

---

① 《马克思恩格斯全集》第16卷，人民出版社1964年版，第219页。

② 《马克思恩格斯文集》第3卷，人民出版社2009年版，第75页。

③ 《马克思恩格斯全集》第14卷，人民出版社1964年版，第464—465页；Shlomo Avineri, *The Social and Political Thought of Karl Marx*, Cambridge University Press, 1968, p. 146。

④ 《马克思恩格斯文集》第3卷，人民出版社2009年版，第207—208页。

马克思在《资本论》中更加“接近一定的具体的社会状况”而反对作为“死板的抽象的公式”的“抽象的社会主义”①。所以，当面临巴黎公社的失败、德国社会民主工党的曲折发展与俄国未来发展道路的疑问时，马克思指认，各国的资本社会化程度与无产阶级斗争境况是不同的，这决定着需要在《资本论》的英国经验基础上探索社会主义理念的法国化、德国化与俄国化版本，在国际普遍联合基础上提出自己的具体化道路。对此，马克思直言，“各国工人运动的国际活动绝对不依赖于‘国际工人协会’的存在”，尽管国际工人协会具有“不可磨灭的成绩”，但是国际工人协会已经不能再以其“第一个历史形态”继续下去了②。

总之，正是在社会主义理解史的语境中，马克思《资本论》及其手稿中政治经济学批判的社会主义意图与科学社会主义理念的政治经济学基础才能完整地呈现。“革命的科学”社会主义理念、理论与策略的建构不仅具有“空想主义”批判的思想史意义，而且在现实历史层面也昭示了在变化的历史实践中需要不断实现社会主义理念的自我革命、理论创新与道路建设。

① 《马克思恩格斯文集》第3卷，人民出版社2009年版，第333页。
② 《马克思恩格斯文集》第3卷，人民出版社2009年版，第439页。

新中国70年马克思主义哲学研究的回眸与前瞻

杨洪源*

只有把握好过去才能更好地展望未来，中国马克思主义哲学知识体系的建构亦不例外。新中国成立70年来，由内部反思“生成”的学术化倾向不断完善，使中国马克思主义哲学研究实现了由抽象体系向具体实在的转变；体系建构的有机性，即动态的内容更迭和开放的结构转换日趋强化；作为体系组成要素的文本、历史、理论和现实的研究，达到较高程度的统一，取得了长足的进展。客观而言，不论视野与主题、内容与方法，还是领域与成果、思路与观点，历经70年实践探索和思想沉淀的中国马克思主义哲学研究，可谓发展的繁荣时期。当然，繁荣绝不意味着发展的顶峰，反而更加需要通过进一步的内部反思推动持续发展。新时代中国马克思主义哲学研究也出现了一些亟待正视的重大问题：领域分设越发明显，有滑向独断论“陷阱”的危险；“史”“论”截然二分的格局尚未完全打破，“流水账”式的宏大叙事屡见不鲜；关于文本研究的基础性地位的质疑始终没有停止，文献考证代替思想阐释已初现端倪；缺乏对经验事实的有效认识，以致无法切中重大现实问题的要害，进而导致中国道路的哲学阐释无从谈起；等等。

“问题是时代的格言，是表现时代自己内心状态的最实际的呼声。”①究其实，作为时代精神之精华的真正哲学，其自我完善与内部反思往往

---

* 作者简介：杨洪源，中国社会科学院哲学研究所副研究员（100732）。

① 《马克思恩格斯全集》第1卷，人民出版社1995年版，第203页。

呈现相伴而生的趋势。正是持续不断的“不破不立”，赋予了马克思主义哲学以鲜活的和丰富的思想形式，而非僵化的和封闭的理论体系，使之对整个人类文明进步的影响经久不衰。有鉴于此，本文通过梳理新中国马克思主义哲学研究70年的历程，彰显贯穿其中的问题导向与体系建构的有机互动这一内在逻辑，在总结经验教训、提炼具有国际影响力的中国特色研究范式的基础上，力求夯实构建中国马克思主义哲学知识体系的理论前提，并对中国马克思主义哲学研究的未来发展做出较为合理的展望。

一 问题导向与体系建构的有机互动

综观整个马克思主义哲学的发展历程，问题导向与体系建构的有机互动，这是自它创立之时起就贯穿其中的主线之一。众所周知，诸如“物质利益难题”之类的复杂现实问题，作为马克思进行思想批判与实践探索的直接动因，推动着他在德国观念论哲学体系这一旧的思辨基地上，构筑起新的哲学体系。不只是这样，在他本人思想一定发展阶段内逻辑合理的哲学体系，也成为马克思的批判对象。例如，基于金融资本主义的兴起、无产阶级革命的低谷、俄国农村公社的跨越等现实问题的重新审视，马克思晚年搁置了《资本论》中关于世界历史发展趋势的设想，转向资本主义社会史前史的求解。秉承上述特质，如何坚决稳妥地向社会主义过渡，探索社会主义建设的道路任务及其规律，如何实现“以经济建设为中心”的目标，社会主义由计划经济向市场经济的转变，中国道路的世界历史意义的阐释等，这一系列不同时期的重大现实问题，引导着新中国马克思主义哲学的丰富和发展。一言以蔽之，问题导向是马克思主义哲学的中介，体系建构同时作为马克思主义哲学的前提和结果而存在，两者的互动即为马克思主义哲学的内在逻辑。

对于一门学科发展历程的叙述即学术史的书写而言，人物思想、逻辑范畴、问题意识、体系结构等，皆为不可或缺的要素。以其中的个别要素为核心并融通其他要素，构成了学术史形态的不同呈现。由此可见，不同的学术史书写方式之间本无是非优劣之分，只存切中研究对象的程度深浅之别。这就是说，如何实现与研究对象之间的同构，成为学术史书写的关键。从同构性出发，关于整个马克思主义哲学研究历程的梳理，显然离不开对问题导向与体系建构的有机互动的具体描述，新中国70年马克思主义哲学学术史的书写亦然。大致而言，新中国70年马克思主义哲学研究的历程可以分为以下几个主要阶段。

（一）以教科书体系为框架的基本理论问题讨论

当深邃思想处于尚不为人所知的最初传播时期，直观的形式相对于作为内容的思想表现得尤为重要。毋庸置疑，教科书体系对于马克思主义哲学的宣传与普及，发挥着不可替代的积极作用，尽管它无法规避思想僵化乃至停滞不前的后果。早在《资本论》第一卷德文初版行将付梓之际，恩格斯曾就由主题陌生、叙述繁杂、内容过长等导致的理解难度，向马克思建议凝练标题、细分章节，指出这种教科书式的处理方式有助于广大读者的理解①。此后，恩格斯和列宁等为阐释马克思主义哲学著书立说，都或多或少由于思想论战而非系统宣传的形式，而制约着马克思主义哲学普及范围的进一步扩大。在有效宣传和广泛传播马克思主义哲学的迫切需要下，融系统性和通俗性于一身的传统教科书体系呼之欲出，并最终在《联共（布）党史简明教程》第四章第二节中正式确定下来。

在中国，马克思主义自十月革命后的广泛传播与深刻影响，使以教科书体系为载体的马克思主义哲学，作为一种稳定的理论形态和研究范式，逐步取得在哲学研究、社会科学领域乃至整个中国思想界的主导地位，并指导着中国社会主义革命实践的成功。在这个过程中，传统教科书体系不仅通过不断调整而增强自身说服力，以指导社会主义革命实践，而且以大众化的形式来掌握人民群众，使之投身社会主义革命实践中。正如马克思所说：“理论一经掌握群众，也会变成物质力量。理论只要说服人［ad hominem］，就能掌握群众；而理论只要彻底，就能说服人［ad hominem］。”②

新中国成立后，马克思主义成为各项工作的指导思想。为了适应政

① 《马克思恩格斯文集》第10卷，人民出版社2009年版，第267—268页。

② 《马克思恩格斯文集》第1卷，人民出版社2009年版，第11页。

治、经济、社会和文化等迅速发展的需要，给予广大人民群众和党员干部以及时的、必要的思想武装，实现新民主主义社会向社会主义社会的过渡，中共中央积极组织了马克思主义理论尤其马克思主义哲学的研究、学习和宣传，既强调哲学理论在社会主义建设实践中的运用，又重视新的实践经验在哲学层面的提升与总结。在此期间，传统教科书体系以政治课的形式，向人们进行辩证唯物主义和历史唯物主义教育，为推动中国现代化的发展起到广泛而深远的影响。依循传统教科书体系的基本结构和主要观点，中国的马克思主义哲学研究者，一方面发表了大量关于马克思主义哲学的介绍性文章，另一方面撰写了一批系统研究包括毛泽东哲学思想在内的马克思主义哲学教材类著作，如李达的《〈实践论〉解说》和《〈矛盾论〉解说》、艾思奇的《辩证唯物主义讲课提纲》等，有力地推动着全国范围内学习和宣传马克思主义哲学运动的深入开展。

社会主义三大改造的完成，标志着中国社会主义实践进入建设时期。在“百花齐放，百家争鸣”的方针指导下，运用哲学的世界观和方法论观察和处理新情况，总结中国马克思主义哲学研究的成果特别是毛泽东哲学思想，放弃直接照搬苏联教科书体系，构建属于中国人自己的教科书体系，成为必然的选择。艾思奇主编的《辩证唯物主义 历史唯物主义》、李达主编的《马克思主义哲学大纲》上篇即《唯物辩证法大纲》的讨论稿等，均为典型的例证。更为重要的是，关于从属于传统教科书体系的基本理论问题的探讨，也在争鸣中不断深入。这些问题涵盖马克思主义哲学的基本原理、规律、方法、范畴与概念，具体涉及“一个对子”与“两个对子”、思维与存在的同一性、“一分为二”与“合二为一”、真理的阶级性与客观性、绝对真理与相对真理、客观规律性与主观能动性等。通过这些问题的探讨与争鸣，深化了人们对马克思主义哲学的理解和把握，进一步完善了哲学教科书体系，但也存在值得认真总结的经验教训。

在肯定传统教科书体系在特定历史语境下的积极作用，呈现基本问题讨论与教科书体系建构的有机互动的同时，也要清醒地认识到传统教科书体系在一定阶段上的完成形式所带来的后果。自20世纪60年代中后期以来，哲学教科书体系的理论封闭性愈加明显，并最终沦为一种新的僵化的教条，无法融入任何不同的理论阐释，从根本上断绝了通过问题导向而进一步推进体系建构的可能。如何复归问题导向与体系建构的有机互动，消除思想僵化带来的各种后果，成为左右中国马克思主义哲学研究及其发展的关键因素，并且迫在眉睫。

（二）以真理标准问题大讨论为动力的教科书体系改革

鉴于传统教科书体系的封闭性，问题导向与体系建构的有机互动就不再表现为对既有体系的完善，而是通过打破封闭性以为新的体系建构提供可能。正是在这个意义上，发轫于20世纪70年代末的真理标准问题大讨论，才能超越学术研究的范围，特别是在与20世纪50—60年代的真理诸问题讨论的内容与结论没有较大差异的前提下，取得了后者所无可比拟的思想解放的作用。对于马克思主义哲学研究而言，真理标准问题大讨论于封闭的传统教科书体系中打开了“缺口”。此后，中国理论界就一些过去颇有“争议”的哲学基本问题，特别是属于马克思主义哲学的，却受传统教科书体系的束缚而排斥出去的重要范畴和理论，如人、人性及人道主义等，展开了热烈的讨论，并逐步深入下去。

由于当时缺乏对《1844年经济学哲学手稿》和国外马克思主义哲学的深入研究等，关于人道主义与异化问题的讨论历时数年未能达成共识，也没有达到预期的高度，甚至以总结性论著的“盖棺定论”而告一段落。可是，它的真实意义却并未泯灭，反而越发彰显对思想解放与实事求是的追求，以及对改变传统教科书体系教条主义地对待马克思主义哲学的诉求。换句话说，正是这场讨论的未完成性，才赋予它以丰富性和开放性。正如新中国马克思主义哲学研究史所昭示的：人的价值问题的凸显构成价值论研究的重要来源；对人的问题的持续关注直接导引出体系化的人学研究；将人文关怀确证为马克思哲学的一个根本性维度，并基于此来重新探究马克思的思想起源期等。

真理标准问题大讨论进行得越深入，问题导向之于传统教科书体系改革意义上的体系建构的成效，就表现得越清晰。20世纪70年代末到80年代末，认识论研究的深入、价值论研究的勃兴、人学研究的起步，抑或马克思主义哲学原理教材改革和马克思主义哲学史学科建设，都是“鲜活”的例证。以中国马克思主义哲学界彼时关于认识论的研究为例，在汗牛充栋的各类著述中，一方面扬弃了传统教科书体系只在辩证唯物主义范围内探讨认识论的传统观念，按照认识主客体的社会性和历史性的理解，将历史唯物主义的基本原理作为马克思主义认识论的理论前提与科学证明，提出唯物史观就是历史认识论。另一方面，基于对“辩证法也就是（黑格尔和）马克思主义的认识论”①的再考察，依循认识论的基本框架，从哲学的基本问题即意识与存在的关系出发展开相关内容，在教科书体系改革上取得了重大突破。

更为重要的是，在把实践范畴看作马克思主义认识论基本范畴及历史观基础的前提下，不少论者进一步提出实践是全部马克思主义哲学的基础。加之《1844年经济学哲学手稿》中文版的出版、国外实践唯物主义思潮的传入等因素的共同作用，一些全国性专题会议相继召开，研究成果迅速增加，研究队伍旋即扩大，使实践唯物主义作为中国学者首次用自己的语言阐释马克思主义哲学体系的标志，并一度成为中国哲学界的最热门话题。关于实践唯物主义问题的讨论在20世纪80年代末有过较为短暂的沉寂，却又很快“升温”，其后虽有所“冷却”但时至今日仍未中止。尽管充满各种争议乃至产生一定的消极作用，但这场讨论对于打破传统教科书体系“唯我独尊”的积极作用不言而喻，20世纪90年代涌现的马克思主义哲学原理新教材就是典型的范例。

（三）以学术规范问题为导向的体系建构分化

就一定意义而言，教科书体系改革的过程实乃马克思主义哲学研究的渐进学术化。进入20世纪90年代，“思想淡出学术凸显”“少谈体系多谈问题”成为研究主流。相较于以传统教科书体系为框架的基本理论探讨很大程度上属于意识形态的范围，真理标准问题大讨论等仍然或多或少带有意识形态的色彩，对学术规范问题的强调与争论，才真正标志着中国马克思主义哲学研究的学术转向的开始。在学术规范问题的导向下，中国马克思主义哲学研究的体系建构从意识淡化逐渐过渡到形式分化，即不再拘泥于教科书体系改革，转而通过从社会现实和现代哲学知识体系中提炼、讨论、解决问题，来形成具有内在规范性的部门哲学研究，并进一步激活对马克思哲学观及其变革意义的重新反思。需要指出

---

① 《列宁选集》第2卷，人民出版社2012年版，第559页。

的是，这种研究转向并非对体系建构本身的彻底扬弃，而是从封闭的宏大体系建构变为开放的中观体系建构。

首先，马克思主义哲学基础理论和哲学史等研究稳步推进。不仅突破了西方哲学认识论以个人及其心理为分析对象的限制，探讨整个人类系统认识的发生和发展及其社会历史机制；还重视从人类生活和实践角度提炼出价值论需要解决的问题，突出价值论研究的应用性。在此期间，人学研究也在抽象理论层面和社会现实层面得到全面发展，尽管关于这一学科的名称及性质的争论始终没有完全停止。不仅如此，中国的马克思主义哲学史研究，在学术研究的日益国际化和不同研究范式之间竞争不断"白热化"的格局中逐步完善，甚至在国际学界中享有盛誉。

其次，社会哲学、文化哲学、经济哲学等研究方兴未艾。社会主义市场经济建设在中国的全面开展，使中国乃至世界发展中的社会问题、文化问题、经济问题等进入中国学者的视野。相应之下，过去"屈居"中国马克思主义哲学研究"末流"的部门哲学，如社会哲学、文化哲学、经济哲学等的重新定位问题，成为马克思主义哲学理论创新无法绕开的环节。围绕唯物史观的方法及其基本问题，从提出概念到拓展向度，部门哲学的兴起不仅改变了中国马克思主义哲学研究的观念与结构，即不再作为纯粹的具体的理论科学，转而成为马克思主义哲学的基础学科，而且立足于中国的现实并从中觅得中国社会转型的内在根据和未来走向。

最后，马克思哲学观再反思和现代性批判等研究深入展开。从宏观体系建构到中观体系建构的转变，是对哲学观这一元问题的追问的集中体现。延续围绕实践唯物主义进行的马克思主义哲学精神实质的探讨，马克思哲学观的变革意义自然而然成为研究的焦点。这种变革不再只是对传统哲学的超越，而是在东西文化的比较、科学主义与人本主义的论战、"马""中""西"哲学的对话等格局中，使马克思主义哲学真正"活"在中国当下。同样，针对现代化的历史进程对人与世界关系的全面改变所带来的诸问题，如可持续发展、市场经济中的物的依赖性、虚无主义的文化危机等，中国学者通过对马克思哲学的再反思，将它确证为现代性批判的理论武器，并从中寻求实现人的自由个性的方式。

（四）以思想阐释问题为内容的研究路径转换

学术规范即形式是通往思想阐释即内容的必由之路。以学术规范问题为导向的宏观体系建构分化为中观体系建构，自身包含着向以思想阐释问题为内容的研究路径转换即微观体系建构的可能。“学术凸显”所要“淡出”的，是仅仅作为意识形态而存在的“思想”，也就是“思想”的异化状态，其最终目的在于复归真正意义上的“思想”而不止于“学术”。以此为意旨，如何使思想真正切入现实，发展21世纪中国的马克思主义哲学，使之超越关于经验常识的思考，真正成为在思想中把握的时代，是中国马克思主义研究者的第一要务。不论“论坛哲学”、文本研究、国外前沿、学术形态、哲学对话等领域的方兴未艾，还是唯物史观、资本批判、经济哲学、政治哲学等理论的重新阐释，都蕴含着研究路径的转换。

以彰显“马克思主义哲学的当代价值”为出发点，由中国社会科学杂志社牵头，全国各马克思主义哲学博士点每年轮流主办的“马克思哲学论坛”于2001年正式启动。无独有偶，由青年哲学论坛、《哲学研究》编辑部发起的“马克思主义哲学创新论坛”，也在21世纪初成立。在坚持哲学“生于对话，死于独白”的原初特性下，中国社会科学院哲学研究所组织的“马克思哲学青年对话会”开始“崭露头角”。这些全国性规模的“论坛哲学”凭借其思想的活跃性而极大地突破了“讲坛哲学”的束缚，增强了中国学者的理论自信，更加积极地选择各种有益的成果，尝试创造出切合中国实际的、中华民族自己的马克思主义哲学理论，尽管“论坛哲学”与“讲坛哲学”的有效接榫尚需解决。

世纪之交，马克思主义哲学经典著作研究的独立性越发明显，以“返本开新”为意旨的文本研究日趋兴盛，并与马克思主义哲学的当代性阐释呈“一时瑜亮”。“史”“论”“著”的结合，抑或文本、历史、理论和现实的有机统一，虽实属老生常谈，却在不同时代中呈现迥异而逐步深入的内容。文本研究是理论阐释的基础工作和基本依据，马克思哲学文本研究的滥觞与勃兴，势必带动中国学者对既有理论的重新考察，关于历史唯物主义的重新理解被置于首位。在文本研究与理论阐释的有机结合方面，21世纪中国马克思主义哲学研究的典型成果无外乎《资本论》哲学思想研究，可谓代表着经典著作研究的最高水准。以《资本论》为文本依据从政治经济学批判视域中理解马克思哲学，同时带来了另一种研究路径的转换，或者毋宁说是一种彻底的颠覆——不再从作为部门哲学的经济哲学的角度或框架，包括概念、原则和方法等，来重新理解马克思主义哲学，转而将经济哲学定位为马克思主义哲学的基础学科，即马克思哲学在一定意义上就是经济哲学。秉承相似的思路，中国马克思主义哲学界当前关于政治哲学的研究，越发呈现异军突起之势。从关于马克思主义政治哲学的理论定位，到关于马克思政治哲学思想及其当代价值的深入探讨，再到关于国外马克思主义政治哲学理论的扩展研究，无不昭示着中国学者在思想上超越现时代的本质维度去领会马克思主义哲学的当代性。

特定思想的深邃性源于自身逻辑上的合理性，更显现于与不同思想的比较、对话和融合中。经过中国学者多年的努力，国外马克思主义哲学研究逐渐脱离马克思主义哲学史学科而获得较强的独立性，从是否必要的论证跃迁到如何运用的阐释，取得了一些较为突出的成果，“以翻译带研究”的规模效应日趋凸显。与此同时，21 世纪以来的显著变化，也使马克思主义中国化的内容不断得到丰富，构建马克思主义哲学的中国学术形态成为题中之义。不仅如此，近年来“马”“中”“西”哲学之间对话的趋向成熟有目共睹，在开放性中成为切入中国道路的有力视角。这种对话尽管在原则、方法、路径、平台等方面尚未达成广泛的共识，但在构建人类文明新形态等思想议题上还是有所突破的。古今中外的哲学思想资源在新时代中国特色社会主义的伟大实践中碰撞，以及中国道路自身所取得的瞩目成就，使中国马克思主义哲学研究当之无愧地成为重要的思想“试验场”。

二　范式提炼与经验总结的有效衔接

纵览新中国 70 年马克思主义哲学研究的历程，成就是主要的、突出的，并集中表现为形成了一些具有国际学术影响力的研究范式。换句话说，只有置于国际视野下与国外研究的比较中，才能提炼出真正意义上的中国特色研究范式。这些范式包括但不限于以下几类。

一是以反思为前提的马克思主义哲学基础理论研究。中国的马克思主义哲学基础理论创新，与传统教科书体系的反思与改革几乎同步。基于传统教科书体系“一块整钢”下的“两大块”（辩证唯物主义和历史唯物主义）分离、“四个部分”（唯物论、辩证法、认识论、历史观）孤立，导致无法彰显马克思主义哲学的独特实质及其变革意义的弊端，中国学者从认识论入手，突破了过去只在辩证唯物主义范围内讨论它的局限，重点阐释认识论与唯物史观的关系、认识论与辩证法的关系，以此推进哲学原理教科书的重新编写①，并借着关于实践唯物主义讨论的“东风”取得了显著成效②。除此之外，价值论研究还从认识论研究中逐渐独立出来，且由于同时适应了中国现代化建设的实践需要和国际上思想文化论争的理论需要，成为持续活跃的研究领域③。

随着中国学界的相关研究拓展到实践本体论、实践本质论、实践辩证法、本体论批判的辩证法、意识形态批判、认识过程论、思维建构论、社会结构论、社会发展论、主体性问题与现代性批判等领域④，“反思”作为哲学思维方式的作用越发凸显，通过它可以重新把握思维与存在的关系，深化对马克思主义哲学乃至整个哲学的基本问题的认识⑤。“反思”的关键环节，在于理解马克思哲学的变革意义从而理解马克思主义哲学的当代价值。马克思并未对自己的“新哲学”作规范性的定义，他更多的是通过与其同时代具有深刻影响力的哲学思潮的论战中表述出来的。基于此，中国学者在广阔开放的比较视野下，激活了对马克思哲学变革意义的深刻理解，包括其理论特质、研究对象、思维方式、存在形态、现实基础及社会功能等问题。与马克思哲学从背景知识“进化”为前沿问题相适应，一些对哲学本身作系统阐释的教材开始涌现⑥。相较而言，国外学者近年的相关研究仍主要集中于辩证法和现代性批判，或者只是打着马克思哲学的旗号而言其他，鲜有涉及实践论和认识论等方面，因而难免对马克思哲学变革意义的把握有所偏差。

二是以文本为基础的马克思主义哲学史研究。为了克服传统教科书

---

① 参见高清海主编《马克思主义哲学基础》，上册，人民出版社1985年版；下册，人民出版社1987年版。

② 参见肖前主编《马克思主义哲学原理》，中国人民大学出版社1994年版。

③ 参见李德顺《实践价值丛书》（10册），云南人民出版社2003—2005年版。

④ 参见杨耕等《马克思主义哲学基础理论研究》，北京师范大学出版社2013年版。

⑤ 参见孙正聿《哲学：思想的前提批判》，中国社会科学出版社2017年版。

⑥ 参见欧阳康《哲学研究方法论》，武汉大学出版社1998年版；孙正聿《哲学通论》，辽宁人民出版社1998年版；王德峰《哲学导论》，上海人民出版社2000年版。

体系"重原理、轻历史"的弊端，特别是将马克思主义哲学看作原理推演而非思想发展的过程，以及教条主义地死抠经典著作中的只言片语等做法，作为学科体系的马克思主义哲学史于20世纪70年代末应运而生。它甫一问世，就奠定了构筑于作为思想载体的经典著作或文本的研究方式。到了20世纪90年代，中国的马克思主义哲学史研究在学术规范意义上逐步完善：一方面基于"哲学就是思想中的历史""哲学就是哲学史"等维度，对"史论结合"的叙述方式作了方法论省思；另一方面诉诸通史研究与个案研究的结合，力求全面且客观地呈现马克思主义哲学发展的完整脉络①。一些中国学者不仅通过探索人的物化、人的自由个性等重大问题，重新挖掘经典著作中的现代性批判因素；而且在同国外马克思主义的深度"对话"中，有力回应了"两个马克思的对立"、马克思与恩格斯的思想关系等"尖锐"问题。

进入21世纪，围绕文本解读重新书写马克思哲学思想史，形成了下述三种典型路径。从还原思想生成的历史语境出发，"回到马克思"力求通过"人本主义社会现象学"、广义历史唯物主义、"历史现象学"，揭示马克思哲学思想深层转换的动态过程②。基于对文本研究合理性限度的追问，"重读马克思"主张以文本为中介（而非主体）同马克思"对话"，诉诸传统解释模式的重新领会与解读者的深度体认实现"接着讲"③。针对使用晦涩语言和现代术语包装马克思哲学的"赶时髦"，"走进马克思"围绕"实践""历史""社会"等主要概念，阐释马克思哲学的逻辑起点、理论视野及核心内容④。这些研究路径作为文本研究模式，具有区别于过去原著解读模式的方法论前提和理论特质。面对相同的研究对象，一方面致力于阐释思想的未完成形态亦即开放性，故而更加贴合马克思主义哲学的根本特征，另一方面则立足于论证思想的完成形态，因此极易通向自我封闭乃至教条主义。孰是孰非，高下立判。

自此至今，在经历了迅速"升温"的方法论之争的"外部反思"，尤其围绕如何建构"中国马克思学"的讨论之后，中国马克思主义哲学文

---

① 参见黄楠森、庄福龄、林利主编《马克思主义哲学史》（8卷本），北京出版社1989—1996年版。

② 参见张一兵《回到马克思：经济学语境中的哲学话语》，江苏人民出版社1999年版。

③ 参见何中华《重读马克思：一种哲学观的当代诠释》，山东人民出版社2009年版。

④ 参见孙伯鍨、张一兵主编《走进马克思》，江苏人民出版社2001年版。

本研究进入“内部反思”阶段，由文本个案研究纵深推进到系列文本所组成的有机整体建构，丰富和发展了马克思主义哲学史研究，并于马克思200周年诞辰之际向国内外学界集中展示了这一成果[①]。相形之下，西方“马克思学”和MEGA（《马克思恩格斯全集》历史考证版）的编辑原则，在主张破除意识形态偏见与学科分工局限、强调文献的原生形态和唯一价值而风靡一时之后，却出现了“重考证、轻思想”的瓶颈，一定程度上制约着马克思主义哲学史研究的发展。

三是以现实为根据的马克思主义哲学中国化研究。所谓马克思主义哲学中国化，简言之，乃是马克思主义哲学在中国的民族化与时代化。换言之，马克思主义哲学中国化的本质，在于中国人运用马克思主义的世界观和方法论，内在地生成对民族命运与时代精神的自我理解。这种研究范式发端于马克思主义早期传入中国之时，呈现为现实问题“倒逼”出来的理论创新并延续下去。以相关概念的最早提出为起点[②]，形成了两条主要路径，即党的领导集体的哲学贡献和学者的哲学研究。

其中，在分析和探索中国社会主义建设中的现实问题的过程中，毛泽东哲学思想不仅继续发挥世界观与方法论的指导作用，而且在概括总结新实践经验的基础上得到进一步发展，其突出的哲学贡献在于实事求是、群众路线、独立自主这三个基本方面。改革开放以来，围绕什么是社会主义、怎样建设社会主义，实现什么样的发展、怎样发展等现实问题，先后形成邓小平理论、“三个代表”重要思想、科学发展观，强调解放思想、实事求是、与时俱进、求真务实、发展是硬道理、以经济建设为中心、以人为本等基本理念，对发展马克思主义哲学作出了重要贡献。习近平新时代中国特色社会主义思想，系统回答了新时代坚持和发展什么样的中国特色社会主义、怎样坚持和发展中国特色社会主义的重大时代课题，为发展21世纪当代中国的马克思主义哲学作出了重要贡献，主要表现为实事求是的哲学精髓要义、人民至上的根本哲学立场、

---

① 参见聂锦芳主编《重读马克思：文本及其思想》（12卷本），中国人民大学出版社2018年版。

② 为了让世界化的哲学“讲”中国话，艾思奇于1938年4月在《哲学的现状和任务》一书中，首次倡导哲学研究的中国化、现实化。同年8月，针对脱离中国特点来谈论马克思主义所可能导致的抽象与教条，毛泽东在《论新阶段》中第一次鲜明提出了马克思主义中国化这一重大命题，并作了内容丰富的阐释。

辩证思维的基本哲学方法、历史思维的唯物史观基石[①]。

除了以上述路径为主要研究对象，即诠释马克思主义中国化及其理论成果的哲学基础之外，中国学者还围绕构建马克思主义哲学的中国学术形态这一目标，澄清了马克思主义哲学中国化的基本理论问题。与此同时，当代中国马克思主义哲学学者及其思想，如李达的“唯物史观新解”、艾思奇的“大众哲学”、张岱年的“综合创新论”、冯契的“智慧说”等，也得到了越发广泛的关注。与之形成鲜明对照的是，海外马克思主义哲学中国化研究，虽然聚焦于“毛泽东学”、邓小平理论和中国道路等，在辨析马克思主义哲学中国化与正统马克思主义哲学、中国传统文化的关系问题上有所建树，先后产生了“刺激—反映论”、“意识形态弱化论”及“铁三角理论”、“中国软实力论”等研究范式，但总体而言尚在起步阶段。

四是以超越为意旨的国外马克思主义哲学研究。出于站在世界视野看中国，进而为赶超西方现代化进程提供思想基础的需要，中国学者的国外马克思主义哲学研究，在短短几十年间，迅速从浅尝辄止的译介跨越到出乎预料的繁荣。撇开研究定位的独立、研究队伍的庞大、研究成果的繁多、研究进程的同步等不谈，单论研究主题的全面，就能充分说明这一点。在坚持以西方马克思主义为研究重点的同时，中国学者的研究按地域已延伸到东欧新马克思主义、日本马克思主义、英国新马克思主义、拉美马克思主义、韩国马克思主义等；从时间上跃迁到后马克思主义和晚期马克思主义等；在内容上拓展到精神分析马克思主义和激进左翼思想等。

然而，跨越式的繁荣发展中也夹杂着些许隐忧，特别是历史方位与使命担当的缺失。中国的国外马克思主义哲学研究，虽源于中国现代化进程的相对落后时期，但其目的绝非止于模仿国外。做赶超者而非追随者，始终是我们接受国外马克思主义哲学的不变定位，在中国道路的伟大实践及其瞩目成就的时代境遇下更应如此。角色定位的不明确以致纯粹为研究而研究，看似无大碍，实则是思想的“不作为”。当前中国学界相关研究中浮现的学术鉴别力降低诸象，就是不自觉地成为追随者的表

① 参见王伟光主编《开辟当代马克思主义哲学新境界》，中国社会科学出版社2019年版，第256—260页。

现。一些学者随意从故纸堆中“挖出”或者直接“追时髦”地找到某个国外马克思主义者，在充其量达到概述后者学说的程度之时，便宣称取得了突破性进展。殊不知，此类行径只是一种“鹦鹉学舌”，根本没有触及国外马克思主义哲学的前沿即问题意识，也就是在错综复杂的社会万象中准确提炼出重大现实问题并给予较为合理的解决方案。相较于前文所述三种范式与国外研究的比较优势，中国学者的国外马克思主义哲学研究显然还有很长的路要走。

不可否认，经验教训与重要成就往往相伴而生。问题导向与体系建构在互动之时难免会有错位或不一致的地方。问题的把握不足和体系的封闭僵化等情形，在新中国70年马克思主义哲学研究历程中时有发生，不可避免会产生一些值得深思与总结的经验教训。

众所周知，坚持实事求是、理论联系实际，是马克思主义哲学者研究和解决问题时应当遵循的基本原则。然而，现实本身错综复杂和瞬息万变的特性，使以上原则的真正贯彻变得尤为困难。新中国的马克思主义哲学研究曾经走过一些弯路，尤其在某一时期内对中国社会主义建设时期的重大现实问题、阶级形势与政治状况的错误判断，用政治批判取代学术争论，甚至肆意扭曲马克思主义哲学的基本原理，使整个哲学领域的研究工作、学术结构和人才队伍等都遭到严重破坏。

诚然，改革开放以来的思想解放，对于中国学者实事求是地理解现实并从中提炼和分析问题，起到了极大的推动作用。但是，对问题的把握不足依然屡见不鲜。这也是当今反复强调坚持实事求是、强化问题导向的原因所在。简单来说，哲学意义上的现实，即是事实与本质的统一。这意味着从现实中提炼出的问题，至少包括以下内容：其一，“现存的不都是现实的”，只有表征着时代特征及其发展趋向的社会现象或事件，才称得上是“现实问题”；其二，作为对其所处时代中的本质和事实的抽象表达，一些重要的思想潮流及理论动向也属于“现实问题”的范畴。一方面，随着学术性在中国马克思主义哲学研究中的不断强化，人们关于本质的追问越发深入，以至于忽视了事实本身发生的深刻变化。特别是在中国特色社会主义进入新时代，中国社会主要矛盾的转变这一本质被深刻揭示出来的情形下，中国马克思主义哲学研究者更应该关注这个矛盾的事实层面即具体表现，从而真正地提炼、分析和解决问题，而不是只做揭示社会主要矛盾转变的意义即必要性的同义反复。另一方面，通过学习领悟现时代的重要思想，即习近平新时代中国特色社会主义思想，把握其精髓要义和丰富内涵，从而深刻理解新时代的本质，以准确找出和科学分析表征时代发展的社会现象。否则，就只能产生脱离社会现实、缺乏问题意识的经验哲学。

同实事求是相对立的是教条主义。新中国70年马克思主义哲学研究历程中曾出现的教条主义倾向，与体系的封闭僵化不无干系，其主要表现为：将传统教科书体系中的基本原理，或者经典著作中的个别词句，当作绝对的普遍公式直接套用到问题研究中，全然不顾问题的历史性与具体性；把传统教科书体系中或经典作家没有探讨过的问题视作“禁区”，而不敢越雷池一步，反对根据时代发展和现实变化提出新问题及新观点，用政治的方式批判这些所谓的“离经叛道”；原理和著作乃至文件指示而不是实践，被用作研究问题得出结论、判断是非曲直的唯一标准，只是在传统教科书体系或经典著作范围内反复做文章。更为严重的是，体系的封闭僵化在某个时期内还掺杂着个人崇拜的因素，形成了诸如“句句是真理，一句顶一万句”之类的理论“怪胎”，抹杀了人们起码的独立思考能力，极大地阻碍了马克思主义哲学的发展。

体系的封闭僵化绝不可能被一劳永逸地消除。当一定的理论体系从不成熟过渡到完善时，稍有不慎就会因自我满足于既有的合理性而走向封闭与僵化。马克思主义哲学批判的正是旧哲学体系的僵化形式，即静态的逻辑架构和封闭的语言系统。在充分肯定当前以思想阐释问题为内容的研究路径分化及其成果的同时，更要警惕这些微观体系建构的自我异化即滑向封闭与独断的可能。马克思主义哲学研究中的文献考证与历史梳理也好，理论阐释与现实反思也罢，都应该在建设性的对话关系中融通起来。如若不然，便有可能因缺乏充要的依据而成为泛论，抑或退回到旧的思辨哲学的基地，重新陷入教条主义的泥淖。这种教条主义倾向在当前文本研究中表现得较为明显，并且披着所谓的“学术外衣”而不易察觉。一些研究者乐此不疲于经典作家的笔记辨识、词句修改、内容调整等烦琐细节的变化，毫不顾及这样的改变对于思想阐释是否具有合理价值，无法清醒认识到以下错误观点的实质，如不存在成型著作的《德意志意识形态》因而没有唯物史观等；动辄在认清原始手稿的几处文字后，就以研究中取得重大突破自居。殊不知，上述做法与真正意义上的文本研究相去甚远，后者作为版本考证、文本解读和思想阐释的统一，最终要落脚到思想层面与现实层面，这也是马克思主义哲学研究的目的所在。

三 趋势把握与未来展望的内在统一

问题导向与体系建构的有机互动，只有进行时，没有完成时。如前所述，新中国70年的马克思主义哲学研究形成了诸多具有国际影响力的范式，取得了坚持实事求是和理论联系实际的思想路线和优良学风，从教条主义的羁绊中解放出来等宝贵经验。但与此同时，问题始终没有消失也不可能消失。作为专业的马克思主义哲学研究者，我们完全可以依循学术性谋划出一条规范化和标准化的路径实现问题导向与体系建构的有机互动。首先，梳理与审视既有的重要研究范式及其代表性理论成果，找出它们各自出现的或潜在的主要问题；其次，将这些主要问题分类整理、阐明原因，进而提出解决方式，以此丰富和完善既有的各种研究范式，力求实现它们之间的融合；最后，强调实现这种融合的意义与价值。以基于文本的马克思主义哲学史研究和据于现实的马克思主义哲学中国化研究这两种范式为例，前者的优势在于为理论的彻底性提供充分依据，避免大而无当的空疏，其局限则在于缺乏强烈的现实反思意识，难免脱离社会现实而重蹈教条主义的覆辙；后者虽然有助于强化哲学与社会现实的内在联系，保持马克思主义哲学的本质属性，但也不可避免由于缺乏理论的彻底性而沦为实用主义的工具。在简明扼要地剖析了上述两种研究范式后，解决方式也就一目了然，即去弊存利、优势互补、内在整合。

就其思维水准和思想高度而言，研究范式的内在融合没有超越德国观念论的普遍观点，这就是任何问题的提出都包含着它的解决。可是，经验常识往往告诉人们，问题绝不可能被穷尽，因而提出、分析与解决问题始终处于螺旋上升的循环中。如果说不断解决层出不穷的问题属于“战术思维”层面，仍然表明理论创新落后于实践发展的不利局面，那么，消解问题不失为一种“战略思维”，是理论创新紧跟实践发展的有力表现。它直指真正的哲学作为时代精神之精华这一根本特质，从哲学与时代的关系即哲学的历史方位出发，将已经世界化的哲学在特定民族国家的具体表达中揭示出来，最终凝练为“马克思主义哲学的时代化、中国化、大众化”这一命题，且不断呈现新的形式。中国马克思主义哲学知识体系的建构，加快构建中国特色马克思主义哲学学科体系、学术体系、话语体系，就是上述命题在中国特色社会主义新时代的最新表述。杜绝不同的研究范式走向独断论与经院化的可能也好，构建马克思主义哲学的中国学术形态，实现由“照着讲”到“接着讲”的过渡和转变也罢，凡此种种无一不指向于此。

从知识体系、学科体系、学术体系、话语体系出发，找准论战对象或“靶子”，彰显马克思主义哲学的批判性，能够有针对性地指明中国马克思主义哲学研究的若干具体方向，尽可能避免问题导向与体系建构的不一致或错位。举凡：破除“西方中心论”之于学科划分与领域设置的影响，摆脱将问题归结为单一学科的束缚，立足中国实践并以其中的具体领域为研究对象，提炼合适的概念阐释问题，运用唯物辩证法解决问题，以符合新时代的方式论证中国实践；扬弃“技术决定论”的路径依赖和思维惯性，重新树立思想作为科学技术生产力之母的地位，创新思维、完善标准、健全机制，破解专业化和壁垒化趋势下的跨学科对话难题，打破学术在本学科内生产的“小作坊”模式，解决“出专著易，出精品难，出专家易，出大师难”，推动突破性学术成果的创造与丰富；直达“乱世文化兴盛论”的唯心史观病灶，对这种浅尝辄止的“话语陷阱”及其危害保持清醒认识，警惕哲学语言脱离实践乃至成为“黑话”等“圈子化”现象，坚持历史唯物主义的世界观和方法论，促进中国实践与理论创新的共同繁荣发展，提升学术话语权，增强中国马克思主义哲学的创造活力、发展能力与竞争实力，等等。

除了人所熟知的时代精神的精华或在思想中的时代，真正的哲学更是人类文明“活”的灵魂。哲学不能仅仅作为“思维的游戏”而存在，更应该以高度理性化的思考面对人类社会发展的深刻问题，推进人类文明的永续前行和经久不衰。由此可见，深层的解决方式，即保持问题导向与体系建构之间有机互动的根本途径，在于让哲学复归文明精髓这一精神实质，使之作为民族自觉意识的高度及深度的标志实至名归。当今中国正处于社会大变革的转型时期，这决定着广大哲学工作者应当站在世界文明的战略高度，以理性的眼光来审视中国道路的历史方位，澄清中华文明的价值前提，反思构建人类文明新形态的可能道路。一方面，世界格局在加快演变的历史过程中，正产生着大量深刻复杂的现实问题，亟须对此作理论解答。另一方面，中国道路所取得的重大成就，为超越资产阶级所开辟的道路、探讨人类社会发展的新模式和人类文明新形态，提供了强有力的佐证。对中国道路的世界历史意义这一重大现实问题的阐释，必须借助于对马克思主义哲学的深刻理解和当代全球化态势的准确把握。只有这样，才能真正摆脱理论创新落后于实践发展的困境。

即使返本开新、回到马克思哲学，也能找出充足的理论支撑。任何关于未来理想社会形式的深入探索，都不失为建构人类文明新形态的有益尝试。马克思晚年所从事的思想创作，不论求解资本主义的“史前史”，还是探讨俄国社会的未来走向，都昭示出他对于人类文明新形态的孜孜以求。为此，马克思不仅通过经济、政治和宗教等因素的具体分析，解释了出现各种不同于英国式典型资本主义道路的文明形态的原因，为探索人类文明的新形态奠定基础，而且转变了以西方社会为中心的视角，探求在东方社会实现人类文明形态的可能性。在马克思看来，资本主义所开辟的世界市场，没有改变世界历史总体结构本身固有的等级森严秩序。因此，作为资本人格化的资产阶级所塑造的“新世界”，势必出现新的不平衡乃至畸形发展。构建人类文明新形态在破解上述严峻局势下呼之欲出。就这种意义而言，中国道路不是一种暂时的策略和具体的路线，而是深邃的思想体系和丰富的理论建树。对于中国道路的合理性、必然性及世界历史意义的诠释，必须诉诸哲学高度的反思，也即是说，以思想创新驱动人类文明形态变革，是中国马克思主义哲学研究未来发展的必然趋势和使命担当。

事实上，中国马克思主义哲学研究者在深化马克思主义哲学“史”“论”“著”研究的过程中，潜在地包含着一系列关于人类文明形态变革的哲学理念，诸如关于社会形态及其发展规律的阐释、关于摆脱物的依赖以实现人的自由全面发展的探讨、关于中国道路的方法论省思、关于国外马克思主义中社会批判理论的新解等。有见及此，明确以思想创新驱动人类文明形态变革的使命，对于中国马克思主义哲学知识体系的建构，是意义重大的和影响深远的。它通过重新定位哲学的实质内容和主要功能，深刻揭示了马克思主义哲学对于人类文明形态变革的指导作用，不仅实现了“在中国的马克思主义哲学”和“中国的马克思主义哲学”的有机统一，还将它们升华为探索人类文明新形态的高度，奠定了中国马克思主义哲学研究的时代主题，并聚焦于此实现“马”“中”“西”哲学的真正对话，凸显中国马克思主义哲学的思想力从而彰显中国文化软实力，为大变革时代的人类文明新形态探索贡献中国智慧。

从“非哲学”到“助产士”

——对马克思“时代精神”命题的再思考

袁立国*

马克思在1842年《〈科隆日报〉第179号的社论》一文中提出，“任何真正的哲学都是自己时代的精神上的精华”，哲学作为“时代精神”(Zeitgeist)，“是自己的时代、自己的人民的产物，人民的最美好、最珍贵、最隐蔽的精髓都汇集在哲学思想里”。马克思对哲学本性的这一理解，决定了他对“时代”—“精神”本质的把握从不脱离于具体的社会生活的实践，而是切中了真正的实在（社会现实）本身。正如海德格尔指出，只有马克思“深入到历史的本质性的一度中去了”①。在此过程中，马克思面临双重性的任务：一是如何瓦解、埋葬掉被资产阶级构建的旧“时代精神”；二是何以准确地定向资本主义社会中所内蕴的新精神的原则。

一　非哲学的立场

马克思对哲学之为“时代精神”的理解来自黑格尔的启发。按照黑格尔的观点，哲学作为“被把握在思想中的它的时代”，其任务“在于理解存在的东西，因为存在的东西就是理性。就个人来说，每个人都是他

* 作者简介：袁立国，西安电子科技大学人文学院副教授。

① 《马克思恩格斯全集》第42卷，人民出版社1979年版，第120页。

那时代的产儿”。[①] 而哲学之所以能够把握“存在”，是由于作为自我意识的精神的理性就是作为现存的现实世界的理性。

不过，马克思对经院哲学毫无兴趣，他认为“哲学，尤其是德国哲学，爱好宁静孤寂，追求体系的完满，喜欢冷静的自我审视……它在自身内部进行的隐秘活动在普通人看来是一种超出常规的、不切实际的行为；就像一个巫师，煞有介事地念着咒语，谁也不懂他在念叨什么”。[②] 公允地说，马克思这时对经院哲学的反叛还不是一种学理性的内在批判，即他从未像黑格尔批判康德那样，从思辨的体系出发、在德国观念论的理论延长线上继续前进。相反，马克思表现出一种经验论的前哲学的立场。他争辩说，“哲学家并不像蘑菇那样是从地里冒出来的，他们是自己的时代、自己的人民的产物，人民最美好、最珍贵、最隐蔽的精髓都汇集在哲学思想里”。所以，“用工人的双手建筑铁路的精神”同样在“哲学家头脑中建立哲学体系”，哲学和世界的关系“就如同人脑虽然不在胃里，但也不在人体之外一样”。[③] 这种批评是一种相当外部的观点，也就是说，马克思不是在意识关系的内部去证明世界（社会）之于哲学的存在论的优先性。试问：难道哲学家们会否定自己是普罗大众的一员吗？难道哲学家会否定自己的哲学体系是脱离世界的吗？事实上，黑格尔非常清楚地说明了哲学之于世界的滞后性：

> 在这方面，无论如何哲学总是来得太迟。哲学作为有关世界的思想，要直到现实结束其形成过程并完成其自身之后，才会出现。概念所教导的也必然就是历史所呈示的。这就是说，直到现实成熟了，理想的东西才会对实在的东西显现出来，并在把握了这同一个实在世界的实体之后，才把它建成为一个理智王国的形态。当哲学把它的灰色绘成灰色的时候，这一生活形态就变老了。对灰色绘成灰色，不能使生活的形态变得年轻，而只能作为认识的对象。密纳发的猫头鹰要等黄昏到来，才会起飞。[④]

---

① ［德］黑格尔：《法哲学原理》，范扬、张企泰译，商务印书馆1982年版，第12页。
② 《马克思恩格斯全集》第1卷，人民出版社1995年版，第219页。
③ 《马克思恩格斯全集》第1卷，人民出版社1995年版，第220页。
④ ［德］黑格尔：《法哲学原理》，范扬、张企泰译，商务印书馆1995年版，第13—14页。

同样，在《1844年经济学哲学手稿》这一被广泛认为蕴含了丰富的哲学思想的文本里，马克思也表达了对于本体论问题的拒绝。马克思直接阻断了思考人与更高存在的关系的形上路向，提出"人直接地是自然存在物"，并且人以劳动的方式实现了对自然界否定性的统一关系，其最高形式就是奠基于自然科学基础上的工业和技术，因此，工业的历史及其生产的对象性的存在，就是"一本打开了的关于人的本质力量的书"。马克思试图说明，在创造自然的过程中，人也在同时创造着自己，"整个世界历史不外是人通过人的劳动而诞生的过程"。进一步，马克思认为哲学上的"主观主义和客观主义，唯灵主义和唯物主义，活动和受动，只是在社会状态中才失去它们彼此间的对立，从而失去它们作为这样的对立面的存在"，因此：

"理论的对立本身的解决，只有通过实践方式，只有借助于人的实践力量，才是可能的；因此，这种对立的解决绝对不只是认识的任务，而是现实生活的任务，而哲学未能解决这个任务，正是因为哲学把这仅仅看作理论的任务。"①

这段话再清楚不过地表明了马克思并不关心哲学，所谓对理论问题的"实践方式"的解决，其实并不是真正在回答哲学的问题，而恰恰是一种拒绝回答的姿态。后世一些马克思主义研究者在这一点上彻底误会了马克思，因为无论从"手稿"、还是从《德意志意识形态》等文本中提炼出一种"辩证唯物主义"抑或"实践唯物主义"哲学，都已经彻底偏离了马克思本人的意图。马克思认为，问题不在于唯物对唯灵、客观对主观的优先性问题，这些问题对他而言本身就是陈腐的，或者说，那种哲学问题乃至哲学的提问方式本身就是错的。那么，为什么产生这种错误的哲学的提问？这是因为，"创造［Schöpfung］是一个很难从人民意识中排除的观念。自然界的和人的通过自身的存在，对人民意识来说是不能理解的，因为这种存在是同实际生活的一切明显的事实相矛盾的"②。所以，个人会一代一代地向后追溯自己的起源，从而提出第一个人如何被创造的问题。这就产生了形而上学中的本原的问题。对此，马克思认为这种提问本身就是"抽象的产物"，是来自一个因为荒谬从而使其无法

① 马克思：《1844年经济学哲学手稿》，人民出版社2000年版，第88页。

② 马克思：《1844年经济学哲学手稿》，人民出版社2000年版，第91页。

回答的观点。那么，如何走出这个困局呢？马克思会对质疑者大声呵斥：“放弃你的抽象，你也就会放弃你的问题”，“不要那样想，也不要那样向我提问，因为一旦你那样想，那样提问，你把自然界的和人的存在抽象掉，这就没有任何意义了”①。当然，如果质疑者仍要固执己见，那么他必须不得不把自己也设想成不存在的，否则，他就是一个“设定一切都不存在，而自己却想存在的利己主义者”。

事实上，马克思从没有进入哲学的论证方式。马克思选择了一种“非哲学”的立场进行论证，而这个立场的合理性是被直接予以假定的。②那么，马克思为什么采取这种“非哲学”立场来攻击哲学，难道马克思不懂究竟什么是哲学论证吗？当然不是，因为马克思是在古希腊直至黑格尔的西方哲学传统的滋养下形成其理论思维的，他熟稔于形而上学传统的所有细节。但这个设定会导致我们十分难以在理性上回答这个问题。对此，E. 沃格林提出一个富有启示性的思考角度，他要求我们转移到精神气质层面去思考这个问题，“那就是：他［马克思—引者注］对批判性的范畴和通常的哲学怀有绝望感；马克思宁愿用前哲学的、非分析性的范畴来表达自己的观点，拒斥此外的任何术语”③。当然，马克思为什么会对哲学感到“绝望”？这种“绝望”意味着什么？这个问题我们留待下节讨论。至此，我们试图得出这样一个结论：如果说马克思在《莱茵报》时期提出了哲学是“时代精神”的重要命题，但他此时处在一个“非哲学”的立场上。正是从这一“非哲学”的立场出发，马克思将告别旧哲学所表征的时代，迎接新世界的曙光。

二　对哲学的消解

继续思考上述问题：马克思为什么拒绝回答哲学式的提问？采取“非哲学”的立场又意味着什么？回到《1844 年经济学哲学手稿》中，

① 马克思：《1844 年经济学哲学手稿》，人民出版社 2000 年版，第 92 页。

② ［美］沃格林：《没有约束的现代性》张新樟、刘景联译，华东师范大学出版社 2000 年版，第 114 页。

③ ［美］沃格林：《没有约束的现代性》张新樟、刘景联译，华东师范大学出版社 2000 年版，第 115 页。

马克思表明只有彻底从思辨的哲学提问中抽身出来，才能直接成为“社会主义者”，“因为对社会主义的人来说，整个所谓世界历史不外是人通过人的劳动而诞生的过程，是自然界对人来说的生成过程，所以关于他通过自身而诞生、关于他的形成过程，他有直观的、无可辩驳的证明”①。

对于马克思而言，一旦提问者提出了 arche（开端）的问题，马克思就立刻封住他的嘴：不要那样提问，那样提问不但会把世界，并且把你自己一同抽象掉。如果你不想抽象地思想、不想成为抽象的人，那就必须成为“社会主义的人”。成为“社会主义的人”首先意味着对自然界和人的存在的直接性予以承认。马克思在此用“人和自然界的实在性”替代掉形而上学的超验实在，且认为这种实在性是“可以通过感觉直观的”。这样，“关于某种异己的存在物、关于凌驾于自然界和人之上的存在物的问题，即包含着对自然界的和人的非实在性的承认的问题，实际上已经成为不可能的了”。在这个意义上，如果说“无神论”代表对关于人与自然界的非实在性的否定，那么，它通过“对神的否定”而设定的“人的存在”就不再有根本性的意义。对于马克思而言，这种抽象的“人的存在”仍是不够的，而是必须成为“社会主义的人”。而“社会主义作为社会主义已经不再需要这样的中介；它是从把人和自然界看作本质这种理论上和实践上的感性意识开始的”②。从“无神论”立场批判“有神论”进而设定“人的存在”是青年黑格尔派的成就，但“无神论”也仍然受“神学”的纠缠。所以，马克思在《德意志意识形态》的开篇指出，“德国的批判”从来都没有离开过“哲学的基地”，“不仅是它的回答，而且连它所提出的问题本身，都包含着神秘主义”③。对于马克思而言，避免在“哲学的基地”上思考，以及“神学”纠缠的唯一道路，只能是采取“非哲学”的立场。

回到沃格林的论断，所谓的马克思对哲学感到“绝望”，是因为形而上学在其本质上是一种“宗教意识”或“神学意识”，甚至连同“对法的迷信，对国家的迷信”等等“都只是对教义和教义的信仰”。在这个意义上，马克思认为：“真理的彼岸世界消逝以后，历史的任务就是确立此

① 马克思：《1844 年经济学哲学手稿》，人民出版社 2000 年版，第 92 页。

② 马克思：《1844 年经济学哲学手稿》，人民出版社 2000 年版，第 92 页。

③ 《马克思恩格斯文集》第 1 卷，人民出版社 2009 年版，第 514 页。

岸世界的真理。人的自我异化的神圣形象被揭穿以后，揭露具有非神圣形象的自我异化，就成了为历史服务的哲学的迫切任务。于是，对天国的批判变成对尘世的批判，对宗教的批判变成对法的批判，对神学的批判变成对政治的批判。”①

那么，“非哲学”立场的批判究竟何以可能？如何获得优于哲学立场的思想的方式？在《莱茵报》时期，马克思的“非哲学”立场其实是以对全面兴起的市民社会及其精神的朴素感受为前提的，而在市民社会内部所蕴含的大众精神和平民意识，其本身包含对带有贵族心态和精英意识的经院哲学的反叛。所以，马克思不仅指出真正表达“时代精神”精华的哲学是“人民的产物”、表达人民的愿望，甚至还说“正是用工人的双手建筑铁路的精神，在哲学家头脑中建立哲学体系”②。这个表述让我们不禁想起亚当·斯密的经典之见——在其本质上，哲学家与街头巷尾的走卒贩夫并无德性的实质不同，其差异皆不过源于社会分工而已。但马克思实际比斯密走得更远。在唯物史观的确立时期，马克思指出，分工只有当物质劳动和精神劳动分离的时候才真正完成，“从这时候起意识才能现实地想象：它是和现存实践的意识不同的某种东西；它不用想象某种现实的东西就能现实地想象某种东西。从这时候起，意识才能摆脱世界而去构造‘纯粹的’理论、神学、哲学、道德等等”③。如果说斯密指出了哲学家和知识分子并不比大众具有更多的道德优越性，从而一举摧毁了古代政治共同体对人进行道德秩序的区分。那么，马克思从历史的实在出发，证明了历史上那些为阶级利益服务的哲学王国不过是真实社会领域中群众的物质生产活动的观念幽灵，“只是孤立的个人的一种观念上的、思辨的、精神的表现，只是他的观念，即关于真正经验的束缚和界限的观念；生活的生产方式及与此相联系的交往形式就在这些束缚和界限的范围内运动着”④。所以，采取哲学的立场也就意味着停留于社会实在的“束缚和界限”的观念内部打转，是对异己的权威力量的服从，而这将使打破现存秩序的社会革命变得根本不可能。

① 《马克思恩格斯文集》第1卷，人民出版社2009年版，第4页。

② 《马克思恩格斯文集》第1卷，人民出版社1995年版，第220页。

③ 《文集》第1卷，第534页。

④ 《马克思恩格斯文集》第1卷，人民出版社2009年版，第535页。

“非哲学”立场的最关键阶段，是马克思写作政治经济学批判时期。马克思这时对哲学的拒绝不再依据于朴素的感性常识立场，用路易·阿尔都塞的说法，而是一种从意识形态（哲学）所制造的“幻觉”中向社会实在领域的“退回”①。按照马克思在《政治经济学批判〈序言〉》中的自述，就是由于受物质利益问题的困扰，从国家向市民社会、从哲学向政治经济学研究的“倒退”，结果产生了唯物史观的一般结论：

> 人们在自己生活的社会生产中发生一定的、必然的、不以他们的意志为转移的关系，即同他们的物质生产力的一定发展阶段相适合的生产关系。这些生产关系的总和构成社会的经济结构，即由法律的和政治的上层建筑竖立其上并有一定的社会意识形式与之相适应的现实基础。物质生活的生产方式制约着整个社会生活、政治生活和精神生活的过程。不是人们的意识决定人们的存在，相反，是人们的社会存在决定人们的社会意识②。

在此，马克思在《莱茵报》时期关于“时代精神”作为“人民的产物”的观点在唯物史观的界面上获得了完全意义的揭示。即“表现在某一民族的政治、法律、道德、宗教、形而上学等的语言中的精神生产”，都是人们自己的物质生活与物质交往的产物。而随着描述人们实践活动和实际发展过程的真正的实证科学的开始，关于意识的空话也将停止，“对现实的描述会使独立的哲学失去生存环境”，能够取而代之的充其量不过是“对人类历史发展的考察中抽象出来的最一般结果的概括”。所谓“真正的实证科学”也被马克思称为“历史科学”，像其他科学一样，历史科学不仅阐明了“新的对象”“新的领域”，开辟了“新的境界”，并且更新了旧的理论“问题式”（阿尔都塞），即不再采取哲学的提问方式。因为哲学一直以错误方式提问关于超验实在的知识，由此产生主体与客体、唯物与唯灵、本体与现象等形而上学范畴。现在，历史唯物主义的“问题式”要求回答这一全新的问题，那就是：哲学的思维方式本身是如何产生的？这一提问方式的转变要求从社会存在出发对哲学思维模式本

① ［法］路易·阿尔都塞：《保卫马克思》，顾良译，商务印书馆1984年版，第65页。

② 《马克思恩格斯文集》第31卷，人民出版社2003年版，第413页。

身进行历史的解释。"知识理论的谜团，即主体与客体如何能够走到一起，也被如下倒转了的问题取代了，即它们是如何分离开的"，并且也只有这个问题是可回答的（相反，形而上学关于超验实在的认识问题是不可回答的）①。

马克思认为对这个问题的正确解答将在事实上消解哲学的独立性，取而代之的是"对现实的描述"。《资本论》表明，当代的最大"现实"就是资本作为统治原则，对这一"现实"的"描述"就是揭示资本运动的规律。索恩·雷特尔基于对马克思工作的分析指出，由近代科学和哲学所预设的范畴之网已经呈现市场的社会功效，范畴作为思想抽象，其真实的发生机制并不存在于思维主体的内部过程，而是属于交换行为这一"外部"活动。因此，思维抽象来源于商品抽象，范畴综合来源于社会综合，近代主体性哲学的社会历史基础是商品交换形式。这也就是说，"理论上的主体—客体关系只能从剥削关系和功能社会的原因中产生出来"。这个问题的重要性在于，如果没有批判地解决知识理论中的思维抽象与社会抽象之间的矛盾，那就意味着人们满足于哲学的思维形式与社会历史过程之间的不相关性，从而也就意味着只能停留在脑力劳动与体力劳动的分离上。而这将意味着人们仍停留在社会阶级的统治形式内，"即便这统治采取的是社会主义的官僚统治形式"②。总之，历史唯物主义批判了哲学作为独立意识的存在论前提，从而消解掉这一剥削性社会关系的思想形式，确立了实现人的解放的真实起点。

三　无产者与新时代

在一定意义上，如何理解资本主义的本质，决定了我们如何理解共产主义。以往对共产主义的最大误解是将其理解为一种比资本主义更为

---

① 索恩·雷特尔认为，我们必须对马克思的工作进行一种阿尔都塞意义上的"症候阅读"，即解读出马克思在写作中有所暗示却未加言明的问题。这个问题就是，在拒绝传统的知识理论后，应该进一步批判性地回答形而上学的陷阱是如何产生的。［德］索恩－雷特尔《脑力劳动与体力劳动》，谢永康、侯振武译，南京大学出版社2015年版，第122页。

② ［德］索恩－雷特尔：《脑力劳动与体力劳动》，谢永康、侯振武译，南京大学出版社2015年版，第11页。

高级的生产的经济制度类型，由此走上了经济—技术论的轨道。这种理解如果不是完全错误的，至少也是非本质性的。正如马克斯·舍勒所说，"资本主义首先不是财产分配的经济制度，而是整个生活和文化的制度。这一制度源于特定的生物心理类型的人（即资产者）的目的设定和价值评价，并由其传统传承"①。如果上述判断是有道理的，那意味着在经济维度上理解共产主义，恰恰无法超越资本主义，而是仍在资本逻辑的掌控之内：

"只要'无产者'的阶级精神至少作为'无产者'（即作为一种通过财产利益联合起来的统一体）之精神，仍是一种共同态度，这种精神本身就只是资本主义类型的精神气质的一种特定变种，因为这种共同态度是按在资产者——国家和资产者——社会中特别的受压迫地位和处境来衡量的。因而，通过作为经济上的阶级单位之无产者单纯数量上的增长，通过与此相应的无产者的政治权力地位和法律地位的增强，改变资本主义制度是绝对不可指望的。只要市民的精神气质还在浸润各种斗争单位，而这些斗争单位只是在反对占有财产又掌握权力的少数人上结成的经济利益统一体和对立体，它们总是在资本主义精神气质的活动空间的内部（而非其外）形成，那么，任何改变资本主义制度的方式，无论是革命—工团主义的方式还是演变—议会式的方式或旧工联的方式，都无法实现任何重大成就的许诺"②。

舍勒的判断具有时代的敏锐性，我们见证了太多的资本主义的变体，而真正的共产主义却一直"在路上"。舍勒认为，资本主义的没落只有在资产者这种特殊类型的人失掉其精神的法统之际才可指望，"要么，在资产者自己的自身天性和在内在发展趋向中埋有其彻底灭亡的根芽，要么，他们的精神气质至少被另一种不同类型的人的精神气质所取代，从而失去自己的法统"③。我们不可能通过单纯的经济制度变革就能迎来共产主义，承认主体改造的重要性，比从经济制度看待共产主义与资本主义的

① ［德］马克斯·舍勒：《资本主义的未来》，罗悌伦、李伯杰等译，北京师范大学出版社2017年版，第88页。

② ［德］马克斯·舍勒：《资本主义的未来》，罗悌伦、李伯杰等译，北京师范大学出版社2017年版，第90页。

③ ［德］马克斯·舍勒：《资本主义的未来》，罗悌伦、李伯杰等译，北京师范大学出版社2017年版，第89页。

关系具有更根本性的意义。因此，马克思对哲学的消解就是对旧时代精神的消解，是对束缚人的心灵的抽象观念的摧毁。“从旧世界向新世界的转变将不只是通过制度的简单变革而实现的……马克思认为 metanoia——心灵的改变——是开辟新纪元的决定性事件。”① 对心灵秩序的改造，根源于资产阶级自身的创造与毁灭的辩证法。马克思指出，“资产阶级赖以形成的生产资料和交换手段，是在封建社会里造成的”，资本主义所创造的生产力也强大到与其生产关系同样不能适应的地步，并且，在资产阶级社会中产生的生产力和交换手段将同时培育出反对它自身的新力量、新主体——无产阶级。

在《共产党宣言》中，马克思绘制了一幅现代社会的意象：“资产阶级抹去了一切向来受人尊崇和令人敬畏的职业的灵光……资产阶级撕下了罩在家庭关系上的温情脉脉的面纱，把这种关系变成了纯粹的金钱关系……它用公开的、无耻的、直接的、露骨的剥削代替了由宗教幻想和政治幻想掩盖着的剥削。”② 在这里，衣服、面纱、灵光代表对真实加以掩盖的虚幻的存在，而资产阶级不仅用金钱和交易原则代替了这些笼罩在人身上的虚幻的枷锁，并且制造了不仅没有财产，甚至也没有任何宗教、伦理、道德的精神的同一性的“赤裸生命”，即无产阶级。对于马克思而言，无产阶级并非一个实体性的社会等级，而是表现为丧失财产的直接劳动的等级，“与其说是市民社会中的一个等级，还不如说是市民社会各个集团赖以安身和活动的基础”③，马克思因此也称其为“非市民社会阶级的市民社会阶级”。这个领域的最大特征是它遭受“普遍的苦难”和“普遍的不公”，因而是“人的完全丧失”。而人恰恰只有在剥离掉那些加诸自身的虚假面纱、恢复到生命的赤裸真相之后，才能重新发现真实、走向解放。马克思辩证性地揭示了历史的出口：资产阶级革命坚决撕掉了传统的宗教幻想和政治幻想的面纱，使赤裸裸的权力、剥削和生活的残酷的真相暴露出来，但在资产阶级所创造的时代中，也预示着新的选择和希望。马克思在此用作“减法”的方式，把加诸我们身上

① ［美］沃格林：《没有约束的现代性》张新樟、刘景联译，华东师范大学出版社 2000 年版，第 93 页。

② 《共产党宣言》，人民出版社 1964 年版，第 24—25 页。

③ 《共产党宣言》，人民出版社 1964 年版，第 24—25 页。

的民族、宗教、国家、道德、财产等区隔我们的各种桎梏予以抽离，剩下就是我们所共有的“人”本身，它看似是一种空无，但恰恰是人重新获得其丰富性的起点。或者也可以说，这种人的概念近似于康德的调节性理念，它让我们注意到尽管现实之人具有多样性和差异性，但正由于人所共同具有的唯一本质，使人类始终期待着实现合作而非冲突、团结而非敌对。在无产阶级的现实存在中，马克思既注意到“赤裸的生命”的残酷性，但又在其辩证反思中希冀着生命于虚无之上积极创造，走向一种新的综合、新的人。

因此，为什么说无产阶级是比资产阶级更具有普遍性的历史主体？因为一旦无产阶级意识到其作为“赤裸生命”的地位，从而“不得不用冷静的眼光来看他们的生活地位、他们的相互关系”，他们就会联合起来，克服导致他们相互敌视的社会分工和生产资料私有制，建立对生产资料和生产工具联合占有的体制。而无产阶级在革命的过程中失去的只是锁链，得到的却是其完整的人性——人的共产主义之在，即“类存在”“类本质”。

回应前述舍勒的问题，为什么说共产主义仍是可期待的？因为共产主义在其本质上不是一种新的财产——经济制度的类型，而是内在于资本主义之中，以无产阶级的自我扬弃为中介的人的“类”性的真理。马克思在《巴黎手稿》中对人的“类生命”与“类本质”的阐释具有永恒的意义，这种“类”特性根源于人性内在的对整全性自由的渴望，它超越了资产阶级经济学所定义的利己主义的理性人的观点，不再把人看作孤立的个体，而是使人与人之间成为“共通”的存在。因此，共产主义是“人向自身、向社会的即合乎人性的人的复归”，是人的彻底解放与自由的实现。在绝对理念的意义上，共产主义是人类对超功利性和审美性的崇高追求；在重塑心灵秩序的意义上，它意味着人类从相互之间的敌视、孤独、空虚中走出来，获得灵魂的宁静和依归。如果没有对理念性的共产主义的审美与崇高的追求，人类就会沉溺于对资本主义拜物教的“坏的”神圣性的崇拜，而如果理念性共产主义不能内化为心灵的秩序，那么，不仅现实的人将无法超克犬儒主义的意识形态，并且革命也将失去动力，乃至被资本引诱，重新投入资本主义的怀抱。

在20世纪80年代末90年代初期，正是在现实的共产主义实践遭受失败性的动荡、资本主义经济体系以及由之而生的政治—文化体系仿佛一统天下之际，让－保罗·萨特却把共产主义称为“我们这个时代难以逾越的地平线”，雅克·德里达则对“政治地”阅读马克思和“多个马克思”“马克思的精神”进行呼吁，他们都显示出思想与其时代的现实的间距性和相异点，这恰恰是一种在精神原则的高度上回到了马克思。

四 结语

回到开篇的问题，在马克思看来，以往的哲学还处于人类史前史的形而上学阶段，其意识形态的本质决定了，这种哲学只是黄昏之际才起飞的“猫头鹰”，而不是为时代报晓的“高卢雄鸡”——它在观念体系的内部完成了对现存关系的和解，而不是积极地塑造与引领时代的方向。对于马克思而言，那种能够真正担负得起“时代精神”之美名的思想，其使命就在于把资本主义社会内部所孕育的潜在的力量及其精神实质揭示出来，使其成为自为的普遍的历史主体，从而推动新社会的到来。在某种意义上，马克思一生的工作旨趣就是充当新社会、新时代的“助产士”的角色。

理解马克思"自我意识"的三次嬗变*

——新中国70年对马克思《博士论文》认识的发展

陈士聪**

马克思《博士论文》中的"自我意识"由于象征着马克思哲学思想的发端，因此一直是研究马克思思想的重点问题。然而我们应该在何种意义上理解马克思这一时期的"自我意识"思想却发生了三次嬗变。

长期以来的传统观点认为：马克思的《博士论文》依从青年黑格尔派的理论兴趣和研究规划，受到鲍威尔的指导和影响，选择了伊壁鸠鲁原子论作为切入点，从原子的偏斜运动出发来论证自我意识的哲学原则。因此，马克思的"自我意识"被认为是一种契合了鲍威尔关于自我意识"绝对化"的立场，因而是一种唯心主义。改革开放以后，人们认为马克思这一时期的唯心主义不是被教科书所批判意义上的唯心主义，而是蕴含着批判性思维和主体性思想的唯心主义，因此这种唯心主义是一种继承和发展了主观性"自我意识"的康德—费希特主义。

21世纪以来，人们在既有的研究中发现，马克思自我意识思想从康德—费希特式的主观唯心主义或者法的形而上学，转向黑格尔的客观唯心主义或辩证法。这一发现逐渐被学界认为符合马克思1842年之前的思想发展历程，因为在马克思1837年11月给父亲的信等文本

---

* 本文系国家社科基金青年项目"现代性视域下黑格尔宗教批判思想研究"（17CZJ004）的阶段性成果。

** 作者简介：陈士聪，东北师范大学马克思主义学部哲学院讲师（130024）。

中明确表达了这一转向。因此，关于马克思的“自我意识”是一种继承和发展了“客观唯心主义”，同时又蕴含着“康德—费希特主义”的黑格尔主义。这种观点之中同时又有一种“超越论”的观点，亦即马克思的“自我意识”实现了对“康德—费希特主义”和“黑格尔主义”的双重超越：马克思超越了康德、费希特、鲍威尔等人的强调“主观性”的自我意识，同时也超越了黑格尔强调的“客观唯心主义”的自我意识。

随着马克思思想研究的进一步拓展，人们开始反叛传统思想并进行了一系列大胆的设想和论证。对马克思《博士论文》中的自我意识，有学者提出是基于费尔巴哈思想的唯物主义，因为自我意识蕴含着对现实问题的真切思考，蕴含着马克思对费尔巴哈思想的运用转化。

本文认为，马克思的“自我意识”毋宁是涵括了康德—费希特主义的“主体性”的自我意识、黑格尔“辩证性”的“自我意识”和走向马克思自己思想的“现实性”的“自我意识”的有机统一。

一　从“唯心主义”到“主体性”的自我意识：康德—费希特主义的马克思

长期以来，人们认为马克思《博士论文》中的自我意识是一种不成熟的唯心主义。因为马克思写作《博士论文》时得到了布鲁诺·鲍威尔(Bruno Bauer，1809—1882）的指导和帮助。鲍威尔批判了黑格尔“绝对”体系和宗教神学思想，“宗教的关系只是自我意识的内在的自我关系，所有那些看来是独立于自我意识的力量，无论是实体还是绝对观念，都不过是被宗教幻想所对象化了的自我意识的不同阶段”①。鲍威尔提出自我意识不受“绝对精神”的束缚，无论是宗教观念，还是绝对精神都只不过是自我意识的幻想，自我意识与实体是对立的，并且自我意识是绝对的，是人们认识世界、进行实践的基础。青年马克思的自我意识无

① ［德］布鲁诺·鲍威尔：《对无神论者和反基督教者黑格尔的最后批判》，参见戴维·［英］麦克莱伦《青年黑格尔派与马克思》，夏威仪、陈启伟、金海民译，商务印书馆1982年版，第62页。

疑受到鲍威尔的影响，因而是一种与成熟思想相对的“唯心主义”。

当然，马克思不满足于从“唯心主义”的立场抽象地把握自我意识的个别性，而是更加注重感性和经验的个别性。在马克思看来，过度强调主观独断的“自我意识”容易陷入应有与现有的对立之中。应有的“主观意识”被绝对化之后，会忽视客观的现实和科学。1837年11月马克思在给父亲的信中说：“这里首先出现的严重障碍正是现实的东西和应有之间的东西的对立。这种对立是唯心主义固有的。”应有与现有之间的对立使作为应有的理论无法解决现实社会中实有的问题。因此，马克思从康德—费希特的自我意识哲学中跳出来，转而向现实中寻求可供借鉴的思想，马克思说：“我从理想主义，——顺便提一提，我曾拿它同康德和费希特的理想主义比较，并从其中吸取营养，——转而向现实本身去寻求思想。如果说神先前是超尘世的，那么现在它们已经成为尘世的中心。”[①]“唯心主义”的自我意识导致应有与现有的对立，应有的自我意识无法回应实有的社会现实问题，因此我们必须回归现实。

既然，马克思对“唯心主义”的自我意识持怀疑态度，那么我们是否还要把马克思《博士论文》中的自我意识界定为“唯心主义”的呢？马克思指出：“如果抽象的、个别的自我意识被设定为绝对的原则，那么一切真正的和现实的科学，由于个别性在事物本性中不居统治地位，当然就被取消了……如果把那只在抽象的普遍性形式下表现其自身的自我意识提升为绝对原理，那么就会为迷信的和不自由的神秘主义大开方便之门。”马克思指出，尽管我们把自我意识设定为绝对原则就容易陷入一种“主观”的独断之中，进而导致真正的和现实的科学被取消，这是“唯心主义”自我意识的消极之处，但是这种自我意识同时也消解了一切神秘主义、主观幻想和意识形态。从这里我们便不能简单把马克思早期的自我意识界定为唯心主义，马克思这里关于自我意识的批判性很明显是一种“康德—费希特主义”的自我意识。

对于鲍威尔强调自我意识的绝对性这一点，马利宁和申卡鲁克指出，“鲍威尔依靠费希特哲学。采用自我和自我意识的手法”[②]。费希特强调

① 《马克思恩格斯全集》第40卷，人民出版社1982年版，第15页。

② ［苏］马利宁、［苏］申卡鲁克：《黑格尔左派批判分析》，曾盛林译，社会科学文献出版社1987年版，第88页。

“自我意识”在知识和伦理体系中的基础地位，自我意识当然不是某种现成存在的意识事实，也不是受任何他物规定了的意识事实，而是凭自身而存在，又可使自身得以产生的一种行动，即“本原行为”（Tathandlung，亦可译为原初或原动行为）。此行为“不可能是我们意识的诸经验规定之一，而毋宁是一切意识的基础，是一切意识所唯一赖以成为可能的那种东西”①。把自我意识看作其他一切意识和一切行为的基础，是康德、费希特主义“自我意识”思想的本质特征。鲍威尔的看法无疑受到康德、费希特等人影响，而鲍威尔关于自我意识的“康德—费希特主义”立场又影响了马克思。马克思在《博士论文》中通过伊壁鸠鲁对原子运动的批评，凸显了自我意识的“主体性”地位。

其实马克思把“自我意识”看作“康德—费希特主义”的自我意识也与马克思要写作伊壁鸠鲁原子论的目的密切相关。马克思此时把彰显自我意识的自由和理性的启蒙看作哲学的任务。因此，马克思试图通过伊壁鸠鲁的原子论彰显和升华思想精神层面的“个体的自我意识自由”，而“康德—费希特主义”的自我意识所具有的批判性和启蒙意义恰恰能够实现“个体的自我意识自由”。所以有学者说，马克思这一时期的“自我意识”是“康德—费希特主义”的。马克思指出，伊壁鸠鲁的原子因为偏斜运动而具有了“自我意识”。正是通过脱离直线的偏斜实现了对原子的质料性或者物质性的存在的批判性否定。因为原子的直线运动是一种被规定着的占有空间的运动（直线即象征着空间性），因而是一种物质性的质料性的运动；偏斜运动则体现出对质料的批判，或者说对形式的肯定和阐明，亦即是一种形式性的运动。因此，偏斜运动是对外在必然性命运的否定和对自身“自由”的坚持，“脱离并且远离了与它相对立的定在”，进而凸显了原子的“自我意识”，实现了“把每一个被另一个定在所规定的定在都加以否定的纯粹个别性概念”②。而抽象的个别性概念即体现了最高的自由和独立性的自我意识。可以看出，伊壁鸠鲁的自我意识的抽象的个别性，脱离了物质性和规律性存在，打破了命运的必然性枷锁，进而实现了自由。马克思正是通过对伊壁鸠鲁在原子的偏斜运动中表现出来的个别性和抽象性揭示了自由的自我意识。“在伊壁鸠鲁那

① ［德］费希特：《全部知识学的基础》，王玖兴译，商务印书馆1986年版，第6页。

② 《马克思恩格斯全集》第1卷，人民出版社1995年版，第33页。

里，包含种种矛盾的原子论作为自我意识的自然科学业已实现和完成，有了最后的结论，而这种具有抽象的个别性形式的自我意识对其自身来说是绝对的原则，是原子论的取消和普遍的东西的有意识的对立物。"[①] 这里马克思指出，只有抽象的、形式的自我意识才是真正的、自由的自我意识，这与"康德—费希特主义"的鲍威尔思想立场是一致的，二者都在强调形式的自我意识。

马克思进一步指出，"自我意识"的自由只有在抽象的形式中才能实现。因为抽象的个别性只有从直线运动中的定在中抽离，才能实现它的纯粹的自为存在形式规定，这种形式规定是一种普遍性的、概念化的规定。或言之，只有摆脱具体定在的束缚，才能实现真正的自由。有学者对此这样评价："如果停留在特殊性的层面，那就容易受到'经验的感情'的纠缠而无法摆脱经验的局限性；如果停留在物质性的层面而不能上升到观念化的程度，那么，个别性就无法摒弃一切相对性并成为不依赖于直接定在的独立性。"[②] 自我意识只有摆脱了经验的局限性和物质性的层面的束缚才能实现真正的自由，而摆脱了经验性和物质性的束缚之后的自我意识很明显是一种抽象的、形式的自我意识。其实，无论是康德—费希特主义还是黑格尔的思想都强调形式性的自我意识才能够获得真正的自由，这符合德国古典哲学从精神和意志的角度探讨自由的传统，马克思很明显也受到了这一影响。

同时，只有脱离了经验性和物质性束缚的自我意识才能够发挥出批判性的功能。"正是批判根据本质来衡量个别的存在，根据观念来衡量特殊的现实。"[③] 由于脱离了个别的经验性存在和特殊的事实，自我意识有了一种基于本质和观念的批判性。本质和观念来源于偏斜运动，个别的质料性的存在来源于直线运动，而偏斜是对直线运动的否定和批判，因此，本质和观念即对质料和个别具体存在的批判。由于应然的自我意识与实然的社会现实之间存在一种天然的张力关系，自我意识可以从应然出发指出社会现实中一切不符合"应然"状态的问题。自我意识的这种应然性越是绝对，对实然的批判就会越尖锐。这种批判尤其体现在对宗教和上帝的批判，

① 《马克思恩格斯全集》第 1 卷，人民出版社 1995 年版，第 64 页。

② 唐正东：《马克思恩格斯哲学原著选读》，北京师范大学出版社 2010 年版，第 16 页。

③ 《马克思恩格斯全集》第 1 卷，人民出版社 1995 年版，第 75 页。

马克思在《序言》中不吝于这种自我意识的批判性："只要哲学还有一滴血在自己那颗征服世界的、绝对自由的心脏里跳动着，它就将永远用伊壁鸠鲁的话向它的反对者宣称：渎神的并不是那抛弃众人所崇拜的众神的人，而是把众人的意见强加于众神的人。"① 马克思希望用自我意识哲学批判整个世界、征服整个世界，使整个世界都归于解放和绝对的自由。马克思同时借用普罗米修斯的话指出："总而言之，我痛恨所有的神。就是哲学自己的自白，是哲学自己的格言，表示它反对不承认人的自我意识是最高神性的一切天上和地上的神。"② 马克思认为人的自我意识比神还要高贵。凡是不承认人的自我意识的宗教和神都应该受到批判。

综上所述，基于对自由的追求和对实然的社会现实的批判，马克思的自我意识更接近于"康德—费希特主义"，而不应该简单地理解为一种需要被扬弃和批判的唯心主义。

二　从"主体性"到"科学性"的嬗变：近黑格尔主义的马克思

但是人们发现，如果把《博士论文》中的自我意识界定为"康德—费希特主义"的自我意识会遭到如下质疑：过度强调自我意识的绝对性和主体性，或者说强调应有与实有之间的对立容易陷入独断和迷信。人们因此认为马克思的自我意识应该是近黑格尔主义的，"主体性"的自我意识没有达到黑格尔意义上的"科学性"，黑格尔成功地和解了应有与实有的对立。马克思甚至起初打算以黑格尔意义上的"科学形式"写作这篇《博士论文》。马克思在准备《博士论文》的笔记中曾言："这又一次使我明白了，没有哲学我就不能前进。这样我就必须怀着我的良知重新投入她的怀抱，并写了一个新的形而上学原则的体系。"③ 没有黑格尔哲学便不能前进，因此马克思觉得需要重新回到黑格尔哲学的怀抱中去思考自我意识问题，去构建一个科学的体系，亦即一个黑格尔主义的辩证

① 《马克思恩格斯全集》第1卷，人民出版社1995年版，第12页。
② 《马克思恩格斯全集》第1卷，人民出版社1995年版，第12页。
③ 《马克思恩格斯全集》第40卷，人民出版社1982年版，第13页。

的形上体系。

黑格尔称他自己所建构的形上体系为“科学的”，因为他以思辨的辩证法使整个形上体系都处于一个严谨的逻辑演绎体系之中。马克思在《博士论文》中认为真正的“哲学”是黑格尔这种科学的“哲学”，这种哲学首先是从现象（现实）上升到概念，然后用“概念”来解释现象（现实）的逻辑演绎体系。“哲学家在他所规定的世界和思想之间的一般关系中只是为自己把他的特殊意识同现实世界的关系客观化了。”① 世界和思想、自我意识与现实世界之间的关系在《博士论文》中便表现为从“现实到概念、从概念到现实”的逻辑关系，这一逻辑关系很明显是对黑格尔逻辑学“从现实过渡到主观概念”，“从概念的主观性过渡到客观性”的直接运用。所以有学者指出：“对于伊壁鸠鲁的原子学说，马克思是根据黑格尔辩证法的结构来理解的。”② 马克思《博士论文》的很多方面都借鉴了黑格尔的辩证法和逻辑学。我们可以从多个方面发现马克思的借鉴。

第一，马克思在理性与知性的辩证关系上借鉴了黑格尔。在康德那里，有一种抬高知性而贬低理性的倾向，认为只有通过知性才能够获得确定的经验知识。黑格尔对此不满，指出理性的能力远超越于知性之上，知性认识获得的只是抽象的形式，而理性认识获得的才是科学的真理和确定性的知识。马克思在这一点上很明显地借鉴了黑格尔，比如马克思批判德谟克利特的原子只是知性的抽象形式，而伊壁鸠鲁的原子却是黑格尔意义上本质与现象的统一，而这种辩证统一性是黑格尔的辩证法特有的“思辨性”。黑格尔的“思辨性”在马克思的《博士论文》中有两层内涵：其一，思辨性使黑格尔忽视了伊壁鸠鲁原子论的细节，因而黑格尔对伊壁鸠鲁的认识不够深入具体；其二，思辨性使马克思可以“科学”地探讨伊壁鸠鲁原子论的内在本质，换言之，这种本质只有在黑格尔的思辨理性的高度才能理解。

第二，马克思在论述原子的辩证性质时受到黑格尔的影响。在黑格尔那里，形式与质料、现象与本质统一于个体性的“概念”之中。马克思把原子等同于黑格尔的“概念”，原子的直线运动即表现为原子在现象界的质料性运动，原子的偏斜运动即表现为原子的形式性运动，质

① 《马克思恩格斯全集》第1卷，人民出版社1995年版，第25页。

② 孙伯鍨：《探索者道路的探索》，安徽人民出版社1985年版，第75页。

料与形式统一于原子之中，因此，马克思称原子是“抽象的个别性概念”[①]，并且这种“抽象的个别性”的概念通过“概念的现实化”而表现为现象界中的具有质料的原子。原子的“概念的现实化”的过程是从本质世界到现象世界的过程，在这个过程中实现了本质与现象、形式与质料的统一。“伊壁鸠鲁把物质和形式之间的矛盾看成是现象和自然界的性质，于是自然界就成了本质自然界即原子的映像……只有在伊壁鸠鲁那里，现象才被理解为现象，即被理解为本质的异化，这种异化本身是在它的现实性中作为这种异化表现出来的。”[②] 马克思在探究伊壁鸠鲁原子论时，运用的本质与现象、质料与形式的辩证关系无疑是借鉴了黑格尔。在马克思看来只有在本质与现象的统一关系下，原子才能实现自我的自由。这种辩证关系只有放在黑格尔的辩证法中才能被我们更好地理解。

第三，马克思关于自由的界定也受到了黑格尔的影响。在黑格尔的总体框架内，“既强调理性是独立于任何个人而存在的客观真理，又强调在理性的太阳照耀下的个人思想应该享有最充分的自由”[③]。马克思在这一时期认为，现代国家的目的是“使有道德的个人自由地联合起来”实现自由。所以有学者指出，马克思这一时期的自由是黑格尔意义上的自由，自我意识是黑格尔主义上的自我意识。黑格尔说：“思想完全成为一种否定的思维，否定了那多方面地有规定性的世界，而自由的自我意识的否定性在生活的这种多样性形态中成为真实的否定性。”“原则认为：意识是能思维的东西，只有思维才是意识的本质，并且认为：任何东西只有当意识作为思维的存在去对待它时，它对于意识才是重要的或者才是真的和善的。”“这样，一种新形态的自我意识、一种以无限性或者以意识的纯粹运动为本质的意识就出现了。这是一个能思维的或自由的自我意识。”[④] 马克思受此影响提出：“抽象的个别性是脱离定在的自由，而不是在定在中的自由。”[⑤] 原子只有在形式扬弃质料的辩证关系中才能实

---

① 参见《马克思恩格斯全集》第1卷，人民出版社1995年版，第54页，以及［德］黑格尔《哲学史讲演录》第2卷，贺麟、王太庆译，商务印书馆1959年版，关于伊壁鸠鲁的论述部分。

② 《马克思恩格斯全集》第1卷，人民出版社1995年版，第52页。

③ 孙伯鍨：《探索者道路的探索》，安徽人民出版社1985年版，第87页。

④ ［德］黑格尔：《精神现象学》（上卷），贺麟、王玖兴译，商务印书馆1979年版，第132—136页。

⑤ 《马克思恩格斯全集》第1卷，人民出版社1995年版，第50页。

现自由，而不是仅仅局限于质料和现象领域之中。

马克思借鉴黑格尔思想中的“科学形式”以展开关于自我意识的论证工作，借助黑格尔辩证法的思辨性以论证“自我意识”的复杂内涵。这主要表现在三个方面。第一，马克思指出黑格尔真正地发现了伊壁鸠鲁哲学中的自我意识。黑格尔在以科学的形式演绎哲学史的发展逻辑的过程中把斯多亚主义、伊壁鸠鲁主义和怀疑主义看作对古希腊哲学在自我意识维度的发展。在此基础上马克思借助黑格尔的“科学性”形式，从伊壁鸠鲁思想中发现了批判性和主体性。第二，马克思借助黑格尔的“科学性”辨析出德谟克利特和伊壁鸠鲁的差别。伊壁鸠鲁与德谟克利特在原子论上的差别非常细微，只有基于黑格尔辩证法的科学分析才使二者的差别显现：德谟克利特的原子只是一种纯粹质料性的原子，而伊壁鸠鲁的原子是质料与形式的统一。在此基础上，马克思从伊壁鸠鲁的原子的形式内涵出发提出了自我意识的自由和批判性。第三，马克思借助黑格尔的“科学性”分析发现：伊壁鸠鲁的自我意识或者说“康德—费希特主义”的自我意识是一种主观的、形式的自我意识，与具体现实存在距离和张力，进而指出自我意识需要现实化。

但是马克思对黑格尔的思想并不是全盘接受的态度。在黑格尔的思想中，自我意识是作为绝对精神的一个环节需要过渡到实体之中，或言之，自我意识、实体与绝对精神是“三者一致”的关系，我们不能脱离绝对精神和实体而单独谈论黑格尔的自我意识。然而，黑格尔的绝对精神被看作宗教神学的最后堡垒，绝对精神某种意义上被等同于上帝。而马克思则赋予自我意识以“康德—费希特主义”意义上的“主体性”，进而批判了黑格尔思想体系中的绝对实体。因此，马克思并不赞成黑格尔辩证法中绝对精神的绝对权威和“三者一致”的论证圆圈。

三 从“形而上学”到“现实性”的嬗变：走向自己的马克思

然而，近康德主义无法解释马克思在 1841 年形成的评价一切哲学理论的标准：重要的不仅是它的逻辑的严密性，在更大的程度上是它为深入理解现实充当方法论基础的能力[①]。近黑格尔主义的阐释则无法回避马克思这一时期对黑格尔体系中的神秘主义的“绝对精神”和“实体”的批判。“超越论”需要面对这样一个问题，即我们应该如何界定超越了康德、黑格尔乃至青年黑格尔派的马克思的“自我意识”。

因此有学者指出：尽管马克思高举自我意识哲学的旗帜，突出自我意识在发展中的能动与变革作用，但他并没有像康德、费希特、鲍威尔等人那样陷入片面的独立化，也没有像黑格尔那样把自我意识绝对地“实体化”。马克思之所以承认“自我意识”具有抽象的、形式的、绝对的一面，亦即“康德—费希特主义”的一面，是因为马克思需要“自我意识”具有犀利的“批判性”；马克思之所以承认“自我意识”具有辩证法的背景，亦即“黑格尔主义”的一面，是因为马克思需要“自我意识”具有严谨的“科学性”。但是，无论是“康德—费希特主义”的自我意识，还是“黑格尔主义”的自我意识，都无法表达马克思心中的“自我意识”的全部内涵，马克思说：“这些个别的自我意识永远具有一个双刃的要求，其中一面针对着世界，另一面针对着哲学本身。”[②] 马克思认为，自我意识应该是涵括了更多内涵和更多意指的一个概念：一面是黑格尔主义的“康德—费希特”因素的“自我意识”，面向哲学的批判性和科学的理论思考；另一面则是指向现实世界的“自我意识”，直面当时社会中的客观现实问题。由此，马克思开始思考自己的哲学道路。

马克思之所以走向自己的哲学思考，或者说马克思之所以跳出对自我意识的哲学思考，开始思考“自我意识”的现实性，是因为在马克思看来，哲学达到内部的自我完善之后必然走向外部世界。马克思指出：“从自身中变得自由的理论精神成为实践的力量，作为意志走出阿门赛斯冥国，面向那存在于理论精神之外的尘世的现实，——这是一条心理学规律。”[③] 当马克思经历了“康德—费希特主义”的自我意识的“主体性”批判和“黑格尔主义”的自我意识的“科学性”证明之后，自我意

① ［苏］纳尔斯基等：《十九世纪的马克思主义哲学》上，金顺福等译，中国社会科学出版社 1984 年版，第 31 页。

② 《马克思恩格斯全集》第 1 卷，人民出版社 1995 年版，第 76 页。

③ 《马克思恩格斯全集》第 1 卷，人民出版社 1995 年版，第 75 页。

识在哲学内部的思考已经趋于完善，而现实世界却存在着问题和缺陷。在马克思看来，德国的政治制度是落后的、腐朽的，而这种落后是由于德国普通民众在“思想意识上的落后和愚昧”①。要改变德国社会中的缺陷和问题，就需要重新在德国民众中建立一种新的“自我意识”，然后以这种新的“自我意识”去改造外部世界。“本来是内在之光的东西，变成转向外部的吞噬一切的火焰。”② 要使世界按照自我意识的规定进行设计才能克服世界的缺陷，亦即要使“世界哲学化”。“世界哲学化”的过程同时也是“哲学世界化”的过程。马克思说：“世界的哲学化同时也就是哲学的世界化，哲学的实现同时也就是它的丧失，哲学在其外部所反对的东西就是它自己内在的缺陷，正是在斗争中它本身陷入了它所反对的缺陷中，而且只有当它陷入这些缺陷之中时，它才消除掉这些缺陷。”③世界的哲学化，亦即对世界从自我意识的角度进行思考，哲学的世界化，亦即自我意识现实化，只有这样才能在实现自我意识的自由的同时，克服现实世界中的缺陷。

马克思要把“自我意识”现实化，一方面是因为受到黑格尔影响。黑格尔“自我意识”的科学性思想预示着马克思要走向现实中去思考问题。因为黑格尔的自我意识强调要与现实结合起来，自我意识要有“实践”的维度。黑格尔辩证法的重要特质之一就在于要实现哲学理论与社会事实、理性与现实的内在统一。黑格尔说：“凡是合乎理性的东西都是现实的，凡是现实的东西都是合乎理性的”④。现实的东西与合乎理性的东西是一个东西，或者说自我意识（亦即理性）与社会现实应该是内在一致的关系。换言之，社会现实必须要满足自我意识的“自由追求”，自我意识只有在社会现实中才能实现真正的自由。所以，黑格尔的这一命题就转变为“合乎理性的东西将成为现实的，而现实的东西将成为合乎理性的”。(1819/20)⑤ 自我意识关于现实的理性思索必然要在现实中实现，现实的东西必然要满足自我意识的“理性”。所以，马克思作为一名

① 唐正东：《马克思恩格斯哲学原著选读》，北京师范大学出版社 2010 年版，第 17 页。

② 《马克思恩格斯全集》第 1 卷，人民出版社 1995 年版，第 75—76 页。

③ 《马克思恩格斯全集》第 1 卷，人民出版社 1995 年版，第 76 页。

④ ［德］黑格尔：《法哲学原理》，范扬、张企泰译，商务印书馆 1961 年版，第 11 页。

⑤ 参见［意］洛苏尔多《黑格尔与现代人的自由》，丁三东等译，吉林出版集团 2008 年版，第 44—45 页。

黑格尔主义者，自然要把他自己的"自我意识"现实化。恩格斯对此这样评价："凡是在人们的头脑中合乎理性的，都注定要成为现实的，不管他同现存的、表面的现实多么矛盾。"① 在自我意识中的理性必然要有一种在现实中实践出来的欲望。所以，马克思说"实践是理论的"，这里的理论是黑格尔意义上的理论。

可见，这时马克思所理解的"实践"仍然是在黑格尔的意义上使用的，指的是精神实现自身的外化过程，与马克思主义哲学语境中的"实践"概念存在巨大差别。尽管马克思强调这一时期的"实践"和对现实的关切是理论上的，但是恰恰基于黑格尔的理论才赋予自我意识以现实性。"哲学的实践本身是理论的。正是批判根据本质来衡量个别的存在，根据观念来衡量特殊的现实。"② 正是自我意识的黑格尔意义上的理论本性赋予了自我意识本身对社会现实的批判性。因此，"这些自我意识把世界从非哲学中解放出来，同时也就是把它们自己从哲学中解放出来，即从作为一定的体系束缚它们的哲学体系中解放出来"③。马克思在处理哲学与现实世界的关系上，还是从黑格尔意义上的哲学出发，认为只有黑格尔哲学意义上的"实践"才能够认识世界的本质。然而，马克思已经看到并且关注哲学与现实世界的作用，哲学必须把世界从"非哲学"的状态中解放出来，实现"世界的哲学化"和"哲学的世界化"。从这一点出发，我们有理由相信马克思开始关注社会现实问题，开始关注"理论精神之外的尘世的现实"。

马克思转向对"自我意识"的现实化的另一方面则是因为马克思开始关注从唯物主义的视角思考问题。如果马克思仅仅是基于黑格尔主义的角度去思考现实问题，那么马克思便仍未走出黑格尔的范式。黑格尔的现实性强调现存与本质、事实与理性的统一，这种统一是基于理性的统一，而马克思很明显更为关注具体的社会现实，马克思开始逐渐思考自己的哲学。之所以说马克思开始走向自己的哲学思考，是因为马克思的"自我意识"已经蕴含着唯物主义的思考，这一点在学界存

---

① 恩格斯：《路德维希·费尔巴哈和德国古典哲学的终结》，《马克思恩格斯文集》第4卷，人民出版社2009年版，第269页。

② 《马克思恩格斯全集》第1卷，人民出版社1995年版，第75页。

③ 《马克思恩格斯全集》第40卷，人民出版社1982年版，第258页。

在争议，部分学者认为马克思《博士论文》中的自我意识完全是黑格尔主义的“唯心论”，并没有涉及唯物主义。这种看法实质上是把黑格尔与唯心主义等同起来，而这种等同是以“物质和意识何者为本原”为依据：黑格尔是以意识为本原，所以黑格尔是唯心主义。但是如果我们深入探究黑格尔的思想就会发现，黑格尔非常强调客观事物在认识过程中的客观性和第一性①。因此，马克思是一名黑格尔主义者，并不意味着马克思是一名“唯心主义者”，更不意味着马克思片面地承认黑格尔的思想。其实，在《博士论文》中，我们可以找到马克思的“唯物主义”倾向。

首先，伊壁鸠鲁的“原子论”就是唯物主义思想的表达，马克思在《博士论文》中要对伊壁鸠鲁的原子论进行“正名”，不可避免地会受到伊壁鸠鲁“唯物主义”精神的影响。尽管马克思宣称“自我意识”只有在抽象的、形式的意义上才能实现真正的自由，但是马克思在批评德谟克利特的同时，也关注到伊壁鸠鲁思想中的唯物主义因素。德谟克利特的原子没有只是知性的抽象形式，不具有现实性的原则，而伊壁鸠鲁的原子论则包含着实存与本质的内在矛盾，同时这一矛盾被现实化为具有质的规定的原子。因此伊壁鸠鲁的原子实现了本质的本质与现象（现实）世界的统一，因此，伊壁鸠鲁的原子论是唯物主义的原子论。马克思对伊壁鸠鲁的唯物原子论思想的认同间接说明了马克思对唯物主义思想本身的接受。

其次，马克思已经注意并且有意识地运用费尔巴哈的唯物主义。与费尔巴哈相类似的是，马克思在普鲁塔克评论的结束部分提到“所有哲学家都用谓语做主体”，有理由推测马克思在写作《博士论文》期间已经受到了费尔巴哈《实证哲学批判》的影响，马克思在自觉运用唯物主义思想批判谢林、斯塔尔和老年黑格尔派等为代表的实证哲学。同时，马克思提出：“感性的自然也只是对象化了的、经验的、个别的自我意识，而这就是感性的自我意识。所以，感官是具体自然中的唯一标准，正如抽象的理性是原子世界中的唯一标准一样。”② 重视感性实践在自然中

---

① 陈士聪：《马克思是否“颠倒”了黑格尔的辩证法？——基于〈资本论〉的考察》，《福建论坛》（人文社会科学版）2018年第5期，第52页。

② 《马克思恩格斯全集》第1卷，人民出版社1995年版，第54页。

的基础作用，这是费尔巴哈和马克思的共同之处，感性实践后来成为马克思提出自己的唯物主义思想的前提之一。

最后，我们也可以从恩格斯的话中佐证马克思开始关注费尔巴哈的唯物主义思想，恩格斯说：“这时，费尔巴哈的《基督教的本质》出版了。它直截了当地使唯物主义重新登上王座……这部书的解放作用，只有亲身体验过的人才能想象得到。那时大家都很兴奋：我们一时都成为费尔巴哈派了。马克思曾经怎样热烈地欢迎这种新观点……”[①] 1841 年问世的《基督教的本质》一书为大家批判唯心主义坚持唯物主义指明了方向，当时的激进思想者们仿佛全都成了唯物主义者，这当然也包括马克思。恩格斯的话中也指出马克思对费尔巴哈唯物主义思想的欢迎。

尽管佐证马克思开始接受费尔巴哈唯物主义思想的材料很多，但是仍然有学者对马克思这一时期的思想尤其是“自我意识”思想含有唯物主义因素存在疑虑。这种疑虑或许可以拒绝承认马克思“自我意识”思想中的唯物主义，但是不能拒绝马克思开始转向思考现实性问题这一点。自我意识思想中对社会现实问题的关切，对物质（质料）与形式的统一关系的承认都是确证无疑的。

结　语

正如赫斯在致奥尔巴赫的信中所评价的，马克思“把最机敏的才智与最深刻的哲学严肃性结合起来”，“卢梭、伏尔泰、霍尔巴赫、莱辛、海涅和黑格尔在一个人（马克思）身上结合起来了”[②]。马克思在《博士论文》中关于自我意识的思想是复杂的，涉及“康德—费希特主义”的主体性自我意识、“黑格尔主义”的科学性自我意识以及马克思自己的现实性自我意识等多方面的内容。但是这里我们需要明晰：马克思并不是

① ［德］恩格斯：《路德维希·费尔巴哈和德国古典哲学的终结》，《马克思恩格斯文集》第 4 卷，人民出版社 2009 年版，第 275 页。

② ［德］莫泽斯·赫斯：《一位真正的哲学家》，中共中央马克思恩格斯列宁斯大林著作编译局编：《回忆马克思》，人民出版社 2005 年版，第 270—271 页。

把三种思想简单地杂糅在一起，并不是蕴含着自我矛盾和彼此冲突的“折中主义”。马克思并没有简单地接受任意一种思想，或者否定一种思想，而是进行了深入思考之后汲取了三者的精华：只有把马克思的“自我意识”看作“主体性”的，我们才能够理解马克思思想中自从青年时期就具有的批判性和革命性内涵，马克思要给“自我意识”（个人）以自由的理想和抱负；只有把马克思的“自我意识”看作黑格尔主义的，我们才能够理解马克思这一时期从“康德—费希特主义”到“黑格尔主义”，从青年黑格尔派到反青年黑格尔派的思想转向以及马克思思想中的“科学性”分析和“合理内涵”的辩证法萌芽；只有把马克思的自我意识理解为开始思考“现实性”问题的马克思主义，我们才能够理解马克思从唯心主义到唯物主义、从哲学批判到现实实践批判的转向，才能把握马克思走向自己思想的逻辑脉络和思想开端。因此，马克思不是把三种思想简单整合在一起，而是汲取了三种内涵中的合理因素并使之成为这一时期特有的马克思思想。

马克思基础理论再反思

内在现实与社会现实：再思马克思的现实观念

刘森林*

在我们的印象里，主张社会存在决定社会意识的马克思主义哲学一向重视对社会现实的关注，一向把客观存在的社会现实视为第一位的存在，并坚决反对把人为、主观的感受置于客观现实之上。可罗伯特·C. 塔克在《卡尔·马克思的哲学与神话》中却提出了相反的看法，认为马克思的理论起始于一种思想立场，先确立了这种立场，而后才到外在社会现实中探寻符合这种立场的经验事实。也就是说，内在的主观立场是先在的，相应寻找到的外在经验现实是按照预先立场选取的、因而是后在的。在这个意义上，他声称"……马克思所理解和描绘的现实，是内在的现实。马克思意识到的力量是主观力量，是异化的人类自我的力量，然而这些力量却被他构想为广泛存在于社会中"。①这就把内在现实与外在现实的关系问题提了出来。"现实"是首先发生在观察者的内在关注之中，尔后才在社会层次上被确立吗？社会现实的发生，是起始于观察者的内在欲望和需求，从而，内在现实先于、重于外在社会现实吗？内在现实与外在社会现实的关系到底是什么？马克思是如何处置这个问题的？

---

* 作者简介：刘森林，山东大学哲学与社会发展学院教授。

① ［美］罗伯特·C. 塔克：《卡尔·马克思的哲学与神话》，刘钰森、陈开华译，天津人民出版社 2018 年版，第 216 页。

一　第一种内在现实

社会现实既然是观察者—行动者确立起来的，观察者—行动者的内在需求、欲望以及观察—行动发生之前先在的诸种已有的内在状况，自然不可能不对最终的观察结果毫无影响。从此而论，如果把这种观察者—行动者的内在状况界定为与外在现实对应的内在现实存在，在我看来，观察者的内在现实存在就主要有两种。一是观察主体先天具有的本能、欲望、需求等先在因素，它们出现在“现实”确立的起始端处，或被主体意识的到，或意识不到，从而或有意识或无意识地、或顽强或微弱地贯穿在“现实”确立的过程之中。这种“内在”应该是很自然的情况，它是客观的力量，不是主观的力量。二是后天在文化、思想传统熏陶下逐步内生积淀下来的框架、立场，这种框架、立场被特定教育背景下的观察者认同，变成观察者内在的一种力量。对于不认同，甚至不了解这种立场的人来说，这种力量显然具有明显的主观性。虽然这种因素严格说并不是一开始就内在于观察主体的内在品质之中，不是观察主体一开始就有的内在现实，但因为它是在成长过程中受教育熏陶、社会历练逐步积淀和接受下来的，并不是先天就有的，因而与第一种内在现实具有明显的不同。它不是先天的，而是跟观察主体获得被认可的观察资格之前所接受的各种教育、熏陶，以及处于其中的环境、所接触到的社会关系密切相关；它的形成，特别是稳固化的形成，是不容易的，往往需要一个较长的过程，其中或由多种复杂因素的介入，借助很复杂的机制，有一个复杂的发生过程，但它一旦形成，也是非常顽强有力，甚至非常持久的，不会随风飘散，不会轻易因为遭遇阻力就消解或放弃的，即使必须做出一定的调整、完善，其基本框架和结构也往往清晰可见地存在下来。

在以前的印象中，作为历史唯物主义创立者的马克思关注和重视的是外在的社会现实，这种社会现实首先不是仅仅针对个别人而言的，却是适用于更多人的；其次才是针对不同个人的不同的外在社会现实。对上述第一类内在现实，马克思并不否认，却不是他关注的重心。他只是在原则上肯定了这类因素的存在，甚至肯定历史唯物主义就是从自然事实出发的，就是从本能、欲望、需要出发来观察社会历史的。“全部人类历史的第一个前提无疑是有生命的个人的存在。因此，第一个需要确认的事实就是这些个人的肉体组织以及由此产生的个人对其他自然的关系。”① 只不过，这种自然不是他研究的重点，他着重研究的是社会历史条件对人的影响。所以，紧接着上面的话，他继续说道，“当然，我们在这里既不能深入研究人们自身的生理特性，也不能深入研究人们所处的各种自然条件——地质条件、山岳水文地理条件、气候条件以及其他条件”②。

对于这种自然的本能、欲望，尼采倒是极为重视。按照尼采的思想，这种本能、欲望左右着人们的世界观、价值观。形式上高大上的社会性存在很可能是某些类型的“行动主体”出于某种内在的欲望、需求构造出来的。人如何看待外部世界取决于人有什么欲望和需求要满足。人有什么迫切的欲望和需求获得满足，就相应地如何确立和构造外部存在。基督教构造这样的世界观反映了构造者的虚弱，满足了构造者的某种内在需求。因而，在某种意义上，貌似高大上的外部存在实际上却是某种很不高大的内在需求的反映，是内在需求的象征。外部存在实际上正是那种内在需求的填充物、对应物，是那种内在需求引发、召唤、刺激出来并用来满足那种需求的东西。那种需求是内在于人的，隐藏在人的内在性之中，反映着人的内在品性、内在状态、内在欲望、内在需要，即使它们并不一定被清晰地意识得到。对于尼采来说，跟人的内在需求和欲望完全无关的、绝对的外在现实严格来说是不存在的，只有万能之神才是存在的。

尼采思考的关键之处正在于此，绝对外在的现实对于现实的人是不存在的，那是针对超越于人之上的全能之神而言的。而绝对外在的全能之神又是最软弱无能者所设想出来的，它是这种无能者想象出来、为实现自己无法实现的外在理想服务（帮助自己实现自己实现不了的欲望）的一个工具。这种理想之所以无法实现，就是因为它完全没有实际的基础而只是凭空想象出来的。尼采曾经转引朗格的一句话：“人所想象的现

① 《马克思恩格斯选集》第1卷，人民出版社2012年版，第146页。

② 《马克思恩格斯选集》第1卷，人民出版社2012年版，第146页。

实以及——加入这种想象动摇了——人所渴望的现实：一种绝对固定的、不依赖于我们却被我们认识的存在——一种这样的现实是没有的。"然后尼采肯定，我们就在这样的现实中活动，"但这并没有令朗格感到骄傲！"① 言外之意就是，朗格还不能很好地接受这种真正的现实，还仍然对旧形而上学充满期待。

绝对的外在现实对应于绝对的内在主体：就其现实性而言，其实两者都不存在！没有任何瑕疵、绝对完满和完美无缺、不会因人而异、不受任何主观影响、不受任何时间影响的现实，如果不是针对神而言的，那就只能是针对绝对完满的内在主体而言的。这样的主体在尼采看来也是不现实的。那个能确立如此独立事实的绝对主体也是不存在的。"'主体'并不是固有的东西，而是通过虚构增加进去的，后面隐藏着某些东西。"②恒定、不变的"现实"是与绝对的"主体"正相对应，是由这样的主体确定下来的。没有如此的绝对主体，也就没有如此的固定现实。按照尼采的看法，现实与描述现实的符号虽然不同（主体、客体是描述现实的符号，而不是现实），但符号日益替代了它所要标示、描述的现实。"主体，客体，施动者，行为和受动者，分门别类，我们不要忘记，这只是符号，并不表明任何现实的东西。力学作为一门运动的学说，已经翻译为人的感官语言。"③

绝对、固定的外在现实对应的正是虚弱、无能因而迫切需要一劳永逸地把握住外在现实的内在主体。在这样一种主体身上，被需要的现实才正是固定、绝对、简化、理性的现实，在全能之神映照下、掌控下的那种现实。在尼采看来，这正反映了此种现实的构造者是无能弱者的事实：害怕变动不居的现实对自己的冲击和伤害，害怕变化中丧失掉自己的拥有，希望通过一种简略的方法和路径径直一劳永逸地获得对周遭环境的把握和控制。

的确，尼采说得对，绝对的外在现实对应着的是绝对的内在主体！

---

① 参见［德］尼采《重估一切价值》，维茨巴赫编，林笳译，华东师范大学出版社2013年版，第762页。

② 参见［德］尼采《重估一切价值》，维茨巴赫编，林笳译，华东师范大学出版社2013年版，第340页。

③ 参见［德］尼采《重估一切价值》，维茨巴赫编，林笳译，华东师范大学出版社2013年版，第432页。

外部世界仅仅是我们翻转的内部世界？或者仅仅是内部世界的对应物？我们一定不要被外部世界蒙骗了，一定得还原到发明、主张这种世界观的主体的内在动机和实在基础上来。至此，马克思会赞成尼采，同样坚定地反对内在主体的独立性，只是在还原为本能、欲望还是还原为社会经济基础方面与尼采会有不同的立场。在否定绝对内在主体这个意义上，马克思也就势必坚决反对绝对的外在现实。绝对外在现实是一个跟毫无现实性的绝对主体（上帝）联系在一起的抽象存在，是一个黑格尔意义上的理念存在，没有真实性，不具备现实性。绝对的外在现实，同样不符合马克思的实践哲学精神，不符合马克思的感性立场。这种绝对外在现实的“绝对性”的消除，一定是与实践力量的介入直接相关的，也就是与行动主体的自然基础、社会基础以及把握外在现实的工具、方法、条件内在相关着的。这些影响行动主体的自然因素与社会因素，这些行动主体在教育、社会活动中接受、采纳的工具、方法、条件，才是使主体把握到的“社会现实”真正具有现实性的关键所在。

二　第二种内在现实

根据我们的区分，塔克所谈的是第二种“内在现实”，来自某种先在的理论立场和既定框架，或者说来自对这种先在的立场和框架的无批判性甚至无意识的接受和坚持。就这种接受和坚持内在于人心中、很难根本地改变、无法根除之却往往是会努力地在外在社会和自然环境中寻找其印证，从而进一步确证其存在这个角度来说，这个内在现实的存在是顽强的，甚至是顽固的。遭遇挫折、长时间找不到印证，也不会根本性地改变它的内在存在。能改变的或许只是它的存在样式、具体形态、程度以及呈现的时机与时间顺序等情况，而不是其他。所以，这种内在现实在寻求外在证明的过程中会在具体形式、时序等方面被具体的情境修改、调整，可能得以发生进一步的改变，但不会因此改变这种现实的内在性及其力度。

塔克所谓的这种内在现实，恰与尼采所谓虚弱者所设想的万能之神密切相关，是万能之神的品质赋予人之后遭遇到外在社会之前的本有。

按照这种观点，德国古典哲学就是要把上帝的内容还给人本身，把基督教还给人类学，而“现实的人”就是不现实的“神”的世俗化改造之结果。“在一种根本的意义上，从康德到黑格尔的思想运动所围绕的观念是：作为上帝般的存在的人的自我实现，或者作为上帝的人的自我实现。”① 把至高无上的上帝转化成具有内在本质并且顽强地追求这种本质外在实现的人，就是德国古典哲学的基本精神和目的。全知全能的上帝转化成虽受着社会和历史限制但却仍然是全知全能的绝对主体，永远在追求自我实现的绝对主体，构成这一精神的基本立场。根据这一立场，现实世界在阻挡着、妨碍着具有这种内在追求的实践主体，并因而是一个异化的世界。塔克认为，马克思思想的主体是由于人的未能实现因现实遭遇、阻碍、胁迫而引发出的异化和物化问题。异化、物化的根本不是由于社会本身的问题，而是由于社会现实不符合作为神之世俗化的人的欲求，也就是说，问题的关键在内在的主观性，而非外在的客观性。

这样一来，在塔克的眼里，马克思主义的理论就不是起源于一种经验关注和认知，而是一种哲学黑格尔主义的推理。“马克思主义并非源自现代社会过程的经验研究。马克思几乎没有关于工人和工作条件的直接知识，他仅仅是刚刚在创立对历史的经济学诠释时，便开始了对政治经济学的研究。马克思达到马克思主义的道路是转换黑格尔主义之路，从1841 年开始他就一直在这条路上行走。”②这肯定是一个讲求经验实证主义的思想家的结论，是一个非常看重具体经验现实而不愿意追求整体和长远现实的人所看出来的结果。于是，一系列的推论就来了：第一，“马克思主义可以被视为倒置的黑格尔主义”③。第二，马克思没有走向经验现实，而是一直追求着一种内在现实，人的内在现实。“他声称直接了解‘现实’，而且在这个基础上，将他自己对现实的表述描述为真正的实证科学。……但是马克思所理解和描绘的现实，是内在的现实。马克思意识到的力量是主观力量，是异化的人类自我的力量，然而这些力量却

① ［美］罗伯特·C. 塔克：《卡尔·马克思的哲学与神话》，刘钰森、陈开华译，天津人民出版社 2018 年版，第 21 页。

② ［美］罗伯特·C. 塔克：《卡尔·马克思的哲学与神话》，刘钰森、陈开华译，天津人民出版社 2018 年版，第 215 页。

③ ［美］罗伯特·C. 塔克：《卡尔·马克思的哲学与神话》，刘钰森、陈开华译，天津人民出版社 2018 年版，第 216 页。

被他构想为广泛存在于社会中。"[①]所谓"现实"是他内心中构想的逻辑外延到社会环境中的产物。他所谓的社会现实，是主观内在现实的外部投射。第三，马克思成熟后的思想仍然是一种哲学推论逻辑，是先有这种哲学推论逻辑，再去寻找经验材料证成这种逻辑的。"《资本论》含有丰富的事实材料，这些材料都是从早期现代资本主义的经济和社会历史的记录中挑选出来的。"这些材料之所以有意义，是由于先在的价值立场。马克思引证、认可这些材料的基础来自内心的矛盾感知和预设，所以，"《资本论》真正的主题不是外部的地狱，而是异化的人的内部地狱"[②]。塔克反复论说的，就是认为马克思认定的社会现实来自马克思对德国古典哲学的继承，来自不遗余力、不顾一切实现自己的那个至高无上的自由的自我。这个自我一遭遇到社会环境就必然会遭遇阻抗，从而印证出一个剧烈冲突着的社会现实。"马克思投射在社会的现实冲突上面的是一种来自人的内部生活的冲突。他对这种冲突的表述是由他前面的整个德国哲学的发展（如我们所追溯的）所塑造的，相比也是由作为一个受剧烈的内在冲突困扰并且倾向于无意识地寻求某种解决（例如心象描述）的人自己的经验所塑造的。"[③]所以，"将剥削和被剥削的自我之间的矛盾整个地投射到社会领域中，马克思变得对过去或当下的社会环境里一切事物十分敏感，这些视野能被吸收到这种视野中，并且按照这种视野加以诠释——绝对无视其他一切事物"。一句话，"人内在生命的戏剧化被外化并经验为外部世界发生的事情"。"对马克思来说，外部的现实就是社会的显示，而善恶的冲突则表现为社会所分裂成的阶级间的斗争。"[④]正是由于外部社会现实是内在现实的显示和外化，才更迫切地需要积极行动，通过这种积极行动，外部现实的外化才更可能、更快速地实现出来。这种行动的承担者就是无产阶级。所以，无产阶级是最大意义上的现实："对马克思而言，无产阶级仍然是他曾经所称为的东西，

① ［美］罗伯特·C. 塔克：《卡尔·马克思的哲学与神话》，刘钰森、陈开华译，天津人民出版社2018年版，第216页。

② ［美］罗伯特·C. 塔克：《卡尔·马克思的哲学与神话》，刘钰森、陈开华译，天津人民出版社2018年版，第223页。

③ ［美］罗伯特·C. 塔克：《卡尔·马克思的哲学与神话》，刘钰森、陈开华译，天津人民出版社2018年版，第224—225页。

④ ［美］罗伯特·C. 塔克：《卡尔·马克思的哲学与神话》，刘钰森、陈开华译，天津人民出版社2018年版，第224、225页。

是哲学的物质武器或者朝着思想努力奋斗的现实。”① 按照这种逻辑的话，这种创造性意义上的现实观念，实际上就是德国早期浪漫派意义上的现实概念：最重要的现实是得到充分磨炼的创造性自我的创造力，是那个充分施展自己内在潜能的自由的自我。

心中内在的现实投射到外部之中，形成对主体来说非常认可因而非常真切的“现实”，是每个认知者不加反思的通常做法。主体必须根据是否行得通来被迫或主动地调整这种“现实”认定。对于一个学者来说，自己所属的学术共同体的认定、用于自己的各种实际活动的效果等因素，构成他是否、如何调整的决定性因素。所以，问题不在于这个步骤和做法是否有错或是否合适，而在于内部与外部的投射之间能否建立一种合乎学术规范的约束性机制和规则，是否按照这种被学术共同体认可的做法来进行和完成。如果不按照学术共同体的规范过于主观地投射，可能就是非常固执和片面的，是一孔之见。而如果是合乎某种学术共同体的规范操作的，那起码是可以被这个学术共同体的成员认可的、能够与此共同体成员都感受得到的真切事实对应起来的“现实”。完全符合所有人的投射严格说是不存在的，是尼采批评的所谓“上帝”才会有的一种投射，即内部与外部完全合一的那种投射，投射者的能力是无限的，能看透一切，能把握住一切，甚至瞬间就能做得到的神灵。

根据尼采的理论，对世界的解释就是为了解决自己生存所面临的问题。解释就是根据生命的内在需要对相关的外部存在的理解和解释。这种理解和解释的目的是把相关的外部存在纳入自己的支配范围，把对自己来说是外部、无关的存在变成内在的相关存在。化外在为内在的驱动力是自己的生命意志，认识的首要目的是按照自己的生命意志的强弱、自己当下所面临问题的类型、自己当下所要解决的问题的方向来具体地看待与己相关（自己无法撇开只能以某种方式处置）的外部存在，通过合乎自己内在需要的某种解释在自己已有的理解框架中对外部相关存在予以合理的安置和处理。这种安置和处理肯定不是首先为了外部存在自身，而是为了自己的内在需要，这是很自然的发生逻辑。问题不在于现实认定中的主体性，而在于不顾外部事实随意的主观认定——那就会出

① ［美］罗伯特·C. 塔克：《卡尔·马克思的哲学与神话》，刘钰森、陈开华译，天津人民出版社2018年版，第228页。

现很大偏差。社会现实的认定就是实践主体与客体之间反复调适的结果。绝对的主观性与绝对的客观性严格说都是不存在的。如果没有任何先在的文化理念和价值立场，径直去得到社会现实的认定，那就有两种理论上的可能性：要么是洞悉一切、不偏不倚的上帝，要么是完美的机器。两者都很可怕，也都不可能。对于现实的人来说，第一种内在现实和第二种内在现实都无法绝对取消。问题的关键不是取消，而是如何合理正确地对待。我们这方面的论述将在第三部分加以展开。

不考虑学术共同体的认同，也不在乎实践成效的高低，径直按照自己认可的思想来筛选经验事实作为自己认定的“现实”，如果一直还能行得通，那罗伯特·C. 塔克的观点无疑是把马克思的现实认知主体视为万能之神的世俗化翻版了，是把马克思的主体概念解释为近代内在性主体了。这才是问题的关键之处。我们知道，马克思和尼采都坚决反对笛卡儿、康德那种可以与身体、自然分离的绝对主体观念，都坚持从自然与自由的内在统一中看待主体性。对马克思来说，作为社会现实认定主体的“现实的人”，不是上帝的世俗化版本，而是一种新的历史唯物主义主体。马克思的“现实的人”首先是一种祛神的存在，一种自然的存在，然后才是一种社会性存在。社会性存在的意思就是依靠社会性力量的凝聚、合作、整合，没有什么神秘性，既没有黑格尔意义上的理性的狡猾，也无须依靠原有上帝的全知全能，即那种瞬间就能覆手翻云、通达一切的神秘能力，而只能依靠可以诉诸经验观察和检验的社会性力量。历史唯物主义意义上的社会性当然也可以在认知它之前具有神秘性，但这种神秘性是一个可检查和检验的，而且也只能、必须靠实践效果来检验和调整。顽固地从主观认定的内心理念出发筛选社会现实的做法，恰恰是强调实践的历史唯物主义所反对的。

塔克的批评是针对“现实”的主体选择性，还是主体选择的价值立场？如果是前者，那还无意义：没有主体选择性的“现实”恰恰是马克思和尼采坚决反对的“上帝”立场。如果是后者，那意味着塔克不同意马克思的价值立场，不同意从自由和解放角度确立“现实”，不同意把资本主义的社会现实界定为压抑人的自由和解放的存在。就主体确立现实都离不开价值前提来说，这没有什么可谴责的，也没有什么可奇怪的。如果说有可谴责的，那该谴责的无非两种可能：一是那种存在一种绝对客观、毫无争议、对所有人都一样、能超越任何一种特定立场和视角的全体视角和绝对立场。这是马克思和尼采早已在拒斥的不折不扣的上帝思维方式，是马克思和尼采坚决反对并力主予以超越的神之立场。当然，这种立场也可以表现为，现实对于所有人都是一样的，客观的现实是确定无疑的、不会因人而异的。不管诉诸上帝神灵的保佑，还是依靠所谓“科学”的保证，逻辑都是一样的。我想，如果塔克仍然相信一个绝对视角，也就是无所遗漏、无所偏颇、绝无主观、全景观视的上帝视角，从而主张一个传统形而上学立场，按照这样的立场来解释他对马克思的批评的话，那塔克的批评就几乎不值得一驳了，因为那是明显落后于马克思和尼采的现代哲学立场的，是个还没有进入现代视野的前现代哲学的表现。如果我们接受塔克的立场不是这样，那解释得通的应该是，马克思的价值立场他不同意，他有自己觉得更合理的价值立场。依靠那种立场，才能得出马克思的现实认定具有“主观性”、“偏颇性”和非绝对性的结论。但这样一来，塔克对马克思的批评也就是一种价值立场的争执和选择问题了，从而，这种批评也就失去不少威力，最多成为“萝卜白菜各有所爱”了。当然，站在马克思的角度，我们依然可以质疑塔克，自由、解放、压迫与剥削的消除，难道不能构成人类的理想追求吗？难道不能从此角度理解、界定社会现实吗？

三　现实：内在与外在之间的不断互动与调整

从何种角度理解和建构社会现实，由于现代社会阶级分化、阶层分化而势必更加多元和开放了。马克思是从无产阶级角度理解社会现实的，从此角度对社会现实的理论建构是一个非常复杂的理论工程。考察马克思、恩格斯建构无产阶级社会现实的过程，就可以发现，这中间沟通非常复杂，任务繁重，绝非一蹴而就，而是在不同时期面临不同的任务要求：有时需要的是以鲜活、快速变化的经验内容调整修正过分理念化的理论模型；有时则需要完善、修正概念模型；有时需要批判反思这样的内在现实，有时则需要批判否定那样的内在性现实；有时需要经验材料做支撑，有时则更需要方法论来支撑（材料多了反而陷入杂多，把握不到本质性)。需要向何种方面调整，一切都需要根据当下的具体情况而定。

(一) 早期致力于以经验现实纠正过于理念化的抽象现实

现实太复杂而且多变。没有人能直接获得它，除非设想一个无所不知无所不能的超验之神，才能法力无边地捕捉到现实的一切本质和细节。对于人来说，这是不可能的。于是，合理的视角、方法、途径对于真切现实的捕捉就至关重要。实际上，现实的呈现依赖于特定的方法、视角、程序和不断努力的过程。马克思揭示社会现实是经过了一个复杂的过程的，而且这个过程永无止境，没有终结。

如果把现实概念简略地理解为本质性维度和实存性维度的统一，那么，在马克思哲学活动的早期，他是以实存性内容反思、修正、调整、补充、完善本质性内容。黑格尔以及青年黑格尔派的鲍威尔等人太强调现实的本质性内涵了，以至于马克思发现，黑格尔“他不是从对象中发展自己的思想，而是按照自身已经形成了的并且是在抽象的逻辑领域中已经形成了的思想来发展自己的对象。……这是露骨的神秘主义”[①]。在《神圣家族》中，他批评布鲁诺·鲍威尔继续把现实的本质性过于抽象化了，实存性沦为本质的应用、显现和实现了，失去了与本质性对等存在的意义。所以，当马克思说思辨哲学“把现实的问题变为思辨的问题”[②]时，这个“现实”显然就更有靠近实存、具体存在即“感性、现实性、个性”的意义。从经验实存角度，他批评思辨哲学的“现实乃是对现实的歪曲和脱离现实的毫无意义的抽象”。[③] 那时的马克思对以下这一点感受很深：没有感性基础的理念本质是靠不住的，很容易沦为空洞的抽象。真正的本质现实一定是以感性实存为根基进一步上升到本质维度的，感性实存的基础对此至为关键。他在具体性、实存性、个体性中寻找着修正、调整过于抽象的本质现实的生动力量。

可是，当施蒂纳否定一切普遍性、本质性维度的存在意义，把一切普遍性存在都视为唯一者自我实现的障碍，因而把与众不同的唯一性当

① 《马克思恩格斯全集》第3卷，人民出版社2002年版，第18—19页。
② 《马克思恩格斯全集》第2卷，人民出版社1957年版，第115页。
③ 《马克思恩格斯全集》第2卷，人民出版社1957年版，第230页。

作现实的唯一本质时，正在向具体性、个体性维度靠拢的马克思猛然惊醒了：具体性、个体性存在所具有的现实性内涵绝对不能高估。如果像施蒂纳那样把个体性、具体性维度之上的普遍性存在都视为负面的东西，都视为自由和解放的障碍，因而想尽一切办法除之而后快，那更会陷入空洞和抽象。跟正在批评、反思的黑格尔相比，批评费尔巴哈的施蒂纳更为抽象和空洞。所以，施蒂纳事件发生后，马克思对社会现实的理解与建构马上转向了对施蒂纳式内在现实的批判反思。

（二）发现第三种内在现实并加以批评克服

施蒂纳认为，对每个人来说，最根本的现实就是他自己与众不同的独自性："'独自性'是一种现实，这种现实因自身的原因就能消灭封锁你们自己道路的一切不自由。你们不欲与并不打扰你们的那些东西相脱离，而如若它开始打扰你们，那么你们就知道：'你们务须更多地听从自己要甚于人！'"① 与前面我们说的第一种、第二种内在现实不同，施蒂纳这里所说的第三种内在现实虚无缥缈，无法实际地考察确定。第一种内在现实作为人天生遗传而来的自然、本能性力量，终究是可以感知、体验、考察的。在学习过程中接受下来并逐步内化认同的思想立场作为第二种内在现实，也是可以通过实际的步骤观察、考察、感觉到的，都不会神秘莫测。施蒂纳所说的这种内在于每个人内部的现实却虚无缥缈、神秘莫测。遭遇施蒂纳这第三种内在现实之后，促使马克思急促地寻找何为真正的本质现实，思考内在现实与外部现实的关系到底是什么。

施蒂纳"内在现实"的刺激和提醒告诉我们，这种内在性是不同于第一节中我们所说的三种内在性（现实）的第三种内在性。这第三种内在性是一种形而上学的内在性，具有一种无形无状、没有具体内容、缺乏具体旨归的特点，是靠自己确认、自己相信后积极作为才能发动、生成、挖掘出来的。本能与意志是可以测量和确认的，接受和主张的理念、精神也是可以确切地进行考察的。就是这第三种内在性，它是一种"无"，只有在革除了强硬的制度规约的反面意义上，可以进行确认。至

① ［德］麦克斯·施蒂纳：《唯一者及其所有物》，金海民译，商务印书馆 1989 年版，第 175—176 页。德文版 S. 180。

于具体的内涵，则是无法诉说的。它是一种空空的可能性，是一种没有任何约束的空间，飘荡不定、缺乏任何的固定性、一切都取决于特定的、当下即是的才情和激发，它是向无限的可能性空间开放的。说大它很大，说小它也可能很小，小到空空如也。众所周知，马克思恩格斯在批判施蒂纳的过程中发现，这种内在性是缺乏实在基础的。缺乏的这种基础不是费尔巴哈意义上的自然、本能基础，而是社会基础。缺乏基础使这种内在性成为小资产阶级的空想、幻觉，实在就是个靠不住的想象物。

（三）理念、本质的根本性在《资本论》时期再次重要起来

施蒂纳提醒马克思，实存性并不一定是个体、具体的存在体现出来的，更可能是在一种社会合作、在一种复杂的社会联系中孕育生产出来的。一种得益于更多的合作，因而势必是一种超越于个体性之上的普遍性、本质性存在、如此复杂又是必须借助一种复杂的科学方法才能把它呈现的社会性力量，构成历史唯物主义意义上的一种新的本质性、普遍性存在。早期思想中力图用经验现实调适来自黑格尔那跟抽象理念协调一致的本质现实，再次转化成借助科学方法对新诞生的社会性本质力量的确认和发现上来。

此时的马克思恩格斯强调，不能掉进繁杂的材料之中，滞留于现象和形式而把握不到本质。因为对本质的把握“是一件极其复杂的事情，是一项极其细致的工作；既然把可以看得见的、只是表面的运动归结为内部的现实的运动是一种科学工作，那么，不言而喻，在资本主义生产当事人和流通当事人的头脑中，关于生产规律形成的观念，必然会完全偏离这些规律，必然只是表面运动在意识中的表现”①。当事人并不一定能把握到本质，立场与方法不得当的庸俗经济学“抓住了现象的外表来反对现象的规律”② 也同样是不行的。要在纷乱复杂的现象背后发现本质，是需要科学的方法、需要先进的理论、需要艰苦的探索的。众所周知，马克思强调，“从实在和具体开始，从现实的（wirklichen）前提开始，因而，例如在经济学上从作为全部社会生产行为的基

① 《马克思恩格斯全集》第46卷，人民出版社2003年版，第348页。

② 《马克思恩格斯全集》第44卷，人民出版社2001年版，第348页。

础和主体的人口开始，似乎是正确的。但是，更仔细地考察起来，这是错误的”①。科学的方法是从抽象（的本质）不断走向（思维的）具体，而不是从实在的具体出发得出一些思维的抽象本质来。由此，抽象的本质现实与具体的本质现实得以区分开来。这是马克思的一大创建②。

由此，本文的结论也就显而易见了。

四　简要结论

首先，三种内在性都得与外在现实处于互动关系之中，共同交织成一个有效网络捕捉更多、更根本的社会现实。单纯的内在性是没有出路的，不管是施蒂纳的路子Ⅲ，还是尼采的路子Ⅰ，更不用说顽固地坚持某种主观框架、视角无视外在社会现实变化的路子Ⅱ了。施蒂纳的内在性意味着一种来自浪漫主义、艺术创作意义上的自由创造，是创造性的别名，只不过缺乏实际的基础性支撑，才导致其陷入虚幻。如果通过历史唯物主义给它一个实际的基础，是可以把它拯救出来的。这种背景下拯救出来的力量就加入了马克思的实践能动性之中，成为内在与外在互动的社会现实中的一种构成性因素了。

其次，马克思意义上的社会现实是一种辩证互动过程，是多种内在因素与外在经验现实互动的结果。这种现实会在不同的辩证水平上呈现，或者确切地说被构建出来。这种构建不仅仅是一种理论事业，更是一种实践行动事业，是实践行动体系向前推进过程中自我调适的一种策略，是实践体系谋求特定目标实现必须借助的渠道和环节。在这个意义上，它既不是主观的，也不是纯客观的，而只能是主客观的一种实践统一。辩证法在这个统一中获得一种充分的体现。

再次，塔克没有看到马克思分析、揭示的社会现实是一个内在与外在互动的过程，而且是总不能停息下来的过程，否则，得以呈现给我们的社会现实就会固化、僵化，会被生动、变更着的社会现实抛弃。

---

① 《马克思恩格斯全集》第30卷，人民出版社1995年版，第41页。

② 参见刘森林《马克思现实观的四个维度》，《马克思主义与现实》2015年第5期。

塔克应该看到，内在现实是必需的一种基础性存在，毫无内在性的现实追求只能是上帝或者物化机器才能做到的，而那是非常可怕的情况。告别马克思和尼采一致反思告别的传统形而上学立场，就必须从现实的个人出发理解、接受这种现实，并尽最大努力扩展、提升能把握到的社会现实的范围、深度和层次。

撇开内在欲望、追求，是无法确立所谓外在现实的。不受主体内在欲望和价值诉求影响的、与主体无任何关联的所谓完全外在现实，实际上是不存在的，或者只有对于上帝、神灵来说才是可能的。同时，绝对的内在现实也是很难贯彻出去的，那肯定会遭遇严重的阻碍。最后的结果肯定是内在现实与外在现实的某种和解。不同个体、不同群体囿于特定的利益、欲求、价值、目标都或多或少影响到对具有高度复杂性、整体性的外在现实的选取和定位。陈波论说哲学“事实”范畴的话放在这里同样是适用的：“‘事实’与认知主体的意图或目标有关，是认知主体利用特殊的认知手段，对外部世界中的状况或事情所做的有意识的提取和搜集，因而是主观性和客观性的混合物。”①

所以，从现实的人的角度来看，关键的不是是否具有内在性，是否从内在性出发去致力于认知和呈现社会现实，而在于这种内在性是哪一种，即如何对待上述我们谈及的三种内在性。也就是说，内在性是否与其他因素合理结合起来，是否与外在性借助科学合理的方法良性互动起来，对于马克思来说才是关键性的。

最后，对于马克思来说，这种内在性的关键还有一点需要注意，那就是它必须跟一个具有历史前途的社会群体结合起来，必须是这个群体认同的，是内在于这个群体的历史特质和历史天职之中，跟这个群体在社会历史中的必然性、本质性存在关联在一起：它以世界市场的存在为前提，“因此，无产阶级自由在世界历史意义上才能存在，就像共产主义——它的事业——只有作为‘世界历史性的’存在才有可能实现一样”②。“问题不在于目前某个无产者或者甚至整个无产阶级把什么看做自己的目的，问题在于究竟什么是无产阶级，无产阶级由于其本身的存在必然在历史上有些什么作为。它的目的和它的历史任务已由它

① 陈波：《“以事实为根据”还是“以证据为根据”?》，《南国学术》2017年第1期。

② 《马克思恩格斯选集》第1卷，人民出版社2012年版，第166页。

自己的生活状况以及现代资产阶级社会的整个结构最明显地无可辩驳地预示出来了。”①

马克思的确受过德国古典哲学思想的深刻影响，但要仔细区分他的思想形成过程中不同阶段上德国观念论哲学及非观念论哲学思想的内在影响，思想成熟后这种思想应该是尽量被搁置了，被悬置了，被加进括号里去了，然后再根据新创立的历史唯物主义理论加以改造取舍，之后再放置进自己的理论思想之中来。任何一个思想家在自己思想形成的过程中都会受诸种思想的影响，这些思想会进入他的内在意识之中，成为他进一步观察世界、分析问题的基本架构的组成因素，但不能由此就认为这些先在的思想在这位思想家的意识里构成了比经验材料、社会现实更加重要的“内在现实”。谁都会受到某些先在思想的内在影响，谁都会在形成自己的观察框架贯彻中吸收一定的先在思想立场，设想一个没有受任何先在思想立场影响的理论，那是不折不扣的意识形态欺骗，说到底还是上帝思维的体现。马克思试图以实践思维改变这种上帝思维、改变这种传统形而上学。尼采更清晰地把它归为“上帝死了”。上帝已死，首先是意味着那种从绝对者出发、一切都归于绝对者的上帝（传统形而上学）思维方式已死。我们再不能以上帝神灵的名义来思考和行动，更不能把世界设想为一架无情运作的残酷的机器，把机器系统视为全知全能、不受现实的人之情绪和欲望的干扰，不受精力、能力不足的限制的完美者和完全听命于我们的执行者。

我们必须以现实的人的名义来思维和行动！现实的人就是必然受过先在思想立场内在影响但最终肯定是极为重视现实的社会关系影响的人，也就是不会以先在的思想立场为先也不会完全消极地以外在的社会现实为先的人，而必须在内在性与外在性之间进行积极的互动，把遵从当下社会现实与改造、提升社会现实融为一体的人。这样的人才是现实的，这样认定的社会现实才是切实的，才是生动和富有希望的。

---

① 《马克思恩格斯全集》第 2 卷，人民出版社 1957 年版，第 45 页。

马克思劳动所有权概念的辩证结构和历史性质

萧诗美*

中国特色社会主义实践迫切需要一种劳动所有权的理念。这种劳动所有权的理念本来是很容易从马克思的文本中提炼出来的。可是说起劳动所有权，立即会遇到马克思的劳动所有权和自由主义的劳动所有权有何区别的问题。在与自由主义的对比中，甚至会发现马克思到底是主张劳动所有权还是反对劳动所有权都是一个问题。这些问题迄今没有得到令人满意的回答。因为只有通过揭示马克思劳动所有权概念本身的辩证结构和历史性质才能做出科学的回答。

一　劳动所有权的结构、规律和本质

马克思的"劳动所有权"，准确的称谓应该是"以自己的劳动为基础的所有权"①。马克思曾经将其定义为这样一种关系：劳动者把劳动的客观条件看作他自己的东西②。该定义中含有劳动所有权的两个质的规定和一个本质规定。质的规定之一：劳动所有权的主体是劳动者而不是劳动者以外的其他人。这意味着马克思的劳动所有权不同于一般的财产所有

---

* 作者简介：萧诗美，武汉大学哲学学院教授。

① 《马克思恩格斯全集》第31卷，人民出版社1998年版，第348页。

② 参见《马克思恩格斯全集》第30卷，人民出版社1995年版，第484—494页。

权，一般财产权中所有者不一定是劳动者，劳动所有权的所有者必须同时是劳动者。质的规定之二：劳动所有权的客体是劳动的客观条件而不是劳动的主观条件。劳动的主观条件即劳动能力和劳动者的人身自由权联系在一起，只有没有人身自由的古代奴隶才能说他对自己的劳动能力没有所有权，现代工人因为是自由人，所以对自己的劳动能力有所有权，这也是劳动力能够合法买卖的前提。在劳动的客观条件中还需要进一步区分生产资料和消费资料。马克思之所以把劳动所有权的对象归结为生产资料而不是消费资料，是因为劳动者对消费资料的所有权不涉及人的类本质，劳动者对生产资料的所有权才涉及人的类本质。

马克思把劳动所有权的本质规定概括为"劳动和所有权的同一性"①。该同一性主要是就所有权的来源和合法性依据说的。马克思认为所有权的产生和劳动生产是同一过程，在他看来人类的一切生产都是人对自然的占有②。自己的劳动不仅是"对自然产品的实际占有过程"，而且是"最初的占有方式"③。但是实际占有不等于所有权，实际占有要成为所有权，还需要得到他人的承认。他人的承认"使对自己的劳动的所有权转变为对社会劳动的所有权"④。在商品经济条件下，他人的承认是通过商品交换实现的，因为交换的前提就是相互承认对方的所有权。所以马克思说："以自己的劳动为基础的所有权，在流通中成为占有他人劳动的基础。""正像自己的劳动实际上是对自然产品的实际占有过程一样，自己的劳动同样也表现为法律上的所有权证书。"⑤总之，无论从"占有"环节还是从"所有"环节来说，劳动所有权都源自劳动，所以说它和劳动具有同一性。劳动和所有权的同一性又具体表现为两方面：一是劳动者和所有者的同一性，二是劳动者和生产资料的同一性。

马克思在讲到所有权的起源时强调"自己的劳动"，讲到所有权的本质时强调"自己的东西"，如说劳动的本质是把自然的东西变成自己的东西，交换的本质是把他人的东西变成自己的东西，所有权的本质也是劳动者把劳动的客观条件看成自己的东西。这个"自己的东西"就是所有权的标志：

① 《马克思恩格斯全集》第30卷，人民出版社1995年版，第463页。

② 《马克思恩格斯全集》第30卷，人民出版社1995年版，第29页。

③ 《马克思恩格斯全集》第31卷，人民出版社1998年版，第349、347页。

④ 《马克思恩格斯全集》第31卷，人民出版社1998年版，第349页。

⑤ 《马克思恩格斯全集》第31卷，人民出版社1998年版，第348、349页。

是自己的东西就有所有权，不是自己的东西就没有所有权。反过来说也是一样：有所有权的东西才是自己的东西，没有所有权的东西就不是自己的东西。劳动所有权的本质规定——劳动者和生产资料的同一性——就蕴含在“自己的东西”这一概念中。因为凡是“我的东西”其中必含有一个“我本身”，而我本身和我的东西的关系就是主体和客体的关系。当主体对客体拥有所有权时，主体和客体的关系就是同一性关系。这个同一性正是劳动所有权的正义性，而且是在劳动中建立起来的。生产资料从源头上说仍然是劳动产品，而劳动产品不过是劳动者的自我对象化，因而是劳动者的对象性存在和对象性本质。因此劳动者对生产资料的占有就是对自己的对象性存在和本质的占有。所以马克思说人在所有权中具有作为主体和作为客体的双重存在①。换言之，劳动者和生产资料在所有权中构成一个主客同一体。这个主客同一体不仅是自由人的存在结构，而且是人的自由自觉的活动之所以可能的前提条件。马克思为什么说“生产者只有在占有生产资料之后才能获得自由”②？生产者占有生产资料，意味着他对生产资料有所有权，换言之，生产资料是他自己的东西，他和生产资料构成一个主客同一体，这样他和生产资料发生关系即生产劳动本身，就相当于同一个东西自己跟自己发生关系，这种关系必定是自由的。

二 劳动所有权异化为资本所有权

在正常情况下，劳动是对自然的占有，而占有表现为劳动者对劳动产品的所有权。马克思发现在资本主义雇佣劳动中情况发生逆转：对于通过劳动而占有自然界的雇佣劳动者来说，占有不是表现为所有权的实现，而是表现为所有权的异化③。异化的标志是，“劳动者对自己的劳动产品的关系就是对一个异己的对象的关系”。之所以会这样，“是由于产品属于劳动者之外的他人”④；“这个产品对劳动者来说表现为他人的财

① 参见《马克思恩格斯全集》第30卷，人民出版社1995年版，第484页。
② 《马克思恩格斯文集》第3卷，人民出版社2009年版，第568页。
③ 参见《马克思恩格斯文集》第1卷，人民出版社2009年版，第157、168页。
④ 《马克思恩格斯文集》第1卷，人民出版社2009年版，第157、165页。

产”①。这就是劳动所有权的异化。马克思把这种劳动所有权异化的本质表述为：从所有权的第一条规律，即“劳动和所有权的同一性”，转变为所有权的第二条规律，即“劳动和所有权的分离”②。在第二条规律中，劳动，因为不能占有自己的产品，所以等于所有权的否定。所有权则发生分化：对于劳动者来说，所有权表现为不能占有自己的产品；对于资本家来说，所有权表现为占有他人无酬劳动的权利③。所有权原来只是占有和支配自己的劳动的权利，现在变成了占有和支配他人劳动的权力。这就表明，劳动所有权已经异化为资本所有权了，因为“资本是对劳动及其产品的支配权力”④。资本是脱离了劳动以后的纯粹所有权，化身为货币再去购买和支配劳动力，占有劳动者的剩余劳动。资本凭借财产权占有他人的劳动，实际上把所有权由平等的“权利”（right）变成了支配性的“权力”（power）。

马克思描述劳动所有权的异化：“所有权最初表现为以自己的劳动为基础。现在所有权表现为占有他人劳动的权利。”⑤ 精确规定，“占有他人的劳动”有两种不同情况：一种是“对他人劳动的所有权是以对自己劳动的所有权为中介而取得的”⑥。用经济学术语来说就是向他人支付了等价物，进行了等价交换。这是一般商品生产和交换遵循的所有权规律，是劳动所有权的规律在流通领域中的表现，并没有违反劳动所有权的规律。另一种是“不支付等价物便占有他人劳动的权利”⑦，或者说“占有他人无酬劳动或它的产品的权利”。这种“以剥削他人的劳动为基础”⑧的所有权，就是与劳动所有权性质正好相反的资本所有权。如果说劳动所有权正好符合所有权正义，那么资本所有权就正好背离了所有权正义。资本所有权和劳动所有权的真正分界线不在于是否占有了他人的劳动，而在于占有他人的劳动是否以自己的劳动为中介，即是否向他人支付了等价物。马克思创立剩余价值理论就是为了科学地区分这两种性质极不

① 《马克思恩格斯全集》第30卷，人民出版社1995年版，第463页。
② 《马克思恩格斯全集》第30卷，人民出版社1995年版，第450、463页。
③ 《马克思恩格斯文集》第5卷，人民出版社2009年版，第673页。
④ 《马克思恩格斯文集》第1卷，人民出版社2009年版，第130页。
⑤ 《马克思恩格斯全集》第30卷，人民出版社1995年版，第450页。
⑥ 《马克思恩格斯全集》第31卷，人民出版社1998年版，第403页。
⑦ 《马克思恩格斯全集》第30卷，人民出版社1995年版，第450页。
⑧ 《马克思恩格斯文集》第5卷，人民出版社2009年版，第674、876页。

相同的所有权。劳动所有权的规律是劳动和所有权的同一性；资本所有权的规律是劳动和所有权的分离。劳动和所有权的分离也包含两个方面，一是劳动者和所有者的分离，分化出有产者和无产者的对立。二是劳动者和生产资料的分离，分化出劳动和资本的对立。雇佣劳动制度以市场买卖的方式把劳动者和生产资料重新结合起来，但是在这种结合中，劳动者对生产资料只是实际占有而没有所有权，因此只是外在的偶然的结合，实质上还是分离的。

马克思指出："所有现代的经济学家，无论是偏重经济学方面或偏重法学方面，都把个人自己的劳动说成最初的所有权依据。"① 这意味着从洛克到李嘉图的思想家和马克思一样都主张劳动所有权。但是马克思对洛克、李嘉图等人的劳动所有权思想多有批评。那么马克思的劳动所有权概念和洛克、李嘉图等人的劳动所有权概念有什么区别？通常容易理解成这样的区别：马克思主张劳动所有权，洛克等人主张资本所有权。马克思明确反对这种简单化的画线。在他看来，从洛克到李嘉图的思想家在所有权问题上的根本错误，并不是他们在两种根本对立的所有权中主张资本所有权而反对劳动所有权，而在于他们把关于劳动所有权的意识形态搬到资本所有权的经济制度中，用劳动所有权的规律来描述和评价资本所有权的现实，把对资本所有权的侵犯说成对劳动所有权的侵犯，用劳动所有权的合理性来证明资本所有权的合法性②。这在理论上就表现为他们把两种根本对立的所有权概念混为一谈。而导致混淆的根本原因是他们的所有权概念只有"自由"这一重规定，没有"自由"和"异化"的双重规定，因而也就没有劳动所有权和资本所有权的历史区分和辩证转化。马克思认为，劳动所有权和资本所有权虽然是两种根本对立的所有权，但两者实质上是同一种所有权因为历史条件的变化而发生的自我异化。劳动所有权的正义原则正是通过不断的自我异化和扬弃异化来实现的。这样马克思的所有权概念就具有自由和异化的双重本质，就有劳动所有权和资本所有权的历史区分和辩证转化。据此我们亦能明白，所谓马克思的"所有权批判"其实所批判的只是资本所有权，不是劳动

---

① 《马克思恩格斯全集》第 31 卷，人民出版社 1998 年版，第 349 页。

② 参见《马克思恩格斯全集》第 49 卷，人民出版社 1982 年版，第 144 页；萧诗美、肖超《马克思论所有权的自由本质和自我异化》，《中国社会科学》2019 年第 2 期。

所有权。马克思对私有制和私有财产的批判也是如此。资本所有权和劳动所有权的区分并不对应于私有制和公有制或私有财产和公有财产的区分。“私有制的性质，却依这些私人是劳动者还是非劳动者而有所不同。”“以生产者自己的劳动为基础”的私有制和“以剥削他人的劳动为基础”的私有制是“两种极不相同的私有制”[①]。前一种私有制属于劳动所有权，后一种私有制属于资本所有权。凡是马克思批判的私有制和私有财产，必定都是资本所有权的，不是劳动所有权的。而且马克思正是用劳动所有权的正义原则来批判资本所有权的非正义性。马克思批判资本所有权的目的正是捍卫劳动所有权。

三 资本所有权扬弃为劳动所有权

马克思的劳动所有权思想，不是异化到资本所有权就终止了，它还要通过资本所有权的扬弃，重新回到劳动所有权。马克思就是根据这个否定之否定规律推出其共产主义理想：“共产主义是私有财产即人的自我异化的积极的扬弃。”[②] 这里说的“私有财产”就是已经异化的资本所有权。它的对应概念“真正人的财产”则是尚未异化的劳动所有权。我们知道劳动所有权的规律是劳动和所有权的同一性，并集中表现为劳动者和生产资料的同一性。由于生产资料作为劳动产品是劳动者的自我对象化，劳动者对生产资料的实际占有和所有权，用哲学语言来说就是人对自己的对象性本质的占有，或者说人的本质的自我实现。劳动所有权异化为资本所有权后，所遵循的规律是劳动和所有权的分离，且集中表现为劳动者和生产资料的分离。这种分离用哲学语言来说就是人的对象性本质同人相异化，简言之就是人的本质的自我异化，再简之就是人的自我异化。资本所有权“由于自然过程的必然性，又造成了对自身的否定。这是否定之否定”。[③] 等于重新回到劳动所有权。马克思把这个重回劳动所有权的过程描述为：“通过人并且为了人而对人的本质的

---

① 《马克思恩格斯文集》第5卷，人民出版社2009年版，第872、876页。

② 《马克思恩格斯文集》第1卷，人民出版社2009年版，第185页。

③ 《马克思恩格斯文集》第5卷，人民出版社2009年版，第874页。

真正占有。"[①] 这里说的"真正占有"就是"对所有权的占有"。在资本所有权中，劳动者对生产资料，因为没有所有权，只有实际的占有，没有真正的占有。因此扬弃资本所有权，回归劳动所有权，就是对资本所有权中异化了的人的对象性本质的重新占有。该过程等于从劳动和所有权的分离重新回到劳动和所有权的同一性，从劳动者和生产资料的分离和对立重新回到劳动者和生产资料的主客同一关系。劳动者和生产资料的分离用哲学语言来说就是人的本质的自我异化；劳动者和生产资料的同一性用哲学语言来说就是人的本质的真正占有。

劳动所有权发展的以上三个环节，不仅是逻辑过程，而且是历史过程。并且终点不是简单回到起点，而是在更高基础上回到起点。从劳动者和生产资料的结合方式来看尤其如此。起点是前资本主义的劳动所有权，以分工和交换不发达的自然经济为基础。劳动者和生产资料结合的方式是"劳动者对生产资料的私人占有和私人所有权"，也就是马克思说的"个人的、以自己劳动为基础的私有制"[②]。其中占有和所有、劳动和所有权、劳动者和所有者、劳动者和劳动条件等都具有同一性。中间的资本主义占有方式，即资本所有权，以分工和交换发达的社会化大生产为基础。劳动者同生产资料结合的方式是"劳动者的共同占有和非劳动者的私人所有权"。反映资本主义生产的社会性和占有的私人性的矛盾，表现为占有和所有、劳动和所有权、劳动者和所有者、劳动者和劳动条件等都是分离的。终点是后资本主义的劳动所有权，同样以分工和交换发达的社会化大生产为基础。正是为了克服生产的社会性和占有的私人性的矛盾，马克思设计的劳动者和生产资料结合的方式是："在协作和对土地及靠劳动本身生产的生产资料的共同占有的基础上，重新建立个人所有制。"[③] 这种占有模式可概括为"劳动者对生产资料的共同占有和个人所有权"。都是生产资料，既共同占有，又个人所有，并不存在杜林所说的"自相矛盾"，是因为马克思用"占有"和"所有"的区分避免了这一矛盾。生产资料共同占有显然是协作劳动的结果，因为劳动即是占有，协作式共同劳动必然导致生产资料的共同占有。但这里的"共同占

① 《马克思恩格斯文集》第1卷，人民出版社2009年版，第185页。

② 《马克思恩格斯文集》第5卷，人民出版社2009年版，第874页。

③ 《马克思恩格斯文集》第5卷，人民出版社2009年版，第874页。

有”仍属于“实际占有”，并不等于“所有权”，所以马克思提出要在共同占有基础上重建个人所有权。既然劳动所有权是自由人的标志，那么个人所有权就是自由人联合体的标配。至于个人所有权的实现方式，根据所有物的性质不同，可以是个别的，也可以是共同的。不管采取哪种形式，其中占有和所有、劳动和所有权、劳动者和所有者、劳动者和劳动条件等都具有同一性，即都遵循劳动所有权的固有原则。

以上三个环节综合在一起构成马克思的完整的劳动所有权思想。从三个环节的辩证结构和历史转化中可以看出马克思的劳动所有权概念具有辩证的和历史的性质。这显然是马克思把辩证唯物主义和历史唯物主义原理用于劳动所有权概念的结果。至此我们可以从总体更清楚地看出马克思的劳动所有权概念和自由主义的劳动所有权概念的区别：马克思的劳动所有权概念是有内部过程和辩证结构的具体概念；自由主义的劳动所有权概念是没有内部过程和辩证结构的抽象概念。马克思到底是主张劳动所有权还是反对劳动所有权的问题也有了答案：他主张一种辩证的、历史的、具体的劳动所有权概念，而反对那种抽象的、永恒的、超历史的劳动所有权概念。

作为凝结在物中的一般人类劳动的价值

——关于马克思价值观的探索*

王国坛　庄晰尧**

在普遍关注社会主义核心价值观的背景下，深入挖掘马克思价值观的本质内涵自然是十分必要的。但在研究马克思价值观问题时却存在这样一种现象：在人们把价值问题当作社会问题来对待的地方，却很难找到马克思关于价值问题的直接论述，而马克思在政治经济学中谈论价值问题最多的地方，人们似乎仅仅把它当作一个经济学问题而加以忽略。这导致对马克思价值观研究不够深入就在所难免了。笔者认为，应加强对马克思政治经济学中价值问题的深入理解。一方面，马克思本人非常重视他在价值问题上的重大发现，他认为，自亚里士多德以来，对价值形式问题的研究，两千多年来没有得到什么结果，还认为："这一发现在人类发展史上划了一个时代。"① 另一方面，笔者认为，马克思对价值观的创新理解其首要意义当然在于政治经济学的理论创新，恩格斯认为，他创建了"科学的、独立的、德国的经济学"②。但他在价值观上的创新理解似乎又不局限于政治经济学范围，也有普遍的社会意义。正如马克思所说的，资本主义商品生产是以物与物的社会关系掩盖了人与人

---

* 本文系国家社科基金重点项目"现代中国哲学史资料库建设和研究（1919—1949）"（14AZD088）阶段性成果。

** 作者简介：王国坛，辽宁大学哲学与公共管理学院教授，庄晰尧，辽宁大学哲学与公共管理学院博士研究生。

① 《马克思恩格斯文集》第5卷，人民出版社2009年版，第8、91页。

② 《马克思恩格斯选集》第2卷，人民出版社2012年版，第8页。

的社会关系。这意味着人与人的社会关系才是价值观的本真内容。所以如何从马克思政治经济学的价值概念中挖掘出他的价值观的普遍社会意义是本文的主要目的。鉴于此，本文拟从马克思的价值概念出发，即从作为凝结在物中的人类一般劳动的价值定义出发，重点讨论如下几个问题：一是如何理解价值概念的含义，二是这种价值概念是如何走向商品拜物教并掩盖剥削秘密的，三是这种价值概念所包含的人与人的社会关系内容有哪些。希望通过这些分析以实现对马克思价值观的深入理解。

一

毋庸置疑，价值概念在政治经济学中具有决定性意义，因为对价值概念的不同理解，将决定着政治经济学研究的不同方向。所以马克思在《资本论》第一卷第一章中首先对价值概念做了系统阐述。由于这个概念非常抽象，尽管在表述上他极尽可能地通俗化，但仍然不容易理解。为了便于理解，他首先采用了最简单的抽象方法，即对商品物的具体内容以及各种劳动的具体内容进行了思维抽象，经过最大限度的抽象之后，他说：“现在我们来考察劳动产品剩下来的东西。它们剩下的只是同一的幽灵般的对象性，只是无差别的人类劳动的单纯凝结，即不管以哪种形式进行的人类劳动耗费的单纯凝结。这些物现在只是表示，在它们的生产上耗费了人类劳动力，积累了人类劳动。这些物，作为它们共有的这个社会实体的结晶，就是价值——商品价值。”又说：“商品价值体现的是人类劳动本身，是一般人类劳动的耗费。”① 根据马克思的阐述，出于便于分析问题的需要，我们把价值的定义概括为，价值是一般人类劳动在物中的凝结，或者说作为在物中凝结的一般人类劳动的价值。如何理解这个定义的含义呢?

这个定义包含了两个方面的内容，一是某种东西“在物中的凝结”，也就是某种东西被输入物之中，并最终积累在物之中，这是什么意思?二是如何理解凝结在物中的“那种东西”，即一般人类劳动。这种“一般

① 《马克思恩格斯文集》第5卷，人民出版社2009年版，第51、57页。

人类劳动”又是什么意思？只有把这两个方面的内容搞清楚了，才能澄清价值定义的具体含义。

首先，我们分析第一方面的内容。这部分内容主要是一种方法论问题，是关于如何认识事物本质的方法问题。这种方法强调要在事物的对象性关系中去认识事物本质，所以这种方法我们暂且称为“对象性方法”。

对象性方法是认识事物本质的方法，它要求在对象性关系之中认识事物的本质。要注意，一方面，对象性关系是普遍存在的，但另一方面，不是任意两个事物都会构成对象性关系，只有两个事物之间通过相互联系、相互作用是一方的本质反映到对方身上从而达到每一方都能够映现对方的本质时，才能构成对象性关系。正如黑格尔所说：“本质是一个反思的存在，一个映现他物的存在，也可以说，一个映现在他物中的存在。”又说：“每一方只有在它与另一方的联系中才能获得它自己的本质规定，此一方只有反映另一方，才能反映自己。另一方也是如此，所以，每一方都是它自己的对方的对方。”① 所以只有在对象性关系之中才能达到本质性认识。马克思把黑格尔的对象性方法加以唯物主义改造，在《关于费尔巴哈的提纲》第一条中强调：要把对象、现实、感性都当作人的感性活动、当作实践去理解。只有按照这种方法去认识商品的价值，才能超越古典经济学对价值的理解。

一方面，商品作为用于交换的劳动产品，是人的劳动产物，人在劳动过程中必然花费一定的时间、一定的劳动量，人通过劳动在人与物之间建立起联系，从而人也就通过自己的劳动把自己的本质力量输入物之中，并凝结在物之中，因而人与商品之间构成了一种对象性关系自不必待言。另一方面，按照马克思的看法，认识商品的本质即商品的价值只能到商品的对象性关系中去理解，也就是只能把商品当作人的感性活动、当作人的劳动去理解。而古典经济学——它的观点代表了普遍的非辩证法的观点——却只是从客体的或直观的形式去理解商品，因而把商品的本质仅仅看成物本身的性质。马克思与古典经济学家们之间，由于方法论上的差异及其认识结论的截然相反，导致二者在理论研究的价值取向

① ［德］黑格尔：《小逻辑》，贺麟译，商务印书馆 1980 年版，第 246、254—255 页。

上走向了完全不同的方向。在马克思看来，只有诉诸对象性关系中，才能达到真理性认识。

这里还需要进一步追问，因为人的劳动，使人与商品之间发生了相互作用，才使二者之间构成了一种对象性关系。之所以二者是一种对象性关系，是因为商品中凝结了人的本质力量，从而人的本质构成了商品的本质，这就等于说，在商品身上发生了一种“综合关系”，即有外来的内容加进商品物之中。反过来说，在人身上也发生同样的情况。这里需要进一步追问的是，在交换活动中，商品与商品之间是否也构成一种对象性关系呢？从辩证法的观点看，这二者之间不是一种真正的对象性关系。从内容和形式两方面看，商品的交换活动并未发生本质内容的综合作用，即并未发生商品 A 的本质内容外化到商品 B 之中，从而在商品 B 之中凝结着商品 A 的本质内容。实际上，物与物之间也有对象性关系，比如，植物通过光合作用把太阳的本质内容凝结在自己身上，于是这二者之间就构成了一种对象性关系。但在交换活动中并未发生这种情况。交换活动——不论是物与物的交换，还是物与货币的交换——只是一种物权转移活动，因而只具有“形式”方面的意义。所以交换活动不是真正意义上的对象性关系。交换活动与生产活动不同，生产活动可以说既具有内容方面的意义，又具有形式方面的意义。它的内容意义是指在生产中，既在人身上发生了综合关系，也在物身上发生着综合关系；它的形式意义明显地在人身上表现出来，即人在生产中由于吸收了对象的本质内容而使人发生了变化，但人的变化很难被直观到，他只能在自己的活动中、在自己的对象身上看到自己的变化。

进一步说，虽然生产活动具有完整的对象性关系，但这种完整意义仍然有其局限性，即它只是局限于人与物的关系中。人与物之间关系之所以有局限性，是因为它不能满足人的社会本性的要求。要满足人的社会本性的要求，就需要进展到人与人之间关系中去阐明对象性关系。而要阐明人与人之间的对象性关系仅有生产活动是不够的，还需要引进消费/享受环节才能得到全面说明。就人的本性而言，人既为自己，也为别人，但只有真正为别人，才能实现为自己的目的①。

① 马克思：《1844 年经济学哲学手稿》，人民出版社 2000 年版，第 82 页。

所以从本质上来说，人首先是为别人而劳动。由于消费活动吸收了生产活动的内容，使消费者凝结了生产者的本质内容，从而实现了生产者的目的。但消费者的本质内容没能外化给生产者，所以不能单从消费活动来理解对象性关系，而必须把消费活动与生产活动结合起来，即只有在全社会人与人之间的彼此相互生产/消费关系中，才能形成对象性关系的完整意义。

而生产与消费之间的结合又离不开交换活动，所以交换活动必然成为人与人之间对象性关系的必要环节，而且它只有作为这种环节，才具有真实意义。但在商品生产社会中，人们却把交换活动独立出来，使之成为生产的目的，并从中演化出一般等价物这个"幽灵般的对象性"，这是商品生产的问题所在。

其次，在明确了价值概念的方法论之后，接下来我们分析价值概念的内容，即解析"一般人类劳动"的含义。不搞清楚这个内容，价值概念就始终处于模棱两可状态。马克思是从以下三个方面阐述了这个内容。

第一，"一般人类劳动"是一种无差别的抽象劳动。上面已经提到，马克思运用了抽象思维方法从各种各样的商品中和各种各样的具体劳动中去指认"一般人类劳动"为何物。他在《资本论》第一卷第一版"序言"中不无感慨地说："分析经济形式，既不能用显微镜，也不能用化学试剂。二者都必须用抽象力来代替。"① 但这个方法在当今的科学研究中没有得到普遍使用。马克思的抽象活动可以概括为以下几点。一是，在思维中，如果把商品物中的各种具体内容和生产它们的各种劳动的具体内容都抽象掉了，抽得连一个原子都不剩下，那么请问，在商品中是否还有剩余物存在？如果有剩余物，那么它是什么？如果没有剩余物，那么对一些社会现象应该给予合理的解释？二是，社会上普遍存在商品交换现象，众所周知，商品 A 能够与商品 B 进行交换，说明这两种商品之间具有"等值"关系。这种等值关系意味着什么呢？如果从物质性和有用性角度看，各种商品之间都有自己特殊质的规定性，因而不同商品之间不可能存在等值关系；如果没有等值关系，商品之间就不可能进行交换。于是，商品的普遍交换活动证明了在不同商品之间必然会存在

① 《马克思恩格斯文集》第 5 卷，人民出版社 2009 年版，第 8 页。

一种所有商品共有的无差别的同一性的东西。我们就把这种东西命名为“价值”。三是，价值是由什么东西决定的？物质还是劳动？商品作为物，我们对它的最高抽象当然可以是客观性，但客观性只是说明商品的真假有无问题，不能说明商品的劳动产品属性。对劳动产品的最高抽象只能是劳动，是劳动决定着价值。那么，是什么样的劳动在决定着价值呢？由于具体劳动都是与商品的物质性、自然性直接相关，因而也与有用性直接相关，所以当把商品的物质性、有用性抽掉了也就等于把劳动的所有具体内容都抽掉了，这样就会剩下一种无差别的抽象劳动。这种抽象劳动就是所有的具体劳动乃至所有的人类劳动都是无差别的等同的即具有同质意义的劳动。结论是，价值是由抽象劳动决定的。马克思不无自豪地说：“商品中包含的劳动的这种二重性，是首先由我批判地证明的。”①

第二，“一般人类劳动”是一种“社会总劳动”。马克思在阐述社会必要劳动时间这个概念和人与人的社会关系时提出了“社会全部劳动力”和“社会总劳动”这个概念。马克思说：“形成价值实体的劳动是相同的人类劳动，是同一的人类劳动力的耗费。体现在商品世界全部价值中的社会的全部劳动力，在这里是当作一个同一的人类劳动力，虽然它是由无数单个劳动力构成的。”② 总之，从总体上理解人类劳动就意味着从平均值意义上来理解劳动，既包含了每个个体劳动的熟练程度和劳动强度的平均值，也包含了生产条件的平均值。但是马克思对社会劳动时间之必要性却未给予阐释。其实社会必要劳动时间只不过是说，社会全体成员要想正常生活生产，就需要提供一定量的产品作保证，所以社会全体劳动者就应该为社会提供必要数量的产品。全体劳动者为社会生产必要数量的劳动产品所花费的时间就是社会必要劳动时间。而全体劳动者在社会必要劳动时间内所从事的劳动构成“社会总劳动”。而“生产者同总劳动的社会关系”构成人与人的社会关系的实质。所以马克思说：“这种私人劳动的总和形成社会总劳动。因为生产者只有通过交换他们的劳动产品才发生社会接触，所以，他们的私人劳动的独特的社会性质也只有在这种交换中才表现出来。换句话说，私人劳动在事实上证实为社会总

① 《马克思恩格斯文集》第5卷，人民出版社2009年版，第54—55页。

② 《马克思恩格斯文集》第5卷，人民出版社2009年版，第52页。

劳动的一部分，只是由于交换使劳动产品之间、从而使生产者之间发生了关系。”① 把“一般人类劳动”理解为“社会总劳动”的意义在于使价值内涵有更为直观而深入的理解，也就是说，社会总劳动概念不仅使我们深入理解了人与人的社会关系内涵，而且使人们对个体价值的认识找到了直观的根据。

第三，“一般人类劳动”是人类劳动完成形态的最一般抽象。劳动本身如同生产力一样也有自己的发展过程。劳动的发展经历了由特殊劳动到一般劳动的进程。所谓特殊劳动是指人的劳动能力处于相对落后状态，这种相对落后的劳动在社会财富形成过程中，只能起到有限作用，即劳动只是财富形成中的一个特殊要素，除了劳动之外，还有其他因素参与其中。比如，在农业生产中，财富的生产除了人的劳动之外，很大程度取决于自然因素。土地、阳光、水等植物生长的自然条件，人不仅不能支配它们，相反人在很大程度上还要隶属它们。“因此，劳动还不是从它的普遍性和抽象性上被理解的，它还是和一种作为它的材料的特殊自然要素结合在一起，因而，它也仅仅在一种特殊的、自然规定的存在形式中被认识的。”② 所谓一般劳动是指对劳动全部形态进行最高或最一般的抽象。而劳动的全部形态只有等到劳动发展达到完成阶段才能出现。马克思说：“工业是完成了的劳动。”③ 这意味着工业是人类劳动的最丰富、最完善形态，它集以往各种劳动形态于自身。只有对这种劳动形态进行抽象，才能达到最普遍、最一般的认识。因为对事物本质的认识，“总是采取同实际发展相反的道路。这种思索是从事后开始的，是从发展过程的完成的结果开始的”④。而“最一般的抽象总只是产生在最丰富的具体发展场合，在那里，一种东西为许多东西所共有，为一切所共有。这样一来，它就不再只是在特殊形式上才能加以思考了”⑤。把一般人类劳动视为人类劳动形态的最一般抽象，其意义在于指出价值概念的本质内涵所应立足和适用的社会形态，即价值概念本应立足和适用于与完成了的劳动相适应的社会之中。

---

① 《马克思恩格斯文集》第 5 卷，人民出版社 2009 年版，第 90 页。

② 马克思：《1844 年经济学哲学手稿》，人民出版社 2000 年版，第 75 页。

③ 马克思：《1844 年经济学哲学手稿》，人民出版社 2000 年版，第 75—77 页。

④ 《马克思恩格斯文集》第 5 卷，人民出版社 2009 年版，第 93 页。

⑤ 《马克思恩格斯选集》第 2 卷，人民出版社 1995 年版，第 22 页。

以上三个方面可以较全面地理解马克思的"一般人类劳动"思想，进而可以较全面而深入地理解价值概念的本质内涵。从上述三个方面来看，价值概念本身蕴含着人与人之间合理的社会关系内容，但在资本主义条件下，价值概念却走向畸形发展之路。

二

马克思认为，在资本主义商品生产中，人与人之间的社会关系被物与物的社会关系掩盖，即人们只看到物与物之间的社会关系，却看不到人与人之间的社会关系，从而在商品世界中竟然出现商品拜物教的畸形现象，并且对资本主义的剥削现象也不能给予正确认识。应该说这些现象都与价值概念的畸形发展直接相关。所谓价值概念畸形发展是指在资本主义社会以私人劳动和雇佣劳动为主要劳动形式的条件下商品中的价值对象性即"一般人类劳动"的对象性却被表现为一般等价物或货币这种物的形式，而且用社会必要劳动时间来计量的劳动力耗费被转变为劳动产品的价值量的形式。于是，一般等价物和价值量都是以物的形式或物的外观掩盖了人类劳动的真实意义。正是由于价值概念的畸形发展，才导致上述现象出现。下面我们重点分析是什么原因导致价值概念的畸形发展。

首先，按照马克思的看法，导致价值概念畸形发展，是由商品本身内在矛盾引起的。他说："商品内在的使用价值和价值的对立，私人劳动同时必须表现为直接社会劳动的对立，特殊的具体的劳动同时只是当做抽象的一般的劳动的对立，物的人格化和人格的物化的对立，——这种内在的矛盾在商品形态变化的对立中取得发展了的运动形式。因此，这些形式包含着危机的可能性。"① 他这里所说的商品形态所取得的发展了的运动形式是指由商品形态的进一步发展而形成的商品交换关系或买卖关系、货币以及世界货币与商品流通关系、资本与商品生产关系等形式，认为这些形式中包含危机的可能性。而这些可能性归根结底是由商品自

① 《马克思恩格斯文集》第5卷，人民出版社2009年版，第135页。

身的内在矛盾引起的。比如说，当社会发展到这样的阶段，生产者把自己的劳动产品当作商品来对待时，也就是说，他们是为交换而生产时，就出现了买卖问题，一方面，商品生产者希望自己的商品能够卖出去；另一方面，商品生产者自己又有多种需要，要使自己的多种需要得到满足，就需要买进各种商品。这里的买卖活动是相互对立、相互分离的，一方面，商品生产者希望自己的产品能卖出去以换回货币，但该生产者在买的问题上不是必然的，由于各种原因导致他有可能买，也有可能不买。如果整个社会能够有计划地进行买卖，那么整个商品世界就可以保持正常流通，如果买大大少于卖，那么社会就会出现商品积压危机。这种买卖的矛盾归根结底源于商品的内在矛盾。不仅如此，商品的内在矛盾也在规定着价值概念的演变。

商品价值作为凝结在物中的一般人类劳动，它本身就潜藏着为别人劳动、为社会劳动的性质，也就是说，它本身就潜藏着人与人的社会关系的内容。但是在特定历史阶段中，商品价值所包含的这种性质和内容却必须通过交换活动来实现自己的价值，也就是它只能通过别人的商品来表现自己的价值，商品生产者之所以急于将自己的商品卖出去、急于获得别人手里的商品，其目的是急于实现自己的价值。如果说在简单的价值形式和扩大的价值形式中（这两种价值形式尚处于物物交换之中）这种目的性尚不够明显，是因为受到人们的消费目的所掩盖，而到了一般等价物/货币出现之后，这一目的就十分明显了。一旦商品的价值通过一般等价物/货币来表现时，商品自身的内在矛盾就完全表现在一般等价物/货币身上了。

其次，价值概念在一般等价物/货币身上的畸形表现。一般等价物/货币这种价值形式不是从来就有的，它是从物物交换的简单等价形式中发展而来的。当商品 A 与商品 B 进行交换时，商品 B 就是一种简单等价形式。因为商品 A 不能自己表现自己的价值，它的价值是潜在的，仅就商品 A 本身而言我们无法判断它的价值，它只能依靠别的商品即商品 B 来表现自己的价值，所以商品 A 只具有相对价值形式，而商品 B 则是一种等价形式，它的职能只是用来表现或反映别的商品的价值，所以它本身具有与别的商品相等同的价值形式。所谓等价形式就是一个商品能与另一个商品直接交换的形式。当等价形式发展到一般等价物时，人们就把某种商品固定地充当一般等价物，也就是这种充当一般等价物的商品具有能与其他一切商品直接交换的形式。当一般等价物被固定为金银时，它就转变为货币。马克思认为，一般等价物/货币作为一种等价形式，它本身就包含着相互对立的内容，这些内容表现在三个方面：一是，使用价值成为它的对立面即价值的表现形式；二是，具体劳动成为它的对立面即抽象人类劳动的表现形式；三是，私人劳动成为它的对立面的形式，成为直接社会形式的劳动①。为什么在等价形式中会出现这些对立现象？这些对立现象的出现意味着什么呢？

马克思在分析商品交换过程中发现了一种奇怪现象：即商品的价值只能通过使用价值来表现。比如，任意一个商品 A，当它与商品 B 进行交换时，商品 B 就取得了等价物的地位，于是商品 A 的价值就由商品 B 来表现。这里奇怪之处在于，商品 B 却是以自然物的形式或使用价值的形式来表现商品 A 的价值。当商品生产者出卖自己的商品时，其目的是换回别人手中的货币，这时的货币对生产者来说，不是作为使用价值出现的，而是作为反映生产者手中的商品的价值的面目出现的。但货币本身却是一个具体的物，它可以是某种产品，也可以是金银。作为一种劳动产品的物，它就必然有使用价值。这样一来，在一般等价物/货币身上就集价值和使用价值于一身。这里需要注意的是，商品在生产过程中会形成价值，只是这种价值在未交换之前是潜在的，而一般等价物/货币作为价值形式、作为商品生产者手中的商品的潜在价值的直接表现，它直接就是一种现实的价值。这样一来，在一般等价物/货币身上会出现什么样的矛盾呢？会出现这样的矛盾：即一般等价物/货币作为价值形式本来不包含量的规定性，它只是表达了人类的各种劳动在性质上是相同的、无差别的。可是它本身又作为具体劳动的产物、作为使用价值，人们又把它看成有量的规定性的东西。于是人们又把一般等价物/货币当成一种价值量来对待，特别是在重商主义者和自由贸易主义者那里形成了一种片面认识：以为价值表现只是一种量的关系。这就给人们带来一种错觉或假象，以为财富是由一般等价物/货币带来的。这自然会引起人们对物的崇拜。

① 《马克思恩格斯文集》第 5 卷，人民出版社 2009 年版，第 71—74 页。

那么等价形式的第二个特点又表现了什么样的矛盾性呢？它表现了这样一种矛盾性：作为一般等价物/货币本来是一个具体的物体，可是在交换关系中即价值关系中，它却被神圣化了，它变成了像宗教崇拜中具有神性的偶像一样的东西。这种矛盾是怎样产生的呢？我们知道，在商品生产中，商品价值是由一般人类劳动即抽象劳动决定的，但在商品交换中，情况却发生了变化，商品价值却是由等价物的使用价值或它的自然属性来加以表现。而作为等价物商品的使用价值则是由具体劳动创造的，这样一来，在价值关系中，就出现了以具体劳动来表现它的对立面抽象劳动这一特点。由于一般等价物/货币是社会公认的等价形式，这意味着它能够与其他一切商品进行直接交换，所以它直接就是“社会存在物”。反过来说，一般等价物/货币之所以能够成为社会存在物，一方面，是因为它促成了商品世界的普遍交换关系，而这种普遍交换关系的成立是以所有人类劳动都具有相等性或无差别性为前提的，因而它也是抽象的一般人类劳动的反映。另一方面，由于一般人类劳动又是社会总劳动的抽象形式，所以一般等价物/货币也是社会总劳动的表现形式。这样一来，充当一般等价物的商品物体就不可避免地成为抽象人类劳动的化身。于是一般等价物/货币就成了一种可感知而又超感知的东西，它“充满形而上学的微妙和神学的怪诞”①。

如果一般等价物/货币的神秘性仅仅是由于它是抽象人类劳动的化身，还不足以使之上升为宗教崇拜，之所以让商品生产带上了拜物教的性质，还因为商品生产过程不仅不受人的控制，反而人却受到这个生产过程的支配。由于资本主义商品生产不是由整个社会有计划地进行，而是由不同商品生产者个人安排生产，他们对商品世界的信息不可能全面了解，所以整个社会的商品生产必然陷入盲目竞争之中。总之，商品市场那只“看不见的手”就像命运之神在支配着每个生产者，使商品生产具有明显的拜物教性质。

等价形式的第三个特点表明，一般等价物/货币也有它的积极意义，那就是它以它自身的结构证明了，“在这个世界中，劳动的一般的人类的性质形成劳动的独特的社会的性质”②。也就是说，由于交换活动使具体

① 《马克思恩格斯文集》第5卷，人民出版社2009年版，第88页。

② 《马克思恩格斯文集》第5卷，人民出版社2009年版，第84页。

的实在劳动成为抽象的一般人类劳动的表现形式，这也就把一切实在劳动化为它们共有的人类劳动的性质，化为人类劳动力的耗费。这就是说，一般等价物/货币通过物与物的关系也反映了私人劳动的社会本性，以及生产者与社会总劳动的社会关系。只是由于价值采用了一般等价物/货币这种虚幻形式，才使物与物的社会关系掩盖了人与人的社会关系。价值的这种虚幻形式不仅是产生商品拜物教的根源，也掩盖了商品生产的剥削秘密。

由于商品价值以货币的形式出现，于是商品生产就以获取货币为主要目的，于是在商品的生产、分配、交换、消费的各个环节中，交换成了主要环节，交换成了商品生产的目的，对于商品生产者来说，在买卖关系中，卖的环节成了至关重要的环节。而生产、分配、消费各环节，则变成了交换的从属环节。在劳动力商品的买卖中尤其如此。

大家知道，劳动力成为商品是货币转变为资本的前提条件。劳动力变成商品就是劳动者变成雇佣工人，而劳动力本身的生产过程常常在雇佣关系之外。人的吃、穿、住以及教育医疗是劳动力自我生产过程的诸要素，这一生产过程在资本主义社会中完全是个人的私事；劳动力商品的分配则是在劳动力市场的调节下由劳资双方相互选择的结果，在这个过程中，劳动者之间在就业问题上的相互竞争将必然成为雇佣者考虑劳动力价格的重要因素，从而它也将成为生产成本的重要因素。劳动力商品的消费就是雇佣工人的生产过程，资本家会十分重视雇佣工人的生产效率和生产质量，却不会想到剩余价值是从哪里生产的。在商品生产的理论家和实践家们看来，资本家怎样对待劳动者完全表现在劳动力商品的买卖过程中，而劳动力商品的买卖过程则完全是在平等协商的气氛中完成的，至于资本家购买了劳动力之后，无论怎样消费劳动力商品即无论怎样使用劳动力，都是无可厚非的，因为劳动力已经变成了资本家私人的东西了。这里哪来的剥削呢？

没有对象性方法，就不会有劳动创造价值的观点；没有劳动创造价值的观点，就难以揭露商品生产的剥削秘密。马克思在揭露资本家的剥削秘密时认为，劳动力的雇佣关系中包含了两个环节，一是劳动力商品的买卖环节，二是劳动力的生产环节。他认为，在买卖环节中，劳动者与资本家之间是平等交换关系，一方乐意买，一方乐意卖，这一点无疑义，也就是说，在劳动力的买卖关系中不存在剥削问题。剥削的秘密实际上是隐藏在生产环节中。一方面，既然价值是由劳动创造的，这就决定着剩余价值不可能产生于商品的交换过程和流通过程，而只能产生于生产环节。另一方面，在生产环节中，资本家通过各种手段，比如延长劳动时间、加大劳动强度等手段，让工人创造超出劳动力价值的价值。由此使资本主义的剥削秘密大白于天下。

导致价值概念采用货币这种虚幻的表现形式，这不是一种主观故意的产物，而是在一定历史阶段中逐步发展的产物，因而它也是在特定历史条件下才得以存在的东西。因此，随着历史条件的改变，它也必将为历史所扬弃。接下来的问题是，如果货币这种虚幻形式被扬弃之后，那么价值概念还会剩下哪些内容呢？根据上述分析可知，那只能是曾经被物与物的社会关系所掩盖了的人与人之间的社会关系的内容得到凸显。

三

根据上述分析可见，价值概念的成立，首先是由于“一般人类劳动”在物中的耗费，这是价值形成的根据；其次是由于“社会总劳动”的存在、由于他人的存在，这是价值形成的条件。也就是说，在物中有“一般人类劳动”的耗费，一方面是说，有劳动的内容在物中凝结，另一方面是说，在物中潜藏着人与人的社会关系内容，因为商品就是为交换而生产的。所以商品中所潜藏的社会关系内容只有通过交换才能变成现实，或者说，私人劳动只有通过交换而成为社会总劳动的组成部分时，价值才能得到现实的表现。由此可见，人与人的社会关系才是价值的本质内容。

进一步说，由于价值概念中所包含的劳动内容的不同，则人与人的社会关系内容也会有不同表现。具体的表现大概有这样几个方面：人与人之间的平等关系；人与人之间的共同财产关系；人与人之间的纯粹本质关系；人与人之间的自由全面发展关系。下面对这些关系做一简要分析。

第一，一般人类劳动概念的最直接含义就在于表达了一种平等的观念。人类的具体劳动形式尽管千差万别，但在整个人类中间的确具有无差别的同一性和相等性，这种性质尽管是由思维抽象出来的，却在商品交换中得到了证实。我们可以从两个方面去理解马克思的平等观念，一方面，这种平等是一种抽象性的平等，是抽象掉不同事物间各种差异性内容之后所表现出来的平等。平等的这一含义一方面告诉我们，既然人类普遍存在着平等关系，那么绝对的对立和差异是不存在的，尽管不同个人和不同民族之间会各有其个性和特殊性，但终究可以“求同存异”，可以通过平等对话以达到相互理解、相互尊重。另一方面，这种平等是一种包容性的平等，是允许不同个体最大限度地保留自己的个性和特殊性内容的前提下所表现出来的平等。平等的这一方面含义告诉我们，平等不是平均，也不是绝对的整齐划一，尊重和包容他者的差异性是一种美德。

第二，一般人类劳动作为人类劳动发展完成状态的抽象形式，它也包含着在人类社会生产力得到充分发展基础上，人与人之间所应有的社会关系状态。按照人们的习惯称谓，我们把人类社会生产力充分发展状态称为“社会化大生产”，这就是说，只有人类劳动能力达到社会化大生产的状态，才能发现人类劳动的一般性。那么，在人类劳动达到这种状态时，人与人之间的财产关系是什么样的呢？按照马克思的看法，财产所有权是根源于劳动的，具体地说，财产所有权取决于社会劳动的组织方式。在不同历史阶段中，由于生产方式的不同，也就决定着财产关系的不同。比如说，原始社会是以群体方式组织生产劳动，那么他们共同生产的产品就由该群体共同占有，人们也称之为“原始共产主义”。后来出现了以个体或家庭为单位组织生产劳动，那么这时采用私有制这种财产制度就是合理的。按照这个逻辑，到社会化大生产状态时，人们之间的财产关系应该怎样呢？所谓社会化大生产就是利用高度发达的社会生产条件，在社会不同生产部门之间广泛开展分工协作地组织社会生产，这时，任何一个产品都不是由某个人单独生产出来的，而是在大量的社会成员共同参与下完成的。在这种生产方式条件下，产品所有权就应该属于共同生产者所有，所以在这种生产方式条件下，社会就应该实行共产主义财产制度，即由社会全体成员共同占有社会财产。

第三，在以交换为生产目的的时代里，商品价值作为凝结在物中的一般人类劳动，它本身就隐藏着人与人之间的社会关系内容，这一内容在商品交换活动中得到表现和证实。但是在特定历史阶段中，由于价值采用了货币这种虚幻形式，导致人与人之间社会关系的内容被物与物的社会关系掩盖起来。那么，扬弃货币之后，人与人之间的纯粹本质关系是什么呢？所谓人与人之间的本质关系是指源于人的内在本质而发生的人与人之间的关系。这种关系不同于货币时代人与人之间的关系，因为货币时代人们之间的关系被表现为物与物之间的关系，即金钱关系。

马克思首先认为，从人的内在本质上看，人是类存在物，即社会存在物。所谓类存在物是指人的内在本质中既包含自然界各种物的类，也包含人这个类的内容于一身。所以人是一种具有普遍性、总体性的存在物。① 这个定义不难理解，由于人在生活中，既需要自然界，也需要他人，所以人必然在自己的内在世界中建立起人与自然界的关系和人与人的关系。人的这种内在本质关系是人建立现实的社会关系的根据。所以马克思后来对人的本质定义修正为：人的本质，在其现实性上，它是一切社会关系的总和。这个定义只不过是说，人在其现实性上，必然以把自然界的本质和他人的本质都吸收到自己身上，使自己成为具有普遍性、总体性的存在物为理想。按照人的本质的这种理解，人不论在生产上还是在消费上，都将建立这样一种社会关系："直接体现他的个性的对象如何是他自己为别人的存在，同时是这个别人的存在，而且也是这个别人为他的存在。"② 这句话主要突出一个意思，即每个人都是首先为别人而劳动，并且只有首先为别人而劳动，才能真正达到为自己的目的。为别人而劳动是人的社会本性。这一点也正是"一般人类劳动"和"社会总劳动"概念中的应有之义。不仅如此，与货币时代相比，人的本质关系中还包含了这样两点根本变化。一是，人的需要发生了根本变化，人的需要已不具有经济学意义上的富有和贫困，这时，"富有的人同时就是需要有总体的人的生命表现的人，在这样的人的身上，他自己的实现作为内在的必然性、作为需要而存在"。总之，不是货币，而是"别人"成为自己的最大财富③。因为只有不断吸收别人的本质，才能逐渐实现自己的

---

① 马克思：《1844 年经济学哲学手稿》，人民出版社 2000 年版，第 56、84 页。

② 马克思：《1844 年经济学哲学手稿》，人民出版社 2000 年版，第 82 页。

③ 马克思：《1844 年经济学哲学手稿》，人民出版社 2000 年版，第 90 页。

生命总体性的本质。二是，人的生产动力发生了根本变化，推动人不断地进行生产、创造的动力，不是金钱，而是激情。激情是“对象性的本质在我身上的统治，我的本质活动的感性爆发”。“激情、热情是人强烈追求自己的对象的本质力量。”① 由于这两点的变化，使扬弃货币之后的人与人之间的社会关系变得更加纯粹。

第四，从价值概念所包含的一般人类劳动、社会总劳动和作为完成形态的劳动几个内涵来看，它是与人的“一切社会关系总和”的本质规定相吻合的概念，前者是从劳动的发展形式或发展状态去理解社会关系状态，而后者是从社会关系发展状态去理解人的本质状态及其实现途径。在一定意义上，后者对前者是一种补充。从这个逻辑上看，马克思的价值概念中还包括人与人之间的自由全面发展的关系内容。

所谓自由全面发展，其中包括两个方面的内容：一是指人的自由状态，包括摆脱物质生活资料限制的自由、摆脱自然分工限制的自由、摆脱生产过程限制的自由、能够充分发挥个性才能的自由、消除人与人之间和民族与民族之间差异和对立所获得的自由等；二是指人的全面发展状态，即是指每个人越来越接近“一切社会关系总和”的发展状态，或者说，就是人与人彼此之间能够达到深度理解状态。从二者关系上看，人只有达到了全面发展状态，才能达到真正的自由状态。总之，人的自由全面发展状态只有在下列条件下才能全面实现。一是普遍而平等的社会交往关系条件。这一条件正是一般人类劳动所包含的条件。按照马克思的看法，人不仅在生产中能够获得发展，而且人在消费/享受中也同样能够获得发展。这就是所谓的人能够改变环境，同样环境也在塑造人的道理。所以马克思说：随着生产力的普遍发展和世界性交往关系的普遍建立，“地域性的个人为世界历史性的、经验上普遍的个人所代替”②。这就是说，人只有在世界范围广泛而平等的交往中，才能吸收人类性的内容于自身，才能逐步实现全面发展。二是高度发达的生产力即社会化大生产条件。这一条件是指在高度发达的社会生产条件基础上所形成的普遍分工协作的生产方式。这一条件也是人类劳动完成形态的生产方式。这一条件，一方面，就其生产能力而言，它完全有能力满足全

① 马克思：《1844 年经济学哲学手稿》，人民出版社 2000 年版，第 90、107 页。

② 《马克思恩格斯选集》第 5 卷，人民出版社 2012 年版，第 166 页。

体社会成员在物质生活条件方面的多种需求，因而它是人获得自由解放的物质基础。因为人受到限制的直接因素就是物质生活条件的短缺，人因此陷入谋生性劳动之中而不得自由。在摆脱物质生活条件限制的基础上，加之社会共同占有社会财富，人们才有条件自由选择自己职业、自由发挥自己的个性才能等。另一方面，就其社会生产条件的复杂程度而言，单个人无法驾驭这种生产力，人们必须组建共同体、形成自由联合体，才能自由驾驭这种生产力；在自由联合体中，每个人的自由发展是其他一切人自由发展的条件；人们可以有计划地安排整个社会生产，避免盲目竞争对人的限制。实际上，人的自由还要依靠人的全面发展，人们之间的深入相互理解是避免矛盾冲突的重要条件。

总之，马克思的价值观既包括他在价值概念上的创新理解、他对价值概念在资本主义社会的畸形发展的批判，也包括价值概念中所蕴含的社会关系内容的揭示。这些内容不是主观预设的产物，也不是以应然性的逻辑想象的结果，而是通过反思的认识方式从人类历史中特别是从资本主义社会现实中发现的，因而是一些真实存在的内容，或者说是一些具有逻辑必然性的内容。

论银行与人的存在方式：以政治经济学批判为中心*

黄志军**

在政治经济学批判的视域中，银行或银行业不仅是一个经济学范畴，同时也是一个哲学批判的范畴①。就经济学范畴而言，马克思将其称为“政治经济的最高法院”和“货币实体的高贵花冠”②，是货币的完成形态，也是信用制度的完成形式。就其是哲学批判的范畴而言，马克思通过考察银行或银行业的本质、功能及其存在形式，从而展开对现代资本主义社会的分析。在整个政治经济学批判的逻辑中，银行作为这一逻辑线条的终端，高度融合了经济学和哲学批判的双重维度。通过考察这一融合，我们便会发现马克思对银行的批判性研究是以现代人的存在方式和解放为尺度的。简要来说，在早期的经济学研究中，马克思是在交往异化逻辑中展开对银行的批判性理解的，而在《1857—1858 年经济学手

---

* 本文系北京市社科基金青年项目“政治经济学批判视域中人的存在方式研究”（18ZXC007）和北京高校中国特色社会主义理论研究协同创新中心（首都师范大学）项目的阶段性研究成果。

** 作者简介：黄志军，首都师范大学马克思主义理论研究所副教授，哲学博士。

① 在马克思政治经济学研究领域，银行主要被作为经济范畴，其思想来源和分析对象是《资本论》第 3 卷中马克思对银行的相关理解，参见［美］迈克尔·赫德森《从马克思到高盛：虚拟资本的幻想和产业的金融化》（下），曹浩瀚译，载于《国外理论动态》2010 年第 10 期；范方志、高大伟、周剑《影子银行与金融危机：重读马克思论 1858 年欧洲金融危机》，载《马克思主义研究》2011 年第 12 期；渡边雅男、高晨曦《经济的金融化与资本的神秘化》，载《当代经济研究》2016 年第 6 期；刘新刚《〈1844 年英国银行法〉新解析及其当代启示：基于〈资本论〉的视角》，载《清华大学学报》（哲学社会科学版）2018 年第 4 期。

② 《马克思恩格斯全集》第 3 卷，德文版（MEGA1），第 535 页，转引自［苏］卢森贝《十九世纪四十年代马克思恩格斯经济学说发展概论》，方钢等译，生活·读书·新知三联书店 1958 年版，第 80 页。中文版对这两个词汇的翻译是“国民经济学的阿雷奥帕格”和“货币的完成”，参见马克思《1844 年经济学哲学手稿》，人民出版社 2012 年版，第 170 页。

稿》和《资本论》第3卷中，他是站在生产关系的高度，通过生息资本和虚拟资本等关键概念，揭露了现代银行的真实本质及其与人的存在方式的关系，即生产关系的最高颠倒。可以说，这一思想线索对于我们理解现代金融资本理论及其社会批判理论具有重要的时代意义。

一　银行作为货币、信用的完成：交往异化的完成形态

按照卢森贝的见解，即“马克思关于国家依存银行制度成为‘政治经济最高法院’的言论，乃是经济方面和法与国家方面同时研究的结果”①。从马克思思想的进展来说，这一判断是正确的。马克思早期对法与国家的研究得出了如下结论：“法的关系正像国家的形式一样，既不能从它们本身来理解，也不能从所谓人类精神的一般发展来理解，相反，它们根源于物质的生活关系……”② 而这一物质的生活关系是什么？显然，它不是指货币这样的金属实物，而是指市民社会，是现实社会中的物质生产关系，在《1844年经济学哲学手稿》时期指的是人与人之间异化的交往关系。卢森贝所指的马克思从经济学方面进行的研究，具体而言是指他早期对穆勒经济学著作的批判性研究，即《1844年经济学哲学手稿》中“穆勒评注”关于货币、信用和银行的评论部分。笔者曾以《论货币与人的存在方式：从赫斯到马克思》③《论信用与人的存在方式：从马克思到希法亭》④ 为题展开对马克思这一政治经济学批判思想的分析，试图在思想史的意义上，建构这一部分的主题与后期《资本论》相关思想的联系。可以肯定的是，货币、信用与银行作为马克思早期政治经济学批判中三个具有内在逻辑关联的概念，在《资本论》中得以充分展开，并贯穿在《资本论》整个三卷的思想布展之中。

---

① ［苏］卢森贝：《十九世纪四十年代马克思恩格斯经济学说发展概论》，方钢等译，生活·读书·新知三联书店1958年版，第80页。

② 《马克思恩格斯文集》第2卷，人民出版社2009年版，第591页。

③ 黄志军：《论货币与人的存在方式：从赫斯到马克思》，《马克思主义与现实》2016年第2期。

④ 黄志军：《论信用与人的存在方式：从马克思到希法亭》，《哲学动态》2017年第4期。

深入"穆勒评注"的具体阐述，我们发现马克思是在交往异化的逻辑中展开政治经济学批判研究的。交往异化的逻辑区别于自我异化的逻辑，它涉及的是不同主体之间的关系，而自我异化逻辑则是单个主体自我推动和创造的逻辑。在交往异化逻辑的观照下，我们便会真切地领会马克思对货币、信用与银行的内在关系的理解，以及银行作为货币、信用的完成形态对人的存在方式的变革性意义。这是卢森贝的视野所不及的。其实，在交往异化逻辑中考察这三者的关系，也是我们在研究马克思政治经济学批判时所经常忽视的一个核心议题。而这一点恰恰可以被看作马克思在生产关系的高度理解三者关系及银行本质时的预告性阐释。

具体而言，在"穆勒评注"中，马克思论述银行或银行业的笔墨并不多，但其思想逻辑是清晰的，那就是在货币、信用和银行的辩证关系中，在交往异化的逻辑中展开批判性分析。其中，银行作为货币和信用的完成是他的核心观点。他说："信用业最终在银行业中完成。银行家所建立的银行在国家中的统治，财产在银行家——国家的国民经济学的阿雷奥帕格——手中的集中，可以称得上是货币的完成。"① 马克思在这里给出了两个判断：其一，在经济运动进程中，信用业必然发展到银行业阶段，这意味着银行业是信用业充分展开自身、完善自身的必然领地；其二，银行也是货币的完成，货币作为交换的中介，它的社会本质即所承载着的人与人之间的交往关系，将必然扬弃其金属实体的属性，借以信用业的发展，在银行业中完全实现自身。正如后来的虚拟货币和虚拟资本所显示的那样，其实体属性被扬弃，而其社会本质以银行业的存在为现实表现。可能由于马克思当时政治经济学研究进展程度问题，他对银行的认识也仅至此。尽管如此，这两个判断仍为我们理解银行的内在本质提供了历史坐标和理论基础。

其实，上述两个判断是同一个判断，即从货币到信用，再到银行是一个过程，银行作为货币的完成和作为信用的完成只是这个过程的不同阶段或环节。"货币越是抽象，它越是同其他商品没有自然关系，它越是更多地作为人的产品同时又作为人的非产品出现，它的存在要素越不是

① 马克思：《1844 年经济学哲学手稿》，人民出版社 2000 年版，第 170 页。

天然生长的而是人制造的……那么作为货币的——的货币的自身存在就越是适合于货币的本质。因此，纸币和许多纸的货币代表（像汇票、支票、借据等等）是作为货币的货币的较为完善的存在，是货币的进步发展中必要的因素。”① 这里所表明的思想在于，货币的抽象化，即从它与其他商品的自然关系中，从其自然实体属性中抽离出来，从而作为人之经济活动的符号化表达，是货币本质的逻辑展开。其现实的进一步表现就是，货币脱离它的金属形式，发展到纸币及其诸种代表阶段，即以信用为社会基础的汇票、支票和借据等阶段。在这个意义上，信用是货币本质展开自身的现实表现，货币又构成了信用的实在内容。由此，进一步根据马克思的如下认识，即信用业作为银行业的初步形式，同时银行业作为信用业的完善表现，我们便可以大致勾画出货币—信用—银行的辩证关系。

在这一辩证关系中，马克思基于人的存在方式而对银行业的批判也可以进一步被揭示出来。在对国民经济学批判的过程中，马克思敏锐地洞察到：“国民经济学以交换和贸易的形式来探讨人们的社会联系或他们的积极实现着的人的本质，探讨他们在类生活中、在真正的人的生活中的相互补充。”② 这里的交换和贸易指的就是市民社会中的人们通过各自的产品相互补充的中介活动或中介运动。与借助国民经济学这些中介活动探讨积极实现着人的本质和社会联系相反，马克思却是通过这些中介活动发现了人们相互间的异化交往状态。其一，货币的本质在于交换的中介，它使人的、社会的行动异化成为人之外的物质东西的属性，成为货币的属性。“由于这种异己的中介——人本身不再是人的中介，——人把自己的愿望、活动以及同他人的关系看作是一种不依赖于他和他人的力量。……很清楚，这个中介就成为真正的上帝。……因此，这个中介越富有，作为人的人，即同这个中介相脱离的人也就越贫穷。”③ 由此可知，货币作为私有财产发展的必然结果，作为价值的现实存在，所代表的是人与人的关系的抽象存在，是扬弃了自然存在的社会存在。其二，作为货币的进一步发展的必然结果的纸币及其诸种代表，如汇票、支票

① 马克思：《1844 年经济学哲学手稿》，人民出版社 2000 年版，第 167 页。
② 马克思：《1844 年经济学哲学手稿》，人民出版社 2000 年版，第 171 页。
③ 马克思：《1844 年经济学哲学手稿》，人民出版社 2000 年版，第 165 页。

和借据等，它们以信用业为基础，又进一步发展了信用业。显然，货币作为人的异己的中介这一本性，直接决定了我们考察信用业的基本逻辑，即交往异化的逻辑。马克思认为："信贷是对一个人的道德作出的国民经济学的判断。在信贷中，人本身代替了金属或纸币，成为交换的中介，但是人不是作为人，而是作为某种资本和利息的存在。"在这里，马克思指出信贷使人与人的关系处于更深层的异化状态中，不是货币成为交换的中介，而是人自身代替了货币成为这一中介，或者说信贷使货币价值植入了人的肉体和心灵之中，而不是置于货币中。

上述振聋发聩的批判，击穿了国民经济学所作出的对人的高度承认的假象，货币也好，信贷也好，在看似人与人的信任关系下，其实隐藏着极端的不信任和完全的异化。以货币和信用为基础组织起来的银行或银行业，在表现人的交往异化方面更是如此，或者说它作为"政治经济的最高法院"使人们之间的关系处于完全异化之中。"在信用业——它的完善的表现是银行业——中出现一种假象，似乎异己的物质力量的权力被打破了，自我异化的关系被扬弃了，人又重新处于人与人的关系之中。"① 迷惑于这一假象的圣西门主义者更是把银行业看作他们的扬弃这一异化的理想，在那里，人同物、资本同劳动、私有财产同货币、货币同人的分离都被扬弃了，从而人摆脱对物、资本的依赖，开始向自身复归。在交往异化的逻辑中，圣西门主义者的银行业理想显然是与人的本真存在方式相悖的。他们对信用和银行在未来社会中的作用做了过高的估计，产生了天真的幻想。

不过，圣西门主义者以"天才的推测"（列宁语）预见了银行在未来社会组织中的作用，无疑是一种创见，是对当时出现的新社会事物的概念把握。正如圣西门所言："产业借银行的建立而组织起来，银行把一切产业部门都联系起来，并使产业资本这样或那样用于政治方面。"② 后来社会历史实践表明，圣西门的见解是具有预见性的。马克思虽然在此以人的本真存在方式为尺度批判了圣西门主义者的幻想和错误理解，但是在《资本论》第3卷阐述银行理论时，或者说随着他对政治经济学研究

① 马克思：《1844年经济学哲学手稿》，人民出版社2000年版，第167页。

② 《圣西门选集》，1923年版，第146页以及第68、74和100页。转引自［苏］卢森贝《政治经济学史》第2卷，郭从周译，生活·读书·新知三联书店1978年版，第171页。

的深入，银行在社会经济组织及其变革进程中的消极和积极方面都同时被把握到了。事实上，即使马克思在后来的研究中对银行也采取了一种批判的态度，但那是站在了生产关系的高度，立足于资本逻辑的层面上所做的批判，这与他早期基于交往异化逻辑的批判是有区别的。

二 生息资本、虚拟资本与银行：生产关系的最高颠倒

“穆勒评注”时期的马克思站在交往异化的逻辑对货币、信用和银行做了理论批判，其批判的尺度和根据是对人作为类存在物的特性，即自由的有意识的活动，即人把自己的生命活动变成自己的意志和自己意识的对象。在他看来，货币、信用和银行等交往异化的现代形态使人的这一类特性遭到了前所未有的贬抑，人自身变成了交换的中介，成了贸易的对象和工具。正如上述所言，与国民经济学从实现着的人的积极本质去理解这一交换活动不同，马克思采取了与此完全相反的批判视角。在此之后的数十年间，马克思并没有专门对银行或银行业做更多的研究，直到《1857—1858 年经济学手稿》和《资本论》第 3 卷中，马克思才站在资本主义社会生产关系的高度再次研究银行问题。

可以说，马克思重新回到银行这一议题，既是《资本论》逻辑展开的必然，也是他直面现代资本主义社会的结果。其理由在于，一方面，在《资本论》及其手稿中，马克思事实上是沿袭了货币—信用—银行这一政治经济学的逻辑主线来展开银行业批判的，这可以从他集中研究银行问题的两处论述中看出，一处是《1857—1858 年经济学手稿》“货币章”的开头部分，即对阿尔弗雷德·达里蒙《论银行改革》的批判，另一处是《资本论》第 3 卷在第五篇论述完信用后，在第五篇的续篇论述了银行资本的组成部分以及 1844 年英国的银行立法等问题。恩格斯把马克思对银行问题的论述安排在“资本主义生产的总过程”的下篇部分，是符合马克思把银行称为“政治经济学的最高法院”这一逻辑的，可以说它是政治经济学批判逻辑展开的终端。另一方面，银行作为现代资本主义社会经济组织的“集成者”，是它作为政治经济学批判逻辑终端的现

实基础，所以马克思不可避免地要再次回到银行这一议题上来。

在《1857—1858 年经济学手稿》中，马克思尖锐地批判了达里蒙在《论银行改革》中对银行的这种错误认识，即“这证明了，一个按照现行原则组织起来的，即建立在金银的统治地位上的银行，正是在公众最需要它服务的时候，逃避为公众服务”①。在这里，作为蒲鲁东主义者的达里蒙对银行的本质和功能产生了幻想，他认为银行可以遵循民众的主观意愿而不受经济规律的支配，并提出要废除作为银行业基础的金银的不正当经济权力，发行“劳动时间货币”，从而真实地反映人们所付出的现实的劳动时间。此外，他们试图建立新的银行组织，不仅要废除金属基础，还要创造崭新的生产条件和交往条件，并以此为前提改造社会基础。在蒲鲁东那里，这种新的银行组织是国民银行，“蒲鲁东原来是要把它叫做交换银行的……原先考虑交换银行不是以货币基础为根据，相反地，交换银行的任务正是要消灭货币；而国民银行则必须具备货币基础”②。其实，马克思在这里不仅批判达里蒙，也批判了蒲鲁东。其批判的核心要义在于，银行作为以金属货币为基础的经济组织，能否在不改变现存的生产关系和与这些生产关系相适应的分配关系的前提下，通过改变货币流通来实现社会基础的变革，即银行对货币拥有权力的条件界限问题。而在这个问题上，达里蒙也好，蒲鲁东也罢，都把货币流通和信贷混淆起来，等同起来，这是其理论根源。为了解决这一问题，马克思“必须要对从产品中产生货币，货币又向资本转化的历史进行论述”③。显然，如果没有对货币向资本转化历史的探讨，那么货币流通与信贷之间的关系就无法被科学理解。在这个意义上，蒲鲁东主义者试图通过改造银行或建立合理的货币制度就能消除资本主义社会弊病或社会基础的想法无疑是天真的、浪漫的。

经由货币向资本的转化过程后，特别是在研究了生息资本和虚拟资本后，马克思在《资本论》第 3 卷中便对现代银行做了更为科学的研究。在“资本主义生产的总过程（下）”的开篇，即第五篇“利润分为利息

---

① 《马克思恩格斯全集》第 30 卷，人民出版社 1995 年版，第 66 页。

② ［苏］卢森贝：《政治经济学史》第 3 卷，郭从周译，生活·读书·新知三联书店 1978 年版，第 244 页。

③ ［日］内田弘：《新版〈政治经济学批判大纲〉的研究》，王青等译，北京师范大学出版社 2011 年版，第 73 页。

和企业主收入。生息资本（续）”的第29章“银行资本的组成部分”，他区分了货币资本和生息资本意义上的货币资本（moneyed capital），从而在后者的意义上，明确了银行资本所包含的两部分，即（1）现金：金或银行券；（2）有价证券：商业证券（汇票）和公共有价证券，如国债券、国库券和股票等。无论这些银行资本来自何处，它们都有一个共性，即都是生息资本的表现形式。通过借助并经营信用，生息资本或货币资本的管理，就作为银行业务的一个特殊职能而发展起来。在这里，银行作为货币贷出者和借入者之间的中介而出现，“银行家把借贷货币资本大量集中在自己手中，以致与产业资本家和商业资本家相对立的，不是单个的贷出者，而是作为所有贷出者的代表的银行家。银行家成了货币资本的总管理人。另一方面，由于他们为整个商业界而借款，他们也把借入者集中起来，与所有贷出者相对立”①。于此，银行的利润就表现为借入时的利息率低于贷出时的利息率，生息资本在这里以信用制度为基础通过银行这一中介，成了一种神秘性的力量。可以说，资本作为能够自行增殖的自动机观念，在银行业或银行家的头脑里便固定了下来。

银行家的这种固定观念意味着什么呢？在马克思看来，它不仅使货币向资本的转化变得神秘起来，而且遮蔽了资本增殖的根本原因在于对剩余劳动的无偿占有这一事实。一方面，就生息资本而言，货币的回流和贷出，在外观上被看作银行和借入者、贷出者之间的一种符合法律交易手续的活动，中间发生的一切活动都消失殆尽。G—G′取代了G—W—G′，商品生产的过程、剩余价值的生产过程在银行家的固定观念中被完全取消了。“在这里，资本的物神形态和资本物神的观念已经完成。在G—G′上，我们看到了资本的没有概念的形式，看到了生产关系的最高度的颠倒和物化：资本的生息形式，资本的这样一种简单形态，在这种形态中……资本的神秘化取得了最显眼的形式。”② 马克思在这里把生息资本看作生产关系，即人与人的经济关系的最高度的颠倒和物化，而银行或银行业就是这一生产关系的现实化表现。由此可见，在资本逻辑中，货币向资本的转化的终端环节、终极形态是借助银行来完成的，这是作为资本的货币外化自身、实现自身的必然结果。另一方面，生息资本作为

① 《马克思恩格斯全集》第46卷，人民出版社2003年版，第453页。

② 《马克思恩格斯全集》第46卷，人民出版社2003年版，第442页。

一切生产关系颠倒错乱形式的根源，在形式上为资本主义社会做了歪曲事实的辩护，因为它把劳动力也看成生息资本，而忘却了它作为资本增殖的源泉。正如马克思所指出的：“在这里，工资被看成是利息，因而劳动力被看成提供这种利息的资本。……资本家们思考方式的错乱在这里达到了顶点，资本的增殖不是用劳动力的被剥削来说明，相反，劳动力的生产性质却用劳动力本身是这样一种神秘的东西即生息资本来说明。”①

与上述生息资本作为没有概念的资本形式相应的是，银行或银行业所经营的是信用本身，银行券的诸种形式只是银行借以流通的信用符号。经由银行所提供的信用，各种流通的汇票、支票和证券成为银行的虚拟资本，成为银行用来获得利息的资本。在这个意义上，虚拟资本一方面依赖于银行的信用，另一方面又成为银行的货币资本。“银行家资本的最大部分纯粹是虚拟的，是由债权（汇票），国债券（它代表过去的资本）和股票（对未来收益的支取凭证）构成的。”② 马克思认为这意味着，它们所代表的资本的货币价值在这里也完全是虚拟的，不以它们的现实资本的价值为转移。不过，这些虚拟的银行家资本，主要是代表公众存入银行的资本，而大部分并不代表银行家的自有资本。由此，随着生息资本和信用制度的发展，银行所掌握的这些“货币资本”会增加数倍，以至变成纯粹幻想的怪物一样，以颠倒的形式表现出来，从而这些货币资本与它的现实价格和现实要素越发分离开来。从这个意义上说，虚拟资本便慢慢形成自己独特的运动形式，在外观上获得了它的独立形式，制约着现实的生产关系的形式和发展。在银行家的观念里，这是一个客观的过程，他们的活动从而也受制于其运动规律。

于此，马克思进一步回应了达里蒙和蒲鲁东主义者对银行的错误理解，即虚拟资本作为生产关系的颠倒形式，掩盖了人们真实的社会关系，人们不能随着主观意愿进而消除金属货币，或改变货币的形式（劳动货币），并通过银行就能改变现存的生产关系和社会关系。相反，银行在由货币发展至虚拟资本的过程中，并作为这一过程的产物，本身是受制于生息资本和虚拟资本运动规律的。尽管如此，马克思对这些借助于虚拟资本、用“他人的钱”进行欺诈和投机式欺骗的行为，以及银行对其他

① 《马克思恩格斯全集》第46卷，人民出版社2003年版，第528页。
② 《马克思恩格斯全集》第46卷，人民出版社2003年版，第532页。

产业资本的剥削行为进行了猛烈批评。由此看出，马克思在《资本论》第三卷中基于生息资本和虚拟资本而对银行作出的理解，远远超越了《1844 年经济学哲学手稿》和《1857—1858 年经济学手稿》，达到了生产关系的高度，并以此为观照，在资本逻辑层面揭示了银行的内在本质和经济功能。他深入资本主义生产关系的深处所揭示的银行业态，“使人倾向于马克思同意以下判断：由于严重背离了（如果不是一种有害赋税的话）实际的财富和价值生产，货币资本的寄生性赘生物和金融体系内表现出的颠倒错乱的程度应该受到自我谴责”①。由此，马克思在经济学和哲学批判的双重视域中，把对人的存在方式的批判尺度贯穿在了对银行的经济学研究过程之中。可以说，这是马克思区别于其他经济学家的银行研究的独特之处。这一点直接影响了希法亭的金融资本理论关于银行的思想。

三 银行与金融资本:资本逻辑的抽象统治

在政治经济学批判视域中，如果说马克思从交往异化逻辑到生产关系逻辑考察银行或银行业是对古典经济学和蒲鲁东主义者的超越的话，那么希法亭在金融资本这一现实历史的高度研究银行业则是对马克思的一种继承和发展。在《1844 年经济学哲学手稿》中，马克思还没有具体对资本的存在形式做划分，《1857—1858 年经济学手稿》也没有展开这一工作，到了《资本论》第一卷，他开始以资本主义社会的产业资本为前提探讨剩余价值的生产，其中产业资本中的生产资本是资本逻辑展开的基础，《资本论》第二卷对资本流通过程的考察则以产业资本中的货币资本、生产资本和商品资本这三者的辩证运动为对象，在产业资本的形式的视域上有所拓展，到了《资本论》第三卷则是全面地展现了产业资本、商业资本和货币经营资本，包括银行资本在内的诸资本形式及其关系。可以说，马克思为我们提供了理解各种主要资本形式及其逻辑关系的钥

① ［美］大卫·哈维：《跟大卫·哈维读〈资本论〉》，刘英译，上海译文出版社 2016 年版，第 276 页。

匙。伴随着产业资本、商业资本和银行资本之间的关系所产生的历史变化，希法亭在马克思分析的基础上提炼出了“金融资本”概念，由此准确地把握到了产业资本和银行资本的现实关系，从而在概念的高度把握到了资本主义的现实历史发展。基于金融资本这一概念，希法亭对银行及其与人的存在方式的关系的体认和理解推进了政治经济学批判的研究。

随着资本主义经济社会的发展，上述资本形式的关系发生了明显且本质的变化，其中产业资本开始越来越依赖于银行资本。这意味着产业资本中的剩余部分不再由它自己支配，只有通过银行，即与它相对立的资本形式才能获得支配。另外，银行资本也不得不把自身的剩余部分固定在产业之中，从而获取更多利润。在希法亭看来，这是资本主义社会财产关系发生变化的结果。由此，“银行在越来越大的程度上变为产业资本家。我把通过这种途径实际转化为产业资本的银行资本，即货币资本形式的资本，称为金融资本”[①]。由此可见，金融资本是资本主义社会财产关系发展的产物，是产业资本和银行资本的关系在当代资本主义社会的现实表现。希法亭认为，金融资本的本质要义在于，它的支配权或所有权归银行，而使用权由产业资本占有。此时，货币作为资本的使用价值被产业资本家消费了，因为他们具有生产平均利润的能力，只不过，这些产业资本受银行资本的制约，需要把一部分利润转移到银行资本上，因为后者对前者所使用的货币资本具有所有权。当银行对这种货币资本越来越具有支配权时，控制银行的虚拟资本的所有者和控制产业的资本所有者便越来越合而为一。这两者的高度联合使商业资本严重衰弱，而金融资本借助于卡特尔化和托拉斯化达到了它的权力的顶峰。

在金融资本的逻辑下，“银行的权力增大，它们变成了产业的创立者以及最后变成产业的统治者。……黑格尔派会说这是否定之否定：银行资本是对高利贷资本的否定，而银行资本自身又被金融资本所否定。后者是高利贷资本和银行资本的综合；在一个无限高的经济发展阶段上，它占有社会生产的成果”[②]。这里的意思表明，银行资本被金融资本扬弃，一方面银行资本被保存在金融资本中，并作为金融资本的实体性内容，对产业利润进行实质性的占有和掠夺，实际上是它对整个社会生产成果

① ［德］鲁道夫·希法亭：《金融资本》，福民等译，商务印书馆1994年版，第252页。

② ［德］鲁道夫·希法亭：《金融资本》，福民等译，商务印书馆1994年版，第254页。

的最高统治；另一方面，银行与产业的对立形式被克服，银行开始不再作为单独的资本形式出现在资本主义的生产过程中，其表现便是银行资本和生产资本的分离被金融资本扬弃，从而使资本主义的生产方式、财产关系发生根本性的变革。在希法亭看来，资本向金融资本的转化必然要求总卡特尔的建立和中央银行的形成这两股趋势合二为一，而银行作为金融资本联合所有资本形式的中介，通过自身的权力，赋予金融资本以银行资本的形式，即实际执行职能的资本。银行对金融资本的这一操控，使资本主义社会产生了两个变革：一是产业资本内部，各个领域的界限被冲破，各生产部门被进一步联合起来，社会分工不断减少，但企业内部的技术分工则愈加发展；二是资本表现为掌控社会生活过程的统一力量，资本主义社会越来越表现为被一种抽象力量所统治，越来越表现为死劳动对活劳动的支配，“所有制关系的问题，获得了它的最清楚、最无疑和最尖锐的表现”①。

以上论述表明，银行和金融资本的复杂关系可以被概述为：金融资本作为对银行资本的否定，它扬弃了银行资本和产业资本的分离，是银行资本在资本主义生产方式中获得了更高级也是更抽象的形式，即金融资本；反过来说，银行在资本主义生产过程中的权力无可替代且越发强势，金融资本成为它君临整个社会生活的利剑和法宝。在这里，商业资本、产业资本越来越处于被统治的地位，它们的独立性被越来越消灭掉，进而与人们的社会生活过程具有直接关系的一切可感觉的资本形式被抽象化为一种不可被感觉的力量。资本主义社会的抽象统治获得了它最高级的表现形式。银行由私有财产运动的产物和中介，一跃而成为私有财产运动的统治者。其中一个特别关键的环节是，银行对证券交易所的掌控。“在交易所中，资本主义所有制在其纯粹的形式上表现为收益证书；剥削关系，对剩余劳动的占有，令人不解的转化为收益证书。所有制不再表现某种一定的生产关系……任何财产的价值似乎都是由收益的价值决定的，是一种数量的关系。数就是一切，物什么也不是。只有数才是现实的东西，而因为现实的东西不是数。”② 可以说，希法亭对银行以数字的方式完成它的神秘化统治无疑是一种洞见。也就是说，在资本主义

① ［德］鲁道夫·希法亭：《金融资本》，福民等译，商务印书馆 1994 年版，第 265 页。

② ［德］鲁道夫·希法亭：《金融资本》，福民等译，商务印书馆 1994 年版，第 158 页。

社会中，人与人之间的关系由最初的物与物的关系，发展到数与数之间的关系，其实是不可见之物对可见之物的“胜利”，是资本迈向形而上学王座的当代表现。这意味着资本对人的统治隐藏在了数背后，不过以数为抽象形式的统治在根本上还是对人的统治，也是对人的劳动力的统治。

显然，希法亭关于银行和金融资本关系的理解，进一步完善了马克思对银行或银行业的阐述。这是对当时资本主义经济社会发展状况的理论反映，因而是具有解释力的。后来熊彼特在《经济分析史》中论及希法亭时，也是以他关于银行理论的创见为根据的。他说：“我们在这里提到他，主要是因为他写出了新马克思主义派别的一本最著名的著作，即《金融资本论》（1910 年版）。……这本书的中心命题（即银行倾向于取得对整个工业的控制，并把后者组织到垄断性的康采恩里边去，这种康采恩会给资本主义带来日益增大的稳定性），虽然只是根据德国某一个阶段的情况草率作出的概括，却是很有趣也很有首创性的，并且对列宁也有某些影响。”① 在此，熊彼特尽管对马克思主义者抱有天然的偏见，却充分认识到了希法亭在银行的理论领域所做的贡献，即银行对工业的控制及其金融资本理论的创建。不过，熊彼特指出了传统的典型经济学家在理解货币、信用和银行的关系时存在的误区，即他们认为信用与银行的存在无关，不用通过银行就可以理解信用，因为银行只不过是公众的代理人、中间人，代表公众实际贷放货币，其存在仅仅是出于分工的需要。与此相反，他认为银行通过发行钞票，创造了“实物资本”，“事实上，与其说是银行贷放委托给他们的存款，不如说是银行‘创造信用’，即银行通过贷放资金而创造存款”②。我们无意在此对他的这一见解做评论，但它不免又让我们想起马克思当初对圣西门主义者和蒲鲁东主义者的批判。

结　语

马克思曾说：“对私有财产的积极的扬弃，作为对人的生命的占有，

① ［美］约瑟夫·熊彼特：《经济分析史》第三卷，朱泱、李宏译，商务印书馆 2017 年版，第 200 页。

② ［美］约瑟夫·熊彼特：《经济分析史》第三卷，朱泱、李宏译，商务印书馆 2017 年版，第 525 页。

是对一切异化的积极的扬弃，从而是人从宗教、家庭、国家等等向自己的人的存在即社会的存在的复归。”① 只是令当时的马克思没有想到的是，随着政治经济学研究的深入，他越来越发现私有财产的主体本质在资本主义社会中会遭遇如此强大的压制和变形，这种压制是一种结构性的，它与资本主义生产方式的客观存在具有一致性。货币、信用和银行作为私有财产在资本主义社会中的存在形式，它们之间的内在关系也就是私有财产的当代运动形式。无论是交往异化逻辑，还是生产关系逻辑，甚或在资本逻辑的抽象统治中，人的存在方式定当会以社会存在的方式表现出来，银行作为这些逻辑终端的实存表征，是经济社会发展作为自然过程的结果，同时它也内含着人的存在方式即社会存在方式的自我否定和变革。

① 马克思:《1844 年经济学哲学手稿》，人民出版社 2000 年版，第 82 页。

论卢卡奇“物象化”(Versachlichung)概念的源起

——以《现代戏剧发展史》为例

张秀琴*

在自己的第一部著作《现代戏剧发展史》（写作于1906—1909年，1911年出版）[①] 中，卢卡奇几乎使用了与（后来国际学界热议的）“异化”（Entfremdung）概念相关的一揽子概念（为行文方便，本文称此为“‘异化’概念群”）中的大部分，它们包括：客体化（Objektivierung）、对象（化）［（Gegenstand（lichung）］和物象化（Versachlichung）等。我们知道，马克思在自己的著述（无论是早期的“巴黎手稿”还是后期的《资本论》）中，几乎使用了全部这里所讨论的“异化”概念群（即Entfremdung、Objektivierung、Gegenstandlichung、Versachlichung、Verdinglichung），当然，除此之外，马克思还使用了“拜物教”（Fetischismus）概念。学界一般认为，马克思的异化（概念群）受的是黑格尔的影响，即黑格尔在《精神现象学》中所使用的“外化”（ Entäußerurg）概念。而卢卡奇作为马克思和黑格尔思想的著名的“继承人”，他对异化概念（群）的使用，当然会容易被纳入这一“继承者”系列之中来予以考量，有论者曾经对于卢卡奇的《历史与阶级意识》（1923年）中的“物化”概念是否与马克思“巴黎手稿”中的“异化”概念存在直接“借鉴关系”的论争就是明例。然而，经

---

* 作者简介：张秀琴，中国人民大学马克思主义学院教授（北京100872）。

① 这里说的“第一部”，不是以出版时间先后计算的，而是以著作完成的时间起算的。

过认真的文献梳理之后，我们至少可以明确的是，1930 年之前（具体到 1923 年之前）卢卡奇是看不到尚在整理编辑之中的“巴黎手稿”（1932 年首次公开出版）的，因此，“巴黎手稿”中马克思的异化观对于 20 世纪 00—10 年代的“戏剧青年”卢卡奇来说，是不太可能进入他写作时的参考资料范围之内的——虽然他在《现代戏剧发展史》中也提及“马克思”[①]、“历史唯物主义”和“马克思主义辩证法”等表述[②]，且自己交代说，还“在上中学学习时”，就已“阅读了马克思的一些著作”[③]，但这样的阅读，应该指的是《共产党宣言》和《资本论》等著述[④]——实际上，直到《历史与阶级意识》中，卢卡奇引述的还大多是《神圣家族》和《资本论》，因此，关于《历史与阶级意识》中的物化（Verdinglichung）概念来自对马克思《资本论》中拜物教概念的“再阅读”的认定，基本是可信服的。此外，此时的卢卡奇也不可能直接受黑格尔相关思想（特别是《精神现象学》）的影响，实际上，直到 1919 年（海德堡时期）之前，黑格尔的相关思想对于他来说，都是相对陌生的[⑤]。

因此，想要探究“戏剧青年”[⑥] 卢卡奇的物象化概念，我们或许更应该转向卢卡奇的前马克思主义或康德化时期所受的思想影响。既然卢卡奇自己都说这一时期对于马克思的理解，“在很大程度上”是戴着齐美尔的“方法论眼镜”去观察的[⑦]，齐美尔《货币哲学》（1907 年）中的

---

① 有学者指出，这里是马克思的名字“第一次”出现的地方（Andrew Arato and Paul Breines, *The Young Lukacs and the Origins of Western Marxism*, A Continuum Book, the Seabury Press, 1979, p. 26）。

② György Lukács, “Entwicklungsgeschichte des modernen Dramas” (in *Georg Lukacs Werke*, Bd. 15), Herausgegeben von Frank Benseler, Hermann Luchterhand Verlag GmbH., Darmastadt und Neuwied, 1981, S. 376, S. 360.

③ ［匈］卢卡奇：《历史与阶级意识》“1967 年序言”，杜章智、任立、燕宏远译，商务印书馆 1995 年版，第 2 页。

④ 正如卢卡奇所指出的，“在 1908 年前后，为了给我的关于现代戏剧的专著奠定一个社会学基础，我研究了《资本论》。当时，引起我兴趣的是作为‘社会学家’的马克思”（［匈］卢卡奇：《历史与阶级意识——关于马克思主义辩证法的研究》“1967 年序言”，杜章智、任立、燕宏远译，商务印书馆 1995 年版，第 2 页）。

⑤ 虽然在《现代戏剧发展史》中，卢卡奇也两处引用了黑格尔的《美学》，参见 György Lukács, “Entwicklungsgeschichte des modernen Dramas” (in *Georg Lukacs Werke*, Bd. 15), S. 376, S. 572, S. 575。

⑥ 因此时的卢卡奇正致力于“塔利亚剧社”的活动，所以被称为“戏剧青年”时期。

⑦ ［匈］卢卡奇：《历史与阶级意识——关于马克思主义辩证法的研究》“1967 年序言”，杜章智、任立、燕宏远译，商务印书馆 1995 年版，第 2 页。

“文化客体化”概念的影响，就很容易跃入我们的考察范围①。对于其间思想关系的发生史探究②，不仅有利于我们进一步澄清关于异化概念群内部各概念之间的异同关系，同时也有利于借助于对于卢卡奇早期（特别是20世纪00—10年代）思想的补充性研究以期“恢复”卢卡奇思想全貌，从而对他在广义马克思主义传播史中的地位和作用，有一个更合理、可靠的科学评价③。

一 “物象化”概念的最初使用

从目前可获取的已有文献记载来看，卢卡奇最初使用“物象化”概念的地方，是在1911年出版的《现代戏剧发展史》（1908—1909年冬天完成写作）之中。在这里，卢卡奇指出，随着现代生活（因科层制、工业劳动和城市化）的逐渐“整齐划一”，“同时也发生了生活的物象化（Versachlichung des Lebens）”④，在接下来的一页中，卢卡奇又提到“die der burgerlichen die Versachlichung”（市民化就是物象化）⑤。然而，需要指出的是，就在这仅有的两处使用“物象化”概念的地方，如果我们对照1911年出版的匈牙利语版原文来看，其对应的匈牙利语是“objektivalodasa”⑥，我们知道，这个匈牙利术语的拉丁语词根是obietus，即英语的object。那么，为什么可以将它视为卢卡奇首次提出“物象

---

① 当然，不可否认的是，《现代戏剧发展史》也曾多次引述恩斯特、狄尔泰、席勒、黑贝尔等人的著述，但因本文主题和篇幅所限，这里仅就齐美尔的相关影响做一开放式的个案研究。（无论如何，韦伯的影响，要晚一些，大约从1912年卢卡奇第一次去海德堡时算起，并对1912—1915年时期的卢卡奇影响颇大）。

② 实际上，齐美尔不仅是卢卡奇的老师（卢卡奇曾多次参加过齐美尔的讲座），还是朋友（曾受齐美尔之邀到家里喝茶聊天）。

③ 正如卢卡奇自己所言，不触及其早期思想发展，就“不可能正确描述1918年前后我对马克思主义的态度”（［匈］卢卡奇：《历史与阶级意识——关于马克思主义辩证法的研究》“1967年序言”，杜章智、任立、燕宏远译，商务印书馆1995年版，第2页）。

④ György Lukács, “Entwicklungsgeschichte des modernen Dramas” (in *Georg Lukacs Werke*, Bd. 15), S. 94.

⑤ György Lukács, “Entwicklungsgeschichte des modernen Dramas” (in *Georg Lukacs Werke*, Bd. 15), S. 95.

⑥ György Lukács, *A modern drama fejlodesenek tortenete*, Magveto Kiado, 1911, S. 105 – 106.

化”的文本呢？因为包含这两处术语使用的这一部分属于“现代戏剧发展史”的《现代戏剧》部分，这一部分，在匈牙利文版初版后不久，就于1914年以德文《关于现代戏剧的社会学》为名（分两次）发表在《社会科学和社会政策论丛》杂志上[①]——实际上，他在该德译（节选）本（也是《现代戏剧发展史》唯一被从原文版外译的部分）“引言”中是这样交代的，即：“如下阐述译自我的匈牙利语著作《现代戏剧发展史》。”[②] 而这一部分文献的德文翻译者即便不是卢卡奇本人[③]，他本人也是“曾过目”[④] 的，而且，德文本的译稿完成后，卢卡奇曾于1909年将其第一章送给齐美尔看，于是，他收到了齐美尔的邀请，即邀请卢卡奇来柏林参加齐美尔主持的研讨班[⑤]。可见，《现代戏剧发展史》中唯一被翻译成德文且经过卢卡奇亲自审核过目的部分，其完成的时间至少是在1909年之前——后来，这个德译本也被原样收录进《卢卡奇全集》第15卷（即《现代戏剧发展史》卷）[⑥]。据此，我们可以较为可靠地推断：将（1911年匈牙利语版的）《现代戏剧发展史》的匈牙利语“objektivalodasa”翻译成德语“Versachlichung”（物象化），至少是经过卢卡奇自己认可和确认的，因此可以被视为他自己的用法。同时，这也意味着，卢卡奇第一次使用物象化概念的文本，是在他的第一本（以写作完成时间来算）著作《现代戏剧发展史》的德译节选本（即《关于现代戏剧的社会学》）之中。考虑到其来源和时间上的几乎同步性，我们可以广义地称，《现代戏剧发展史》是卢卡奇第一次

---

① György Lukács, “Zur Soziologie des modernen Dramas”, in *Archiv fur Sozialwissenschaft und Sozialpolitik*, Bd. 38 [1914], Heft 2, S. 302 – 345 und Heft 3, S. 662 – 706.

② György Lukács, “Entwicklungsgeschichte des modernen Dramas” (in *Georg Lukacs Werke*, Bd. 15), S. 570.

③ 有研究者考证，虽然卢卡奇抱有将该著作“译成德语出版的意图”，但“实际上是拜托卡伦-曼海姆进行翻译的”（参见［日］初见基《卢卡奇：物象化》，范景武译，河北教育出版社2001年版，第35—36页）。

④ ［日］初见基：《卢卡奇：物象化》，范景武译，河北教育出版社2001年版，第45页。

⑤ Michael Lowy, *Georg Lukacs—From Romanticism to Bolshevism*, Translated by Patrick Camiller, NLB, 1979, p. 98, footnote 29. 也有论者认为，早在1905年，卢卡奇就已前往柏林“聆听”了齐美尔富有“魔力”的课程（参见［日］初见基《卢卡奇：物象化》，范景武译，河北教育出版社2001年版，第33页）。

⑥ György Lukács, “Entwicklungsgeschichte des modernen Dramas” (in *Georg Lukacs Werke*, Bd. 15), S. 52 – 132, S. 570 – 571.

使用物象化概念的地方①。甚至有论者指出，卢卡奇在“用匈牙利语进行写作的时候，脑子里已经有了德语词 Versachlichung”②。

然而，无论如何，这个经卢卡奇自己确认被翻译成“物象化”的术语，与另外一个通常被翻译成“客体化”（Objektivierung，即英语中的 objectification）的词汇系同根词。实际上，在转述桑巴特（Werner Sombart）在其《现代资本主义》中所使用的关于“生产客体化”短语时，用的是匈牙利语“objektivalasa”③ 来表达“客体化”（Objektivierung），而在稍后的德译本中，他采用的是后者，即 Objektivierung④。我们知道，无论匈牙利语词 objektivalasa，还是德语词 Objektivierung，都表达的是 objectification，即客体化。当然，相比之下，《现代戏剧发展史》中，用得最多的还是“客体”（objektiv）——该术语在匈牙利语和德语中基本同型。

此外，《现代戏剧发展史》还非常频繁地使用了“对象”（Gegenstand）这个词（而不是像《历史与阶级意识》中频繁使用的是“对象性”——Gegenstandlichkeit）。这个词在匈牙利语版中的表述是 targya⑤，在德语译本中则表述为 Gegenstand⑥。值得注意的是，即便在匈牙利原文版中，卢卡奇在引述别人的相关言论时，也直接使用过后者（即 Gegenstand）⑦。还有，值得一提的是，就在上述三个异化概念群关键词或其词根（即物象化、客体化和对象）出现的周围，一定会出现其他相关的周边概念，如物（ding）和事（sach）⑧、个体（individualitat）和个性

---

① 实际上，洛维特已经在其《卢卡奇：从浪漫主义到布尔什维主义》一书中指出了这一点，但他说的是，《关于现代戏剧的社会学》是卢卡奇第一次使用 reification（物化，即 Verdinglichung）概念的地方，且在行文中，洛维特又把物化（reification）等同于物象化（Versachlichung）。参见 Michael Lowy, *Georg Lukacs—From Romanticism to Bolshevism*, Translated by Patrick Camiller, NLB, 1979, p. 98, footnote 28, p. 97。

② ［日］初见基：《卢卡奇：物象化》，范景武译，河北教育出版社 2001 年版，第 48 页。

③ György Lukács, *A modern drama fejlodesenek tortenete*, Magveto Kiado, 1911, S. 105.

④ György Lukács, “Entwicklungsgeschichte des modernen Dramas” (in *Georg Lukacs Werke*, Bd. 15), S. 95.

⑤ György Lukács, *A modern drama fejlodesenek tortenete*, S. 125.

⑥ György Lukács, “Entwicklungsgeschichte des modernen Dramas” (in *Georg Lukacs Werke*, Bd. 15), S. 114.

⑦ György Lukács, *A modern drama fejlodesenek tortenete*, S. 129.

⑧ 这两个术语及其同源词，在《现代戏剧发展史》中几乎随处可见。

(Personlichkeit)[①]、智性 (intellektuellen) 等术语的频繁使用。那么，为什么卢卡奇这一时期会这样频繁地使用这些术语呢?

二 物象化概念的齐美尔之源

卢卡奇在《现代戏剧发展史》中曾多次（至少 5 次）引述齐美尔《货币哲学》中关于货币本质（即把质进行量化处理）问题的相关探讨[②]（齐美尔的名字也因此被不止一次在正文中提及——虽然在德译节选版中，卢卡奇曾删掉其中的一处引述[③]）。那么，齐美尔在《货币哲学》中是如何使用本文所说的“‘异化’概念群”的呢? 可以说，卢卡奇在《现代戏剧发展史》中所使用的上述几乎所有核心概念和周边概念，齐美尔在《货币哲学》（以其 1907 年德文本为参考）中都使用了，而且，非常值得一提的是，齐美尔还明确使用了 Objektivierung（客体化）概念[④]和 Vergegenstandlichung（对象化）[⑤] 概念；最重要的是，齐美尔在《货币哲学》中不仅使用了物象化 (Versachlichung)[⑥] 概念，还使用了物化 (Verdinglichung)[⑦] 概念。

显然在写作《现代戏剧发展史》时看过齐美尔《货币哲学》的卢卡奇，只是在其德译节选本中使用了物象化概念，即上文中所交代的将匈牙利语“objektivalodasa” 自行翻译成了“Versachlichung”，并没有受齐美

① 其匈牙利语是 egyennel。

② György Lukács, “Entwicklungsgeschichte des modernen Dramas” (in *Georg Lukacs Werke*, Bd. 15), S. 58 – 59, S. 63 – 64, S. 102, S. 571 – 573.

③ György Lukács, “Entwicklungsgeschichte des modernen Dramas” (in *Georg Lukacs Werke*, Bd. 15), S. 63, S. 570 – 571. 收录进《卢卡奇全集》时，编者以中括号的形式恢复了这一部分被删减的内容（参见同上书第 63 页）。

④ 参见根据 1907 年版重印的齐美尔《货币哲学》1930 年版（Georg Simmel, *Philosophie des Geldes*, Duncker & Humblot, München und Leipzig, 1930）第 4 章第三节第二目。另参见中译本齐美尔《货币哲学》，陈戎女等译，华夏出版社 2002 年版，相对应章节。

⑤ 参见《货币哲学》德文版（Georg Simmel, *Philosophie des Geldes*, Duncker & Humblot, München und Leipzig, 1930）第 6 章第 2 节第 2 目，以及其相对应的中译本（［德］齐美尔：《货币哲学》，陈戎女等译，华夏出版社 2002 年版）。

⑥ Georg Simmel, *Philosophie des Geldes*, Duncker & Humblot, München und Leipzig, 1930. S. 367.

⑦ Georg Simmel, *Philosophie des Geldes*, Duncker & Humblot, München und Leipzig, 1930. S. 290.

尔在同一部著作中使用的物化概念的影响[①]，直到1923年的《历史与阶级意识》才开始大规模使用这个概念。我们不禁会好奇，无论是前一个概念在《现代戏剧发展史》中的初次使用，还是后一个概念在稍后（1923年）的使用，是不是都与齐美尔有关呢？这是一个值得探究的问题。不过，无论如何，我们还是可以对照一下卢卡奇在《现代戏剧发展史》中所引述的齐美尔（《货币哲学》）——特别是参照关键概念（如物象化、对象化和客体化等）出现的段落——以期呈现二者之间的"异同"或可能存在的"借鉴关系"。

从总体来看，卢卡奇在这里所谈论的"（现代）戏剧"（drama）即是齐美尔在这里所谈论的"货币"（geld）。也就是说，这两个概念在两位作者这里充当十分类似的叙事功能，即都被作者用来作为观察和表述欧洲从前现代社会向现代社会过渡（也即现代化进程）中所出现的明显的（与古代或古典时代相比的）"新"社会现象——只不过卢卡奇更偏重文化艺术层面，而齐美尔更关注经济生活层面（也正是在这个意义上，本文认为，《货币哲学》中的齐美尔实际上是"更偏重政治经济学式的"观察视角，因为他已经试图从"劳动分工"的维度来探讨资本主义或市民阶层的兴起了[②]）。所以，甚至可以认为，"戏剧"和"货币"都是作者观察和表述资本主义在欧洲兴起的一个叙事逻辑，是对资本主义（在欧洲的）"发家史"的理论抽象（类似于韦伯的"资本主义精神"），也是读者观察他们的叙事的一个窗口——它们所发挥的叙事功能，已经很接近[③]马克思早期的"异化"概念（《巴黎手稿》）和后期的"资本"概念（《资本论》及其手稿群）了[④]。

当然，以"戏剧"或"货币"为载体的这一理论抽象，还要上升（返回）到资本主义兴起的具体历史之中，这时，就会出现因为凭借已有

---

① 齐美尔对 Verdinglichung 的使用，是在《货币哲学》第三章第三节倒数第二目，而这里紧邻着被卢卡奇引述的第三章第三节最后一目。

② 这一点，对于卢卡奇来说，在《现代戏剧发展史》中很难做到，而是他差不多要到《历史与阶级意识》才开始的工作。

③ 从形式上看，齐美尔要略微领先于这时的卢卡奇，而更接近马克思（虽然卢卡奇此时也包含"马克思主义的要素"。参见 Michael Lowy, *Georg Lukacs—From Romanticism to Bolshevism*, Translated by Patrick Camiller, NLB, 1979, p. 97）。实际上，《货币哲学》比《现代戏剧发展史》更多提及马克思，并直接引述马克思《资本论》第三卷中的相关论述（参见［德］齐美尔：《货币哲学》，陈戎女等译，华夏出版社2002年版，第343页）。

④ 只不过，在马克思这里，"商品""价值"和"货币"，都是"资本概念群"的子概念罢了。

理论抽象“眼镜”的观察，而“发现”资本主义发展史过程中的各种矛盾、冲突、对抗和悖论，于是主体与客体、形式与内容、个体与集体等概念就会纷纷出现，因为正是它们可以帮助说明人的个性（personalichkeit）在现代市民社会（而不是传统社会）的逐渐丧失（而不是像当初声称的那样摆脱一切被新兴产资产阶级所诟病的传统社会的依附关系）及其丧失原因和过程：这时候，异化概念群（特别是物象化、客体化和对象化）及其周边概念（如对立、分离等）在《现代戏剧发展史》和《货币哲学》中的大量出现，也就不足为奇了。本文认为，卢卡奇关于戏剧和戏剧的悖论，在逻辑上和齐美尔的货币和货币的悖论是基本一致的。其最大的共同点，就是将研究对象（戏剧或货币）的发展史与资本主义（市民社会）的发展史紧密联系在一起。

（一）关于现代戏剧的兴起与资本主义的产生

在《现代戏剧发展史》中，卢卡奇将现代戏剧定性为“市民阶层的戏剧”，它作为一种“艺术形式”，“它整个发展史”“都表现为”“整个市民文化的象征”①。经过对戏剧这种“文学形式的社会学”② 研究，卢卡奇发现，戏剧不过是“努力爬升的资产阶级进行意识形态斗争的一个武器”③，其起源，则是与宗教相分离的“现代城市生活”的需求所致，因为“现代城市生活强烈地反抗着每种庄严的形式”以便构建自己的庄严本质。在这里，卢卡奇坦诚，齐美尔“也是基于此而对货币的作用作出了分析”④。接着，卢卡奇在这里多次引述齐美尔的相关论断，以期说明一方面现代戏剧的诞生是源于现代城市生活所需，但后者又因其智性化（Intellektualisierung）过

---

① ［匈］卢卡奇：《关于现代戏剧的社会学》，转引自《卢卡奇论戏剧》，罗璇等译，北京师范大学出版社 2014 年版，第 54、57 页。另参见 György Lukács，“Entwicklungsgeschichte des modernen Dramas”（in *Georg Lukacs Werke*，Bd. 15），S. 54，S. 55。

② 这是卢卡奇 1914 年在给自己的《关于现代戏剧的社会学》德译本“前言”中所指认的。参见卢卡奇《关于现代戏剧的社会学》，转引自《卢卡奇论戏剧》，第 54 页注释 1，另参见 György Lukács，“Entwicklungsgeschichte des modernen Dramas”（in *Georg Lukacs Werke*，Bd. 15），S. 571。

③ ［匈］卢卡奇：《关于现代戏剧的社会学》，转引自《卢卡奇论戏剧》，罗璇等译，北京师范大学出版社 2014 年版，第 59 页。

④ ［匈］卢卡奇：《关于现代戏剧的社会学》，转引自《卢卡奇论戏剧》，罗璇等译，北京师范大学出版社 2014 年版，第 60 页。另参见 György Lukács，“Entwicklungsgeschichte des modernen Dramas”（in *Georg Lukacs Werke*，Bd. 15），S. 58。

程，总是对于戏剧"有着一种叙事化的、诗化的、瓦解形式的作用"（如戏剧与剧场的脱离，以及与之相伴随的"书本化"和"广场化"）[①]。

当然，卢卡奇也看到了欧洲各国在这一过程中的非同步性，而这种戏剧发展过程的非同步性，恰是由欧洲各国资本主义萌芽与发展的复杂性和不平衡性所决定的。换言之，戏剧起初作为资产阶级（市民阶层）兴起时的战斗武器，后来，当资产阶级（市民阶层）逐渐确立了自己的统治地位之后，便开始改造（重新构建）新的戏剧形式（无论是书本戏剧，还是小剧场）以便维持或适应自己日益智性化的城市生活（现代生活），它也是在这一过程中，逐渐确立了新的人与人之间的社会关系形式，也即新的社会本质系统。这就是为什么卢卡奇在《现代戏剧发展史》中一直多次强调戏剧的定义的原因所在，即戏剧就是"通过发生在人与人之间的事件"而达到"群体效应"的艺术作品[②]。

因此，戏剧本是要以感性（甚至是宗教神秘主义的情感）、直接（表现在典型人物身上的个体性）、图像化的方式来表达抽象的、普遍的和形而上学的世界观[③]，这本身已是一个悖论：卢卡奇称前者为"社会学事件"，后者为"形而上学事件"[④]，戏剧为了走出只能以前者来表现后者的困境，只能假设一个典型人物，以作为意志及其行为的"肉身"[⑤]，为

---

① ［匈］卢卡奇：《关于现代戏剧的社会学》，转引自《卢卡奇论戏剧》，罗璇等译，北京师范大学出版社 2014 年版，第 66 页。

② ［匈］卢卡奇：《卢卡奇论戏剧》，罗璇等译，北京师范大学出版社 2014 年版，第 1、2 页。

③ 卢卡奇指出，"呈现为气氛、氛围"的世界观，是戏剧"不可见的界限和框架"，是"戏剧世界神秘的、内在的统一"（参见卢卡奇《卢卡奇论戏剧》，罗璇等译，北京师范大学出版社 2014 年版，第 20、21 页）。即世界观是戏剧的外在的结构性决定因素，因为"只有世界观才能产生这种辩证的整体性以及因果关系所要求的最终原因"，但"由于戏剧形式的悖论，我们绝不可能直接地感受到这个世界观几乎从中消失的最终体系"，"我们只能感觉到世界观的缺席"，所以至今所有的人都是"命运的悲剧"）——且悲剧又被呈现为"一连串不幸的偶然事件"，并以崩溃、灾难和死亡为结局（参见卢卡奇《卢卡奇论戏剧》，罗璇等译，北京师范大学出版社 2014 年版，第 19、17、18、22 页）。实际上，卢卡奇这里是把世界观视为戏剧的先验形式，很有康德化时期的色彩。

④ ［匈］卢卡奇：《卢卡奇论戏剧》，罗璇等译，北京师范大学出版社 2014 年版，第 7 页。

⑤ 这种穿着人物衣衫（即戏剧的主人公）的"意志及其行为"或"行动"（主要表现为斗争——人与人之间的人与制度之间的），颇有尼采的色彩。所以卢卡奇说，"戏剧是意志的诗学"，"戏剧是一场斗争"。参见卢卡奇《卢卡奇论戏剧》，罗璇等译，北京师范大学出版社 2014 年版，第 7、12 页。而且，这种"行动""肯定是象征性的建构性的"借助于它才能"以辩证的形式来表现世界观"，这样，就在悖论中"创造出了一个不可分的、只有在事后分析中才重新可分的统一"（参见卢卡奇《卢卡奇论戏剧》，罗璇等译，北京师范大学出版社 2014 年版，第 24、25 页）。

此，戏剧需要对事件和人物的表现方式进行风格化，以便在有限的时空内象征性地表达整个生活世界——换言之，戏剧不得不面对和处理个别/殊相/具体与一般/共相/抽象之间的相互关系，或辩证关系。也就是说，戏剧既要是逻辑的、抽象的，又要是事实的和历史的，既要在前者中表现后者，又要以后者为依托再现前者，一言以置之，戏剧是中介①，是各种矛盾和冲突力量的辩证法（卢卡奇称这种戏剧悖论或戏剧辩证法是贯穿戏剧学始终的问题）。然而（卢卡奇在这里再次引述齐美尔的话说道），(基于世界观的）风格化②会“使所有的联系都脱离了现实生活”，并形成一个首尾相连（如“一条咬着自己尾巴的蛇”）的“封闭的圈”和完满的“自成一体的幻觉”③。且正是“世界观”（以因果关系和秩序等级为工具）维系着这个完满和统一的幻象。所以，一旦世界观发生了变化，其他一切也就都发生了变化。

那么，世界观为何会发生变化呢？在卢卡奇看来，这是由戏剧的本质决定的，即因为（基于群体的）“戏剧效应得以产生的状况是社会性的”，而“时代的历史情况对群体效应具有更强的决定性作用”④。这里所说的“时代的历史情况”，指的就是资本主义（市民社会或现代社会）的兴起和发展。这里的逻辑是这样的：戏剧必须借助风格化走出自己的悖论，而风格化又要借助世界观的统一逻辑（即以象征性来表现人间事)，最终，世界观（作为风格化的最终秩序性因素）也要是社会性的(即历史性的)。这样，卢卡奇多次强调的关于戏剧是人与人之间的事件的论断（也即现代戏剧发展史)，就与资本主义（市民社会）发生史联系在一起了。

---

① 所以卢卡奇说，“戏剧除了联系的存在［das Verkupft-Sein］之外没有任何其他的现实性”（当然，这里的联系主要还是因果关系和等级秩序）。参见卢卡奇《卢卡奇论戏剧》，罗璇等译，北京师范大学出版社 2014 年版，第 15—16 页。

② 有研究者指出，“卢卡奇的戏剧形式定义，就是对齐美尔艺术的风格化概念的运用”，因此，早期卢卡奇受齐美尔的影响是十分巨大，连卢卡奇这一时期对马克思的理解，也受齐美尔的中介（参见 Ference L. Lendvai, “Georg Lukacs 1902 - 1908: His Way to Marx”, in *Studies in East European Thought*, Vol. 60, No. 1/2, The Sociological Tradition of Hungarian Philosophy, 2008, p. 59)。

③ ［匈］卢卡奇：《卢卡奇论戏剧》，罗璇等译，北京师范大学出版社 2014 年版，第 18、32、19 页。

④ ［匈］卢卡奇：《卢卡奇论戏剧》，罗璇等译，北京师范大学出版社 2014 年版，第 37 页。所以卢卡奇说的戏剧社会学，同时就是戏剧史学，因为“历史的也就是社会的关系”（参见同上书，第 36 页）。这一思想在《历史与阶级意识》中得到了更充分的发挥。

（二）关于现代戏剧的没落与资本主义的发展

《现代戏剧发展史》认为，现代城市生活的智性化（去宗教化）趋势，又使本来就充满悖论的现代戏剧的发展更加举步维艰①。因为过去的意志辩证法，变成了如今的智性辩证法。为什么会这样呢？卢卡奇指出，"所有的文化都会由一个阶级占据着统治地位；或者说得更确切些，文化的表现形式是由这个阶级的经济、政治情况，由他们生活方式的形式、速度和节奏规定的"②。戏剧作为一种资产阶级兴起时代的重要文化表现方式当然不能例外。换言之，戏剧时代，是前现代社会（如封建社会或类封建社会）崩溃或没落，同时也是新兴资产阶级（市民阶层）为争取自身利益而战斗的时代的产物。等到现代市民阶层完成了这个战斗的任务之后，也即现代市民社会逐渐发展壮大起来之后，他们就不再需要戏剧这种英雄时代的文化形式了（要么如上文所说的书本化、广场化，要么以小说作为新的替代品），因此，20世纪在这一个意义上，对于欧洲来说，是一个"非戏剧时代"。当然，由于欧洲各国新兴资产阶级（市民阶层）的兴起与斗争实践和时间各不相同，也因此，现代戏剧的没落也会出现相应的变化与复杂状况（比如，卢卡奇指出，德国和意大利就没有产生戏剧，因为"德国的封建主义在斗争中取得了胜利"，而"意大利的贵族向市民文化的过渡贯穿了他们向城市迁移以及成为城市新贵的全过程"③）。总之，一部戏剧发展史，就是资本主义发展史，戏剧的悖论，就是资产阶级（市民阶层）的悖论。

就像先前在分析资本主义兴起时，卢卡奇更多把兴起阶段的"意志辩证法"视为一种（多少带有尼采 + 康德式的）唯意志论和先验论（后

① 或许现代戏剧的命运，就是现代市民社会命运的写照：悖论的出现（都以崩溃前兆的方式）呼唤着辩证法的可能性解决方案（在戏剧中表现为以主人公的意志行动为路径的通向世界观之路），但辩证法既是矛盾的象征，又是矛盾表现自身的手段。因为，辩证法与其说是悖论的解决方案，毋宁说是新悖论产生的预兆（而且，在这一过程中，还不幸地带有旧悖论的遗迹）。

② ［匈］卢卡奇：《卢卡奇论戏剧》，罗璇等译，北京师范大学出版社 2014 年版，第 42 页。

③ ［匈］卢卡奇：《卢卡奇论戏剧》，罗璇等译，北京师范大学出版社 2014 年版，第 47 页。所以在这个意义上，可以认为，一部戏剧史，就是一部现代市民社会（资本主义社会）兴起史。就像"戏剧"（"货币"）本身是一个中介一样，它们的存在也只是一个过渡性产物，总归是要被新的形式替代。

者体现在他的“世界观”概念中）色彩一样，在这里，也即资本主义发展壮大（也即已经成为统治阶级——含文化上的统治阶级）阶段，“智性辩证法”更多表现为理智主义（或智性主义）、合理化、数字化、公式化等形式。在前一个阶段，戏剧很难，但依然还可以走下去，而且在欧洲各国走出了不同的姿态，但在后一个阶段，戏剧则不断式微，直至走向没落。正是在做这样的分析时，卢卡奇多处引述齐美尔的相关论断，如现代科学的智性化趋势，“把一切都缩减成熟悉和公式的愿望，在不断增长（不仅是在纯粹的自然科学中，而且在更多历史性的社会学中）。现代科学的趋势，用齐美尔的话来说，就是把物质的条件归因于量上”，因此，感性直接性被智性间接性取代、“质的范畴被量的范畴所驱逐”，“象征为定义和分析所驱逐”[①]。因为“智性主义，作为精神过程的形式，有着破坏一切共同体、孤立每一个个体、强调他们相互之间不可比较的强烈趋势（智性化的生活经验在内容上彼此接近，或者可能更容易格式化）”[②]。这种对市民阶层生活的智性化（也即以量代质的格式化倾向）理解，显然受的是齐美尔的影响。

在齐美尔看来，正是货币造成了主客体分化（借助于空间的距离化和技术的客体化），并因此造成了个人与客观性（即财产）的对立。因为，“在历史—心理领域内，货币通过它特有的本性成为现代科学中一种认知倾向最完美的载体，即：它把质的规定性简化为量的规定性。这让我们想起居中性媒介的那种震动性”，因此，“每一件事情都受数量和数字的安排”，“质的差异”被对应于“量的差异”[③]。因此，以货币为中介的人际关系（特别是雇佣劳动分工），产生了一种去个人化的、纯粹客观的效果（以货币租税的技术形式），齐美尔称此为“物象化”。它所造成的后果就是“整体的个人变成了劳动过程的一部分”[④]，这样，传统社会的亲密的、以情感（亲切随意）和人身依附关系为纽带的社会关系，就变成了以货币为中介的冷漠的、貌似中立和自由的、技术性的客观关系。

① ［匈］卢卡奇：《关于现代戏剧的社会学》，转引自《卢卡奇论戏剧》，罗璇等译，北京师范大学出版社2014年版，第67—68页。

② ［匈］卢卡奇：《关于现代戏剧的社会学》，转引自《卢卡奇论戏剧》，罗璇等译，北京师范大学出版社2014年版，第68页。

③ ［德］齐美尔：《货币哲学》，陈戎女等译，华夏出版社2002年版，第205页。

④ ［德］齐美尔：《货币哲学》，陈戎女等译，华夏出版社2002年版，第262页。

对比之下就不难发现，卢卡奇在提出"物象化"概念的那一段文字中，也是在对新旧社会进行对比研究之后，指出了现代生活的"物象化"本质，在他看来，同样，现代分工的本质就是把工人（劳动能力等）归结为可计算、可量化的，且又是独立、客观的、外在于他/她的个性之外的某种合目的性。所以他紧接着用桑巴特[①]的话将这一趋势表达为"生产的客体化"[②]。正是基于对这种经济上的生产客体化的指认，卢卡奇才得出了这种客体化在生活上的体现，这就是"物象化"。可见，无论卢卡奇，还是齐美尔，都把物象化看作客体化的结果，即先有的经济生产领域的客体化，才有了社会生活领域的物象化。而这样的物象化，在两位作者看来，又是资产阶级（市民阶层）社会的本质。所以卢卡奇才指出，市民化就是物象化的论断[③]。换言之，卢卡奇（和齐美尔）是把物象化安置在生活领域之中，它强调的是因客体化（生产领域）所导致的人与人之间关系（这也是《现代戏剧发展史》中卢卡奇对戏剧内容的重要定义）的深刻变化（其最典型的表现，就是齐美尔所说的"根据纯粹的算术关系完成这个世界的游戏"，也即数字化即实体化，卢卡奇称之为"观看—游戏"[④]）。因此，作者对社会、历史和心理因素的共同强调，也就可以理解了。因为那正是物象化发生的领域。所不同的只是，齐美尔以货币来把握和理解的物象化发生史，卢卡奇是以戏剧来表达的。这样，二位作者都把"形式"（戏剧或货币——也是中介）对市民社会结构的依赖性放在了中心位置——虽然他们都没有像马克思那样深刻透彻和系统[⑤]（因为

---

① 需要指出的是，桑巴特在其《现代资本主义》中也使用了客体化概念，并多次在文中提及马克思。直到《历史与阶级意识》时期，卢卡奇还在引述桑巴特的这一概念。

② György Lukács, "Entwicklungsgeschichte des modernen Dramas" (in *Georg Lukacs Werke*, Bd. 15), S. 63, S. 95.

③ 而且卢卡奇甚至指出了在资本主义（市民社会）经济中，资本作为一个"客观抽象物"，"成为真正的生产者"［参见 György Lukács, "Entwicklungsgeschichte des modernen Dramas" (in *Georg Lukacs Werke*, Bd. 15), S. 63, S. 95］。感谢徐洋博士和韩立新教授在这一部分的中文翻译中提供的专业帮助。

④ ［德］齐美尔：《货币哲学》，陈戎女等译，华夏出版社 2002 年版，第 205 页；卢卡奇：《关于现代戏剧的社会学》，转引自《卢卡奇论戏剧》，罗璇等译，北京师范大学出版社 2014 年版，第 62 页。

⑤ 然而，正如有论者指出的，"在卢卡奇真正地接触到马克思的著作之前，通过齐美尔，他已经摄取了马克思的思想了"（参见［日］初见基《卢卡奇：物象化》，范景武译，河北教育出版社 2001 年版，第 47—48 页）。

即便是齐美尔也还是停留在将货币视为一种“伟大的文化要素”[1]，即造成了主体文化与客体文化的分离)。

既然在（经济领域的）客体化是（生活领域的）物象化的基础，那么，对象化概念又将居于哪里呢？实际上，齐美尔在《货币哲学》中借助于客观文化和主观文化的区分，是将思想的客体化称为对象化的。换句话说，从经济活动中的客体化，到生活领域的物象化，还必须有一个中间环节，这就是思想上的对象化。这是与经济活动中的客体化相对应的，都是劳动分工所造成的分立。齐美尔也正是在这个意义上探讨了文学艺术等的对象化问题，也即客体文化与主体文化的分离问题[2]。而卢卡奇则主要致力于这里，即实际致力于探讨作为一种对象性形式的戏剧的发展史及其市民社会时代结构基础——虽然他几乎没有使用“对象化”概念，却大量使用了“对象”概念（对于这个“缺失”的环节的概念上的弥补，是在《历史与阶级意识》中关于“对象性形式”的大量讨论得以实现的）。而且，二人都倾向于认为，正是借助于这一（思想上的）对象化过程，才能从（经济活动中的）客体化，趋向（生活的）物象化。那么，除了上文所交代的从客体化—对象化—物象化的概念演进线索，其他一些异化概念群中的核心概念和周边概念的使用情况如何呢？

不难发现，正是在讨论上述两个阶段中出现的悖论问题时，卢卡奇(再次和齐美尔一样）大量使用异化概念群中的大量周边概念，而其核心概念则主要出现在对第二个阶段的分析之中。同样，虽然在《现代戏剧发展史》的“戏剧”部分，卢卡奇已开始引述齐美尔（如上文中所提到的风格化造成的与现实生活的疏离），但更大量地集中引述齐美尔（特别是其《货币哲学》中）的观点，还是在“现代戏剧”部分（尤其是卢卡奇对物象化、客体化概念集中使用的部分——引用或翻译，也集中在这一部分)。需要指出的是，正是基于前一部分的周边概念的使用，卢卡奇(和齐美尔）才得以正式使用异化概念群中的核心概念，而且，无论是齐美尔的物化、物象化、客体化和对象化概念的使用，还是卢卡奇的物象

① ［德］齐美尔：《货币哲学》，陈戎女等译，华夏出版社 2002 年版，第 127 页。

② 其在艺术上的表现就是印象主义、象征主义和自然主义。所以，相关的论者都会对这三种代表着现代性的艺术样式进行批判。

化、客体化等概念的使用，都是建立在对古代生活（前现代社会生活）和现代生活（市民社会生活）的区分基础之上，这或许正如有论者所指出的，是19世纪80年代生人的那一代欧洲（特别是东南欧）知识分子的流行病，即浪漫主义怀乡病（且这种怀乡病与古典时代的浪漫主义不同，既有对现代性的恐惧症，同时又有对前现代性的焦虑症）。在这样的视域下，和齐美尔（在分析货币的功能时所做的）一样，（《现代戏剧发展史》中的）卢卡奇也把古代社会 = 直接的、感性的或情感联系的集体主义社会；而把现代市民社会 = 间接的、智性的或冷漠的个体主义社会——这就是所谓的古典整体性的文化（culture）与现代市民社会原子化的文明（civil）之间的对立[①]。而对于后者的概念把握，似乎“客体化”一词都已经难以胜任了（因为旧的概念总是无法胜任描述新的问题，尤其是在社会和时代巨大变革时期，例如封建主义或半封建主义向资本主义过渡时期）。

无论如何，卢卡奇（齐美尔也一样[②]）对于物象化、物化概念的使用，都是偶然的、模糊的，特别是与客体化和对象化概念相比——虽然前者更倾向专门特指市民社会（资本主义社会）的特征，而后者则可以在更加宽泛的时代背景中使用。这种模糊性，在卢卡奇那里体现得更为明显，“客体化—对象化—物象化”的递进逻辑，在他这里，更有可能只是一个思考的逻辑，而在实际术语使用中，他一方面并没有直接使用“对象化”概念（因而也就没能像齐美尔那样使用介于对象化和物象化之间的物化概念），而更多的在讨论周边概念，即对象；另一方面，因为在客体化和物象化之间缺乏中介性的范畴工具，所以虽然他的思想的高度已经达到对物象化的体认（比如对戏剧的上述定性和定义即是明例），却苦于找不到合适的范畴工具来表达自己的思考，这或许就是有论者所说的，他在思考物象化的时候，只是借用客体化概念来表达它。换句话说，卢卡奇此时在思想上已经达到了对物象化（也即作为个体的现代人的生活状态）的把握，但因并不少见的明确的概念使用与思考速度之间的落

① 在浪漫主义者看来，前者意味着（内在）自我与（外部）世界的直接统一，后者则是二者的分离。

② 有论者指出，卢卡奇“几乎是沿着齐美尔的‘异化’论路线向前发展的”。参见［日］初见基《卢卡奇：物象化》，范景武译，河北教育出版社2001年版，第48页。

差（再叠加上东南欧与西欧在市民社会进程上的时差）而错过了对物象化的明确而系统的定性——我们可以在这个意义上理解物化和物象化概念在齐美尔那里，以及物象化概念在卢卡奇那里的“快闪式”呈现——这是思维的快速发展与范畴工具的相对滞后之间的矛盾，这或许同时也是20世纪初期欧洲，特别是东南欧面临同时反对前现代性和反对现代性双重历史任务给知识分子带来的双重焦虑在书写实践中的一种折射[①]。当然，概念界定的模糊性，似乎也并不影响作者对于资本主义的浪漫式批判[②]（虽然一方面，齐美尔更关注经济事实，但卢卡奇则更关注“历史”性维度和“阶级”分析法[③]——虽然无论如何，都是对现代性的文化考察）；另外，与齐美尔的悲观论调相比，卢卡奇似乎态度更积极[④]。或许在“走向马克思的路上”，只有更加靠近马克思的时候，卢卡奇才能对这些概念群作进一步的澄清和区分。

---

① 而关于卢卡奇早年恋爱生活经历对他戏剧青年时期的影响，也有学者根据新公开的卢卡奇的早期书信等材料做出了有趣的分析，详细可参见 Mary Gluck, *Georg Lukaces and his Generation (1900 - 1918)*, Harvard University Press, 1985。

② 这种浪漫式批判的共同旨趣是，设定了一个先验的存在，即主体自我现实化的原始冲动，正是这一冲动，肇始并开启了客体化—对象化—物象化之路。戏剧和货币，不过都是这条路上的站台（既是连接点又是切分点，既是路标又是地平线）。

③ 参见 Arato, “Lukaces's path to Marxism (1910 - 1923)”, *Telos*, No. 7, spring 1971, p. 134。当然，此时的阶级还远不是一个具体的范畴，因为在卢卡奇这里，艺术（以戏剧为例）依然被最终赋予了祛除生活物象化的历史使命（卢卡奇也是在这个意义上，试图将费希特和马克思思想进行嫁接，从而试图在内部和外部、个人和集体之间寻求某种和解——参见 Andrew Arato and Paul Breines, *The Young Lukacs and the Origins of Western Marxism*, A Continuum Book, the Seabury Press, 1979, p. 28）。另外，和齐美尔比，卢卡奇更为聚焦资本主义（市民）社会及其不同历史阶段的物象化问题，即主体的人如何有差异地自我现实化的问题。在这个意义上，卢卡奇的物象化概念更具有历史性维度，而不像齐美尔那样充满时代周期的模糊性。

④ 在齐美尔那里，主体文化（寻求现实化的自我）只能无望地任凭客体文化（由货币精神主导的宗教、科学和艺术等）的宰制；而在卢卡奇那里，至少还为具有审美功能的“心灵”留下了些许或明或暗的破局希望（虽然充满了弥赛亚主义色彩）。当然卢卡奇的这一任务主要是通过稍后的《心灵与形式》来完成的（也即齐美尔那里客体文化与主体文化的对立，就是卢卡奇这里的形式与心灵的对立——但在后者这，统一的“小桔灯”还亮着）。实际上，从完成《现代戏剧发展史》后不久（约1910年），卢卡奇就已经开始“不满”齐美尔了，到了1918年更是明确反对齐美尔的悲观主义文化观。这样的反对态度，在《历史与阶级意识》和《理性的毁灭》中尤其明显（在后者中，齐美尔被视为新康德主义精神科学家、主观主义者和唯心主义者，以及资产阶级庸俗经济学家）。

哈贝马斯视域中的社会哲学

王凤才*

自霍克海默就职演说，即《社会哲学的现状与社会研究所的任务》发表（1931）以来，“社会哲学”就成为社会研究所的研究方向，并为历代批判理论家所推重。作为法兰克福学派第二代学术领袖，哈贝马斯在20世纪60年代就讨论了社会哲学问题。例如，《理论与实践》一书的副标题就是：社会哲学研究。作为哈贝马斯的“社会哲学研究”文集，《理论与实践》（第1版，1963年；新版，1971年）收录的11篇文章中，有4篇集中探讨了社会哲学问题，即《古典政治学说与社会哲学的关系》（1961年）、《自然法与革命》（1962年）、《黑格尔对法国革命的批评》（1962年）、《黑格尔的政治文集》（1966年）。在这些文章中，尤其是在长达40页的《古典政治学说与社会哲学的关系》中，哈贝马斯试图通过讨论古典政治学与现代社会哲学之间的关系来阐发社会哲学问题。

一　古典政治学：从亚里士多德到托马斯主义

在亚里士多德的著作中，全部知识分为：理论知识（形而上学、物理学、数学）；实践知识（伦理学、家政学、政治学）；制作知识（逻辑学、诗学）。由此可见，在亚里士多德那里，“政治学”是“实践哲学”的一部分，这个传统一直延续到19世纪初。随着历史主义的出现，这个

* 作者简介：王凤才，复旦大学哲学学院教授（上海 200433）。

传统才最终被打断。哈贝马斯说，18 世纪以来，一方面是新形成的各种社会科学，另一方面是公法诸学科，危害着古典政治学的生存①。因为脱离了实践哲学躯体，按现代经验科学建立起来的现代“政治学”，除了有共同的名称之外，与古典“政治学”已经没有什么共同之处。当霍布斯在 17 世纪中叶研究国家的成因、形式、权力时，他所研究的已经不再是亚里士多德的“政治学”，而是社会哲学了——霍布斯彻底背离了两百年前就已经陷入停滞状态的古典政治学传统，因为他实现了由马基雅维利、莫尔在政治哲学中开创的思维方式的革命。

哈贝马斯指出，古典政治学对现代来说已经成为陌生的，这主要体现在三个方面。(1) 政治学本身被理解为关于善和正当生活的学说，因而，政治学是伦理学的延续。在亚里士多德看来，以法律为基础的宪法与市民生活的伦理之间没有矛盾；反过来说，行为规范与习俗、法律不可分。只有政治学才能强化公民美好生活的力量。所谓“人是政治的动物”，实质上意味着：人要依靠城邦实现其本质。但康德将合道德性与合法律性区分开来，政治学与伦理学、法学区分开来。在康德那里，政治学作为功利主义的明智性学说之技术性的专门知识，获得了相当可疑的地位价值。(2) 从狭义的希腊文的含义来说，古典政治学说仅仅关涉实践：政治学采取教育方法（而非技术手段），最终指向性格的养成。对霍布斯来说，培根提出的“知识就是力量”是不言而喻的——他将人类自身的最大进步归因于技术，并且首先归因于使国家得以真正建立起来的“政治技术”（politische Technik）②。(3) 在亚里士多德那里，政治学，即根本的实践哲学，在自己的认识要求中，不能以严格科学、以绝对肯定的知识来作为衡量自己的尺度，因为实践哲学讨论的是“实践智慧”（phronesis）。古典政治学传统，经过西塞罗的“智慧”（prudentia）、柏克的“审慎”（prudence）就建立在对现实状况的明智性理解基础上；相反，霍布斯想建立的政治哲学则试图认识“正义”（Gerechtigkeit）的本质，即法则与协议。

---

① Vgl. Jürgen Habermas, *Theorie und Praxis. Sozialphilosophische Studien*, Suhrkamp 1978, S. 48.

② Vgl. Jürgen Habermas, *Theorie und Praxis. Sozialphilosophische Studien*, Suhrkamp 1978, S. 49.

由此可见，古典政治学探讨城邦、社会（共同体、国家），而现代社会哲学研究私法所调节的，并得到国家主权所保护的公民交往的自然法建构。那么，亚里士多德的古典政治学如何转变为霍布斯的社会哲学呢？哈贝马斯认为，阿奎那是亚里士多德与霍布斯之中介。一方面，阿奎那完全处于亚里士多德传统中：只有当一个共同体使它的公民具有德性的行为，并由此有力地使人们过上美好生活时，"共同体"（Gemeinschaft）①才是"国家"（Staat）；另一方面，阿奎那不再将这个共同体理解为天生就是政治的："城邦"（Civitas）是在"社会"（Societas）中形成的。

诚然，在"作为社会动物的政治动物"这个表述中，可以看出托马斯主义对亚里士多德政治学的接受，但在将"政治动物"（zoon politikon）翻译为"社会动物"（animal sociale）的过程中，没有一个词比它更加明确地表明，它与古典政治学不得不保持的距离：自然人是社会动物。但在《政体的原理》中，阿奎那又说，人既是社会动物又是政治动物。

在哈贝马斯看来，阿奎那显然没有将家长所拥有的经济支配力与公共领域的政治统治力区分开来，这是由他的哲学观决定的。在阿奎那那里，建立良好秩序的标准不是公民自由，而是安宁与和平。"托马斯对《新约全书》概念的阐释，与其说是政治的不如说是'法律的'。"②古典政治学说的核心问题，属于支配的质的问题；而托马斯主义"政治学"所谓社会学方面考虑的主题，是扩展为国家的家庭秩序、是劳动着的公民的等级地位问题。因此，阿奎那将亚里士多德政治学转变为一种"社会的哲学"（Philosophie des Sozialen）。不过，当阿奎那坚持在亚里士多德那里清楚表达出来的伦理学与政治学的关联时，他又维护了亚里士多德政治学传统。显而易见，阿奎那将社会秩序的建构从神学本体论上解释为德性秩序。"这种从基督教化的斯多亚派的自然法中发展出来的'自然法'（lex nature），在随后的一百年里遭到了唯名论的批评。打上了本体

① "Gemeinschaft"这个多义性概念，在德语中是指由共同的思想、目的、职业等联系起来的组织、集体、团体；或者是具有共同的经济、政治等目的的国家之间的结盟、联盟、集团；或者直接意味着结合、联合、联系等。一百多年前，共同体概念在社会学中被加以阐发，从此以后被广泛运用，如社会共同体、法权共同体、交往共同体、价值共同体、自由共同体、文化共同体、道德共同体等。

② Jürgen Habermas, *Theorie und Praxis. Sozialphilosophische Studien*, Suhrkamp 1978, S. 54.

论符号的托马斯社会学说，由于它只能在社会关系下强调信仰尊严的瓦解而瓦解。”①

二　现代社会哲学：从马基雅维利、莫尔到霍布斯

第一，马基雅维利在现实政治祛魅的世界中构建了现代政治观念与社会观念，莫尔在乌托邦构思的世界中构建了现代政治观念与社会观念，他们从不同的方向与传统政治学决裂。哈贝马斯指出，在《君主论》中，马基雅维利在城邦国家薄弱的基础上撇开了社会组织问题，将注意力集中在获得与占有权力的技术上：政治是为了实施自身权力而自内至外不断使用策略的、可以研究和学习的艺术。在《乌托邦》中，莫尔在岛国战略有利的基础上，忽视了反对外敌的自我保护的技术，并直截了当地否定由战争状态而引出的政治本质。就是说，他们观察事物的目光发生了变化——马基雅维利感兴趣的是政治行为，而莫尔感兴趣的是社会秩序——但不再关涉公民的德行生活的阐明。“现代思想家不像古代思想家那样询问美好的、卓越的生活之伦理关系，而是询问人们生存的实际条件，这直接关涉人们的物质生活、基本生活的维护。”② 这种要求从技术上解决实践问题的必要性，出现在现代社会哲学开始时与古典政治学伦理必要性的区分中，它不要求从理论上论证：人的本性在本体论上的德性与法则。由此可见，社会哲学已经超越了关于长期美好生活的保证，尽管它也研究生活改善、救助、提高问题，但这与完美的伦理生活是有区别的。

哈贝马斯指出，如果说古代思想家的理论论证出发点是：人如何能够在实践上符合自然秩序；那么现代思想家从实践上所强调的出发点则是：人如何能够从技术上征服威胁他们的自然灾难。不过，在这些自然灾难中，社会哲学并没有什么创建。从马基雅维利、莫尔开始的几百年来，社会哲学只是改变了其形式。

---

① Jürgen Habermas, *Theorie und Praxis. Sozialphilosophische Studien*, Suhrkamp 1978, S. 55.

② Jürgen Habermas, *Theorie und Praxis. Sozialphilosophische Studien*, Suhrkamp 1978, S. 56 – 57.

马基雅维利讨论如何能够从政治上再造人的生活，莫尔讨论如何能够从社会—经济上确保人的生活，可是，他们从技术上讨论生活再生方式时出现了差别：饥饿的消除为舒适生活之可能的提高开启了无限的前景，但用来消除残害人的、罪恶的令人恐怖的权力的扩大，则产生了另外的灾难：奴役的危险。因而，从政治上定义灾难的社会哲学，并不像从经济上定义灾难的社会哲学那样采纳了乌托邦形态。这些社会哲学，当它们不愿放弃提高生活质量的反乌托邦形态时，就陷入了非理性。"面对古典政治学，马基雅维利与莫尔各自获得了一个新的观察领域：因为他们是从伦理关联来解释支配结构的。"①

马基雅维利新的政治概念——政治是把握命运的艺术——完全是从这种用潜在的或现实的相互使用暴力的仿佛自然地确立的张力中获得了它的意义。由于政治上的少数对个体公民大众的支配这种不变的实质，因而规范的秩序是历史上必然更迭的上层建筑。相反，莫尔则从私人占有制确立的剥削的强制状况出发，而不是从人们无法废除的基本状况出发来理解在变化了的规范秩序中始终不变的支配关系实质。在他那里，国家是富人以法律的名义为自己捞取好处的一种方式。哈贝马斯说，这样，法律的规范意义就被还原到基础结构，不论是政治统治结构还是经济剥削结构；尽管其伦理实质被掏空了，但并未完全被消除。马基雅维利所推荐的法律的规范意义在死亡准备与被杀戮准备中得到了保证；莫尔所推荐的法律的规范意义在劳动强制中得到了保证。在亚里士多德那里，通过政治确立的宪法与公民生活的伦理根本不能分离，但马基雅维利与莫尔以各自的方式完成了政治学与伦理学的分离：马基雅维利主张政治的非道德主义；莫尔主张用自然法建立道德的人道主义传统。

不过，在哈贝马斯看来，马基雅维利所说的维护政权的手段、莫尔所说的社会秩序的组织，从道德上讲都是中性的。他们研究的不是实践问题，而是技术问题。"当人们以同样的方式揭示现实政治的祛魅化与乌托邦构想的启发意义时，马基雅维利与莫尔令人惊奇地走到了一个层面上。"② 就是说，在从古典政治学向现代社会哲学过渡过程中，发生了方法立场上的改变，即从实践智慧到权力技术的、社会组织的实用艺术的

① Jürgen Habermas, *Theorie und Praxis. Sozialphilosophische Studien*, Suhrkamp 1978, S. 58.

② Jürgen Habermas, *Theorie und Praxis. Sozialphilosophische Studien*, Suhrkamp 1978, S. 60.

改变。因为在希腊人那里，正义只有在城邦的生活秩序中才能实现，所以希腊人用国家的本质来解释正义的本质，即用自由民支配的成文法来解释正义的本质；而马基雅维利则将政治视为支配的艺术，莫尔将政治视为富人谋取私利的方式。正是由于此，霍克海默发现了马基雅维利的伟大之处在于，他认识到了建立同现代物理学、心理学及其与它们的原则相适应的政治科学的可能性，并且简明地、确定地说出了政治科学的基本特征①。

但哈贝马斯认为，无论《君主论》《乌托邦》具有怎样的“现代”性质，也不能消除马基雅维利、莫尔同霍布斯的界限——这既关涉内容又关涉方法。因为马基雅维利无视市民社会领域发展的历史任务，莫尔无视从主权国家的竞争中产生出来的政治事实；而霍布斯则从这两位先驱相互补充的盲目性中摆脱出来，系统提出了关于主权的自然法建构任务。进而言之，马基雅维利、莫尔没有将政治学、社会哲学当作“科学”——既非实践哲学意义上的科学，又非一百年后培根经验分析意义上的科学——因此，他们只是走了该走路程的一半：在方法论上与传统决裂并且用技术问题代替实践问题，但既没有使用笛卡儿的认识方法，也没有使用伽利略的经验研究方法。“在某种程度上，他们仍然是实用主义的。”②

第二，霍布斯作为科学的社会哲学奠基人的地位是毋庸置疑的。在古典自然法中，主权和社会的关联、国家和社会的统一，与共和国、公民社会是同名的；但宗教改革导致了占支配地位的托马斯主义自然法实证化与形式化，这就有可能使德国法学家 J. 阿尔图修斯③提出这样的问题：正义是从法律和交往中产生的，正义意味着尊重法律契约的有效性。这就使霍布斯由此得出结论说：某些契约在一个国家是合法的，在另一个国家可能就是不合法的，但正义意味着遵循法律，这在任何国家都是一样的。

哈贝马斯指出，理性自然法的基本范畴是契约与权威，为使国家完

① Max Horkheimer, *Die Anfänge der bürgerlichen Geschichtesphilosophie*, Stuttgart 1930, S. 10.

② Jürgen Habermas, *Theorie und Praxis. Sozialphilosophische Studien*, Suhrkamp 1978, S. 63.

③ J. 阿尔图修斯（Johannes Althusius，1557—1638），德国法学家、加尔文主义政治哲学家。

成双重任务：（1）用合法的垄断暴力服务于和平与秩序；（2）用合法的垄断暴力促进人们的福利——霍布斯必须将契约当作工具来看待。在马基雅维利与宗教改革家那里，自然状态被预设为丑恶的人性与腐朽的世界本性，霍布斯必须从法律上作出解释，为的是在机械论解释的自然法则之因果关联中能够给出法律建构。在霍布斯看来，自然强制必然产生于人为强制，即用暴力惩罚来保证的法律秩序。这样，霍布斯就“不仅将社会契约理解为自然合理化的工具，而且证明理性来自自然法。所以，正义是因果链条中固有的”①。

根据霍布斯的绝对的自然法假定，在自然状态中，“布道”（Bergpredigt）伦理学直接地现实化。在那里，没有支配——所有人都是自由的；没有社会差别——所有人都是平等的；没有个人的和专有的财产——所有人共同占有一切、所有人有权享用一切。哈贝马斯说，霍布斯口头上接受这些假定，却悄无声息地更换了法律主体，他用马基雅维利意义上的“政治动物”代替基督教—亚里士多德理解的“社会动物”，目的是轻易地表明：这些权利，尤其是所有人拥有一切的权利假定，一旦被应用到一群“自由的”“平等的”狼身上，结果必然是相互厮杀状态——这样，霍布斯就将古典自然法彻底转变为一种被动调节的、缺乏合理协商的自然环境之事实上的“无法无天”（Rechtlosigkeit）。

这样，从自然法的——规范的解释到自然状态法则的自然科学的——因果的解释之明显变化，就使人们想起了全部现代自然法则概念的起源。按霍布斯的解释，“自然法则”有两种不同的含义：一是在社会与国家之前的反社会的冲动本性；二是在社会与国家之后的社会共同生活的规范管理。在《哲学的基本特征》的一个重要地方，霍布斯谈到了自然渴望强制与自然理性禁令之间的差别。这个从自然状态向社会状态过渡时难以排除的问题，又出现在按自然法则构思的支配制度概念中。于是，在霍布斯的科学的社会哲学中，就出现了两个二律背反。（1）绝对主义形式的认可与自然内容的牺牲。霍布斯用自然法建构的绝对主义国家理念是自由的。因为在“自由的”标题下阐发的自然理性法则不仅将人的良知与善良意志连在一起，而且也是公民的社会契约和支配契约

① Jürgen Habermas, *Theorie und Praxis. Sozialphilosophische Studien*, Suhrkamp 1978, S. 69.

的基础。正如《哲学的基本特征》第13章提出的那样，国家暴力的拥有者原则上应该为自然法的自由意图负责。就此而言，“霍布斯是自由主义的奠基人”①。不过，霍布斯认为，君主权力是绝对的——他不仅制定所有法律，而且所有法律是否与社会契约的自然权力一致，也是由君主裁定的。君主的行为从来都不是“非法的”（unrecht），而且也不能被认为是“非伦理的”（unsittlich）。“君主制”（Monarchie）与“暴政”（Tyrannei）的区分、合法统治与专制统治的区分，在实践上是不允许的。因而哈贝马斯说，在霍布斯那里，国家的自由概念最终就被国家的绝对主义所吞噬。(2) 社会技术的权力知识在实践中的无能为力。尽管霍布斯从方法论上规定社会哲学与物理学（=自然哲学）关系时犹豫不决，但从总体上看，他用现代物理学立场来处理社会哲学。因而，霍布斯的社会哲学拥有现代物理学特征。在霍布斯那里，政治学与伦理学，即关于正义与非正义的科学，可以加以先验地证明。

尽管霍布斯与维柯有近似的论述，但结论是不同的：维柯想用现代科学武器打击现代科学，目的是用现代知识的确定性去更新“古典研究方式”；霍布斯相反，他想按现代科学范型去革古典政治学的命，即以当时的物理学为社会哲学奠基。“霍布斯对作为科学而奠基的社会哲学之技术主义的自我理解毫不怀疑：人类将自身最大的进步归功于技术……而哲学是所有这些进步的原因。”② 人们可以用同样的方式，在比自然哲学更大的程度上使用科学的社会哲学。哈贝马斯说，在霍布斯之前，笛卡儿为社会哲学开端奠基的方法论要求根本没有受到应有的重视。所以，古典的政治学说从未成为现实的认识。只有在霍布斯掌握了新的方法后，才阐发了社会化的物理学，即社会哲学。然而，迄今为止的哲学家的道德文献对真理的认识并没有什么贡献；同时，霍布斯也反对片面地对待古典政治学对象，反对古典政治学传统延续其中的“人道主义修辞学”（humanistische Rhetorik）。就是说，霍布斯将社会哲学的实践结果归于社会哲学认识之毫无关联的确定性，但社会哲学的实践结果的可能性不能在社会哲学框架内得到论证——理论与实践的关系不能靠理论本身来解释。实际上，对自然过程的支配与对社会过程的支配本质上是不同的，

① Jürgen Habermas, *Theorie und Praxis. Sozialphilosophische Studien*, Suhrkamp 1978, S. 72.

② Jürgen Habermas, *Theorie und Praxis. Sozialphilosophische Studien*, Suhrkamp 1978, S. 76.

即使最终两者的支配方式是相同的。尽管如此，科学的社会哲学按其结构来说，在其内在关联中仍然保留着对结果的技术改变。

三 古典政治学与现代社会哲学的关系

在马基雅维利、霍布斯之后，政治科学对象发生了变化，德行的秩序转变为社会交往的规则，政治学变成了社会哲学。因此，今天人们有理由将科学的政治学归于社会科学。哈贝马斯说，自韦伯对所谓的价值判断论争提出自己的解释、阿尔伯特对实证主义的“研究逻辑”进行精确规定以来，社会科学就从整体上摆脱了古典政治学说的规范要素，即遗忘了古典政治学遗产。就此而言，这个遗产被描述为它的社会科学的自我理解。然而，社会哲学不得不隐藏其规范内涵，不再承认它还与道德学说固着在一起的东西。就是说，“社会哲学起源于又偏离了古典政治学原理”是一个事实①。

社会哲学在成为科学的道路上失去了政治学曾经作为“明智性”所具有的能力。维柯已经意识到了这一点。维柯坚持亚里士多德关于“科学性”与“明智性”“认识”与“实践智慧”区分的规定性：科学认识指向“永恒的真理”，它始终关涉必然存在的东西；而实践智慧只是与“或然的东西”相关联。哈贝马斯指出，在与当时的社会哲学论争中，维柯已经预测到了（只有今天才得以贯彻的）趋向：在社会哲学领域中，人们越是严格地为科学的确定性选择标准，人们在行动中的不确定性就越是增加②。维柯认为，培根的《新工具》所要求的、霍布斯许诺为第一的、作为科学的实践哲学的论证是错误的——不过，在哈贝马斯看来，维柯忽视了新的方法论立场也是一个新的对象，正是这个新的对象才揭示了社会的生活关联。从另一方面看，如果将那些不同的、相互冲突的法律解释清楚并完全统一起来，那么维柯所说的“古典研究方式与现代

① Vgl. Jürgen Habermas, *Theorie und Praxis. Sozialphilosophische Studien*, Suhrkamp 1978, S. 50.

② Vgl. Jürgen Habermas, *Theorie und Praxis. Sozialphilosophische Studien*, Suhrkamp 1978, S. 52.

研究方式的和解”就能成为新科学的方法论基础，成为另一种“新科学”(Scientia Nuova)。

社会哲学在18世纪的进一步发展，应该被理解为古典政治学科学化第一个构想之明显可疑性的回答。哈贝马斯认为，表明社会哲学进一步发展特点的是下述两种趋势：(1) 在18世纪下半叶，康德等人用政治经济学观点回答洛克一再用自然法阐述的市民社会的“自然法则”；(2) 在18世纪，市民社会理论已经为政治公共领域学说（重农主义者，以及继承苏格兰道德哲学传统的经济学家、社会学家）所补充。他指出，如果人们能够像物理学那样确定自然进程、像哲学那样确定历史进程，那么理论与实践的关系就不是解决不了的了。如果社会哲学还想从理论上解释自己对实践的关系，那么就不能坚持占有与行动差别之方法论上的无知。“由于（科学的）社会哲学只是为了获得真正的效果，即普遍有效陈述的确定性，而非重大问题的理论可靠性……因此，即使按照其自身标准，社会哲学最终也失去了它自己的学说所保证的实践效果。”①

总之，与古典自然法学说相反，现代社会哲学要求自己拥有竞争能力和严格的科学性质，但以与实践哲学的经验关联分离为代价：蜕变成独白的社会哲学，不能真正地与实践发生关系；更多的是与受社会技术宣传操控的目的合理性行为发生关联②。

如果说，在《古典政治学说与社会哲学的关系》中，哈贝马斯是“从理论上”阐发古典政治学与现代社会哲学的关系问题，那么，在《自然法与革命》《黑格尔对法国革命的批评》《黑格尔的政治文集》中，哈贝马斯则试图“从实践上”阐发古典政治学与现代社会哲学的关系问题。

在《自然法与革命》中，哈贝马斯试图撇开社会学的革命概念，探讨现代自然法（即同古典自然法有联系又有区别的理性自然法）与资产阶级革命的内在关联。

众所周知，古典自然法概念来源自“自然”（Physis）与“法律”(Nomos）之间的张力。人制定的法律因习俗而异，而自然禀赋一般不可改变。不过，两者的共同点在于：都存在着神圣秩序，即“逻各斯”

① Jürgen Habermas, *Theorie und Praxis. Sozialphilosophische Studien*, Suhrkamp 1978, S. 84.

② Vgl. Jürgen Habermas, *Theorie und Praxis. Sozialphilosophische Studien*, Suhrkamp 1978, S. 10.

(Logos)。在斯多亚派那里，自然法本身具有实现人的幸福的目的性。古典自然法与人制定的法律总是相对应，这个思想被阿奎那继承。现代自然法发轫于17世纪国民战争之后欧洲法学家、哲学家的集体讨论。在霍布斯那里，自然法要求人们服从君主的支配。边沁继承了这个论题，并发展成法律实证主义的基本原理。在《政府论》中，洛克也糅入了自然法要素。美国革命、法国革命的纲领也深受自然法的影响。格劳秀斯①对阿奎那“自然正当”概念的辨析，涉及现代自然法与古典自然法的另一个分野，那就是将“主体权利”概念视为现代权利思想的关键特征②。

其实，自然法，不论古典自然法还是现代自然法，都不是一般意义上的法律，而是一种昭示绝对公理和终极价值的正义论。人权（例如，生命权、自由权、财产权）作为这样一种超验的“真正的权利”，成为正义与非正义的终极审判机关。哈贝马斯说，哲学的政治现实化理念，即从哲学理性的强制中产生契约的自主理念，是革命理念；从美国、法国开始的自然法的“实证化”（Positivierung）行为就是基本权利宣言。不过，美国独立宣言与法国人权宣言存在明显的差别：美国人想依据人权使其独立合法化；法国人想推翻旧制度③。实际上，法国的人权宣言、美国的独立宣言不仅“思想”不同，而且包含两个不同的自然法构想，即资产阶级自由主义两种不同的自然法构想：洛克与潘恩④。在洛克那里，既有古典自然法要素，它给人们制定了美好生活、实践智慧的法则；但也有现代自然法要素，现代自然法的普遍法则产生于古典自然法。在《论人权问题》（1792）中，潘恩将人的自然权利、商品交换、社会劳动的自然法则等量齐观。不过，潘恩用社会与国家的区分代替了自然状态与社会状态的区分：社会由于我们的需要而产生；国家由于我们的弱点而产生，因而，国家即使在最好的宪法中，也是一个必要的祸害。

如果说，洛克与潘恩代表着资产阶级自由主义两种不同的自然法构

① 格劳秀斯（Hugo Grotius，1583—1645），荷兰法学家、哲学家、神学家，近代国际法学奠基人。

② 参见李猛《自然社会：自然法与现代道德世界的形成》，生活·读书·新知三联书店2015年版，第234页。

③ Vgl. Jürgen Habermas, *Theorie und Praxis. Sozialphilosophische Studien*, Suhrkamp 1978, S. 92 – 93.

④ 潘恩（Thomas Paine，1737—1809），美国政治哲学家。

想；那么，卢梭与重农学派则代表着市民社会两种竞争的自然法构想：卢梭主义者克雷涅试图将权利宣言与社会契约相提并论，重农学派则不懂得自然状态与社会状态的严格区分，不懂得社会本身作为自然的一部分绝不是通过契约形成的。在哈贝马斯看来，重农学派与卢梭的一致性在于：只有作为公民权才有人权，只有在国家状态中才有自由；只有通过政治暴力才能实现国家的自然秩序。两者的区别在于：这种政治暴力只有基于从事物本身性质的哲学洞见中获得的法则才能实施。卢梭使用的是“社会机体”（Corps social）概念，这个概念就像重农学派所使用的是“政治社会”（Sociéte politique）概念一样，指的是通过自然权利制度化而组织起来的、在政治上包括国家与社会的“全部状态”（Gesamtverfassung）。这种状态不同于洛克所说的自然状态，与斯密、潘恩所说的状态相一致。

那么，在这两种竞争的自然法构想中，国家与社会的关系是怎样的呢？为了从政治上创立和保证自然的社会秩序，通过重农主义启蒙的公众，即通过公共意见而教导的君主，必须将自然的人权实证化——此乃不久就臭名昭著的合法的“专制主义”（Despotismus）的实质。哈贝马斯说，“自然的社会秩序不应从上面专制地、而应从下面革命地实现”[①]。他认为，法国1793年的《人权宣言》混淆了人权、公民权、国家法律的基本原则，因为“草案”第二条：人权是具有政治形态的社会权利；自由、平等、博爱是重农学派的政治圣礼，但在美国独立宣言中，人权=政治权利。

由于美国、法国的自然法构想不同，对革命任务的阐释也不同。哈贝马斯认为，罗伯斯庇尔与潘恩代表着雅各宾派的法国与杰弗逊的美国对革命不同的自我理解。其实，卢梭的学说不是革命的，只是必须被阐释为革命的。在卢梭主义影响下，罗伯斯庇尔确立的基本原则是：通过自由、平等确保的内部强制的君主暴力，只有从德行出发而非从利益出发才是可能的。所以，他给自己提出的成功地完成革命的问题是，如何才能使广大民众产生德行的信念？但在潘恩那里，生活状态的任何有效的改善，都必须通过所有个人的个体利益来实现。他在思考革命问题时，

① Jürgen Habermas, *Theorie und Praxis. Sozialphilosophische Studien*, Suhrkamp 1978, S. 107.

既不需要道德说教，也不接受通过操控或恐怖而强制的道德说教。因而，从严格意义上说，革命就是推翻一个旧政府、建立一个新政府。传统国家依靠暴力、掠夺，用自然法建立起来的新的统治制度，则以同国家相分离的社会的法律与人的权利为基础。“社会解放可以产生于国家革命，正如社会解放也可以通过革命来进行一样。”①

然而，马克思主义不仅对自由主义的自然法构想进行了批判，而且阐发了辩证的资产阶级革命概念。诚然，马克思对资产阶级“法治国家”（Rechtsstaat）的理解与自由主义对它的自我理解没有什么根本不同；与此同时，马克思也证明了：资产阶级私法之正式的、普遍的法律，必然从经济上否定其正义性。正是由于此，哈贝马斯说，哲学与经济学之间令人惊奇的联系，并非“巴黎手稿”的特性，在资产阶级革命的哲学之自我理解中就已经有了。就像黑格尔《法哲学原理》中的语言一样，马克思将资产阶级革命理解为市民的解放（即政治解放），而非人的解放。当政治革命“从法律上”使市民得到解放时，未来的无产阶级革命就应该“从社会上”解放人。不过，马克思比黑格尔高出一筹：马克思对资产阶级法治国家的意识形态批判，以及对自然法基础的社会学解决，使“法律性”（Rechtlichkeit）观念本身以及自然法的意向，对马克思主义来说永远信誉扫地，从此以后，也砸碎了套在自然法与革命身上的枷锁。哈贝马斯还说，在一个高度工业化、官僚制高度组织化的市民社会福利国家的大众民主中，各种有效的人权与公民权都有一个特殊地位。只有基本法（即宪法），才能够作为福利国家全部法律秩序的基本原则。

在《黑格尔与法国革命》（1957）中，里特尔②曾说，从其最内在的动机来说，没有第二种哲学像黑格尔哲学那样，是革命的哲学。在《黑格尔对法国革命的批评》中，哈贝马斯指出，为了不使哲学由于革命的挑战而牺牲，黑格尔将革命抬高为他的哲学原则。黑格尔祝贺革命，是因为他惧怕革命；黑格尔将革命抬高为他的哲学原则，是为了一种能够克服革命的哲学；黑格尔的革命哲学是他作为革命批判的哲学。③

---

① Jürgen Habermas, *Theorie und Praxis. Sozialphilosophische Studien*, Suhrkamp 1978, S. 114.

② 里特尔（Joachim Ritter, 1903—1974），德国哲学家，“里特尔学派”奠基人。

③ Vgl. Jürgen Habermas, *Theorie und Praxis. Sozialphilosophische Studien*, Suhrkamp 1978, S. 128.

诚然，黑格尔承认革命——只要革命有助于被康德理解为“法权状态”（Rechtszustand）的东西变成外在的定在，但他同时批评那些将法权状态的现实化直接作为目标的革命者。当然，黑格尔与法国革命的第一位批评者柏克[①]有着原则的区别——这是哈贝马斯的看法。

作为保守主义政治哲学家，柏克既破除理性的权威、保护个体自由，又树立上帝的权威、维持社会秩序。在《法国革命沉思录》（1790 年）中，柏克反对法国人民的暴力行为，提倡英国的不流血的“光荣革命”。他认为，法国革命已经演变为颠覆传统和合法权威的暴力叛乱，而非追求代议制、宪法民主的改革运动，因而沦为一场灾难。在这里，柏克将“国家法律”（Staatsrecht）归结为“国家智慧”（Staatsklugheit）。实际上，柏克的“审慎”就来自古典政治学，如西塞罗（亚里士多德）的“实践智慧”。

黑格尔哲学一方面将“伦理世界”（sittliche Welt）批评为破碎的，另一方面又肯定伦理世界的无神论——但在《法哲学原理》“序言”中，对“无神论”进行了严厉谴责。这两者如何相容呢？哈贝马斯提出了这个严肃的问题。黑格尔认为，希腊城邦的伦理在罗马帝国正式法律关系中瓦解。黑格尔对待法国革命的矛盾态度，反映在抽象法之深刻的两面性（即一方面，它是社会劳动的解放形式；另一方面，它又是伦理瓦解的产物）中。那么，是否可以说，黑格尔进入了反对革命的行列？对此，有保守主义、自由主义、左翼黑格尔主义三种不同的解释。哈贝马斯指出，“黑格尔要的是没有革命者的现实的革命化”[②]。

在《黑格尔的政治文集》（即《黑格尔的政治著作》一书的“后记”）中，哈贝马斯说，黑格尔作为百科全书式的作者、最后的哲学家、政治作家、政论家，他的精神哲学将社会理论与历史哲学合二为一。当然，黑格尔的“实践”不是指工具行为，不是从技术上占有对象化的自然，而是指“伦理”，即政治行为与日常交往行为。在耶拿时期的黑格尔看来，哲学不为革命实践提供指导，而只为错误地将哲学当作政治行动指南的人提供教科书。哲学的功能在于批判世界。这样，黑格尔就强调了理性精神。不过，他同时对暴力进行了肯定性评价。这与他在此期间

① 柏克（Edmund Burke，1729—1797），18 世纪英国保守主义政治哲学家。

② Jürgen Habermas, *Theorie und Praxis. Sozialphilosophische Studien*, Suhrkamp 1978, S. 144.

接受了马基雅维利、霍布斯的现代国家概念是联系在一起的。

在《伦理体系》、“耶拿实在哲学”中，当黑格尔与经济学进行辩论时，才第一次使用了“市民社会”（Bürgerliche Gesellschaft）概念——在《市民社会史论》（1767 年）中，A. 弗格森[①]最早研究了现代“市民社会”（civil society）。在《法哲学原理》中，黑格尔借用 A. 弗格森的市民社会概念来指称这样一些社会的、经济的、法律的关系，即个体的生活、福利以及他的权利的定在，都是同他人的生活、福利、权利交织在一起的需要体系。这样，“市民社会”就不再是分裂的伦理领域，而是成为人类从自然状态中积极地解放出来的舞台——这时，抽象法也获得了一种新的意义。到《法哲学原理》中，尤其是第 194 节以后，黑格尔不再忽视“劳动中的解放要素”。但对黑格尔来说，国家与社会的关系始终是一个问题。正如马克思所说，黑格尔或许是通过新的等级宪法的抽象物、通过落后的普鲁士关系的实体化、通过“怀旧”（Reminiszenz）来拒绝事实上已经完成的国家与社会的分离。因而，“黑格尔的政治哲学不能不顾实际情况被应用于 20 世纪”[②]。哈贝马斯认为，尽管黑格尔反对资产阶级革命的恐怖实现，但从未反对资产阶级革命理想。实际上，黑格尔是用历史上进步的理性自然法的基本原则，反对新的极端主义与古老的弗兰克的传统主义；不过，将黑格尔称为自由主义者的倾向，也不能令人信服。“黑格尔未超出他的时代和社会状况”[③]。

结　语

综上所述，哈贝马斯不仅讨论了从亚里士多德到托马斯主义的“古典政治学”，而且讨论了从马基雅维利、莫尔到霍布斯的“现代社会哲学”；不仅“从理论上”阐发了古典政治学与现代社会哲学的关系，而且“从实践上”阐发了古典政治学与现代社会哲学的关系，从而显示出他对“社会哲学”的理解，这种理解既不同于霍克海默，又不同于霍耐特。在

① A. 弗格森（Adam Ferguson，1723—1816），18 世纪苏格兰启蒙思想家。

② Jürgen Habermas，*Theorie und Praxis. Sozialphilosophische Studien*，Suhrkamp1978，S. 144.

③ Jürgen Habermas，*Theorie und Praxis. Sozialphilosophische Studien*，Suhrkamp1978，S. 144.

霍克海默那里，社会哲学不是“发现真理”的事实科学，而是“确立价值”的实质社会学①；在霍耐特那里，社会哲学是对社会病态进行时代诊断的“社会病理学”②；在哈贝马斯这里，社会哲学是偏离古典政治学、且拥有现代物理学特征的社会科学，“今天的社会学很大程度上成为了行政管理的辅助学科”③。

① 详见霍克海默《社会哲学的现状与社会研究所的任务》，王凤才译，《马克思主义与现实》2011 年第 5 期。

② 详见王凤才《社会病理学——霍耐特视阈中的社会哲学》，《中国社会科学》2010 年第 5 期。

③ Vgl. Jürgen Habermas, *Theorie und Praxis. Sozialphilosophische Studien*, Suhrkamp 1978, S. 240.

“城市马克思主义”的问题域、辩证法与中国道路*

刘怀玉**

一　全球城市化危机呼唤着“城市马克思主义”哲学研究

马克思的“生产方式”概念仍然是理解各种现代性问题（包括城市问题）的理论工具箱。按照大卫·哈维的考证，该词有三个殊为不同的基本意义：第一，专指用于那些生产特殊使用价值的方式，如生产棉花；第二，特指资本主义社会关系条件下的、“交换价值占主导地位”的生产方式；第三，泛指生产、交换、分配与消费关系这个整体范围，还有制度的法律的与行政的组织以及国家机器、意识形态和社会阶级再生产的特殊形式①。从马克思的这三种生产方式概念出发，我们不难发现，资本主义的“生产”不但是一定空间与时间制约下的物质（使用价值）生产，而且是一个不断地超越地理空间限制而实现的（交换价值）空间的“自我生产”过程。资本的生产本质上绝对不是简单的重复生产，而是不断

* 本文系国家社科基金一般项目“中国道路自信的空间辩证法研究”（BZX180018）、南京大学双一流建设文科“百层次”科研项目“习近平哲学思想的形成发展过程与理论体系研究”的阶段性成果。

** 作者简介：刘怀玉，南京大学哲学系教授（南京 210023）。

① David Harvey, *The Limits to Capital*, Verso, London New York, 2006, pp. 25—26, Note 12.

扩大规模、突破自身界限的再生产，资本的扩张伴随的是空间的拓展。在某种意义上，资本主义社会的生产关系生产与再生产"与生俱来"的就是"世界历史性"与"世界市场化/空间化"的发展过程，而不是（地方）空间中的物的生产体系。在当代，资本主义的发展已经从"物"的生产走向"空间"的生产。这里并不是说具体的物的生产已经完全被后者取代，而是指"空间的生产"成为当代资本主义社会生产与再生产的主要方式。

资本主义生产方式的空间化发展是以其追求超额剩余利润之目的与本性所决定的。资本的逐利性决定了其流动性。易言之，资本总要朝向高于平均利润率、最具有活力的领域或地区流动。不可否认，人类现代文明体系就是由资本逻辑推动而发展起来的。随着全球化、信息化步伐加快，跨国公司担当着资本流动的急先锋，推动国际分工越来越细致化、复杂化、迅速化与灵敏化。特别是由运输储藏、生物工程、人工智能、互联网等结合在一起的技术革命，正在颠覆性地影响和改变着人类的生产方式和生活方式，资本流动性的特征也必将越来越明显。其突出表现趋势之一是，"资本主义的城市、国家与全球化等空间化发展已经交织在一体，变为多重空间尺度所组成的灵活弹性的复杂整体。也因此，传统国家地理边界与主权形式开始松动与瓦解，一方面成为'去地域化'的全球国家，另一方面成为'再区域化'的地方经济政治组织。"①

城市化是资本主义和当代世界空间化发展的最直接、最具体的地理景观之一。城市化是空间化比较典型的一种表现。世界上最早的城市学派——芝加哥学派曾经提出一个非常著名的假设：城市起源于交往需要和消费需要，是一种聚落的生态与文明形态。而以哈维、卡斯特等为代表的激进地理学派则认为，城市不是起源于消费和交往的文化生活之需要，而是资本主义扩张导致的必然结果。资本主义发展的经典公式就是通过不断地积累进行扩大再生产。随着时间的推移，一方面积累越来越多，另一方面工人阶级和第三世界人民消费能力越来越下降，这势必导致过度积累，相当一部分剩余资本无法实现转移，变成了一种"滞留的"货币，

① 参见刘怀玉《空间化视野中的全球化、城市化与国家再区域化发展》，《江海学刊》2013年第5期。

这对资本家而言是一件很可怕的事情。因为资本只有在运动中、在流通中才能生存与增殖。在此情况下，资本主义就必须把剩余的资本进行投资，但不像马克思在纯粹抽象意义上讲的完全投资到了生产过程，相当部分投资通过转移投入流通领域、消费领域，包括对基础设施、教育、医疗这些未来生产力、未来生产基本条件的投资。这种投资为资本主义扩大再生产做准备，也是资本主义转移过剩资本、消除膨胀的很好办法。

资本缓解过度积累主要采取两种方式：对“未来”时间投资和对“外围”空间投资。对未来投资包括金融投机、教育投资等。对外围空间投资是哈维提出来的，就是对人居住的环境或者人工环境的投资。这种外围拓展投资是席卷全球的城市化运动的主要“幕后推手”。资本主义城市化发展很大程度上并不是基于人类聚居交往甚或休闲/消费生活之需要，而是基于资本转移或者缓解“过度积累”而采取的一种投资形式，是资本扩大再生产或者说延长流通时间的一种投资形式。有西方学者认为，城市是政府和大型企业把手中积累起来的剩余价值、利润、财政收入进行消费与投资的一种方式。政府和大型企业投资城市生产公共产品有很好的回报。这种生产有时候表现为对地理环境的新破坏，这就是世界普遍存在的灾难性的“郊区化”发展——老城市街区在败坏、在死去，乡村在萧条，而在城乡之间出现了大量的“美轮美奂”、实际上是灾难的郊区化发展，大量土地被浪费，环境被污染，广大居民生活节奏被扰乱，通勤成本大大提高，交通严重堵塞，这是对新的空间的破坏。还有一种情况就是对老城区拆了建、建了拆，“拉链式”的破坏。这是与“郊区化”并存的“绅士化”旧城改造运动。哈维当年很形象地把这种情况称为“地理学的舞蹈”：城市中心就像“你方唱罢我登场”的舞台一样，一个开发商过去了，在老城区把楼拆了，然后建起新的高档住宅区、生活功能区；多少年以后，另外一组开发商为了自己投资的需要，把原来盖得好好的房子又给毁了，然后再盖房子或修旧房子。对老城市景观的周期性的破坏或重建，在世界各地一轮一轮地屡屡上演，这是很糟糕的生态灾难，但这就是资本主义城市化本质所在或消极影响，为了繁荣经济而对地理景观进行无所顾忌的破坏。

中国特色社会主义实践已经进入新时代，我们不仅要辩证地反思与摒弃西方资本主义城市化发展模式与实践的严重弊端，而且要坚持马克思主义哲学基本观点方法，在吸收国外马克思主义的城市社会理论基础上，建构符合中国国情与时代需要的城市哲学。本文仅从以下若干方法角度提出自己的一些粗浅之论，敬希方家批判指正。当然，这是一项异常艰巨、复杂而漫长的理论工程，而绝非靠喊几句口号或列几个提纲就能解决。此所谓"善良的前进愿望"的实现是需要大量实际知识作准备的，否则只能是一些带着"微弱空想哲学色彩"的社会主义回声①。或如马克思在另外一个地方所说："通过批判使一门科学第一次达到能把它辩证地叙述出来的那种水平，这是一回事，而把一种抽象的、现成的逻辑体系应用于关于这一体系的模糊观念上，则完全是另外一回事。"②但不无遗憾地说，本文也只能从某些带有哲学玄想成分的"城市马克思主义"批判思想出发。

二　"城市马克思主义"哲学研究的问题与内涵

马克思主义并没有"现成可用"的城市理论，也没有一成不变的城市理论。马克思主义作为揭示资本主义社会危机与革命的科学，经常遭遇由于资本主义出于摆脱自己危机的需要而"出人意料"地迫使自己转变发展方式的新变化问题，及其所导致的马克思主义理论自身的危机。换言之，马克思主义作为关于"现实社会危机"的批判科学，也经常面临"自身科学的理论危机"③。这种"危机"既是其不适应自身所处时代的表现，也是其转入新的问题意识、新的理论生产的契机。"城市马克思主义"就是这种现实问题在理论中的表现。

"城市马克思主义"的出现，不仅是传统马克思主义没有专门研究城市问题的一种"主题化"体现，即"历史唯物主义理论框架中的都市总问题式"或"政治经济学批判总视野中的一个焦点"④，更是传统马克思

① 《马克思恩格斯文集》第2卷，人民出版社2009年版，第588—589页。

② 《马克思恩格斯文集》第10卷，人民出版社2009年版，第147页。

③ 参见［印度］阿吉兹·阿罕默德《在理论内部：阶级、民族与文学》，易晖译，吕黎校，北京大学出版社2014年版，第5—6页。

④ Cf. Henri Lefebvre, *Marxist Thought and the City*, trans. Robert Bononno, University of Minnesota Press, Minneapolis London, 2016, pp. xv – viii.

主义体系与西方主流社会理论体系所无法认同的新的开阔地带所要求的一种新理论视野。"城市马克思主义"是一个"越界的""异质性的"问题域，而不是简单的学科综合。正像马克思主义之所以出现就是因为现实社会出现了德国古典哲学与古典政治经济学所无法理解与容纳的新地带，因此马克思主义就把辩证法运用于经济学，然后用经济学研究社会主义。因此先是拉萨尔（1851 年）[①]、后是葛兰西赞美马克思是"经济学的黑格尔加社会主义的李嘉图"[②]。这有点像卡斯特所批评的那种"本末倒置""主谓颠倒"的"范式转换"做法：即把本来是对都市问题的"马克思主义化分析"变成了对马克思主义的"都市化分析"[③]。"城市马克思主义"不是以城市为客观研究对象的认知理论，而是以城市问题本身为主体的自身思想活动。"城市马克思主义"这个名词意味着我们并不把城市当作马克思主义研究对象，而是把城市作为思考与发展马克思主义的一个"主体"。其重点不是用马克思主义理论来研究城市问题，而是从城市角度来理解马克思主义。也就是说，不是简单地"运用马克思主义来看待城市问题，而是从城市问题角度来理解马克思主义问题"[④]。当然，这个主体是"既定的"客观存在，而"决不是在把它当作这样一个社会来谈论的时候才开始存在的"[⑤]。

在某种意义上，由于"城市马克思主义"不是从传统马克思主义政治经济学批判与科学社会主义关于资本主义危机与无产阶级解放条件理论出发研究社会主义的历史必然性，而是从解决城市社会日常生活微观角度入手思考社会主义的合理性问题，所以它似乎有些"空想"色彩。这好比在一座建筑物的地基没有打好之前，便把空中楼阁造好一样。众所周知，科学社会主义更关心工业社会发展问题、资本主义剥削问题以及无产阶级贫困化现象；与之相比，空想社会主义更关心城市问题或住

---

① 参见［德］拉萨尔《致卡尔·马克思（1851 年 5 月 12 日）》，载《拉萨尔言论》，生活·读书·新知三联书店 1976 年版，第 434 页。

② 参见［意］安东尼奥·葛兰西《狱中札记》，曹雷雨等译，中国社会科学出版社 2000 年版，第 313 页。

③ Cf. Mannel Castells, *The Urban Questions: A Marxist Approach*, Trans. A. Scheridane, MIT Press, London: Arnold (Publishers) Ltd., 1979, p. 87.

④ 参见刘怀玉《城市马克思主义的问题域、空间话语与中国实践》，《理论视野》2017 年第 2 期。

⑤ 参见《马克思恩格斯全集》第 30 卷，人民出版社 1995 年版，第 48 页。

宅问题。所以"都市马克思主义"类似于19世纪的空想社会主义，是21世纪的空想社会主义。但正像恩格斯当年所说，在经济科学形式上是"错误的"社会主义，在世界历史上却可能是"正确的"社会主义①。"城市马克思主义"如同西方马克思主义那种"意志上的乐观主义"与"理智上的悲观主义"②，是"栖居的"悲观主义者而不是"定居的"乐观主义者。也就是说，不是从现实的科学批判中，而是从辩证的艺术文化想象中，寻找替代性的解放方案。列斐伏尔的《都市革命》与威廉姆斯的《乡村与城市》是其中的奠基之作③。前者之著名在于首次大胆提出我们已经进入"完全都市化社会"这样一个颠覆性的假设。故此，有人高度称赞说，列斐伏尔在20世纪第一个把都市想象为一个浓缩的全球或世界，同时把世界想象为"同一座"都市，"这是一个全新的开端"④。《都市革命》之革命性见解是：现代人类文明发展经历了两个革命阶段，一是从农业社会向工业化社会飞跃，二是工业化社会向都市化社会飞跃——其中包括"全球或全社会从属于都市的社会"以及"都市从属于栖居的问题"⑤，今天都市社会最大的问题是住户们的沉默寡言与消极。真正的社会主义需要关心的不是工业社会式的理性设计管理与经济增长，而是每个生活于其中的人们的城市权利，也就是"栖居的"权利。《乡村与城市》更多的不是面向城市现实研究及其未来展望，而是用"以文证史"（陈寅恪语）的方式津津乐道地对逝去的乡村表示了无穷眷恋之情。此书可谓乡愁式的城市文化学、城市社会学研究著作。有人把这本书和列斐伏尔的城市著作系列相提并论⑥——它们不约而同地把"栖居的"城市权而不是财产所有权问题视为马克思主义理论的头等大事。当然我们今

---

① 《马克思恩格斯文集》第4卷，人民出版社2009年版，第204页。

② ［英］佩里·安德森：《西方马克思主义探讨》，高铦等译，人民出版社1981年版，第113页。

③ 参见［法］亨利·列斐伏尔《都市革命》，刘怀玉等译，首都师范大学出版社2018年版；［英］雷蒙·威廉斯《乡村与城市》，韩子满等译，商务印书馆2013年版。

④ Rob Shields, Lefebvre, *Love and Struggle*, Spatial Dialectics, Routledge, 1999, p. 141.

⑤ Henri Lefebvre, *La révolution urbaine*, Gallimard, 1970, p. 135.

⑥ *Implosions/Explosions: Towards a Study of Planetary Urbanization*, Edited by Neil J. Brenner, Jovis, 2014, pp. 218—231; Stefan Kipfer, Kanishka Goonewardena, Christian Schmid, and Richard Milgrom, *SPACE, DIFFERENCE, EVERYDAYLIFE: Reading Henri Lefebvre*, New York and London: Routledge, 2008, pp. 212—231.

天必须警惕形形色色的虚假的“栖居主义”消费意识形态作祟（最为典型的就是城市中心的“绅士化”与“郊区化”两种“伪栖居”现象）①。

在“都市马克思主义”看来，过去的马克思主义者（甚至包括马克思、恩格斯在内）的主要缺点是，只是把城市作为工业资本主义社会高度发展的产物，只是把城市社会作为工业社会的问题之一来理解与解决，而没有将其作为一个全新的总问题结构来理解，从而也没有把城市问题当成求解以往社会与现代世界的各种问题（包括全球化）的总问题。当年马克思心中的发达社会是工业资本主义，今天的发达社会则是城市社会。经典马克思主义只是把城市与乡村作为对立面来理解，这对于古代、封建社会甚至早期资本主义社会来说是完全正确的。但实际上，今天世界的二重化为城市与农村两个世界，或者二重化为发达世界与不发达世界，只能被合理地理解为城市社会内部矛盾的地理结构表现。这是因为，在马克思的时代，农业是工业的一个部门，今天农业与工业则完全变成城市社会的组成部门，城市化正成为“普照的光”，成为理解全球化、国家区域化多元性发展的关键。

在“城市马克思主义”视野中，传统马克思主义的政治经济学批判、社会主义政治运动与意识形态批判研究的“刚性”学科划界策略，已经不适应也满足不了今天复杂的城市社会现实发展要求，需要突破与激活自己的概念逻辑问题域。议程之一就是在政治经济学的批判理论视野中把握资本主义全球化进程中新的发展与摆脱危机的动力途径等现实运动，由此入手理解城市社会出现的世界历史背景及其深层的社会矛盾运动规律。议程之二就是透过城市社会对传统社会结构与阶级群体的巨大冲击，透视城市资本主义新的压迫形式，由此思考未来社会的民主力量形式，从而为探索未来真正意义上的现代民主治理形式而做好理论准备。议程之三就是城市文化研究，通过文化视野研究城市，通过城市视野研究文化。诸如，电影城市、网络城市、人工智能城市、游戏娱乐城市、音乐城市、身体城市、生活节奏城市、旅游地理城市，健康生命城

① 参见［英］尼尔·史密斯《新城市前沿——士绅化与恢复失地运动者之城》，李晔国译，译林出版社2018年版；［美］马克·戈特迪纳《城市空间的社会生产》，任晖译，江苏凤凰教育出版社2014年版。这两本书分别批判了城市中心的旧城新造与郊区化这两种金融资本与国家政治合作精心布置的两种“伪栖居”现象。

市，也就是生态城市。这正是马克思所说的自由全面发展文明社会的应有之义①。

传统马克思主义只是把现代城市社会直观为消费与分配的再生产领域的生活表现，而后现代主义则把城市社会的本质视为文化资本主义的绝对统治，二者都有可能把城市理论研究引向抽象甚至神秘。全球化城市社会的形成表明，已经不再有资本主义“外围”，而只有资本主义自身不断自我生产的“内部空间”扩张。这种扩张的表现，马克思称之为世界分工与市场，而“城市马克思主义”称之为城市空间的内爆与外爆，或集中化与扩张。就此而言，马克思主义的城市理论与其说是一种狭义的城市理论，不如说是方法论意义上的商品形式与价值形式理论，特别是马克思并未完成的世界市场理论。如果说早期资本主义的世界市场开辟是资本主义得以摆脱旧的社会制度的限制的一个条件，而今天资本主义的生产方式则是这种市场扩张的条件与基础了。世界市场本身形成这个生产方式的基础，此外，这个生产方式所固有的以越来越大的规模进行生产的必要性，促使世界市场不断扩大。所以，在这里不是商业使工业发生革命，而是工业不断使商业发生革命②。如果我们把马克思所使用的“世界市场”概念换成“城市化”或“全球化”一词，这就是一种21世纪的马克思主义或“城市化”版的马克思主义。

总之，在“城市马克思主义”看来，马克思主义由于其诞生的温床是“城市的”，所以是一种城市理论。其主体是城市化的现代社会及其革命的无产阶级，这就表明，马克思主义的城市理论是一种面向未来的、潜在地改造现实世界的实践与战略，而不是对象或者构思式的认识论课题。

三　“城市马克思主义”哲学研究的人文精神底蕴与辩证想象

康德说过，思维没有内容则空，直观无形式则盲。在城市哲学研究

① 参见刘怀玉《城市马克思主义与中国实践》，《文化研究》第33辑，社会科学文献出版社2018年版。

② 《马克思恩格斯文集》第7卷，人民出版社2009年版，第371页。

中这两种问题都存在，但更为突出的是抽象与想象的形式缺失的问题。如何理解今天这个全球化城市时代，20 世纪的科幻小说与抽象艺术均以自己的方式预感到了这个时代的来临。如美国科幻小说家阿西莫夫在其《基地》系列中以“敌托邦”的想象向读者预见到未来世界将是一个所有人都居住在一座城市的世界①，这座巨型全球城市在今天的网络社会似乎已经变成虚拟现实。而波洛克的抽象的表现主义艺术②与毕加索的立体主义绘画③则同样向我们展示出抽象城市空间统治着整个人类的怪诞现实。在哲学中，其实斯宾诺莎的“实体、属性与样式的三位一体”，黑格尔的“具体的抽象”辩证法以及马克思的“抽象成为现实”的商品“价值形式”思想，均已经从哲学角度提出了今天的城市社会的认识与理解的形式。而洛杉矶后现代地理学派代表索亚之“第三空间”的思想与美国杜克大学杰出的马克思主义文论泰斗詹姆逊的“认知图绘”理论都是新时代城市哲学的抽象想象图式与概念方法的典范。限于篇幅，我们这里仅以詹姆逊为例。

詹姆逊坚持马克思主义的生产方式理论观点，通过把资本主义分为三个时期，而指出每个时期都有自己的相应的空间认识论或者空间表现或者再现性的图绘理论：在资本主义发展第一阶段，即古典的民族的自由的市场资本主义阶段，它的相应的文化表征与空间表达形式是把中世纪与古代社会一切神圣的、复杂的、异质的空间形式“一扫而光”的笛卡儿式的同质性空间（相当于尤尔与马克思所说的“工厂哲学”，福柯将其概括为“透明的监狱”）。由此形成以描绘冷酷无情的生活世界为己任的现实主义文学叙事形式（如狄更斯的《双城记》，巴尔扎克的《人间喜剧》）。这是工业资本主义时代城市社会文化的叙事形式。在接下来的帝国主义阶段，主观与客观、主体与客体、个人的微观与社会宏观、现象与本质、日常生活与社会历史现实、经济日常生活与政治文化之间发生了根本断裂。在这个时期，个人的主观认知能力已经无法直接理解他的

---

① Henri Lefebvre, *Writings on Cities*, selected, translated and introduced by Eleonore Kofman and Elizabeth Lebas, Blackwell Publishers Ltd., 1996, p. 160.

② 参见［美］迈克尔·莱杰《重构抽象表现主义：20 世纪 40 年代的主体性与绘画》，毛秋月译，江苏美术出版社 2014 年版，第 157—274 页。

③ Henri Lefebvre, *The Production of Space*, Trans. Donald Nicholson Smith, London: Blackwell, 1991.

现实。真正的现实，并不在身边，而需要辩证地把握或者以一种主观神秘的形式扭曲地表现出来。如果人们以一种日常直观感性方式理解帝国主义时代的资本主义，这种"现实主义"一定是主观唯心主义：所谓的经验现实恰恰是一种主观的误认——现实只能是通过"科学的抽象"才能把握到的本质结构：例如某个19世纪末伦敦街道上的行人的感性"周围世界"的本质并不在伦敦街道上，而是"并不在场"地控制整个世界的英国殖民主义体系。当年以福尔摩斯命名的侦探文学反倒更形象地反映了这个帝国主义时代深层的秘密。在该时期，金融城市文学表现不再是现实主义而是现代主义，现代主义把这种缺失的、"无法到场"的全球"同步发生"的资本主义现实"完全主观化"为一种"感觉""诗歌语言""语言游戏"。也就是说，在现代主义文学中，资本主义现实是一个完全"缺席的原因"，这个缺席的原因/现实通过文学和隐喻以扭曲和象征的方式得到表达。这种表达就是每个人的或者每一种感觉都是一种封闭的主观的世界，这是一个表面上封闭的、主观的、记忆的、情感的世界，实际上是一个巨大无边地支配着整个资本主义现实的抽象空间①。

这种关于"纯粹主观"的（如乔伊斯式的意识流、普鲁斯特式的"回忆"）个体的内心的、封闭的、精神世界的描述与隐喻，不仅反映了金融资本与消费社会统治下的帝国主义时代的社会现实，而且更是今天被称作晚期资本主义或者全球化资本主义时代的社会现实。这就是资本主义的第三个时代——跨国资本主义时代，人们对周围现实的把握更加困难而扭曲。"精神分裂"是唯一比较恰当的隐喻了。正是在此情势下，詹姆逊所说的具有辩证的、批判的、深度地把握现实的"认知图绘"才派上用场②。在这种弹性积累扩张的资本主义社会中就出现了新的、再现的形式或者说"图绘"的形式，这种形式就是哈维所说的"时空压缩"的经验与想象，这种新的再现性的空间、经验表现为对距离的压制清除，这种空间又表现为一种纯粹分裂的主观精神世界，原来是一个封闭的纯粹的内在主观世界（现代主义），今天表现为一种不断流动着的、分裂的

---

① 参见［比利时］乔治·普莱《普鲁斯特的空间》，张新木译，华东师范大学出版社2015年版。

② 参见刘怀玉《政治文化哲学"转向"之图绘与作为"图绘"的政治文化哲学：一种空间化反思视角》，《河北学刊》2018年第3期。

精神世界、符号王国、虚拟叙事（后现代主义）①。随着资本主义成功跨入更富有制度弹性与技术动力的全球化发展阶段，资本主义生产方式作为一种抽象的时间统治机制（即速度），把时间扩展到了全球，于是超越一切地点与空间限制的“同时性”发生的“时间”（极限速度）把自身“悖反性”地变成了“静止的”“空间”。因此，“我们这里根据时间性试图寻求的一切，必然会首先经过一种空间的基质才得以表达”②。所有的历史都变成了“空间性”，同质化高速扩展的时间对空间与地方的统治“二律背反”地依赖于或者“颠倒性”地表现为一种同质性空间对时间的统治格局。今天马克思主义的历史辩证法必须采用“空间的”辩证法形式，“城市马克思主义”研究自然而然地也需要一种新的即“空间化”的辩证唯物主义与历史唯物主义哲学想象力。

四　“城市马克思主义”哲学研究的空间辩证法

在城市哲学研究中，马克思主义辩证法的用武之地何在呢？已如前述，马克思主义通常习惯于从生产过程、生产分配交换消费关系、阶级关系等这样一些宏观而本质的角度来理解城市问题。但从学理上说，不是直接地介入现实问题批判，而是反思性地从对主流的城市研究学科的方法论批判入手，可能是更恰当之举！诚如福柯所说，哲学家们只是试图以不同方式解释与改变现实，而问题在于如何改变有关“现实知识生产的话语结构与学科制度、研究方法”③。这才是“批判的”真正意义之所在。

从对城市的规划设计实践反思开始，马克思主义就可以找到介入现实问题的方法论抓手。初看起来，此问题可能是一个非常具体的技术问题，但是，按照一种严格的马克思主义观点来讲，它是现代社会“占统

① 参见刘怀玉《马克思主义辩证法的一元性本质与多元化探索》，《南京大学学报》2013年第2期。

② ［美］弗雷德里克·詹姆逊：《文化转向》，胡亚敏等译，中国社会科学出版社2000年版，第61页。

③ 参见《米歇尔·福柯访谈录》（1976），载杜小真编选《福柯集》，上海远东出版社2003年版，第447页。

治地位的”经济基础和上层建筑的知识思想表现。城市设计是在执行一种占支配地位的经济基础和上层建筑的城市空间生产与布局意志的某种实践形式。一个城市发展的前途命运，在某种意义上也就掌握在城市的规划设计部门手里，但在它背后有着深不可测、盘根错节的社会利益、关系与力量之角逐。比如土地所有权，这是最基本的东西，然后就是土地的分配、购买、流通、生产、消费、使用过程。这些问题的最“具体”的“表现”形式往往就是城市的规划设计。在一般人的心目中，城市发展就是规划设计师的工作，就是建筑研究院、规划设计院或者政府主管部门能够拍板决定的事情。这种非反思的日常生活意识形态恰恰以颠倒方式反映了当代社会有决定性意义的空间生产之现实。

城市除了通过建筑师的设计目光来打量与透视之外，至少还可以通过另外两种空间视野加以描述与还原。其中一种空间就是日常生活中的用于步行的、享受的、使用的、消费的城市景观，是一般人所接触到的那个日常生活经验性与知觉性空间。此空间是一种日常生活的、实践的空间或者空间的一种实践生活形态。在很大程度上，日常生活空间实践的主体或人们，往往属于被统治的或者说被主宰的、社会的即底层社会的民众，他们所能够参与的空间主要是这种空间。

而对于城市管理者或设计人员来讲，他会以一种“冷眼旁观”或“鸟瞰的”角度，例如从他所乘坐的一辆疾驶而过的汽车的位置或角度，来考虑城市美观不美观、街道宽不宽或绿化环保安全程度高不高。这种日常生活步行者的具体的身体节奏空间和规划设计院所规划的那种“高大上”的抽象化、符号化、立体化、透明化的城市几何学空间之间是有很大区别的，甚至存在一种明显的阶层、阶级的利益的分野。借用当代法国著名社会理论家布尔迪厄的措辞来讲，建筑设计空间与日常生活空间之间往往存在明显的利益与情趣的“区隔”①。

20世纪七八十年代法国情境主义国际后期著名代表人物米歇尔·德·塞托，在其《日常生活的实践》第七章“行走于城市”中有一个非常著名的隐喻：那些端坐在纽约摩天大楼一百多层上的办公室里的老板，和密密麻麻走在大街上的那样一些人，在空间视觉上和城市理解上是有

① 参见［法］皮埃尔·布尔迪厄《区分：判断力的社会批判》上下卷，刘晖译，商务印书馆2015年版。

明显差别的："上升到世贸大厦的顶楼，等于挣脱城市的控制……他所处高度的提升将他变成了观察者，将他放到远处。将施加巫法使人'着魔'的世界变成了呈现在观察者面前与眼皮底下的奇观。它使得观察者可以饱览这幕奇观，成为太阳之眼，上帝之眼。这是一种想要像X光一样透视一切的神秘冲动所带来的激昂。"①

由德·塞托这段极富想象力的空间视角隐喻与想象的描述，启发我们想到，除了这两种空间之外，应该还有第三种空间。这种空间所采取的是一种想象的、文学的、游戏的、文化的、符号的这样一些形式，它更多是一种表征性的或者符号化的空间，一种意义升华了的、可能的、无限的想象空间。这种空间既体现出了一个社会、一个制度的一种凝聚力或者记忆力（如纪念碑性建筑空间），但是有时候会表现为很多人生活中所实现不了的一种文学艺术化的或者心理学化的解放的"梦想"。比如，我们每天观看的电影电视，闭目随身听的音乐，流连忘返的体育赛事、迷恋于其中不能自制的电子网络游戏，甚至是充满风险刺激的飙车运动……这些流动不居的，或者冲破现有的社区、体制的种种空间局限的富有想象力的、富有重新创造性的空间……②

以上所说的城市社会三种空间形式或空间视野及其辩证关系的观点，来自西方马克思主义城市批判理论之父亨利·列斐伏尔《空间的生产》一书。该书的核心观点之一就是"三元空间辩证法"（trilectic of space）③。此三元空间之第一"元"就是"空间实践"知觉，第二"元"就是"空间表象"构思，第三"元"就是"再现性的"或者说"表征性空间"体验。我们必须通过多种空间形式，来想象、理解一个城市，这就是一个差异性的空间，或者说辩证法意义上的空间，而不是抽象的同质化的知性空间。我们只能从一个又一个单独角度来理解/认识/设计空间，但是你可以从这个空间切换到另外一种空间，以至于无穷。这就是哲学上所说的本体论或存在论意义上那样一种冲决一切罗网限制的"解放感"或

① ［法］米歇尔·德·塞托：《日常生活实践（1，实践的艺术）》，方琳琳、黄春柳译，南京大学出版社2009年版，第168页。

② 参见刘怀玉《马克思主义如何研究城市问题——一种三元空间辩证法视角》，《华中科技大学学报》（社会科学版）2017年第4期。

③ Cf. Henri Lefebvre, *The Production of Space*, Translated by Donald Nicholson Smith, Blackwell Ltd., 1991, pp. 33 – 38.

者"超越感"。任何一个专业包括马克思主义在内，都不可能单独对城市这本"大书"做出一个透彻的说明，城市哲学研究一定是复合的、是多方位的、交叉的与视野转换的研究过程。

这种"三位一体"的空间辩证法预示着一种适用于城市社会哲学研究的新辩证法。实际上，以尼尔·布伦纳、斯图亚特·埃尔登、安迪·麦瑞菲尔德、克里斯蒂安·施米德等几位"1960后"为代表的辩证都市主义者或"城市马克思主义者"，他们都试图在斯宾诺莎、黑格尔到马克思、尼采乃至列斐伏尔、德勒兹、哈维、索亚、吉登斯、詹姆逊等哲学家那里，寻找都市的辩证法灵感与资源。诚如马克思早已言之，辩证法在其"神秘形态"上能让现实显得"合理"甚至"闪光"，而在其"科学与合理的"形态上则包含着对现实的"否定的批判的革命的"理解。辩证的"城市马克思主义"认为：在今天，城市哲学研究的正确提法不是以狭义的、静止的城市区域作为研究对象的专业，"城市"是一个19世纪的概念。21世纪的城市哲学研究的正确提法是"资本的城市化""都市化社会""全球化都市社会视野中的城市问题研究"等动态图绘，城市研究必须放在全球、国家与地方互动的关系之中。资本通过都市化把原始社会"游牧化"与国家社会的"辖域化"有效结合起来。当代资本主义是电子游牧与智能亚细亚生产方式的综合体（德勒兹语）。最突出的问题之一是城市智能化、信息化之后的集中化这种新官僚制治理形式。城市化意味着是灭绝差异生命的决策中心，是冲突的内卷或内爆与破坏的外扩或外爆的双重辩证法。这是都市革命的本义——不再有城市之外的前现代乡村，只有城市化之中的自然被殖民化。在全球都市化的今天，不再有美丽乡村空间的异托邦，只有反抗的身体的差异化空间。不再有城市之外的前现代乡村，只有城市化之中的自然被殖民化。今天问题不是城乡二元对峙或城部乡野的泾渭之别，甚或全球化与地方化之博弈与壁垒，问题是国家的都市化治理以及全球国家与城市的"脱域化"与"再区域化"。正像列斐伏尔的"三元空间辩证法"所揭示的那样，辩证的"城市马克思主义"认为，城市是世界交往的网络及其纽结，是国家与地方管理的边界、区域，以及个人生活身体的差异化视野这样集宏观、中观与微观三者为一体的多元复合存在。换而言之，城市因生产力发展、自然资源的流通、社会交往、消费生活需求而成为网络空间实践，因设计管理安全而有相对规范的秩序与界限，而因每个人的生活而呈现千差万别的节奏①。

五　中国发展道路的城市化问题及其马克思主义理论的实践转换

中国化的马克思主义城市理论研究总体起步较晚，是中国城市社会建设实践的呼唤与西方城市社会理论的接纳和冲击共同促成的结果。“目前马克思主义的城市社会理论研究既缺少社会科学与自然科学的知识准备、知识支持、方法运用，更缺少结合本土的经验性的研究著作。”② 这就要求我们必须改变国内两极化的研究模式，既要注重对历史学、地理学、人类学、经济学和地方城市的实证主义的经验研究，又要注重对城市文化理论、社会空间批判的哲学资源的消化吸收与创造性运用。只有这样才能构建出一种科学性、严密性与包容性、开放性相统一的综合性人文社会科学，才能够在辩证的、批判的、哲学理论的知识结构和经验性的学科架构上为建设当代中国特色的“城市马克思主义”学科做好充分的准备、奠定坚实的理论基础。

与发达的西方资本主义国家所走过的现代化发展道路相比，中国社会并不是从工业化走向城市化，而是在从农业社会走向工业社会，在市场经济社会转型过程中，“跳跃式”进入城市化这个存在状态。但毕竟中国社会总体上仍处于从传统农业社会向现代工业文明社会的过渡阶段。中国当代主要社会问题还不是过度发展的“城市病”，而是走出传统的停滞的农业文明不发达状态，建设现代文明社会。中国首要问题仍是城市化发展，而不是城市化批判。当代中国是一个明显不平衡发展的、多种经济社会形态共时性并存的复杂性社会结构：包括农业社会、行政社会、

① 参见 *Urban Revolution Now*：*Henri Lefebvre in Social Research and Architecture*，Edited by Lukasz Stanek，Christian Schmid and Akos Moravanszky，ASHGATE Publishing LIMITED/ASHGATE Publishing Company，2014；*Implosions/Explosions*：*Towards a Study of Planetary Urbanization*，Edited by Neil J. Brenner Jovis Verlag GmbH，Berlin，2014。

② 刘怀玉：《城市马克思主义的问题域、空间话语与中国实践》，《理论视野》2017 年第 2 期。

市场社会、城市社会与网络社会以及智能技术社会等。中国已经不再是农业国家、传统的行政社会，也不仅仅是市场经济的社会，而且是全球化与城市化的社会或者高度空间化、流动化、网络化、区域化的社会。由此来看，如何从空间化的方法论维度研究中国近代以来的现代化进程与革命历史，思考中国的发展道路、发展经验与问题，这是不可或缺的方法论前提与理论准备；在此基础上我们才能开始集中研究中国城市的历史、城市与工业化、农业现代化的关系，城市中的问题，特别是近年来大规模城市化建设的经验教训，着力反思全球化背景下中国特色城市建设中的诸多问题。

必须看到，任何直接直观的认知方法都无从准确地把握当代中国的城市社会问题，同样，直接照搬西方现代化城市化理论也无济于事。我们固然承认，改革开放四十年最伟大的社会变革之一是城市化，"从以农村为主的社会向以城市为主的社会的过渡以及共同的国家文化的传播，是中国自公元前221年统一以来发生的最根本的社会变化之一"①。但对于中国来说，正在到来的城市社会是多重意义上的"既在场又不在场"；是矛盾不平衡发展在地理与空间上的表现。如果说"以农村包围城市"的"逆城市化"运动一度是中国革命道路以及反封建反殖民的新民主主义经济政治文化理论之核心任务，是基于半封建半殖民不平衡发展的客观历史辩证法，从而是20世纪中国化马克思主义的核心逻辑。那么，对于今日中国来说，中国城市化发展是在传统农业与工业化制造业进程遭遇严重衰退，全球的金融地产与消费经济的畸形的发展与严重膨胀等历史背景与空间结构下出现的，可谓"先天不足、后天失调"。"城市社会"就是这种不平衡或矛盾格局的现实征候。

中国的城市化究竟意味着什么？中国的城市化不是近现代社会的"自然历史过程"的阶段性的"串联性"的产物，而是相对落后的农业文明、相对独立完备的工业文明与最先进的科学技术文明交叠在一起的、"并联式"发展的结果。在其中，全球化资本空间的生产、社会主义国家的现代化治理体系建设与人民追求美好生活的愿望三个主题左右着城市发展问题。现代民主法治建设的未完成性与城市化时代所需要的新的治

---

① ［美］傅高义：《邓小平时代》，冯克利译，香港中文大学出版社2012年版，第630页。

理形式重叠于一处。民族国家的主权独立、法律治理与全球化资本主义的扩张所需要的新自由主义秩序的内在冲突，资本主义灵活投资所需要的殖民化地方分工与真正意义上的地方居民、城市居民的城市权利之间的冲突，越来越明显地体现出来了。规模空前、速度惊人的中国城市化发展能够在多大程度上实现自主创新而不就范于全球资本主义金融扩张，不是盲目地听命于资本的巨额利润追求的疯狂欲望之摆布，而是满足人民的美好多样的生活需要。这对于正在走向更新更高的民主文明社会形态的中国人来说至关重要。

“城市马克思主义”的奠基人列斐伏尔说过，真正的社会主义必须生产出自己的社会空间，特别是城市建筑空间。现实存在的社会主义城市化必须区别于资本主义“千城一面”的城市空间，而不断地进行千差万别的日常生活革命。① 中国特色的城市化建设实践必须吸收传统思想智慧，尊重中国人民群众的创造性和参与城市建设的权利，处理好全球、城市与地方之间的关系，建设充满多元性、异质性、有中国特色的城市格局与生活方式。

正如习近平同志所说，“城市建筑是人类劳动和创造的结晶，承载着人类社会文明进步的历史。建筑也是富有生命的东西，是凝固的诗，立体的画，贴地的音符，每一个建筑都在穿行的岁月里留下沧桑的故事。城市特色风貌是城市外在的形象和精神内质的有机统一，是自然地理环境、经济社会因素、居民生产生活方式等长期积淀形成的城市文化特征，决定着城市的品味。我国五千多年的悠久文明，城市是一个主要载体。我国古代城市建筑，蕴藏着极为丰富且极具智慧的思想观念、理论原则、技术方法。……我们要借鉴国外城市建筑有益的经验，但不能丢掉了中国优秀传统文化”。中国城市建设中所存在的“同文化越来越远，同浮华越来越近；同传统越来越远，同西化越来越近”，这种“城市风貌乱象横生、缺乏特色”的病态现象再也不能持续下去了。中国特色的社会主义建设必须有自己民族历史特色的社会主义城市空间。城市建设就是“要保护弘扬中华优秀传统文化，延续城市历史文脉，保留中华基因”②。这

---

① Henri Lefebvre, *The Production of Space*, trans. Donald Nicholson Smith, London: Blackwell, 1991, pp. 53 –55.

② 习近平：《论坚持全面深化改革》，中央文献出版社 2018 年版，第 228—230 页。

是“城市马克思主义”思想在中国再生产的最重要的意义之一。

毋庸置疑，中国特色的城市化建设实践必须具有全球视野，城市化建设必须既吸收西方城市建设的智慧和经验，充分享受世界多元文化的魅力，但同时也要警惕西方资本主义经济与文化霸权对我国城市建设的资本化、同质化趋势。应该在学习、借鉴西方城市建设的成功经验的同时，充分发挥中国本土、本民族的传统文化和智慧。例如“阴阳五行说”、“天人合一”与“元气论”等具有高度对话性，老子的《道德经》、庄子的《齐物论》蕴含丰富的生态哲学思想，明代刘宗周在《圣学宗要》中说：“太极之妙，生生不息而已矣，生阴生阳，而生水火木金土，而生万物，皆一气自然之变化。”《管子·禁藏》说：“顺天之时，约地之宜，忠人之和，故风雨时，五谷实，草木美多，六畜蕃息，国富兵强。”生态化、小型化、生活化的城市文明可以在中国的传统文化与社会主义生态文明建设的核心价值观那里找到重要的互证，例如《周礼·考工记》就有对古代都城规划布局的理论与模型。而古人对于城市的选址也非常注重生态和谐、适宜人类居住的特定的地理环境与人文状况，这就是说所谓“风水”文化观念。例如《管子·乘马》：“凡立国都，非于大山之下，必于广川之上，高毋近旱，而水用足，下毋近水，而沟防省”；及《管子·度地》：“圣人之处国者，必于不倾之地，而择地形肥饶者。乡山，左右经水若泽。”《周易·乾卦·文言》中所述“大人者与天地合其德，与日月合其明，与四时合其序，与鬼神合凶吉，先天而天弗违，后天而奉天时”，传统中国文化思想中的天、地、人“合一”，“天地与我并生，而万物与我为一”的生命节奏的城市概念，与列斐伏尔关于“未来的”富有和谐节奏的“诗意地栖居”的城市革命的展望相一致①。总之，中国特色的城市化建设实践必须吸收民族传统文化思想智慧与当代地方性实践知识，尊重中国人民群众的创造性和参与城市建设的权利，处理好全球、都市与地方之间的关系，建设充满多元性、异质性的、有中国特色的城市格局与生活方式。

---

① 参见刘怀玉、鲁宝《列斐伏尔思想在中国的传播、批评、运用与可能的生产——从日常生活哲学家到后现代都市思想家》，《理论探讨》2018 年第 1 期。

资本的政治主体性批判

——霍克海默对历史唯物主义的“批判”性质的阐发及其意义

胡　刘*

众所周知，法兰克福学派将西方马克思主义对历史唯物主义的阐释推进到了一个新阶段，即：将历史唯物主义归结为对现实社会历史进行人本主义批判的“批判理论”。但是，人们往往对法兰克福学派所开创的批判理论传统褒贬不一。其中，最为盛行的一种看法是：法兰克福学派将批判的对象从生产关系转到生产力以及文化意识形态，不仅用政治学批判、意识形态批判以及工具理性批判取代了政治经济学批判，而且是对经济基础决定上层建筑的历史唯物主义基本原理的偏离甚至背叛，以致在超越资本主义的理论规划上陷入了乌托邦臆想。应该说，这种看法正确地注意到了法兰克福学派的局限性，却未注意到其对资本全面控制社会生活的新手段、新机制的深刻揭示，实际上为深入发掘历史唯物主义的“批判”性质并激活其对发达资本主义的深度批判潜能提供了新的契机和生长点。因为，法兰克福学派批判传统形而上学的努力，不仅是与其对历史唯物主义的“批判”性质的认同与“创造性”阐发联系在一起的，而且是以其对发达资本主义社会现实的政治经济学批判为基础的。这主要集中体现为：学派大多数成员以霍克海默的“理论抉择”即重建“批判的社会理论”为指引，以对资本主义新变化的政治经济学研究成果为基础，对历史唯物主义的“批判”性质作出了富有新意的阐发，特别

* 作者简介：胡刘，西南大学马克思主义哲学研究所教授。

是其对资本的主体性批判从经济维度推进到政治维度，使历史唯物主义对资本逻辑总体性批判的思想空间和理论内涵得到了进一步拓展、深化和彰显。可以说，也正是这一点为法兰克福学派理论传统的推进注入了鲜明的马克思主义批判精神底色。当然，也正如莫伊舍·普殊同在评价批判理论时所指出的："这一转向起源于并奠基于一种对政治经济学的特定分析，更具体地说，就是一种对马克思的政治经济学批判的传统理解。"① 于是，霍克海默对历史唯物主义的"批判"性质的阐发，仍然未能超越那种依赖超历史的"劳动"的观念而展开的批判理论的局限性。因此，澄清霍克海默阐发历史唯物主义的"批判"性质的具体理路，不仅对于把握法兰克福学派的思想图景及其发展过程具有前提性意义，而且对于深入理解和把握历史唯物主义与政治经济学批判的内在关系，并由此开掘历史唯物主义真实地走向当代的理论路径，也有极为重要的方法论借鉴意义。

一 "批判理论"是历史唯物主义的别名

作为法兰克福学派理论研究纲领的制定者和第一执行人，霍克海默对历史唯物主义的理解和阐释对于整个学派的发展有着深远影响。因为，霍克海默对批判理论传统的开创和奠基，直接源于其对历史唯物主义在批判资本的深度全面统治问题上所具有的理论潜能的充分肯定和发掘。他曾在《批判理论》中写道："这本书提供了一部记录。在我看来，拒绝唯心主义哲学，接受历史唯物主义，把人类前史的终结作为我们的奋斗目标，这是我们在面对日益恐怖的被全面控制的世界时，所作的一种退却式的理论抉择。"② 也就是说，霍克海默将"接受历史唯物主义"当作"一种退却式的理论抉择"的旨趣在于，直面资本主义现存秩序对人的全面控制这一新的时代问题，从对直接为物质利益而斗争的无

① ［加］莫伊舍·普殊同：《时间、劳动与社会统治：马克思的批判理论再阐释》，康凌译，北京大学出版社2019年版，第138页。

② Marx Horkheimer, *Critical Theory*, "preface", Trans. by Matthew J. O'connell, New York: Seabury Press. 1972. p. ix.

产阶级革命实践策略的规划，转向或者说“退却”至对资本全面统治展开总体性批判的理论重建，即创建从理论层面积极干预现代资本全面统治问题的作为社会哲学的“新”历史唯物主义。换言之，“批判理论”旨在把作为无产阶级现实地改造和推翻资本主义社会的思想武器的历史唯物主义，转换为警醒和引导资本主义社会所有个体理性地拒斥和反抗资本全面统治的自觉意识的社会哲学。在霍克海默看来，只有实现这种转换，历史唯物主义的批判潜能才能在发达资本主义社会得到有效发挥。因为，面对当前发达资本主义社会无产阶级革命激情消退的境况，每个个体在理论上保持对资本统治的总体性批判，已成为唯一有效的“实践”方式，尽管这种实践只是以理论的方式展开，却因其使每个个体都具有“批判”的自觉意识而具有阻遏资本全面统治的顺利进行的实践效果。正是在此意义上，霍克海默将批判理论的“批判”看作对现代资本主义社会对人的生活的全面宰制所采取的一种“积极实践活动”。

因此，霍克海默反对把历史唯物主义归结为揭示历史发展规律的“实证主义”，而竭力强调历史唯物主义之于人所生活于其中的现实社会所具有的“批判”维度，并由此将其归结为从理论深处干预现实社会历史特别是现代资本主义社会的批判的社会哲学。在霍克海默看来，真正的哲学从未抛弃过把理性引入社会个体和国家之中的理想，也不会屈从于任何一种既定秩序，而是必然会采取与现实对抗的批判立场，即作为一种打开主体实践的积极努力，而这也就是以政治经济学批判为基础的历史唯物主义的内在特质。但是，近代以来的“理论”却逐渐变成了一种物化的意识形态范畴体系：“理论的概念被绝对化了，似乎它根据的是知识的内在本质，或要由某种非历史的方式来证明”①，以至近代哲学以及深受其影响而走向经济决定论的“正统马克思主义”均变成了远离人的实际生活、徒具批判外观的“实证主义”。“人类已经为这种虚妄地、妄自尊大地考虑付诸实践的科学所抛弃，而这种科学所从属并为之服务的实践却似乎外在于科学。这种实践满足于思想与行动的分离。”② 因此，霍克海默明确将其倡导的批判理论看作“以马克思的政治经济学批判为

① ［德］霍克海默：《霍克海默集》，曹卫东译，上海远东出版社2004年版，第172页。
② ［德］霍克海默：《霍克海默集》，曹卫东译，上海远东出版社2004年版，第229页。

基础”的历史唯物主义的别名①，并将其实质归结为：通过揭示理论与实践的矛盾运动彰显理论本身作为一种积极干预和抵抗现实资本主义统治的总体性实践活动。为此，霍克海默说：“就批判而言，我们指的是一种理智的、最终注重实效的努力，即不满足于接受流行的观点和行为，不满足于不加思索地、只凭习惯而接受社会状况的那种努力；批判指的那种目的在于协调社会生活个体间的关系，协调它们与普通的观念和时代的目的之间的关系的那种努力，指的是在上述东西的发展中去追根溯源的努力，是区分现象和本质的努力，是考察事物的基础的努力，简言之，是真正认识上述各种事物的努力。”② 也就是说，“批判理论”实质上是对历史唯物主义所蕴含的对现实社会尤其是现代资本主义社会的“批判”潜能的展开、深化与完善。

可见，霍克海默用“批判理论”来命名历史唯物主义的核心旨趣，并不在于辨明后者揭示了的现实历史发展规律，而是在于发掘和拓展历史唯物主义为人的解放所提供的理论视野和思想空间，从而为批判理论之“批判”的矛头始终对准资本之于社会的全面统治这一新的时代问题锚定方向。因此，进一步阐明历史唯物主义的“批判”性质的内涵，就成为霍克海默建立批判理论的基本框架的前提性工作。

二　历史唯物主义的“批判”性质

霍克海默提出用批判理论取代传统理论并把历史唯物主义作为批判理论看待和予以阐发，不仅是为了抵制和抗衡实证主义和科学主义思潮的泛滥，而且是为了发展出一种根本的社会批判，以充分适用于国家资本主义所带来的社会问题的转变。因此，霍克海默将“批判理论”视作历史唯物主义的别名，实际上是与其对历史唯物主义的“批判”性质的具体指认和阐发紧密联系在一起的。因为，在霍克海默看来，历史唯物主义蕴含着批判的社会理论的逻辑前提，并且只有以之为基础，才能真正建构一种超越传统形而上学和实证主义的批判理论，从而清除那些把

① 参见［德］霍克海默《批判理论》，李小兵等译，重庆出版社1989年版，第280页。

② ［德］霍克海默：《批判理论》，李小兵等译，重庆出版社1989年版，第255—256页。

历史唯物主义归结为超历史地解答社会历史问题的永恒真理的错误见解[1]。因为，真正的历史唯物主义并不只是对现实的一种看法，而更是一种实践态度，即把世界看作一个由理论与实践的互动所构成的整体。也就是说，与形而上学从绝对永恒的实体、存在出发纯粹思辨地构筑其内容不同，历史唯物主义把任何真实的东西都看作处于特定情境中的历史性存在，并从主体所处的具体历史境况去衡量和理解主体所选择、接受或创造的理论及对其行为起决定作用的程度，进而把一个由理论与实践的互动所构成的整体社会的运动及趋势作为其本身的内容。简言之，历史唯物主义的“批判”性质，就在于从现实社会中的理论与实践互动的辩证逻辑结构去发掘人类实现自我解放的可能性。为此，霍克海默强调指出：“唯物主义观点反对那种向人发出绝对要求的观念。”[2] 因此，从行为主体自身所处的历史情境去把握其所面对的社会现实，既把理论的改变看作社会存在的改变，又把变革现实世界的实践当作理论的根本目标，并由此去看待理论的历史性及其干预现实的可能性，就成为霍克海默对历史唯物主义的“批判”性质的具体指认。

具体来说，霍克海默对历史唯物主义的“批判”性质的阐发主要包括两个层面。

第一，历史唯物主义具有将其批判现实社会的目标转换为内容的可能。理论的目标并不等于理论的内容。在霍克海默看来，历史唯物主义只具有转变成一种批判的社会理论的可能，要将这种可能转变成一种现实，就必须联系政治经济学对现代资本主义社会的总体性批判来阐发历史唯物主义的“批判”性质。因为，“批判理论”所谓的“批判”并不是纯粹哲学的批判，而是以对资本主义社会现实的政治经济学批判为前提的总体性批判，并且把这种“批判”本身看作“以社会本身为其对象的人类活动”，这也正是历史唯物主义的理论目标。但是，这一理论目标的实现，不能通过对人类社会实践的纯粹外在哲学批判来完成，而是必须通过深入解剖现实社会中的实践与理论互动的辩证矛盾并由此历史地

① Marx Horkheimer, *Critical Theory*, Trans. by Matthew J. O'Connell, New York: Seabury Press, 1972, pp. 194, 15.

② Marx Horkheimer, *Critical Theory*, Trans. by Matthew J. O'Connell, New York: Seabury Press, 1972, p. 21.

看待人类活动的全部内容来完成。因为，“批判思想既不是孤立的个人的功能，也不是个人的总和的功能。相反，它的主体是处在与其他个人和群体关系之中的、与某个阶段相冲突的、因而是处在与社会整体与自然的关系网络中的特定的个人”①。也就是说，只有通过对资本主义社会结构的政治经济学批判，历史唯物主义的“批判”的目标才得以转换成具体内容。因此，以政治经济学批判为基础去审视和发掘历史唯物主义的“批判”性质，是将历史唯物主义发展成批判的社会理论的关键。据此，霍克海默对“批判理论”一词作了如下明确界定：“我们并不是在唯心主义的纯粹理性批判的意义上使用这个术语，而是在政治经济学的辩证批判的意义上使用这个术语。这是辩证的社会理论的本质规定。”② 也就是说，对历史唯物主义的“批判”性质的阐发，其实也就是重建政治经济学对资本主义社会结构的辩证理解：即既从其经济结构出发来解释人类行动的历史情境，又用这种经济结构的矛盾来否定这种经济结构，从而历史地把握人类行动的自决性特点。换言之，通过政治经济学批判去发掘和阐明资本主义社会结构之中的人类行动的自决性特点，是坚持和发展历史唯物主义的“批判”性质之关键所在。为此，霍克海默指出：“批判的社会理论即便在对政治经济学进行批判时也仍然把自己看做是一门哲学，因为它的内容在于把在经济学中占统治地位的概念转化为它的对立面……在此至为重要的，与其说是那些保持不变的东西，毋宁说是现在正接近其末日的那个时期的历史运动。《资本论》……与纯粹的经济专著的区别并不在于它是以某种特定的哲学对象为出发点，而是处于它对作为一个整体的社会之诸种趋向的观察；这种观察即便在最抽象的逻辑讨论和经济学讨论中都起着决定性的作用。”③总之，从批判的社会理论角度看，历史唯物主义的“批判”性质就主要体现在，其借助政治经济学批判从资本主义经济结构的矛盾运动中发现了人类突破经济结构的奴役、实现自身解放的可能性空间。

显然，对霍克海默而言，历史唯物主义强调经济关系在社会中的根

① ［德］霍克海默：《批判理论》，李小兵等译，重庆出版社 1989 年版，第 201 页。

② Marx Horkheimer, *Critical Theory*, Trans. by Matthew J. O'Connell, New York: Seabury Press, 1972, p. 206.

③ ［德］霍克海默：《批判理论》，李小兵等译，重庆出版社 1989 年版，第 233 页。

本性作用，并不在于对历史发展过程作出一种经济决定论的解释，而是在于揭穿以下奥秘：即特定历史情境结构中的经济关系如何制约和支配人们的思想和行为，以致使后者停留在对这种历史情境的抽象的肯定或否定之中，而无法发现超越和改变这种历史情境的真实道路。也就是说，与以传统理论为基础的经济主义将“经济”窄化为社会的经济要素并由此强调经济的决定作用不同，以政治经济学批判为基础的历史唯物主义将经济归结为“人类生活的再生产”所关注的重点是，从对“作为整体的社会”的形成发展起着决定性作用的物质生产实践总体的矛盾运动中探寻“把人从奴役中解放出来”的总趋势，即“创造出一个满足人类需求和力量的世界之历史性努力的根本成分”①。而这个“根本成分”，也就是对抗资本统治结构的人类行动的自决性。因此，将历史唯物主义的“批判”的目标转换成“批判”的内容，其实质也就是以政治经济学批判为基础去判明现代资本主义生产结构的矛盾运动及其之于“人类生活的再生产”所具有的构成性作用与解放潜能。

第二，历史唯物主义通过揭示现实社会发展中的理论与实践互动的辩证逻辑结构奠定了其作为历史性的社会批判理论的基本特质。与传统历史哲学不同，历史唯物主义并提供那种将对一切时代的解释都包含在某种抽象原则中的超历史的、超时间的洞见，而只是对具体历史事实作历史性的批判分析和理解，并由此发现改变当下社会现状的现实路径。因为，历史唯物主义超越形而上学的关键，是将历史性的时间观念引入对历史哲学的建构中，并由此创立一种把握理论和实践互动关系的辩证逻辑结构。据此，霍克海默指出：“当费尔巴哈、马克思以及恩格斯使辩证法摆脱了其唯心主义的形式后，唯物主义获得了对其学说与现实之间所存在的那种变动不居然而又不可消除的冲突的领悟，并在这一过程中获得了自己的知识概念。毫无疑问，唯物主义并不拒绝思想。这一步远远超越了17—18世纪唯物主义的思维水平。但与唯心主义不同，唯物主义总是把思想理解为特定的人在特定的历史时期的思想。它向任何思想自律的断言发起挑战。”② 质言之，历史唯物主义是基于现实社会发展过

---

① ［德］霍克海默：《批判理论》，李小兵等译，重庆出版社1989年版，第232页。

② Marx Horkheimer, *Critical Theory*, Trans. by Matthew J. O'connell, New York: Seabury Press, 1972, p. 32.

程中的理论和实践互动的辩证逻辑结构去审视人们对待现实状况的思想态度的一种历史性的社会批判理论。

在霍克海默看来，历史唯物主义作为历史性的社会批判理论，主要从两个方面具体加以体现。一方面，历史唯物主义把理论置于实践的辩证联系之中，把理论活动了解为整个社会实践活动的一个有机组成部分，即以知识方式呈现的人的实践活动。因此，尽管“社会批判理论就其总体而言是个别存在判断的呈现”[①]，但是，“批判理论的个别命题在应用于当代社会特有的或一再发生的事件时立刻产生的问题，与这种理论的真理性没有关系，而与这种理论如何适合于目标逐渐扩大的传统型智力工作有关”[②]。也就是说，理论活动作为创造人类智力的活动，总是与相应时代的社会物质生产联系在一起，并且始终只是整个社会生产活动的一部分。这就是历史唯物主义作为社会批判理论在理论上的辩证逻辑结构。另一方面，历史唯物主义使批判的理论活动既受制于实践活动，又对实践活动起着能动的规范作用，即通过批判现存社会的不合理性引导社会向着合理的方向发展。“批判理论的每个组成部分都以对现存秩序的批判为前提，都以沿着由理论本身规定的路线与现存秩序作斗争为前提。”[③]也就是说，历史唯物主义绝不固守于现存社会结构中的“任一要素更好地运行”[④]，而是“批判地接受支配着社会生活的范畴，同时就包含他们的宣判”[⑤]。简言之，历史唯物主义在实践层面蕴含着对社会的认同（理论）与对社会的批判（现实）的紧张关系。这就是历史唯物主义作为社会批判理论在实践上的辩证逻辑结构。因此，历史唯物主义反对一种永恒的状态，并不意味着它没有理想；它的理想是从现实生活出发，并以可以预见的将来人类所能达到的力量来衡量自身，从而使其理想蕴含在当下实践活动之中。这就充分表明，历史唯物主义既不是一种形而上学，也不是一种追求某种永恒价值的文化哲学，而是以把握现实社会的实践与理论互动的辩证逻辑结构为核心内容的历史性社会批判理论。

---

① ［德］霍克海默：《批判理论》，李小兵等译，重庆出版社 1989 年版，第 215—216 页。
② ［德］霍克海默：《批判理论》，李小兵等译，重庆出版社 1989 年版，第 216 页。
③ ［德］霍克海默：《批判理论》，李小兵等译，重庆出版社 1989 年版，第 217 页。
④ ［德］霍克海默：《批判理论》，李小兵等译，重庆出版社 1989 年版，第 198 页。
⑤ ［德］霍克海默：《批判理论》，李小兵等译，重庆出版社 1989 年版，第 199 页。

基于此，霍克海默进一步从批判理论与现代社会的关系角度揭示了历史唯物主义的基本特点。（1）历史唯物主义与现代资本主义社会之间具有一种历史性地展开的张力关系。这主要表现为：现代资本主义为历史唯物主义的形成发展提供现实根据，历史唯物主义则实际地推动着现代资本主义社会的改变。因此，不能把历史唯物主义看作一种经验论或决定论，更不能将其变成一种准宗教的价值先导性思想，而是必须从对资本主义变化中发现把人从奴役中解放出来的根本性成分。于是，霍克海默将批判理论的基础置于资本主义社会的矛盾性质之上，并从社会建构来理解主客体以及二者的关系：“事实上，社会实践总是包含着可用的与已用的知识。因此，被感觉到的现实在被具有认识能力的个人有意识地吸收之前，就被人类的理念与概念所共同决定了。……在文明的更高阶段，自觉的人类实践不仅无意识地决定了认知的主体方面，而且越来越能够同时决定客体。”① 简言之，思想总是被历史性决定的，传统理论与批判理论都有各自的社会历史基础。但是，传统理论则忽视了使主客体发生内在关联的社会历史基础，而只能达到对资本主义社会异化的外在形式的理论直观，即只是关于主客体二元对立的永恒不变的关系理论，以至于始终无法洞察到理论与实践在社会建构层面上的统一性。而作为批判理论的历史唯物主义则以对资本主义社会的批判性分析为基础，从现代社会的发展进程来理解理论的建构过程，而深刻地揭示了思想、理论的历史性规定。这既构成马克思所创立的历史唯物主义的内在特质，也是其作为历史性的社会批判理论的根本前提。为此，霍克海默指出：“批判理论没有一个教义性的主旨，今天没有，明天也没有。只要时代本身不发生根本变化，批判理论的内部改变就不意味着向一种全新观点的转变。理论稳定性的原因在于这个事实：在一切社会变化之中，基本经济结构、最单纯的阶级关系，以及反映这两者的观念，都没有发生变化。理论中决定的本质要素是由这些不变因素决定的，因而它们在社会完成历史性的转变之前不能发生变化。可是，在达到这样一个转折点之前，历史也不会停止不动。那种批判理论参与其中的冲突的历史发展，导致重新安排个别理论要素的相对重要性等级，进一步推动具

① Max Horkheimer, “ Traditional and Critical Theory,” in Horkheimer, *Critical Theory*, Trans. Matthew J. O'connell et al. （New York, 1972）, pp. 188 – 243.

体化，并决定那些具体科学的研究结果对某一时代的批判理论及其实践有意义。”[①] 显然，无论是从批判理论回溯地看待历史唯物主义的内在特质，还是从历史唯物主义去审视批判理论的根本前提及其发展趋势，历史唯物主义都不提供教条主义的解释公式，而只提供始终与现实社会保持张力关系的社会批判理论。（2）历史唯物主义不是提供普遍价值标准的意识形态，而是提供从社会结构与理论认识之间的内在关系去审视人们从社会现实中获得解放的可能性的方法论或批判态度。霍克海默强调指出：“不存在判断整个批判理论的普遍性标准，因为批判理论总是以事件的重复出现、因而是以自我再生的总体为根据的。也不存在可以由对批判理论的接受加以指导的社会阶级。……在目前这样的历史时期，真正的理论更多地是批判性的，而不是肯定性的，正如相应于理论的社会不能叫做‘生产性的’一样。人类的未来依赖于现存的批判态度；这种态度当然包括传统理论要素和普遍衰退的文化要素。”[②] 也就是说，历史唯物主义既不满足于确立批判理论的普遍规范，也不满足于为某个社会群体提供意识形态指引，而是始终以现实社会总体的自我再生为根据去发现超越当前社会存在状态的契机，从而始终以一种面向未来的批判态度去看待当前社会状态以及自身对当前社会状态的理论认识。而这也就是历史唯物主义所内蕴的自我批判性特质，即其根据现实社会的变化而不断改变自身内容和形式的开放性特征。

综上所述，霍克海默将历史唯物主义的“批判”性质，锁定在了政治经济学批判对现代资本再生产的理论与实践互动的辩证结构及其决定的人类行动的自决性特点的具体发掘和阐发之上，并由此将批判理论的主题资本批判的经济维度拓展到了政治维度。

三　批判理论的主题：资本的政治主体性批判

霍克海默发掘历史唯物主义的“批判”性质并据此将其归结为历史性的社会批判理论，其目的在于将批判理论的主题从马克思政治经济学

① ［德］霍克海默：《批判理论》，李小兵等译，重庆出版社 1989 年版，第 222 页。
② ［德］霍克海默：《批判理论》，李小兵等译，重庆出版社 1989 年版，第 228—229 页。

批判对资本的经济主体性批判推进到对资本的政治主体性批判，以凸显资本全面统治结构中的人类行动的自决性，从而引导人们彻底摒弃对组织化资本主义的屈从态度。可以说，这既是批判理论在面对借助发达的文化工业或意识形态的文化操控实现全面统治的法西斯极权主义时所必须做的一种“积极的实践努力”，也是对历史唯物主义“批判”性质的具体拓展和深化。

第一，法西斯主义和大众文化是当代资本主义批判的焦点。霍克海默在名为“社会哲学的当前状况和社会研究所的任务”的就职演讲中，在重申历史唯物主义的“批判”性质的同时，就已经将“哲学与社会科学的联盟”确立为其理论研究的指针：一方面，以历史唯物主义为基础，指导具体社会科学对“个人与社会的关系、文化的意义、共同体发展的基础以及社会生活的总体结构”等根本性问题的解答；另一方面，对具体社会科学保持必要的开放性，通过整合具体社会科学的研究成果，实现对现实社会整体的批判性认识。为此，霍克海默明确规定了社会研究所的根本任务：“在最精确的科学方法基础上研究更宏大的哲学问题”，而这个“宏大的哲学问题”，就是指“社会经济生活、个人的心理发展以及狭义的文化领域的变迁之间的联系”①，即现代资本对人进行全面统治的内在机制。

需要指出的是，霍克海默确立其理论研究的指针和根本任务，是与当时法西斯主义在欧洲大陆的兴起与肆虐紧密相关的。在霍克海默看来，要有力抨击和抵御法西斯主义的肆虐，就必须展开对其得以产生的土壤即资本主义社会的政治经济学批判，从而判明法西斯极权主义与资本全面统治的同构关系，以便将历史唯物主义的资本批判从经济主体性批判拓展到政治主体性批判。而格罗斯曼、波洛克、纽曼、古尔兰以及基希海默等人对资本主义的经济、政治、法律制度变革的政治经济分析和研究，特别是波洛克将资本主义发展的新阶段归结为国家资本主义即“被管理的世界”，并将资本以国家为中介实现其对社会的全面统治这一变化归结为“政治的首要性”取代“经济的首要性”，即把资本的全面统治转换成国家极权政治统治的“铁笼”，则为学派的后续理论建构提供了政治

① Max Horkheimer, *Between Philosophy and Social Science: Selected Early Writings*, The MIT Press, 1993, pp. 9 – 10.

经济学批判的新成果和新起点。可以说，法兰克福学派成员后来以对法西斯主义意识形态的文化根源和社会心理机制的分析批判为焦点，即通过揭示资本主义社会结构对大众意识和群体心理机制的构成性作用，将对法西斯主义极权的批判提升至对整个资本主义工业和理性文明的批判高度，就是对这些前期政治经济学研究成果的进一步发展和深化。而霍克海默以历史唯物主义关于经济基础与上层建筑辩证关系原理为基础，将法西斯极权主义与大众文化确立为批判当代资本主义的焦点，则是揭开资本政治主体性批判并由此激活历史唯物主义的批判潜能的序幕。

按照霍克海默的观点，法西斯极权主义的兴起与以强调资本绝对统治地位的资产阶级权威思想是内在地联系在一起的，因为资产阶级权威思想是对资产阶级战胜传统权威之后资本全面统治必然产生的一种理性表达，以致发达资本主义社会的资本统治、理性统治与政治极权统治三者实现了同构与共谋。这种同构与共谋的机制在于：政治极权统治建立在非理性的资本经济必然性统治之上，而国家政治和理性主义意识形态则又以具体制度和观念文化的形式反过来强化资本的经济必然性统治。因此，国家资本主义、法西斯主义等政治极权主义统治，不过是资本的经济必然性统治在国家政治统治层面的极端表现形式。其“极端”之处就在于：资本支配国家统治权力的旧逻辑倒转成国家统治权力控制资本生产体系并借助大众文化对日常意识的控制而完成统治合理化建构的新逻辑。质言之，强调资本绝对统治地位的资产阶级权威思想通过法西斯极权主义实现了其在制度和心理意识层面的强化和固化。因此，对资本统治的政治经济学批判，只有从对资本生产逻辑的经济主体性批判扩展到对“资本—国家”统治合理化建构逻辑的政治主体性批判，才是全面的和彻底的。

因此，霍克海默在发掘历史唯物主义的“批判”性质的过程中，重点关注了马克思政治经济学批判所具有的历史唯物主义内涵及其批判潜能，并把消除法西斯极权主义统治的出路奠立在了马克思对资本主义社会形态的系统批判之上。这主要体现在，霍克海默对历史唯物主义的批判功能作了新的提炼：“让权威摆脱资产阶级唯我主义的利益和压榨”，即通过揭穿资产阶级权威与资本生产结构体系的同构关系，让人们看清资本的政治主体性，从而对资本的全面统治保持彻底批判的态度，以便摒弃资本主义社会的经济基础。这就是霍克海默为人们摆脱极权主义统治所指明的出路。在霍克海默看来，资产阶级权威实质上是资本主体性及其对社会的全面宰制得以完成的一种政治表现。“一旦人们拒绝接受经济中现存的权威关系，一旦理论上的理解活动打破了看似无条件的经济必然性，一旦资产阶级意义上的权威土崩瓦解，那么，新的权威也就失去了它的最坚固的意识形态的基础。所以，那种不注意深层经济结构而不加分辨地谴责极权政府的做法，实际上忽略了根本的问题。”① 换言之，作为资产阶级权威极端表现形式的法西斯极权主义，并不是独立于资本的经济主体性之外的政治主体性，而是资本总体性支配权力的政治化身。因此，沿着以政治经济学批判为基础的历史唯物主义思路去批判资本全面控制社会的这一新现实，并不意味着“孤立机械地去领悟这个过程”，而是重在发现和揭示作为经济基础构成物的上层建筑特别是大众文化与既定社会形式的内在结构性联系以及前者在既定社会中所起的具体作用。“要理解为什么一个社会以某种方式发挥作用，为什么它是稳定的或纷乱的，就要对处于不同社会集团中的人的当代心理结构有所认识。这反过来又需要对他们的性格是怎样在时代的所有构成性文化力量中形成这一点有所认识。”② 而根据历史唯物主义关于经济基础与上层建筑的辩证关系，现代资本主义社会诸成员的心理建构，不仅会内在化为一种物质力量的强制，而且会使物质力量的强制合理化，并由此成为实现对人的物质强制的进一步补充。质言之，法西斯极权主义与资本生产结构的同构和共谋，也就是资本的政治主体性的一种具体实现过程。

于是，霍克海默具体分析了法西斯极权主义国家统治下人的日常心理意识建构机制和大众文化作为“精神水泥”的运行机制。针对大众文化的兴起及其对人们日常心理意识的深层影响，霍克海默指出，“特定文化是通过创造这些文化的人所作的反应，来施展其抵制的效力的；而这些反应也就正是那种文化的特性。……社会特定成员由于他们在作为整体的社会中的境况，发展起了一套心理构制；在这种构制的运动和形成中，某些态度起了很大的作用。这些态度本身属于社会结构的整个体制的系统，与这种心理构制相互作用，以至于进一步强化这种构制，

① ［德］霍克海默：《批判理论》，李小兵等译，重庆出版社 1989 年版，第 86—87 页。

② ［德］霍克海默：《批判理论》，李小兵等译，重庆出版社 1989 年版，第 51—52 页。

帮助它扩大范围；相反，该心理构制反过来使整个体制的系统得到维护和发展”①。这就是说，资本的全面统治是通过对人的心理机制、特定文化的生产与特定社会体制三者统一的理性合理化系统建构来实现的，从而使政治极权与意识形态对人的支配以人们日常心理意识对整个社会体制系统的认同来体现和完成。换言之，大众文化是资本与政治极权在社会结构体制系统层面实现同构和共谋的“精神水泥”。因此，资本对社会的控制与政治极权统治的同构和重合，最终会使资本以“经济”方式宰制人的生活方式转变成政治极权统治的内在环节，并通过大众文化对人们日常心理意识的塑造来强化这种同构和重合的基本构制。而这也就是人们将资本全面控制经济、政治、文化、社会等各领域的社会称为“被管理的世界”和“匿名权威的统治”的根由。质言之，资本借助对政治极权统治社会结构的文化塑形，使自身从经济统治的主体幻化成了政治统治的主体。这就是说，现代资本的“经济”控制方式以大众文化的心理构制这一手段完成了其对整个社会领域实施“政治”极权统治的全面架构和宰制。

因此，人们要从资本全面统治社会的结构体制中超拔出来，首先就必须从观念前提上自觉摒除对这一结构体制的屈从态度，而要做到这一点，就需要重建批判理论并将哲学的社会功能引向对流行文化即物化观念的批判。从问题意识层面看，批判理论所面对的问题始终是现代发达资本主义发展过程中所呈现的深刻矛盾：一方面，现代资本主义的发展使人们真切地看到了启蒙目标的接近；另一方面，构成其目标实现的最大障碍而又恰恰在于流行的理论或观念失去了对社会的诊断能力。因此，霍克海默指出，“这种批判的主要目的在于，防止人类社会在现存社会组织慢慢灌输给它的成员的观点和行为中迷失方向。必须让人类看到他的特殊的存在和一般社会生活间的联系，看到他的日常谋划和他所承认的伟大思想间的联系”②。质言之，作为社会哲学的批判理论的主要任务即批判功能，主要在于澄清人类因在日常生活中必须依赖孤立的观点和概念而陷入的矛盾。因为，哲学对理论的把握，既要求将理论视为总体社会联系之中具有独特作用的相对独立领域，又必须在这个总体联系过程

① ［德］霍克海默：《批判理论》，李小兵等译，重庆出版社 1989 年版，第 62—63 页。

② ［德］霍克海默：《批判理论》，李小兵等译，重庆出版社 1989 年版，第 250 页。

中认识到理论自身的功能和界限，从而针对人的自由尚不存在的情况，把对现实的理论批判当作人存在和发展的先决条件，即通过揭穿资本全面统治的运行机制，尤其是其对意识形态之物化特性的构制对于人之所以屈从于现存社会状态态度的非强制性强化影响机制，让所有人从资本借助大众文化对政治极权统治的合理化建构所完成的政治主体性统治的社会结构体制中清醒过来。也就是说，批判理论将当代资本主义批判的焦点移向法西斯极权主义和大众文化的理论分析逻辑可以作出如下概括：人的自由本质之实现，依赖于合理社会的建构，而合理社会的建构则依赖于对所有人对现存社会都保持着一种合理的批判态度；批判理论对包括流行的物化观念以及大众文化在内的总体社会现实的批判，则在于从政治主体层面唤醒人们用政治行动去促进现存社会状态的改变，而该政治行动的首要前提则是对资本全面统治社会的运行机制保持清醒的理论认识和明确的批判态度。亦因此，霍克海默将其重建批判理论的关键，归结为沿着马克思以政治经济学批判为基础的历史唯物主义去恢复和提升理论对资本全面统治这一时代问题的诊断能力。

在霍克海默看来，资本的政治主体性是国家垄断资本主义阶段出现的新问题，而该问题的关键则主要在于资本将整个社会变成了“被管理的世界”，即资本借助大众文化对人们日常心理意识的宰制而屈从于政治极权统治实现了对人类生存和生活的全面统治，以至消除政治国家和市民社会之间的界限而将市民社会的资本生产活动整合成国家政治统治活动的内容。所谓资本的政治主体性，就是指资本通过控制国家政权对生产领域的干预以及大众文化对政治极权的认同使自身从社会的经济主体跃升到政治主体的地位。因此，组织化的国家资本主义也就是指政治国家主导下的资本生产同一性社会结构的生成，或者说资本主体同一性力量对社会的统治从经济维度向政治维度的转移或跃迁。为此，霍克海默指出：“在现代，时代特征已不像从前是无数个体之间的竞争，而是大型垄断行业的竞争；个体通过计算和推想对市场作出正确预想的能力，已经被整个国家为应付剧烈冲突所发起的总体动员所取代。”① 因此，“生产过程对人的影响，并不仅仅表现在直接的当代形式中，人们自己可以在

---

① ［德］霍克海默：《批判理论》，李小兵等译，重庆出版社 1989 年版，第 78 页。

其中工作体验到这种形式；而且还表现为被整合进诸如家庭、学校、教会、崇拜构制等一系列变化缓慢和相对稳定体制中的形式”,[①] 这就是资本的直接统治向“匿名权威的统治”的转化，即：国家政治权力借助资本的构成性作用从直接的政治权力转变成潜在的社会权威，即一种以社会运转本身的盲目必然性或“无名的上帝”为基础的文化生产体制。在此意义上，霍克海默将法西斯主义极权体制的实质，归结为蕴含着国家“总体动员”的不同实施主体和操作方式的资本主义民主制度最为充分和最为极端的表现形式。

第二，历史唯物主义为批判理论对资本全面统治世界的批判提供了基本的价值立场和认识论指引。在霍克海默看来，按照历史唯物主义的观点，尽管“客观事件不是依赖于理论的，而这种独立性正是它的必然性的组成部分：观察者本身不能在客体中造成变化”，但是，“有意识地进行批判的态度是社会发展的组成部分。对历史进程的解释是经济结构的必然产物，它同时既包括由这种秩序产生出来的对这种秩序的抗议，也包括人类自决的观念，即关于人的行动不再由外在机制决定而由他自己来决定那样一种状态的观念”[②]。因此，“批判理论的每个组成部分都以对现存秩序的批判为前提，都以沿着理论本身规定的路线与现存秩序作斗争为前提”[③]。也就是说，批判理论旨在通过拯救和发掘历史唯物主义的“批判”性质，促成“客观事件最后终究会受人类干预的影响”，即：“对一种社会状态的追求——在那个社会里，没有剥削或压迫；在那里，存在着包罗万象的主体，即自我意识的人类；在那里，能够谈论统一的理论创造和超越个人的思想”[④]。显然，批判理论将反抗资本统治的人类自我意识看作改变现实社会主体力量的源泉，是以其对西方无产阶级被资本“同化”而丧失革命意识的指认为前提的。“至少在人们的心目中，无产阶级已经被融合到社会中去了。”[⑤] 因此，霍克海默将批判理论视作一种“退却式的理论抉择”，其旨趣仅仅在于警醒人们从社会价值哲学立场上对现代资本主义社会保持一种批判性张力，以便在理论认识层面超

① ［德］霍克海默：《批判理论》，李小兵等译，重庆出版社 1989 年版，第 51 页。
② ［德］霍克海默：《批判理论》，李小兵等译，重庆出版社 1989 年版，第 217 页。
③ ［德］霍克海默：《批判理论》，李小兵等译，重庆出版社 1989 年版，第 217 页。
④ ［德］霍克海默：《批判理论》，李小兵等译，重庆出版社 1989 年版，第 227 页。
⑤ ［德］霍克海默：《批判理论》，李小兵等译，重庆出版社 1989 年版，第 2 页。

越资本统治的"同一性"。质言之，批判理论对资本全面统治世界的批判，必须以历史唯物主义批判现代资本主义的价值哲学立场为指引，从而真正从理论认识层面超越资本统治的"同一性"逻辑的束缚。

不难看出，霍克海默从理论逻辑层面将历史唯物主义阐发为一种以政治经济学批判为基础的历史性的社会批判理论，并将其对资本主体性的批判从经济维度延伸到政治维度，不仅不是对历史唯物主义的背叛，相反，是对历史唯物主义所蕴含的资本批判总体视域的进一步拓展和深化，即：根据资本以国家极权主体并以文化意识形态控制为中介实现对现代人生活的全面统治这一新变化，对历史唯物主义的"批判"性质及潜能的进一步延伸和扩展。

四　霍克海默的贡献与局限

霍克海默开创的批判理论传统，在一定程度上受到了卢卡奇的《历史与阶级意识》一书的部分影响，以至于他一开始就对马克思的理论抱有一种复杂的理解，将历史唯物主义作为一种对资本主义中社会、经济、政治诸生活方面的内在关系的批判性的、自我反思性的理论分析。而且，在遭遇并解读20世纪的重大转变时，他引领其他成员发展出了一种对工具理性和对自然之支配的批判，一种对文化与意识形态批判以及政治极权统治的批判，并将这些置于其理论思考的中心。应该说，这些尝试在相当大的程度上拓宽并深化了社会批判的视域，并对第二国际和第三国际所主张的传统马克思主义能否胜任批判20世纪的国家资本主义和政治极权主义这一任务提出了深刻的质疑。具体地说，霍克海默以波洛克等人对资本主义新变化的政治经济学研究成果为依据，对历史唯物主义的"批判"性质作出了富有新意的阐发，特别是其将资本主体性批判从经济维度推进到政治维度，使历史唯物主义对资本逻辑总体的批判内涵得到了进一步彰显、拓展和深化。这既为联系资本主义的新变化与时代问题的当代转换去深入理解历史唯物主义与政治经济学批判的内在关系，并以此推进对历史唯物主义实质的发掘，拓宽了视野、开辟了道路，又为法兰克福学派的理论建构注入了马克思主义批判精神的底色，从而为开掘历史唯物主义真实地走向当代的理论路径提供了极为重要的方法论启示。

但是，霍克海默的批判理论并未能彻底摆脱传统马克思主义的资本主义批判的局限，并未能真正跳出这种批判的根本假设。因为，霍克海默对历史唯物主义的“批判”性质的阐发，主要是立足于人与自然的物质变换活动这一永恒的“自然必然性”去批判和痛斥资本的全面统治及其造成的社会异化现象来展开的，而并未从人类历史发展客观过程及其规律，尤其是资本主义特殊劳动所建构的资产阶级社会特殊运动规律层面去分析和把握资本的全面统治会遇到“资本自身性质的界限”这一现代性的自反性特征，以致其不仅偏离了历史唯物主义看待资本统治条件下劳动的“自我异化的扬弃同自我异化走的是一条道路”的辩证理路，而且错失了对“资本的伟大文明作用”的观照，以致最终割裂了人的解放与历史的内在关联，而把人的解放置于现实的历史之外。因此，在霍克海默试图以政治经济学研究的最新成果为基础构建更为充分的社会批判时又遭遇了严重的理论困难，特别是随着20世纪30年代末政治经济学研究把国家资本主义视为一个受到完全控制的、严整的、单向度的社会，而从中无法窥见社会解放的任何的内在可能性时，批判理论试图建构的社会批判在人类的解放问题上逐渐滑向了悲观论和乌托邦的窠臼。显然，霍克海默忽视“劳动”的社会形式而直接从无时间性的劳动出发把握历史唯物主义的“批判”性质，并由此建构对资本的全面统治的社会批判，仍然未能摆脱超历史地理解和把握历史唯物主义的实质并由此批判资本主义的理论局限。

（一）霍克海默的贡献

具体来说，可以把霍克海默对历史唯物主义的“批判”性质的阐发的主要贡献概括为以下两点。

第一，霍克海默对历史唯物主义的“批判”性质的阐发，主要在于将其对资本主体性批判从经济主体性转换为政治主体性批判，或者说将马克思的资本主体性批判的政治维度彰显出来。具体地说，霍克海默将马克思批判的主要对象由作为一种社会生产关系的资本改写为作为一种全面统治社会的政治权力的资本，以至于将对生产关系作为社会经济基础的批判转到了对生产力本身作为一种社会政治权力基础的批判，从而将批判对象从生产关系、社会关系领域转到了生产力、科学技术领域。这实际上涉及资本主义批判问题意识的转换，即从资本的经济总体性向政治总体性的跨越。值得注意的是，霍克海默将其批判理论的批判矛头从生产关系移向生产力，不能简单地将其看作对马克思的背叛或对马克思主义的偏离，而是涉及对生产力、科学技术在发达资本主义社会日渐被纳入政治权力系统这一新变化的重新审视。因为，生产力、科学技术作为一种社会存在，绝不只是一种中立的手段或工具，而是被一定的社会形式所构型，它们不仅构成人们生存和生活的条件，而且构成人们的认识与观念的基础，对人们的思想观念乃至日常生活行为具有构成性的形塑或创构作用。而大众文化的兴起，就是在资本全面统治背景下，生产力、科学技术被资本控制和利用以致助力资本形塑人们“愉快”地接受这种控制和利用的物化观念的社会表现形式，即以现代生产力和科学技术为支撑的大众文化是内在地服从于资本作为政治权力主体实现对社会的全面统治这一深层社会统治逻辑的。

第二，霍克海默对历史唯物主义的“批判”性质的阐发，奠定了法兰克福学派从政治经济学批判视角来发掘和阐发马克思主义批判精神的理论研究传统。我们知道，贯穿于整个学派的理论主旨在于对抗国家资本主义阶段资本对社会的全面统治。尽管与早期西方马克思主义有着一脉相承的关系，但是，“批判理论”的形成，却标志着法兰克福学派最终超越了早期西方马克思主义的逻辑框架，形成了自己独特的理论传统。诚如莫伊舍·普殊同所指出的：“他们试图发展出一种根本的社会批判，以充分适用于后自由主义资本主义带来的转变。”在早期西方马克思主义者特别是卢卡奇的《历史与阶级意识》的部分影响下，“他们一开始就对马克思的理论抱有一种复杂的理解，将其作为一种对资本主义中社会、经济、政治诸生活方面的内在关系的批判性的、自我反思性的分析。在遭遇并解读资本主义在20世纪中的重大转变时，他们发展出了一种对工具理性和对自然之支配的批判，一种对文化与意识形态的批判，以及一种对政治统治的批判，并将这些置于他们思考的中心”①。这些尝试在相

① ［加］莫伊舍·普殊同：《时间、劳动与社会统治：马克思的批判理论再阐释》，康凌译，北京大学出版社2019年版，第97、97—98页。

当程度上拓宽并深化了社会批判的视界，并在一定程度上廓清了传统马克思主义在批判国家资本主义时所存在的困难。因此，“批判理论”“一方面，仅仅是霍克海默和马尔库塞为马克思主义理论传统引进的一个新名字；另一方面，它是学派自己的理论定位的名字，它最终阐明了学派关于陈述马克思主义传统的真正目的的要求”①。而霍克海默对批判理论传统的开创，就在于他联系当时政治经济学研究的最新成果来阐发和拓展历史唯物主义的“批判”性质的内涵。其中，波洛克关于国家资本主义的研究成果就是霍克海默予以重视和吸收的思想资源。也正因如此，波洛克的国家资本主义理论以及以之为基础的学派理论家们将国家资本主义这一新的现实定义为“被管理的世界”，使法兰克福学派的研究主题从经济基础向上层建筑特别是意识形态和文化领域的转移获得了一种合法性基础。“它有助于解释为什么批判理论将自己的注意力转向了文化领域。因为它假定了资本主义在工厂的总体统治，看到了这种霸权向社会其他领域延伸的权威国家，那么，这其中一个显而易见的含义就是，对构成这种延伸的统治的新近出现的形式进行研究。”② 而从整个法兰克福学派的理论运演和发展来看，“被管理的世界”这一对资本主义发展新现实的判断，则实际上构成了整个学派理论构建的逻辑制高点③。可以说，霍克海默早期的“权威与家庭”研究专题、霍克海默的《批判理论》及其与阿多诺合著的“启蒙辩证法”，阿多诺后来的《否定的辩证法》、马尔库塞的《单向度的人》、哈贝马斯的《作为“意识形态”的技术与科学》等著作对资本主义普遍统治的批判，都是站在这一制高点之上的。法兰克福学派把对资本主义普遍统治的基本结构的分析批判，从早期的哲学和社会心理学逐步转移到对科学技术和工具理性的批判，其根源就在于，发达资本主义社会的科学技术及其彰显的工具理性已经上升为资本实现其同一性控制或全面统治的依据。这种新变化主要表现为三个方面。(1) 政治国家与市民社会的深度融合。如果说自由资本主义时代是政治国家与市民社会在形式上的分离，那么，随着科学技术变革推动国

① Dubiel, *Theory and Political*: *Studies in the Development of Critical Theory*, Trans., Benjamin Gregg, The MIT Press, 1985, p. 104.

② Harry M. Cleaver, *Reading "Capital" Politically*, University of Texas Press, 1979, p. 53.

③ 参见张一兵主编《当代国外马克思主义哲学思潮》中卷，江苏人民出版社 2012 年版，第 300 页。

家垄断资本主义的形成，特别是国家政权对生产交换领域干预的日渐深入，政治以及整个上层建筑与经济基础完成了结构上的重新整合，以至于资本日渐获得了政治主体的性质。而这就是资本绝对同一性统治实现的主要标志。(2) 阶级统治向管理革命的转变。资本主义社会结构的重组导致了阶级结构的变化。这一变化的结果显著表现就是：“统治阶层结构”的变化以及劳资矛盾的缓和或阶级之间的“同化趋势”的出现。其中，统治阶层结构的变化在于：随着科学技术的变革及其对管理的渗透，以生产资料私有制为基础的资本家直接统治退居幕后而被经理集团的行政管理体制直接统治所取代，以至于管理技术上的矛盾取代了传统政治上的“阶级冲突”，或者说技术管理统治取代了传统阶级统治，以及技术管理的矛盾取代了“阶级冲突”。而这种变化的结果就是阶级斗争的消失或劳动者阶级和资本家阶级之间的“同化趋势”，以至于无产阶级革命主体的“缺位”。这也是霍克海默将批判理论定位为一种“退却式的理论抉择”又保持其批判性的革命本性的深层原因。(3) 统治者的直接统治转变成“匿名权威”的统治。与包括早期资本主义阶段在内的传统社会统治的粗暴直接强制性统治方式不同，现代社会的权威统治方式转变成用“理性”或“真理”等话语的力量从心理上隐蔽地控制人们的精神生活及其行为。也就是说，马克思关于资本主义社会以经济等级统治取代传统政治等级统治的方式，在发达资本主义社会发展成了以科技理性权威匿名统治的形式，从而将整个社会的真正主宰者即垄断资本家阶级隐藏到了社会的深层。质言之，资本的统治从直接公开的经济或政治形式转变成了个人无法窥测到的更为神秘的深层隐蔽形式。这实质上是资本主体性向日常生活意识领域的深度渗透和扩张。

(二) 霍克海默的局限

霍克海默的历史唯物主义阐释陷入的理论困难及其局限。

霍克海默将批判理论的主题聚焦于资本的政治主体性批判，主要是以波洛克基于干预主义国家的兴起而对资本主义转型所做的分析为前提的。面对大萧条以及之后国家在社会经济领域中扮演越来越重要的角色以及苏联的计划经验，波洛克将资本主义的转型描述为政治相对于经济的首要性，即以国家极权成为管理经济与表现社会问题的核心场所为内容的“政治的首要性”。波洛克的基本洞见，确实抓住了国家资本主义的发展所带来的影响深远的经济、社会与政治后果，但是他用来分析哲学转变的理论框架却是以对马克思政治经济学批判的有效性的误判为前提的。这个误判就是，马克思的政治经济学批判只适用于自由资本主义，而与20世纪资本主义转型即国家资本主义重新政治化的社会脱节了。因此，波洛克对经济领域的理解以及对生产力与生产关系的根本矛盾的理解与马克思政治经济学批判的理解有着重大的出入，以致其对大萧条以来的社会秩序的理解越来越滑向了悲观论的深渊。

波洛克对资本主义转型的政治经济学分析经历了前后相续的两个阶段。首先，将资本主义的发展过程描述为传统意义上的生产力与生产资料的私人占有之间不断增长的矛盾，并将这一不断增长的矛盾看作国家资本主义形成的根本动力。在波洛克看来，这一不断增长的矛盾是经济危机的根源，而经济的萧条或者说激烈地降低生产力不过是资本主义试图“自动地”解决这种矛盾的手段，但是，大萧条却标志着自由资本主义时代的终结，即任何企图重建自由资本主义经济机制的尝试都注定要遭遇失败，因为大萧条源自自由资本主义的动力本身。然而，自由资本主义无法被重建，却为一种新的社会秩序的出现提供了可能，这种新秩序就是中央计划经济秩序。不过，中央计划经济秩序并不必然是社会主义，极有可能是资本主义计划经济秩序，因为通过国家对市场的大量持续干预，经济增长可以在资本主义框架中被稳定下来。由此，波洛克将“计划时代中资本主义与社会主义的区别削减至生产资料的私人所有制与社会所有制的区别，对于这两者而言，自由市场经济都将被国家管理所取代”[①]。也就是说，在波洛克眼里，国家对自由资本主义的经济主体性的强力干预甚至取代，是自由资本主义的生产力与生产关系的矛盾发展的结果。波洛克的这一判断，显然与对资本主义矛盾的传统阐释分享了共同的逻辑，即：资本主义的矛盾是工业生产方式（劳动）与市场、私有财产（分配方式）之间的矛盾，工业生产方式（劳动）的发展必然突破市场、私有财产这种分配方式的束缚，要求用国家计划这种分配方式进一步促进工业生产（劳动）的发展，从而使劳动获得解放。正如普殊

① ［加］莫伊舍·普殊同：《时间、劳动与社会统治：马克思的批判理论再阐释》，康凌译，北京大学出版社2019年版，第107页。

同所说："对资本主义矛盾的传统阐释构成了他分析大萧条的根本原因及其可能的历史后果的出发点。"①

其次，波洛克在将取代自由资本主义的新社会秩序分析为国家资本主义的同时，推论出了其关于政治取代经济的"政治首要性"理论。他将干预主义国家的兴起称为"被管理的世界"，就是基于"政治的首要性"这一概念的。从逻辑上看，波洛克提出"政治的首要性"这一概念，与其把国家资本主义看作对经济危机的一种自觉反应时对私有财产在资本主义中的决定性作用的含糊其词有着一定的关联。一方面，他认为国家资本主义对自由资本主义中的生产力与生产关系的矛盾的解决是在不触及私有财产及其增殖的前提下进行的；另一方面，他发现国家资本主义的政治干预通过使资本所有权和有效管理之间的逐渐分离而在一定程度上触动了资本主义私有财产制度。这种模糊，促使波洛克只能将其理论分析聚焦于极权主义的国家资本主义形式，将国家资本主义秩序的核心特征描述为政治领域覆盖经济领域而获得了全面统治和管理社会、经济与政治等领域的总体性权力的地位。在波洛克看来，在国家资本主义中，国家成为所有社会生活领域的决定者，等级制的官僚政治结构占据了社会存在的中心，个人与团体均不再是自治的，只能从属于整体，以致自由资本主义的所有社会关系都被有效地予以废除，从而将社会秩序转变成僵死的政治统治"铁笼"，也就是说，国家资本主义具有非解放的性质。而极权的国家资本主义要巩固这一新秩序，其首要的任务，就是在保留旧社会结构的基础的同时，保证充分就业，促进技术不断进步，以及使生产力能够无障碍地发展，同时又不允许生活标准有任何提升。因此，极权的国家资本主义往往借助于一种持续的战争经济来同时实现这些任务，因为仅仅依靠对大众的心理操控和恐吓，统治体系也无法维持自身。尽管波洛克认为，民主的国家资本主义可以维持一个高的生活标准，但是最终也会走上极权主义形式之路，即使它具有走向社会主义的可能性，但是这种可能性得以实现的条件极其难以形成。"波洛克对国家资本主义的分析，无法为他的希望——即建立民主的国家资本主义，并将其进一步发展为社会主义——提供基础。他的立场在根本上是悲观

① ［加］莫伊舍·普殊同：《时间、劳动与社会统治：马克思的批判理论再阐释》，康凌译，北京大学出版社2019年版，第105页。

的：对新秩序的克服，无法内在地源自体系本身；相反，它依赖于一个不太可能的‘外在’环境——世界和平。”① 由此，波洛克陷入了国家资本主义不再具有解放可能性的悲观论。

从逻辑上看，波洛克的悲观论与其对资本主义转型的政治经济学论述的理论缺陷相关。波洛克的政治经济学论述的理论缺陷主要体现在，其对自由资本主义的动态发展与历史性的指认，展现了生产力与生产关系的内在矛盾如何对自由资本主义的历史否定，即一个计划经济的社会提供了可能性，但是对国家资本主义的分析缺乏历史性的维度，而将其描述为一个静态的、封闭的理想型整体，即缺乏内在否定性历史动力的整体，即使他试图去发现那些不稳定的、冲突的时刻。波洛克之所以把以“经济的首要性”为特征的自由资本主义阶段看作矛盾性和动态性的，把以“政治的首要性”为特征的国家资本主义阶段看作静态的、无矛盾的整体，主要是基于他对经济的市场化理解，即将经济理解为准自动的、由市场调节的供需平衡，其中价格机制引导着生产与分配。按照波洛克的分析，在自由资本主义阶段，市场是理解经济的核心，因此对于马克思揭示资本主义生产关系的根本范畴，如商品、价值等，只能依据市场来予以阐释，以至于只能依据分配方式来理解经济领域以及马克思的各种范畴。“据此，波洛克将生产力与生产关系之间的矛盾，解释为工业生产与资产阶级分配方式（市场、私有财产）之间的矛盾。”② 而且，这种矛盾最终导致了以计划为特征的分配方式对以市场和私有财产为特征的分配方式的有效清除，以至于最终否定了以市场为核心的经济自身，即国家取代市场为分配的执行者，使经济从根本上被悬置了起来。也就是说，在国家取代市场的国家资本主义阶段，源自市场的规律便失去了其主要作用，国家计划取代了非自觉的经济规律。质言之，对经济的市场化理解是支撑波洛克的“政治的首要性”概念的逻辑前提。

正是基于这一逻辑前提，波洛克把国家资本主义看作一种缺乏内在

① ［加］莫伊舍·普殊同：《时间、劳动与社会统治：马克思的批判理论再阐释》，康凌译，北京大学出版社2019年版，第111页。

② ［加］莫伊舍·普殊同：《时间、劳动与社会统治：马克思的批判理论再阐释》，康凌译，北京大学出版社2019年版，第112页。

矛盾和动力以及不受任何经济规律支配的自觉管理体系，并认为在这一体系中，国家计划充分适用于发达的工业生产状况，即国家资本主义生产关系与工业生产方式之间不再存有内在的社会矛盾，以致不再具有导向社会主义的可能性。也就是说，国家资本主义的发展，使价值被废弃以及私有财产被有效地废除了。但是，这些社会关系的废除并未必然地为社会主义的到来奠定基础，相反，它有可能并确实会导致更严重的压迫与专制形式，即国家资本主义转型也就是用政治权力取代经济权力在社会中的支配地位。而这也就使得适用于批判自由资本主义的马克思的政治经济学范畴，不再适用于把握国家资本主义阶段资本以国家权力形式完成的对社会的全面统治。

然而，波洛克断言马克思的政治经济学范畴不再适用于国家资本主义及其滑向悲观论，实际上仍然保留了第二国际、第三国际时期的传统马克思主义理论把市场与私有财产等同于经济的分配方式以及将之看作资本主义基本特征的假设，以至于内在地限制甚至窄化了马克思的政治经济学批判对“资本批判”（包括国家资本主义批判）而言的有效性范围。一方面，把市场和私有财产等同于资本主义生产关系，并离开资本主义社会生产关系的本质规定去看待国家资本主义转型。波洛克虽然注意到了国家资本主义的转型主要表现为国家取代私人资本家的利润收益分配职能，但是他并没有理解和确定这一新的社会形式的资本主义性质，而是仅仅强调了国家资本主义的“国家”的政治主体性，而没有进一步阐明其资本主义维度中的“资本”的主体性，从而使“资本主义”成为一个空洞的范畴，以致把“资本”了解为“国家”（权力）的一个次级分支。这显然与把市场理解资本主义分配核心机制的传统马克思主义观点是一致的。另一方面，把国家资本主义混同于计划管理的社会秩序，错失了对资本主义社会内在矛盾以及资本主义劳动特殊性的科学规定。波洛克认识到国家资本主义这种分配形式虽然充分适用于工业生产发展的要求，进而内在地质疑了把“劳动”的理念作为普遍人类解放的条件这一传统观点，但是他在与传统理论决裂时并未真正克服传统理论对资本主义劳动的本质的超历史规定——劳动即人与自然的物质变换活动，以致陷入了强调劳动能实现社会的整体性却无法实现人的解放的理论矛盾。其根源就在于他把资本主义矛盾超历史地了解为了生产（劳动 = 生产力）与分配（市场—私有财产 = 生产关系）之间的矛盾。因此，即使波洛克将国家资本主义社会仍然看作一个对抗性的阶级社会，甚至由此提出了与现代工业生产相适应的国家计划经济体系并不一定具有解放性的洞见，但是他并不理解阶级矛盾和阶级对抗的根源在于形塑资本主义这一基本社会形态的主体即资本自身的内在矛盾，从而并未深入社会矛盾的资本结构性定位层面去把握和批判国家资本主义的社会对抗。

总之，霍克海默对历史唯物主义的“批判”性质的阐发，对于我们把握和理解历史唯物主义所要解决的时代课题及其解决问题的基本思路和方法，特别是把握历史唯物主义与政治经济学批判的内在关系，并由此发掘历史唯物主义真实地走向当代的基本路径，都蕴藏着极其重要的思想内容与方法启示。其中，最富建设性的思想内容和启示就是：深化和完善马克思的政治经济学批判，特别是加强对现代西方经济学拜物教性质的揭露和批判，并深入展开对当代资本主义新变化以及我国社会主义市场经济发展过程的批判性解读，应成为推进历史唯物主义研究尤其是深化 21 世纪中国马克思主义建构和新时代中国特色社会主义思想研究的关键和枢纽。

重新理解《资本论》语境中的“价值形式”批判

孙　亮*

对于《资本论》语境中“价值形式”的研究之所以需要高度关注，从资本主义社会建构原则来看，资本主义以拜物教的“支配方式”完成了现实存在物在其表面上以颠倒的方式显现的任务，《资本论》就是要在“价值形式”的分析中窥探出社会的一般形式与社会的特殊表现形式之间的复杂关系，从而展开对资本主义社会结构自身的批判，以寻求一种激进政治的改变图景。应该说，依此方案探究社会这条道路从来不孤寂。与阿多诺交往过深的索恩－雷特尔在回忆其思想历程时认为，在1921年，他已经通过对社会的商品形式的研究，发现了历史唯物主义的主导原理。① 更为集中地将价值形式作为《资本论》研究主题的，当然可追溯至20世纪早期的卢宾（Isaak Illich Rubin）在《马克思的价值理论文集》中讨论了“政治经济学不是分析资本主义生产过程的物质技术层面，而是分析其社会形式，即构成资本主义经济结构的生产关系总体”。② 几乎同时，帕舒卡尼斯在《法的一般理论与马克思主义》中，也指明了对法律的分析应该参照商品世界的方法论原则。此种理解后来在德国新马克思解读学派（Die Neue Marx-Lektüre）的研究中更进一步得到理解，作为阿多诺学生的“新解读学派”的第一代学者巴克

* 作者简介：孙亮，华东师范大学哲学系教授，博士生导师（上海200241）。

① ［德］索恩－雷特尔：《脑力劳动与体力劳动：西方历史的认识论》，谢永康、侯振武译，南京大学出版社2015年版，第1页。

② Isaak Illich Rubin, *Essays on Marx's Theory of Value*, Black Rose Books, 1972., p. 2.

豪斯（Hans-Georg Backhaus）与莱希尔特（Helmut Reichelt），以及第二代海因里希（Michael Heinrich）等人更是深化了价值形式的研究。在此之后，价值形式的研究又于英语世界大体在两个向度上加以扩展。一个是“新辩证法学派”。代表人物亚瑟（Christopher Arthur）、史密斯（Tony Smith）等人极力倡导“体系辩证法”，并论证《资本论》与黑格尔逻辑学之间的“同构关系”，“《资本论》就是一部根据黑格尔绝对精神的辩证逻辑所建立起来的经济范畴的体系理论”。① 另一向度，则是开放马克思主义学者们诸如博纳菲尔德、霍洛威等人的研究，在他们看来，价值形式构成的“支配方式”可以在哲学语言上表述为“同一性”，而借助阿多诺的视角，“辩证法不仅是一个前进的过程，同时也是一个逆行的过程”。② 因而，他们又极力主张“非同一性”的抵抗姿态。但是，他们依然将价值形式作为“支配方式”的一个既定前提，在对待价值形式的“同一性”方面，并没有能够将价值形式与社会结构关联起来进行研究。

为此，我们需要在前人研究的基础上，继续加固那些已经纠偏的理论成果并同时追问，在《资本论》的“价值形式”一节中，人们以价值形式的表现机制言说当下所受到的统治时，是否遗忘了对交换价值的历史性作深入的前提批判？形式分析的解释原则泛化之后，我们能否在社会结构的矛盾与主体两个方向上给予修补？我们如何从资本主义交换方式为主导社会形式进展到对社会的普遍的一般形式？讨论这些绝不是可有可无的，因为，如何走出价值围城已经成为马克思解放观念是否失效的关键之问。

一　价值形式的建构逻辑：表现与遮蔽共存

在《资本论》发表20年前，马克思在《哲学的贫困》的“第七个说明”中已经重点批判了“经济学家们的论证方式是非常奇怪的。他们认为只有两种制度：一种是人为的，一种是天然的。封建制度是人为的，

① Tony Smith, *The Logic of Marx's Capital*, Albany: Suny Press, 1990, ix.

② ［德］阿多诺：《否定的辩证法》，张峰译，重庆人民出版社1993年版，第155页。

资产阶级制度是天然的"①，之后的马克思在《资本论》的价值形式的讨论中自然不会犯相同的错误。因而，在我们提示价值形式对马克思整个资本主义批判的重要意义的时候，也必须将价值形式所"遮蔽"的特定社会形式重新打开，这样才能对价值形式有一个完整的理解。

我们先来看"价值形式"对于理解资本主义整个运行机制的意义。在商品交换过程中，价值犹如一个"指南针"，它规定着人们生活的航线。也正是因为这样，在马克思之前的经济学理论家们那里，价值问题一直争论不休，主要围绕着价值唯名论与价值实在论两派展开：一方如贝利等人认为价值只是一个想象的东西；另一方则以李嘉图等人将价值作为某种自然物自身固有的属性。诚如广松涉的看法，劳动价值论在他们那里是为了说明交换正常比率，"交换在需要同样时间的产品之间进行是符合投入劳动价值学说的最终命题"，进而，迫于经验的事实，"劳动价值被实体化了"②。这种实体化的迷恋进一步延展、传播，似乎马克思的劳动价值论要讲的不过就是原先古典经济学家所在意的"最终命题"（价值就是劳动时间的投入），也正是基于这样一种对价值的理解，持有认知资本主义（cognitive capitalism）观念的学者认为，劳动的情感转向、非物质劳动等新劳动方式兴起之后，价值领域必然发生"度量危机"，进而依靠价值度量而建立起来的资本主义终于可以退场了。这里的问题依然是陷入价值实体化理解的困境。当马克思在对劳动的二重性进行分析之后，即人们实际上所从事的劳动，即认知资本主义所说的情感劳动也好，仍然是具体的有用劳动，它通过劳动的对象化展示出使用价值。但是，与商品使用价值完全不同的商品价值与这种劳动没有任何关系，后一种劳动是适合于一切社会的，前一种价值所指向的劳动显然是特定社会形式的表现。原先古典经济学所谓的劳动价值论的"劳动"在此已经无法对接了，原因在于"人类学意义的劳动"与"作为商品的劳动"之间的差别没有得到思考，从而让劳动呈现为社会劳动的那种动力在古典经济学那里也没有推进。《资本论》德文第一版作为第一章第一节附录的"价值形式"，在后来的版本中被并到第一章中作为独立的一节放在"体

① 《马克思恩格斯文集》第5卷，人民出版社2009年版，第612页。

② ［日］广松涉：《物象化论的构图》，彭曦、庄倩译，南京大学出版社2009年版，第117—118页。

现在商品中的劳动的二重性”之后，现在看来，可以作为他强调超越并弥补古典政治经济学这一缺环的文本处理。

基于上述原因，马克思改变了价值概念的发问方式，转向了对“人类学意义的劳动”为什么会呈现为“作为商品的劳动”这一动力学机制的分析，不再沉迷于价值所指向的劳动时间的实体性追问，这便是马克思劳动价值论的关键所在。这一点齐泽克给予过论述，“马克思对商品的分析和弗洛伊德对梦的分析，二者之间存在着基本的同宗同源关系，在这两种情况下，关键在于避免对假定隐藏在形式后面的‘内容’的完全崇拜性迷恋：通过分析要揭穿的‘秘密’不是被形式（商品的形式、梦的形式）隐藏起来的内容，而是这种形式自身的‘秘密’”①。但是，绝非说内容不重要，因为，“价值量由劳动时间决定是一个隐藏在商品相对价值表面运动后面的秘密。这个秘密的发现，消除了劳动产品的价值量纯粹是偶然决定的这种假象”②。古典政治经济学家们已经完成了这个“秘密”的发现，但是对于形式本身不能做出解释，所以，马克思对此推进的工作界限十分明确，如他自己所说，“诚然，政治经济学曾经分析了价值和价值量（虽然不充分），揭示了这些形式所掩盖的内容，但它从来没有问过这样的问题：为什么这一内容采取这种形式呢？这就是说，为什么劳动表现为价值，用劳动时间计算的劳动量表现为劳动产品的价值量呢？”③

在《资本论》的“商品”章中，马克思借助价值表现形式对这种转换方式给予了详尽的说明。为了解开“这一内容采取这种形式”的谜团，马克思以“对象规定性”这一“中介”对商品属性开始讨论。所谓“对象规定性”就是商品的内在价值不能够通过自身给予直接呈现，而是必须通过和其他商品等价关系的中介来完成，“通过价值关系，商品 B 的自然形式成了商品 A 的价值形式，或者说，商品 B 的物体成了反映商品 A 的价值的镜子”。④ 具体来看，马克思讨论四种价值的表现形式。第一，简单的价值形式：X 量 A = Y 量 B，在价值形式的四种类型中，所有的

① ［斯洛文尼亚］齐泽克：《意识形态的崇高客体》，季广茂译，中央编译出版社 2002 年版，第 15 页。

② 《马克思恩格斯文集》第 5 卷，人民出版社 2009 年版，第 92—93 页。

③ 《马克思恩格斯文集》第 5 卷，人民出版社 2009 年版，第 98 页。

④ 《马克思恩格斯文集》第 5 卷，人民出版社 2009 年版，第 98 页。

“=”并非都是A=B，而只是一方B作为另一方A的表现形式。诸如，“名叫彼得的人把自己当做人，只是由于它把名叫保罗的人看做是和自己相同的。因此，对彼得说来，这整个保罗就以他保罗的肉体成为人这个物种的表现形式”。[①] 在交换为主导的社会中，人在人才市场上，人（作为劳动力主体）=商品，在这里的“=”意味着人只是表现为商品，它必然含有超出商品属性的“剩余”，即作为人的属性，这是表现形式无论如何表现也只能属于被表现者的“有限性”的方式。也就是说，这个“=”实质上蕴含了资本主义的双重秘密：一方面，在交换为主导的社会建构之后，看起来“相等”只是表现为“相等”，诸如马克思在论述平等时，也讨论过平等意味着不平等，大致就是将这里的经济语言以“政治语言”的方式陈述而已，这一批判是集中火力用在“政治解放”的不彻底性上的，因为政治解放就是用这种表现为“相等”的权利、平等此类现代政治术语来召唤政治主体的；另一方面，A表现为B，已经意味着这个社会自身是没办法出场的，它必然需要一定的中介，如马克思的分析，“在某种意义上，人和商品一样，因为人既不是带着镜子来到世上，又不像费希特派哲学家那样‘我就是我’，所以，所以人起初是以别人来反映自己的”[②]。但是中介之后的双方已经出现了“裂缝”，等式一边作为“无限”“普遍”，而另一边则体现为“有限”“特殊”，如果将表现形式混同为被表现者，那就是马克思批判的“拜物教”。到了第二个阶段便进入扩大的价值形式中：实质上这里纯粹是一个无限的表述，XA=YB=ZC=2盎司金=……，这是一个表现永远不会完成的永恒运动，结合我们在第一个阶段中所说的，这里马克思的“=”不能仅仅看作表现在一个特定领域（经济领域）中的现象，这种逻辑还会被推展到政治领域、思维领域等。在商品交换与人的“同一性思维”方面的“=”的研究已经在阿多诺那里得以展开了。在第三个普遍的价值形式阶段，这种不停地无限性扩展的等号必然要寻找到一个核心，如马克思所说的，在等号序列的其中一项被抽出来放在一个可以“有限”的方式来担当无限，真正的价值形式才能够完成这“惊险的一跃”。马克思是以“20码麻布为例子”，讲述了无限与有限统一于20码麻布之中，从无限这一普遍性意义

① 《马克思恩格斯文集》第5卷，人民出版社2009年版，第67页。

② 《马克思恩格斯文集》第5卷，人民出版社2009年版，第67页。

上讲，这个地位可以被置换为任何一个商品，显然价值形式的展开就必然出现“有限替换无限”的拜物教。如果再进一步将那个等式序列中的2盎司金看作天然的可以承担起这种有限与无限的统一体的话，就是马克思所谓的第四个阶段货币形式阶段。

显然，这四种形式对于理解马克思自己区分于古典经济学的地方在于，他没有迷恋于20码麻布 =1 件上衣之间需要依凭于抽象劳动这一实体性追问。因为按照这样的追问，产生价值的抽象劳动与具体劳动一样，是逃离具体社会形式的人类学意义上劳动，那么价值就不再是一个需要任何社会存在形式为前提的了，反而是一种恒定于任何社会的。古典政治经济学家正是这么理解的，也很自然地将这一表现看作天然的，并去考量表现之间“ = ”秘密的根由。但是，马克思实质上所要揭示的秘密是，为什么劳动产品会表现为价值形式，这是要对一个前提的存在展开批判性分析，那就是商品交换社会作为一个基本的背景，然后才会有将异质性的商品相互表现的可能。

如上所论，资本主义生产关系、交换关系正是价值形式运行法则的前提，它延伸出不断地表现的社会形式，同时，它也是一个掩盖遮蔽的形式。只有完成这一步，才能够使人们彻底遗忘了这一交换的历史性特质，遗忘对于价值形式的前提进行发问，或者说彻底忘掉资本主义只是一种特定的社会形式，绝佳地完成对整个资本主义运行逻辑的掩盖。对此，马克思是通过“商品的拜物教性质及其秘密”一节给予分析的，从而力图将价值形式的遮蔽的一面打开。其中的关键就是对拜物教批判所蕴含的历史性展开论述，从而进一步对接了“价值形式”分析的核心指向：“生产商品的劳动所特有的社会性质。”马克思对于这种遮蔽的批判用了一个比喻，“正如一物在视神经中留下的光的印象，不是表现为视神经本身的主观兴奋，而是表现为眼睛外面的物的客观形式”一样。① 在商品交换社会中，物拥有了商品形式并被看作物自身的属性，了解到这一点，劳动成为商品，并展现出劳动的二重性特征便清晰了起来。马克思认为，政治经济学家们之所以看不明白，就是在于他们理解“商品形式在人们面前把人们本身劳动的社会性质反映成劳动产品本身的物的性质，

① 《马克思恩格斯文集》第5卷，人民出版社2009年版，第89页。

反映成这些物的天然属性，从而把生产者同总劳动的社会关系反映成存在于生产者之外的物与物之间的社会关系"①。当人们只能构想按照价值形式来理解当代资本主义运行的逻辑的时候，人们由于拜物教的机制已经忘记一个基本的事实，人们的劳动已经发生了二重性的分化，一方面是有用劳动，另一方面是私人劳动必须同其他的私人劳动相等同，这样私人劳动才对生产者自身起到作用。在价值形式中，当我们看到XA = YB = ZC = ……的时候，我们以为是因为各自蕴含的抽象劳动具有等同的社会性质并能够交换，但这又是一种颠倒，因为，"在交换中使他们的各种产品作为价值彼此相等，也就使他们的各种劳动作为人类劳动而彼此相等"②。所以马克思告诫以往的政治经济学家，"给劳动产品打上商品烙印，因而成为商品流通的前提的那些形式，在人们试图了解他们的内容而不是了解他们的历史性质（这些形式在人们看来已经是不变的了）以前，就已经取得了社会生活的自然形式的固定性"③。同理，这一点是今天通向正确理解价值形式的基本方向。

二　价值形式分析的解释原则泛化及其反思

当我们以价值形式所呈现的表现机制去深入理解当代生活，的确我们能够看到那一系列的"表现为"：诸如剩余价值转化为利润、剩余价值率转化为利润率等一系列的转化。在马克思那里，转化即"表现"，这种转化如上所说，它在遮蔽的意义上，正是资本主义故意祛除社会性质特殊性的结果。可以说，遮蔽机制在"剩余价值生产"中得到了最佳的实现，如果仅仅站在价值形式分析的表现机制的一面来看，显然是看不出什么问题的。但是，在遮蔽的一面，也就是要"从资本主义生产方式本身中产生的"的一面出发，才能够真正理解这种"表现机制"。不过，在"表现机制"之中，它已经构成一个解释体系，一旦我们从价值形式这一单一的建构社会生活的机制来看待现代社会，那么，我们只能如新辩证法学派亚瑟那样，

① 《马克思恩格斯文集》第5卷，人民出版社2009年版，第89—90页。

② 《马克思恩格斯文集》第5卷，人民出版社2009年版，第91页。

③ 《马克思恩格斯文集》第5卷，人民出版社2009年版，第93页。

将这一机制泛化为现代资本主义社会的解释原则。这一原则现在似乎甚为流行，《资本论》的解读不幸在很大程度上被带进了这座围城之中。当下，它表现为资本逻辑从宏大向微观生活层面的全面覆盖，这里从一开始就是从对人否定的资本、价值出发的叙述模式，实质上就是我们所说的，他们所看到的只能是价值的表现形式成为整个现代商品交换社会的主导原则。

这一视角的代表亚瑟认为，价值形式解释原则与黑格尔的思考方式极为相似，主要在于，当某物成为商品交换过程中的那个作为统一形式的“一般等价物”的时候，它将被看作无差别的抽象本质，而失去了其特殊性，黑格尔也是“从特殊而有规定性的东西的抽象开始的”。依据这样的视角来看，“黑格尔使偶然经验实例脱离范畴的‘纯思’与商品获得忽略其自然形状的价值形式时的实际过程存在高度相似性”，对后者来讲，“在价值形式中不仅是形式和内容是分离的，而且形式本身也变成自动的了，结构的辩证发展实际上是由形式决定的，这些价值形式如商品、货币、资本，最初只是纯粹形式，随后在物质生产中获得它的基础”①。亚瑟的意思到底是什么呢？在其《新辩证法与马克思的〈资本论〉》一书的“结论”部分，他说出了将马克思的价值形式与黑格尔辩证法作一种“同构性”理解的原因，那就是价值形式拥有与黑格尔绝对精神一样的“总体化逻辑”，“所有不具有‘概念性’的东西都降格为它的承担者”，②显然，亚瑟不能理解的是，黑格尔从“实体即主体”的视角，确立了一种剥离掉实体本身，即抛弃内容的形式辩证法时，它遗忘了辩证法恰恰是一种切近实体自身的过程，而不是远离实体的过程。在黑格尔的辩证法中，“精神很轻易地就能渗入、囊括、统一以及引导物质性”，之所以如此在于，“思想的深层结构和物质世界的深层结构，对于黑格尔来说，最终是同一的”，或者说，他的“《逻辑学》中的范畴序列和历史的发展序列是平行的”，从而也最终构成了“黑格尔赋予精神以引导物质展开其潜能达到完满和谐的力量”，③ 这样一来，存在本身固有的“开放性”被

① ［英］克里斯多夫·约翰·阿瑟：《新辩证法与马克思的〈资本论〉》，高飞等译，北京师范大学出版社2018年版，第90页。

② ［英］克里斯多夫·约翰·阿瑟：《新辩证法与马克思的〈资本论〉》，高飞等译，北京师范大学出版社2018年版，第271页。

③ ［加］罗伯特·阿尔布瑞顿：《政治经济学中的辩证法与解构》，李彬彬译，北京师范大学出版社2018年版，第72—73页。

强行在精神的领域中给“和谐终结了”。黑格尔的问题在于，他没能给物质存在本身以独立的地位，特别是对思想与存在本身的“非同一性”给予足够的空间，从而将现实生活的原则完全精神化。一旦将价值形式也理解为这样一种辩证法原则，将价值法则做“精神化”处理，必然远离人们的生活过程本身。今天在学术界将价值形式自主性放大，并以“资本逻辑”话语在学术界横行流布时，我们确实需要对这种近黑格尔式的《资本论》解读给予反思性批判，“资本逻辑”只是现代资本主义社会的一种“外部反思”的概念形式，而内在的“实体”依然是人们的“生活本身”。

认识到上述价值形式泛化解释原则的缺陷，但并非全盘否定这一研究方向的价值。毫无疑问，我们确实生活在这样一个令人厌恶的价值表现形式泛滥的时代，处于让人无比压抑的商品交换社会之中，但又似乎难以改变的时代。但这只是我们要描述的人的存在困境的“表现形式”，正如马克思描述货币起源的价值形式发生机制，不单纯是为了告诉人们价值对人们生活的建构，更为重要的是在拜物教批判的方向上，让我们的眼睛从价值主导的社会扭转到特殊的社会形式上去，即对资本主义社会结构的关注，也就是将价值形式化过程本身看作一个结果、一种特定社会关系建构起来的现象，只有在这个意义上，才能寻找如何走出现有的价值构建的生存状态的路径。

按照上述价值形式的存在前提批判的原则，我们需要将价值形式自治的现象看作一种“动词化”的结果，而不是一种名称。马克思对拜物教的批判要讲述的也是这样一个道理，在古典经济学家那里所使用的经济范畴，只是被当作一个既定的名词术语所使用，而这些经济学家们却没有思考这些名词术语是一种社会关系建构过程的“动词化”的结果。如资本只是我们“死劳动”的凝结，不能理解为一个独立存在的名词。因为作为名词意味着一个封闭的不可能改变的“同一性”，而作为“动词”则是说，“同一性”不是名词的、静止的，而是一种动态的过程，这样才能够在这个动态之中寻找改变的可能性。对于价值形式的理解也是一样，正如霍洛威所说的，从“形式”（Form）向“形式过程”（Form-process）的转变，或者更好的是，从“形式”（Form）向“形成”（Forming）的转变，如果名词变成动词，如果资本主义社会关系的所有形式都被理解为“形式过程”，那么商品就被理解为商品化，货币被理解为货币化，资本被理解为资本化[①]。一旦这样理解，思考价值形式便会从一种“形式”转向了价值形成过程，是在一定的“条件”下构成的“结果”。一旦我们看不到这一点，而将这种价值形式看作适用于一切社会的普遍性原则。为此，我们将价值形式作动词化理解就是让人们看到，它并非普遍，而是与特定的资本主义生产方式相结合才能成立的，“与价值概念相关的东西限于资本主义生产方式，这种生产方式被看作一种其阶级结构采取工资关系的形式而商品是劳动产品最突出的社会形式的社会系统”，进而，“价值论只对一种特殊类型的社会劳动组织体系有效：商品体系”[②]。显然，我们同意，只有在商品交换体系占主导的社会形式下，价值形式才呈现为一种“自洽”的形象，才能够不断地将人们的生活本身“价值化”。所以，那些只愿意站在对于价值形式建构现实生活这种“同一化”的过程来看问题，而否认价值形式必须以一定的社会形式作为前提的人，马克思在批判李嘉图的时候说出其中的原因，他们总是“把价值规律说成是既不受土地所有权也不受资本积累等等的破坏的时候，实际上不过是在着手把一切似乎和这种见解相悖的矛盾或现象剔除掉”，由此，这种政治经济学“只是说出了资本主义生产的本质”，也就必然“把社会劳动在资本主义生产中表现出来的这种一定的、特殊的、历史的形式说成是一般的、永恒的形式，说成是自然的真理”[③]。

我们还可以再从一个相反的方向来看待价值形式的解释原则是否具有自洽特质。对价值形式建构的“表现机制”与社会真实存在之间是否是“同一”的，是这一思考方向入口。一旦我们证明了“表现机制”与现实生活本身是两个不同的结构原则，那么，价值形式建构现实生活的原则本身也只能是一部分，而不是生活本身的全部，从而价值形式具有的自洽原则也就只能是有一定“限度”的解释原则。现在，我们对现实社会存在本身进行分析，诸如我们先行回到价值形式分析的“简单价值形式”阶段。在这里，20 码麻布并非 =1 件上衣，实质上，从使用价值

① John Holloway, *We Are the Crisis of Capital: A John Holloway Reader*, PM Press, p. 14.

② ［英］伊恩·斯蒂德曼、［美］保罗·斯威齐：《价值问题的论战》，陈东威等译，商务印书馆 2016 年版，第 190—193 页。

③ 《马克思恩格斯全集》第 35 卷，人民出版社 2013 年版，第 232—233 页。

的角度看，麻布无法等同于上衣。然而，只有当20码麻布=1件上衣时，交换这一行为才得以可能。这里出现了一个形式逻辑的矛盾：A在同样的时间、同等的方式下等于非A。面对此种价值形式运行原则所遭遇的困难是，自亚里士多德以来，我们在现实社会存在论的层面上完全按照“同一律”的思维思考问题，不可能在现实层面既是A又是非A。然而，在商品交换关系中，价值形式的运行法则完全与同一律无关。这进一步意味着，马克思通过在这个简单形式中要告诉人们的是，逻辑上人们遵守同一律，但在商品交换的现实经济生活中（当然不仅是经济生活），又是排斥同一律的，因为，20码麻布=20码麻布并非价值形式，它需要在一种非同一于自身的物上加以表现才行。逻辑与存在之物相互脱离了，思考的整个逻辑、叙述与所指向现实存在相距甚远，并非一回事，从这里可以明确地看到，马克思运用这种价值形式的分析直接瓦解了黑格尔的“思存同一性”原则。

因而，价值形式一直到货币形式完成时，它仅仅是一个表现出来的思想的逻辑。如果说，上述是一个不停地表现、不停地同一化的过程，现实存在本身就已经在简单价值形式中的“=”的意涵中给明确了，那就是无论如何表现也是与现实存在自身完全不同的，它仅仅是一种特殊的表现形式。类似于商品B占据了商品A的位置，虽然人们认定商品B仿佛就是商品A本身，但也毕竟只是“仿佛”。也正是在价值主导的“同一性逻辑”与现实存在的“非同一性逻辑”之间存在裂缝，才构成了我们不断去寻找价值同一化的裂缝，这是人类逃离资本主义的希望。因而，对那些只从价值形式主导的“同一性逻辑”出发需要进行修补的原因在于，谈论价值形式的运行法则就意味着已经将人“否定”了，我们每个人在资本的世界中作为不可见的，而可见的尽是货币、商品等一系列价值形式。这样，我们对资本主义世界的改造的理念一开始就“颠倒了”，我们的出发点不能从一个已经“否定”我们的价值形式或者说资本逻辑出发，任何将人作为“客体”（否定）对待的思维都与人的解放的思考相距甚远。那么，从价值形式表现的商品世界出发永远摆脱不了将人作为“客体”这一困境。一旦我们从否定人、将人作为客体来加以对待人的时候，人的解放从思考的那一刹那就已经错失了方向。

三　从“表现的社会”到“社会自身”的进展：复调式解放路径的再思考

既然我们已经通过上面的分析，认识到“价值形式”只是社会形式表现为“资本主义社会”时，它才构成社会的运行法则，诚如马克思所述，“劳动产品的价值形式是资产阶级生产方式的最抽象的，但也是最一般的形式，这就使资产阶级生产方式成为一种特殊的社会生产类型，因而同时具有历史的特征”。① 而我们今天在谈论《资本论》的时候，更多的是在谈论作为“结果”的价值形式运行的规律及其相应的统治方式。但是，在价值形式的围城里思考解放只能是一个“悖论”，当我们将“围城”（价值围城）作为思考的起点，这已经将主体作为“否定”的视角来展开了，现在必须转换视角到另一种视域中，即寻求解放的路径显然要跳出价值形式的解释原则，深入其前提资本主义社会结构中，并厘清这种特定的组织社会经济活动的方式仅为“社会”在某一阶段的现象，也正是奠定在这一基础之上，才产生各种拜物教的现象。

这一点，我们可以从《资本论》的第一卷第一句话得知，“资本主义生产方式占统治地位的社会的财富，表现为‘庞大的商品堆积’”。② 在这里，财富如果说只是在“资本主义生产方式”下才表现为“庞大的商品堆积”，那么，财富本身及其所对应的社会应该是如何的？仔细体会这段文字可以得出如下结论。第一，财富如果脱离了资本主义生产方式这一特定的社会形式，它就不需要以他物来表现自己。离开了商品交换这一前提，作为表现形式的“价值形式”对于财富来讲是毫无意义的，财富就是财富，无须表现。或者说社会的财富就是物的使用价值的总和，因而第一句就已经说明了价值形式的表现法则的前提就是资本主义生产方式占统治地位。第二，从财富的实体使用价值不再被表现来看，我们可以进一步地看到，私人的有用劳动本身在脱离了“资本主义生产方式”之后，劳动就表现为劳动自身，而不再是私人劳动表现社会劳动的形式。

① 《马克思恩格斯文集》第5卷，人民出版社2009年版，第99页。

② 《马克思恩格斯文集》第5卷，人民出版社2009年版，第47页。

有用劳动存在于一切社会中，或者说有社会就有有用劳动的存在，它是独立于所有社会形式之外的“人类存在条件”。第三，在财富、有用劳动不再被表现的社会里，恰恰就是社会自身，因为他们的经济生活的组织方式伴随一切社会存在，他们自己也回到了普遍的状态。一旦财富、有用劳动都需要表现、拥有表现形式的社会，恰恰也是社会进入特定社会形式的状态，“只有在这个特殊的生产方式——商品生产——里，‘彼此独立的私人劳动’才拥有了社会性格，它们都是相等的人类劳动，并且，这种社会性格也采取了‘劳动产物的价值性格’这样的形式”①。正是在这样的价值形式所呈现的“表现的社会里”，掩盖了人类劳动的真正的财富特质，所以，马克思批判“政治经济学的资产阶级意识”，“它们竟像生产劳动本身一样，成了不言而喻的自然必然性”，也“因此，政治经济学对待资产阶级以前的社会生产有机体形式，就像教父对待基督教以前的宗教一样”②。第四，要突破这种拜物教，则是要走出这种表现的社会，回到社会本身。“只有当社会生活过程的形态，即物质生产过程的形态，作为自由联合的人的产物，处于人的有意识有计划的控制之下的时候，它才会把自己的神秘的纱幕揭掉。”这一社会要求的是，它在人的有意识有计划的控制之下的自由人联合状态，它不再是任何一种被新的操控主导的社会，既不是观念的（上帝），也不是资本的，或者技术所操控的社会，在现有的社会形式及其之前的形式中，这种主导与控制一直存在。那么，马克思所要说的解放莫非是说，不要再让这种操控主导的社会形式占据着社会的位置，让表现为资本主义、表现为价值形式的社会形式统统退场的努力。而这样一个让社会成为社会自身的努力，却不能直接说出，犹如不能为上帝画像，它只能通过倒逼的方式得出，马克思关于“共产主义”未来社会的描述正是如此，他将此理解为，“共产主义对我们来说不是应当确立的状况，不是现实应当与之相适应的理想。我们所称为共产主义的是那种消灭现存状况的现实的运动”③。

那么，这种“共产主义”的现实运动或者说人类解放的路径到底是怎样的呢？马克思有过这样的回答，“对实践的唯物主义者即共产主

① 《马克思恩格斯文集》第5卷，人民出版社2009年版，第91页。

② 《马克思恩格斯全集》第44卷，人民出版社2001年版，第99页。

③ 《马克思恩格斯文集》第1卷，人民出版社2009年版，第539页。

义者来说，全部问题都在于使现存世界革命化，实际地反对并改变现存的事物”①。对于价值所建构的现代商品交换社会来讲，首先得承认要改变“现存的事物”是这样一种“阶级关系”，作为资产者的一方拥有生产资料，而另一方只能提供劳动而受雇于资产者，这在当时的欧洲，马克思是以英国为典型的资本主义产生的形式为例讨论的，英国虽然以“制度”推进了这一阶级关系的进展，强化了私有制以及资产者与无产者之间的阶级关联，但是，所有制结构下的阶级关系成为全部资本主义的核心特征。由此，传统马克思主义解放路径的理解，全部落在这种阶级关系的改造上，消灭资本主义性质的私有制度。因为，正是存在这样的制度形式才会存在作为特定社会形式现象的“价值形式”，并将其赋予整个社会的主导建构原则，破解这一运行原则当然需要改造私有制结构这一“前提”。但是这一方案在西方马克思主义者那里受到了很多争议，他们认为这过分地以“决定论”思维方式为基础，特别是受到了《〈政治经济学批判〉序言》中的一些论述影响。他们认为，我们是否能够将资本主义主导的现代世界的一切对人的宰制都归咎于资本主义的阶级关系所致？“资本主义并不是今日世界上一切罪恶的根源，还存在其他的因果过程在起作用，并促成了种族主义、族裔民族、男权主义、种族屠杀、战争及其他重大的压迫形式，当然，这些并非是资本主义所导致的压迫形式，但是资本主义依然介入其中，使得压迫更为复杂与严重。”② 基于这种矛盾“不平衡”的视角，给予了革命的广阔的“空间”维度。现在人们在当代激进左翼那里看到的所谓各种社会革命新的续写方式，因为他们从一开始就主张现实存在的矛盾是多元的，不可统统化约为单一性的“支配性结构”（阶级关系结构）。但是，他们反对单一性又跌落到另一个单一性陷阱中，他们仅仅从另一个单向度的“支配关系”入手去寻求解放的出路，诸如“技术批判论”者不过是将技术设定为单一性的“支配结构”，其实与“资本批判论”者将资本作为主导型的支配权力是一致的。之所以最后纠结于谁才是“支配结构”的主宰者问题，就在于我们已经习惯地将支配的一方作为我们思考的起点。相反，如果我们将解放重新理解成从“表现的社会”到“社会本身”的进展，也就意味着从劳

① 《马克思恩格斯文集》第1卷，人民出版社2009年版，第527页。

② Erik Olin Wright, *Envisioning Real Utopias*, Verso, 2010, p. 38.

动入手，劳动不再完全朝向价值化的表现，人真正成为思考解放的起点，主体必须审慎面对一切因价值或者其他支配结构所强加的统治方式，必须理解资本的强大正是主体所制造的，只有主体自身才能使资本变得弱小起来。这一点在如今哈特、奈格里指认的"生命政治"下，生活与生产的界限模糊之后，主体所有的劳作（Do）都被价值化了，主体自然也就没有了自己的生活、自身的发展、自我的思想，同样也就没有了主体的历史，现代史完全堕落为"资本史"。这里没有主体创造解放的空间，因而在《资本论》视角下去阐释生命政治的向度依然是从"否定主体"出发的。

一切还是要回到人的生活本身来看，在马克思眼中，资本主义生产关系下人们行为本身的价值化是一个动态的建构过程，这一过程与马克思表述的"生活过程"是同一个过程，在"生活过程"中，人们"从生活主体出发，把个人的现实生活，作为整体的，并且是不停止的活动过程来认识的。根据这个概念，我们能把个人在生活中相互联系的社会现实的总体，作为个人的生活活动的产物以及展开来进行动态的把握"①。这意味着主体自身创造社会现实，主体行为自身就蕴含着"解放"的可能性。不过，不能忘记的是，个人依旧是在一定的"特殊社会形式"下，即以资本为建构原则的生产关系中生活的，虽然他能够以拜物教批判的视野，用一种心灵抵抗的方式去督促其改变他自身行为，去创造"解放"的可能空间，但终究对资本主义生产关系本身的阶级结构无法彻底地撼动，"这样做对于'真正的社会主义'说来是再容易不过的，因为它所关心的既然已经不是实在的人而是'人'，所以它就丧失了一切革命热情，它就不是宣扬革命热情，而是宣扬对于人们的普遍的爱了"②。但是，从另一个角度来讲，解放绝不意味着一种静态的、彻底的终结状态，在传统马克思主义的解放观念中，正是暗含典型的黑格尔"正—反—合"的三段式的辩证法理解方式所致，"综合是对立面的和解，换句话说，是劳资之间关系的妥协"③。相反，解放应该是作为主体自身

① ［日］岩佐茂等：《〈德意志意识形态〉的世界》，梁海峰、王广译，北京师范大学出版社2013年版，第110页。

② 《马克思恩格斯全集》第3卷，人民出版社1960年版，第537页。

③ John holloway，Fernando matamoros，sergio Tischler，eds.，*Negativity and Revolution*：*Adorno and Political Activism*，London：Pluto Press，2009，p. 4.

为摆脱现在的价值形式化生活的开放过程，在资本主义生产关系的阶级结构固化的前提下，主体依然有一些日常生活意义上解放的可能。这种解放的途径在于，拒绝将劳动朝向资本、价值的方向，在资本对劳动“同一化”的吸纳过程中作出的“非同一化”的努力，将劳动转变为自我创造的过程。在这个层面来讲，伸张任何一种解放路径都是在为限制资本的无限膨胀作出努力。

重新理解马克思的商品拜物教理论

吴　猛*

一　西方左翼思想史中的商品拜物教问题

从卢卡奇开始，商品拜物教批判就在西方左翼思想史中占据着突出地位。在某种意义上可以说，对马克思的商品拜物教批判进行回应几乎构成了这一思潮演进的暗线，而这些回应通常也被视为西方左翼思想之为"左翼"思想的标志之一。从整体上看，西方左翼思想家们关于马克思商品拜物教批判的理解存在一种共同倾向：将商品拜物教视为资本主义社会的一种"基本事实"，这就是说，商品拜物教不仅是资本主义社会中可以被直接体验到的社会现象，而且这种社会现象与资本主义社会本身的客观性内在相关，换句话说，这种现实是资本主义的本质的直接表现。具体来说，在哲学语境中，马克思的"商品拜物教"概念常被从意识形态和社会现实两个方面来理解，也就是说，商品拜物教要么被理解为一种"观念事实"，要么被理解为一种"社会事实"。

将商品拜物教理解为一种"观念事实"，就是从作为商品的物之间的关系对人与人之间的社会关系的遮蔽所形成的虚假的意识形态观念来理解商品拜物教，并将这种观念的存在视为资本主义时代的一种既定事实。持这一立场的代表性人物是卢卡奇和鲍德里亚。在谈及"辩证的总体观"问题时，卢卡奇认为，只有辩证的总体观能使我们将现实理解为社会过

* 作者简介：吴猛，复旦大学哲学学院副教授（上海 200433）。

程，“因为只有这种总体观能揭破资本主义生产方式所必然产生的拜物教形式，使我们能看到它们不过是一些假象，这些假象虽然看来是必然的，但终究是假的。它们的直接的概念、它们的‘规律性’虽然同样必然地从资本主义的土壤中产生出来，然而却掩盖了客体之间的真正关系。它们都能被看作是资本主义生产制度的代理人所必然具有的思想。因此，它们是认识的客体，但是在它们当中并通过它们被认识的客体不是资本主义生产制度本身，而是它的统治阶级的意识形态”①。卢卡奇在此所谈到的各种“拜物教形式”主要指的是商品拜物教形式，而这种将这一形式理解为“假象”和“意识形态”的思路对后世人们对于马克思的商品拜物教批判的理解产生了很大影响。而作为马克思思想批评者的鲍德里亚更是突出这一维度，在他看来：“马克思用商品拜物教以及货币拜物教的概念描述了资本主义社会的意识形态，这是一种被神秘化了的、让人着迷的、心理学意义上的屈从模式，这种模式的形成是通过个体将一般的交换价值体系内化之后得到的。”② 鲍德里亚的这种理解的前提，是将马克思的商品拜物教概念置入 18 世纪法国作家德·布霍斯（Charles de Brosses）基于“物恋的隐喻”而提出的“拜物教”的谱系，而在这一谱系中“拜物教”实际上成了“充满西方基督教色彩与人道主义色彩的意识形态的交响乐”③。

而将商品拜物教理解为一种“社会事实”，则是将人与人之间的社会关系之表现为作为商品的物之间的社会关系理解为资本主义时代的一种与社会结构或社会机制意义上的事实。这种思想在本雅明关于拱廊街的讨论中有清晰的表达。在本雅明那里，作为现代资本主义社会的一种“辩证意象”，商品通过某些特定的结构（其典型化的形式是世界博览会）而具有了马克思所说的“神学的怪诞”，本雅明将之表述为“面对生命，它捍卫尸体的权利”④；而世界博览会则是资本主义商品世界的一个缩影，

① ［匈］卢卡奇：《历史与阶级意识》，杜章智、任立、燕宏远译，商务印书馆 1996 年版，第 62—63 页。

② ［法］让·鲍德里亚：《符号政治经济学批判》，夏莹译，南京大学出版社 2009 年版，第 74 页。

③ ［法］让·鲍德里亚：《符号政治经济学批判》，夏莹译，南京大学出版社 2009 年版，第 75 页。

④ ［德］瓦尔特·本雅明：《巴黎，19 世纪的首都》，刘北成译，商务印书馆 2017 年版，第 43 页。

作为“商品拜物教的朝圣之地”①，这种形式“造成了一个让商品的使用价值退到幕后的结构”②。这一理解在齐泽克的思想中也有突出表现。齐泽克对马克思在讨论商品拜物教批判时所说的“他们没有意识到这一点，但是他们这样做了”③一语进行了精神分析式的解读，认为马克思在这里所揭示的是：“幻觉并不出现在知的那个方面，它已经出现在现实之中，出现在人们正在做的事物和人们的行为之中。他们所不知道的是，他们的社会现实本身，他们的行为是由幻觉和商品拜物教式的倒置所引导的。他们所忽略和误认的，并非现实，而是幻觉在构建他们的现实，他们真实的社会行为。”④齐泽克以这一理解为出发点，拒绝将商品拜物教理解为人们关于社会现实的某种虚幻意识或虚假观念，而是试图将其理解为资本主义社会现实的无意识的建构机制。

初看上去，将商品拜物教理解为资本主义社会的基本“事实”，本身就是对资本主义的本质予以揭示和批判，和马克思在《资本论》中关于商品拜物教批判的思想是一脉相承的。但若仔细加以分析的话，会发现这里的问题远非如此简单，因为对于马克思的商品拜物教理论的这种理解，总会使这一思想被抽象化对待和运用。

不论作为“观念事实”，还是“社会事实”，“商品拜物教”的“内容”都被理解为真实的人与人的关系被作为物与物的关系的商品价值关系所遮蔽，区别只在于遮蔽的方式。当人们从观念事实的角度来理解商品拜物教时，商品拜物教体现为一种关于物与物的关系的具有虚假性的意识形态对于真实的人与人之间的关系的遮蔽。而当人们从社会事实的角度理解商品拜物教时，商品拜物教就意味着现实存在的某种物与物的关系对于真实的人与人的关系的遮蔽。既然两种理解都将“真实的”关系之被遮蔽理解为商品拜物教问题的核心，那么对这种“真实的”关系如何呈现进行思考自然就是应有之义了。

---

① ［德］瓦尔特·本雅明：《巴黎，19世纪的首都》，刘北成译，商务印书馆2017年版，第41页。

② ［德］瓦尔特·本雅明：《巴黎，19世纪的首都》，刘北成译，商务印书馆2017年版，第41页。

③ 《马克思恩格斯全集》第44卷，人民出版社2001年版，第91页。

④ ［斯洛文尼亚］斯拉沃热·齐泽克：《意识形态的崇高客体》，季广茂译，中央编译出版社2002年版，第45页。

对于从“观念事实”角度理解商品拜物教的进路来讲，其关于“真实关系”的设定，为自己内置的问题必然是：如何打破意识形态的虚幻性质，呈现真实的社会关系？对于这一问题，卢卡奇求助于无产阶级的“阶级意识”：“当没有这种意识时，劳动的这种特性就是经济发展中的未被认识的主动轮，现在，通过这种意识，它就客体化了。这种商品的特性就是，它在物的外衣下是一种人与人的关系，在数量化的外衣下是质的活的内核，现在它呈现出来了，因此建立在作为商品的劳动力基础之上的每一种商品的拜物教特征就有可能得到揭示：每一种商品的内核，即人与人的关系，都作为一种因素进入到社会发展之中。”① 在某种意义上，卢卡奇的这一思想又回到了马克思在《德意志意识形态》中所批判的德国唯心论的立场，即思想统治着世界，而人的解放在于“反抗这种思想的统治”②。卢卡奇后来也意识到这一问题，他在对《历史与阶级意识》进行自我批判时提到自己的“浪漫的反资本主义的倾向”和“下半截唯心主义”③，应该不完全是违心之论。

而对于从“社会事实”角度理解商品拜物教的进路来说，由于它将物与物的关系对于人与人的关系的“表现”本身视为一种“现实关系”，那么接下来的问题就是，如何消灭这种将人与人的关系颠倒为物与物的关系的“表现”关系？关于这一问题的思考有两条路径。

第一条路径是，通过直接呈现人与人的本真关系的方式消灭物与物的关系对人与人的关系的“表现”。由于商品拜物教所确认的人与人的关系不是别的关系，而是劳动者的关系，因此问题就在于如何能使劳动者之间的社会关系“直接呈现”而不必借助物与物的关系。具体如何“直接呈现”呢？19 世纪末的社会主义者往往倾向于采取取消货币中介以及实行“集体调节总劳动”的方式，如《哥达纲领》这样的社会主义运动文献所体现的正是这种倾向。在此视角下，劳动作为价值的源泉这一立场事实上被直接肯定并作为出发前提，而探寻的目标与其说是人与人的直接关系，不如说是作为劳动者的人与人的直接关系。而马克思在《哥

① ［匈］卢卡奇：《历史与阶级意识》，杜章智、任立、燕宏远译，商务印书馆 1996 年版，第 253 页。

② 《马克思恩格斯文集》第 1 卷，人民出版社 2009 年版，第 509 页。

③ 杜章智编：《卢卡奇自传》，李渚青、莫立知译，社会科学文献出版社 1986 年版，第 222 页。

达纲领批判》中对这一纲领的一个重要批判正在于，上述方案实际上是对于“民主主义者和法国社会主义者所惯用的、凭空想象的关于权利等等的废话”① 的重复。按照马克思的这一说法，直接用“集体调节总劳动”来取代货币中介的方案，和他曾激烈批判过的蒲鲁东主义如出一辙，而和“那些花费了很大力量才灌输给党而现在已在党内扎了根的现实主义观点”② 背道而驰。纵观当代左翼思想，人们不断看到马克思所批判的非现实主义的思想立场以各种面目出现。从某种意义上说，本雅明关于机械复制时代的艺术的政治化的思考就是这种非现实主义的典型表现：尽管他从一个新颖的角度展现了现代性条件下被商品化的人在以商品拜物教的方式建构的社会结构中通过艺术形式的变化而结合为新型大众从而引起社会参与方式“从量变到质变”的可能性，但正如阿多诺事实上已经看到的那样，本雅明在这里显然并未深入考察这种新型大众与资本主义社会本身的内在关系（借用阿多诺的话来说，本雅明在这里所体现的是一种盲目的“无政府主义的浪漫主义”③），而要探寻这一问题，显然不能仅停留在“大众参与”本身的层面，而应对产生这种大众的社会形式本身也即资本主义生产方式进行深入的分析。

第二条路径是，通过揭示商品拜物教本身的运作机制而消灭这种表现关系。就这一点来说，齐泽克的观点很有代表性。在齐泽克那里，商品拜物教的内在机制是，由不同构成要素的关系所构成的结构性网络的效果表现为某一种特殊要素自身所造成的结果，比如，一种商品的价值，作为由不同商品生产者之间的关系所构成的整个社会关系网络的产物，却通过货币这种特殊商品而表现自身。这表面上是一种“误认”，但并不是主观性的误认，而是一种结构性的误认。这种结构性的误认尽管也被齐泽克冠以“意识形态”之名，但这种意识形态不再是观念性的，而是外在于思想，但清晰呈现了思想的形式的无意识。齐泽克将这种来自索恩－雷特尔“现实抽象”概念的思想与拉康的精神分析理论结合起来，强调商品拜物教对于现实的建构实际上是一种旨在遮蔽欲望实在界的幻

① 《马克思恩格斯全集》第25卷，人民出版社2001年版，第20页。

② 《马克思恩格斯全集》第25卷，人民出版社2001年版，第20页。

③ Ernst Bloch, Georg Lukacs, Bertolt Brecht, Walter Benjamin, Theodor Adorno, *Aesthetics and Politics*, London: Verso Editions, 1980, p. 123.

象建构。如何打破意识形态的这种阻碍我们审视现实的真实状态的“梦一样的建构”[①] 呢？齐泽克的回答是：“打破我们意识形态梦的强权的唯一方式，就是坦然面对呈现在梦中的我们欲望的实在界。”[②] 但问题是，如果商品拜物教是资本主义社会的基本建构机制，而我们要理解的现实的真实状态甚至进行认识的主体本身就是这一机制的结果的话，呈现这一机制的希望又在哪里呢？事实上，齐泽克无法否认，按照这种逻辑，资本主义将以追求“剩余快感”的方式“永存”。有鉴于此，齐泽克又不得不求助于某种空洞而抽象的“行动的辩证法”以期为人们带来“革命”的希望，但如果说以纯粹的否定性本身为主旨的“行动的辩证法”本身已和对于资本主义现实的深入批判没有什么关系，那么人们当然也无法看到消灭作为社会建构机制的商品拜物教的现实可能性。

二　文本学视野下的商品拜物教批判

马克思的商品拜物教批判思想之所以屡屡被抽象化，一个重要的原因在于，这一思想蕴藏的历史性分析不是以一种人们所熟悉的方式呈现出来的，而是与马克思独特的“形式分析”紧密联系在一起的。由于上述两种路向都将注意力放在商品拜物教所涉及的“真实关系”上，这两种理解都将视线从马克思讨论拜物教问题的关键维度即“形式”上滑过，而这一维度可以通过文本学的分析比较清楚地呈现出来。

从文本的角度来看，人们所熟悉的作为《资本论》第一卷第一章第四节的“商品的拜物教性质及其秘密”，其实只是从该著德文第二版以后才被放在“价值形式或交换价值”一节的后面，而在第一版中，这一部分内容出现在第一章第一节的最后一部分。尽管从表面上看，《资本论》第二版及以后各版的第一章基本上就是第一版第一章第一节的“扩展版”，但实际上在“价值形式”这一部分的处理上，第二版及以后各版与

① ［斯洛文尼亚］斯拉沃热·齐泽克：《意识形态的崇高客体》，季广茂译，中央编译出版社 2002 年版，第 67 页。

② ［斯洛文尼亚］斯拉沃热·齐泽克：《意识形态的崇高客体》，季广茂译，中央编译出版社 2002 年版，第 67 页。

第一版有显著不同，这主要体现在，马克思将原先在第一版中放在全书末尾作为第一章第一节附录的“价值形式”作为主体内容取代了第一版第一章第一节正文中关于价值形式的内容。从形式上说，这一修改的后果是，关于价值形式问题的分析结构发生了变化：第一版中的价值形式分析的终点是“第四种价值形式”，这种形式是“第三种价值形式”即一般等价形式的“普遍化”；而在第二版及以后各版的价值形式分析中，第四种形式则是“货币形式”。这种表面上看只是形式上的变化，对于后人理解马克思的商品拜物教批判却有着不可忽视的影响。

无论在《资本论》的第一版，还是第二版及以后各版，关于商品拜物教批判的那部分内容都与价值形式分析的部分直接相连，并且有着相同的开头：“最初一看，商品好像是一种简单而平凡的东西。对商品的分析表明，它却是一种很古怪的东西，充满形而上学的微妙和神学的怪诞。”① 马克思在这里所说的“对商品的分析”是指什么呢？按照第二版及以后各版，这一“分析”显然是指从前面第一节到第三节的全部分析，其终点自然是价值形式分析最后所提到的“货币形式”。在这一理解下，顺理成章地，商品拜物教批判所涉及的商品，自然就应被理解为以货币为交换中介的商品世界的商品，而人们如果将这种商品理解为作为当代资本主义社会的基本“事实”的组成部分的“现实的商品”，似乎也没什么不妥。但问题是，如果我们仔细阅读第二版及以后各版中的第三节“价值形式或交换价值”，会发现这一节的最后一部分“D. 货币形式”与该节前三部分在分量上完全不相称，基本上是一带而过的。事实上，关于货币问题的讨论，马克思将在第二章和第三章详细展开，而第三节最后提及货币形式问题应只是出于叙述的完备性的考虑。

如果说第二版及以后各版的这种处理方式会令读者产生误会的话，与之相比，第一版正文中关于价值形式的分析则不会产生这个问题②。因

---

① 《马克思恩格斯全集》第42卷，人民出版社2016年版，第56页；《马克思恩格斯全集》第44卷，人民出版社2001年版，第88页。

② 《资本论》第二版出现的这个问题主要和马克思试图调整第一版中存在的关于价值形式问题的“双重叙述”（即在正文之外又给出一套关于价值形式问题的具有讲义性质的补充说明作为第一节附录）的写作形式并最终考虑到大多数读者的情况而最终选择了一个比较通俗的版本放在第二版正文中有关。在《资本论》第一版和第二版关于商品拜物教的讨论内容基本一致，但写法有较多差异。相比之下，第二版在论述上更详细，结构安排也更清晰。后文关于马克思商品拜物教理论的讨论主要结合第二版展开。

为在那里形式分析的终点（同时也就是商品拜物教批判的起点）是作为一般等价形式之普遍化的商品世界，这种不需要以货币为中介、每个商品都可以直接成为一般等价物的“商品世界”在当代资本主义社会根本不存在，因此将商品拜物教批判理解为对于资本主义社会的一种基本事实的批判，在此处无法成立。在第一版中，马克思关于价值形式的最后一种或第四种形式也即一般等价形式的普遍化的描述是：“一般等价形式始终只适用于一种商品而与其他一切商品相对立，但是它适用于任何一种商品而与其他一切商品相对立。”① 马克思在这里所呈现的，是一个在其中每种商品都可以作为一般等价物的商品世界的图景。这显然是一个无法与资本主义社会的“现实”相吻合的图景，因为当代社会的基本特征是货币作为普遍的交换中介，或一般等价物的固定化，而不是每一件商品都能直接成为一般等价物。马克思直截了当地表明了在这里作为分析对象的商品世界的非现实性：“然而，如果每一种商品都使自己的自然形式与其他一切商品相对立而成为一般等价形式，那么，一切商品就使一切商品都不具备一般等价形式，从而使它们本身不具备它们的价值量的社会有效表现。”②

问题是，既然价值形式分析所获得的是一个不具有“现实性”的结果，那么这一分析有什么意义呢？关于这一点，马克思说：“但是决定性的重要之点是要发现价值形式、价值实体和价值量之间的内在必然联系，也就是从观念上说，要证明价值形式产生于价值概念。”③ 表面上看，这一表述有黑格尔主义的味道，似乎马克思要说的就是，价值形式是作为实体的价值概念自我发展的结果。但马克思为这句话所作的下列注解④马上会让我们放弃这种理解：“古典政治经济学的根本缺点之一，就是它从来没有从商品的分析，特别是商品价值的分析中，发现那种正是使价值成为交换价值的价值形式。”⑤ 在这里，马克思将价值形式视为使价值成

① 《马克思恩格斯全集》第 42 卷，人民出版社 2016 年版，第 54 页。

② 《马克思恩格斯全集》第 42 卷，人民出版社 2016 年版，第 54 页。

③ 《马克思恩格斯全集》第 42 卷，人民出版社 2016 年版，第 55 页。

④ 这个注在第一版中位于价值形式分析的结尾，而在第二版中则被放在了第一章第四节“商品的拜物教性质及其秘密”靠近结尾的地方。

⑤ 《马克思恩格斯全集》第 42 卷，人民出版社 2016 年版，第 55 页；《马克思恩格斯全集》第 44 卷，人民出版社 2001 年版，第 98 页。

为交换价值者。由于价值和交换价值的区别，是商品的可交换性本身与这种可交换性的现实表现之间的区别，因此对于马克思来说，价值形式并不是“价值实体”的“表现形式”，而是使得“价值”具有现实性的前提；同时，由于价值是按照其“概念”而成为商品的可交换性本身的，因此这种可交换性不能有局限性，也就是说，一件商品应当与所有的商品都能够进行交换——这样，价值之具有现实性，其实就是一件商品能够实际地与其他一切商品进行交换。于是问题就清楚了：马克思所说的“价值形式”的含义，就是使一件商品能够实际地与其他一切商品进行交换的形式前提。古典政治经济学预设了商品的可交换性，但却并没有探讨这种可交换性的前提。而这种探讨之所以必要，正在于，只有通过这种探讨，才能离开价值作为“范畴”的抽象性，进入对于使这种范畴的抽象性得以成立的现实运动的揭示和呈现。因此对于价值形式的分析构成了从范畴抽象上升到历史性具体的关键环节，马克思的如下说法清楚地表明了这一点：“劳动产品的价值形式是资产阶级生产方式的最抽象的，但也是最一般的形式，这就使资产阶级生产方式成为社会生产方式的一种特殊类型，因而同时具有历史的特征。”[①] 古典政治经济学家们正是没有价值形式的视野，因此只能停留在社会生产的“永恒的自然形式”这种抽象层面，而无法达到具体的历史性层面。这样，前面引文中马克思所说的“证明价值形式产生于（entspringt）价值概念”的意思，并非去证明价值概念必然具有价值形式，而是去证明价值概念的抽象性必然以价值形式所揭示的具体的历史性为前提，因此作为价值概念之形式前提的价值形式必然与价值概念内在相关。如果考虑到马克思是在《资本论》第一版第一章第一节正文中关于价值形式分析的内容结束时提出这一问题的，而这一讨论又是承接在第四种价值形式的探讨中所出现的矛盾（即一方面一个每种商品都可以成为一般等价物的商品世界被描述出来，另一方面每种商品都可以成为一般等价物这一设定又使每一种商品都无法成为一般等价物）而展开的，那么可以认为，马克思所要做的，自然就是为进一步对这个在形式规定层面具有内在矛盾因而根本不具有现实性的商品世界进行分析提供方向，而这一方向就是对这种“商

① 《马克思恩格斯全集》第42卷，人民出版社2016年版，第55页；另参见《马克思恩格斯全集》第44卷，人民出版社2001年版，第99页，两版原文基本一致，第二版少了一个逗号。

品世界”进行进一步的形式分析，以呈现作为其前提的历史性前提，而这正是商品拜物教批判的根本目标和任务。

因此，将商品拜物教理解为资本主义社会的基本事实，不仅不符合马克思关于商品拜物教问题的原初语境，更忽视了马克思商品拜物教批判的深层问题意识。

如果说文本学的考察已经表明马克思的商品拜物教批判的直接目标不在于对资本主义社会的基本事实进行分析，而是对价值形式分析所涉及的第四种价值形式即“一般价值形式的普遍化”的分析的基本成果（“商品世界”）进行形式分析的话，那么接下去的问题就是，马克思对商品世界的形式分析的方向是什么呢？回答这一问题的前提，是澄清马克思价值形式分析的基本方式。

简言之，马克思的价值形式分析作为政治经济学批判从抽象上升到具体（也即从抽象的政治经济学观念到使这种观念得以可能的现实运动前提）方法的重要体现，其基本操作方式是，从给定的抽象观念（如“商品具有价值”）出发，通过对这种抽象观念的形式规定进行分析，揭示这种形式规定的直接形式的不完备性，进而探讨使这些形式规定之显现的“形式”前提①。随后进一步对作为阶段性分析结果的前提再进行形式分析，分析其得以显现的形式前提②。值得注意的是，在狭义的价值形式分析结束之后，马克思的形式分析并未随之结束，而是继续以此方式不断向前推进。

就价值形式分析的第四个环节而言，关于“一般价值形式”之普遍化的分析所揭示的是，政治经济学家直接作为理论出发点的“商品具有价值”这一观念，其形式前提在于商品世界中的所有商品都能够作为一般等价物，而这也就意味着，所有商品间都能够进行自由交换。这样，“所有商品间的自由交换”就是这种商品世界的“形式规定”。马克思的

① 在马克思的政治经济学批判话语中，“形式”有两重含义，一是通常由古典政治经济学所界定的研究对象的直接规定性，马克思一般将之表述为“形式规定”，二是与历史性的资本主义现实运动内在相关并使政治经济学对象的形式规定得以显现的赋形性力量，马克思一般称之为“社会形式”。政治经济学批判的形式分析，其目标正在于从第一种形式也即政治经济学中的形式规定出发回溯至并彰显第二种形式即社会形式。

② 关于此处相关问题的讨论，请参见吴猛《重提这一问题：何谓〈资本论〉的“辩证方法”?》（《哲学研究》2018 年第 7 期）以及《价值形式分析与平等问题》（《哲学研究》2019 年第 6 期）。

商品拜物教批判其实就是从这种形式规定出发对其历史性前提进行的分析。马克思从三个角度来考察这一问题，而这三个角度的考察呈现了拜物教批判的三种面相。

三　生产者拜物教与政治经济学拜物教

马克思的拜物教批判所直接呈现的第一种面相可被视为以“生产者拜物教”也即以处于关系中的物（Sache）为中心的拜物教的批判。

对于马克思来说，价值形式分析中的第四种价值形式所呈现的，实际上是一种兼具交换者身份的“生产者”的视野，关于这种视野，马克思说：“因此，在生产者面前，他们的私人劳动的社会关系就表现为现在这个样子，就是说，不是表现为人们在自己劳动中的直接的社会关系，而是表现为人们之间的物的关系和物之间的社会关系。”① 在这里，马克思当然不是在“想象”生产者会具有怎样的主观意识，而是在分析生产者关系的“表现”结构：在这种表现结构中，直接显现的内容是“物之间的社会关系”本身。在这里，“物”和它们之间的“社会关系”都是通过价值形式分析而直接给定的：“物”并不是指一般的、具有“物性”的物，而是特指商品；而所谓“物之间的社会关系”是指由于每个商品都能够成为一般等价物而彼此间得以通过自由交换建立起来的“社会关系”。表面上看，商品首先以个别性形态存在（而这也正是古典政治经济学的逻辑起点），但价值形式分析已经表明，个别商品之成为“个别商品”，正在于一切商品之间都可以进行交换。这样，就不存在可以脱离其他商品独立存在的商品，更进一步说，事实上每个商品的存在都以其他“一切”商品的存在为前提。“一切”商品之能够形成一个“商品世界”，正在于通过一般等价物的中介，商品之间根据每种商品的价值的量的关系建立起等价关系，这样，商品就是处于一定关系中的“物”。马克思用“Sache”一词表示这种处于关系中的物。这里的问题是：本不具有生命的商品之间何以可能建立起普遍的“社会关系”或价值关系？

① 《马克思恩格斯全集》第44卷，人民出版社2001年版，第90页。

由于物的社会关系表现为一种通过价值对象性建立起来的关系，其中似乎并没有“人”的位置，因而这种社会关系就成了可以独立于人的社会关系而存在的关系。这样一来，人手的产物就神秘地表现为物与物的关系，“商品的自由交换”也就成为令人费解的现象。马克思之前的政治经济学家们已经注意到这一问题并试图加以解释，而也正是这些解释，催生出马克思的商品拜物教批判的第二种面相。

拜物教批判的第二种面相是对于“政治经济学的拜物教”或以具有某种“天然属性”的物（Ding）为中心的拜物教的批判。

“政治经济学的拜物教”与“生产者拜物教”并不是同一层次的问题：如果说后者是马克思的形式分析的一个直接结果，所呈现的是生产者关系的表现结构的话，那么前者则是指古典政治经济学试图在这种表现结构与生产者的社会关系之间建立联系的努力。古典政治经济学的工作具有鲜明的“科学”性质，这主要体现在，政治经济学试图探讨各种经济现象的产生“根源”。关于商品的价值关系问题，政治经济学也试图以“科学的”方式加以解释：商品间之所以能建立价值关系，是由于价值的内容或实体是劳动。按照这种解释，每一种商品都和一定的劳动相对应——不是和劳动的具体过程相对应，而是和劳动所需要的时间也即“必要劳动时间”相对应。当古典政治经济学家们将“劳动”与“价值”紧紧联系在一起时，“劳动”作为一种时间上先在的过程而成为价值的“源泉”；而当“劳动”被进一步从“必要劳动时间”的角度加以理解从而成为价值的“真实内容”时，劳动又成为与交换领域中的价值对象性在空间上并列的生产性要素。就“劳动”被古典政治经济学当作一种与“价值”相关联的“时空现实”而言，可将劳动价值论视为政治经济学以一种“自然态度”对于“生产者拜物教”所进行的回应。这种回应方式的问题在于，它虽试图以“科学”的方式将商品价值关系建立于某种时空联系的基础之上，但却并未消除这种关系的神秘性，因为一方面，与价值对象性相联系的不是普通的“时空现实”，而是被古典政治经济学认定具有主体性的劳动，如果说价值相对于劳动而言是后者的产物的话，那么价值自然不具有独立性，但是另一方面，具有主体性的劳动本身却无法直接呈现自己的内在的社会维度，而需要通过商品的价值关系表现这一维度。古典政治经济学虽然以自己的方式回答了“价值的来源是什么”，却无法回答“劳动为何表现为价值”，因而与其说在劳动与价值之间建立起了内在联系，还不如说劳动只是被直接“指认”为价值的内容，而实际上并没有与劳动建立起内在联系的价值对象性相对于劳动而言仍是“独立”的。这样，古典政治经济学的劳动价值论非但没有消除生产者拜物教所带来的商品的神秘性，反倒强化了这种神秘性。马克思在下列表述中所描述的，正是古典政治经济学为价值寻找到“劳动根源”后马上面临的窘境：“可是，劳动产品一旦采取商品形式就具有的谜一般的性质究竟是从哪里来的呢？显然是从这种形式本身来的。人类劳动的等同性，取得了劳动产品的等同的价值对象性这种物的形式；用劳动的持续时间来计量的人类劳动力的耗费，取得了劳动产品的价值量的形式；最后，生产者的劳动的那些时候规定借以实现的生产者关系，取得了劳动产品的社会关系的形式。”① 马克思在这里所说的“谜一般的性质”，正是从“劳动视角”出发所无法解释的、在商品间建立起来的独立于人与人的关系的“物的社会关系”；而“商品形式本身”之所以是产生这种“谜一般的性质”的原因，是由于按照古典政治经济学的劳动价值论，人们应当从“人类劳动的等同性”“劳动的持续时间”以及“生产者关系”等角度来理解作为“劳动产品”的商品的“价值对象性”“价值量”和“社会关系”，但最终人们所能说的，只是劳动领域的内容在商品世界“取得”了相应的“形式”（这些形式在一定的社会生产方式下是作为有社会效力的“客观的思维形式”而存在的，古典政治经济学把握住了这些形式并将之改造为经济学“范畴”，但停留于这些范畴本身因而将之永恒化），至于这种内容为何要通过这种“形式”表现出来，则是无法解释的。这就是在古典政治经济学中劳动与价值之间的内在关系事实上最终并没有建立起来的直接原因。而这样一来，商品世界的“社会关系”的独立性外观就无法消除。如果说在劳动价值论的视野下，“物与物的社会关系”与“人与人的社会关系”并没有成功地建立起内在的联系，但古典政治经济学又要将劳动与价值强行联系在一起的话，那么要合理地解释二者的关系，就只有一种方式，即把人类的社会关系反映为商品世界的“天然属性”。关于这一点，马克思写道：“可见，商品形式的奥秘不

① 《马克思恩格斯全集》第44卷，人民出版社2001年版，第89页。

过在于：商品形式在人们面前把人们本身劳动的社会性质反映成劳动产品本身的物的性质，反映成这些物的天然的社会属性，从而把生产者同总劳动的社会关系反映成这些物的天然的社会属性，从而把生产者同总劳动的社会关系反映成存在于生产者之外的物与物之间的社会关系。由于这种转换，劳动产品成了商品，成了可感觉而又超感觉的物或社会的物。”①

政治经济学以商品价值为基础的物与物的关系被还原为与特定商品体的生产所需要的劳动时间为基础的“劳动—产品”之间的关系，具有价值对象性的商品也就被还原为具有某种“天然属性”的“物”。马克思用“Ding”来指称这种“物”，以区别于处于关系中的作为“Sache”的“物”。这就形成了一种与生产者拜物教相区别的政治经济学拜物教。这种以自然态度的方式对生产者拜物教进行的解释没有解决“商品何以可能自由交换”这一问题，而是用一种新的拜物教遮蔽了这一问题，因为既然劳动所体现的社会关系成为商品的天然属性，那么商品的自由交换就是再“自然”不过的事了。这样，古典政治经济学所打算解决的价值对象性的来历（生产者拜物教）的问题，与其说被解决了，不如说被进一步神秘化了。

古典政治经济学的“科学”研究为什么会产生新的拜物教？从马克思的角度来看，政治经济学拜物教的问题在于，只是对“历史上一定的社会生产方式即商品生产的生产关系”② 而言具有有效性的形式，也即商品等价交换关系，被当作“社会生活的自然形式”③ 用经济学范畴固定了下来，而对于这种“自然形式”的直接确认，使古典政治经济学将商品的价值对象性只是理解为一种自然事实，从而无法提出“劳动为何表现为价值”这样的问题。古典政治经济学将价值对象性理解为一种现成的实体性对象，并按照因果律探寻这种对象的来历，这就导致了政治经济学拜物教的出现。这样，要打破政治经济学拜物教的枷锁，关键就在于，在新的视野中重新审视生产者拜物教。

这就形成了商品拜物教批判的第三个面相：以对于“物的形式”

---

① 《马克思恩格斯全集》第44卷，人民出版社2001年版，第89页。

② 《马克思恩格斯全集》第44卷，人民出版社2001年版，第93页。

③ 《马克思恩格斯全集》第44卷，人民出版社2001年版，第89页。

(sachliche Form）的分析为核心的商品拜物教批判。

四　以对于“物的形式”的分析为核心的商品拜物教批判

所谓商品拜物教批判的第三个面相，其实是马克思以自己的方式、而非以古典政治经济学的方式对于商品之谜的分析。在这里，古典政治经济学对待生产者拜物教的“自然态度”被一种对于这种拜物教的形式前提的追问所取代。如果说生产者拜物教的核心问题在于各种商品基于价值对象性建立起等价交换关系，从而使人手中的产物具有“独立的社会关系”的外观的话，那么对于马克思来说，要追问的恰好不是“价值对象性的根源或真实内容是什么”这样的问题，而是“为什么这一内容采取这种形式呢？为什么劳动表现为价值，用劳动时间计算的劳动量表现为劳动产品的价值呢？”① 这样的问题，而这就意味着，要追问这种“表现”的形式前提，也即这种表现之能如此表现的“方式”：只有这种形式前提的呈现，才能真正消除商品间社会关系的独立性外观。

马克思以“交换”作为分析的起点。在价值形式分析中，马克思的工作已经表明，“单个商品的价值对象性”的形式前提是所有商品间的自由交换，因此在商品拜物教批判中对于“交换”问题的讨论是对于价值形式分析（具体说就是第一版中关于第四种价值形式的分析）的成果的直接借用。也正是如此，这里作为起点的“交换”乃是一种作为一种潜在的交换，因为第四种价值形式分析的结果实际上是一种不具有现实性的、在形式规定性上具有矛盾因而需要通过进一步的形式分析呈现其形式前提的“商品世界”，在其中每个商品都可以成为一般等价物，因而具有与任何其他商品自由交换的能力，但这种自由交换却只具有可能性，而不具有现实性。马克思把在古典政治经济学中作为给定事实的商品自由交换作为分析对象，不是探求使商品可以交换的“原因”，而是首先厘清使商品交换得以成立的关系结构。马克思从交换的“形式规定”出发

① 《马克思恩格斯全集》第44卷，人民出版社2001年版，第89页。

进行分析。从形式规定上说，商品交换不能离开生产者，也不能离开生产者生产商品的劳动，因此，交换总是处于“生产者—劳动过程—交换”这一关系结构中，在其中交换处于核心地位，是这一结构得以建立的枢纽。关于这一点，马克思说：“因为生产者只有通过交换他们的劳动产品才发生社会接触，所以，他们的私人劳动的独特的社会性质也只有在这种交换中才表现出来。换句话说，私人劳动在事实上证实为社会总劳动的一部分，只是由于交换使劳动产品之间、从而使生产者之间发生了关系。”① 正是交换所具有的这种形式规定性上的核心地位，使交换产生了一种结构性的“遮蔽”作用，也即物之间的社会关系对于生产者之间的社会关系的遮蔽作用：“因此，在生产者面前，他们的私人劳动的社会关系就表现为这个样子，就是说，不是表现为人们在自己劳动中的直接的社会关系，而是表现为人们之间的物的关系和物之间的社会关系。”② 尽管从理论上说，劳动产品的交换与生产者之间的“社会接触”是同时发生的，但从这种“社会接触”的内容来看，作为生产者的人之间的接触不是一般的接触，而是以获得对方商品为目标的接触，因而商品交换是生产者们进行社会接触的前提。在商品交换中，交换者（在这里同时也是生产者）所直接关心的是商品本身，而不是交换过程中所蕴含的“社会性”维度，但无疑，他们通过商品交换事实上建立起一种物之间的社会关系并不得不进入这种关系。建立起这种“人们之间的物的关系”或“物之间的社会关系”的商品交换，还证明了私人劳动是社会总劳动的一部分，但后者并不是生产者所关心的问题，也不是商品交换系统直接显现的内容。不过，这是否可以成为产生上述遮蔽作用的原因？或者说，上述说明是否充分解释了私人劳动的社会关系被商品交换系统遮蔽的原因？显然，仅仅抽象地分析交换及其所形成的“物之间的社会关系”是不够的，因为这只能说明交换产生了一种物的社会关系，并实现了一种私人劳动的社会关系，但还无法说明私人劳动的社会关系是如何被物的社会关系所遮蔽的。

对马克思来说，问题的关键在于，正是由于这一原因，我们就不能再抽象地理解交换，或者说，仅仅将交换理解为交换的可能性，而应将

① 《马克思恩格斯全集》第44卷，人民出版社2001年版，第90页。

② 《马克思恩格斯全集》第44卷，人民出版社2001年版，第90页。

交换理解为历史性的交换或现实性的交换。具体来说，如果从商品间社会关系的独立性外观出发，那么可以看到，交换在商品世界中所建立的这种社会关系如果不具有普遍性，就无法产生对于私人劳动的社会关系的遮蔽，因而商品间社会关系也就无法具有独立性，而由于这种物的社会关系的主要内容就是价值关系，因此价值关系的普遍化乃是人与人的关系被遮蔽的前提。商品间普遍建立起价值关系，就意味着商品间质的差异在这种价值关系的建立中不起作用，而这也就意味着，商品普遍地分裂为“有用物”和“价值物”。在马克思眼中，商品的这种普遍分裂绝不是一种“自然事实”，而是一种“历史性事实”：这只有在交换本身成为普遍性的时代（实际上就是资产阶级时代）才是可能的。因此，如果说交换具有“结构性”的遮蔽作用，那么这种“结构性”本身恰好就是“历史性”的体现。

正是在这种历史性视野下，马克思得以对政治经济学拜物教进行重新审视：正是在劳动产品分裂为有用物和价值物这种特定的历史性情境中，劳动才具有了“二重社会性质”。马克思的分析是：“劳动产品只是在它们的交换中，才取得一种社会等同的价值对象性，这种对象性是与它们的感觉上各不相同的使用对象性相分离的。劳动产品分裂为有用物和价值物，实际上只是发生在交换已经十分广泛和十分重要的时候，那时有用物是为了交换而生产的，因而物的价值性质还在物本身的生产中就被注意到了。从那时起，生产者的私人劳动真正取得了二重的社会性质。”[①] 在这里，马克思勾勒了“交换—价值对象性—劳动产品分裂为有用物和价值物—劳动的二重社会性质”这一脉络，这一脉络所呈现的不是任何意义上的历史事实，而是商品世界的内在逻辑。马克思所强调的是，政治经济学将劳动的等同性作为商品等价交换的前提，从而实际上将劳动的二重社会性质（即一方面私人劳动要作为一定的有用劳动来满足一定的社会需要，另一方面私人劳动要具有等同性）作为商品交换的自然前提，但政治经济学家们忽视了一点，那就是劳动的等同性之得以建立的前提是已现实存在的普遍的交换过程：“完全不同的劳动所以能够相等，只是因为它们的实际差别已被抽去，它们已

① 《马克思恩格斯全集》第44卷，人民出版社2001年版，第90页。

被化成它们作为人类劳动力的耗费，作为抽象的人类劳动所具有的共同性质。"[①] 马克思在此所阐明的是，正是在现实的交往过程中，不同劳动的实际差别被抽去，劳动的等同化才得以实现。在马克思修订的《资本论》第一卷法文版中，他又特别强调，如果说不同的劳动可以被还原为人的力量的耗费和作为一般人类劳动的共同性质的话，那么"只有交换才能完成这一还原，使极其不同的劳动产品相互处于同等的条件下"[②]。在这里并不存在"交换"和"劳动的等同化"互为前提因而二者不得不进入相互决定的循环关系这种情况——这一问题事实上在《政治经济学批判。第一分册》中就得到了解决——因为在这里，"交换"和"劳动的等同化"并不处在同一逻辑层面："交换"是商品间的历史性关系，而"劳动的等同化"则只是一种政治经济学的抽象观念。如前所述，马克思所说的"交换"其实是历史性的"普遍交换"，而非抽象意义上的交换或"交换一般"，因此"交换"一语所指向的，乃是作为商品流通领域的形式前提的历史性情境，这样，"交换"就不是一种和"劳动"相并列的"经济过程"，而是由商品分析所呈现的、虽只属于特定层面但在这一层面具有整体性塑形力量的"社会形式"。若从这种"社会形式"出发分别审视政治经济学视野中的"价值对象性"和"劳动"，可以看到，二者固然都以普遍交换为前提，但所显现的形式规定性却并不在同一层面：商品的价值对象性是以普遍交换为形式前提建构起来的，而在这种社会形式下被塑形为抽象劳动的劳动正是作为抽象劳动才被政治经济学家与价值对象性建立起观念联系而成为"等同化的劳动"（但一旦进入古典政治经济学的语境，劳动又成为"价值实体"）。政治经济学把握到了劳动的特殊形式规定性（抽象性），但并没有理解使这种形式规定性得以显现的形式前提，也即未能建立劳动和商品交换的历史性关系，反倒按照主体性哲学的思路，将劳动视为等价交换的实体性前提，从而最终只能建立起劳动与价值之间的不具有严格性的"内容—形式"关系，而这正是产生政治经济学拜物教的深层根源。

这样，在普遍交换的历史性视野中，前述以处于社会关系中的物为中心的商品拜物教与以具有某种天然属性的物为中心的拜物教最终被统

① 《马克思恩格斯全集》第 44 卷，人民出版社 2001 年版，第 91 页。

② 《马克思恩格斯全集》第 43 卷，人民出版社 2016 年版，第 67 页。

一起来，一起被理解为一种以“物的形式”（sachliche-Form）（就是使作为物的商品显现为关系中的物的形式前提）即历史性的普遍交换为核心的资本主义表现机制的建构结果。

因此，马克思的商品拜物教批判实质上是对于价值形式分析的阶段性成果也即“由一般等价物建立的商品世界”的历史性维度的分析。生产者拜物教批判和政治经济学拜物教批判的意义分别在于从正反两个角度建构这种历史性维度。

不过，尽管马克思通过对于商品交换领域的历史性维度的分析，呈现了这一领域的表现机制，但值得注意的是，马克思并没有将普遍交换理解为任何意义上的“终极前提”。历史性的普遍交换所建立起来的以自己为核心的表现机制，并不就是这一机制的给出方式。而马克思的商品拜物教批判的根本旨趣，正在于对这种给出方式的探讨，因为这种不断深入的对于已获得的理论成果的形式规定性的给出方式的分析，乃是马克思把握资本主义“现实运动”的基本方式。事实上，前述从“交换”到“劳动的二重社会性质”脉络并不是一个封闭理论空间：在阐述由交换所引出的逻辑之前，马克思令人瞩目地引入了“私人劳动”：“使用物品成为商品，只是因为它们是彼此独立进行的私人劳动的产品。”① 值得注意的是，马克思尽管加上了“私人劳动”这一维度，但这一维度在此仍是晦暗不清的。也就是说，即便商品流通领域的表现机制本身得以呈现，“商品的自由交换”这一形式规定仍不能得到充分解释。这样，如果说此时被马克思称为“私人劳动”的领域事实上是商品流通领域建立表现机制的前提的话，下一步的问题就在于，对这一领域进行进一步形式分析：即把对于流通领域的表现机制的分析引向对于这种表现机制进行表现的机制（“资本主义生产”）的分析（马克思以“物的形式”为中心的拜物教批判揭示仍处于幽暗领域，但却是前提的“劳动—生产”领域）。

因此，商品拜物教批判作为马克思形式分析进程中的一个重要环节，其根本理论意义并非对于现成地存在于资本主义时代的某种被称为“商品拜物教”的基本“事实”进行以“应当”（不论基于某种特定的“本

① 《马克思恩格斯全集》第44卷，人民出版社2001年版，第90页。

真性”的“应当”，还是基于抽象的“自由本性”的“应当”）为标尺的批判，而是从资本主义时代的政治经济学意识形态抽象观念出发，通过对价值形式分析的结果进行进一步的形式分析，呈现现实运动的深层的客观性维度，也即本身无法直接显现但作为政治经济学意识形态观念的“显现方式”而存在的历史性“意义”。如果说有可能以《资本论》的方法讨论包括“资本主义时代的解放政治”在内的实践哲学问题的话，那么这种讨论不能直接从被抽象化理解的商品拜物教批判出发，也就是说，既不能从被抽象理解的劳动或“实践”出发，也不能从现成存在的物（如“商品”）或与之相关的现成的社会关系出发，而是进入《资本论》通过不断的形式分析（特别是深入生产领域的形式分析）所呈现给我们的社会本体论维度中，不断追问那些被现时代直接“给定”的、与当下的“客观的思维形式”有关的抽象观念所必然关联的形式前提，或这些抽象观念得以如此这般“显现”的“意义”，也就是“现实运动”本身，从而不是停留在基于某种被认定的“事实”而建立的“应当”的层面理解社会历史，而是使用《资本论》所提供的方法，不断叩问和呈现现实运动所内在蕴含的客观性，并基于这种客观性本身具体地而非抽象地回应现时代提出的根本问题。

就此而言，在西方左翼思潮中普遍存在的将商品拜物教视为资本主义社会的基本事实，并将商品拜物教批判视为马克思的资本主义批判的核心问题的思想立场，表面上与马克思的精神一致，实际上却远离了马克思的政治经济学批判的从抽象上升到具体的方法论的根本要旨。在某种意义上说，从这种立场出发，实际上是以隐蔽的方式回到了马克思所批判的古典政治经济学的视野，因为如果说在古典政治经济学家那里历史性的“客观的思维形式”被建立为具有永恒性的范畴的话，那么在被抽象化处理的商品拜物教批判的视野中，尽管这些形式本身不再被视为“真实关系”，但它们仍然发挥着对真正的客观性之探寻的限定作用，也即要么是对它的否定（或“去蔽”）、要么是它的表现机制之被推翻或漠视才能被理解为呈现“真实关系”的方式，这样，对社会历史的认识将像在古典政治经济学那里一样受到牵绊而无法深入历史性的维度中，从而不仅没有呈现、反倒遮蔽了使这种形式得以显现的具有真正的客观性的历史性前提本身。因此，问题的关键不在于商品拜物教是否被指认为一种存在于资本主义社会中的经验事实，而在于在商品拜物教与客观性之探寻之间是否建立起恰当的关系。马克思揭示了商品的拜物教性质及其秘密，但马克思并未停留在这一视野，而是通过进一步的形式分析呈现内在于现实运动本身的客观性。而抽象把握商品拜物教批判的思想家们，则由于试图在商品拜物教的视野内部探讨客观性问题，而最终未能把握政治经济学批判与政治经济学的根本分野。

公共性与公共价值

公共价值的信念与美好生活的理想

——马克思哲学变革的理论深蕴

袁祖社*

追求美好生活是文明人类的天性。公共价值共识基础上的美好生活追求，表征的是错综复杂的人类历史演进的主流特质，是人类生存、发展与进步的不竭的内在动力。着眼不同历史时期人类特定历史实践和发展的具体形态，不难发现，在应然性、规范性意义上，贯彻、渗透其中的一条主题性线索，正是对于公共价值信念与美好生活理想之理论与实践的不懈探索。美好生活的理念与实践，一定是基于对某种具有最大公约数的公共价值集体性认同的结果，是以特定制度共同体的方式对于此种价值的不懈追求和坚定践履。

被正确理解了的公共价值，提供了人类美好生活所以可能的最为基本的理念和原则，规定了美好生活的性质、内涵、限度、边界和方向。公共价值是美好生活的规范性理念支撑和诠释理据，而美好生活，则是公共价值信念的制度性实践。"公共价值"与"美好生活"作为马克思哲学变革与发展之一以贯之的主题，是其区别于一切旧哲学的鲜明标识，体现的是这一哲学的内核和高远境界，关涉此一哲学理念深层关切的宏大主旨与合理性真蕴，规定着其范式创新的理论特质、价值目标和实践方向，启示并引导着人类未来哲学发展的方向和道路。

---

* 作者简介：袁祖社，陕西师范大学哲学与政府管理学院教授（西安 200433）。

一　启蒙现代性价值信念的弊端与后果：共同体根基的消解与生活世界的分裂

公共价值的有无，以承载着其相应价值诉求的特定共同体的存续及其生活为前提。“公共价值”与“美好生活”不是纯粹抽象的理论建构，作为对于既定现实的超越性期望，是人类历史性实践的产物。就二者关系而言，原初形态的美好生活本身，就是一种规范性的公共价值，由特定共同体提供并为其成员所认同和接受。近代启蒙运动是个人觉醒、个体理性无限张扬、个体价值强势确立并不断扩充其空间的时代，这是一个社会公共价值遭遇资产阶级市民社会私人化生存逻辑严重扭曲的过程。启蒙现代性的实践，伴随着关于原子化自由个人与共同体价值的严重分离，及其个体生活信念的私人化与全面异化后果的发生。

（一）启蒙现代性与社会公共价值的沦落

以著名学者斯拉文之见：“我们有理由认为马克思正是通过古希腊的城邦国家的民主建制、城邦国家权力的公众性质和市民的高水平的休闲方式看到了未来社会的某种历史雏形。”① 事实的确如此，亚里士多德明确指出：“所有城邦共同体都是某种共同体，所有共同体都是为某种善而建立的……这种共同体就是所谓的城邦或者政治共同体。”②

在理念和范式意义上，从古希腊开始到马克思哲学诞生之前，欧洲思想家有关此一论题的认知、理解，集中表现为两大基本形态：一是基于“公共善优先于权利”的信念，古希腊美德伦理学所主张的“德性本位的美好生活”观。阿伦特指出，“至少自古代城市国家产生以来，与家

① ［俄］鲍·斯拉文：《被无知侮辱的思想——马克思社会理想的当代解读》，孙凌齐译，中央编译出版社2006年版，第13页。

② ［古希腊］亚里士多德：《政治学》，颜一、秦典华译，中国人民大学出版社2003年版，第1页。

庭和政治领域相应的私人生活空间和公共生活空间始终是两个截然有别的、独立存在的实体"[①]。希腊人对于"价值"与"生活"关系的理解，是以"公共领域"为参照的。依亚里士多德之见，为希腊城邦所认可和推崇的"美好生活需要"，既包括神性规约的"自足"形态的生活（通过对超验的神圣世界的沉思获得），也包括来自共同体的规范所规约的"德性"生活（在世俗的城邦共同体中以公民身份践行正义等获得）。这样一种公共价值与美好生活的范式中，城邦确立的公共价值与公民个体的美好生活信念之间具有内在一致性。公共领域所内蕴着的"公共性"与共同价值，外在地规定或者直接就是城邦公民日常生活的信念，此乃城邦共同体得以存续、繁盛的深厚根基。二是近代以来启蒙现代性依照自由（个人）主义和功利主义伦理原则，基于个人权利优先于公共善信念所确立的"权利本位的美好生活"观。近代社会是普遍契约关系取代身份依附关系的一个"个体化"的社会。个人权利是否实现，利益是否得到最大限度的满足，成为评判美好生活的唯一标准。这样一种生活价值观念承认每一种生活方式选择的合理性和正当性，而近代政治制度在理念和实践上，也对这种开放性、多元性的生活信念持一种肯定、默认和赞赏的态度。道理在于，近代以来，"公共领域"和"私人领域"、"政治"和"道德"的分离，以及自然法权作为现代国家合法基础的确立，导致公共价值与美好生活的关系发生裂变。公民个体的美好生活变成了"私人领域"的事情，来自政治共同体的公共价值并不天然代表也无法为所有公民提供美好生活的指导。"美好生活"追求不再具有任何政治的或者公共价值的意义。现代社会生活赖以存在的普遍性、整体性意义上的公共价值的疏离，导致个体生活价值的无根化、个体化、离散化。对此，麦金太尔指出："价值行为者从传统价值的外在权威中解放出来的代价是，新的自律行为者的任何所谓的价值言辞都失去了全部权威性内容。各个价值行为者都可以不受外在神的律法、自然目的论或等级制度的权威的约束来表达自己的主张……"[②] 由此，价值的私人化，即从个体自我的角度对价值作出独立理解和诠释，成为现代社会的一个突出特征。

---

① ［美］汉娜·阿伦特：《人的境况》，王寅丽译，上海世纪出版集团2009年版，第18页。

② ［美］A. 麦金太尔：《德性之后》，龚群译，中国社会科学出版社1995年版，第87页。

近代欧洲启蒙运动中，资产阶级市民社会摆脱了价值问题上的抽象情怀，把凝聚着人类生存之全部意义和追求的、内涵丰富的“价值”本身，以及与之相关的整全性“生活”本身完全“现实化”（工具理性主导下的对于财富的无度攫取和贪婪占有）了。在这样一种狭隘功利化的情景中，价值就是人之为人的生存权利，价值就是追求、创造、实现、占有财富的能力，价值就是依照自己的意愿，选择适合自己需要的生活方式的可能。由此，资产阶级个人意志及其私人利益至上性生活价值观的正当性获得确证，而从事真正的生产劳动和财富创造的无产阶级的生存境况，其对于美好生活的吁求，却被完全忽视了。

（二）资产阶级市民社会与政治国家关系话语逻辑及其诠释方式的狭隘性

在《费尔巴哈的提纲》中，马克思表达了对“问题在于改变世界”的新哲学赖以立足的价值基础的合理论断：“旧唯物主义的立足点是市民社会，新唯物主义的立足点则是人类社会或社会化了的人类。”① 马克思生活的时代，受市民资产阶级自由个人主义话语权的强势主导，公共价值的理据与美好生活实践采取了一种抽象的形式。理由在于，其依托的，是反映和体现资产阶级生存意志和政治统治合法性的市民社会与政治国家话语逻辑和诠释范式。德国古典哲学家黑格尔以清醒的历史理性意识指出，市民社会由于自身存在无法克服的绝对“自利性”，必然会被以“普遍利益”面目出现的政治国家取代。黑格尔首先指认了市民社会生活的反公共性本质：“市民社会是个人私利的战场，是一切人反对一切人的战场。同样，市民社会也是私人利益跟特殊公共事务冲突的舞台，并且是它们二者共同跟国家的最高观点和制度冲突的舞台。”② 马克思非常赞赏黑格尔的这一论断，并做出新的修正和诠释：“在‘市民社会’中，社会联系的各种形式，对个人说来，才表现为只是达到他私人目的的手段，才表现为外在的必然性。”③ 显然，在黑格尔看来，市民社会是无数利益相互冲突的自利性个体的一个松散的聚合体。如果任其发展，必然会从

---

① 《马克思恩格斯选集》第1卷，人民出版社1995年版，第57页。

② ［德］黑格尔：《法哲学原理》，范扬、张企泰译，商务印书馆1961年版，第309页。

③ 《马克思恩格斯选集》第2卷，人民出版社2012年版，第684页。

根本上破坏社会共同体成员赖于结合的根基。其次，黑格尔发现并充分肯定了“劳动”在催生以普遍联系为特征的社会公共生活出场中的必不可少的中介作用。劳动是现代社会个体满足物质生活需要的基本生产活动，正是在这一过程中，形成、产生了个体之间相互沟通、相互依赖以及相互满足的需要，从而导致了促使一种普遍联系的生活状态客观上取代了自然状态。黑格尔指出：“在劳动和满足需要的上述依赖性和相互关系中，主观的利己心转化为对其他一切人的需要得到满足时有帮助的东西，即通过普遍物而转化为特殊物的中介。这是一种辩证运动。其结果，每个人在为自己取得、生产和享受的同时，也正为了其他一切人的享受而生产和取得。”① 劳动是现代政治国家得以产生的桥梁。以黑格尔之见，现代政治国家之所以是公共价值的最集中体现和公共生活演进的最高形态，理由在于，政治国家作为“伦理观念”的最大现实，是以普遍性的形式，天然地整合了市民社会的个体的特殊性需要和私人目的性。在《法哲学原理》中，黑格尔表达了自己具有时代高度的识见：“现代国家的原则具有这样一种惊人的力量和深度，即它使主观性的原则完美起来，成为独立的个人特殊性的极端，而同时又使它回复到实体性的统一，于是在主观性的原则本身中保持着这个统一。”②

现在的问题是，黑格尔意义上的近代资产阶级政治国家所体现、所代表的现代社会的公共价值，所确立的社会生活样式的合法性，以及据此所做的完整的制度安排和意识形态辩护等，本身是大可质疑的。认识到了此种情境的实质，斯坎沃茨评价指出：“马克思对公共和私人领域分裂的批判由两部分组成：一方面，它造成了个体公民生活的分裂和分离，使得他们的生活无法成为一个整体；另一方面，它反映了社会被不公正地分割为各种社会阶级，被划分为政治的和非政治的等级。”③ 现代社会公共价值与美好生活的理论证成与实践探索，面临的最大的难题在于，“公共领域”与“私人领域”的分离的结果，使资产阶级共同体之社会的、公共生活形态中，共同体的内部各成员之间以及个体与共同体的联

① ［德］黑格尔：《法哲学原理》，范扬、张企泰译，商务印书馆1961年版，第210页。

② ［德］黑格尔：《法哲学原理》，范扬、张企泰译，商务印书馆1961年版，第260页。

③ Nancy L. Schwartz, “Distinction between Public and Private Life: Marxon the Zōon Politikon”, *Political Theory*, Vol. 7.

系，只是一种从形式上体现资产阶级法权的一系列貌似合法性的协定，并且协定的主动权也完全掌握在资产阶级一个阶级手中。

（三）人性的全面异化与个体生活的离散与无根

德国社会思想家滕尼斯指出，前现代社会，个人的私人生活完全以共同体的社会为中心，共同体的价值目标规定着个体的价值取向，个体"都感到自己的血循环于这一群体的血液之中的，自己的价值是群体精神中的价值的组成部分。共同感觉、共同愿望——负担着全部价值"，现代社会的公共价值变成"只是投在个人身上的价值之和……或者，说得更简单些：'社会'——恣意的、人为的、基于诺言和契约的人际关系取代了'群体'及其结构"①。现代社会表面上"尽管有种种的结合，仍然保持着分离。……在这里，人人为己，人人都处于同一切其他人的紧张状况之中。他们的活动和权力的领域相互之间有严格的界限，任何人都抗拒着他人的触动和进入，触动和进入立即被视为敌意"②。近代资产阶级社会在价值观上所强调的，正是这种与共同体分离的"原子式"个人主义，以及"私有化现实"的生活信念。

与共同体价值疏离的结果，使一切从个体偏好和自由意志出发，确保自身利益优先性和最大化成为社会生活的基本信条，包括社会在内的一切共同体形态，只是理性、自由、独立个体的一种被动的机械的"聚合"。其结果，本来仅仅是在社会经济生活中适用的"效用"和"功利"原则，不仅是社会发展的新的动力，而且成为世俗社会中芸芸众生生活的全部意义之所系。如此，"那些终极的、最高贵的价值，从公共生活中销声匿迹，他们或者遁入神秘生活的超验领域，或者走进个人之间直接的私人交往的友爱之中"③。针对近代价值异化现象，当代美国著名哲学家多尔迈做出了尖锐批评："自文艺复兴以来，主体性就一直是现代哲学的基石……现代主体性往往培育着一种别具一格的个体主义。

---

① ［德］滕尼斯：《共同体与社会：纯粹社会学的基本概念》，林荣远译，商务印书馆 1999 年版，第 19 页。

② ［德］滕尼斯：《共同体与社会：纯粹社会学的基本概念》，林荣远译，商务印书馆 1999 年版，第 95 页。

③ ［德］马克斯·韦伯：《学术与政治》，冯克利译，生活·读书·新知三联书店 2005 年版，第 48 页。

它不仅把自我作为理论认识的中心，而且把它作为社会政治行动和相互作用的中心。”① 个体主义的理论和价值目标体现在，不仅将全部社会历史，甚或整个人类伦理文化和道德实践领域，都试图逻辑地统归于“个体理性”，视自然、社会和人自身为异己的力量，在主宰、征服、统治它们的过程中实现“自我同一性”的建构和维持。多尔迈指出：“在解放的历程中，人遭受了与人的世界相同的命运，对自然的统治蕴含着社会的统治”，“人类努力降服自然的历史，也是人类降服人的故事”。人的理性在征服自然和社会的凯旋中，正使自己日益沦落为实证科学的奴隶，沦落为单纯的工具，“等同于抽象的运算，即一系列用来对任何选择对象进行公理化的运算规则”②。工具理性渗透到整个社会的“科层制度”，扩展到社会生活的各个角落，个体完全失去了自主性，沦为社会这架大机器上的无足轻重的螺丝钉③。

如此，近代社会、近代思想文化理论有关社会公共价值与美好生活的设计和展望，因此是狭隘的、短视的。道理不难理解，在一个私人利益本位的共同体建制中，所谓普遍的人道期望和公共性关切就完全是一句空话。对此，哈贝马斯的批评一语中的：“在哲学曾相信自己能够确保自然和历史整体的时候，它曾支配那一据称固定的范围。个人和共同体的人性的生活，都须把自己嵌入其中。宇宙的建立和人的本性，世界史的与救世史的各个过站，都曾留下包含规范的情形，它们看起来同样给正确生活提供了各种启发。‘正确’在这里具有生活所值得模仿的一种样本所具有的意义，不管它是对个别人的生活，还是对政治共同体的生活。”④ 启蒙现代性是成长中的新兴资产阶级的事业，受这一阶级的价值观念支配和主导。这一价值观坚信并坚定地主张，“社会”“国家”等都是虚幻的，没有实在性可言。因此，没有也根本不存在所谓脱离个体自我利益追求的所谓“公共利益”和“公共价值”，个人的生存与生活的本真形态和内在性意义，只在于个人自身。由此，资产阶级意义上的公共

① ［美］多尔迈：《主体性的黄昏》，万俊人等译，上海人民出版社 1992 年版，第 1 页。

② ［美］多尔迈：《主体性的黄昏》，万俊人等译，上海人民出版社 1992 年版，第 13—14 页。

③ ［美］多尔迈：《主体性的黄昏》，万俊人等译，上海人民出版社 1992 年版，第 48 页。

④ ［德］于尔根·哈贝马斯：《有根据的节制——对“正确生活”问题存在后形而上学的回答吗?》，薛华译，《安徽师范大学学报》2001 年第 4 期。

价值与生活信念大获全胜，新的“文明”被按照“私”的逻辑所规制。一种价值观念合理与否，与此价值观念相适应的生活形式是否具有正当性，最终的评判的尺度只有一个，那就是能否以及在何种意义上促进、增益了资产阶级社会的发展。

二　“公共价值”与“美好生活”的实践证成逻辑：马克思哲学的理论正题与历史新命

“公共”的理念、“公共性”的理论和分析范式源远流长。中西古今，无论哲学的主题、话语、形态和旨趣如何变化，哲学对于人类生存与生活的“理论公共性”“实践公共性”以及文化（文明）价值公共性本质的寻求没有变。

公共价值与美好生活无疑是全部马克思哲学的题中应有之义。马克思哲学所坚持的公共价值，着眼的是总体性意义上，人类的历史实践的结果对于全部历史本身以及作为社会历史主体自身发展所具有的革命性意义，指向一种合理性意义上公平、正义的社会关系期许。马克思实践的公共哲学视野中，公共价值与美好生活在内在旨趣上是相互因应、有机统一的。一方面，人类美好生活的追求和实践，一定是受合理价值观念所引导的。公共价值与美好生活是人的历史与实践活动主动的、积极的自觉建构的产物。在经典作家的理论视野内，它表达的是以实践的、社会的方式存在的人类共同体基本的公共需要的共识与满足。社会历史主体通过参与公共价值的发现与美好生活的创造，确证并体会到了共同体与个体存在的真实的根基和依托；另一方面，马克思哲学所要确立和实现的最核心的理念在于，人在归根结底的意义上是一种公共性存在。人所从事的一切活动，无论就其动机，还是就其最终结果而言，都是在创造和拥有尽可能多的社会公共财富中，实现自我价值，享受自由、自主的美好生活，此乃人自身之终极存在意义的彰显。在这个意义上，公共价值所彰显、追求和坚持的，是人类生存和生活的公共性特质、品质和境界。人类公共价值，一定是人类共同生活中的美德，是人类在处理与自然、社会以及自我关系中所确证的生存之真、善、美的积淀和体悟。

一部人类发展史，在制度文明的意义上，就是人类以合理、正当的方式寻求、捍卫公共生活的真理的过程。

形成、确立“公共”“公共性”之人类生存、生活之最深刻、最确当、最毋庸置疑前提这一事实，在人类历史和现实中并非易事。道理在于，认识到、承认人类生存和制度性事实的公共性特质是一回事，而在现实中始终以公共精神和信念对待强大的私有化现实又是另外一回事。观念史的逻辑昭示我们，真正意义上的哲学，关注的是人类合理性生存的正当性根基，所表征的是人类思想、理论、制度和生活的公共性品质。黑格尔指出：“我们不像希腊人那样把哲学当成私人艺术来研究，哲学具有公众的即与公众有关的存在。”① 马克思所创立的新哲学，被公认为面向人类的生存与生活世界的实践—价值论新哲学。以“问题在于改变世界”为核心旨趣的马克思公共哲学，对于资产阶级“私有化现实”的实践性变革而言是深刻的。依照马克思所确立的人类公共性生存的实践逻辑，公共价值与美好生活的指称和现实吁求，绝非一种脱离现实、超越历史阶段的乌托邦愿望，而是必然有着非常具体、非常明确的内容和规定。经典作家在社会价值问题变革上所面临的最大难题在于：其一，人类的历史在何种意义上是以及如何能够成为一种公共性的历史？历史何以能够依照公共性的本质不断澄明？其二，人类的一切形态的实践何以能够确保始终是发现、创造、实现和拥有公共价值的实践？其三，人类的生存与生活何以是依循公共性价值信念而展开的过程。如此一来，确立关于现实世界的“公共价值与美好生活”的诠释方式，马克思哲学面临着对于三大理论和实践难题的艰难应对、合理回答与恰当的解决方案等，这三大历史性、时代性难题分别是：资本与所有制的批判、劳动价值的捍卫、普遍平等与正义原则的守护。

（一）基于公共价值预设的美好生活信念：马克思新哲学的理论内核和实践逻辑

确立“公共性”之为马克思新哲学之理论内核和实践观照的逻辑，并非没有任何确当性理据的“空穴来风”。以无产阶级和劳动者之自由全

① ［德］黑格尔：《法哲学原理》，范扬、张企泰译，商务印书馆1996年版，第8页。

面发展和人类解放为最高利益诉求，旨在以先进、科学的理念和彻底的革命行动改变不合理现实的马克思新哲学，无疑有其关于现实世界存在理据之深刻辨思的、独特的价值主张——其突出的内在性特质就是公共性。因此，马克思哲学所确认的价值就是公共价值。无论从理念深度、根本内涵还是语义旨趣等方面看，公共价值所呈现的，都是人类价值实践演化的高阶形态。其直接的理论关切，是实践的、社会的，而此一价值的主体和载体，也只能是肩负着“只有解放全人类，才能够解放自己”的无产阶级。马克思开启、开创了以公共价值理念引领、实现美好生活的文明新时代，马克思哲学堪称公共价值的典范和集成体，其所指向、标明的，就是作为新历史理性之鲜明特质的美好生活的理想。一方面，马克思哲学产生形成的过程，伴随着哲学之公共性信念和公共性品质的确立和证成的过程，公共价值与美好生活是马克思哲学的初心和灵魂；另一方面，一部马克思主义发展史历程，必定贯穿着公共价值与美好生活求索这一条主线。马克思哲学的公共价值不只是理论的，更是实践的、制度的，具有根本性和革命性。

（二）超越私利和公益的对立：从现代性抽象自由逻辑到实践公共性现实生存逻辑的自我否证

哲学意义上的公共价值的确立与美好生活的探索实践，拷问的是文明进程中社会历史主体对于与其相关的全部关系的合理方式，关系到对于人性、人的本质，对于文化与社会发展进步的目标与方向，以及对于制度之于人的存在意义关系之真谛的体认和把握。批判、揭露资产阶级自由、民主、平等等主导价值观之明显的私利性和抽象性，明晰无产阶级所主张的公平、正义等价值的公共品质和实践超越性，是马克思公共哲学一以贯之的逻辑。

启蒙三百年，资产阶级革命的成功、自由市场经济体制以及资本主义制度的确立，张扬的是资产阶级市民社会的自由意志，强大的建制化了的“私欲”“私利”“私有”对于“公有”“公道”“公正”现实的最终战胜的结果，是“私人利益共同体”的绝对统治地位的确立。曾经作为“公共领域”的代表而存在的政治国家，完全变成市民社会表达、实现自己目的的工具。与政治国家和市民社会关系同质化相伴随的，是人类生存、文化、制度之本有的公共性信念的严重失落，人类生存的公共性空间不断萎缩，公共实践和文化公共性激情遭遇重挫，人类的生活进入资产阶级社会之“私人领域”与“公共领域”的二分相持和激烈对峙。历史的真实是，公共性信念是人类文明进化实践中人性、社会、历史和制度中优秀的、进步的成果的积淀、内化和升华，它内在于人类的天性中，是社会历史活动以及相关因素得以可能的内生性有机构成因素，是现实个体在历史实践活动中借以确立自我与对象世界以及自身关系真实性的结果。在一个生存与生活的整全性不再的社会，坚持以实践的、历史的公共性信念，重建社会公共价值与美好生活，马克思面临着前所未有的理论和实践难题。

马克思新哲学之公共价值与美好生活范式的基本理念，主要围绕关系为我性、生存自主性、实践主体性、价值共享性等得以展开。正是通过对上述难题的解决，马克思才实现了对现代“公共生活”的重新建构。当代著名政治哲学家，加拿大女王大学哲学系教授金里卡指出，资本主义对人的社会性的否定，在马克思看来，集中体现在以下三个方面：其一，它的社会关系使“人反对人”；其二，它产生了社会异化的各种形式，个人的社会创造物在其中呈现出一种异己的独立性；其三，资本主义把“公域的”与“私域的”人、市民社会的“资产阶级”与国家的“公民”分离开来，相互脱离①。近代意义上与公共价值相照应的美好生活，既是抽象的，又是具体的。其生成的过程，经历了从“现代性自由逻辑”到“实践性公共生存逻辑”的自我否证。依照现代性抽象自由逻辑，美好生活的理论和实践是“理念既成的”，是依照某种先验的逻辑预先设计、建构的结果。近代社会，人类一切理论的、制度的历史实践努力，不过是对于此一先在理念的模仿。如果一种有关美好生活的实践出现了问题，那么根源不在理念自身，而是人类实践方式或者方略出了问题。与“理念先在、既成式”美好生活的设计不同，马克思哲学有关“实践公共性生存逻辑”的美好生活范式主张，美好生活是在人类组织化、制度化生存与发展实践中历史性的生成过程，不存在一成不变的抽象的有关美好生活的统一标准和模式。美好生活的样态，因不同民族和

① ［加］威尔·金里卡：《自由主义、社群与文化》，应奇译，上海世纪出版集团 2005 年版，第 110—111 页。

不同时代的历史、传统、制度和思想文化情景，而呈现出较大的差异。

（三）劳动正义本位基础上的公共价值与美好生活观：马克思哲学所开创和贡献的观照、分析和诠释社会历史的新范式

资产阶级社会有关主体与世界的价值关系范式内，价值与生活只是眼前的事情，无关乎未来，无关乎人类总体性生存的意义深度。因此，近代资产阶级市民社会史，其实就是一部欲望引导下的享乐史。马克思哲学确定了公共价值实践基础上美好生活的基本理念和努力方向。一方面，公共价值是美好生活的本质（和正当性理据），美好生活是公共价值的载体，实现美好生活是人类最大的公共价值。人类是一种公共性存在，在一个自由平等的社会中实现美好生活，就是公共价值的核心要义。另一方面，在更为核心、更为实质性的意义上，自主创造、实现和拥有公共价值的唯一合法主体，只能是无产阶级广大人民群众，这个阶级代表了公共性实践的正确方向。

在马克思哲学的视域中，公共价值指称的，是一种“人的现实关系和观念关系的全面性”。旗帜鲜明地坚持劳动正义本位基础上和公共价值基础上美好生活的理论和实践，代表着马克思哲学关于社会历史发展与人性自主进化，以及总体性的文明境界提升之多重关系合理性诉求的新的视角、新话语范式。其深远性意义在于，一方面，一部人类演进史，就是奠基于以优良制度求取公共利益最大化的理论公设，艰难地寻求公共价值正当性存在与合理出场、实践方式的过程，是不断扩大、增进公共价值总量中逐步实现美好生活的过程。尽管，这是一个充满艰辛、曲折和复杂的进程。另一方面，这种美好生活观坚持认为，属人的劳动实践活动本质上理应具有自由、自觉的性质。一切公共价值的产生，在归根结底的意义上，其最深刻的根基都在劳动之中。劳动是一切价值的本体，劳动包含了公共价值和私人价值冲突的一切奥秘，劳动创造、提供并实现了美好生活的一切。

首先，人的美好生活离不开人改造对象世界的自由、自觉的对象性活动。公共价值与美好生活的首要前提，是人在劳动实践活动中对自己现实的社会性、主体性本质的创造和自为拥有。马克思指出，“人的本质是人的真正的社会联系，所以人在积极实现自己的本质的过程中创造、

生产人的社会联系、社会本质，而社会本质不是一种同单个人相对立的抽象的一般的力量，而是每一个单个人的本质，是他自己的活动，他自己的生活，他自己的享受，他自己的财富。……人——不是抽象概念，而是作为现实的、活生生的、特殊的个人——都是这种存在物。这些个人是怎样的，这种社会联系就是怎样的"①。但是，在现实的资本主义社会中，由于财产私有制所导致的社会关系的全面异化，决定了工人的劳动却处处表现为对自己的否定："劳动为富人生产了奇迹般的东西，但是为工人产生了赤贫。劳动生产了宫殿，但是给工人生产了棚舍。劳动生产了美，但是使工人变成畸形。劳动用机器代替了手工劳动，但是使一部分工人回到野蛮的劳动，并使另一部分工人变成机器。劳动产生了智慧，但是给工人生产了愚钝和痴呆。"② 这样的劳动和扭曲的社会关系为工人所带来的，只能是一种畸形的生活形态和痛苦的体验："他的活动由此表现为苦难，他个人的创造物表现为异己的力量，他的财富表现为他的贫穷，把他同别人结合起来的本质的联系表现为非本质的联系，相反，他同别人的分离表现为他的真正的存在；他的生命表现为他的生命的牺牲，他的本质的现实化表现为他的生命的非现实化，他的生产表现为他的非存在的生产，他支配物的权力表现为物支配他的权力，而他本身，即他的创造物的主人，则表现为这个创造物的奴隶。"③ 不仅如此，在这样的社会中，人与人之间的关系蜕变为纯粹的相互利用的"手段""工具"性关系，充满了尔虞我诈的欺骗和谎言："我同你的社会关系，我为你的需要所进行的劳动只不过是假象。在这里，掠夺和欺骗的企图必然是秘而不宣的，因为我们的交换无论从你那方面或从我这方面来说都是利己的，因为每一个人的私利都力图超越过另一个人的私利，所以我们就不可避免地要设法相互欺骗。……如果身强力壮，我就直接掠夺你。如果用不上体力了，我们就相互讹诈，比较狡猾的人就欺骗不太狡猾的人。就整个关系来说，谁欺骗谁，这是偶然的事情。双方都进行观念上和思想上的欺骗，也就是说，每一方都已在自己的判断中欺骗了对方。"④

① 马克思：《1844 年经济学哲学手稿》，人民出版社 2000 年版，第 171 页。
② 马克思：《1844 年经济学哲学手稿》，人民出版社 2000 年版，第 54 页。
③ 马克思：《1844 年经济学哲学手稿》，人民出版社 2000 年版，第 171 页。
④ 马克思：《1844 年经济学哲学手稿》，人民出版社 2000 年版，第 182 页。

经典作家指出并深刻剖析了上述现象产生的私有制根源：“私有制使我们变得如此愚蠢而片面，以致一个对象，只有当它为我们拥有的时候，也就是说，当它对我们说来作为资本而存在，或者它被我们直接占有，被我们吃、喝、穿、住等的时候，总之，当它被我们使用的时候，才是我们的”，“因此，一切肉体的精神的感觉都被一切感觉的单纯异化即拥有的感觉所代替”①。毫无疑问，由私有制所决定的全部社会关系，尤其是经济领域中资本和雇佣劳动，必然存在着普遍的劳动以及社会关系的全面异化。工人在劳动中不是自我肯定，而是自我否定。工人创造的越多，失去的越多，“物的世界的增值和人的世界的贬值是同步发生的”。在一个完全不自由的强制性环境中，工人的生活无论在何种意义上都称不上是快乐、幸福、美好的。在这种情况下，所谓“共同体只是劳动的共同性以及由共同的资本——作为普遍的资本家的共同体——所支付工资的平等的共同体。关系的两个方面被提高到想象的普遍性：劳动是为每个人设定的天职，而资本是共同体公认的普遍性和力量”②。如此，“活动的社会性，正如产品的社会形成以及个人对生产的参与，在这里表现为对于个人是异己的东西，表现为物的东西；不是表现为个人互相间的东西，而是表现为他们从属于这样一种关系，这些关系是不以个人为转移而存在的，并且是从毫不相干的个人互相冲突中产生出来的。活动和产品的普遍交换已成为每一单个人的生存条件，这种普遍交换，他们的互相联系，表现为他们本身来说是异己的、无关的东西，表现为物。在交换价值上，人的社会关系转化为物的社会关系”③。显而易见，资本意志、资本利益所主导的国家共同体，自由个人主义的文化、价值和意识形态，一方面，就其性质而言是资产阶级的，所实现的也是资产阶级的自由、民主和平等的价值；另一方面，对于无产阶级和广大人民群众而言，由于在社会关系中绝对的依附性、被支配性地位，因此，这一共同体越是不断发展和完善，力量越是不断强大，其伪公共性、反公共性本质就暴露得越是充分，工人阶级所受到的限制、压迫、剥削等越是增加，工人的自由越是遭到更大程度、更大范围的剥夺。上述事实表明，近代以来，

① 《马克思恩格斯全集》第42卷，人民出版社1979年版，第124页。

② 马克思：《1844年经济学哲学手稿》，人民出版社2000年版，第80页。

③ 《马克思恩格斯全集》第46卷（上），人民出版社1979年版，第104页。

现代性价值观念所建构的市民资产阶级的生活，无论如何都无法成为一种普遍意义的美好生活。

其次，马克思的理论视野和关于理想社会的设计中，建立在优良的历史理性设定基础上的公共价值与美好生活，并非一种空洞的主观理性悬设和承诺，它本质上是人之为人的公共性特质的自为证成。经典作家以实践的、历史的公共性分析视野，对于社会历史的三大形态、三大阶段——“人的依赖关系”、“物的依赖性”以及“每个人自由个性和全面发展”中，人类公共意识、公共价值以及公共生活发育的水平和自觉程度，给出了极具说服力的论证。依马克思之见，“人的依赖性”阶段，个体较大程度上受制于强大的自然必然性和人身依附性等的束缚，完全服从于血缘、地缘、等级等初级共同体的限制，“正像单个蜜蜂离不开蜂房一样，以个人尚未脱离氏族或公社的脐带这一事实为基础”①。共同体中的个人虽然形式上在场，“但他们只是作为某种规定性的个人而互相发生关系，如作为封建主与臣仆、地主与农奴等等”②。此一社会形态中，公共性因素极度稀缺，个体生存与生活缺失主体性和能动性，快乐、幸福、美好之于个人，是一种非常遥远的悬想。“物的依赖性”阶段，其对应的社会形态是资本主义。在此一阶段，市场化体制、资本逻辑、普遍交往关系的强势确立，个体表面上摆脱了自然必然性和（等级）人身依附，进入了“契约关系”本位的社会，却带来了新的“物役化”，即马克思所谓“以物的依赖性为基础的人的独立性”③。依马克思之见，“活动和产品的普遍交换已成为每一单个人的生存条件，这种普遍交换，他们的互相联系，表现为对他们本身来说是异己的、独立的东西，表现为一种物。在交换价值上，人的社会关系转化为物的社会关系；人的能力转化为物的能力”④。显然，个体与共同体以及个体之间的关系的非自主性所以出现，在于公共价值与美好生活的理念，完全是资产阶级理想和意志的表达与体现，资产阶级个人化的自由主义价值观称为社会公共生活实践中唯一的公共性尺度。如马克思所批判的那样：“人的内在本质的这种充分

① 《马克思恩格斯文集》第1卷，人民出版社2009年版，第388页。

② 《马克思恩格斯文集》第8卷，人民出版社2009年版，第58页。

③ 《马克思恩格斯全集》第42卷，人民出版社1979年版，第125页。

④ 《马克思恩格斯文集》第8卷，人民出版社2009年版，第51页。

发挥，表现为完全的虚空化；这种普遍的对象化过程，表现为全面的异化。而一切既定的片面目的的废弃，则表现为为了某种纯粹外在的目的而牺牲自己的目的本身。"① "自由个性"阶段，是公共价值与美好生活实践的高级、完善阶段，此即马克思所谓"建立在个人全面发展和他们共同的社会生产能力成为他们的社会财富这一基础上的自由个性，是第三个阶段"②。此一阶段，生产力水平高度发展，私有制被消灭，限制个人自由全面发展的强制性分工已经消亡，人克服了自然必然性、社会必然性（资本逻辑、商品货币关系）等的奴役，真正成为自愿结合的社会的主人。经典作家指出："在这里，人不是在某一种规定性上再生产自己，而生产出他的全面性。"③ 于是，"代替那存在着阶级和阶级对立的资产阶级旧社会的，将是这样一个联合体，在那里，每个人的自由发展是一切人的自由发展的条件。"④

由上不难看出，人类历史进程中公共价值与美好生活实践的理论探索和实践演进，包含着人之成长为人的过程中，公共性理念的普遍自觉、公共性品质的确立、公共性精神境界的逐渐养成，以及对于未来美好社会之合理关系模式的前瞻性建构，并为此找寻到一条扬弃这些悖论和冲突的道路，即共产主义革命。

最后，在人类历史不断由"地域历史"向"世界历史"转变的意义上，一种可欲、可期的现实的公共价值与美好生活的完美形态，在于真实的"自由人联合体"理想的达成与实现。对此，马克思有充分的理智判断和觉识：现代社会"正是由于私人利益和公共利益之间的这种矛盾，公共利益才以国家的姿态而采取一种和实际利益（不论是单个的还是共同的）脱离的独立形式，也就是说采取一种虚幻的共同体的形式"⑤。事实也正是如此，近代资产阶级社会因其崇奉原子化个人之利益最大化追求的合法性，因此，是一个公共价值与美好生活的信念迷失的过程。一个显见的事实是，受技术引导、市场经济体制与资本逻辑规制，社会共同体之公共性品质遭遇全面解构，社会的价值逻辑逐渐让位于资产阶级

① 《马克思恩格斯文集》第8卷，人民出版社2009年版，第138页。
② 《马克思恩格斯全集》第42卷，人民出版社2009年版，第125页。
③ 《马克思恩格斯文集》第8卷，人民出版社2009年版，第137页。
④ 《马克思恩格斯文集》第2卷，人民出版社2009年版，第53页。
⑤ 《马克思恩格斯全集》第3卷，人民出版社1960年版，第38页。

市民社会利益导向的过程。正如经典作家所说："在过去的种种冒充的集体中，如在国家等等中，个人自由只是对那些在统治阶级范围内发展的个人来说是存在的，他们之所以有个人自由，只是因为它们是这一阶级的个人。从前各个个人所结成的那种虚构的集体，总是作为某种独立的东西而使自己与各个个人对立起来；由于这种集体是一个阶级反对另一个阶级的联合，因此对于被支配的阶级说来，它不仅是完全虚幻的集体，而且是新的桎梏。"① "某一阶级的个人所结成的、受他们反对另一个阶级的那种共同利益所制约的社会关系，总是构成这样一种集体，而个人只是作为普通的个人隶属于这个集体，只是由于他们还处在本阶级的生存条件下才隶属于这个集体；他们不是作为个人而是作为阶级的成员处于这种社会关系中的。"② 在这样一种"虚假的集体"中，个人受制于客观的"交换价值"的统治，根本没有什么"独立"性可言。对于此种现象的批判，马克思可谓一针见血："毫不相干的个人之间的互相联系和全面依赖，构成他们的社会联系。这种社会联系表现在交换价值上，因为只有在交换价值上，每个人的活动或产品对他来说才成为获得的产品，他们必须生产一般产品——交换价值，或孤立化和个体化的交换价值，即货币。另一方面，每个人行使支配别人的活动或支配社会财富的权力，就在于他是交换价值或货币的所有者。他在衣袋里装着自己的社会权力和自己同社会的联系。"③

马克思寄希望于生产力水平高度发达、财富充分涌流、彻底消灭私有制和消灭分工，整个社会首次实现按需分配的未来共产主义社会。只有到了那个时候，劳动才真正恢复为人类生命存在和生活的"第一需要"，公共价值与美好生活实现了完美结合。"共产主义是私有财产即人的自我异化的积极的扬弃，因而是通过人并且为了人而对人的本质的真正占有；因此，它是人向自身、向社会的即合乎人性的人的复归，这种复归是完全的，自觉的和在以往发展的全部财富的范围内生成的。这种共产主义，作为完成了的自然主义—人道主义，而作为完成了的人道主义—自然主义，它是人和自然界之间、人和人之间的矛盾的真正解决，

① 《马克思恩格斯全集》第3卷，人民出版社1960年版，第87页。

② 《马克思恩格斯全集》第3卷，人民出版社1960年版，第84页。

③ 《马克思恩格斯全集》第46卷（上），人民出版社1979年版，第103页。

是存在和本质、对象化和自我确证、自由和必然、个体和类之间的斗争的真正解决。”① 马克思基于其所发现和确立的唯物史观的科学性、革命性逻辑，做出了新的畅想：“在控制了自己的生存条件和社会全体成员的生存条件的革命无产者的集体中，情况就完全不同了。在这个集体中个人是作为个人参加的。它是个人的这样一种联合（自然是以当时已经发达的生产力为基础的），这种联合把个人的自由发展和运动的条件置于他们的控制之下。”② 只有在这种真实的共同体中，“他们那由于劳动而变得坚实的形象向我们放射出人类崇高精神之光”③。共产主义社会消灭了人与人之间因财产占有的不平等性所产生的相互对抗的性质，财富、价值共创，平等、正义共生，人际和谐互融，惠益繁荣共享成为这个社会的关系新质态：“（1）我在我的生产中使我的个性和我的个性的特点对象化，因此我既在活动时享受了个人的生命表现，又在对产品的直观中由于认识到我的个性是对象性的、可以感性地直观的因而是毫无疑问的权力而感受到个人的乐趣。（2）在你享受或使用我的产品时，我直接享受到的是：既意识到我的劳动满足了人的需要，从而使人的本质对象化，又创造了与另一个人的本质的需要相符合的物品。（3）对你来说，我是你与类之间的中介，你自己认识到和感觉到我是你自己本质的补充，是你自己不可分割的一部分，从而我认识到我自己被你的思想和你的爱所证实。（4）在我个人的生命表现中，我直接证实和实现了我的真正的本质，即我的人的本质，我的社会本质。”④ 只有在这样的社会关系和共同体中，公共价值与美好生活之间才真正实现了彻底的一致：“社会化的人，联合起来的生产者，将合理地调节他们和自然之间的物质变化，把它置于他们的共同控制下，而不让它作为一种盲目的力量来统治自己；靠消耗最小力量，在最无愧于和最适合于他们的人类本性的条件下来进行这种物质交换。但是，这个领域始终是一个必然王国。在这个必然王国的彼岸，作为目的本身的人类能力的发挥，真正的自由王国，就开始了。但是，这

---

① 马克思：《1844 年经济学哲学手稿》，人民出版社 2000 年版，第 81 页。

② 《马克思恩格斯全集》第 3 卷，人民出版社 1960 年版，第 84—85 页。

③ 马克思：《1844 年经济学哲学手稿》，人民出版社 2000 年版，第 129 页。

④ 马克思：《1844 年经济学哲学手稿》，人民出版社 2000 年版，第 184 页。

个自由王国只有建立在必然王国基础上，才能繁荣起来。工作日的缩短是根本条件。”①

马克思的上述论断，深刻地勾勒、全面地论述了被正确理解了的新质“自由人联合体”之共同体形态的前提性条件，以及与此相适应的社会公共价值基础上人类未来美好生活的愿景。前提条件之一，在于生产力水平高度发展基础上，人类普遍的自主的交往关系成为可能和现实。经典作家指出：“只有随着生产力的这种普遍发展，人们之间的普遍交往才能建立起来；由于普遍的交往，一方面，可以发现在一切民族中同时都存在着没有财产的群众这一事实（普遍竞争），而其中每一个民族同其他民族的变革都有依存关系；最后，狭隘的地域性个人为世界历史性的、真正的普遍的个人所代替。”② 前提条件之二，联合起来的个人，制服了资本的逻辑，让生产与生活完全受自己自由全面发展需要的支配，真正成为自己生存与生活条件的主人。以经典作家之见，在生产力不发达、受分工限制的落后的社会形态和历史阶段，“社会活动的这种固定化，我们本身的产物聚合为一种统治我们的、不受我们控制的、与我们愿望背道而驰的并抹煞我们的打算的物质力量，这是过去历史发展的主要因素之一”③。在消灭了阶级、私有制、分工，国家被社会取代的未来共产主义社会，“随着基础、即私有制的消灭，随着对生产实行共产主义的调节（这种调节消灭人们对于自己产品的异化关系），供求关系的统治也将消失，人们将使交换、生产及其相互关系的方式重新受自己的支配”④。个体受外在物质力量的控制，只是以往历史发展的一个特点，未来社会将消除这种统治力量。前提条件之三，公共价值基础上美好生活的最终目标和最理想境界，是实现人的自由全面发展。马克思指出，未来共产主义社会，实行的是新的“社会所有制”，个体剥脱了对于虚假的共同体的依赖，克服了“自然必然性”、“社会关系必然性”以及“自我必然性”等诸多桎梏，称为自己社会结合的主人。人的一切活动，都是自由个体之生命活动自由展现和个性价值的实现。如此，

① 马克思：《资本论》第3卷，人民出版社2004年版，第928—929页。

② 《马克思恩格斯全集》第3卷，人民出版社1960年版，第39页。

③ 《马克思恩格斯全集》第3卷，人民出版社1960年版，第37页。

④ 《马克思恩格斯全集》第3卷，人民出版社1960年版，第40页。

“在真实的集体的条件下，各个个人在自己的联合中并通过这种联合获得自由”①。不仅如此，“个体生活的存在方式是——必然是——类生活的较为特殊的或者较为普遍的方式，而类生活是较为特殊的或者较为普遍的个体生活”。“作为类意识，人确证自己的现实的社会生活，并且只是在思维中复现自己的现实存在；反之，类存在则在类意识中确证自己，并且在自己的普遍性中作为思维着的存在物自为地存在着。因此，人是一个特殊的个体，并且正是他的特殊性使他成为一个个体，成为一个现实的、单个的社会存在物，同样，他也是总体，观念的总体，被思考和被感知的社会的自为的主体存在，正像他在现实中既作为对社会存在的直观和现实享受而存在，又作为人的生命表现的总体而存在一样。”②

三 “公共价值”与“美好生活”关系的时代性诠释：“人类命运共同体”及其“共同价值”观的普遍性意义

与人类公共价值信念相关的美好生活是一个内涵并不确定的概念。尽管如此，有一点却是肯定的，那就是，美好生活理念的提出以及美好生活的实践，无疑是基于对某种合理的价值观念认同的结果，是以特定制度共同体的方式对于某种价值的追求、践履和实践。在这个意义上，可以说，被正确理解了的价值观念，规定了美好生活的内涵和边界。公共价值与人类公共福祉有关，是一种普遍意义的权利保障的体现。马克思指出：“人的共同主体性是历史和社会的产物，整个人类作为一个真正自由自觉的主体只有在彻底消除了使人类分裂和对抗的社会根源之后才可能真正成为现实。”③ 以先进、优良的制度共同体的正义性实践，推进公共价值和美好生活事业，在当今时代面临着巨大难题和挑战。

人类生存的公共性逻辑，关涉与人类的生存与生活密切相关的几乎所有的公共性问题、公共性实践。在人类的历史、制度与思想文化实践

① 《马克思恩格斯全集》第3卷，人民出版社1960年版，第84页。

② 马克思：《1844年经济学哲学手稿》，人民出版社2000年版，第84页。

③ 《马克思恩格斯选集》第1卷，人民出版社1995年版，第46页。

中所生成和确立的价值，所表征的是公正本位的合理性、正当性意义上人类生存与生活的总体性逻辑。文明人类公认为“价值”的那个东西，几乎包含了社会存在和社会生活的一切。在其中任何一个方面的未被满足或者缺失，价值都可能是有缺憾、不完满的。不仅如此，既然属人的一切类型的价值都是理性设计的结果，那么人性、人的活动以及由此所造成的人的存在与人的生活的非完满性，决定了人所吁求的价值自身注定是有缺陷的。迄今为止人类的一切价值方面的努力，都是朝着改善、圆满化这一目标而在不懈前行。公共价值是“公本位”的存在论逻辑，主张制度化实践的“公共理性”共识，指向人类共同福祉，旨在变革不平等的社会关系，是人类生存实践自我制约的内在尺度。其一，经济发展公共性。强调的是经济发展与财富创造和满足的人性尺度，经济发展必须遵循生态规律、经济规律。资产阶级经济本质上是自利的经济，其实践的结果带来的是生态、世态和人的心态的多重失衡与紊乱，是生存价值的扭曲与生活理想的迷失。其二，政治制度与实践的公共性。制度公共性考量的是人类共同生活的艺术。优良制度所促成和保障的，就是公共性实践的目标。资产阶级民主制度所捍卫的，是资产阶级的自由、平等权益，这种政治生活形态本质上排斥、限制无产阶级，是对无产阶级的剥夺。其三，人类生活形态的公共性。现代人类生存和生活于其中的当代社会，是一个公共性信念、公共性实践以及公共价值等遭遇新的全面、深刻解构的时代。现代西方社会在公共生活领域所出现的“公共价值”的丧失，引发了普遍的公共生活冷漠症，作为公共权力之代表的国家无力为人们承诺并实现公共性价值。显然，公共价值的危机，实际上是现代人有关美好生活观念的危机。人们生活在一个因文化多元化现实所导致的价值观念持续冲突的复杂情境之中，不同性质的制度与差异化生活方式的并生共在，使人们对于价值的理解和评判上很难统一，公共价值基础上的美好生活实践遭遇深刻难题和巨大挑战。以麦金太尔之见，“现代社会把每个人的生活分割成多种片段，每个片段都有它自己的准则和行为模式”①。重构新的制度与文化公共性信念，从而为一个公正、和谐的“美丽世界”与自由、自主的“美好生活”提供确当性的公共价

① ［美］阿拉斯戴尔·麦金太尔：《德性之后》，龚群、戴扬毅等译，中国社会科学出版社 1995 年版，第 257 页。

值诠释，成为我们这个时代具有最大挑战性的智识性难题。

在学理性审视意义上，公共价值与美好生活之诠释范式及其所体现的思维智慧进入马克思哲学理论视野，是中国社会迈向21世纪以后的重要学术事件。当今时代，全球范围内依然强大的市场经济体制、资本逻辑以及技术进步的结果，的确带来了生活条件的改善和生活水平与质量的提高，以及普遍的社会进步和文明的改观，但是这样一种结果带来的并非所有人生活境遇的普遍提高，而只是少部分人的特权和专利。这样一种非公共性逻辑默认“一部分人极度富裕”与“一部分人赤贫”是一种不应谴责的应然。至少从20世纪中后期以来，面对威胁人类生存与生活的一系列全球性问题（主要包括生态危机、环境污染、自然灾害、能源紧张、核威胁、恐怖袭扰、民族分裂、种族冲突、极权政治，以及经济增长机制的崩溃、发展不均衡、贫富悬殊、价值失落、道德滑坡、生活无意义感等），国际社会在日益加深的生存困顿中逐渐意识到，人类的集体行动之所以步履维艰、困难重重，在人类日益加深的自我迷失背后，是缺少一种共识意义上为全人类所共享的共同的“公共价值”。

面对上述全人类层面普遍而深重的公共生活困境，一方面，从国际知识界、思想界来看，不乏前瞻性的睿智识见和理智应对方略，譬如乌尔里希·贝克基于对“风险社会”的深刻分析，关于重塑现代政治的主张。贝克强调复杂多元社会中，相互冲突的不同社会力量协商平等基础上积极参与对话，以实现一种交叉控制的“生产性政治”。而哈贝马斯有感于“系统世界”（以政治、法律、经济等制度形成的系统为基础）对“生活世界”（以个性、习俗、情感、闲暇等要素承载的具有个性化、感性化、情感化的现实领域）全面的、无所不在的“殖民化”，提出了以“交往理性”重建现代社会公共生活的合法性，重新获得对生活世界的支配权，重建生活与系统之间的平衡和积极互动的识见。另外还有罗尔斯基于“重叠共识”基础上的所谓全球正义理论的新主张。另一方面，当今世界，国际社会各种不同的机构、组织通过不同形式，不约而同地走进公共性，全面反思以往人类种种冲突背后的根由。所有这些努力，旨在改变因私有信念的扩张、膨胀所导致的人类公共性生存与生活秩序被威胁的窘境，改变旨在维护、捍卫某些超级大国霸权利益博弈所形成的不合理的国家关系秩序，创建一种共同体层面人类共生、共在、共享的新的全球公共性社会的格局。现代社会公共价值与美好生活的重要场域和寓所，依然主要在于以“公共领域”面目出现的“公共生活”。但不幸的是，全球化进程中由国家和政府共同主宰和承载着的公共生活，无论在理念还是在实践上，都捉襟见肘，无法为公众提供一种理想的、健全的可接受的形态，深陷一系列困境之中。以西方先发现代化国家为例，至少从20世纪中叶以来，面对全球范围内资本主义世界普遍发生的“市场失灵”“社会失灵”以及“政府失灵”等窘境，作为“拯救和重建公共生活”的努力，西方知识界做出了巨大的努力，包括公共选择学派在内的制定经济学、公共经济学、福利经济学等，在试图为政府私利性提供正当性论证的同时，致力于共同探索“公共事务的治理之道”，试图在更高层次的、更具普遍性意义的“公共价值”的框架内，审视人类公共生活合理性根基，但结果并不如人意。迄今为止，尚没有一个西方国家提出一个能够从根本上遏制公权私用、腐败所导致的公共生活异化的世界性方案。公共生活与私人生活的分离，使得在普通民众眼里，以政府为主体的公共生活不过是实现私人利益的工具而已。公权力的私人化，只关注私利满足，疏于公共利益，必然使“公共”生活越来越成为内容单一、意义贫乏的狭隘的“公众”的生活。

当然，进入后工业化社会的当今时代，上述情形开始有所改观，技术进步、市场化体制活力释放等所带来的财富的日益丰裕，尤其是新全球化在客观上造成的文化多元化（实质是价值观念和模式的多样），促使了本质上服从于公共价值逻辑的“类本位”生存与生活信念日益觉醒和自觉。不同文化与价值观念在冲突中寻求理解、交融和共存、共识的客观事实，使得全球社会的不同主体深刻地感受到，以“平等”“尊重”“承认”为前提的“开放”“融通”“团结”“合作”等，可以最大限度地减少冲突，为共创、共享、共赢的实现提供了无限可能。20世纪50年代以后，秉承“制度公共人假设”的各种地方性的、全球性的“以自愿求公益”的共同体组织雨后春笋般涌现。在这种情况下，原先由政府单一提供、安排和外在约束的公共性、公共价值，以及政府作为公共生活形制唯一合法主体的公共理性预设信念，因其一定程度上忽视了人的私人逐利性和自我治理权益，无法充分调动、激发公民个人参与公共生活实践的积极性，均遭遇了前所未有的祛魅和解构。非政府组织的理念、实践和行动模式提供了一个依托公共价值实现美好生活的典型个案。这表明，在一个关系“多极化”的依旧不平等的世界上，不同民族国家内部及其之间基于生存本位、生活优位理念，作为全球公民主体之坚定、有力的内心“自我认同”，重新回归公共生活领域。在这种情况下，面向多元性自治的公共生活的新模式，正在成为一种具有巨大张力空间的可能与现实。

当今社会，包括中国在内的所有后发现代化国家，一个时期内普遍面临着被不正确、不恰当地理解了的发展观念及其实践结果对于公共价值及其生活本真性意义的扭曲和遮蔽。出于急于摆脱落后和不发达的现状，这些国家在经济社会发展的战略上，几乎不约而同地选择在国家富强、民族复兴、人民富裕的名义下，将“增长”等同于发展，以“生产逻辑”挤压“生活逻辑”，不仅导致了程度不同的环境破坏、能源浪费、食品安全隐患以及日益加剧的日常生活的焦虑与不安，而且整个社会的物欲化、资本化、世俗化强势扩张，消费主义、功利主义、享乐主义、虚无主义等价值观念盛行。个体生活自身越来越丧失本有的协调和整体性，放弃了对于审美、自由和理性的自主性追求，随来势凶猛的大众文化、感性化（庸俗、浮躁、个体性、非理性、弥漫性以及当下感受性）而日趋同一化。

公共价值的创制与美好生活的实践探索，是对人类普遍共享的共同价值与优良生活信念批判、继承基础上的超越。进入新的历史时期以来，以习近平同志为核心的中国政府、中国社会，基于全球视野和整个人类发展的长远战略，着眼人类整体性生存利益最大化的普遍福祉，提出了一系列具有前瞻性、超越性且具有建设性和可操作性的解决全球问题的“中国方案”，旨在从根本上改变不合理的世界经济、政治秩序，以及以狭隘的民族国家利益为核心的价值理解框架和价值诠释方式，重构一个以公共价值与美好生活为新的范式的和平、正义的美丽新世界。社会主义制度无疑是人类历史上最具公共性品质和公共精神的制度，中国道路、理论、制度和文化实践自身，无疑是对公共价值与美好生活的生动诠释和现实践履。从中国共产党的十八大以来，中国道路以及中国理论的探索和实践创新，之所以能够成功，能够获得全世界的尊重与认同，正是因为其遵循以公共价值求取美好生活的逻辑，对于文明人类之历史前进方向的引导，其生存与生活新形态的塑造。进入改革开放、市场经济以及全球化新的历史变革时期的中国社会，在文明新形态创制和引领的意义上，深切关切因技术变革、资本逻辑以及随之而来的社会组织与管理方式的变革所带来的人类文化和价值观念的新变迁、新趋向，以“天下为公”的胸襟和气度，在一个依然生活在“霍布斯丛林”法则中的并不平等、并不美好的国际社会，以一系列卓有成效的探索和实实在在的行动，不懈地坚持以公共价值求取美好生活的实践，向世界贡献着属于中国政府、中国社会、中国文化的兼具前瞻性和建设性的智慧、方案与努力。这其中，无论是从“地球一家”“人类一体”之宏阔视野着眼的“一带一路”“人类命运共同体”“人类共同价值观”的倡导，还是立足中国特色社会主义制度现实，心怀全人类共同福祉的“中国特色社会主义核心价值观”，以及中华民族伟大复兴之“中国梦”和“创新、开放、绿色、协调、共享”新发展理念的提出，其所遵循、其努力目标所向，就深层逻辑而言，无一例外，都是围绕“公共价值与美好生活”而展开的。

站在人类文明伟大转型的新的历史起点上，党的十九大报告审时度势，明确提出当代中国社会的主要矛盾“已经转化为人民日益增长的美好生活需要和不平衡不充分的发展之间的矛盾”。而无论从当下还是长远来看，解决这一矛盾的关键，是全党、全社会在有关发展不平衡、不充分“已经成为满足人民日益增长的美好生活需要的主要制约因素”这一问题上，达成最普遍、最广泛的社会共识。具体而言，当今中国社会的“发展不平衡”主要表现在以下三个方面。一是经济发展与资源、环境生态之间的不平衡（改革开放四十多年来，经济快速发展，但一定程度上忽视了资源、生态与环境成本，已接近或超出了资源、环境和生态承载力的边界）。二是区域之间、城乡之间、不同社会阶层之间、行业之间发展的不平衡，且有不断拉大的趋势，导致一定形式的发展的“正义焦虑”。同时还有产业结构调整不完善、技术水平创新不均衡等的短板。三是发展效益上社会保障水平不充分（即经济与社会发展方面的不平衡。经济总量已稳居世界第二，但社会发展却相对滞后，教育、医疗、社会保障和福利等基本公共服务总量不足，均等化程度偏低）。上述问题不解决，美好生活的愿望就无法落到实处。对此，党的十九大报告坚持社会公共价值优位、公共利益优先的根本原则，分别从“经济—物质生活”“法治—政治生活”“社会—民生福祉”“生态—环境权益”等多个方面，作了深刻论述和高瞻远瞩的战略部署。一代中国民众有充分的理由充满期待：在新时代中国特色社会主义现代化建设的历程中，通过全社会的集体努力，一个经济生活方面，“安居乐业、衣食无忧”；法治建设与民主政治方面，民众参与政治生活、社会管理、政治监督等相关政治权利得到保障；社会民生方面，通过实现共享发展，人民的获得感、幸福感和安全感的提升，以及生态建设方面，“天蓝、地绿、水净的美好家园”的“美丽中国”图景。

黑格尔政治哲学中的公共性概念

张 盾[*]

黑格尔政治哲学的最突出特色是，他把所有问题提升到一种“概念式理解”的平台上。黑格尔的重大发现是：政治并非直接的自然性存在，而是一种精神的自由的创制性的存在。当黑格尔说世界存在的本质是精神，只有精神才是思考世界最真实的出发点，这个被指责为唯心论的观点对于政治哲学来说却是一个必须接受的理论前提，因为无人可以否认政治是一个不同于自然的特殊领域，这里没有纯粹自在的自然事物，只有人类的创制物：法律、道德和正义等。从康德到黑格尔都坚持一个洞见：在政治和道德领域，必须引入与自然原则完全不同的另一种解释原则，这只能是精神的自由的原则。

政治的最高本质是道德性，因而政治正义构成了伦理学研究的一个对象领域。自斯多葛主义就已开始从超出自然事实的“应然性”高度理解政治的道德本质，黑格尔在这条道路上又迈出了一大步，他创立了使政治如其本性地显现为一个反思性精神领域的理论方法和概念工具。政治的道德性在黑格尔法哲学中称为“伦理”（即法哲学的第三部分）。“伦理是自由的理念。”① 伦理作为精神的自由的创制领域，坚持实行对人的自然本性和自然状态的彻底超越，以此表征人类政治观念和政治现实的共同真理，“人类把伦理看作是永恒的正义，是能自为地存在的神”②。伦理首先否定近代的政治个人主义，黑格尔认为个人状态是人的自然状

---

* 作者简介：张盾，浙江大学马克思主义学院教授。

① ［德］黑格尔：《法哲学原理》，范扬、张企泰译，商务印书馆1961年版，第164页。

② ［德］黑格尔：《法哲学原理》，范扬、张企泰译，商务印书馆1961年版，第165页。

态，伦理既不是个人自然权利以外在事物为对象的自然法，也不是个人自我意识以主观善良为核心的内在世界。伦理性的政治扬弃原子式个人的自然性原则，将自身建立在人与他人之间的积极的肯定性的关系中，因而必须寻求建立公共性原则的理论平台。马克思揭示了人是一切社会关系的总和。然而在抽象法的理论平台上，个人与他人之间没有任何肯定性的关系，只有以禁令形式表现的对个人生命财产的外在的保护，在这里“他人的承认”是外在性的、强制性的。这不是政治的真正的概念，而是“自然状态的残余”，因为只关心一己之私正是人的自然状态的特征。政治的真正概念是伦理性，它实现在“我”与他人的积极的肯定性的关系中，他人对“我”来说是他者，但同时他人的承认是“我”赋予自己存在的目的，这个目的的实现证明了“我”的存在与他人存在的同一，并扬弃了“我”作为个人的主观性，使“我”与他人的这种肯定性关系变成客观的政治制度设计。于此而有了作为政治之根本目标的公共性，即包含了一切公共善（公共自由、公共幸福和公共精神）的共同体，它直接否定了以私利作为最高目的的个人权利原则。真正的伦理性只能是共同体构成个人，公共性原则大于个人原则，公共善先于私利，先于共同体没有真正意义的个人。“这些伦理性的规定就是个人的实体性或普遍本质，个人只是作为一种偶性的东西同它发生关系。个人存在与否，对客观伦理说来是无所谓的，唯有客观伦理才是永恒的，并且是调整个人生活的力量。”① 以往政治个人主义的最大难题在于，如果个人的私利成为政治的内在目的，那么公共性乃至公民社会本身就是徒有其表的。真正的政治只能是伦理性的，因为政治作为创制领域的要义在于，扬弃人作为个人的自然性，悬搁个人生命与财产的至上性，以公共性原则取代个人原则，以公共性作为政治的内在目的，并且在公共性的框架内重新安排个人权利的实现路径，把公共善确立为最高的目标和义务，同时把个人利益变成合法的权利。

伦理是一个精神的自由创制领域，它将自然性的个人权利原则置换为社会性的公共性原则，也使政治哲学从经验主义的地基上升到“概念式理解”的界面。以此，伦理为我们提供了一条通向“政治的概念”的

① ［德］黑格尔：《法哲学原理》，范扬、张企泰译，商务印书馆1961年版，第165页。

道路。黑格尔说，“伦理是自由的理念”，即政治的概念与政治现实的同一。这表明了伦理作为精神创制的要义就在于，它是使政治的现实趋近于政治的概念（即政治“所应当是的东西”）的一条道路。真正重要的是，黑格尔提供了理解政治作为一种反思性精神创制的理论思维方法，即概念与实在的同一性原则。在精神的创制领域，概念是事物的存在形式。概念作为黑格尔政治哲学的对象，不是直接被给予政治哲学的，而是理论思维的结果，是从政治和历史中的经验事实抽象出来的观念。当然，在政治领域，确有众多经验事实直接存在着，如历史事件、社会状况、典章制度等，非反思的经验主义政治哲学只看到这些东西，而黑格尔认为这些东西是次要的、外在的，真正重要的是这些经验对象背后的概念和价值诉求，比如个人原则与公共性原则。这是一些观念存在物，是理论反思的对象，但在作为创制领域的政治世界，它们却是真正的现实，是第一性的存在。

正是政治哲学理解创制原则的努力，发现了精神与自然的内在关联。政治作为创制领域，并未抛弃自然而专门面向精神，而是要把自然提高为精神。人是自然与精神、有限性与无限性的矛盾统一体，超越这种有限性而达到精神的概念构成了人的自我否定过程，人的高贵之处就在于他在有限性中知道自己是某种无限的、普遍的、自由的东西。作为思想之本性的辩证方法，即“在否定的东西中看到肯定的东西”，其合理性正是来自人性本身的这一内在矛盾。这个否定的方法构成了创制活动的内在机制，确切地说，自我否定是精神区别于一切自然之物的特有存在方式，人通过自我否定改变乃至取消世界现成的自在状态，使这个世界由直接性的自然存在变成反思性的社会存在。因此否定的本质是精神特有的、自由的创造力量，它在现有的世界之上创制出全新的形式，赋予事物以本质，把偶然性变成必然性，使实在上升到概念而获得内在的实在性。黑格尔明确指出了否定方法与创制之间的本质联系：“构成普遍的东西的否定物的那个规定在概念中完全只是作为‘建立起来之有’。”① 这里则要强调黑格尔的另一个重要思想是，作为否定方法的创制必须实现为某种政治制度设计，伦理作为精神的创制领域必须有其“固定的内

① ［德］黑格尔：《逻辑学》下卷，杨一之译，商务印书馆 2009 年版，第 269 页。

容”，即建立某种主观善良与客观伦理相统一的“自在自为地存在的规章制度”①。政治通过一种否定的方式达到伦理性，这种伦理性因为主客统一的制度设计而具有了严格而合理的肯定性：制度是对自然状态的否定和改变，使自然趋向于精神的概念；同时，制度作为伦理概念的定在形式又是伦理概念否定和限制自身的结果，普遍性限定自身而成为“有机组合的实在性”②。具体来说，一种伦理性的政治制度建构积极的肯定性的人际关系，用公共性原则取代原子式个人，使自然性的自私的个人升华为政治人格即伦理共同体的成员。在法哲学的“伦理”这一部分，黑格尔考察了三种制度模式：家庭、市民社会和国家。

家庭在法哲学的历史性结构中是体现前现代共同体伦理精神的一种制度范本。前现代的社会特征在于个人与共同体之间那种“直接的天籁的和谐”，个人完全从属于某个共同体（如村社、城邦、行业或国家），每个人的个性和利益与共同体完全融为一体。黑格尔心目中的个人与共同体完美统一的典范是古希腊的伦理生活。作为一种特定的制度范本，家庭以最直接的方式体现了黑格尔的政治伦理观点：共同体高于个人，公共性原则高于个人原则。家庭是直接性的伦理实体，使它成为这种实体的形式规定是爱和婚姻。爱是伦理的自然形式，爱的伦理性在于：它是对统一性的感觉，在这种统一性中，一个人不是作为孤立的个人，而是作为共同体的一个成员，在“他人对自己的承认”中找到自身的位置和意义。婚姻的伦理性则在于，它将统一性即人的整个实存的共同性提升为目的本身，并把这一目的建立在恩爱、信任、互助互爱的基础上，通过双方人格的同一化，扬弃个人独立人格和个人利益，从而扬弃家庭关系中的感性的自然的环节，使之成为具有法的意义的伦理义务。因而，当我们把家庭理解为一种被创制的伦理制度时，真正具有政治意义的，不是使它得以维系的那些自然情感，而是在这些自然环节中包含着使个人人格及其权利从属于共同体这一伦理原则的原初形式。家庭作为一种制度设计直接扬弃了契约论和自然权利的观点。在家庭中，所谓个人权利不是作为“独立的人格”这种抽象单一性的实现形式，而是构成了个

① ［德］黑格尔：《法哲学原理》，范扬、张企泰译，商务印书馆 1961 年版，第 164 页。

② ［德］黑格尔：《精神现象学》下卷，贺麟、王玖兴译，商务印书馆 1983 年版，第 119 页。

人在家庭中存在的一个特定环节的东西，是他作为一个成员在这个统一体中的生活本身。同理，财富在家庭中也不是作为个人需要和欲望之外在对象的那个抽象所有权观念，而是变成了一种对共同体的维护和增益，“就是说转变为一种伦理性的东西”①。黑格尔之所以选择宗法制家庭作为伦理实体的第一个历史范本，是因为家庭关系中可以看到伦理之自然环节与精神环节的直接统一，个人与共同体那种“直接的天籁的和谐”。然而这种古希腊式伦理和谐注定灭亡，因为它作为伦理原则过于简单、过于直接，缺乏那种只能来自精神之自我否定的真实而无限的力量，抵抗不住醒觉的自我意识的无限反思。“结合在家庭的统一中的各个环节必须从概念中分离出来而成为独立的实在性。”② 家庭的统一性瓦解之后，共同体成员变成独立的个人，漂浮在特殊性的规定中，伦理作为精神的创制力量必须创造出新的统一性形式：“这种统一使理性的对立面施展全力，分道扬镳，随后加以克服，使它能在对立中保存自己，并结合对立在自身之中。”③ 这就是近代的力量。

近代是自然与精神、客观性与主观性陷入分裂并各自充分发展的时代，这种二元性是黑格尔对政治哲学的伦理学反思的理论起点。一方面，近代政治哲学发现了物质的外在性和客观性的力量，启蒙思想否定了基督教关于自然是人不应有的原罪状态的教义，自然成为理解人性和人的概念的不容置疑的出发点，在此基础上产生了个人权利（生命、财产）的至上性原则。另一方面，近代认识论哲学则彻底悬搁外在事物的优先性，将客观性置于主观性的内在领域来讨论，坚持了最彻底的主观性原则和自我意识在自身中的无限反思。近代主观性原则崛起的一个后果是，普遍性成为理解市民社会伦理性的重要概念。黑格尔对政治哲学的伦理学反思主要是在市民社会的界面上反思了普遍性与特殊性的关系问题。在研究市民社会作为一种伦理性创制的理论内涵之前，我们先来确定一下“普遍性与特殊性的关系”在黑格尔理论中的地位。

黑格尔对精神和自然的区分，关键是对精神存在的普遍性与自然事物的特殊性的理解。普遍性和特殊性本是逻辑学里“概念”的两个环节，

① ［德］黑格尔：《法哲学原理》，范扬、张企泰译，商务印书馆 1961 年版，第 185 页。
② ［德］黑格尔：《法哲学原理》，范扬、张企泰译，商务印书馆 1961 年版，第 195 页。
③ ［德］黑格尔：《法哲学原理》，范扬、张企泰译，商务印书馆 1961 年版，页 200 页。

但“普遍性高于特殊性”却被黑格尔确定为政治哲学的一个根本原则，这是因为一切精神创制高于自在自然的力量和品位皆在于此。康德把普遍性与必然性并置，当作思想的客观性标准；黑格尔则把普遍性当作精神的创造原则，普遍性是精神为事物创制的形式，亦即概念赋予事物的一种本质。思想的自为的自由即在于，思想是具有普遍性的活动，它超越一切特殊意见和揣测，只在普遍性中得到满足。因此，思想按其真本质绝不是主体自我私有的特殊状态，而是摆脱一切特殊性、只让普遍物当权的“客观思想”。黑格尔拒斥近代自然法的根本点在于：人之为人的无限价值及其权利的先验根据在于人是能思想者，因而是普遍性的存在者，而非来自他的自然性。自然的自在品性是特殊性，自然界的无力就在于它是“无形式的实体”，它把自己在“无概念的盲目的多样性”中消耗殆尽①。而精神的概念是普遍性，更准确地说，概念作为“普遍的东西”是精神为事物创制的形式，它把特殊的东西从无形式的实体性那一无底深渊中托举起来，使之成为人的作品和人的现实，“有限物在普遍性中与自身相关，概念是有了精神的形式；有限物通过普遍性在这一形式中把自己燃烧着了，辩证地建立起来，从而是理性现象的开始”②。在这一意义上，普遍性是精神的“创造的威力”，而创制的内在机制是自我否定，普遍性否定自身而有特殊性，即通过把自己限定为某种有限的特定的内容而成为特殊物，使得“在特殊性中就是在普遍性中”。这里显示出普遍性作为创制原则和作为否定方法的一致性，而作为否定的创制正是政治中一切有意义内容的本意。任何真正的政治理性都被某种普遍理想引导，同时又必须限制理想而将其落实为某种“固定的内容”即特定的规章制度，普遍性才不至于像在法国大革命中那样变成无用的甚至是破坏性的抽象之物。

伦理性的政治之所以要用规章制度这种形式来实现，在于人性之自然方面只能以制度的创制来超越之。如上所述，近代是自然与精神的矛盾充分发展的时代，传统伦理共同体（如家庭）的直接统一性丧失之后，个人权利原则对人性的理解回到自然的起点上，表现为市民社会的特殊性原则：在市民社会中，每个人都把自己的私利当作目的，其他一

---

① ［德］黑格尔：《逻辑学》下卷，杨一之译，商务印书馆 2009 年版，第 275 页。

② ［德］黑格尔：《逻辑学》下卷，杨一之译，商务印书馆 2009 年版，第 280 页。

切都是虚无。正因此，黑格尔把自然作为反思近代政治哲学的起点，市民社会就它是“个人私利的战场”来说，“它在自身中还保持着自然的，亦即任性的特殊性，换句话说，保持着自然状态的残余”[①]。但与此同时，近代主观性的无限反思却将普遍性理解为市民社会的真正基础和最后目的，正是在客观与主观统一的意义上，市民社会被黑格尔反思为最能体现伦理之创制本意的一种制度安排：“利己的目的，就在它的受普遍性制约的实现中建立起在一切方面相互倚赖的制度。个人的生活和福利以及他的权利的定在，都同众人的生活、福利和权利交织在一起，它们只能建立在这种制度的基础上。”[②] 普遍性是指个人的目的只能在同他人的关系中以普遍方式来实现，而其要义却在于，对普遍性的反思生成了公共性的新形式，从而反思性的公共性原则必然扬弃直接性的个人原则。“这一反思关系就构成了伦理性的东西的现象界，即市民社会。”[③] 在市民社会中，公共性原则归根到底高于个人原则，表现为，当一个人追求自己的特殊目的时，他也因此而为普遍的目的服务，被普遍性支配，普遍性不受个人追求特殊目的的影响，反而决定了个人只能按普遍的方式规定他的目的和活动，使自己成为社会关系中的一个成员，将个人权利从自然的单一性和外在性提高到社会性的普遍性形态。这就是黑格尔从斯密观点引申出的作为“看不见的手”的公共性原则。

既然市民社会作为私人利益的战场存在公共性的深层结构，而公共性又是以私利与公共善之间积极的肯定性关系的方式起作用，那么市民社会两大构成原则的差别和联系可以在两个相对应的方向上展开。一方面，特殊性作为直接被给予的外在性是一个内容原则，它的内容要素如果不具有某种普遍的目标和形式，就是“丧失了概念的定在”和无概念的纯自然性，因为特殊性本身作为欲望的对象是没有节制、没有尺度的，这就是霍布斯、洛克个人权利原则所达到的限度。另一方面，普遍性作为一种反思性的关系是一个形式原则，如果普遍性的关系逻辑完全否定

① ［德］黑格尔：《法哲学原理》，范扬、张企泰译，商务印书馆 1961 年版，第 211、309 页。

② ［德］黑格尔：《法哲学原理》，范扬、张企泰译，商务印书馆 1961 年版，第 198 页。

③ ［德］黑格尔：《法哲学原理》，范扬、张企泰译，商务印书馆 1961 年版，第 195 页。

特殊性的实体内容，就会得到柏拉图《理想国》描述的“伦理生活的理想的美和真”①，同时使自身变成无差别、无规定性的纯形式。黑格尔实现的伟大综合是，真正的伦理既拥有思想的纯形式又包含特殊内容于自身，所以是“概念与实在的同一”；真正的普遍性是以特殊性为对立面、同时又让特殊性返回到自身的普遍性，“在他物即在自身中”，这样的普遍性是对特殊性的解放，让特殊性的内容不再以自然冲动的形式而是以义务的形式表现出来，在义务中个人得到解放而自由。市民社会作为政治创制的意义就在于，它使普遍性与特殊性处于互补的统一关系中，让特殊性成为普遍性的充实的内容，特殊性的权利必须予以保持，公共性原则因而成为现实的和具体的东西；同时特殊性内容必须将自身提高到普遍性的形式层面，扬弃个人权利的自然性和外在性，从而能够在需要和财富构成的个人定在的自然地基上追求更高的精神目标即社会原则。以法律为例。法律是市民社会的一切制度设计最重要的基础，是最完全意义上的精神创制物，法的体系是从精神自身产生出来的作为“第二自然”的精神的世界，同时又在最彻底的意义上接触和改变人的自然存在领域。正是在法律中，市民社会的特殊性内容恢复到与普遍性形式的统一，抽象的无限的个人权利在获得承认的意义上达到了具体的普遍性的定在，变成合法的权利和义务。比如所有权及其人格基础因为得到法律的承认而具有普遍性，所以对所有权的侵犯就不只是侵犯了主观的个人的东西，而是侵犯了普遍事物，公共性原则在这里显示为：“对社会成员中一人的侵害就是对全体的侵害。”② 而在更深刻的解放意义上，普遍性使人的需要及其满足越出自然性的限制而进到社会性的平面，“它使孤立的和抽象的需要以及满足的手段与方法都成为具体的、即社会的”③；财富的概念亦随之发生变化，从个人的占有物变成“对其他一切人的需要得到满足是有帮助的东西”，即普遍财富④。在黑格尔重视的另一个例证同业公会中，市民社会作为一种制度设计的伦理性得到了更自觉的表现和理解，同业公会意味着个人在某个特殊性领域取得了他的定在，同时通过在

① ［德］黑格尔：《法哲学原理》，范扬、张企泰译，商务印书馆 1961 年版，第 200 页。
② ［德］黑格尔：《法哲学原理》，范扬、张企泰译，商务印书馆 1961 年版，第 228 页。
③ ［德］黑格尔：《法哲学原理》，范扬、张企泰译，商务印书馆 1961 年版，第 207 页。
④ ［德］黑格尔：《法哲学原理》，范扬、张企泰译，商务印书馆 1961 年版，第 210 页。

自己的事业中追求行业共同目标这种崇高的无私性，使自己从属于一个整体，“这种整体本身是普遍社会的一个环节”①，从而将个人追求自己利益的“自然权利”从它的偶然性和自私性中解放出来，提升为针对一个无私的共同目的的自觉活动。这就是黑格尔所说的普遍性对特殊性的解放。

然而市民社会终究标志着“伦理的丧失”，因为它把个人追求自己私利当作第一原则，在经验层面显现为“一切人反对一切人的战场”；而它所包含的普遍性与社会性的深层结构则是理性反思的产物，有待于在更高的层面上变成真正的现实。就市民社会的表层结构与深层结构的不一致性而言，黑格尔称市民社会是“伦理性东西的现象界”②，特殊性的个人原则是伦理的外部现象，普遍性的公共性原则才是伦理的本体和本质。黑格尔把普遍性作为伦理的本体，其实是以普遍性否定个人原则，呈现伦理的公共性。公共性原则是使伦理成为伦理的根据，个人作为个人仍停留在自然之上，个人作为社会关系的总和才进入伦理之中，这种伦理关系内在于人的本质，是调整和决定个人生活的必然性力量，洛克在经验意义上规定的个人权利只有当个人处于伦理关系中才能真正实现。作为公共性原则的伦理使伦理学成为政治哲学。

近代伦理学的革命正是伦理学成为政治哲学的过程。伦理学之作为政治哲学也正是黑格尔法哲学的要义所在。黑格尔之前的伦理学之所以未能达到政治哲学，在于它未能发现政治的道德性即伦理本身。古代伦理学（如斯多葛主义）已经发现了从应当层面而非事实层面去评估政治的正义性，特别是已经揭示出共同体对于个人的优先性应当成为政治的最高原则，但是在公共性与个人的两极对立尚未充分发展的时代，古典的公共性原则还不是真正的现实的社会原则，古代伦理学抓不住伦理本身。近代才是个人原则和主观性原则都获得充分发展的时期，但近代个人原则的自由概念和权利概念完全沉入自然的外在性里，根本远离了伦理本身；康德伦理学的主观性原则则要求在自我意识的无限反思中确定什么是善和正义、权利和义务，这是一种形式化的更纯粹的个人原则，同样抓不住伦理本身。公共性是真正的伦理，是在否定人的直接性自然存在即纯个人状态的基础上生成的关系性存在概念，即联合体概念，并作为人的

① ［德］黑格尔：《法哲学原理》，范扬、张企泰译，商务印书馆1961年版，第249页。

② ［德］黑格尔：《法哲学原理》，范扬、张企泰译，商务印书馆1961年版，第195页。

“概念与实在同一”的存在方式而属于精神的创制领域。社会原则是一个政治原则，而不是先验道德原则，不诉诸主观性的自由立法，而是要求在主观善良意志与客观政治制度相统一的前提下，回归联合体的伦理关系，在伦理关系中实现个人的权利和人格。黑格尔把政治的道德性称为伦理，并规定伦理只能奠基于公共性原则而非个人原则，整个法哲学的理论取向是批判个人原则，回归联合存在的公共性原则。在这样的意义上可以说，真正的伦理学只能是政治哲学，而法哲学就是黑格尔的伦理学。

黑格尔把伦理发展的最高形式规定为国家。无疑，黑格尔的“国家”作为伦理性政治的最高原则不是某个特殊国家，而是国家的理念；国家不是经验的对象，而是理论思维的对象，作为理论的创制物被用来表征政治这一创制领域的理想。“国家是精神为自己所创造的世界。”“神自身在地上的行进，这就是国家。”① 确切地说，国家是黑格尔创立的使伦理如其本性地显示为一种公共性原则的理论方法，把公共性原则表现在一种最高程度的联合体概念中。以此观之，黑格尔指认“国家是伦理理念的现实”，这不过是“伦理作为社会原则”的另一种说法。当黑格尔说，成为国家成员是每个人的最高义务，个人的特殊目的和尊严只有在国家中才能实现为伦理性的东西，他的观点并非表面意义上的国家主义立场，而是一个伦理学—政治哲学的理论观点：国家作为公共性原则的制度定在形式，使个人的存在及其意义依赖于政治制度作为创制之物的反思性，即依赖于个人与其相关的整个联合体的关系，而不是依赖于个人的自然存在。这就从根本上否定了个人原则作为政治的第一原则。相反，在此之前，近代政治哲学一直把国家当作个人之间为保护生命财产而订立的契约，这是一种对国家的经验主义理解，把个人原则的各种实体性规定搬到国家的概念中。个人的单一性是一种经验的单一性，个人权利的各种诉求对象属于经验的偶然性领域，与之相比，国家作为公共性原则的定在形式是理性的自由的创制领域，因而是一个更高的精神性的关系领域，“国家是比个人更高的东西，它甚至有权对这种生命财产本身提出要求，并要求其为国牺牲”②。当然，黑格尔对国家的重视有其特定的德国

---

① ［德］黑格尔：《法哲学原理》，范扬、张企泰译，商务印书馆 1961 年版，第 259、285 页。

② ［德］黑格尔：《法哲学原理》，范扬、张企泰译，商务印书馆 1961 年版，第 103 页。

背景。近代德国没有形成英法那样强大独立的工商业资产阶级，也没有发生过法国那种以反抗贵族特权、追求普遍平等为目标的激烈革命，而是通过 19 世纪初普鲁士王国推行的内部改革进入了现代世界，因而在德国没有那种由法国革命带来的激进的个人权利观念，而是用“个人资源以最高度最相称的发展而进入一个整体”来界定自由，德国观点认为，经过改革的普鲁士王国就是自由理想的实现，即个人在其中拥有充分权利的同时又与社会整体结合在一起的制度。[①] 然而，德国历史的经验事实并不足以揭示黑格尔“国家”概念的理论意义，把黑格尔观点当成狭隘的国家威权主义更是误解了这个概念的理论深度。对于反思政治的伦理本质来说，根本性的理论问题在于个人原则与公共性原则之间何者是政治的第一伦理原则，而非个人权利与国家威权何者具有至上性，后者是一个关于不同民族政治传统的经验事实问题，被黑格尔所悬搁：“在谈到国家的理念时，不应注意到特殊国家或特殊制度，而应该考察理念。”[②] 在黑格尔对政治的伦理学反思中，国家作为“伦理的理念”是理论思维的一个抽象，或者说，黑格尔的“国家”是用来表征社会原则的一个符号和一种理论方法。从理论上讲，国家是最高程度的政治创制和制度形式，个人是否生活于公共性原则下与国家有至为紧要的关系，因为国家是所有联合体伦理关系的总和与目的，也是保证这种伦理关系能够存在和发展的力量。因此，当黑格尔以国家作为伦理的最高界面，他所表达的真实理论观点是：公共性是真正的伦理。而国家之为伦理的最高界面也绝不在于它是一个高居于共同体之上的自在的制度实体，而在于它就是共同体本身并且是最彻底的公共性原则，正如黑格尔指出的，国家直接存在于风俗习惯中并内在于人的本质，是一种比信仰和信任更具同一的直接关系。

之所以公共性是真正的伦理原则，在于共同体的普遍性。卢梭和康德发现，具有普遍性的东西一定是道德的，因为普遍物一定是全体普遍欲求的东西，而不包含个人特殊欲求的目标。公共性原则意味着超越私利而追求公共善，这正是政治作为精神创制之物的要义所在。黑格尔指

① 参见［美］伊格尔斯《德国的历史观》，彭刚、顾杭译，译林出版社 2006 年版，第 19—20 页。

② ［德］黑格尔：《法哲学原理》，范扬、张企泰译，商务印书馆 1961 年版，第 259 页。

出，家庭和市民社会之所以包含着伦理的源泉，是因为在那里，原子式的个人已经被扬弃为普遍共同体的成员。然而，如前所述，普遍性在家庭中还是直接的和非反思的，在市民社会则是被特殊性的现象掩盖的深层结构，只有借助于反思才能显现；只有在作为公共性原则之定在形式的国家中，普遍性才成为自在自为的具体的普遍性，真正的共同体因而成为伦理的本体。于此，共同体构成了一个比个人更高的政治界面，一种“伦理性的政治”一定是以共同体为最高准则的，因为它产生于成员之间的一种内在关系，即所有个人之间共同的东西，这种共同性不是私利的总和，而是作为社会财富的公共性：公共自由、公共福利和公共精神。人是被规定着要过普遍生活的，一个真正的共同体是政治领域唯一可能的伦理关系，它自身就构成了普遍性的精神标准，以至于一个人只有成为共同体的成员才符合人的概念，废弃了公共性原则的近代原子式个人则回到人的自然状态，回到没有规律、责任感和归属感，只让自然性的需要和欲望当权的界面。当然必须承认，由黑格尔和马克思揭示的现代公共性原则是一个全面的、具体的原则，是对古典公共性原则抽象的无限的普遍性与近代个人原则那有限而外在的特殊性实行综合的产物。现代公共性原则的深刻力量在于，它将共同体确立为所有公民共同的绝对目的，同时又使这个目的与个人原则和主观性原则完美地结合起来：个人的特殊权利必须予以实现，但特殊性是通过将自身过渡到普遍性，即将普遍性领悟为自己的本质和最终目的这样一种途径来实现的，“个人本身只有成为国家成员才具有客观性、真理性和伦理性”①。

之所以说公共性是真正的伦理原则，还在于共同体是将普遍性实现于具体制度安排中的力量。黑格尔以主客同一的制度伦理扬弃康德的主观善良意志，从而实现了伦理学的一次革命。公共性原则是一种“内在制度”原则，它不同于个人主义对于政治制度的外在的工具性理解，而是以建立人与人之间真正的内在联系即公共善为目标，把每个人的幸福当作公共问题，因而政治制度就是它的目的本身和存在形式。法国革命的教训在于，普遍正义必须寻找与之相适应的政治制度形式，制度既是对自然状态的否定，同时也是对普遍性理想的限制，使普遍性不是停留

① ［德］黑格尔：《法哲学原理》，范扬、张企泰译，商务印书馆 1961 年版，第 254 页。

于无限的主观自由原则而是实现为“有机组合的实在性”。制度伦理的要义在于把个人变成社会成员，这是通过社会大众进入不同等级的方式得以证明和理解的。黑格尔认为，社会原则必须在自身中保持它的一切差别，并把这种差别分解为不同的等级和部门，而不是“死抱住每一个人都是国家成员这种抽象的规定”①。前已述及，市民社会的深层制度伦理意味着社会的等级结构的强制性：个人必须在自己的特殊领域取得定在，即必须在特定的等级中处于某一位置，使自己成为社会共同体的某一环节的一个成员，从而获得社会关系的规定性，“不属于任何等级的人是一个单纯的私人，他不处在现实的普遍性中”②。国家是最高等级的政治制度，“伦理性的国家”作为公共性原则的定在形式就在于它是一切层级伦理关系的总和与目的，它把社会共同体的普遍性伦理目标与个人特殊利益的统一实现为权利和义务的关系，个人对社会所尽的义务与他在社会中享有的权利是同一的。由这种同一性而产生出公共性原则作为一项人性改造工程的双重后果，即客观上把个人变成社会成员，主观上把人的自利心升华为爱国主义。

政治的创制性和伦理本质，无疑以概念与实在的同一性为基础，个人原则被扬弃为公共性原则意味着政治作为创制领域必须上升到它的伦理概念。这里出现了一个根本的问题：黑格尔的概念与实在同一性到底是一个现实原则还是一个“应当”原则？众所周知，黑格尔在批判康德的主观道德观点时反复指责了“应当”概念的软弱性，黑格尔的政治伦理要求主观善良与客观善政的统一，强调概念必须在制度中取得它的定在，国家是公共性原则的定在形式，这必然包含对“应当”原则的否定。然而，我的研究发现，黑格尔对政治的伦理学反思的根本取向却是要求从“应当”角度去理解政治的本质。如上所论，概念与实在的同一性构成了对真理本意的新理解：某物之为真，在于它的存在符合它的概念。黑格尔举例说明，当我们说到一个真正的国家或一件真的艺术品，这个“真”的严格意义是指它的存在符合其概念。但更重要的发现是，这种同一性不仅是一个真理原则，同时也是一个价值原则，它内在地包含关于“应当”的判断：所谓对象的存在符合其概念，在更深刻的意义上是指该

① ［德］黑格尔：《法哲学原理》，范扬、张企泰译，商务印书馆1961年版，第326页。
② ［德］黑格尔：《法哲学原理》，范扬、张企泰译，商务印书馆1961年版，第216页。

对象是按它“所应是的那样”去存在的。真的东西一定是好东西，反过来说，不真的就是不好的，“不好与不真皆由于一个对象的规定或概念与其实际存在之间发生了矛盾”，一个坏人不是一个真正的人，一部坏的实定法不符合法的概念，奴隶制之不法在于它破坏了人的概念①。政治哲学之所以不能以经验主义的事实作为出发点，而是必须上升到概念，就是因为，在实际政治领域，很少有经验对象能够达到存在与概念的一致。黑格尔认为这样的现实不配冠以作为哲学之对象的“现实”之名。主客同一性原则超越了经验主义与主观主义的对立，作为事物本质的概念严格规定了“真实存在”的意义，同时也规定了更高意义上的“应当存在”。休谟之后的西方哲学区分事实与价值，黑格尔借助概念与实在同一性重新实现了事实原则与价值原则的统一，价值判断并非如休谟所说是表达情感的主观约定，而是基于存在与概念的一致因而具有严格真理效力的“应当”概念。黑格尔实现的这一新的综合，使近代政治哲学在理论思维的更高水平上回归到由斯多葛学派开创的从“应当”角度理解政治之正当性的伟大传统，以此敞开了通向马克思更彻底的公共性原则的道路。

① 参见［德］黑格尔《小逻辑》，贺麟译，商务印书馆1982年版，第86、399页。

作为公共价值的正义概念

罗 骞*

我们面对一个基本事实，不仅不同思想家有不同的正义理论，而且不同时代也有不同的正义观念。但是，当我们共同使用正义这个概念的时候，这种共同性在哪里呢？也就是说，如果正义这个概念是可通约的因此是有效的，这种有效性的根据何在？这个问题要谈论的显然不是正义的形而上本质，也不是何种制度或者行为是正义的这类经验性的问题，而是在哲学层面追问正义概念的存在论根据问题。要追问的实际上是正义概念被用于谈论哪一存在领域，它是以何种方式谈论此存在领域，因此同其他相应概念存在何种差异的问题。唯有在这个层面上思考，将正义问题的基本论域及其基本性质搞清楚之后，正义问题的探讨才能在正确的方向上展开，而不至于陷入似是而非的争论。本文试图澄清正义概念的存在论基础，解构正义问题讨论中事实性与规范性、政治性与伦理性之间的抽象对立，阐释一种后形而上学视域中作为规范性领域之统一价值的正义概念。文章将集中讨论三个方面的问题：首先，简要规划一个简明的后形而上学存在论框架，揭示交往活动领域的基本构成原则及其性质，以便一般性地揭示正义作为规范性概念的基本特征；其次，在存在论规划的基础上，厘清交往活动领域内部不同价值原则及价值概念之间的关系，将正义规定为交往活动领域中利他性的奉献和公平性的平等相统一的综合环节，因此是交往活动领域中最高的公共价值；最后，从作为伦理领域和政治领域之统一价值这个角度出发，文章将勾勒和阐

* 作者简介：罗骞，中国人民大学哲学院教授（北京 100872）。

释正义价值得以构成的几个精神环节。在交往活动领域中体现了这些基本精神原则的行为、规范和制度，就可以看成是正义的。

一 正义概念的论域

同样的对象从不同的视角和方法切入会形成不同概念，从而形成不同学科体系。比如说，同样以人作为研究对象，就可能形成心理学、生理学、人口学、人种学等不同学科。学科划分的关键显然不是研究对象是什么，而是我们从何种角度、以何种方式研究对象从而构成对象性领域。比如说物理学这门学科的确立不是因为存在一类不同于其他对象的物理对象，而是说我们有一种关于物理现象的存在领会并从这样的领会出发去研究对象，因此构成了一个物理学研究的领域。当我们说什么是物理现象的时候，说的是将符合于这种存在理解的现象称为物理现象。对对象的特定阐释和理解构成了研究的对象性领域，决定了基本概念的论域及其性质。讨论正义概念的时候，首先也需要具备这种自觉的理论意识，明确正义这个概念被用于谈论哪个存在论领域中的问题，在此领域中符合何种存在领会的现象被称为是正义的，而不是正义本身及其原则是什么。以此种理解为基础，才不至于将正义概念运用到不相关的领域，并且误以为存在先验的正义原则。通常地说正义是一个规范性概念，规范性是在与事实性相对立的关系中被确定的。只有澄清了正义概念的存在论基础，划定了正义作为规范性概念的基本论域，明确了事实性与规范性之间的存在论关联，才能避免在反思哲学的框架中理解事实性与规范性及其关系，从而避免正义被理解为抽象的“应然”理念；也只有澄清正义概念的存在论基础，才能进一步阐释道德与法权之间的关系，从而明确正义在公共领域中作为价值概念的核心地位。

康德先验哲学的基本成果告诉我们，被谈论的对象总是意识把握和规定了的对象，而不是对象自身。这意味着关于存在对象的意识限定了相应的对象性存在论视域，意识的对象性存在论视域是由对象性意识本身构成的。也即是说，存在论视域总是与人相关的、由人的生存实践活动中展开的存在领域。人类活动是理解存在论视域的根本切入点。人总是自觉或者不自觉地从生存活动出发形成他生活于其中的世界概念，并依据这种理解对世界进行规划。中世纪基督教世界观区分了月上世界和月下世界，人们依据这种区分生活在世，就构成了不同于中世纪之前和之后的生存世界。世界和关于世界的概念受人的对象性实践活动和对象性意识中介，本质上是属人的世界。模仿马克思的说法，离开了感性实践活动和对象性意识的抽象世界并不是我们真实地生活于其中的现实的世界，而是一个观念的抽象。人们如何理解和把握存在，存在如何向人呈现，存在就如何存在。对象性意识依据一定的原则将对象性存在视域进行区划，分成不同的领域，揭示不同领域之间的差异和各自的特征，从而深化人们对存在世界的理解。

人们的感性实践活动遵循不同原则，依据感性实践活动三种不同原则，可以区分出三个不同的存在领域。感性实践活动的三种不同原则分别是事实性、规范性和感受性，与三种原则对应的分别是实在对象领域、交往活动领域和内在体验领域。事实性原则指的是人的生存实践活动必须遵循自然必然性规律，因此要求人按照事物对象本身来理解对象。自然规律不由人的生存实践构成却规定着人的生存实践活动。人们只有去发现并且遵循这些原则才能够生存。遵循事实性原则的领域就是实在对象领域。这里的实在对象领域说的不是这个领域不与人发生关系，抽象地独立于人的存在之外，而是说人在实践中展开这个领域的时候，必须遵循非人的自然规律，一种铁的必然性。在这个领域，人的行动标准是合乎必然性的规律，行为必须具有事实的合理性，或者说工具的合理性，不然就会受到“自然的惩罚”。与事实性原则不同，规范性原则讲的是人们的行为需要遵循生存实践活动中自觉或不自觉地形成的规矩、制度、法律、习俗、礼仪等，不能违背这些行为规范。通常地说，行为应该具有价值意义上的合理性，因此得到他人和社会的认可。我们将事实意义上的合理性称为合理性，而将这种价值意义上的合理性称为正当性。各种规范不是自然的，它们是人为构成的行为原则，不具有事实意义上的客观必然性，而是表达了人们对生存意义和价值的特定领会。规范没有事实合理性意义上的必须遵守，只有价值正当性意义上的应该符合。如果说事实性原则在为人所认识并为人所遵守的意义上具有某种属人性的话，规范性原则的属人性则表现为由人所创造并被人服从和践行。也就是说，规范是在生存实践活动中形成并被人们服从的原则。各种规范是人与人之间的相处之道，体现了超越事实性的价值领会，而不是人与物打交道所要遵循的必然规律。因此，由规范性原则构成的是交往活动领域，它不同于由事实性原则构成的实在对象领域。交往活动领域是在物性世界中展开但本质上超越物性的意义价值空间，是由人的交往活动建构的存在关系、存在方式和存在状态的总和。人们在这个公共价值空间的活动受到各种规范的调节。用于刻画这个公共价值空间的概念被称为规范性概念。规范性体现了人们认为应当的价值，而不是事实的规律。感受性是人的内在体验遵循的原则。感受的对象可能是自然的物质世界，也可能是交往活动中的他者，但感受性原则不是客观必然性的规律，也不是主体之间普遍认同的规范，而是内在的感觉。一个对象是否给人带来审美体验不受客观规律或者行为规范的决定，而是由内在的感觉体验决定的。感觉的愉悦与否是判断内在体验的尺度。由感受性构成的领域是内在体验领域，是人内心的情感世界。事实性的实在对象领域、规范性的交往活动领域和感受性的内在体验领域构成了不同的论域。人们实际上是依据不同的原则来理解相应领域的。

当我们说某一个概念、命题属于事实性、规范性或者说感受性的时候，实际上是在明确它们所适用的领域，并且初步地规定它们的存在论性质。这不是说某个概念或命题本身具有某种存在论性质，而是说人们通常是在哪一个论域并且在何种意义上使用它们。语词的意义在于使用。概念的内涵是被历史地规定的。我们说正义是一个规范性概念的时候，已经以存在论领域的特定区划为前提，并且已经表明正义被用于谈论以规范为原则的交往活动领域。这就从根本上决定了正义概念所谈论的对象及其原则的基本性质。正义概念不是从自然必然性或者审美感受性的角度把握人的生存，因此不能依据事实性的原则或者感受性的原则理解正义。正义是一个价值概念，它谈论的是交往活动领域中某种行为、规范或者制度是否体现了人们对于存在价值的理解，因此是否符合某种体现生存价值的规范。不能明确正义谈论的领域以及这个对象领域的基本性质，就会混淆正义原则与事实性原则和感受性原则的性质和界限。历史上关于正义的许多误解和争论就是由此产生的。古希腊产生过智者学派和哲学家关于规范的争论。智者学派普遍认为社会规范是一种人为的创造，正义的观念因人而异，而哲学家认为社会规范像自然规律一样具有绝对的必然性，正义代表着绝对永恒的原则和真理。哲学的任务就是寻找和发现这些原则和真理。此种争论分别从外在的必然和内在的任性来看待交往活动领域的原则，没有真正把握交往活动领域的特殊性，不能揭示规范性的基本内涵，在理解正义时不是陷入先验的绝对主义，就是陷入经验的相对主义。交往活动领域是人的生存实践建构的超越物性的公共价值空间。它不是由事实性原则构成的实在对象领域，遵循的原则不是自然必然性规律，而是属人的共识性规范。规范是在人类生存实践活动中建构的得到普遍认同的应然准则，体现的是价值上的正当性，是一种社会历史性的生存原则。规范性超越了个体的内在任性，表现出一种外在的客观性。交往活动领域中形成的凝聚了价值共识的规范，相对于自在的必然性规律具有属人的性质，是社会空间和历史时间中变化的相对原则，而不是抽象绝对的规律，但相对于感受性原则感觉愉悦，规范又具有对象化意义上的客观性，表现为摆脱了个体主观性的外在力量。因此，当我们说正义是一个规范性概念的时候，实际上是明确了正义概念的基本论域和基本性质。

那么，当我们说正义作为规范性概念区别于事实性概念和感受性概念的时候，是否意味着规范性与事实性和感受性之间的对立呢？显然不是。三个领域的划分是存在论意义上的划分。也就是说，是依据不同的生存实践原则理解生活世界形成的一种观念上的区划。这样一种区划不意味着生活世界由三个不同板块构成，是一种物理空间意义上的并置或者层级关系。现实的世界是存在总体，存在论区划只是在观念之中，也就是在论存在的意义上区分出不同的领域，是由我们领会和把握世界的不同方式构成的；因此另一方面，这样一种区划也不意味着人的行为相互分离地遵循不同的原则，比如说交往活动领域只遵循共识性的规范，不需要遵循客观规律，或者内在体验领域只需要遵循愉悦体验，而不需要遵循规范共识，而是说我们可以立足于不同的原则对同一个行为或者现象进行分析。真正理性的行为应该是事实性原则、规范性原则和感受性原则的和谐，也就是通常说的真、善、美的统一。从事实性原则、规范性原则到感受性原则，后面原则以前面的原则为基础，但不能还原为前面的原则。事实性的原则当然推不出规范性原则，事实如此推不出应当如此。但是，规范性的原则却不能不遵循事实性原则，以事实性为前提。一个违背客观规律的行为、规范或制度谈不上价值上的正当性，价值正当性首先应该是事实的合理性。在这个意义上，交往活动领域的正义概念高于事实合理性（或者说工具合理性）。一种行为、规范或制度只有以事实的合理性为前提并具有价值的正当性时才能成为正义的。正义作为规范性价值并不是远离事实合理性的抽象应然，而是以实然为前提的应然。

二　作为规范性领域综合环节的正义

上面我们已经初步确定了正义概念作为规范性概念的基本论域，划定了它的意义边界。也就是说，我们明确了正义概念的规范性，明确了作为规范性概念与非规范性的事实性概念和感受性概念之间的联系和差异。然而，关于正义问题的争论不仅有产生于规范性与非规范性边界混淆的误解，也有产生于规范性内部的误解。比如说正义到底是一个政治哲学的范畴还是道德哲学的范畴？从学科规划的角度来看，以正义为核心范畴的政治哲学是属于政治学还是属于伦理学？这些争论，看起来是学科分化的一个形式问题，实际上根源于对交往活动领域内部构成逻辑的理解混乱。交往活动领域作为公共的价值空间，本身具有不同的价值行为和价值原则，因此形成了不同的价值现象。道德哲学和政治哲学是从不同角度揭示和把握交往活动领域的规范性学科，它们研究的是交往活动领域不同的价值现象。需要对交往活动领域中的基本公共价值本身进行分析，才能揭示正义概念在公共价值空间中的位置和含义，从而明确它的学科归属。我们知道，价值是围绕着人对存在意义的领会展开的关系范畴。依据价值关系叙事中心的不同，我们将公共价值区分为围绕着利他性展开的道德价值和围绕着公平性展开的政治价值。道德价值是以肯定他者的优先性为基础，以利他性为原则的价值，基本的道德价值是奉献精神；政治价值是以确认个体自我的中心地位为基础以公平性为原则的价值，基本的政治价值是平等。奉献和平等是公共空间中的两种基本价值，它们分别围绕着利他和为我展开。在我们看来，正义意指的是利他性和公平性的辩证统一，是扬弃利他与为我相互对立的价值合体。对正义的理解不能够局限在道德哲学原则或者政治哲学相互分化的框架之中，而应该作为统一的价值范畴进行阐释。

交往活动领域是人们之间相互打交道形成的公共活动空间。在交往活动领域中道德行为的基础是他者的优先性。人们在处理自身与他者之间的共在关系时优先考虑他者的地位和利益。判断一种行为是否道德总是以利他为尺度展开的，损人利己的行为是不道德的行为，而损己利人的行为是道德的行为。损人损己的行为是愚蠢的行为，而利人利己的行为是中性的行为，二者都不具有特别的道德属性。道德行为的基本原则是利他性，强调在处理己他关系的时候要有牺牲奉献精神。利他性中的“他者”可以有不同情况，可以是具体的个人，也可以是国家民族等大的集体，还可能是某种超越具体他者的利他性原则。总之，在利他性的道德行为中，行为者自身的利益、需求等没有成为叙事的中心，个体没有被理解为以自我为中心的权益主体。道德自由不是被看成自我的张扬和实现，而是对道德原则和道德规范的自觉遵从，是通过牺牲和奉献，过一种受人尊敬的自我节制的德性生活。在道德活动中，自由是通过内在意志实现的自我约束和自我超越。道德行为主体的主体性并不是自己成为自我实现的目的因而内在意志成为自我实现的方式。恰恰相反，这种主体性表现为内在意志能够超越和否定自身的实在性。以利他性为原则，以奉献和牺牲作为价值追求的道德活动的基本特征。

个体的欲望和需求始终存在，只是在道德行为中它们没有成为行动的根据而已。道德行为往往以牺牲行为者的利益为前提。在一个强大的德性社会中，个体利益和权利往往不具备正当性，而是淹没在奉献他者的道德诉求中。有时甚至是正常的欲求都受到压制。当个人正常的自然欲望和需求被超越的力量压制时，它们要么以破坏性的方式被发泄出来，要么被畸形的道德强行遮蔽。在这种情况下，强调奉献的道德就成为扼杀个体的力量。人并不因遵守道德规范而感到自由，而是感觉到压抑和束缚。由于道德的强制，常常有人穿着伪善的外衣，或者干出邪恶之事，或者并不具有真正的仁爱之心，仅仅是勉强为之。道德的牺牲和奉献价值可能成为一种异化的力量，因为其中还真正缺乏个体的主体性，个体权益还没有获得确认。正是在这个意义上，道德上的利他性还不是公共空间中的最高原则，牺牲和奉献还不是公共空间的最高价值。

公共空间的参与者被看成拥有平等权利的主体，主体之间形成了一种同等承认对方的关系。这就是交往活动领域中的公平性原则。公平性原则的叙事中心是行为者自身而不是他者，强调的是平等主体间同等承认对方权益的公平。公平性原则崇尚的基本价值不是奉献，而是平等。个体被看成具有拥有抽象平等权利的主体，在平等对待他者的同时，要求自身被等同地对待。在公平性原则中，捍卫平等权利的手段是具有强制力的各种制度、法律和契约等规范，而不再是非强制性的习惯、礼仪和风俗等。这些强制性规范往往以公共权力为中介得到制定和落实。主体性通过参与制定和遵守这些规范得到体现。强制性规范本身体现了主体内在意识的对象化，因此，遵守这些强制性规范本身就是主体服从自己的内在意志，就是为了捍卫自己的正当权益。公平性以公共权力为支撑以捍卫个体行为者的主体权益，因此，公平性不同于道德原则的利他性，它是一种政治原则。在公平性原则中，核心范畴是以个人主义和利己主义为基础的权利，基本价值是平等。所谓公平就是在交往活动领域中平等地承认和保证每一个行为主体的权益。维护公平性原则的各种规范将自我中心主义限定在不侵犯他人等同权益的有限范围之内，而不是积极地要求行为者为了他人牺牲和奉献自身的权益。

虽然同样是交往活动领域，以公平性为原则、平等为基本价值的政治领域不同于以利他性为原则、奉献为价值的道德领域。政治领域的公平性原则以个人为中心，强调的是自我张扬和自我实现，而不是内在超越的利他性修养。虽然公平性捍卫和实现了个体的主体性，但平等精神实际上是将人从道德超越性中拉回到了个体中心的现实性层面上。平等价值以自我作为叙事中心，瓦解了利他性道德崇尚的超越自我的奉献精神。从道德利他性的奉献精神到政治公平性的平等精神是一个双向的过程。它一方面体现了自我得以确立和展开的进步。公平性通过公共权力保障个人主体性地位，将人的自由个性和物性利益从各种他者的统治中解放出来，人被看成物性的存在并且是权利的主体。在人类自由发展的历史上这是一大进步。但是在这一过程中，超越个体中心的利他性被否定掉了，个人等同地被看成主体的同时也被同等地看成手段和工具了，人与人之间变成了相互取暖的刺猬之间的关系。当人将自身作为存在的根据和意义而与他人对立起来的时候，尽管他们会保持一种合理的利己主义的公平关系，但对平等的强调还是牺牲了奉献精神，在通过公共权力得到捍卫的公平性本身总是排斥利他性的。在这个意义上，公平性原则强调的平等价值也不能成为公共领域的根本价值，它只是公共领域中的基本政治价值。因此，仅仅将正义理解为公平不仅误解了公平的基本意义，也是误解了正义的基本意义。一般来说，使用正义这个概念的时候，显然是超越强调平等价值的公平性概念的。

从共时性的角度来看，道德领域的奉献和政治领域的平等，分别是代表着以他者和自我为中心的两种基本价值，二者以相互对立的方式构成了交往活动中的价值诉求，也构成了交往活动的两个基本领域，即道德领域和政治领域。如果从一种历时性的角度来看，传统社会交往活动的主要原则是利他性，道德构成基本的交往活动领域。传统社会总体上可以看成伦理社会，个体独立的主体性没有得到充分的发展。到了现代，人将自身理解为具有平等权益的法权主体，交往活动的基本原则变成了公平性，政治成为基本的交往活动领域，平等成为基本价值。相对于传统的伦理社会，现代是法权社会。现代主体之间的平等精神占据着主导地位。当然，并不是说传统的伦理社会中根本就不存在平等，现代社会中不存在牺牲和奉献精神，这只是一种文明形态学意义上的概括，是我们对交往活动领域中价值逻辑构成和历史演进的抽象，是我们对人类价值观念从传统走向现代的一种阐释。在我们看来，利他性强调的奉献和公平性强调的平等分别代表了人类两种基本的公共价值，体现了公共空间中两种不同的行为原则；另一方面，从利他性的奉献到公平性的平等又体现了人类社会的历时性变迁，体现了传统伦理社会到现代法权社会基本价值观念的变化，从忽视个体主体性的奉献价值转向强调个体主体性的平等价值。奉献和平等分别代表了公共空间中两种不同的价值，它们不仅存在原则上的差异，同时也存在主导不同历史时代的时间差异。在这个意义上，奉献和平等意味着公共空间的价值差异和价值分裂，而不是统一的价值诉求。有的人、有的时代倾向于利他性的奉献，相反有的则崇尚公平性的平等。如果说交往活动领域作为价值空间有统一价值的话，它应该是扬弃和综合奉献与平等的价值诉求。我们将正义看成利他性的奉献价值和公平性的平等价值相统一的环节。用黑格尔的真理概念来说，正义是奉献与平等的真理，是规范性领域中的统一道德与政治的综合环节。正义是善良意志和平等权利在具体实践语境中兼而有之的统一。只有符合道德上的利他性价值原则且同时符合政治上的公平性价值原则的行为、规范、制度才是正义的。正义社会是善良意志和权利意识相互融合和相互包容的社会，它意味着对抽象的道德原则和政治原则的克服。

正义作为交往活动领域中统一的价值概念，既要体现利他性的奉献，也要体现公平性的平等，是德性诉求与主体权利的统一，是公平且仁义的意思。看待和处理自我与他者的关系不再是抽象的为他或者为我，而是具体语境中道德良心和法制权利的兼顾。只是突出强调牺牲和奉献，个体的权益得不到肯定甚至被扼杀的社会还不是正义的社会；同样的，只是单纯地肯定自我主体权益、否定超越自身权益的利他性，可以说是一个形式公平的社会，但还不是正义社会。现代法权意义上的公平性，根本还不是正义，只是正义的一个构成维度，因而是正义需要扬弃的环节。以公平来理解正义，是现代正义概念的主导范式，也是现代政治叙事的局限所在。正义概念的理解必须超越这种以个体为叙事基础的公平原则，在肯定个体权利基础上超越个体本位，重新在更高的层面上确认利他性的道德价值。当然，正义性对自我中心主义的超越不是简单地回归主体性尚未确立的利他主义，而是为他与为我、良心与权利、道德与法制、强制与自愿和内容与形式等多重维度在更高层次的统一。扬弃利他性和公平性的片面性，正义是包含因此扬弃了利他性的奉献和公平性的平等价值的价值范畴。正义性要求在具体的生活实践中超越抽象的极端，能够妥善处理权利平等和道德奉献精神之间的关系。在这个意义上，我们将正义看成公共空间中的最高价值概念，对正义作为价值概念的阐释不能单纯地停留在强调利他的道德哲学层面或者强调公平性的政治哲学层面。

三　作为公共价值之真理的正义构成环节

在分析公共空间价值结构和历史变迁的基础上，我们将正义范畴作为公共空间的根本价值，看成统一利他性奉献和公平性平等价值的综合环节，它要求对抽象利他主义和个体主义原则的双重扬弃。如果说个体与他者之间的利益、权利和观念始终处在相互对立之中，不论是强调利他还是强调公平，都不可能有真正的正义。正义只有建立在超越个体与他者抽象对立的价值观基础之上。也就是说，正义概念是统一了道德利他性的奉献和公平性的权利概念的价值范畴。一种行为、规范或者制度只有在认同公平权利的基础上同时体现利他性的奉献价值，才会被认为是正义的。罗尔斯正义论的两个原则实际上就是体现了这种正义的价值。正义作为一种规范价值，并不是一种必须被遵守的客观事实和必然规律，它只有在得到人们普遍承认的时候才具有正当性。如果一个社会中不再存在自我与他者之间的权益差异和对立，公平性和利他性不再是交往活动的两种基本原则，正义作为公共价值范畴也将失去意义，这意味着正义的最终实现和正义作为价值诉求的终结。也就是说，正义是己他差异和对立的分化社会中交往行为的核心价值。在这样的分化社会中，如果人们始终将利他和公平看成对立的，从价值观念上不能超越自我与他者对立，正义就是不可能的。作为公共领域核心价值的正义意味着在差异和对立中超越差异和对立的规范诉求。正义价值最终要落实到个体性的交往活动中，当拥有个人的权益意识却又超越个体立场肯定他者的行为就是正义的。同样具有这种超越性指向的制度和规范，只有成为个体普遍价值认同的时候，才会被认为是正义。以个体权利为出发点的至上自由主义者，一定不会认为罗尔斯的差异原则是正义的，因为他所谓的正义只意味着以个体权利为中心的公平。相反，对于一个以集体的善为出发点的人而言，也一定不会承认立足于个体权利的公平就是正义。所以，作为统一价值的正义概念意味着扬弃个体权利和他者利益抽象对立的价值观念。这种价值观念的形成，包括了一些基本的价值构成环节。

共在意识。主体性意识是正义价值的基本前提。没有形成或压制个体权利的道德利他性精神谈不上正义，甚至根本就是不正义的。然而，正义价值中的主体性意识与公平中人作为权利主体的主体性意识存在差异。公平性原则中的主体是作为抽象平等意义上的权利主体，核心观念是从个体出发捍卫自身的自由、平等、民主等抽象权利，因此是功利主义的个体立场。其基本人格是原子主义的政治公民和经济人。在这种功利主义的个体主体性意识中，他者本质上是与自我对立因而只是在工具和手段的意义上与自我相联系的对象，个体之间以相互同等对待的公平性为原则发生关系，平等是基本价值。因此，以平等为基本价值的社会是以理性、计算、利已和原子个体为基础的法权社会。在法权社会中，人与人之间是被强制规范约束的公平竞争与合作关系，而不是依据善良意志调节的道德关系。超越自身功利的利他性不再是主体自我认同的基本原则，牺牲奉献不再是主导的价值原则。抽象的法权主体贬斥超越自我中心的德性维度，而是以抽象平等的原则侵蚀了利他性的奉献精神。

正义价值的主体意识是超越自我中心主义的共他者而在的共在意识。这种共在意识的立足点不是个体的抽象权利，而是个体共他者而在的共在幸福。正义价值的本质是公平基础上以奉献为导向的德性。就是说，个体的权利和欲求得到平等的保证只是公平，但超越自我的权利和欲求共他者而在的奉献才具有正义。因此，正义价值观的主体意识不是自我的道德良心或者法制权利，而是共他者而在的共在意识，是自我的实在物性得到保障之后对他者和共在空间的关心与维护，是超越抽象主体性的主体间的共享意识。此种以主体间性为核心的主体性意识是类存在意义上的共同体成为动力和目的的共在意识。主体性不再是从他者的压制中获得解放的个体权益意识，不再仅仅是对自我的理性、权利或欲求确认，而是超越个人立场指向他者和共在整体的价值诉求。在这种共在意识中，个体不再将捍卫自己的抽象权益作为生存的意义本身，而是将存在的意义再度指向超越自我的他者，在与他者自由全面发展的共在关系中实现自我。自我像对待自己一样对待他者，在这种超越自我的共在关系中领会存在的意义。将自我生存的意义纳入对共他者而在的关心，按照符合道义的原则待人接物。因此，主体间以同情的理解为特征，感同身受地共处共在，而不再是一种单向的牺牲奉献或者平等权利的承认。

立足于平等的同情心。与正义性的共在意识相联系的是超越抽象权利的同情心。在个体的权益没有得到法权肯定的情况下，以奉献为原则的伦理社会还缺乏公平，个体性往往遮蔽在道德的高压下得不到伸张。在伦理社会中，人还没有将他者和自已理解为具有平等地位的法权主体，利他性的奉献精神还没有建立在平等尊重他者法权人格的基础之上，因此没有被看成他者作为主体的应得，而是不对等的仁慈、怜悯，甚至是施舍。在公平性原则中，个体成为抽象平等的独立人格得到尊重和保护，个体之间是一种法权意义上的权利与义务关系，而不再是一种道德调节的伦理关系。被抽象掉了具体存在属性和存在条件的个体同等地享有在社会中追求自己欲求的权利和机会。法律面前人人平等、市场不相信眼泪等说法就是这种公平性的具体表达。然而，在本身不平等的状态中被同等地对待的结果必然是不平等。所以，公平性作为形式平等是以不平等为内在条件的。一方面，只是因为现实的不平等所以个体需要被平等对待；另一方面，人只是被赋予了平等的权利和机会去追求不平等，最终也必然不平等。公平性本身并不意味着正义，而只是正义的一个环节或要素。弱者在公平社会中仍然处在被剥夺和不能自我实现的不正义的处境之中。公平本身可能促进正义的实现，也可能加深社会的不正义。正义性得以确立的内在意识既不同于个体的主体地位没有得到确立的道德良心，也不同于单纯捍卫个体权益的法权意识，而是将他者的处境带到平等语境中的共同关心。我们称之为同情心。这种同情心是共在生存中人同此心、心同此理的感同身受的兼爱意识。据此同情心，人能够在不平等的语境中平等地对待他者，并且能够超越和让渡自己的权益以改善他者的生存处境。这不是一种法权强制的义务，而是正义的担当。具备但是超越个体的权利本位，是将他者获得这样的对待看成他者作为他者的应得，而不是单纯道德意义上被照顾。这就是作为正义构成环节的立足于平等价值基础上的同情心。只有生存于其中的个体普遍具有共在意识并且具有以共在意识为基础的普遍同情心，每个人都心存道义，并以此道义指引生存，德和法才不再处于外在的冲突之中，社会才是一个正义的社会。

作为共在意识和同情心统一的正义感。主体的共在意识和源自这种共在意识的普遍同情心的统一就是正义感。正义就是以这种正义感为基础的公共价值。正义根本不只是一种被强制性的制度加以贯彻的原则，更多是个体扬弃自身实在性的超越精神，是作为社会共在的自觉氛围。没有超越自我中心的普遍正义感为基础被强制贯彻的原则本身就违背了正义精神，因为那些被强制者总会认为这是不正义的，它违背了自愿和形式平等的精神。强制个体出让和牺牲自己的利益去改变他者的处境，本身连形式公平都没有达到。正义只能是以个体的正义感为基础超越个体本位的立场观照他者和共在，并且将这种观照领会为超越法权的生存价值之所在。没有超越个体本位的正义感为基础，就是没有真正的正义。因为正义不仅是形式的公平或者良心的发现，而且是一种权利和德性统一的真正道义。只有当公平且仁义地对待他者被普遍地理解为应当的时候，只有当这种正义感成为普遍社会意识的时候，才有正义。作为利他性和公平性统一的正义概念，实际上是超越自我中心将德性重新领会为生存的价值。正义作为统一价值超越自我的公平性原则，在共在意识中将个体或者作为类存在的他者领会为目的。奉献和平等因此相互补充和相互克服构成正义价值的基本环节，正义不是一个纯粹的道德概念或者政治概念，而是超越并且涵盖了两者规范性原则的概念，是整个交往活动空间的基本价值。

正义的核心是立足于共在意识和同情心的分有。具备超越自我权益的分有精神就是正义感。分有作为一种共在方式，不仅意味着分享也意味着分担。当需要被分有的是某种善品的时候这是一种分享，诸如机会、利益和福利等；当被分有的是某些不良事物的时候则是一种作为负担的分担，诸如灾难、责任和悲伤等。一方面，不能仅仅将社会善品的分享作为正义讨论的对象而忽视了在灾难语境中需要分担不幸的消极状况；另一方面，正义的概念也不能仅仅从社会管理的视角被看成分配问题，看成可以设计并且强制落实的制度。必须培育社会的正义感，也就是培育立足于共在意识和同情心的分享和分担精神。正义性是以个体的正义感为基础的历史性价值，而不是先验的绝对原则或完美状态。作为共他者而在的共在价值，正义强调的分有是具体历史语境中利他和公平的统一。不同情况下利他和公平之间的权重决定了是否正义，判断的尺度则是具体语境中主体的正义感。在这个意义上，不可能找到超越历史的正义标准，关于什么样的行为或者制度是正义的，只能以人们的正义感为基础形成相对的历史性共识，既是相对的，又是客观的。说它是相对的，讲的是没有超越特定历史规定的绝对永恒的正义原则或者正义标准；说它是客观的，讲的是在一定的社会历史条件下总是存在某些关于正义的普遍共识，因此判断正义与不正义不是由主观的任性决定的。

公共性资本的观念

王庆丰*

在理论层面上，马克思的政治经济学批判以“资本”概念为核心，对资本主义社会的剥削进行了具体而深刻的阐释；在现实层面上，现代人愈益感受到资本无所不在的宰制和规训，资本的逻辑架构催逼现代人进入了疯狂的加速时代。这就非常容易使人对资本产生一种刻板印象，似乎资本只是在消极的意义上成为一种罪恶和奴役的力量。在此必须要指出的是，尽管马克思对资本进行了激烈的批判，但这并不意味着资本一无是处，更不意味着马克思对资本的理解完全是消极的。马克思对资本以及资本主义社会的理解是双向度的，而不是单向度的。资本对于人类社会的发展既具有正面效应，也具有负面效应；既具有积极作用，也具有消极作用。对资本进行双向度的理解，不仅符合马克思本人对资本的认识判断，也符合人类社会发展的现实情况。而随着资本主义的进一步发展，今天我们时代的资本及其运行机制已然产生了不同于马克思时代的巨大变化，如果我们坚持马克思对资本理解的双向度立场，就必须对一种符合我们时代的资本关系的形式作出说明。

在马克思看来，现代社会的秘密聚焦于“资本”。马克思通过“资本”概念不仅洞察了现代资本主义社会的本质，也为未来人类社会的文明形态指明了方向。“资本”成了马克思思想中最为核心的概念。对此，在坚持马克思关于“资本”概念基本内涵的基础上，使“资本”概念在现代性的语境中获得时代性的内涵，并以此为基础推进马克思所开创的

* 作者简介：王庆丰，吉林大学哲学基础理论研究中心暨吉林大学哲学社会学院教授、博士生导师。

政治经济学以及历史唯物主义，成为当代马克思主义研究中最为重要的理论课题之一。"公共性资本"的观念就是在重新审视马克思的资本概念，并结合现代社会的最新发展对未来人类社会发展道路的探索。

一　人的公共性存在与公共性资本观念的提出

人是社会性的存在。社会作为共同体本身就是为个人的自由发展提供空间的公共性场域。

"人的自由而全面的发展，离不开具体的、多方位的社会公共生活、公共实践。孤立的个人不是现实的个人，只有在与他人的'共在'、'共处'中才能成为真正意义上的人。这样一种公共存在的本质，是人所不能肆意超越和选择的外在客观性。"① 所以，人总是具有一种公共性存在的本质，必须在与他人、社会的关联之中才能实现自身的发展。而随着资本主义的发展，资本的增殖逻辑成为整个社会的主导逻辑，社会的公共性原则被资本的逐利性原则吞噬，社会的公共性场域遭到挤压，人与他人、社会的公共性关系也遭到了破坏。资本造成了人的公共性的缺失，使人丧失了自由个性发展的场域。在这个意义上，要想真正实现人的解放，就必然要改善支配人的现实存在的资本关系。诚然，马克思瓦解资本的逻辑彻底解构了资本逻辑的支配，但同时也等于放弃了现代社会经济发展的原动力——资本增殖的逻辑。如果我们从马克思对资本的双向度理解出发，我们可以探寻另外一种可能性：这种可能性不是要"消灭资本"，而是要"驯服资本"。既然资本关系对人的存在方式具有决定性的作用，而人本质上是一种公共性存在，只有使资本关系也成为公共性的，才能从根本上恢复人与社会的公共性。

一般来讲，公共性是相对于个体性而言的。马克思说，"人的本质不是单个人所固有的抽象物，在其现实性上，它是一切社会关系的总和"②。处在现实世界中的人首先是一种个体性存在，但同时又是在一定的公共

① 郑广永主编：《走向制度文明：从主体性到公共性》，国家行政学院出版社 2014 年版，第 200 页。

② 《马克思恩格斯选集》第 1 卷，人民出版社 1995 年版，第 56 页。

空间和社会关系中活动的，所以又是一种现实的被社会的公共性所规定的存在。社会公共性是最基本的社会关系和人的主体性实现的条件。人是特殊性与普遍性的统一体。马克思说："人——虽然是以有限的方式，以特殊的形式，在特殊的领域内——是作为类存在物和他人共同行动的。"① 在这个意义上，人不仅是一种私人性的存在，而且是一种公共性的存在。作为社会的人是一种类存在，类生活对于个人生活来说是公共性的。在这个意义上，哈贝马斯也将人看成一种在公共空间中生存的政治动物。他认为人"天生就处于一个公共的社会关系网络之中"。"只有当他进入了张开双臂拥抱他的社会的公共空间之中，他才成为一个人。我们的生活世界在内部共同拥有一种公共性，它既是内在的，也是外在的。"② 历来哲学对于人性和社会性的探索，实质上就是对人和社会的内在和外在的公共性的揭示。"在群体、社会中，人们之中的个人之间是一种人与人的关系，即个人主体与个人主体的关系。两个以上的个人构成主体际或主体间的联系，处于某种共同体之中。这个人与那个人既然共存、共处于某种统一体或共同体之中，在他们之间就具有了某种公共性，形成某种公共存在。所谓'公共'是相对于彼此区别的个人而言的，是一些个人公有、共有或共同的东西。人类的群体、社会存在，对于彼此区别的个人而言，是一种公共性的存在即公共存在，是个人存在赖以实现的现实条件。"③ 而一个社会须有某种公共性的实体、关系、属性和机制，才能使之作为共同体存在和发展。社会中的众多主体需要公共活动的空间，有一定的公共机构和组织掌握和行使公共权力，维护公共秩序，满足公共需求。社会作为共同体在公共性上应该是一致的。

但是随着资本主义的发展，资本的增殖逻辑逐渐取代了生活世界的公共性逻辑，资本对利润的绝对追求使人成为一种单纯追求私利的抽象存在，社会也成为公共性萎缩的私人社会。在这个意义上，现代社会的本质就是一种私人社会，它把原子化的个人视为目的，而把社会关系看作达到私人目的的手段，因此侵犯了一种使人之为社会存在或类存在的

① 《马克思恩格斯选集》第1卷，人民出版社1995年版，第32页。

② ［德］哈贝马斯：《公共空间与政治公共领域——我的两个思想主题的生活历史根源》，《哲学动态》2009年第6期。

③ 郑广永主编：《走向制度文明：从主体性到公共性》，国家行政学院出版社2014年版，第58页。

生活方式。根据马克思的观点，社会的真正含义应该是使人在其中作为“类存在物”的共同体，而私有制社会把人联系起来的唯一纽带却是“自然的必然性”“需要和私人利益”。以私有财产为前提的现代国家，并不能拯救共同性萎缩的现代社会。民主政治在今天日渐丧失活力已是不争的事实。民众在资本逻辑的操控下，更热衷于消费狂欢，对政治领域和公共生活却抱以绝对冷漠的态度。政治冷漠为大资本和利益集团介入政治制造了空间，使民主政治受到资本逻辑的侵蚀①。正是资本的增殖逻辑造成了人的公共性的缺失，在这个意义上，要想真正实现人的解放，就必然要改善支配人的现实存在的资本关系。马克思正是在这个意义上，对现代社会的资本逻辑展开分析批判的。马克思认为，资本主义社会这个“魔术师”已经无力驯服和驾驭“资本”这一“魔鬼”，应当谋求一种新的生产方式，彻底地消解掉这一问题。在马克思看来，如果我们想要彻底瓦解资本的逻辑对现代社会的控制，就必须把“资本”连根拔掉。现代社会产生资本的根源是“私有财产”。要想彻底地瓦解资本的逻辑，就必须扬弃私有财产。因此，在这个意义上，马克思指出共产主义就是对私有财产的扬弃。毫无疑问，马克思这种解决方式是对现代社会问题的根本性解决。马克思的解决路径是一种釜底抽薪式的激进政治。

但是，随着资本主义的进一步发展，我们的社会已然产生了巨大的变化，我们不仅要对资本保持一种批判的态度，也要关注其文明面，这也与马克思关于资本的双重性理解是一致的。

马克思和恩格斯说：“资本是集体的产物，它只有通过社会许多成员的共同活动，而且归根到底只有通过社会全体成员的共同活动，才能运动起来。因此，资本不是一种个人力量，而是一种社会力量。因此，把资本变为公共的、属于社会全体成员的财产，这并不是把个人财产变为社会财产。这里所改变的只是财产的社会性质。它将失掉它的阶级性质。”② 在资本的私人性与公共性之间，没有不可逾越的鸿沟。这就意味着，公有资本与私有资本不是绝对对立的，一种符合人之存在本性的资本关系必然是能够对人民的福祉有所裨益的，这就是我们所强调的公共性资本。它不是再仅从所有权的角度，来强调资本的公私属性，而是从

① 袁立国：《共同性的重建与共产主义观念》，《哲学研究》2018 年第 4 期。

② 《马克思恩格斯选集》第 1 卷，人民出版社 1995 年版，第 287 页。

使用权的角度，将人民性纳入资本关系之中，引导资本为民生服务。就资本本身来讲，我们可以将公共性的概念进行延伸，它不再单纯意指某种公有或共享的观念，而从根本上指向民生。只要是能够为人民的福祉服务，私有或私人的资本也可以被称为一种公共性资本。在这个意义上，公有仍然是所有权的问题，所有权要借助使用权来实现，共有性也只有通过公共性才能体现。从使用权的意义上来理解资本，资本就是一种体现人民性的公共性资本。

既然人类是共在、共处和共和的共同体，那么无论其公共所有物，还是自身公共事务，都应该归全体成员共同参与，呈现出利益的共同性和公共性。在这个意义上，奈格里和哈特对于共同性的论述有助于我们理解公共性资本的观念。在哈特和奈格里的视域中，要追求民主政治式的自由与平等，就必须将在共同生活、共同行动和共同劳动下的共同产品从私有的形式中解放出来，成为真正意义上的共有产品。他们寻找到了一个新革命性范畴：共同性，并认为“反现代的革命性力量就深深植根在共同性之中”。① 但是这种共同性并不是一种单纯的共享或财产的公有形式，也不是私人的资本管控形式。“我们所继承的公共知识和文化与公有制或私有制都不相协调，甚至还有所冲突。因此，思考私有、公有和共同性的三角关系会非常有趣，但这容易造成一种印象，那就是三者可以构成一个封闭的系统，其中，共同性介于私有和公有之间。事实上，共同性存在于既不同于私有制，也不同于公有制的另外一个层面，并且具有自身的自主性。”② 随着生产逐渐向非物质劳动生产的转变，共同性逐渐在这个世界上成为核心概念。只有当我们共享并参与进共同性，诸众的民主才是可以想象并可能实现的。这种共同性的场域是民主与自由得以确立的唯一可能的空间。我们所强调的关于资本的公共性观念在一定意义上接近于这种共同性，它不是介于公有与私有之间的一种模糊状态，而是真正将“人民性”纳入资本的权力关系之中。提出这样的一种关于资本的公共性观念，主要是基于“驯服资本”的逻辑，并采取了一

① ［意］安东尼奥·奈格里、［美］迈克尔·哈特：《大同世界》，王行坤译，中国人民大学出版社2016年版，第62页。

② ［意］安东尼奥·奈格里、［美］迈克尔·哈特：《大同世界》，王行坤译，中国人民大学出版社2016年版，第201页。

种民主的视角。如果我们将资本视为一种公共性的存在，“它首先意味着，在公共领域中展现的任何东西都可为人所见、所闻，具有可能最广泛的公共性”①。资本的公共性首先意味着一种公开性，它在本质上是向人民敞开的，作为民生力量的公共性资本将不再是远离人民的生活世界的，而是要每个个体在公共性的场域中可以体验到一种共同或共在的经验。但是作为公共性资本的公开性将不再绝对排斥私有。只要资本可以为人民的福祉服务，私有的资本也可以成为一种公共性资本。

二 公共性资本与共产主义观念

现代社会作为一种私人社会，是对人的公共性的压抑，而按照马克思的看法，私人社会的扬弃必然要依靠共产主义程序的开启。未来的共产主义社会“将是这样一个联合体，在那里，每个人的自由发展是一切人的自由发展的条件”②。共产主义本然地关联于“共同性”概念，指向“共同体”，在共同体中人们过着真正的共同生活。这样的共同生活使个人在其中作为社会存在的普遍交往形式，以共同性实现的人对其自身本质的真正占有。“马克思的共产主义的理论本义是‘共同性’，它是实现人之经济生活与政治生活、个性存在与类存在相统一的共同生活。也就是说，共产主义是超越私人社会、重建人的本质与实存统一的逻辑终点。”③ 在一定意义上，共产主义革命也可以看成人类由阶级性的社会向公共性的社会的转变。因此，关于资本的公共性观念也与马克思共产主义的理论观念相契合。

马克思和恩格斯说：“共产主义革命就是同传统的所有制关系实行最彻底的决裂；毫不奇怪，它在自己的发展进程中要同传统的观念实行最彻底的决裂。”④ 同传统的所有制关系相关联的传统的观念，是私有观念，即奴隶主、封建主、资产阶级的私有观念。与传统的私有观念不同的新

① ［美］汉娜·阿伦特：《人的条件》，竺乾威等译，人民出版社1999年版，第40页。

② 《马克思恩格斯文集》第2卷，人民出版社2009年版，第53页。

③ 袁立国：《共同性的重建与共产主义观念》，《哲学研究》2018年第4期。

④ 《马克思恩格斯选集》第1卷，人民出版社1972年版，第271—272页。

观念是公有观念，实际上就是公共性观念。“公共”比“公有”意义更广泛、更全面，公有性是公共性的内涵之一。“代替那存在着阶级和阶级对立的资产阶级旧社会的，将是这样一个联合体，在那里，每个人的自由发展是一切人的自由发展的条件。”① 这是为每个人的自由发展提供充分的公共条件的社会，是真正的而非虚幻的人类共同体，因而也是具有理想的公共性的社会。在这样的社会里，与充分发展了的公共存在相适应的，是同样充分发展了的公共意识。“任何社会和国家都具有一定的公共性，都具有相应的公共存在和公共意识。处于不同历史阶段的社会和国家，其公共性的性质和程度是不同的。人类总是追求更完善、更充分的公共性。共产主义革命实质上是人类由阶级性的社会向公共性的社会的转变。”② 值得注意的是，共产主义的公共性并不排除阶级性，相反，“无产阶级的阶级性使其具有最大的公共性，这也是由资本主义的世界化、全球化即某种意义上的公共化造成的。‘工人没有祖国。’在各个国家和民族的普遍的世界性交往中，‘各民族的精神产品成了公共的财产’，世界意识、全球意识、人类意识随之发展起来”③。

总的来看，“在共产主义社会中，生产资料是公共的，社会权力是公共的，社会服务是公共的，生态环境也是公共的。人们生活在一个公共的社会中，以公共精神和公共意识参与公共事务和公共活动，维护全体社会成员的公共利益。社会的公共性是个人的主体性的保障，每个人的自由发展也就是一切人的自由发展”。这就使公共性成为关于共产主义的核心观念。“在共产主义中，对象性的现实在共同性的作用下成为人的本质力量的现实，对象成为‘人的对象’‘社会的对象’，资本被扬弃掉狭隘的、私人的性质，成为真正的社会力量。对个人而言，一旦对象成为本质力量的确证，人的本质的客观丰富性将被打开，‘具有丰富的、全面而深刻的感觉的人作为这个社会的恒久的现实’被创造出来。”④ 在这里我们可以明显看出，共产主义社会不是一个全面消除资本的社会，而是

① 《马克思恩格斯选集》第1卷，人民出版社1972年版，第294页。

② 郑广永主编：《走向制度文明：从主体性到公共性》，国家行政学院出版社2014年版，第62页。

③ 郑广永主编：《走向制度文明：从主体性到公共性》，国家行政学院出版社2014年版，第62页。

④ 袁立国：《共同性的重建与共产主义观念》，《哲学研究》2018年第4期。

一个扬弃掉资本的狭隘、私人性质，使资本能够成为为人的本质力量服务的关系。实际上已经蕴含了“驯服资本”的逻辑。

而在资本逻辑处于主导地位的当今社会，要想真正完成向共产主义社会的转变，我们就必须依据新的资本关系与生产形式，赋予资本全新的内涵。既然共产主义本来就具有公共性的意味，那么，使资本也具有一种保证主体性实现的公共性，就是符合共产主义的理论诉求的。在这个意义上，哈特对于共产主义“共者”的分析可以为我们提供关于公共性资本的某些启发。哈特面对资本主义的新变化，深刻地指出：“太多时候，好像我们仅有的选择就是：要么资本主义，要么社会主义；要么用私有财产的规则，要么用公有财产的规则。这样的结果是：对于国家管控的弊端之弥补就是私有化，而对于资本病症的治疗就是公有化，即实施国家调控。我们需要探索另外的可能：既不是资本主义的私有财产，也不是社会主义的公有财产，而是共产主义之共者。”① 哈特对共者的揭示已经蕴含了公共性资本的内容，提示我们要超越对资本进行简单的公、私之分。奈格里的判断也确证了这一点：“社会主义及其政治上极端对立的制度结构是被这样一种意识形态生产出来的，这种意识形态任意地使私有同公有相对立。”② 只不过，与我们对公共性资本观念所强调的不同的是，哈特仍然认为共者的生产是在资本关系之外的。“尽管，生产共者对于资本主义经济日益关键，资本却不能够干涉这种生产的活成，而必须保持外在。”③ 他没有意识到，真正的共同性必然要深入资本关系的内部，甚至于使这种资本本身就成为共同性或公共性的。我们不是要在资本的权力关系之外去生产共同性，而是必须使资本关系本身成为公共性的。因为资本关系是整个社会的主导关系，任何脱离这种关系去寻求共同性的努力最终必然都会成为空中楼阁，失去了人们现实生活的根基。所以，我们所强调的公共性资本的概念就是要将人民性，以及民主的内涵注入资本关系之中，注入共同性的生产过程之中。这就意味着，公共

---

① ［美］迈克·哈特：《共产主义之共者》，陆心宇译，《当代国外马克思主义评论》2010年第1期。

② ［意］安东尼奥·奈格里：《共产主义：概念与实践之思》，申林译，《当代国外马克思主义评论》2010年第1期。

③ ［美］迈克·哈特：《共产主义之共者》，陆心宇译，《当代国外马克思主义评论》2010年第1期。

性资本必然是充分体现民主的。

在奈格里看来，共产主义意味着“表达以彻底民主的方式管理整个生产体系包括劳动分工和财富积累与再分配的欲望与能力，——一种作为一切人的民主”①。从民主的视角出发，共产主义“反对一切私有财产的组织方式和生产资料的私人所有制，以及对劳动力的私人剥削和对资本流通的私人控制。但是它也反对公有，即对这一劳动权力异化运作所作的国家与民族的配置”②。而与共产主义理论相适应的关于资本的公共性观念在一定意义上也基于这种民主视角，不再强调公有与私有的对立，而是试图跨越这种公、私对立的界限，使资本真正为人民的利益服务。这不仅刷新了对资本的定义，也是对民主的重新思考。“几乎三个世纪了，我们一直把民主思考为对公有利益的管理，即国家占有共体的制度化。倘若我们今天寻求民主，我们需要把它彻底重思为共体的公共管理。这种管理包含对（世界性）空间与（制宪性）时间的重新定义。它不再是定义社会契约形式的情形：一切事物是每个人的，从而不属于任何人；而是：一切事物，由于是由每个人生产的，所以属于一切人。”③ 可以说，马克思对社会联合体的设定意在超越以私人利益为原则的物性逻辑，建构使全体自由在其中得以可能的共同世界，实现人与人的“共在”。而正如私有之于资本主义、公有之于社会主义，共产主义的合理含义是“共有”，即共同性的占有模式。将这种共同性的占有诉诸关于资本的公共性观念当中，公共性资本就是一种公共性的分配模式，它要使资本的力量真正用于服务民生。超越公有与私有的对立层面，资本的公共性指向的是一切人的福祉和利益。正如奈格里对共同性本身的论述，共同性虽然开启了新的主体性生产，但是资本的力量仍然会采取各种形式和手段来阻碍共同性的生产一样，强调资本的公共性并不意味着我们已经彻底摆脱了资本的统治关系，而只是基于一种民主的视角，使这样的一种统治关系仍然可以服务于人民，实现对资本的正向引导。

① ［意］安东尼奥·奈格里：《共产主义：概念与实践之思》，申林译，《当代国外马克思主义评论》2010 年第 1 期。

② ［意］安东尼奥·奈格里：《共产主义：概念与实践之思》，申林译，《当代国外马克思主义评论》2010 年第 1 期。

③ ［意］安东尼奥·奈格里：《共产主义：概念与实践之思》，申林译，《当代国外马克思主义评论》2010 年第 1 期。

三　公共性资本与中国道路

马克思对资本二重性的揭示决定了我们对待资本的态度完全可以采取“驯服资本”而非“消灭资本”的策略。后资本主义社会不一定就是瓦解资本的社会，也有可能是一个拥有资本的社会，但是使资本社会主义化的社会，是一个驯服了资本的社会。站在马克思主义的立场上，资本主义是没有办法或无力驯服资本这一“魔鬼”的，驯服资本只有在社会主义制度的前提下才能完成。中国特色的社会主义最核心的任务就是“驯服资本”，这是解决后改革开放时代中国问题的关键所在。现代的世界是资本主义的世界，现代性的文明就是资本的文明。因此，“驯服资本”的道路就是一条超越“资本的文明”的道路。而公共性的发展是现代社会生活发展的历史过程和必然逻辑，公共性问题是普遍存在的社会问题。“公共性的建设和完善是当代中国和世界发展中一个具有核心意义的问题，它成为当代哲学特别是马克思主义哲学关注的焦点是理所当然的。”① 这就意味着，从驯服资本的逻辑出发，公共性资本的提出对中国道路的建设具有重要的理论意义。

“发达的资本主义社会也是公共性较为发达的社会。在那里，公共需要、公共利益、公共环境得到普遍重视，公共产品的提供、公共服务的满足等较为全面，形成了相对稳定的社会公共性机制。我们进行社会主义现代化建设，推动当代中国社会进步，需要认真借鉴发达国家公共性建设的经验。在公共设施、公共环境、公共权力、公共管理、公共规则、公共意识等方面，都需要向先进国家学习。社会建设的中心就是公共性建设。中国社会融入世界的过程也是同国际社会公共性接轨的过程。随着现代化的迅速推进和融入全球化过程的加快，中国社会公共性问题的重要性日益突出。”② 我国建立中国特色社会主义市场经济体制，引入市

① 郑广永主编：《走向制度文明：从主体性到公共性》，国家行政学院出版社 2014 年版，第 78 页。

② 郑广永主编：《走向制度文明：从主体性到公共性》，国家行政学院出版社 2014 年版，第 77 页。

场或资本这一现代社会最有效的资源配置方式和扩大再生产的手段，就不可避免地要面对资本逻辑的支配力量以及其所带来的种种恶果。改革开放所导致的种种负面效应都是由此而来。如果说前三十年改革开放时期是利用、彰显和建构资本增殖的逻辑，达到推进国民财富的增长和提高人民生活水平的目的，那么，后改革开放时代就是要制约、驾驭和驯服资本增殖的逻辑，实现财富的合理分配和社会的公平正义，让资本为民生服务。驯服资本的问题已经成为当代中国最为严峻的现实问题和理论问题。因此，当代中国的问题，一言以蔽之，就是“社会主义对资本力量”的问题。从总体上说，只有当社会主义力量足够强大，能够引导、利用、驾驭、制约私人资本力量，才有可能斩断马克思所揭示的“资本之链”，才有可能保持和发展我国的社会主义制度，才能建立起真正的社会主义市场经济。反过来说，当社会主义力量无法引导与驾驭私人资本力量时，私人资本力量反过来就会成为全社会的主宰力量。简而言之，所谓“驯服资本”就是要发挥资本的正面作用，规避资本所带来的负面效应。

在特定的社会历史条件下，中国社会主义选择了市场经济，党的十四届三中全会通过的《中共中央关于建立社会主义市场经济体制若干问题的决定》正式认可了社会主义条件下仍然可以存在资本关系。而党的十五大则创造性地提出了“公有资本”的概念，意味着在资本主义的资本关系之后，又一种崭新的资本关系形态的诞生。按照正式的表述，“公有资本就是体现社会主义公有制性质的资本。在我国主要包括国有资本、集体资本，以及由国有资本、集体资本控股的企业法人资本和事业法人资本。另外，主要由国有单位、集体单位和劳动者出资形成的基金会资金，如果用于投资，也应属于公有资本”。

国家政权支配资本逻辑，国家政权以生存逻辑为导向，这样能够更好地保障民生，更好地引导和驾驭资本。除行政权力之外，国有资本应该在驾驭和引导社会资本方面发挥积极的作用，国有资本不应该以资本的逻辑及利润最大化为导向，而应该保障生存逻辑，引导整个社会的资本服务于民生。因此，当代中国的问题，一言以蔽之，就是“社会主义对资本力量”问题。从总体上说，只有当社会主义力量足够强大，能够引导、利用、驾驭、制约私人资本力量，才有可能保持和发展我国的社会主义制度，才能建立起真正的社会主义市场经济。反过来说，当社会主义力量无法引导与驾驭私人资本力量，私人资本力量反过来就会成为全社会主宰力量。邓小平指出："多搞点'三资'企业，不要怕。只要我们头脑清醒，就不怕。我们有优势，有国营大中型企业，有乡镇企业，更重要的是政权在我们手里。有的人认为，多一分外资，就多一分资本主义，'三资'企业多了，就是资本主义的东西多了，就是发展了资本主义。这些人连基本常识都没有。"① 如果说邓小平关于"计划和市场"的论述为我们破除了关于"资本"的教条观念的话，那么这段话为我们指出了驾驭资本的道路："有国营大中型企业，有乡镇企业，更重要的是政权在我们手里。"这句话我们可以看出驾驭资本的两条道路：国有资本和国家政权。国家政权通过行政权力和国有资本调控和引导资本。改革开放以来，我国致力于建设有中国特色的社会主义市场经济，标志着社会主义结束了对资本力量的恐惧与敌对的态度，而代之以充满自信的主人翁态度，资本只是我们利用的手段，而不是我们信奉的主义，可以使资本力量纳入社会主义轨道，为社会主义建设服务。

国家政权通过行政权力和国有资本调控和引导资本，这也就是我们通常所说的宏观调控。党的十七大报告指出：要深化对社会主义市场经济规律的认识，从制度上更好发挥市场在资源配置中的基础性作用，形成有利于科学发展的宏观调控体系。完善国家规划体系。发挥国家发展规划、计划、产业政策在宏观调控中的导向作用，综合运用财政、货币政策，提高宏观调控水平。中国特色的社会主义市场经济的特色和其社会主义性质就在于通过国有资产资本化为"国有资本"，引导、吸收和控制全社会的资本来实现社会的公平和正义，来保障民生，实现共同富裕。不仅如此，"社会作为共同体是一种公共性的存在，需要其成员普遍拥有相应的公共精神。公共精神集中表现为关注公共生活、保护公共环境、创造公共财富和提供公共服务。生成和践行这种公共精神，是对现代社会公民的基本要求。一个公共性的社会需要有公共意识、公共理性、公共理念、公共伦理、公共文化等，形成充满活力的公共精神。公共精神是共同体和社会的灵魂。一个社会的公共精神越发达、越充分，

① 《邓小平文选》第 3 卷，人民出版社 1993 年版，第 372—373 页。

这个社会的环境和氛围就越好，每个社会成员享有的社会资源和福利就越多。人是在自觉意识支配下行动的。在这个意义上，可以说社会建设中最重要的是公共精神的建设”[①]。我们不仅要在“驯服资本”的意义上引导资本成为公共性的力量来为民生服务，也要在社会与人的公共性存在的角度来引导人们形成自觉的公共精神。人们的公共精神的增强对于社会公共性建设的影响是深远的，这无疑将有益于中国道路的发展。

总的来看，如果从三种逻辑的视角看待社会主义力量对资本的驾驭，就是秩序逻辑与生存逻辑相结合，去引导资本的逻辑。而所有问题的关键在于政权的性质，政权的性质取决于执政党即中国共产党的本性，这就要求无论是党和国家，还是马克思主义中国化都必须坚持马克思主义人类解放的理论旨趣和价值诉求，从人的公共存在本性出发，坚持马克思对资本的双向度理解，将人民性真正融入资本的关系之中，引导资本真正为民生服务。

① 郑广永主编：《走向制度文明：从主体性到公共性》，国家行政学院出版社 2014 年版，第 77 页。

全球治理的实质公共性*

——公共性视域中的人类命运共同体

高云涌**

为了克服经济全球化固有模式导致的种种矛盾和弊端，中国共产党提出了积极推动构建人类命运共同体的理念。构建人类命运共同体作为全球治理的中国方案，不仅在国际社会引起广泛回应，也为哲学社会科学提出了一系列亟须研究的新课题。由于这一方案涉及政治、经济、外交、文化、环境、安全等诸多领域，所以关于人类命运共同体的学理研究已成为多学科共同关注的时代课题。研究者们在不同的学科领域对以中华传统文化、中国外交经验和多元文明共鉴为主要思想渊源的构建人类命运共同体理念进行了多重视域的阐释与解读。在学界已有研究中，从新的国际观及新的举措、联通周边与世界、参与全球治理等方面对人类命运共同体的理论探讨已经取得诸多共识。但是，在哲学层面的阐释和解读中，我却发现存在这样一种理论倾向：本来是基于某一理论视域的阐释，却往往得出了将这一理论视域归结为构建人类命运共同体的理论基础的结论。例如，在一篇题名为《马克思公共性视域下的人类命运共同体探析》① 的文章中，作者实际论证的其实是“马克思公共性思想为人类命运共同体提供思想资源与理论基础”的命题。但是，在哲学的意

---

* 本文为国家社会科学基金项目“资本逻辑与新时代历史唯物主义的创新发展研究”（18BZX028）的阶段性成果。

** 作者简介：高云涌，黑龙江大学马克思主义学院教授、博士生导师（哈尔滨 150080）。

① 张翠、刘玉娟：《马克思公共性视域下的人类命运共同体探析》，《广西师范大学学报（哲学社会科学版）》2019 年第 3 期。

义上，视域是指解释者在其中进行领会或理解的构架或视野，文本或对象的意义都是在某种特定的构架或视野中被确定的；而基础一词则是指事物发展的根本或起点。显然理论视域不能混同于理论基础。那么，在公共性的理论视域中人类命运共同体究竟会呈现怎样的价值意蕴？这就是本文试图重新讨论的问题。

一 传统全球治理体系与经济全球化固有模式的“形式公共性”

习近平总书记曾经明确指出，要推动全球治理理念创新发展，积极发掘中华文化中积极的处世之道和治理理念同当今时代的共鸣点，继续丰富打造人类命运共同体等主张，弘扬共商共建共享的全球治理理念。如今，积极参与全球治理和落实倡议、推动构建人类命运共同体等理念是相互联系、彼此促进、有机统一的历史过程的观点已经成为学界共识。全球治理作为一种人类性的交往实践活动，必然蕴含着治理主体的利益需求和价值诉求，因而全球治理体系作为复杂的社会关系结构系统，不仅包括顶层设计和手段等“硬件”要素，同时也要体现人类利益和价值的通约性，具有一定的“软件”灵魂。在这样的意义上，我国提出的构建人类命运共同体理念，作为全球治理的中国方案，既是对当前中国作为新兴经济体向国际社会提出的一种基于世界各国人民共同利益和国际正义的全球治理思想，也是对过去全球治理过程中历史地形成的“资本竞争博弈”式全球化模式的纠偏。因此，在中国进入社会主义新时代后，按照人类命运共同体的构想来推进全球化，就必然面临这一全球治理的中国方案的价值基础、行动逻辑和衡量标准等问题的追问。也只有回应了这些问题，这一方案在具体实施过程中的目标定位、全球动员、利益协调和手段应用等方面的考量，才会拥有坚实的理念根基和道义基础。

考察传统的全球治理体系及其核心价值的特点，可以发现其与传统的经济全球化模式是相匹配的。阎孟伟先生对传统全球化模式的概括是：“从根本性质上说，经济全球化就是资本主义市场经济突破民族国家的界限在世界范围内的拓展，并逐渐形成了由追求价值增殖的资本逻辑决定的‘竞争博弈’式的全球化模式。”① 与这种全球化模式相匹配的是国际多边合作的全球治理体系，其治理主体普遍将追求自身利益最大化作为首要原则，强国主导成为这一治理体系的基本特点。既有的全球化模式持续至今，导致了许多全球性问题的出现，使当今世界不断面临和平赤字、发展赤字和治理赤字的困扰。显然，强国主导的全球治理体系已无力应对时代挑战。作为应对全球治理困境的中国方案的人类命运共同体理念正是在这样的背景下应运而生的。但是，尽管如此，既有的全球治理体系及其理论反思，仍然为新型全球治理体系的探索和建构提供了诸多启发。正是在既有的全球治理体系的实际运作中，国内外理论界概括出“全球治理”的一些基本规定性。中国人民大学出版社出版的“治国理政新理念新思想新战略”研究丛书的主张就有一定的代表性：“所谓全球治理体制，是指主权国家、国际组织、非政府组织等国际关系行为体为解决全球性问题，增进全人类共同利益而建立的，管理国际社会公共事务的制度、规范、体制和活动。”正是在对这些基本规定性的把握中，我们发现，既有的全球治理体系在其核心价值构成中，存在“公共性”这样一种极其重要的价值要素。公共性是对个体与主体共在或共处活动的根本属性的概括，表征着多元主体的客观存在及其相互依存关系。一方面，“治理”概念本身就与“公共性”有天然联系。它来源于古拉丁语和古希腊语的“操舵”一词，原意是控制、指导和操纵。“20 世纪 80 年代开始，伴随着经济全球化浪潮和后现代社会哲学的提出，‘governance’的含义发生了巨大变化，当代‘治理’概念及其治理理论被作为一种阐释现代社会、政治秩序与结构变化，分析现代政治、行政权力构架，阐述公共政策体系特征的分析框架和思想体系，它是指与传统国家控制相并列的管理行为。”② 此外，公共性理应是全球治理的价值根基，是国际秩序具有公平正义性的最佳彰显。在全球治理体系中，主权国家处于核心，主权国家的日常活动是按照争取本国利益最大化原则去处理国与国之间的关系的。然而，在经济全球化浪潮中，面对复杂多样且互有冲突的不同国家利益诉求，仅仅遵从各国资本的增殖本性和趋利避害的本能，

---

① 阎孟伟：《构建人类命运共同体的价值内涵》，《光明日报》2019 年 2 月 11 日。

② Gerry Stoker, *From Government to Governance*, Bernard E. Brown, Comparative Politics, Beijing: Peking University Press, p. 41.

是不可能使主权国家的国际社会公共事务活动真正达到增进全人类共同利益的理性和公正的结果的，而需要在资本逻辑之外再获得另一种价值的指导和规范，由此，公共性的价值得以凸显，并成为主权国家解决全球性问题的行为是否符合公共理性和公共价值的衡量标尺，也是国际秩序具有公正性的保障。

在一定意义上，全球化进程持续至今所带来的诸多问题和困境难以得到根本解决，与既有的全球治理体系的公共性具有形式化的特点直接相关——无论是治理手段的更新还是公共性的塑造，都只是出于主权国家实现经济利益的需要，然而，却在“普世价值”的名义下把个别主权国家的权力意志隐藏在共识之中。也就是说，在公共性和普世性的名义下，个别主权国家名正言顺地将特殊利益置于普遍利益之上，通过竞争博弈的形式公正性打消国际社会对既有全球治理体系涵盖利益普遍性不足的质疑。这样一种治理体系不仅不能最大限度地包容具有重大差异的不同国家利益诉求，而且公共性的内涵也被个别实力强大的主权国家的个体诉求逐步掏空，成为形式公共性。这一特点在三个层面带来了不良后果：其一，在国际社会层面，导致人类共同价值被忽略。当资本增殖逻辑成为唯一推动力的时候，国际协商、国际沟通和国际参与的功能都将大打折扣。当资本逐利狂潮主导全球治理体系的时候，必然会以主权国家的效益为核心价值，这样一来，更具普遍性意义的人类共同价值必然会被忽视。其二，在国际组织层面，容易导致责任与价值的对立。在以众多国际组织为基础但具有“中心—边缘”结构特点的全球治理体系中，其组织责任往往会偏离公共性而倒向所谓公平竞争的形式化设计。其三，在主权国家层面，容易不同程度地导致国家个体行为的公共精神缺失。

既有的全球治理体系的形式公共性与既有的经济全球化模式所具有的形式公共性密切关联。“经济全球化是指在生产不断发展、科技加速进步、社会分工和国际分工不断深化、生产的社会化和国际化程度不断提高的情况下，世界各国、各地区的经济活动越来越超出某一国家和地区的范围而相互联系、相互依赖的过程。”① 但是，在资本逻辑决定的“竞

① 《马克思主义基本原理概论》，高等教育出版社 2018 年版，第 227—228 页。

争博弈”式的全球化模式中，经济全球化的核心事实上是资本的全球化。就如德国学者马丁和舒曼所认为的那样：“当今的全球化，实际上是一种为资本争自由的运动，目前西方各国政府废除了各种控制措施，降低了国家干预经济的程度，并通过贸易制裁和其他高压手段强迫那些并非情愿的国家也采取同样的措施，即实行非调控化、自由化和私有化，这‘三化’成为西方国家经济政策的战略工具。”① 这样一种全球化模式，虽然具有公共性的属性和特征，但它并不能真正实现国际社会的公共利益，因此其具有的只是一种形式公共性。这种形式公共性主要包括形式共在性和形式正义性。前者表现为多元利益主体——主权国家的共在，但许多国家主权并未得到应有的尊重。后者表现为各主权国家在同等条件下享有同等待遇的基本权利和地位，但强权国家却往往在实际上左右着利益分配的格局。

二　作为全球治理中国方案的人类命运共同体的“实质公共性”

当前人类社会已经进入一个高度相互依存的历史发展阶段。但是，传统的全球治理体系的形式公共性以及既有的经济全球化模式所具有的形式公共性，使其在实践中难以真正应对诸多全球性问题的挑战。正是在这样的背景下，以习近平同志为核心的党中央把握时代潮流，旗帜鲜明地“倡导人类命运共同体意识”，认为“这个世界，各国相互联系、相互依存的程度空前加深，人类生活在同一个地球村里，生活在历史和现实交汇的同一个时空里，越来越成为你中有我、我中有你的命运共同体”，并强烈呼吁世界各国“同舟共济，权责共担，增进人类共同利益”。2012 年 11 月，党的十八大报告提出要倡导“人类命运共同体”意识，这是人类命运共同体理念首次载入中国共产党的重要文件，并进而成为新时期中国与世界如何相处的重要指导思想。近年来，习近平主席在国际国内重要场合先后一百多次谈及“命运共同体”，不断与国际社会就人类

① ［德］汉斯－彼得·马丁、哈拉尔特·舒曼：《全球化陷阱：对民主和福利的进攻》，张世鹏等译，中央编译出版社 1998 年版，第 150 页。

命运共同体理念与实践加强沟通，推动双边、地区、全球等多层次命运共同体的构建。在大国竞争、机制竞争、观念竞争等多种因素困扰全球治理有效开展，相对收益与绝对收益的分野、国际利益与国家利益的分化使全球治理困难重重的情况下，从全人类共同利益出发，基于长远眼光和战略高度，不断推动全球治理体系趋于完善的理念，标志着人类命运共同体作为全球治理的中国方案已然成形。

作为全球治理中国方案的人类命运共同体同样具有公共性的属性和特征。一方面，这种公共性在人类命运共同体与主权国家之间、不同的主权国家之间的关系状态和属性中体现出来。另一方面，这种公共性还体现在各主权国家共同形成的人类命运共同体的基本价值规范和价值追求上。人类命运共同体的公共精神是落实到每个主权国家上的，只有各主权国家普遍拥有相应的公共精神，才能在这种精神支配下调整自身的行动。作为全球治理的中国方案，人类命运共同体肩负着维护国际秩序、促进国际公平正义等治理责任。而从公共哲学的视角，对这一正在形成之中的全球治理方案的公共性内核进行规范性建构，则成为理论研究的当务之急。从宏观层面审视，新的全球治理体系应该是由各主权国家共同建构起来的，是新的国际关系矛盾运动的具体表现，其建构进程与经济全球化的最新进展相辅相成。我们已经看到，发达国家在全球经济中占据主导地位和支配地位的格局正在发生改变，这意味着经济全球化的发展方向，必然是多元一体的共存。这一发展态势必然要求人类命运共同体要追求更大范围的公正、更强的公共精神、更高程度的组织化和秩序化，它们不仅组成了新的全球治理体系所守护的核心价值，也构成了其有效运作的现实根基。

作为全球治理中国方案的人类命运共同体，必然包含价值、制度、组织与机制这些要素。其中，价值要素赋予了人类命运共同体以灵魂性根基，决定了全球治理的发展方向和重心。从形态上看，全球治理价值往往是以“价值体系”的状态存在，包括核心价值和非核心价值等多种价值。在治理过程中，不同的主权国家主要是受到“价值体系”的核心价值的引导和规约，并通过这些核心价值统摄多元化的非核心价值，以此来凝聚价值共识、化解利益冲突。全球治理体系作为一种超越主权国家的力量，其核心价值取向并不能完全脱离主权国家。它既具有世界性同时也具有民族性，实际上是一种“共同价值”的表达，通过核心价值的规范来实现公共精神和公共行动的引导，为创造不同主权国家间关系的和谐、国际社会关系秩序的和谐提供条件。阎孟伟先生曾将人类命运共同体的核心价值理念概括为合作共赢、追求国际公平正义、追求国际关系民主化、追求持久和平、打破强国必霸的逻辑几个方面①。两相比较，可以发现，传统的全球治理体系实质上具有“强国操纵体系”的特点，而人类命运共同体才具有了真正的“全球治理体系”的意味。后者对于前者并非根本抛弃的关系，而是在前者基础上本着共商共建共享的原则逐步改造的结果。蕴含在这一转变过程中的价值导向则是一条由“形式公共性”转向“实质公共性”的路径。

如前所述，人类命运共同体具有公共性的要素。这种公共性包括两个层面的内涵。一个层面是共同性和公开性。可以说，共同性和公开性是人类命运共同体的基本属性和基本条件。前者意指各个主权国家总是处于与其他主权国家共同存在于同一时空条件下的根本特性，后者意指同等条件下的每个主权国家都享有自由参与人类命运共同体的资格和权利。另一个层面是价值性和规范性。从价值角度来看，公共性构成了协调不同主权国家之间关系使其达到动态平衡状态的价值基础；从规范性的角度来看，公共性构成了维系人类命运共同体存在的结构性力量，每个主权国家都有维护它的义务。从宏观层面来看，人类命运共同体是作为一个想象的共同体而存在的，但其本质则是一个时空共同体、利益共同体、价值共同体、秩序共同体和责任共同体。与传统的全球治理体系一样，它是以不同的主权国家为基本单位而构成的，建立在不同主权国家相互团结、相互协作的基础之上，主权国家是其核心价值的实际承载主体。这些核心价值表达的是国与国之间的秩序与原则，人类命运共同体的核心价值就是在这些秩序和原则的建构中基于新的时代背景和新的思想资源而被重新提炼出来的。正是这些核心价值使人类命运共同体所具有的的公共性具有了实质公共性的特点。

这种实质公共性在人类命运共同体中主要体现在三个层面：一是全球治理的普遍性，二是同质差异的共在性，三是多元主体的趋同性。全

---

① 阎孟伟：《构建人类命运共同体的价值内涵》，《光明日报》2019 年 2 月 11 日。

球治理的普遍性意指人类命运共同体作为全球治理的理想方案是普遍适用的，它包含所有参与其中的主权国家，这些主权国家在治理体系的价值、制度、组织与机制这些方面无一例外地“遵守”“享有”相应的权利和义务。同质差异的共在性意指人类命运共同体是一个同质与差异矛盾交织的国际关系体系，其中的同质性适合于每一个主权国家，但同时又承认差异，追求的是差异性基础上的普遍同一性。也就是说，人类命运共同体就是以尊重各主权国家的多样性和差异性为前提，寻求所有主权国家以一种共同存在和发展的方式所要达到的一种总体性目标。多元主体的趋同性意指人类命运共同体是一种在众多主权国家趋同的基础上形成的一个公共的共在体系。趋同和共识对于人类命运共同体至关重要。一方面，人类命运共同体包容同一时空条件下不同主权国家的制度、语言、宗教、文化、利益等多方面的差异及其不同的预期；另一方面，人类命运共同体的构建在客观上会形成一种总体性的存在，它反过来又会对每个主权国家的存在和发展附加一定的约束。因此，和谐的国际关系秩序是人类命运共同体的目标追求，也是其公共性的品质体现。

三　人类命运共同体与理想国际秩序建构的公共性价值诉求

作为全球治理的中国方案，人类命运共同体在其建构过程中是以公共性为价值中轴的。其蕴含的实质公共性特点在推动构建和谐的国际关系秩序的过程中必然有鲜明的体现。习近平总书记曾经指出，“中国将积极参与全球治理体系建设，努力为完善全球治理贡献中国智慧，同世界人民一道，推动国际秩序和全球治理体系朝着更加公正合理方向发展”①。从公共性的视角来看，人类命运共同体作为国际秩序发展的理想形态，在其价值、制度、组织与机制这些要素共同作用而形成的运行规则层面具有两个最为突出的特点——包容性和灵活性。其一，由于各主权国家都参与了人类命运共同体运行规则的制定和确认，因而会照顾到各方的

① 习近平：《在庆祝中国共产党成立95周年大会上的讲话》，《人民日报》2016年7月2日。

利益诉求，易于得到各主权国家的承认和遵守，这体现了人类命运共同体对其成员利益的包容。在这样的秩序状态下，各主权国家间的互动将会更加广泛、频繁而密切。其二，人类命运共同体的运行规则是各主权国家共同参与和协商的结果，使其在具体实施中具有灵活性的特点。这种灵活性是指其运行规则会因具体的主权国家的利益变化而产生一定的伸缩性和相对性。通过共同协商来调节利益关系是人类命运共同体的一项基本规则。总的来看，人类命运共同体所代表的国际秩序和全球治理体系打破了强国必霸的逻辑，消解了原有的绝对权威而代之以均势权威。各主权国家全面而积极地参与人类命运共同体的建构并发挥作用，"推动国际秩序和全球治理体系朝着更加公正合理方向发展"，使公共性价值在理想的国际秩序建构和维系中的重要性更加凸显。

第一，人类命运共同体对公共合法性的追求，指向的是更具合法性的国际秩序。艾伦·布坎南和罗伯特·基欧汉在《全球治理机制的合法性》中认为，"全球治理机制要确保其合法性，就必须具备一定的认知优点，并通过与机制外的代理人及组织的互动，促进对其目标不断的批判性修正。有关合法性的原则性全球公共标准能够引导公众遵循民主原则，区分合法与不合法的治理机制，从而对合法性的评判达成合理的一致。如果确立广泛认可的标准，无论是合乎该标准还是努力去达成该标准，都会增进有价值的全球治理机制的公众支持度"①。他们同时提出，"判定全球治理机制是否具有合法性——以及它们是否被普遍认定为合法是一项紧迫的任务"②。尽管我们并不完全认同他们对"合法性"概念的界定，但是他们对"公众支持"的强调却启发我们将人类命运共同体的合法性理解为从是否与各主权国家的利益基础和价值追求相一致的角度对人类命运共同体所代表的国际秩序所作出的规定。这种规定包含两个层面：一是具有自身的存在价值，二是被各主权国家普遍承认或认同。2017 年 2 月，联合国社会发展委员会第 55 届会议"呼吁国际社会本着合作共赢和构建人类命运共同体的精神"，这是"构建人类命运共同体理念"首次写入联合国决议。联合国的有关决议和许多主权国家的明确支持，表明人类命运共同体已经有了越来越坚固和广泛的合法性基础。

① 陈家刚：《全球治理：概念与理论》，中央编译出版社 2017 年版，第 68 页。

② 陈家刚：《全球治理：概念与理论》，中央编译出版社 2017 年版，第 68 页。

第二，人类命运共同体对公共合理性的追求，指向的是更具合理性的国际秩序。建立新的国际秩序，并不是针对更不是改变原有国际秩序的合理成分，而是顺应现实世界已经存在的和平、发展、合作的趋势和潮流并加以积极推动。一般而言，国际秩序是否合理以及合理性程度如何，有其一定的标准。首先，国际秩序是否在各主权国家地位平等的基础上建立的。人类命运共同体所追求的国际秩序是包括世界上所有主权国家的秩序，国家地位的平等是秩序公平合理的前提条件，没有平等的地位，绝不可能建立起公正的秩序。其次，国际秩序依据的准则是否合理。准则是秩序建立和运行的框架，没有一定的准则就不会有一定的秩序，准则制约着秩序的形成与发展，准则的正确与否也决定着秩序是否公平合理。最后，国际秩序是否有利于国际社会的进步与发展。这主要是看秩序是否能够促进各国之间关系的正常发展，是否能够保障国际社会的安全，以及利益在各主权国家的均衡分配等①。在更加合理的国际秩序中，人类命运共同体与主权国家、主权国家与主权国家之间的关系不是简单的个体对群体的隶属关系和一一对应的闭合关系，而是较为复杂的合作关系和互约关系。随着经济全球化的进一步发展和深化，主权国家会日益突破先定的交往界限，而融入高度合理性、秩序性和开放性的结构性国际关系体系之中。这种具有公共合理性基础的国际秩序，要求各主权国家遵守共同约定的规则，遵循人类的共同价值以保证整个国际社会的健康协作发展。

第三，人类命运共同体对公共正义性的追求，指向的是更具正义性的国际秩序。在一般意义上，正义是一种人们普遍公认、一致追求的社会关系秩序，具有崇高的价值性、理想性和目标性。就如佩雷尔曼所强调的，“正义，在各种名义下统治着世界——自然、人类、科学、良心、逻辑、道德、政治、经济、政治学、历史、文学和艺术。正义是人类灵魂中最淳朴之物，社会中最根本之物，观念中最神圣之物，民众中最热烈要求之物”②。人类命运共同体所追求的公共正义性，意味着其所表征的国际秩序具有自由、平等、公正、效率等对各主权国家和平发展意义最为重大的价值属性。其最终标志就是国际秩序的稳定与和谐。更具正

① 胡瑾、刘建华、王学玉：《国际政治概论》，山东大学出版社 1998 年版，第 182 页。

② 张文显：《二十世纪西方法哲学思潮研究》，法律出版社 1996 年版，第 580 页。

义性的国际秩序也就是更具稳定性的国际秩序，同时也是更具和谐性的国际秩序。和谐作为正义的国际秩序价值要素系统中的最高规定性不仅意味着稳定性更意味着协调性，意味着人类命运共同体内部各主权国家之间的各种矛盾会不断得到顺利和有效的解决。这种公共正义性保证了各主权国家在人类命运共同体中能够实现"真正的自由和真正的平等"，具体表现为各主权国家利益和价值的全面性的实现和自主性的实现两个方面：其一，每个主权国家都有条件参与各个领域、各个层次的国际交往，同其他主权国家的活动成果进行普遍的交换，从而使自身真正摆脱个体的、民族的狭隘性，充分融入经济全球化的大潮之中。其二，各个主权国家对国际秩序都能全面参与和共同控制。

总之，本文以公共性为理论视域对作为全球治理的中国方案的人类命运共同体进行重新审视，试图从一种跨学科的背景，以全球治理、国际秩序为基本分析层面，理解和把握构建人类命运共同体理念的精神实质和价值意蕴。从这一视域出发，笔者认为，传统的全球治理体系及其核心价值有着深深的形式公共性的特点，人类命运共同体的构建是在前者的基础上，通过各主权国家的共商共建共享，将形式公共性逐渐改造为实质公共性的过程。正是基于对公共合法性、公共合理性和公共正义性的追求，人类命运共同体的构建才能真正"推动国际秩序和全球治理体系朝着更加公正合理方向发展"。但是这样一种视域的解读并非对构建人类命运共同体理念的一种肢解，它与其他视域的解读例如马克思共同体思想的视域、人学视域、文化哲学的视域、生态文明的视域、认识论视域等应该是相互关联、相互影响的。这也意味着，不同视域的解读，只有在互抱诚意的对话中才可能凸显各自的特色，才能共同深化人们对人类命运共同体的理解。

文化认同建构的困境与对策

——基于马克思与黑格尔思想对话的视野

郗　戈*

文化是民族的血脉，是人民的精神家园。在今天推进文化发展繁荣，建设社会主义文化强国，不可避免地要涉及全球化时代的文化认同建构问题。

何谓文化认同？一般地说，文化认同就是人们在一个民族共同体中长期生活所形成的对该民族文化精神的肯定性体认，其关键是对该民族核心价值的认同。文化认同的抽象形式可以表述为"我就是我"，即个人以自身文化生活为对象而形成的关于自己具有某种文化品性的自我意识。然而其具体形式则是"我就是我们，我们中有我"，即个人通过在某一民族文化共同体中体认、模仿该共同体的文化生活与伦理实践，并使其内化为自身人格的一部分，从而认识和提升自身文化品性的辩证发展过程。对于文化认同的形成来说，各个层次的文化共同体（从国家到基层社区）的文化生活与伦理实践所提供的具体情境，是必不可少的。文化认同正是建基于个人文化意识与特定文化共同体之间可持续的有机互动之中。具体到中国文化认同来说，在古今中西文化差异与融合中建构民族文化认同，其核心便是中国文化共同体与公民个人文化意识的关系问题。

* 作者简介：郗戈，中国人民大学马克思主义学院教授、博士生导师、副院长。

一　文化认同困境的理论透视

在当今全球化境遇中建构中国文化认同，所面对的一个突出难题便是现代社会的"同质化"趋势所引发的文化认同困境。所谓"社会同质化"，是指随着现代社会的发展，传统的政治伦理等级秩序及其相应的文化共同体被全面祛除，而代之以经济能力与财富占有的分层秩序。由此，扎根于政治伦理等级和文化共同体的文化认同就丧失了伦理情境、价值坐标和意义参照系，从而出现认同困境。

从思想史上看，黑格尔的国家理论以及马克思对其的批判继承，为我们提供了理解社会同质化与文化认同困境的重要理论资源。在黑格尔与青年马克思的理论语境中，"自我意识"即个人以自我为对象的意识，其实就是个人自我认同的抽象形式，然而其具体内容则需要在社会生活中才能界定。黑格尔在《法哲学原理》中对等级制国家与个人自我意识的关系进行了深入探讨。他认为，市民社会中的利己个人只有以特定政治等级为中介才能整合入国家这一政治共同体，才能获得完整的自我认同。特定等级的工作生活方式、人际关系与礼俗伦常，为个人获得社会角色、身份认同与生存意义提供了具体的伦理情境与价值坐标。个人隶属于其中的等级分化的差异性，最终被整合于政治伦理的统一性，由此便形成了包容身份差异的伦理性整体即"理性国家"。而现代社会日益伸张激进的自由与平等，抹平一切等级分化，造成社会同质化，这就挖掉了个人认同的秩序根基与伦理情境，由此便引发认同危机。要言之，黑格尔为我们提供了一种文化认同模式：个人以特殊的文化共同体（等级或社群）的具体伦理情境为中介，而认同于一个更普遍的文化共同体（民族国家）。而在《黑格尔法哲学批判》《德意志意识形态》等著作中，马克思对黑格尔等级制国家理论进行了深入批判。他认为，等级不能构成社会整合与身份认同的合理中介，反倒强化了社会的阶级对抗分裂。事实上，阶级对抗支配着国家，而阶级或等级则成为社会压迫与社会排斥的机制。个人及其身份认同的发展被局限于狭隘的特殊阶级或等级之中，无法获得认同在世界层面上的普遍发展，妨碍个人对人类社会的普遍认同。他还进一步预见了个人形成世界性认同的可能性。随着民族、地域历史转化为“世界历史”，个人日益脱离特殊地缘共同体的限制而成为世界历史性的存在，特殊的民族文化、地方文化将汇聚为普遍的世界文化。生产力与交往的全面发展，为人类普遍认同即个人认同于人类的自由联合体，奠定了物质基础。

黑格尔与马克思的深刻洞见为我们今天理解文化认同问题提供了重要的理论启示。第一，只有在社会结构的总体分析中，才能具体把握文化认同问题，并提出相应的认同模式。基于现代社会结构的合理认同模式是，个人以较小的特殊共同体为中介桥梁和具体情境，间接认同于民族国家共同体。而一种未来的认同模式则可能是，个人跟随社会发展逐步挣脱特殊民族、地域共同体的限制与束缚，从而直接认同于人类共同体。第二，现代社会的同质化趋势与文化认同困境具有深层联系。现代社会的同质化趋势表现为“去等级”分化，即以经济分层取代政治伦理差异，以市场经济秩序置换各种政治伦理共同体。彼此差异的政治伦理共同体（等级、家族等）被现代的劳动分工、市场交换与劳资雇佣所带来的剧烈社会流动与夷平趋势所瓦解。这一瓦解过程同时也伴随着“置换”过程：社会同质化并非真正的社会平等化，而是以经济分化取代政治差异与文化分化。具体来看，以政治伦理或文化伦理的“质性差异”为标准的传统等级秩序被全面祛除，而以经济能力、财富占有的“数量差异”为标准的经济分层秩序则取而代之。传统的政治伦理等级在彼此差异中形成国家统一体以及个人对国家的认同。而现代的经济分化秩序则表现为阶级对抗、贫富分化与消费区隔。由此而来的各个阶级或阶层并不是依靠共同的伦理关系、文化生活而形成的文化共同体，而是由相近的经济利益捆绑而成的一群漠不关心的原子化个人。由此，建立在政治伦理共同体及其差异秩序上的传统文化认同模式便遭遇了不可避免的困境。第三，社会同质化以至文化认同困境的根本原因在于现代社会的结构性变迁。从社会意识层面看，认同困境的根源在于现代自由平等精神对传统等级秩序的摧毁。而从更深刻的社会存在层面看，认同困境的根源在于资本主义的全球扩张，以及形式上自由平等的市场交换关系对传统政治伦理秩序与文化共同体的连根挖除。

二　文化认同建构的现实推进

在全球化境遇中建构中国文化认同，就需要基于马克思主义立场将上述理论资源中的合理性因素整合起来，形成面向现实的文化认同理论，指导当代文化建设实践，规避文化认同困境，真正把建设社会主义文化强国的宏伟目标落到实处。

那么，当代中国面临哪些社会同质化与文化认同困境的风险？对中国文化发展来说，当前世界范围的全球化浪潮既是机遇，又是风险。全球化的主流是合理的，蕴含着难得的发展机遇，但其中包含的“西化”与“同质化”趋势，若不加以规范引导与合理应对，也可能会给中国文化发展带来某些不良影响。例如，西方主导的经济全球化日益向政治、文化层面渗透扩展，并不断树立西方文化霸权，力图将全世界各民族编织到一个全球“同质化”的文化价值体系之中。同时，伴随全球化而来的西方主导的市场化趋势，也将市场交换关系向社会生活各方面传播扩散。西方主导的全球化，有可能会日益弱化传统的文化伦理共同体（地方、单位、社区、家族的礼俗伦常与风土人情等），夷平民族文化认同的中介结构，使个人的文化认同在社会同质化中丧失其具体情境、效仿对象与定位参照系。

全球化境遇下的当代中国文化认同可能面临的困境主要体现在两个方面。一是文化认同的伦理情境被休闲娱乐的消费情境置换。民族文化认同，需要通过文化共同体的日常情境中的文化生活与伦理实践才能够持续再生产。但由于全球市场关系对文化共同体的弱化，文化意识与伦理实践相互脱节，文化认同的伦理内核日趋淡化，由此文化认同便可能转化为一种符号消费形式。部分文化产品的商品化、市场化进程在拉动文化产业蓬勃发展的同时，也可能会带来文化生活的价值失范、意义空洞与趣味庸俗等不良现象。二是文化认同的中华情境被全球文化“大杂烩”的混沌情境取代。文化认同建构需要内在的秩序结构、明确的主从关系，即在全球多元文化境遇中必须明确“以谁为主”的问题。而在今日的文化全球化浪潮中，却存在着无序的全球同质化等不良趋势：文化共同体及其主从秩序的缺失，各种文化形式竞相涌现，无序罗列，混沌杂烩，形成光怪陆离的文化消费情境。假如文化认同堕入无秩序、无主次的暧昧含混状态，实质上就等于取消了文化认同。

因而，要规避全球化境遇下文化认同困境的风险，关键在于将中国文化认同从一种朦胧的心理情绪、文化意识真正落实为人民群众的文化生活与伦理实践。从历史唯物主义“社会生活决定社会意识”的基本观点来看，仅仅停留于观念和语词的文化认同是肤浅空洞的，只有落实为真正的文化生活方式，落实为日常生活与礼俗伦常，才是真正充盈坚实的文化认同。要将中国文化认同化作人民群众的礼俗伦常和伦理实践，就必须建构从基层社区到整个国家的各个层次的文化伦理共同体，形成文化共同体与个人生活之间的有机互动与良性循环。为此，中国文化认同的当代建构就应当从四个方面深入推进。一是以中国化的马克思主义为指导，立足于中国本土实践经验，融汇古今中西文明精华，增强全民族文化创造活力，发展社会主义核心价值体系统摄下的现代中国文化，形成文化认同的精神内核，走中国特色社会主义文化发展道路。二是整合中国特色社会主义经济建设、社会建设与文化建设，协调好文化事业与文化产业、文化的社会效益与经济效益的关系。三是建构各个层次、各种形式的文化共同体，不断完善市场经济的文化机制与伦理规范，持续提升人民群众的道德素养与文化品位，使个人融入人民共享的文化生活与伦理实践之中，并认同于社会主义祖国的文化整体。四是开启中国文化认同的全球视野，抓住全球机遇，化解全球风险，包容整合世界文化主流，批判反思西方文化霸权，从中国文化的自主性、特殊性形式中逐步生发出面向世界、影响全球的普遍性文化价值体系。总之，只有坚持社会主义先进文化前进方向，将中国文化认同真正落实为人民群众的文化伦理生活，才能不断推进社会主义文化强国建设。

从文化上看构建人类命运共同体的困境与出路

宫玉宽*

人类命运共同体的理念是中国共产党以马克思主义为指导，面对当代世界局势，基于中国传统文化的系统观和整体观而提出的全球政治伦理、人类未来命运的伟大理念。它是指在追求本国利益时兼顾他国合理关切，在谋求本国发展中促进各国共同发展。构建人类命运共同体，其根本出路在于各国的经济发展和平等合理的世界秩序的建立，需要各个国家的共同努力。其中，文化既可以成为构建人类命运共同体的积极力量，也可以成为消极力量。文化既对人类的生活有重要影响，也对各个国家的对内对外关系有重要影响。因此，从文化的视野看构建人类命运共同体的问题有重要意义。

一　人类命运共同体的三个环节

所谓人类命运共同体的三个环节，是指“人类命运共同体”这个概念所包含的三重内涵。

首先，人类命运共同体是一个客观事实。近代以来，随着西方国家资本主义生存方式的确立，再加上科学技术的应用，使西方国家首先走上了现代化的道路。在这个过程中，西方国家通过对落后国家的掠夺，

---

* 作者简介：宫玉宽，中央民族大学哲学与宗教学学院教授。

通过殖民主义和帝国主义的战争，使国际关系形成了一个弱肉强食的格局。在这个过程中，西方国家经历了对外的商品国际化、资本国际化、生产国际化的历史。在这个过程中，西方资本主义国家之间的利益冲突，使人类经历了两次世界大战。第二次世界大战以后，经济全球化强劲推进。任何国家都主动或被动地参与到全球化的进程当中，成为“地球村”的一个村民。同时，霸权主义与恐怖主义并行，严重威胁整个人类的命运。随着经济全球化深入发展，资本、技术、信息、人员跨国流动，国家之间处于一种相互依存的状态，一国经济目标能否实现与别国的经济波动有重大关联。各国在相互依存中形成了一种利益纽带，要实现自身利益就必须维护这种纽带。国际社会日益成为一个你中有我、我中有你的“命运共同体”。面对世界经济的复杂形势和全球性问题，任何国家都不可能独善其身。全世界各个国家都在一条船上。任何国家，只顾自身的利益而损害他国利益，其最终结果，只能是整条船的沉没。这成为一个基本的事实。人类命运共同体意味着，随着国际关系的发展，可能会有不同的结果。

其次，人类命运共同体是一种理念。人类命运共同体是一个客观事实。面对这样一个客观事实，并不是所有国家都有明确的意识。一些国家，特别是一些发达国家，有意无意地回避这样一个客观事实。一些国家基于自身利益，再加上文化传统和政治制度，仍然坚持“零和游戏”的原则，为了自身的利益最大化，不惜损害他国利益。在这种情况下，中国率先提出了“人类命运共同体”的理念。包括四个方面：第一，国际权力观。不同国家和国家集团之间为争夺国际权力发生了数不清的战争与冲突。随着经济全球化深入发展，国家之间的权力分配未必要像过去那样通过战争等极端手段来实现，国家之间在经济上的相互依存有助于国际形势的缓和，各国可以通过国际体系和机制来维持、规范相互依存的关系，从而维护共同利益。第二，共同利益观。经济全球化促使人们对传统的国家利益观进行反思。瞬间万里、天涯咫尺的全球化传导机制把人类居住的星球变成了“地球村”，各国利益的高度交融使不同国家成为一个共同利益链条上的一环。任何一环出现问题，都可能导致全球利益链中断。例如，粮食安全问题、气候变化问题、环境问题、资源能源问题、互联网安全问题。面对越来越多的全球性问题，任何国家都不可能独善其身，任何国家要想自己发展，必须让别人发展；要想自己安全，必须让别人安全；要想自己活得好，必须让别人活得好。第三，可持续发展观。工业革命以后，人类开发和利用自然资源的能力得到了极大提高，但接踵而至的环境污染和极端事故也给人类造成巨大灾难。与此同时，人类所使用的很多能源资源是不可再生的。1972 年，以研究环境和发展问题著称的“罗马俱乐部”发表了《增长的极限》报告，提出“若世界按照现在的人口和经济增长以及资源消耗、环境污染趋势继续发展下去，那么我们这个星球迟早将达到极限进而崩溃”，引起国际社会极大争论。此后，国际社会对于这个问题越来越关注。直到 2012 年，各国首脑聚会于里约热内卢，出席联合国可持续发展大会峰会，重申各国对可持续发展的承诺，探讨在此方面的成就与不足，发表了《我们憧憬的未来》成果文件。第四，全球治理观。20 世纪 90 年代，联合国支持成立了由 28 位国际知名人士组成的“全球治理委员会”，该委员会于联合国成立 50 周年之际发表《天涯成比邻》报告，其对全球治理概念的定义被国际社会广泛接受。全球治理理论的核心观点是，由于全球化导致国际行为主体多元化，全球性问题的解决成为一个由政府、政府间组织、非政府组织、跨国公司等共同参与和互动的过程，这一过程的重要途径是强化国际规范和国际机制，以形成一个具有机制约束力和道德规范力的、能够解决全球问题的“全球机制”。

最后，构建人类命运共同体是一种实践。所谓构建人类命运共同体是要努力实现最理想的目标。相互依存的国际权力观、共同利益观、可持续发展观和全球治理观，为构建人类命运共同体提供了基本的价值观基础。在这种价值观基础上，2013 年秋，习近平总书记提出“一带一路”倡议，并把这种倡议付诸实践。五年来，“一带一路”建设取得了很大成效。首先，参与的各个国家之间政治互信不断加强，政策环境进一步优化；其次，与“一带一路”国家贸易助力外贸加速回暖；再次，基础设施建设发展迅猛；复次，多元化融资体系不断完善；最后，丝路旅游与留学成果显著。

二 文化及其影响人类命运共同体的路径

一般来说，广义的文化包括物质文化、精神文化和制度文化。狭义的文化仅指精神文化。人类创造文化并被文化所塑造。人们可以出于不同的原因，从不同的视角考察文化。从本论题的需要出发，我们只探讨狭义的文化即精神文化，并做出如下解读。

首先，对于全人类来说，文化既有同一性又有多样性。从同一性上看，文化有初级的常识和社会心理等形态，有高级层次的科学、政治法律思想、道德、艺术、宗教、哲学等形态。不论何种层次的文化，也不论何种形态的文化，都内含着世界观和价值观。其中，哲学是世界观和价值观的自觉形态。而世界观和价值观都是通过某种思维方式来解决思维与存在关系的。所谓的思维方式是指人们用以把握、描述、理解和解释世界的概念框架的组合方式和运作方式。从多样性上看，不同的民族有不同的文化，或者反过来说，由于文化的不同而存在不同的民族。文化的多样性根源于世界观和价值观的类型不同，而世界观和价值观的类型不同又根源于思维方式的不同。

其次，从主客观关系来看，文化可以分为科学文化和人文文化。所谓科学文化，就是人类以理性对客观世界的认识。科学是主观对客观的认识，是人的理性对客观世界的规律的认识，其基本原则是主观要符合客观。科学以追求真理为目标。科学可以根据认识的对象，简单地划分为自然科学和社会科学。所谓人文文化，就是人类的情感和意志的表达。从主客观关系来说，人文文化是主体自身的情感和意志表达在客观对象上，其基本原则是，客观要符合主观。人文文化以追求价值为目标。自觉层次上的人文文化包括政治法律思想、道德、艺术、宗教、哲学等。在同一个共同体（民族、国家）中，科学文化与人文文化，既相互区别，又相互联系。人文文化相对于一个国家的经济和政治来说，就是这个国家的意识形态，而一个国家的意识形态的核心是政治法律思想。

我们必须从对文化的理论探讨，回到人类命运共同体的问题上。在当今国际舞台上，有各种各样的活动主体，有国家之间建立的各种各样的组织，如联合国，也有各种非政府组织、国际性的经济组织（跨国公司）、国际性的文化组织、国际性的宗教组织，然而影响国际关系最大的仍然是各个国家的政府。因为在当今国际关系中，国家利益是至上的，而各国政府是自身国家利益的代表。

文化对人类命运共同体的影响主要有两个路径。第一，文化，特别是政治思想，是国家政权的合法性及其对内对外政策的思想资源。毫无疑问，任何一个国家政权都是建立在经济基础之上的，但国家政权的合法性及其对内、对外政策都有相应的价值观念作为支撑。价值观念会告知人们，什么是应当的，什么是不应当的。人们都是以某种价值观念为基础，支持或接受国家政权及其对内、对外政策的。在诸种文化形式中，政治法律思想是各个国家制定内外政策的文化依据。

第二，各个国家的政府，以文化为工具，实现其政治目的。各国政府为了维护本国的经济利益、政治利益（不论是合理的还是不合理的），实现其国际战略意图，往往利用文化组织，特别是宗教组织，对其他国家实行文化渗透。甚至国家政权给予这些文化，特别是宗教组织或明或暗的经济支持和政治扶持，向其他国家推行自己的价值观念。

三　构建人类命运共同体的困境

当今世界不和谐的表现是多方面的，原因也是多方面的。但是，以美国为首的西方国家争夺世界的资源，推行其价值观念是主要原因。以美国为首的西方国家在国际经济、政治、军事等方面，一直在推行一种“弱肉强食”的逻辑。由此，产生了两个问题：第一，美国政府如何看待自己的做法；第二，美国推行这种逻辑的价值观基础又是什么。

第一个问题要从美国的历史谈起。1620 年，第一批在欧洲大陆受迫害的清教徒来到美洲大陆，签订了《“五月花”公约》。清教徒认为，他们自己是上帝的选民，上帝面前人人平等；职业是每个人受上帝感召而应尽的责任和义务，是神圣的天职。清教徒的这种个人主义、理性原则、自治精神奠定了美国精神的基础。后来，美国人进一步认为，上帝创造了世界，创造了人，而且选择美国人以历史的神圣的责任，“美国是上帝的拣选，这个国家注定要统治世界”。2006 年 1 月 8 日，前美国国务卿赖斯在乔治敦大学外交学院发表了题为《转型外交：塑造 21 世纪的外交态势》的演讲，提出“支持每个国家、每种文化中的民主运动和民主机制的发展，最终实现结束世界上的暴政的目标”①。由此看来，美国的转型外交是建立在两个原则基础上的。第一，民主，人权高于主权。每个国家的问题也是国际问题，而对于国际问题，美国当然要负责解决，而且必要时可以直接干预。第二，由美国人以是否符合美国的利益，来裁定谁“违反人权”，谁制造“人道主义灾难”。美国是世界警察。

第二个问题涉及基督教的宗教思想。大家知道，基督教是犹太教与古希腊哲学结合的产物。基督教继承和发展了犹太教的世界观和价值观。首先，基督教认为，唯一的上帝是自有永有者，是全智、全能、全善的存在，是宇宙万物，包括人的创造者。其次，基督教认为，人是有原罪的，但人自己无法摆脱原罪，上帝爱人类，为了拯救人类，道成肉身，耶稣牺牲在十字架上，洗清了原罪，实现了人与神的和解。再次，人应当接受上帝的恩典，信仰耶稣。信仰者就是基督徒，就是上帝的选民，就会获得拯救；不接受上帝的恩典的人，不信仰耶稣的人，将下地狱。复次，人应当爱上帝，同时也要爱人如己。人对人的最大的爱莫过于使他人接受上帝的恩典，信仰耶稣。因此，作为基督徒，有义务传播基督教。最后，宗教改革运动以后，基督教新教产生，主张因信称义、人人皆祭祀；新教伦理提出了“天职”观念，把个人在尘世间完成上帝赋予的义务当作至高无上的天职。

基督教同时也继承和发展了古希腊哲学的柏拉图奠定的二元对立的思维方式。所谓二元对立的思维方式包括以下三个环节：第一，在认识过程中，坚持“是”与“非”之间的对立，“是”就是“是”，“不是”就是“不是”，两者没有中间地带，两者的界限是清晰的、精确的。在这个意义上，二元对立的思维方式就是哲学所说的知性的思维方式。第二，从价值观念上看，认为在对立双方中，一方是绝对真理，另一方是绝对谬误；一方是全善，另一方是全恶；一方是全美，另一方是全丑。第三，在社会实践原则上，认为对立双方必然产生冲突，没有和解和调和的余地，只能一方战胜另一方。因此，真善美一方一定通过最大的努力，战胜假恶丑一方。

① 国家宗教事务局宗教研究中心编写：《当代世界宗教问题》，宗教文化出版社 2007 年版。

应当承认，二元对立的思维方式在西方文化发展中至少有两个重要的积极成果。第一，近代科学。二元对立的思维方式和与此相关的形式逻辑相结合，成为近代科学的方法论原则。近代以来的自然科学，就是把世界区分为时空中的现象世界与超越时空的规律世界，通过凸显两者的对立来用后者说明前者，从而揭示现实世界的运动规律，即科学中的各种定理、公式、方程式。第二，法治精神。法治精神是西方文化的一个传统。我们可以简单化地说，二元对立的思维方式与犹太教和基督教的"契约"观念相结合，产生了近代西方的法治。西方人情与理分得非常清楚。情的问题有情的规则，理的问题有理的规则。法治只讲理，不讲情。恰恰是这两点，使西方文化在近代以后成为"强势文化"。

此外，有一个认识上的误区，奇怪的是，不论是发达国家还是落后国家，在这个误区上达成了共识：西方文化是强势文化。西方国家称霸世界，他们认为自己的文化是强势文化；而那些被压迫、被欺凌的国家和民族也是这样认为的。那么，西方文化强势在哪里呢？笔者认为，所谓西方文化是强势文化，是指科学文化，而不是人文文化。文艺复兴以后，西方近代科学技术兴起，使西方比世界其他地区更早地进入了现代化过程。科学技术的发展，使社会财富得到了空前的积累，同时也引发了西方人对物质财富的贪婪。西方国家通过对外战争，对其他国家进行掠夺，从殖民主义到帝国主义，使历史充满了血和火：屠杀印第安人、贩卖黑奴、争夺殖民地、两次世界大战等。这样一种人文文化，在没有世界性的政府的条件下，把人类对物质财富的贪欲发挥得淋漓尽致。时至今日，西方国家仍在利用先进的科学技术，以武力的或非武力的方式对其他国家和民族进行野蛮的掠夺。

当今世界的不和谐，以美国为首的西方世界处于强势地位。而以美国为首的西方世界的文化基础是基督教。问题在于基督教所包含的二元对立的思维方式及其在国际关系中的实践使构建人类命运共同体进入困境。

四　构建人类命运共同体的出路

事实上，很多西方学者看到了西方文化的这种危机，把目光转向东方。瑞士神学家孔汉思指出，如果要发展一种普遍伦理，就要在世界上推广中国儒家的“仁道”等亲民、仁民、爱物等价值观，即“己所不欲，勿施于人”和“己欲立而立人，己欲达而达人”的“仁道”。英国历史学家汤因比指出，“19 世纪是英国人的世纪，20 世纪是美国人的世纪，21 世纪是中国人的世纪”。

构建人类命运共同体，需要借鉴中国的传统文化作为思想资源。这可以从以下两个方面考察。

首先，从中国历史上看，先秦之前，中国哲学上出现了百家争鸣的局面。汉代以后，逐渐形成了儒、释、道三家为主流的中国传统文化。三家既是哲学，又是宗教。儒家思想是哲学，其宗教形态是敬天法祖的宗法性传统宗教；佛学是哲学，其宗教形态是佛教；道家是哲学，其宗教形态是道教。因此，中国传统文化有时也称为儒、释、道三教，也有教化之意。第一，从三教之间的关系看，三教不同，也有过争论，但三教之间相互影响，相互包容，甚至相互学习。在中国历史上，三教之间的和谐是主流，从没有向西方那样因为宗教信仰的不同而发生宗教战争。第二，从三教与政权的关系看，中国历史上，宗教一直从属于政权，神权隶属于皇权，政权支配教权，从没有西方那样的教权凌驾于政权之上的情况。第三，从宗教与民众的关系看，中国历史上，民众是多神信仰的，而没有西方那种绝对一神教；民众往往把神仙信仰与祖先崇拜相结合，似乎祖先和神仙一样都能够保佑人们的生活；民众的宗教信仰直接贴近其现实生活，宗教活动具有明显的实用性和功利性，对人伦关系的关注重于对人神关系的关注。

其次，从儒、释、道三教的思想来看，三教都主张“和谐”。“和谐包括四个方面：一相异，即非绝对统一；二不相毁灭，即不相否定；三相成而相济，即相互维持；四相互之间有一种均衡。”① 我们可以做出如下解释：第一，和谐的前提是承认差异性，而不是绝对统一。正如孔子所说：“君子和而不同，小人同而不和。”第二，和谐意味着不同要素之间不是相互否定，而是相互包容。承认自己存在的合理性的同时，也要承认他人存在的合理性。即“己欲立而立人，己欲达而达人”。第三，和

① 张岱年：《哲学思维论——天人五论之一》，载《张岱年全集》第三卷，河北人民出版社 1996 年版，第 35 页。

谐就意味着不同要素之间相互提携、相互帮助、相互补充。第四，和谐意味着不同要素之间不是杂乱无章，而是达到一种均衡状态、有序状态。在中国传统文化中，和谐既是一种世界观，也是一种价值观，还是一种思维方式，同时，也是一种实践原则。和谐关系包括天人之间（即人与自然之间）、人与人之间（人与社会之间）、人与自身，也包括国家与国家之间。

构建人类命运共同体，要以"和谐"观念为指导，从文化路径上可以考虑以下几个方面。

第一，从二元对立的思维方式到整体系统的思维方式。田辰山先生在比较中西思维方式时提出，西方的思维方式是二元对立的，强调矛盾双方的冲突和斗争，强调一方战胜另一方；而中国传统文化各个要素之间相互维系，强调和谐与共。① 牟钟鉴先生在谈到中国文化模式时，提出中国传统文化的各个要素之间是多元通和，意指儒释道之间相互影响，相互学习，注重和谐②。这两种说法都是强调，中国文化的优势在于思维方式和实践原则上讲和谐，讲各种因素之间相互协调，而不突出对立和斗争。

第二，从精确化到模糊化。在西方文化中，与二元对立的思维方式有关，在认识上和实践上，突出精确化。这是科学研究所必需的。由此，我们能够理解为什么近代科学产生于西方，而不是产生于中国。历史上，中国人在认识问题和实践中，不强调精确化，缺少定量研究。由此，我们看到中医与西医的不同。然而，在处理社会生活的问题时，模糊化的处理方式或许更有优势。因为社会生活中，谁是谁非很难精确化，情与理之间也很难精确化，更无法定量研究。若坚持精确化，非要搞清谁是谁非，反而使问题复杂化。比如巴以冲突。在犹太人看来，这一地区是上帝应允他们生活的地方，当然是犹太人的家乡；而在巴勒斯坦人看来，他们已经在这里定居生活了上千年，理应是他们的土地。在宗教文化基础上，他们都是亚伯拉罕系统的一神教，都是二元对立的思维方式，除了现实利益之外，宗教文化之间的冲突很难解开。所以，人们很难看到

① 田辰山：《中国的互系性思维：通变》，《文史哲》2002 年第 4 期。

② 牟钟鉴：《从比较宗教学的视野看中国宗教文化模式》，《宗教与民族》（第五辑），宗教文化出版社 2007 年版。

巴以冲突解决的希望。

第三，从极端主义到中庸之道。作为西方文化基础的基督教是绝对一神教，基督徒的选民意识，再加上其二元对立的思维方式，在实践上很容易走向极端。具体表现为：我是正确的，你是错误的，我惩罚你是应当的。中国传统文化中的“中庸之道”具有特别重要的价值。中庸，就是不走极端，但也不是在两个极端中找到一个中间点，而是找到合适的位置。世界历史已经证明，在现实的国际关系中走极端，对大家都没有好处。最为理想的是找到一个合适的点，对大家都有好处。因此，要把“中庸之道”作为思想资源，并把它作为处理国际关系的实践原则。

第四，从各美其美到美人之美，再到美美与共，最后达到天下大同。费孝通先生在谈到中国各民族文化以及如何对待其他民族的文化时，提出了“十六字箴言”：“各美其美，美人之美，美美与共，天下大同”。这“十六字箴言”也适用于构建人类命运共同体的需要。可以解释为：“各美其美”是指各个国家都有自己的价值标准，各自有一套自己认为是美的东西。这些东西在别的国家看来不一定美，甚至会觉得丑恶。然而，国家接触的初期还常常发生强迫别的国家改变他们原有的价值标准来迁就自己的情形，能容忍“各美其美”是一大进步。只有在国家间平等地往来频繁之后，人们才开始发现别的国家觉得美的东西自己也觉得美。这就是“美人之美”。这是高一级的境界，是超脱了自己生活方式之后才能得到的境界。这种境界的升华极其重要。再升华一步就是“美美与共”。不仅能容忍不同价值标准的存在，进而能赞赏不同的价值标准，那么离建立共同的价值就不远了。的确，“美美与共”是不同标准融合的结果，那不就达到了中国古代人所向往的“天下大同”了吗？

构建人类命运共同体，任重而道远，需要全人类的共同努力。

马克思哲学思想中的“公共价值”内涵

李昕桐*

马克思在确立了从事物质生产的、感性的、具有社会历史性的“现实的个人”后，迈向了一种具有“共同价值”取向的“共产主义”和“真正的共同体”的设定。即“现实的个人”以联合的意义、依据某种核心的“共同价值”，共同占有生产力、共同分享社会属性的有机统一。实际上公共价值有三个方面的内涵：一是指客体的公共效用；二是指主体的共同表达；三是指规范的公益导向。在马克思的哲学思想中“公共价值”对应的便是：第一，在“真正的共同体”中依据“自由人联合”实现人作为客体自身的解放和人本质的实现。第二，“人类共同活动方式”是主体的共同诉求，“能够生活”是人们共同的价值取向。第三，共同的价值取向必然凝聚为社会生活的精神规范，引领社会思潮，凝聚社会共识。这三个方面在逻辑上彼此关联、相互隐含，从不同侧面解释了马克思哲学思想中的“公共价值”内涵。

一 “公共价值”是客体的公共效用

“公共价值”是客体的公共效用，是客体依据某种“关系”形成的公共效用。在马克思的哲学思想中即是在“真正的共同体”中依据“自由人联合”实现人作为客体自身的解放和人本质的实现。

* 作者简介：李昕桐，黑龙江大学哲学学院副教授。

（一）马克思的“公共价值”是依据某种“关系”并与“私”对立的性质

在马克思的文本中一直呈现出对客体“公共效用”的思考。“公共”主要强调主体间的、一种具体的、与私对立的关系。这种关系是一种通过生产、交往有机互补结合的社会关系，即主体间的、具体的、有关联性的社会关系。在其中不排斥、不独占、不私有，而是共有、共在、共处、共享、共通、共谋、共识[①]。马克思在《德意志意识形态》中通过论述分工发展和私有制导致的“单个人的利益或单个家庭的利益”与“所有互相交往的个人的共同利益”（或者叫“特殊利益”和“共同利益”）[②]的矛盾，表现出了他对公私关系的思考，以及对“公共”内涵的确定。在《共产党宣言》中，马克思又提出了与“私有财产”相对应的，要“把资本变为公共的、属于全体社会成员的财产”的意图。[③] 以及与“私人的教育”相对立的“对所有儿童实行公共的和免费的教育”[④] 的展望。马克思还在《共产党宣言》1882 年俄文版“序言”中谈到俄国的土地公有制是“成为共产主义发展的起点”。因为共产主义是“高级的共产主义的公共占有形式”。[⑤] 同时马克思在《资本论》中对资本主义生产方式的分析和批判也包含了对资本运行效应即资本运行发展中主体间关系的公共性批判。在《资本论（1863—1865 年手稿）》中马克思分析资本的神秘，在批判“剩余价值”时提出可以通过“共同”获得利润的构想。“可以通过共同劳动条件使用的节约而提高……在共同使用这些生产资料，即共同使用劳动资料的基础上的，而这种共同使用又以集中在一起的工人的共同合作作为绝对前提。”[⑥] 总之，马克思对“共产主义”的构想无论是彻底消除异化，还是在生产力发展基础上实现的交往的普遍化，都蕴含着与“私有”对立的“普遍”“共同”“共产”“共有”的思想。

① 参见郭湛、王维国《公共性的样态与内涵》，《哲学研究》2009 年第 8 期。
② 《马克思恩格斯选集》第 1 卷，人民出版社 2012 年版，第 163—164 页。
③ 《马克思恩格斯选集》第 1 卷，人民出版社 2012 年版，第 415 页。
④ 《马克思恩格斯选集》第 1 卷，人民出版社 2012 年版，第 422 页。
⑤ 《马克思恩格斯选集》第 1 卷，人民出版社 2012 年版，第 379 页。
⑥ 《马克思恩格斯文集》第 8 卷，人民出版社 2009 年版，第 536 页。

（二）马克思“公共价值”中“公共”的形式是“真正的共同体”

马克思意图通过新生产关系的确立，扬弃私有制条件下人的自我异化，构建完全平等的人与人之间的社会关系。这种社会关系被马克思定义为“真正的共同体”。这个“真正的共同体”以生产力的普遍高度发展和同世界的普遍交往联系为基础，以摆脱民族与地域的局限进而实现人的自由全面发展为目标。这里包含着“真正的共同体”的前提设定：第一，生产力的普遍发展；第二，与此相联系的世界交往。即随着生产力的高度发展，“人们的世界历史性的而不是地域性的存在同时已经是经验的存在了”①。“只有随着生产力的这种普遍发展，人们的普遍交往才能建立起来；普遍交往，一方面，可以产生一切民族中同时都存在着‘没有财产’群众这一现象（普遍竞争），使每一民族都依赖于其他民族的变革；最后，地域性的个人为世界历史性的、经验上普遍的个人所代替。”②马克思提出在生产力高度发展和交往能力极大提高基础上实现自愿联合，通过彼此影响、相互作用的共同活动来扬弃资本主义社会人与人之间丧失人的本质的交往异化（物化）。他认为只有以人与人之间的交往活动为前提，人类社会才有可能在真正属人的意义上形成自愿的“联合劳动”，也只有在彼此相互承认的基础上，“现实的个人”才能形成真正的社会联系，获得个体主体的自我确证，成为“真正的个人”。马克思还以此来批判以政治共同体为基础的“虚假的共同体”。因为政治共同体是以国家为基本形式结成的，这种共同体的纽带由血缘关系转变为物质利益，并非建立在特殊利益与共同利益完全一致的基础之上，而是处于相互脱离的状态。“正是由于特殊利益和共同利益之间的这种矛盾，共同利益才采取国家这种与实际的单个利益和全体利益相脱离的独立形式，同时采取一种虚幻的共同体的形式。”③ 国家以这种似乎独立的形式出现，但不过是虚幻的形式，因为其中“各个人所追求的仅仅是自己特殊的、对他们来说是同他们的共同利益不相符的利益，这种共同利益是‘异己的’和‘不依赖’于他们的，即依旧是一种特殊的独特的‘普遍’利益”④，因

① 《马克思恩格斯选集》第1卷，人民出版社2012年版，第166页。

② 《马克思恩格斯选集》第1卷，人民出版社2012年版，第166页。

③ 《马克思恩格斯选集》第1卷，人民出版社2012年版，第164页。

④ 《马克思恩格斯选集》第1卷，人民出版社2012年版，第164页。

而被称为"虚幻的共同体"。所以马克思认为，随着社会生产的不断发展，在"虚假的共同体"中个体的特殊利益必然与既定的共同利益发生了矛盾，并开始呈现出多元化的发展趋势。由此可以断定，群体的共同利益与个体的特殊利益日渐脱离必然导致原始共同体被"真正的共同体"所取代。个体的特殊利益与共同利益逐步趋向于一致才是社会全体成员凝聚成为共同主体的根本原因。

（三）马克思的"公共价值"是人自身的解放和人本质的实现

遵循马克思的思想逻辑，唯物史观的理论出发点是"现实的个人"，而按照马克思对共产主义的设想：只有解放全人类，才能解放自己。正是在这一前提下，人类社会的发展将进入第三个阶段，即在"以人的依赖性"和"以物的依赖性"之上的"人的自由全面发展阶段"。事实上，人类社会发展的实践旨归恰恰在于："在真正的共同体的条件下，各个人在自己的联合中并通过这种联合获得自己的自由。"① "只有在共同体中，个人才能获得全面发展其才能的手段，也就是说，只有在共同体中才可能有个人自由。"② 显然，一方面，个人自由的获得必然以特殊利益与共同利益的一致性为前提。而另一方面正是在每一个人的特殊利益都能得到满足的基础上，才能实现"每个人的自由发展"的意义的"一切人的自由发展"。在"真正的共同体"条件下，"各个人"都只是以个体的身份而不是阶级成员的身份参与到共同体的联合中，人类则将超越阶级社会的束缚，在与群体的共同利益趋向一致时、在彼此联合中获得真正的自由。这里指出：在马克思的理论逻辑中，无产者只有消灭国家、阶级，才能真正实现自己的个性。而以往的共同体是"某一阶级的各个人结成的、受他们的与另一阶级相对立的那种共同利益所制约的共同关系，总是这样一种共同体，这些个人只是作为普通的个人隶属于这种共同体，只是由于他们还处在本阶级的生存条件下才隶属于这种共同体；他们不是作为个人而是作为阶级的成员处于这种共同关系中的。而在控制了自己的生存条件和社会全体成员的生存条件的革命无产者的共同体中，情况就完全不同了。在这个共同体中各个人都是作为个人参加的。它是各

① 《马克思恩格斯选集》第1卷，人民出版社2012年版，第199页。
② 《马克思恩格斯选集》第1卷，人民出版社2012年版，第199页。

个人的这样一种联合（自然是以当时发达的生产力为前提的），这种联合把个人的自由发展和运动的条件置于他们的控制之下”[①]。

而且在“真正的共同体”条件下，社会中的每一个成员才能通过自身丰富的实践活动完善自我，并且在与他人的广泛社会交往中逐步形成个体主体的本质特征，从而真正占有了自身的本质。“真正的共同体”是马克思对人的本质理论的逻辑归宿和价值旨归，从而不仅实现了对人的类本质的超越和扬弃，而且也完成了对人的社会关系本质的理论升华。着眼于人之本质的生成与实现，马克思在应然层面上得出了“人的本质是人的真正的共同体”的结论，阐发了对人的自由和发展的理论诉求，揭示了实现人类解放的实践途径。对此，马克思在《詹姆斯·穆勒〈政治经济学原理〉一书摘要》中还补充：“因为人的本质是人的真正的社会联系，所以人在积极实现自己本质的过程中创造、生产人的社会联系、社会本质。”[②] 这说明在“真正的共同体”中，人的本质内涵直接体现于人的社会联系中，即“真正的共同体”只有在人与人之间的社会联系中才能生成，通过这一重要的补充，马克思关于人的共同体本质的思想进一步由理想走向现实，从而奠定了最终形成唯物史观的重要逻辑基础。“对人的本质的真正占有”才是共产主义的理想诉求，也只有以共同价值为基础的“共同体”才能实现“对人的本质的真正占有”。

二　“公共价值”是主体的共同表达

“公共价值”是主体的共同表达。主体的共同表达是指主体的共同诉求，在马克思的哲学思想中即是：公共价值存在于公众的共同生产和生活之中，人类的“共同活动方式”是主体的共同诉求，“能够生活”是人们共同的价值取向。

（一）“共同活动方式”是主体的共同诉求

在马克思的哲学思想中，生产力的不断提高会实现物质的极大丰富，

---

① 《马克思恩格斯选集》第1卷，人民出版社2012年版，第201—202页。

② 马克思：《1844年经济学哲学手稿》，人民出版社2000年版，第170页。

同时人的个性也能获得彻底解放，并实现人的本质的复归，人类将最终实现“重新组织社会”的发展诉求。而人类社会生活的实践底蕴正是通过旨在“创造历史”的、“改变世界”的、实现“重新组织社会”发展的“共同活动方式”得以彰显。马克思认为，人类的社会实践活动必须采取“共同活动”的方式，任何个体的单独活动都无法构成完整的实践活动，因为“人们在生产中不仅仅影响自然界，而且也互相影响。他们只有以一定的方式共同活动和互相交换其活动，才能进行生产”①。“资本是集体的产物，它只有通过社会许多成员的共同活动，而且归根到底只有通过社会全体成员的共同活动才能运动起来。”② 只有在“社会联系和社会关系的范围内”，人们才有可能通过彼此协作的整体作用，实现“改变世界”的初衷。同时，在“共同活动方式”中，还强调彼此的交往的社会关系，进而推动了社会的发展。所以马克思主义的创始人明确断言：“一定的生产方式或一定的工业阶段始终是与一定的共同活动方式或一定的社会阶段联系着的，而这种共同活动方式本身就是‘生产力’。”③ 马克思提出“共同活动方式本身就是‘生产力’”的理论结论，我们从中可以看出，这一方面肯定了“共同活动方式”作为生产力对于人类社会进步的决定性作用，另一方面也确证了“生产力”作为唯物史观的基础性范畴。而且从实践主体的角度看，人类的“共同活动方式”呈现出实践的协同性，其中彰显着合作共赢的特征。正是由这样的个体联合而成的共同体，成为个人自由发展和运动的条件，从中生成了“真正的个人”，并构建了“真正的共同体”。马克思主义创始人已经科学预见到，在人类社会“共同活动方式”不断发展的实践进程中，人与人之间关系的异化将最终趋于消亡。在总结人类社会发展形态变化的这一历史性结局时，他们分析指出：“各个人的全面的依存关系、他们的这种自然形成的世界历史性的共同活动的最初形式，由于这种共产主义革命而转化为对下述力量的控制和自觉的驾驭，这些力量本来是由人们的相互作用产生的，但是迄今为止对他们来说都作为完全异己的力量威慑和驾驭着他

① 《马克思恩格斯选集》第 1 卷，人民出版社 2012 年版，第 340 页。

② 《马克思恩格斯选集》第 1 卷，人民出版社 2012 年版，第 415 页。

③ 《马克思恩格斯选集》第 1 卷，人民出版社 2012 年版，第 160 页。

们。"[①] 遵循马克思主义的理论逻辑，人类社会只有诉诸持续发展的"世界历史性的共同活动"，才能够生成实践自觉，实现对于自身力量的"自觉的驾驭"。这个"世界历史性的共同活动"就是"共同活动方式"的现实表达，就是通过人类社会实践的历史性延续，就是人类进一步发展的新坐标。

（二）"能够生活"是人们共同的价值取向

在马克思看来"能够生活"是人们共同的价值取向，而满足生活的需要则构成了人们共同活动的实践旨归。实际上人类的"共同活动方式"通过两个实践维度对社会发展起着决定作用，即"生产"和"生活本身"。"生产"就是直接以物质生产为内容的生产方式或者说以经济为基础的社会。对于任何社会形态的发展存续而言，以"直接生活的物质生产"为内容的生产方式无疑都具有奠定实践基础的现实意义。而作为"共同活动方式"的人类"生活本身"是指"人们的存在就是他们的现实生活过程"[②]。实际上在马克思的理论中，实践不仅指以"生产""劳动"为核心的，以满足物质生活需要为目的的活动，也强调生活本身。甚至两者是融为一体的或者说要把握生产方式和生活方式的一致性，因为生产方式也不过是"这些个人的一定的活动方式，是他们表现自己生命的一定方式、他们的一定的生活方式"[③]。因此，在社会实践活动中，可以依据"现实的个人"表现自己生命的方式，既包括生产方式，也包括生活方式对他们做出判断。也只有两者合并在一起才能阐发社会实践的动力、进程、目标及其价值，才能指导人类"改变世界"。因此"能够生活"集中反映了人之生存的价值诉求。从这个意义上讲，马克思理论的"公共"内涵以及研究路径是与以康德、阿伦特、哈贝马斯等人为代表的西方公共性研究有所差异的。因为康德的公共性是剥离掉公共权利的具体内容的纯形式，并把它作为一切公共权利的先验基础[④]。阿伦特更多地将公共性看作政治公共领域的属性；而哈贝马斯更多地将公共性看

① 《马克思恩格斯选集》第 1 卷，人民出版社 2012 年版，第 169 页。

② 《马克思恩格斯选集》第 1 卷，人民出版社 2012 年版，第 152 页。

③ 《马克思恩格斯选集》第 1 卷，人民出版社 2012 年版，第 147 页。

④ 参见郭湛《从主体性到公共性——当代中国马克思主义哲学的走向》，《中国社会科学》2008 年第 4 期。

作公共舆论或文化公共性领域的属性。只有马克思是站在唯物史观的视域下，认为"公共"的基础是"生产生活"，即马克思的"公共"更强调生产生活基础上的价值取向。

同时所谓"能够生活"，从另一个角度而言也指占有和享受物质生产所创造的物质财富与占有和享受精神生产所创造的精神文化成果的并重。马克思关于物质生活和精神生活并重的理论思路，表明了人类社会生活的基本内容。物质生活无疑是人类发展存续的基本条件，正是建立在与外部自然界的物质交换基础上，人类才得以生存。通过满足人类物质生活需求的生产活动，极大地丰富了人们的物质生活，从而奠定了人类生存的坚实基础。同时超越物质生活的精神生活更是人与动物根本区别的明显特征，人类将自身的尺度诉诸改造自然的活动，以向自然索取的方式确立了自身的生存基础。正是在这样一种主体性的诉求中，人的"生活本身"在物质生活的基础上生成了精神生活的实践维度，并据此实现了摆脱自然羁绊、从动物中脱颖而出的发展旨趣。所以只有全面占有和享受"物质生活和精神生活"，才能达到"生活本身"的基本境界。人在享受"物质生活和精神生活"，以物质生产与精神生产的成果愉悦人生的同时，实际也是在通过本质力量的对象化彰显着人们自身创造生活的能力。正是生活的需要形成了推动生产发展的动力，而生产的成果则为人们享受生活奠定了基础。从这个意义上讲，生产与生活的一致性恰恰是人类社会发展存续的实践底蕴，而以"能够生活"为价值取向的共同活动则构成了人类"创造历史"的基本方式。人类社会的生产与生活密不可分，共同形成了人之生存的基本方式。在马克思看来，人类的社会生活"共同体"即是"生活本身，是物质生活和精神生活、人的道德、人的活动、人的享受、人的本质……。人的本质是人的真正的共同体"①。

三 "公共价值"是规范的公益导向

"公共价值"是规范的公益导向。在马克思的哲学思想中规范的公益

① 《马克思恩格斯全集》第3卷，人民出版社2002年版，第394页。

导向是指：共同的价值取向必然凝聚为社会生活的精神规范，引领社会思潮，凝聚社会共识。

马克思的“公共价值”思想蕴含着精神规范的思想逻辑。在马克思“真正的共同体”思想中不但表现为物质生活的共同体，而且蕴含着精神生活的共同旨趣。马克思将“人的精神规范”作为“真正的共同体”的基本标志之一。事实上，人类社会的发展除了不断发展生产力，增强物质生活的能力以外，还必须确定明确的发展目标，以精神生活的实践成果引领物质生产的发展。在人类的社会生活实践中，价值观作为整合并凝聚共同体力量的精神滋养，是保持共同体向心力的无形纽带。所以，共同的价值取向必然凝聚为社会生活的精神规范，成为约束人们行为的准则，也为协调人们的物质利益设立了必要的尺度。“共同价值”规范着人们的精神品质，呈现出实践的自觉性，其中浸润着休戚与共的特征。也就是说人们对“共同活动方式”的理解和共识是其得以成功的精神基础，非祸福共担、休戚与共，方能不违初衷、真正奏效。这其中，首先，作为领导者，对于“共同活动方式”的主旨应有深刻的理解，也要有能力把握社会发展必然趋势，即展开过程中表现为必然的现实运动，这样便能承担起引领“共同活动”的历史重任。毛泽东就曾经提出了“革命党要有不领错路和一定成功的把握”的明确政治主张。他认为，只有革命党领对了路，才有成功的必然性。所以“共同活动”领导者的率先觉悟是形成“共同价值”精神凝聚力的关键所在。其次，“共同活动”参与者的精神规范的自觉性是奠定“共同活动方式”休戚与共的精神基础。马克思在《共产党宣言》中高度评价了无产阶级政党的先进性，不仅充分肯定了共产党人对革命实践进程的最坚决的推动作用，而且特别强调：“在理论方面，他们胜过其余无产阶级群众的地方在于他们了解无产阶级运动的条件、进程和一般结果。”① 也就是说，共产党人只有具备了目标明确的实践自觉，才有了政治优势。所以当今中国共产党人着眼于进一步增强中华民族实现伟大复兴的实践自觉、揭示“共同活动方式”实践真谛，最突出的成绩就是：面对国内外形势的深刻变化，顺应和平、发展、合作、共赢的时代潮流，习近平同志站在时代发展的高度，在深入

---

① 《马克思恩格斯选集》第1卷，人民出版社2012年版，第413页。

思考关乎人类前途命运发展问题的基础上，高瞻远瞩地提出了构建“人类命运共同体”的重要论述，成为推动中国自身发展与世界发展的价值导向。人类命运共同体理念的提出，旨在把握人类利益和价值的通约性，在国与国关系中寻找最大公约数，建构相互合作、公平竞争、和平发展的新的世界格局，逐步实现人类对和谐共存的美好世界的愿望。即开创“以文明交流超越文明隔阂、文明互鉴超越文明冲突、文明共存超越文明优越”的崭新全球治理体系，构建“自由平等、公平正义、和平发展、开放共享、合作共赢”的人类命运共同体。

构建“人类命运共同体”，核心是构建人类命运共同体的共同价值，谋求人类共同的价值目标、价值取向和价值规范。而这个共同价值的确立需要汲取人类文明的优秀成果，需要立足时代发展的要求和人类社会可持续发展的共同利益提出有效的价值准则与目标。只有“反映全世界最广大民众的价值理想、价值愿望和价值追求，人类处理各类关系的共同准则”[①] 才是构建人类命运共同体的价值遵循。所以依据马克思“真正的共同体”提供的精神范式，具有中国特色的社会主义还提出了起着规范导向意义的“共同价值”——“社会主义核心价值观”。即在倡导构建人类命运共同体时，指明了共同体成员的精神品质和结构的理想样态。社会主义核心价值观与构建人类共同价值相互联系、相互作用、辩证统一。因为“社会主义核心价值观”既继承了中国传统核心价值观的精髓，也吸纳了全人类共同的文明成果和人类共同价值，彰显人类意识、全球视野和整体精神，是将特殊性和普遍性、民族性和世界性的有机统一。社会主义核心价值观是以人类社会发展的共同文明成果为基础，而且是对人类共同价值的传承和升华，是人类意识、全球视野和整体精神，是对一种更人道、更先进的人类共同价值的追求和实践。所以“社会主义核心价值观”作为“人类命运共同体”的共同价值，引领着社会思潮、凝聚着社会共识。

---

① 《为国家立心，为民族铸魂——十八大以来党中央推进和深化社会主义核心价值观建设纪实》，《人民日报》2016年2月5日。

文化实践思想中的“公共价值”与“美好生活”及其对我国文化建设的启示

马　援*

文化实践作为文化参与社会建构的核心动力，或称为文化动力学的关键，就在于它对人类产生共享的文化价值和创建人类共同“美好生活”的作用和意义。本文就力图从文化实践的本质内涵，深入阐释由文化实践达至“公共价值”与“美好生活”的理论依据和现实途径，以此彰显马克思主义文化哲学的当代价值。

一　作为实践的文化内涵对“公共价值”与“美好生活”的诠释

作为文化的实践内涵，在齐格蒙特·鲍曼《作为实践的文化》中有过深入探讨，他将文化划分为“作为概念的”、“作为结构的”和“作为实践的”文化，而“作为实践的”文化最能体现自然“文化化”时代的特质，体现人类社会历史进程的发展过程。文化实践内涵，主张文化深深地嵌入在社会实践并内在于社会实践之中的观点。“公共价值”与“美好生活”是通过嵌入社会的文化及通过集体文化行为而得到的表达。

首先，“公共价值”的“公共”产生于代表社会存在方式的文化中。“公共价值”首先在于它的前缀“公共”。阿伦特指出：“公共一词……

* 作者简介：马援，山西大学马克思主义哲学研究所副教授。

它首先意味着，在公共领域中展现的任何东西都可为人所见、所闻，具有可能最广泛的公共性。对于我们来说，展现——即可为我们，亦可为他人所见所闻之物——构成了存在。”① 那么，这些对“我们”和“他们”都可见的“存在”和“最广泛的公共性”具体表现在哪里？事实上，这些“存在”和“公共性”很大程度上就在“我们”和“他们”赖以生存的文化中，在“我们”和“他们”日常生活的文化世界里。可以说“公共价值”理论原则的现实依据就是，共有的文化，共有的文化存在方式。在现代社会中，公共生活的存在方式集中表现为文化的存在方式。文化实践是表达公共态度和遵循公共道德的重要途径，为最终形成一致的公共价值提供实践领域。文化实践是文化主体进行社会交往和社会互动的行为过程，这种行为过程体现私人个体与公众的必然关联。文化实践不是单个个体的实践活动，而是文化群体内部与外部之间遵循交往互动原则的行为方式。

其次，文化实践所形成的共享文化是实现“公共价值”的先决条件。“公共价值”的本真来源和首要条件，就在于由文化达成的群体内部与外部之间共有的符号形式、习俗、认同和价值目标的系列文化实践行为。“文化的观念最初被用于将人类取得的成就与‘不容改变’的自然事实区分开来。”② 换而言之，就是将文化作为“人化自然”与“自在自然”区分的关键。“‘文化’代表人类能做的事，‘自然’代表人类必须遵守的方面。”③ 由此说明了客观世界的内在规定性与人类主体能动性之间的张力关系，而文化本身就代表了人类认识、理解和改造客观世界的过程。文化不是静止的、抽象的和固定不变的，而是“社会结构脉络中形成的具体而动态性的社会实践过程”④。文化实践主体在原有文化先验图示的基础上，通过具体生活语境中的文化实践，逐步建立具有文化性的世界观，达成群体内部的“公共价值”。

① ［美］汉娜·阿伦特：《人的条件》，竺乾威等译，上海人民出版社 1999 年版，第 38 页。

② ［英］齐格蒙德·鲍曼：《作为实践的文化》，周宪、周晓红译，北京大学出版社 2009 年版，第 5 页。

③ ［英］齐格蒙德·鲍曼：《作为实践的文化》，周宪、周晓红译，北京大学出版社 2009 年版，第 5 页。

④ 马援：《文化马克思主义语言哲学的新形式思想探讨》，《哲学动态》2019 年第 9 期。

再次，文化实践是一种正义的实践，是一种善的实践，结成符合广大人民意愿的共有价值。罗尔斯从两个层面对“公共理性”做了解释，“公共理性是一个民主的民族［人民］的基本特征，它是它的公民的理性，是那些共享平等公民身份的人的理性，他们的理性主题是公共善：这是政治的正义观念对社会基本制度结构所要求的，也是这些制度应当服务的目的所在”[①]。公共理性表现为两个层面，一个是公民身份的共善，另一层面是政治的正义观。而文化实践则是公共理性中公共“善”与政治正义的双向结合。其一，文化实践从微观主体认同赖以建立的历史经验出发，其遵循的集体认同是广大人民群众在具体文化行动中达成的共同意愿。这种共同意愿不是外部强加限定的规则，而是生发于人民主体的自我实践和自我意识的过程中，是一种以公共群体利益为基础的善的实践。其二，文化实践以文化与微观政治的深度融合为着眼点，实现了政治宏观叙事方式向微观叙事方式的转变，以广大人民的利益诉求作为其政治制度建设的目的旨归，是一种倡导提升广大人民文化实践能力和优化社会结构的政治正义观。

最后，文化实践是实现“公共价值”达至共同“美好生活”的驱动力。“公共价值”不是“个体”的某种价值，其主体是“公众”，达成相互可以接受或可以接受方式进入他人世界的认可方式。公共价值的产生是在实践中形成的，“个人也是只有在与其他人进行交往的实践中，才可意识到他对于一种集体性的生活或公共生活的归属性地位”[②]。公共价值的产生不是封闭的，也不是公共群体单个人的意愿，而是其组成成员在彼此进行交往实践中形成的共同价值。这种共同价值应该体现公共的善和公共的利益，而文化实践则是维系公共的善和公共的利益的重要途径。文化实践所体现的对公共善的维系，不同于社会决策部门所实施公共条例，而是通过公共交流过程，自发发出的人民大众的诉求，传达了人民大众的根本利益。作为文化实践的参与者，每个人都可得到自由的参与以及获得平等的尊重，真正体现具有公共意志的公共价值。文化实践的交往结构和交往规则，体现了文化重叠共识，反映组织内部成员的幸福。

---

① ［美］约翰·罗尔斯：《正义论》，何怀宏、何包钢、廖申白译，中国社会科学出版社2001年版，第227页。

② 龚群：《追问正义：西方政治伦理思想研究》，北京大学出版社2017年版，第198页。

"美好生活"不是抽象化的"理想国"，或者虚幻的精神向往，而是基于现实的日常生活和日常交往，通过文化实践达成共有的"公共价值"，并进一步展现日常生活的美好，彰显更加有机的社会秩序。

二 彰显文化实践主体能动性的"公共价值"

"公共价值"并不是一成不变的。它不是纯粹抽象的想象物，而是根据现实与理性的有机关联。同时，它也不是静态的和固定化的，而是现实历史文化语境具体变化而做出的有机反映。有机状态的公共价值是可以不断生发公共群体内部成员主体能动性和自我意识的复合体。通过文化实践而形成的公共价值，在遵循文化内在规定性和调动文化主体能动性的双向运动中，为文化实践主体开辟了一种开放而自由的精神空间。

第一，"公共价值"不是僵硬的标准，是需要回溯到"公共价值"长期发展所形成的实践主体的文化土壤中去寻求答案。例如，英国新马克思主义代表人物，威廉斯、霍加特、汤普森和霍尔，他们对"公共价值"的讨论，就是在基于社会现实的文化土壤中，探究20世纪50—60年代工人阶级的文化与公共价值的关系，分析在具体文化流变中，工人阶级"新"与"旧"生活态度的变化，以及共同价值的形成和转变，从而阐释了文化实践对"公共价值"形成的重要作用。公共价值不是生硬的程序，而是具有一定复杂性的问题。公共价值形成的关键在于，群体成员将这些公共价值视为他们展开日常生活行为和表达自我观点的基本框架。这些公共价值可以合乎理性地期待他人赞同的价值，并且其成员都乐意真诚捍卫这些共有价值。公共价值体现了群体内部与外部之间基本可通约的意见和避免根本分歧存在的原则和指南标准。在日常生活中，通过文化实践结成共有的道德情感、观点态度和价值选择，勾勒出公共价值的基本雏形。生活世界充满不计其数的人的活动，而人的活动并不是杂乱无章和无规律可循的。根植于日常生活的文化实践，填充了风俗、礼仪、习惯和规范的人的行为，形成了文化实践者对认识世界、理解世界和改变世界最为本真的样态。

第二，文化实践为不计其数的普通文化实践者提供文化平台，达成最广大人民群众的“共同价值”。文化实践实现了文化的生活化和生活的文化化，开启了普通人民高度参与文化的有效途径。文化实践内涵的核心动力就体现在“实践”上，原因在于力图通过“实践”打破“文化”原有概念的静止性和固化状态。传统“文化”概念，通常将其锁定在鸽笼式划分的严格范围之内，文化、政治、经济和社会全然是分界鲜明的。作为实践的文化，突破了文化捆绑于“经济基础—上层建筑”金字塔般社会结构的限定，摆脱了文化与社会、文化与经济、经济与社会之间“二元对立”模式，为文化的互融模式开启了新序曲。作为实践文化的意义，就是在于突破这种划界，将社会作为有机体，充分调动社会历史进程中相互作用的各个要素。文化动力学的关键就在于“实践”，以动态的、多元化的和立体交互式的方式探究文化、政治、经济和社会之间的张力结构，充分发挥社会结构之中主体的能动性。文化实践作为社会发展的动力机制，为不计其数的普通人民和平凡劳动者，开通了他们书写和表达自我文化的一种有效渠道。这些平凡的人民在文化共享的舞台上，为自己的生活吟唱，用自己的言说艺术、阅读经历和叙事方式传达来自内心深处的价值归属，在互动交往的文化共享中，结成互利互信的共同文化价值。这种源自普通人民富有真情实感和体现生活特质的文化实践，使之凝结而成“公共价值”变得熠熠生辉。

第三，文化实践结成的“公共价值”，不是抽象公式化的价值定律，而是可实际操作的自然法则，并不断获得提升文化实践主体能力的动力机制。由文化实践内部生发而成的“公共价值”，在微观文化主体自我文化空间定位的过程中，经过不同历史时期文化实践积累的体验和感受，并留下深刻的文化烙印，从而形成具有连续性、共性和统一性的“公共价值”。在文化实践的动力机制中，既有文化内在规约性的方面，即文化自身内部发展过程中表现为必然性的东西，也有文化能动性的方面，即文化内在规定性中的可变因素和调动文化主体能力的方面。这就体现了社会文化进程中，“结构”与“历史行动者”的辩证关系，“结构”代表了社会文化存在的先验图示，“历史行动者”代表了先验图示中行动主体的力量。任何事物在其展开过程中并不是先天大体一致的运行规律，世界的不确定性就在于它的多样性和丰富性。盲目从单一和线性化的结构去理解社会运行方式，而祛除文化实践主体的能动性和历史变化的可能性，只会得到空洞的和脱离实际的程式化规则。事实上，就结构而言，也不是全然固定的，而是随历史发展进程运动中的结构。“公共价值”是一个“应然”的问题，不是一个“必然”的问题，是一个“应该”如何的问题，应该如何使我们生活得更好，应该如何通向“美好生活”的问题。文化实践就为这样一个“公共价值”的应然问题提供了一种解决方式，综合“结构”与“主体”、“形式”与“内容”和“共时”与“历时”之间的辩证关系，将“结构式理解”和“主体式理解”作为理解社会发展的双重向度，从而获得具有科学性和实践性的“公共价值”。

三　构筑人民“物质生活”与“精神生活”相一致的“美好生活”

人与人的生活虽各有不同，但对“美好生活”的向往与追求却有规律可循。美好生活是物质生活的满足和内心生活的丰盈，是物质生活与精神生活的双向发展。作为实践的文化内涵既包括了物质性的文化生产过程，又包孕了人类共享文化精神的交往互动过程，体现了物质生产与精神生产的复合形式。文化实践使群体内部文化主体能够切身感受到彼此共同的价值需求，让文化主体体悟到群体内部共有价值的意义。文化实践主体可深刻体验来自内心的幸福感和获得感，享受自身实践开辟出的美好生活，并笃信美好生活源自文化共同体的自我实践与创造。

其一，文化实践是理解获得“美好生活”具体框架的行动指南。对“美好生活”的追求需要有现实可依的途径。人类学家大卫·施奈德指出，“文化构成了一个有关宇宙和在其中的（个体的）环境的本质的定义、许诺、陈述、假设、设想、命题和知觉的整体”①。文化实践可以规范地告诉实践者如何对待现实世界，并告知他们这些现实世界是如何设置以及其意味着什么。文化实践主体在清晰地认识现实世界的过程中，不断变革和改造现存社会不合理的既定秩序，以文化的自主性和建构性，

① David Schneider, “*Notes toward a theory of culture*”, In Keith Basso and Henry Selby (eds.), Meaning in Anthropology, Albuquerque: University of New Mexico Press, 1976, pp. 202 - 203.

为创造更加合理的社会新秩序开创条件。文化实践为实践者提供了分析现实被社会地加以构造的“过程”。主张以文化实践进行社会研究的霍尔，就提出文化相对自主性的理论，他将文化生产过程解读为文化生产的闭合回路，包括文化生产、表达、监管、认同和消费等文化流程，形成了文化接合和文化回路的系列文化研究理论。另外，威廉斯以“文化实践的可变距离”，探究了文化实践对于处理经济关系与文化关系的关键作用。这些理论阐释了“文化的复杂与不均衡发展”思想，通过分析文化生成过程中的内部构成因素，更好地探究在日常生活实践过程中所达成共同文化价值的过程，从而为建构“美好生活”奠定实践途径。

其二，以文化实践的互动模式勾勒“美好生活”图景。文化实践的互动模式构成了一定的文化机制，积极调动了文化主体的实践动机，即源自民族情怀和生活情节的“美好生活”向往，彰显了人类生命意义的“公共价值”。以文化对生活世界的理解和共享意义的诠释，激发基于文化共识的实践主体动机。这一“美好生活”的构想，不是生搬硬套的和既定模式的拼图组合，而是充满了民族文化传承和当下文化创造相互交织的人类美好生活画卷。在整个民族历史文化的叙事中，继承优秀文化传统、立足当下文化发展、并着眼于人类美好生活的未来，以一种连续性、开放性和包容性的发展眼光，聚焦“美好生活”的实现。既强调文化生成的共相性，即文化整体的叙事方式，又彰显文化生成的殊相性，即文化具体的现实行为，以共相与殊相并存，共识与差异并举的共同文化实践中，达至人类对“美好生活”的共同向往与期盼。

四　文化实践共筑中国梦和对“美好生活”的追求

新时代中国用社会主义核心价值观凝心聚力，以体现和满足最广大人民的利益诉求为根本，使最广大人民的意志沿着新时代社会主义的发展道路得以充分彰显。“任何一个社会都存在多种多样的价值观念和价值取向，要把全社会意志和力量凝聚起来，必须有一套与经济基础和政治制度相适应并能形成广泛社会共识的核心价值观。”① 新时代社会主义意识形态将最能体现新时代广大人民的民族品格，以及彰显新时代人民思想意志和精神面貌的核心观点聚集在一起，提炼形成新时代社会主义核心价值体系。

在明确新时代意识形态体系的前进方向和本质依据后，新时代意识形态导向的文化实践体系建构的本质遵循就有了重要来源，即以体现和彰显新时代社会主义核心价值观为目标的文化体系建设。新时代社会主义意识形态的文化实践，根据广大人民的现实经验，以社会主义核心价值观为根本宗旨，将新时代主题作为文化实践建构的内容核心，运用一整套科学的话语体系对新时代社会主义核心问题做出命名和解释。新时代社会主义意识形态导向的文化实践，在以社会主义核心价值观为中心的基础上，明确建构了新时代社会主义的叙述逻辑和叙事结构。

其一，新时代社会主义意识形态的文化实践体系呈现出，以国家情怀、民族情怀、人民情怀融为一体的社会逻辑秩序。“一定的意识形态总是以一定的语言为载体的。”② 既不存在无语言载体的意识形态，也不存在无意识形态导向的空洞的语言形式。新时代社会主义意识形态文化体系的建构，以马克思主义意识形态理论为理论基础。马克思恩格斯在《德意志意识形态》中论述了意识形态概念，实现了对意识形态的科学说明。新时代文化体系建构以历史唯物主义理论为基础，运用呈现中国时代精神的崭新术语，将新时代社会主义特质叙述出来。新时代话语体系谱写的是“中国梦归根到底是人民的梦”的伟大篇章。它将中国梦的实现与归宿指向人民，把人民的意志和意愿作为社会主义现代化建设的根本宗旨。马克思历史唯物主义理论批判以少数伟大人物为核心叙事的唯心主义理论，将人民群众作为社会物质活动和精神活动的积极实践者。新时代文化实践话语体系的叙事逻辑，以马克思历史唯物主义为指导，以中国梦的创造者和享有者——人民作为国家话语生态建设的主体，将广大人民通过生产劳动创造的中国现实发展，作为意识形态的本真来源，呈现依靠人民、为人民造福的中国社会发展的历史逻辑。新时代社会主

① 《习近平总书记系列重要讲话读本》（2016 年版），学习出版社、人民出版社 2016 年版，第 189 页。

② 俞吾金：《意识形态论》，人民出版社 2009 年版，第 6 页。

义意识形态为导向的话语体系建设，催生出了马克思主义意识形态理论的当代叙述体系。

其二，新时代意识形态引领下的文化实践，呈现新时代文化主体对“美好生活”的追求。新时代话语体系以建构人类命运共同体，以宏大的世界视角，从全人类的命运出发和共设人类未来美好社会和生活出发，生成新时代的话语特质，为话语实践者提供认识世界、理解世界和改造世界的动力源泉。人类命运共同体就在于放眼于世界，以全人类长久发展为核心。这一思想以人类命运共同体的认同方式，以积极包容合作的态度，消除横亘在不同人类种族之间的隔阂，避免“种族假象”造成的语言谬误和文化偏见。新时代社会主义意识形态引导的现代化文化建设，以话语实践主体自身能力提升为核心，搭建健康有序的文化体系环境为目标，使普通人民具有辨识力和甄别力地认识和理解自身所处的世界和时代。新时代文化体系建构能使文化实践者清晰地认知到人类自身认识活动的有限性，看到身处自身“洞穴”不可逃避性的同时，让我们身怀共筑人类命运共同体的长远目标，以开放的心态不断获得走出人类思想洞穴的力量。只有身怀远大，才能使身处“洞穴”的我们，认识到自己“洞穴”理解世界的局限，并不断产生跳出“洞穴”理解事物本真面貌的思想飞跃。在文化实践的过程中，文化主体能力得到不断提升，以文化批判分析的方式，尽量减弱“市场假象”的负效应，摆脱由于日常经验约定俗成对语言的误解和误用。在提升文化实践主体能力的过程中，使实践主体尽可能摆脱“剧场假象”，如资本与文化结盟营造的不真实布景的臆造世界，为话语实践主体获得认识真实世界寻找可靠路径。

新时代社会主义核心价值观对日常生活文化实践产生积极影响力。要真正克服培根的“四假象”说，就必须引入积极的、充满正能量的新话语。以社会主义核心价值为本质根据的新时代话语体系，以新时代的核心命题为主旋律，从新的感觉经验出发调动日常生活话语的新呈现，系统地形成了具有新时代气息的文化建构形式。

在实现中国梦的伟大征程中，将“富强、民主、文明、和谐，自由、平等、公正、法治，爱国、敬业、诚信、友善”作为社会主义核心价值观，以国家、社会、公民融为一体的价值要求，回答新时代社会主义意识形态体系的前进方向和本质根据。习近平总书记指出：“中国梦的本质是国家富强、民族振兴、人民幸福。”① 这一核心价值体系承载了以国家的梦、民族的梦、人民的梦融为一体的中国梦，将国家、民族、人民的利益紧密相连。新时代中国以凝聚几代中国人夙愿的中国梦为核心动力，将中华民族伟大复兴作为激励中华儿女团结奋进的精神旗帜。

结 语

关于“公共价值”的问题，主要集中在政治哲学内的研究，从文化哲学角度探究这个问题还比较少，问题域也不是很突出。事实上，当代马克思主义文化哲学正经历着从文化哲学内涵式研究逐步到文化外延式研究的过程。文化哲学正朝向文化政治哲学、文化社会学、文化语言哲学的多向度发展。在这种文化哲学外延式的研究中，文化的概念和观念，就从美学的和审美的维度，转向了文化的实践功能和社会建构功能。

现代化建构的文化实践力图表明，文化不是社会实体的显现，而本身就是社会关系结构的有机构成。文化不是对社会物质基础简单而苍白的反映，而是与自身所处物质条件和生产关系相联系的实践性活动。文化潜藏着原发的政治性力量，具有再造社会的功能。文化建构意义的体现不是社会一般意义的表象关系，而是文化在社会运行和社会关系中具体做了什么、承担怎样作用以及怎样价值的问题。

文化的意义被伸展开来，文化不再是经济活动或政治活动的派生物，而本身就直接参与和构成社会。作为实践的文化内涵，强调文化的物质性、社会性和实践性，主张将文化作为人类理解世界、参与社会活动和改造社会运行方式的重要着眼点和实践途径。文化实践为人类生活活动范围内的共享观念和公共价值提供现实途径。以文化实践为基础的“公共价值”和对“美好生活”的追求，源自现实的文化生活，以提升文化主体能力和优化社会结构为核心动力。

---

① 《习近平总书记系列重要讲话读本》（2016 年版），学习出版社、人民出版社 2016 年版，第 8 页。

中国文化公共性与公共阐释论

曹典顺*

伽达默尔认为20世纪最为伟大的哲学发现是对一切独断论所保持的批判和怀疑态度。实际上，基于唯物辩证法的唯物史观也坚持了这一哲学的批判性本质特征和基本认知态度。从哲学逻辑和哲学发展的历史理解，无论是马克思，还是伽达默尔，它们都是认识到了传统形而上学哲学中“精神具有终极意义”的唯心史观的弊端，当然，这丝毫都没有否定精神在马克思哲学和伽达默尔哲学中的作用和价值。就中国道路发展逻辑中的中国文化哲学而言也是如此，也就是说，虽然唯物史观在中国文化哲学中具有不可忽视的指导意义，但中国文化哲学的理论逻辑——中国文化公共性，也必须以中国道路的社会实践作为理论根据。当然，虽然理论根据是客观存在，但认识到这种客观存在需要发现科学的认知方法。为了汲取独断论哲学中强制阐释论的虚幻性或彼岸性的认知方法教训，中国学者们根据唯物史观的思维方式提出了公共阐释论的中国文化哲学认知逻辑。公共阐释论认为可以通过公共理性的作用，在平等协商、交流的公共场域之下达成文化公共性的社会共识，即由个人阐释为逻辑的强制阐释转化为由集体阐释为逻辑的公共阐释。公共阐释论的发现，既是当代中国哲学发展水平不断提升的表现，也是中国道路发展逻辑进一步哲学化的实现，在中国文化哲学视域中理解，具有不可忽视的学术价值和现实意义。

---

* 作者简介：曹典顺，江苏师范大学哲学范式研究院院长、教授。

一　中国文化公共性与中国文化哲学的建构逻辑

由于任何一个国家和民族都有着属于自己的文化哲学，但文化哲学又并不仅仅是政治性质的哲学话语，即它还具有社会性质的意蕴和个体性质的意蕴，所以，作为中国文化哲学建构逻辑的中国文化公共性本质上应该属于中国特色社会主义发展道路的发展逻辑，因为，中国道路的选择就是国家、社会和个人三个层面达成的合法性共识。所谓中国文化公共性，就是指中国文化中具有的公共性意识、公共性价值、公共性审美等的哲学观念。准确理解中国文化哲学的建构逻辑，就应该深度理解中国文化公共性，这不仅是因为中国文化哲学中应该具有哲学意蕴的建构逻辑，也不仅是因为中国文化公共性体现了中国道路的发展逻辑，而且还是因为，中国文化公共性的本质性特征表明了中国文化是全体中国人民的文化，或者说，不是为某一部分人服务的文化。中国文化哲学的建构逻辑问题，最为核心的问题就是中国文化哲学与作为其建构逻辑理论的中国文化公共性之间的内在关联问题。文章这一部分的内容就是试图把握二者之间的内在逻辑。

（一）中国文化公共性是中国文化哲学的建构逻辑

作为一种哲学理论的中国文化哲学，必然要遵循哲学的建构逻辑来构筑自身，也就是说，中国文化哲学中应该包含着哲学意蕴的建构逻辑。马克思指出，哲学是现世的智慧，是“文化的活的灵魂”①。基于哲学总是人类文化精神和文化模式的外显，文化的发展离不开对文化现象及文化活动的哲学反思。中国文化哲学正是研究者从哲学理论的高度，对人类文化领域，尤其是对中国文化领域的文化现象和活动，进行批判性反思的结果。这就意味着，在中国文化哲学发展过程中，已经自觉地运用哲学的思维方式进行文化理论的反思与批判，即内在地包含着哲学意蕴

① 《马克思恩格斯全集》第1卷，人民出版社1995年版，第220页。

的中国文化哲学的建构逻辑。这种内在于中国哲学理论研究与思维模式之下的哲学意蕴的建构逻辑，不仅反映为中国文化哲学发展的内在运行方式，同时又对中国文化哲学的发展方向做出了进一步的矫正。

中国文化公共性作为文化视域中的哲学意蕴的理论逻辑，意味着它就是中国文化哲学的建构逻辑。文化既是社会历史的产物，又是人类实践的产物。人的本质在其现实性上是一切社会关系的总和[①]。这种认知逻辑表明，既然人是社会的存在，那么，作为人类实践产物的文化也必然具有社会性。社会性又可理解为公共性，中国文化的社会性就是哲学意蕴上的中国文化公共性。就其本质而言，中国文化公共性的产生是与中国特色社会主义道路践行下公共空间的形成不可分割的，因为，公共空间的形成意味着文化开始实现由私人领域向公共领域的转向，公共性作为文化基本属性的性质日益得到彰显。据此理解，中国文化公共性就属于文化视域中的哲学逻辑理论。中国文化公共性是对文化的发展历史进行哲学性的批判和反思之下所形成的关于文化哲学发展的内在逻辑形式。中国文化公共性一方面反映了文化哲学的现实状况；另一方面又表征出文化发展的方向性，即中国文化公共性日益完善，名副其实地成为中国文化哲学的建构逻辑。

中国文化公共性之所以可以成为中国文化哲学的建构逻辑，是因为中国文化公共性哲学地表征了中国文化哲学的现状。相较于资本主义国家，中国的发展道路有所不同。中国的发展没有机械地按照马克思对人类社会基本形态的划分进行，即封建社会—资本主义社会—共产主义社会，而是有所超越，实现了从封建社会直接过渡到共产主义社会的初级阶段——社会主义社会。然而，尽管中国的发展道路实现了对资本主义社会跨度，但是其是建立在资本主义基础之上的社会主义发展道路，社会主义道路的发展也同样存在文化由私人领域向公共领域转向的问题，"公共性的建设和完善是当代中国和世界发展中一个具有核心意义的问题"[②]。因此，对资本主义文化公共性理论的批判性发展符合中国道路的发展逻辑。因为，中国道路发展的最终目标是实现共产主义，而共产主义的实现不仅是在物质生产层面的实现，同时需要在文化精神层面的实

① 《马克思恩格斯选集》第1卷，人民出版社2012年版，第135页。

② 郭湛主编：《社会公共性研究》，人民出版社2009年版，"自序"第19页。

现。这即是说，中国文化哲学的发展现状必然需要作为其建构逻辑的中国文化公共性给予哲学理论上的合理性概括。需要说明的是，作为中国文化哲学建构逻辑的中国文化公共性由于发展道路的不同，必然是与资本主义社会的文化公共性相互区别，因为，中国文化哲学需要构建符合自身道路发展逻辑的中国文化公共性。

（二）中国文化公共性的本质性特征是人民的文化

中国文化的本质特征是中国文化是人民的文化，而中国文化公共性的本质特征就是中国文化的本质特征的哲学话语，即中国道路的人民的文化中蕴含着中国文化公共性的理论逻辑。所谓人民的文化，其主体首先是人民。“什么是人民大众呢？最广大的人民，占全人口百分之九十以上的人民……”① 这就是说，人民并不是指单个的人，而是一个集体性的概念。人民的文化也绝不仅仅是指个人价值理念、个人价值精神的反映，而是也体现出了以公共价值理念、公共价值精神为表征的价值共识。换言之，人民的文化所表现出来的价值共识，绝不是对个人观念的简单集合，而是在平等协商、交流的公共场域之下的行动原则。相较于个人的价值理念与价值精神而言，代表人民的文化的价值共识克服了复杂与多元的弊端，更加能够为人民所理解和遵循。文化公共性就是这种价值共识的哲学话语，即由个人价值理念与精神上升为公共的价值共识，进而成为整个中国人民的文化组成部分的过程，实际上所表现出的正是文化公共性的理论逻辑。

既然中国文化公共性是人民的文化的哲学话语，那么，中国文化公共性就必然能够反映中国文化哲学的实际状况。中国文化公共性，是指在中国文化的视域之下，文化实现由私人领域向公共领域的转化。就中国的文化哲学发展历程而言，中国文化公共性所反映的是中国传统的以宗族为重要特征的封建文化向建立在公共空间基础上的人民的文化转换。这种转化符合中国文化道路的发展趋势，并为中国文化的未来发展指明了方向，即丰富和发展人民的文化。中国文化公共性理论作为中国文化哲学的建构逻辑，意味着中国文化公共性是对人民的文化的合理性与现

① 《毛泽东选集》第 3 卷，人民出版社 1991 年版，第 855 页。

实性的哲学反思与表达，是在理论上对人民的文化的深化。

中国文化公共性的概念化不仅是中国文化哲学研究的需要，也是对人民的文化的理论性丰富。公共性成为哲学问题，最初开始于西方哲学界，如“阿伦特将公共领域等同于政治活动领域……”，哈贝马斯认为，“公共领域说到底是公共舆论领域”①。就西方的资本主义社会而言，西方哲学家的这些解释方式都有其存在的现实依据。中国学术界对文化公共性的关注，尤其是对中国文化公共性问题的关注，虽然产生了一些理论成果，但依然处于理论学派建构的阶段。就中国文化公共性的社会实践意蕴理解，虽然中国文化哲学的建构逻辑就是文化公共性逻辑，本质特征也是文化具有公共性，但是对中国文化公共性的理解则应该放在中国发展道路的语境下进行，即应该以实验性质的科学的认知方法来理解中国文化公共性，以便对中国文化公共性进行理论逻辑和实践理解的概念化规范。规范文化公共性不仅能够有利于为人民的文化的丰富提供和谐、平等的公共场域（即促进新的文化形式的产生），有利于促进个人的价值理念与价值精神上升为公共的价值共识（即丰富人民的文化的内容），而且也有利于结合中国发展的具体实践，使文化更能够满足人民的需求（即真正成为人民的文化）。

（三）中国文化公共性体现了中国道路的发展逻辑

就中国道路的经济发展逻辑理解，中国文化公共性与中国特色社会主义经济发展道路具有一致性。中国经济道路就是中国特色社会主义经济发展道路，即“以共同富裕为方向，坚持公有制为主体、多种所有制经济共同发展的经济制度，实行社会主义市场经济体制，坚持中国共产党的领导”②。中国特色社会主义经济发展道路，其最终要实现的是全体人民的共同富裕，所以，无论是基本经济制度，还是社会主义市场经济体制，都蕴含着文化的公共性视域。从中国道路的基本经济制度的视角来看，坚持公有制为主体必然要求形成以“公有制”为特征的经济共同体，而经济共同体的形成绝非个人利益的集合，而是基于包含着文化公

① 郭湛主编：《社会公共性研究》，人民出版社 2009 年版，第 52 页。

② 武力主编：《中国道路与中国梦——第三届当代中国史国际高级论坛文集》，当代中国出版社 2015 年版，第 132 页。

共性等公共价值共识的理论逻辑。从中国道路的社会主义市场经济体制的视角来看，社会主义市场经济体制的合理运行，也必然要求更加合理、公正的公共场域的形成，而公共场域的形成离不开文化公共性作为理论前提。

就中国道路的政治发展逻辑理解，中国文化公共性与中国特色社会主义政治发展道路具有一致性。社会主义民主政治是中国特色社会主义政治发展道路的集中体现，“人民当家作主”则是社会主义民主政治的本质特征，是中国社会主义民主政治的核心问题。之所以社会主义民主政治的建设表现为对社会公共性的建构，是因为社会主义民主政治归根到底是服务于人民的，代表广大人民的利益，即因为“民心是最大的政治”①。所谓民心，可以理解为能够代表广大人民共同价值诉求的共识。共识作为推动政治发展的强大动力，就是要以文化的公共性作为条件。符合中国政治道路发展逻辑的民心，就是以中国文化公共性为存在条件。文化一旦丧失公共性，就不能够为人民大众所理解与认识，即代表民心的政治共识也将无法达成。这就是说，中国文化公共性一方面在政治领域中促进了政治共识的达成，另一方面又通过文化领域中的价值共识的达成而反作用于政治，促进政治的合理化发展。

就中国道路的文化发展逻辑理解，中国文化公共性与中国特色社会主义文化发展道路具有一致性。中国文化道路就是中国特色社会主义文化发展道路，即发展“面向现代化、面向世界、面向未来的，民族的、科学的、大众的、社会主义文化”② 的发展道路。中国文化公共性与中国特色社会主义文化发展道路相符合，至少可以从三个方面对其进行理解。其一，在经济全球化的大背景下，文化与文化之间的交流与沟通增加，既相互合作，又存在差异和冲突，文化的同质化倾向日益明显，如何处理文化之间的关系，对待文化的差异和冲突，不仅在中国文化发展道路上必须重视，同时也是世界各国所要面临的共同难题，即为文化的交流与沟通提供平等、公平的交流场域，积极寻求文化之间的共通与共识，既是中国文化道路的发展逻辑，也是中国文化公共性的现实指向。其二，

① 中共中央文献研究室编：《习近平关于全面从严治党论述摘编》，中央文献出版社 2016 年版，第 190 页。

② 《中国共产党第十五次全国代表大会文件汇编》，人民出版社 1997 年版，第 19—20 页。

中国特色社会主义文化所要发展的是人民的文化、大众的文化，其目的在于满足人民对于文化的需求，而人民的文化蕴含着中国文化公共性的理论意蕴，中国文化公共性又是对人民文化的哲学理论表达。因此，中国文化公共性的发展与中国文化发展道路具有一致性。其三，中国特色社会主义文化发展道路旨在建立社会主义和谐社会，社会主义和谐社会的最大特征就是社会共同体，而社会共同体的基本指向是价值共识，因此，可以说社会主义和谐社会的建设呼唤着文化的公共性逻辑在场。

二　中国特色唯物史观与中国文化公共性的哲学逻辑

虽然中国文化公共性是一种具有哲学意蕴的理论逻辑，但它本质上属于应用性质的哲学理论，也就是说，作为客观存在的中国文化公共性理论，还存在着建构自己的哲学逻辑。由于中国文化公共性本质上应该属于中国特色社会主义发展道路的发展逻辑，而中国特色社会主义发展道路的发展逻辑又属于中国特色唯物史观，所以，中国特色唯物史观也就应该是中国文化公共性的哲学逻辑。中国特色唯物史观是马克思主义基本原理与中国特色社会主义建设的基本经验理论相结合形成的马克思主义哲学理论，既属于马克思主义哲学中国化的理论成果，也属于马克思主义哲学的当代发展。既然中国特色唯物史观是一种哲学理论，那么就意味着，中国特色唯物史观不仅是中国文化公共性建构所需要的理论逻辑，而且还应该是中国文化公共性建构所需要的思维方式的哲学逻辑和指导思想的哲学逻辑。

（一）构筑中国文化公共性理论需要中国特色唯物史观作为其思想前提

就中国文化公共性理论的理论内涵构筑而言，中国文化公共性理论就是文化哲学领域中的中国道路理论。“所谓当下中国特色社会主义实践，就是‘中国道路’。”① 当下中国道路的社会实践表明，文化软实力

① 曹典顺、卞伟伟：《中国道路实践中的政治经济学与中国特色经济逻辑——再论政治经济学与唯物史观的内在关联》，《理论探讨》2017 年第 6 期。

越来越成为综合国力的重要体现，所以，建设社会主义文化强国，发展中国特色社会主义文化，就应该成为中国特色社会主义文化建设的需要。由于“一个国家、一个民族的强盛，总是以文化兴盛为支撑的，中华民族伟大复兴需要以中华文化发展繁荣为条件”①，因此，以文化哲学的理论视域对中国道路的发展进行反思，既符合社会主义文化强国的建设需求，又是对中国道路发展的理论完善。正是从这种逻辑上认识，中国文化公共性能够体现中国道路的发展逻辑，中国文化公共性理论属于文化哲学视域中的中国道路理论。

中国文化公共性理论属于文化哲学视域中的中国道路理论表明，只有理解了中国道路理论不能离开中国特色唯物史观的指导，才能够准确把握中国文化公共性理论的思想前提构筑。作为文化视域中的中国道路理论的中国文化公共性理论，虽然强调中国特色社会主义发展的重要作用，但绝不是唯物史观理论以外的哲学逻辑。中国文化公共性理论，无论在理论来源，还是构筑逻辑上都是以唯物史观作为其合理性和合法性的基础。马克思认为，“社会生活本质上是实践的”②。这就是说，既然实践的观点是马克思唯物史观的重要观点，中国特色唯物史观又是马克思唯物史观与中国特色社会主义实践相结合的产物，那么，中国特色社会主义实践就是中国特色唯物史观的实践结果。中国道路就是当下中国特色唯物史观的实践表明，中国道路理论必然需要中国特色唯物史观的指导。离开中国特色唯物史观的指导，中国道路就失去了理论的指南，从而就会失去思想的保障。在这种意义上理解，中国特色唯物史观作为中国道路的理论保障，为中国道路提供了世界观根据和方法论根据。

既然中国特色唯物史观是中国文化公共性理论的思想前提，那么，中国特色唯物史观就应该能够为中国文化公共性理论构筑提供所要的基本原理。唯物史观认为，“不是人的社会意识决定社会存在，而是社会存在决定人们的精神生活和政治生活领域”③。文化作为社会意识的重要表征，从属于社会存在，受社会存在所制约，但唯物史观同样强调文化具有相对独立性，承认文化具有社会历史性。文化的相对独立性无疑为中

① 2013年11月，习近平在山东曲阜考察孔府和孔子研究院时强调。

② 《马克思恩格斯全集》第3卷，人民出版社1960年版，第5页。

③ 《马克思恩格斯全集》第2卷，人民出版社1972年版，第82页。

国文化公共性理论的确立带来了理论困难，因为，各种意识形态的理论都能够影响到中国文化公共性理论的构筑。因此，为了强调建设社会主义文化强国对于中国道路发展的重要意义，就必须将中国特色唯物史观视为中国文化公共性的思想前提。只有如此，才能够确保建设社会主义文化强国，树立高度的文化自信，推动社会主义文化繁荣兴盛，提高中国文化的国际影响力。无论是高度文化自信的树立，还是社会主义文化繁荣兴盛，抑或是中国文化国际影响力的提高，都离不开中国特色唯物史观为中国文化公共性理论提供基本原理意蕴上的合法性依据。

（二）理解中国文化公共性理论需要中国特色唯物史观作为思维方式

中国特色唯物史观不仅是理论逻辑而且是认知逻辑，这即是说，中国特色唯物史观不仅为中国道路的理解提供了理论逻辑上的指导，同时也为中国道路发展提供了认知逻辑上的指导。就认知逻辑的思想根据视角理解，毛泽东思想、邓小平理论、“三个代表”重要思想、科学发展观，以及习近平新时代中国特色社会主义思想，都是在唯物史观与中国特色社会主义实践结合的基础上的方法论逻辑，即是中国道路发展的认知根据。就认知逻辑的认知方法视角理解，解放思想、实事求是、与时俱进、求真务实作为中国道路发展的思想路线，亦是中国特色唯物史观的认知逻辑。对中国文化公共性理论的深度理解，不仅需要将中国特色唯物史观作为中国文化公共性理论构筑的理论逻辑，而且更加需要以中国特色唯物史观作为理解中国文化公共性理论的思维方式，即以中国特色唯物史观作为理解中国文化公共性理论的认知逻辑。只有将作为理论逻辑的中国特色唯物史观与作为认知逻辑的唯物史观有机结合，才能够更好认识、理解和发展中国文化公共性理论，才能够更好地将理论应用于实践。

理解中国文化公共性理论是否具有合理性，必须以中国特色唯物史观作为认知前提。公共性理论来自西方哲学界，但公共性作为文化的基本属性，是所有的文化所共有的属性。这即是说，不仅西方文化具有公共性，中国文化也具有公共性。就马克思文化哲学的革命性贡献理解，“马克思哲学革命的实质在于从实践的社群本位的‘文化公共性’视野，实现了对以往旧哲学尤其是近代以来自由的个体理性主义公共性主张的有效遏制、深度矫正和根本颠覆"①。理解中国文化公共性理论，首先要从中国特色唯物史观的认知逻辑出发，将"中国文化公共性"与"西方文化公共性"区分开来。其一，"中国文化公共性"与"西方文化公共性"的认知根据不同。"中国文化公共性"是以文化哲学的视域对中国道路的发展进行反思，其立论基础是中国特色社会主义的文化实践。"西方文化公共性"则是对西方资本主义文化路径的反思，其立论根基是西方资本主义的文化实践。其二，"中国文化公共性"与"西方文化公共性"的认知理论不同。中国文化公共性的认知理论是人民的文化，而人民文化中的"人"是指"现实的人"。西方文化公共性虽然也提倡人民文化，但西方文化中的"人民"则是指"抽象的人"，即将人与具体的历史实践分开的人。其三，"中国文化公共性"与"西方文化公共性"的认知目的不同。中国文化公共性理论的提出最终是要服务于中国特色社会主义实践，并以此推动中国道路的发展，而西方文化公共性则是旨在推动西方公共文化的发展。这也就是说，只有以中国特色唯物史观为认知前提，才能够更好地理解中国文化公共性理论，即才能实现对中国文化公共性理论的准确把握。

由于中国文化公共性理论属于中国道路发展逻辑的组成部分，所以，中国文化公共性理论的理解就应该体现出中国特色唯物史观的认知逻辑。就认知方法的视角而言，中国文化公共性理论的建构需要坚持"实事求是"的认知方法。这即是说，理解中国文化公共性理论的建构，就要准确理解当下中国文化建设的现状，或者说，要理解中国文化哲学服务于中国道路，并推动中国特色社会主义建设持续发展的思维逻辑是什么。就认知理论的视角而言，中国文化公共性理论的建构要坚持"以人为本"的理论逻辑。因为，中国道路的发展归根到底是最广大人民共同利益的体现，中国文化公共性理论的建构也应该是对人民共同诉求的体现。就认知目的的视角而言，中国文化公共性理论的建构要注重创新，与时俱进，把握时代精神。因为，既然"任何真正的哲学都是自己时代的精神上的精华"②，作为哲学理论的中国文化公共性理论就应该反映时代精神，

① 袁祖社：《文化"公共性"理想的复权及其历史性创生——马克思哲学的一种新的解释视域》，《学术界》2005 年第 5 期。

② 《马克思恩格斯全集》第 1 卷，人民出版社 1995 年版，第 220 页。

并能够服务于时代的发展。

（三）发展中国文化公共性理论需要中国特色唯物史观作为指导思想

中国文化公共性理论不是一个一蹴而就的理论，而是一个与中国道路发展逻辑共同发展的理论，即中国文化公共性理论的发展离不开中国特色唯物史观的指导。就中国文化公共性理论与中国特色唯物史观的内在关联而言，中国特色唯物史观与中国文化公共性理论相互支持、辩证发展。其一，中国文化公共性理论的发展是适应中国特色唯物史观发展的需要。经济全球化的趋势伴随着文化的世界化进程的加速，而“历史向世界历史的转变过程包含着民族文化的公共化”①，所以，如何在这种文化世界化进程中既发展世界文化，又维护文化的民族性，不仅是中国文化发展，而且是整个时代文化发展问题的反映。为了体现这一时代的发展，中国特色唯物史观必定要发展，中国文化公共性理论亦应该与中国特色唯物史观的发展相适应。其二，中国文化公共性理论的提出不仅是适应中国特色唯物史观的发展，而且也是对唯物史观的发展。虽然中国特色唯物史观强调社会存在在社会发展中的决定作用，但同时也肯定包括文化等社会意识的相对独立性。这就意味着，中国文化公共性理论的发展，亦是中国特色唯物史观发展的组成部分，即中国文化公共性理论促进了中国特色唯物史观的发展。

就中国文化公共性理论的建构逻辑理解，中国特色唯物史观能够为中国文化公共性理论发展提供世界观的指导。意识的能动性作用原理表明，人们认识世界和改造世界的活动一定会受到意识的支配，而意识又与世界观分不开，所以，一个人的思想意识如何往往就是其世界观的展现。世界观具有多样性，即并不是只有科学合理的世界观，因此，再完整、严密的中国文化公共性理论，如果没有科学的世界观指导就会丧失其生命力，从而不能够正确地把握时代。中国特色唯物史观作为先进的、科学的世界观，能够为中国文化公共性理论提供强大的思想武器，使其在发展中不断地保持理论的科学性与先进性，从而更好地服务于实践。

---

① 颜晓峰：《马克思主义文化理论述要》，《大连大学学报》2005 年第 5 期。

其一，中国特色唯物史观能够为中国文化公共性理论提供发展的社会实践根据。马克思指出，“人应该在实践中证明自己思维的真理性，即自己思维的现实性和力量，自己思维的此岸性”①。根据马克思的这一逻辑理解，中国特色唯物史观虽然是哲学理论，但它能够很准确地体现出它所反映的时代精神，即它在理论中体现出了相应的社会实践内容。这种时代精神反映的世界观理应成为中国文化公共性理论的世界观指南，因为，中国文化公共性理论也应该正确反映中国特色社会主义的社会发展状况，并接受实践的检验。其二，中国特色唯物史观能够为中国文化公共性理论指明理论发展方向。虽然当下中国还不是共产主义社会，但显然也不是资本主义社会，并且越来越向着马克思所设想的“每个人的自由发展是一切人的自由发展的条件”② 的共产主义迈进。共产主义作为中国特色唯物史观的最高理想，不仅要求物质生产的公共性，同时也反映为文化的公共性，即中国文化公共性理论的最终理论目标是普遍高尚的精神境界的形成。这就意味着，中国特色唯物史观可以为中国文化公共性理论提供先进的、科学的世界观指导。

就中国文化公共性理论的认知逻辑而言，中国特色唯物史观能够为中国文化公共性理论的发展提供方法论指导。中国特色唯物史观既是世界观，又是方法论，是世界观与方法论的统一体。作为世界观，中国特色唯物史观回答了中国道路是什么的问题；作为方法论，中国特色唯物史观则旨在回答中国道路如何发展的问题。就中国文化公共性理论而言，中国特色唯物史观对中国文化公共性理论的方法论指导，就是要回答中国文化公共性理论如何适应于中国道路的发展。本质上理解，中国特色唯物史观对中国文化公共性理论的发展的认识论指导，就是要求中国文化公共性理论的发展必须坚持唯物辩证的认知逻辑。比如，一方面既要认识到生产力发展在中国文化公共性理论发展中的决定性作用，另一方面又要认识到中国文化公共性理论对中国文化哲学和中国文化的思想引领的意义。总之，正如列宁所指出的那样，“我们决不把马克思的理论看作某种一成不变的和神圣不可侵犯的东西”③。这就是说，以中国特色唯

① 《马克思恩格斯全集》第 3 卷，人民出版社 1960 年版，第 3 页。

② 《马克思恩格斯文集》第 2 卷，人民出版社 2010 年版，第 53 页。

③ 《列宁专题文集·论无产阶级政党》，人民出版社 2009 年版，第 96 页。

物史观为指导的中国文化公共性理论也绝不应该是一成不变的，而应该随着中国特色社会主义实践的发展，不断丰富自身的理论内涵，从而更好地为中国道路发展助力。

三　中国文化公共性的解释原则与公共阐释论

虽然中国文化公共性的存在是一种客观性事实，但对中国文化哲学的理解却是众说纷纭。就中国文化哲学传播的效果理解，宏观上是允许人们对中国文化公共性理念或称理论产生差异性理解，但这一差异不应该是本质上的差别，而只能是具体问题上的看法。就当下的传播意义上的中国文化公共性的理解而言，公共阐释论越来越成为解释中国文化公共性何以成立、何以运行、何以发展的认知逻辑。之所以如此，从根源意义上理解是因为公共理性是中国文化公共性的理论逻辑。也就是说，传统阐释文化哲学的强制阐释论无法合理解释公共理性。从发生论的视角理解，公共阐释论的产生是因为它要克服强制阐释论在认知公共理性视域中遇到的理论困难。

（一）公共理性是中国文化公共性的理论逻辑

人类由私人空间活动为主转向公共空间生活为主的社会实践，催生了公共理性逻辑的诞生。马克思指出，"有意识的生命活动把人同动物的生命活动直接区分开来"①。这就是说，马克思认为人与动物最大的区别就在于人有意识。理性，作为意识的重要性质之一，可以说是人本身就具有的认识能力。虽然说理性是人人都具有的一种认识能力，但是，"并非所有的理性都是公共理性"②。罗尔斯在他的《政治自由主义》一书中对公共理性作出了明确的界定，"公共理性是一个民主国家的基本特征。它是公民的理性，是那些共享平等公民身份的人的理性……公共理性便在三个方面是公共的：作为自身的理性，它是公共的理性；它的目标是

① 《马克思恩格斯文集》第1卷，人民出版社2009年版，第162页。

② ［美］约翰·罗尔斯：《政治自由主义》，万俊人译，译林出版社2000年版，第225页。

公共的善和根本性的正义；它的本性和内容是公共的"[①]。公共性是公共理性最大特征。第一，人类理性具有公共性，是公共的；第二，公共理性是公民的理性，其作用的对象是"公共"；第三，公共理性以公共的善作为目标，其作用于社会生活领域。无论是作为公共理性对象的"公共"，还是作为公共理性目标的公共的善，抑或是其所作用的社会生活领域，都是伴随着私人领域向公共领域的转向，即公共空间的扩大而逐渐产生的。由此可知，公共空间的形成与扩大应该是公共理性得以产生的最根本的动因，即公共空间催生公共理性逻辑。

公共理性概念的提出，最初是基于政治哲学或社会哲学研究的需要，但公共理性只有发展为文化逻辑，才能更为深刻地把握社会发展规律。不同于罗尔斯从政治领域的视角对公共理性进行解读，本文将公共理性放在社会领域探讨，或者说是从社会领域的文化视域考察公共理性问题。哈贝马斯认为，罗尔斯的公共理性缺乏一个公共道德的社会领域的研究视角，即"罗尔斯的公共理性说需要用一个哈贝马斯那样的商谈论辩的程序主义来补充"[②]。所谓公共道德视角，实际上就是希望能够在社会领域中把握公共理性。这也就在另一个层面反映出，仅将公共理性适用于政治领域是远远不够的。在政治领域之中，公共理性仅仅被作为政治是否良性运行，以及如何良性运行的合理依据而已，这无疑使公共理性的作用范围变得相对狭隘。从文化的视角理解，政治在一定程度上也是文化的一种展现形式，因此，将公共理性发展为文化逻辑既是对公共理性的超越，又符合公共理性自身的发展逻辑。

就中国文化逻辑而言，公共理性就是文化视域下的中国文化公共性。公共理性要想真正发展为文化逻辑，就必须从文化哲学的理论视角对其自身进行文化公共性视域的理论构筑。这就是说，文化公共性是一种文化视域中的哲学逻辑理论，或者说，公共理性就是中国文化公共性的理论逻辑。就中国文化公共性的逻辑前提而言，中国文化公共性需要作为理论逻辑的公共理性作为逻辑前提。作为哲学逻辑理论，如果没有公共理性作为理论逻辑进行引领，那么中国文化公共性理论的逻辑性与根据

① ［美］约翰·罗尔斯：《政治自由主义》，万俊人译，译林出版社2000年版，第225—226页。

② 龚群：《理性的公共性与公共理性》，《哲学研究》2009年第11期。

性就无从谈起。就中国文化公共性的社会价值而言，公共理性只有上升为文化逻辑，即作为中国文化公共性的理论逻辑才能够发挥出社会价值的最大化。仅仅将公共理性作为政治稳定的工具远不能够发挥公共理性真正的作用，只有将其上升至文化领域之中，公共理性才能够拥有更高的理论视野。

（二）强制阐释论解释公共理性逻辑的理论困难

无论是就思想还是就文本的解读，西方哲学的解释学或分析哲学一直是阐释的主流哲学逻辑，而且这些相关的阐释理论可以被定论为"强制阐释论"。所谓强制阐释，就是指"背离文本话语，消解文学指征，以前置的立场和模式，对文本和文学做符合论者主观意图和结论的阐释"[①]。强制阐释论的提出，一方面是对当代西方阐释学中存在的问题的批判，即"'强制阐释'作为一个支点性概念，能够比较集中地概括当代西方文论的主要缺陷和问题，更好地把握其总体特征"[②]。另一方面，又给中国当代阐释论的构建提出启示性意见。就当代社会的公共理性问题而言，强制阐释论提出的理论意义绝不仅仅局限于文本与文学的解读之上，它亦能够深入社会文化领域之中，对社会文化领域中存在的强制阐释现象进行深刻的反思和批判。所以，本论文有必要阐明强制阐释论在解释公共理性逻辑问题上遇到的理论困难是什么。

就强制阐释论建构的理论前提视角理解，强制阐释论的阐释前提具有自我性的特征。强制阐释最大的特征，也是其存在的最大问题，就在于对阐释前提的主观预设，"主观预设是强制阐释的核心因素和方法"[③]。这即是说，在阐释活动发生之前，阐释者已经明确了自己的阐释立场，预设了阐释结果。整个阐释的过程不过是对预设结论的合理证明而已。这种阐释路径本身并未存在太大的问题，一方面，阐释行为的发生必定要求以一定的预设在其中，否则阐释就会丧失其边界；另一方面，作为阐释主体的人的认识也必然是以一定的知识与理论为背景的。然而，强

---

① 张江：《强制阐释论》，《文学评论》2014 年第 6 期。

② 张江：《关于"强制阐释"的概念解说——致朱立元、王宁、周宪先生》，《文艺研究》2015 年第 1 期。

③ 张江：《强制阐释的主观预设问题》，《学术研究》2015 年第 4 期。

制阐释论过于强调阐释前提的自我性，即强调阐释者本人的自我意识出发，从而导致了对公共理性思想和理论的背离。作为强制阐释论前提的主观预设，很大程度上是阐释者基于自己的知识背景所作出的主观性理解，而并非与公共理性的要求相适应的阐释理念。当然，强制阐释论的阐释者们往往会以公共理性的名义为其阐释论的自我性进行辩护，以掩盖其强加给所指既定的价值观。

就强制阐释论建构的思维方式视角理解，强制阐释论的思维方式具有独断性的特征。强制阐释论的思维方式直接展现为从既有的理论观念出发，对于被阐释内容进行合目的性的阐释。这种合目的性的阐释不可避免地具有排他性，即对于阐释过程中所有可能正确的其他阐释结果给予了否定性的阐释。黑格尔曾经提出，“狭义的独断论，则仅在于坚执片面的知性规定，而排斥其反面。独断论坚执着严格的非此即彼的方式”①。张江教授在其 2016 年发表的文章《强制阐释的独断论特征》中也明确指出，强制阐释论具有明显的独断论特征，即“阐释者从既定理论目的出发，利用文本证明理论，强制或暴力阐释成为必然，否则，难以实现阐释的目的”②。强制阐释思维方式的独断性，使阐释丧失了公共理性的客观性，沦为个人意志的展现，或者说，这种以思想强制或文化暴力的方式对被阐释内容进行独断的阐释，绝不可能合理地解释公共理性逻辑。

就强制阐释论建构的理论内涵视角理解，强制阐释论的理论内容具有彼岸性的特点。马克思明确指出，“人的思维是否具有客观的真理性，这不是一个理论的问题，而是一个实践的问题”③。理论的价值何在，归根到底要放到实践中去考察。强制阐释论的另一重要缺陷就在于忽视具体实践而空谈理论，从而导致理论内容脱离实际，缺乏操作性。一方面，强制阐释论忽视对作为阐释展开依据的理论的考察。强制阐释论以某种既有的理论为依据进行阐释活动。对于这个既有理论的选择，完全是以其阐释目的为依据，而非科学性、合理性与现实性，即这实际上不过就是以理论来解释理论而已。另一方面，强制阐释论缺乏实践基础。无论是强制阐释论的阐释对象、阐释方式，还是阐释结果，都缺乏现实性根

① ［德］黑格尔：《小逻辑》，贺麟译，商务印书馆 1997 年版，第 101 页。

② 张江：《强制阐释的独断论特征》，《文艺研究》2016 年第 8 期。

③ 《马克思恩格斯选集》第 1 卷，人民出版社 1995 年版，第 55 页。

据。强制阐释论既不以直接现实经验为依据，也不以间接的现实经验为依据，仿佛只是悬浮在空中的高楼，缺乏其立论的现实根基。由此可见，强制阐释论只能够属于彼岸世界的理论逻辑，而不是对现实生活世界做出的理论概括。

（三）公共阐释论是解释公共理性理论的认知逻辑

公共阐释论就是解释公共理性理论的认知逻辑，是对强制阐释论的自我性、独断性、彼岸性弊端的消解。就公共阐释论的阐释前提视角理解，公共阐释论的阐释前提具有公共性。

阐释的公共性就是指，如果阐释不具备公共性，即不能够为公众所理解与认可，那么公共阐释也就无从谈起，或者说，阐释行为本身就是一种公共行为。就阐释主体而言，阐释归根到底是人的活动，作为阐释主体的人“不是单个人所固有的抽象物，在其现实性上，它是一切社会关系的总和”①。这就是说，人的社会性决定了阐释不可能仅是体现出个人意志，更应该体现出社会意志。就阐释对象而言，作为阐释对象的被阐释者，或是某一具体的文本，或是某一特定的社会问题或现象，但其本质都是社会实践的产物，是社会发展到一定阶段的产物。就阐释的目的而言，阐释的最终目的是理解与表达。因为，“阐释的生成和存在，是人类相互理解与交流的需要。阐释是在文本和话语不能被理解和交流时而居间说话的”②。这也就是说，阐释行为的发生归根到底是为了满足人们社会交往的需要，或者说阐释就是为了公众活动而服务。

就公共阐释论的思维方式视角理解，公共阐释论的思维方式具有共识性。“公共阐释论不是纯粹的自我伸张，不强制对象以己意，而是在交流中不断省思和修正自身。”③ 区别于强制阐释，公共阐释既不以理论来解释理论，也不以暴力的手段强制赋予其某种意义或价值。公共阐释论主张通过公共理性的作用，在平等协商、交流的场域之下达成文化公共性的社会共识，从而使个人阐释上升为公共阐释。个人阐释与公共阐释最大的区别就在于，阐释的内容是不是公共理性的展现。要想实现由个

① 《马克思恩格斯选集》第1卷，人民出版社2012年版，第135页。

② 张江：《公共阐释论纲》，《学术研究》2017年第6期。

③ 张江、哈贝马斯：《关于公共阐释的对话》，《学术月刊》2018年第5期。

人阐释向公共阐释的转换，一方面，个人阐释需要在公共场域中表达出来，即使个人阐释为公共所周知；另一方面，个人阐释需要接受公共理性的修正与筛选，使个人阐释成为公共理性的表征。唯有如此，才能克服个人阐释中不具有公共理性的组成部分，进而提升为公共阐释的共性思维。需要说明的是，公共阐释绝不是对个人阐释的抹杀，而是要在个人阐释的基础上达成一般性的共识，使阐释更能够成为公共理性的表征。

就公共阐释论的阐释内涵视角理解，公共阐释论理论内容具有合法性。公共空间的形成与不断扩展属于公共阐释论得以成立的合法性根据，因为，公共空间是人们的共识性行为。在资本逻辑的作用之下，由私人领域向公共领域的转型越来越成为社会发展的必然趋势。就中国社会的共享经济发展而言，共享经济的崛起与发展正是公共性逻辑在中国社会的现实体现。就中国社会的文化差异状况而言，“公共不仅意味着一个处于家人与好友之外的社会生活领域，还意味着这个由熟人和陌生人构成的公共领域包括了一群相互之间差异比较大的人”①，这就使得，如何处理伴随着社会转型而带来的文化危机，就成为中国文化哲学发展亟须解决的问题，即中国文化公共性理论越来越成为不可忽视的中国道路的发展逻辑。因为，公共阐释论作为中国文化公共性的解释原则，不仅与中国道路的发展逻辑相一致，同时是对社会转型过程中的文化转型问题的合理解决。

① ［美］桑内特：《公共人的衰落》，李继宏译，上海译文出版社2008年版，第21页。

公共性视野下的马克思主义历史观及其中国化进路

焦佩锋*

按照张江教授的说法，公共理性是公共阐释得以可能的决定性前提，离开公共理性的约束与规范，全部理解和阐释都将失去可能，当然，除去这一关键要素之外，作为公共阐释之标的文本、普遍理性以及具有公度性的公共理解也使公共阐释得以可能①。我们认为，该论点较为符合历史解释学的条件与意境。原因是，当代解释学所做的一项十分重要的工作就是通过语言学的方式、意义澄明的方式完成对历史经验之意义的反思、理解与超越，也正是在此循环性乃至辩证性过程中，历史理解在广度和深度上得到了双向拓展，历史经验的合法性在现象学和辩证法两个层面得到了巩固，这便是伽达默尔提出“视域融合”与“效果历史”的基本理论背景。

结合中华人民共和国成立70周年的重要历史节点以及各种形式的历史虚无主义依然泛滥的思想现实，我们认为，在公共理性的视野下对马克思主义历史观的中国化进路进行公共阐释是一项必要的理论工作。需要说明的是，一方面，我们要基于公共阐释对既有历史经验以及历史解释学方法的双重检视。另一方面，我们要收获的是一种关于中国马克思主义史学及其中国化进程的确定性、公度性和合法性论证，而不是走向一种解释学的相对主义。质言之，马克思主义历史观的中国化进

* 作者简介：焦佩锋，中央党校哲学部教授、马克思主义哲学教研室主任（北京 100091）。

① 参见张江《公共阐释论纲》，《学术研究》2017年第6期。

程是我们进行公共阐释的一个内在命题。

一　解释学资源的批判性检视

从时间源流去看，解释学的事业可谓源远流长。从亚里士多德在《论工具》（诠释篇）中提出“Peri hermeneias”的概念以来，西方解释学的传统就得以开启和流传。只不过，在最初的岁月里，西方的解释学主要在人与神的关系上打转，之后，随着神对人的命运关系的松动，在“圣经解释学”和新教改革的双重促动下，解释学开始将目光由神义世界转向了人文世界，与此相应，西方哲学也几乎同步实现了由本体论向认识论的转型，在此条件下，解释学作为认识论和方法论的事业开始逐渐将重点转向了自然、历史和人的思维领域，在此进程中，西方的解释学大体呈现为圣经解释学、语义解释学、科学诠释学（如施莱尔马赫）、精神科学的诠释学（如狄尔泰）、存在论解释学（如海德格尔与伽达默尔）及文化诠释学（如保罗·利科）六种进路①。本文认为，神义解释学、理性解释学和历史解释学是西方解释学谱系中的三笔重要资源，其发展逻辑大致如下。

神义解释学既代表了西方解释学的最初形式，也定义了后世解释学发展的基本特性。在希腊语中，“hermeios”（赫尔墨斯）一词本义就是指德尔斐神庙中的祭司，其主要的职责就是将神的语言翻译、解释为人的语言，它显示了一项重要的意义，那就是，将未知之事引入理解与诠释，在此“开显”之过程中，哲学的事业其实就是解释学的事业，并且，语言充当了一个优秀的中介，这使得言说、说明、翻译才得以可能。当然，这只是就形式而言，我们要注意到，在中世纪以前的很长一段时间里，西方解释学的重点是为了通过人的理解来理解上帝的启示，毋宁说，诠释并理解神谕是西方解释学发生发展的关键线索。

随着圣经解释学的发展，有两个层面的问题日益得到了呈现：一个问题是，解释必须跳出偶然事件以对“隐含”的神圣意义的发掘为重点，

① 参见［美］理查德·帕尔默《诠释学》，潘德荣译，商务印书馆2012年版，第50页。

在此意义上，仅凭神迹和古物显然不足以佐证上帝的伟大以及世界历史的发展逻辑，这就需要充分发挥人的理性能力以求证和验证圣经的经验意义，因而，在1761年，恩内斯特（Ernest）明确指出，“必须以我们厘定其他著作的语词意义之相同方式来确定《圣经》的语词意义”[①]。这段话其实与康德那句对“什么是启蒙”的经典定义遥相呼应，它意味着“人所共有的理性能力”对于从普遍意义上解释神义之普遍性的基础性乃至先天性意义；另一个问题是，解释学一开始就面临对偶然性、杂多性的个体经验和历史事件进行归纳与整合的任务，除了要重视并运用理性能力论证“理性的真理”之外，它还需要处理“历史的真理”。如莱辛所言：“偶然的历史真理，永远不可能成为必然的理性真理之证据。”[②] 这两方面意味着解释学既要解释形而上的真理，也要解释形而下的真理。

正是在上述两种意义上，西方近当代的解释学实际上在向两个层面分化：在第一个层面上，解释首先意味着可理解性（或曰“公度性”），这实际上是对理解和解释行为及其可能性的内在性追问。所以，顺着狄尔泰的具体的、个别的和历史的生命哲学的路数，海德格尔将哲学解释学定义为对此在的生存结构的自我理解和筹划，这种意义的解释学其实是一种内在超越的精神科学的路数。在第二个层面上，解释意味着对“事实之真”的把握，毋宁说，它在追求一种符合论的真理。因而，与海德格尔有所不同，伽达默尔将哲学解释学的目光转向了人类的社会生活，如他所言，“理解和解释并不是从方法角度训练的与文本的关系，而是人类社会生活的进行方式。人类社会生活的最终形态是语言共同体，任何东西都不能离开这种共同体”[③]。在此意义上，解释就变成了一种借助共同体意味的语言对世界之本质的一种实践参与和辩证把握，换言之，这种意义的解释学已经是一种实践诠释学，这种意义的解释学兼具理论和实践两重任务，它指向的是人类的生活世界以及对生活之善的意义的探寻。

---

① 转引自［美］理查德·帕尔默：《诠释学》，潘德荣译，商务印书馆2012年版，第57页。

② 转引自［美］理查德·帕尔默：《诠释学》，潘德荣译，商务印书馆2012年版，第57页。

③ ［德］伽达默尔：《真理与方法》上卷，洪汉鼎译，上海译文出版社2004年版，第277—278页。

问题是，在近当代的解释学的“周边”，马克思主义解释学应该所谓何事？我们认为，当年轻的马克思在表达“问题在于改变世界”的新哲学宣言时，其实隐含着对“社会的人类”之生产和交往本质的诠释学建构，在此前提下，马克思哲学表达的是对人的感性活动的主体性、实践性和历史性理解，而当马克思“把人的活动本身理解为对象性活动”时，其与当代解释学的对话将变得可能，这意味着：马克思关于人既是“历史的剧作者”，也是“历史的剧中人”的思想与伽达默尔的解释学的辩证法达到了某种视域的融合。在此基础上，无论伽达默尔还是马克思，他们都力求跳出知性科学的偏见，以揭示“普遍的人类生活经验”，如伽达默尔所言，解释学“展示为受到历史影响的意识，并为我们所有的认识可能性提供了一种最初的系统阐述”[①]。这里的区别之处在于，伽达默尔所谓的普遍经验更多仍然是一种理解和解释的东西，这种普遍性总是停留在思想实践的层面，而马克思将问题推进到了社会实践的层面，尽管前者也不断申明“效果历史”针对的是存在而不是意识，但是他同时声称，“存在永远不可能完全地展示出来”[②]。所以，解释往往比历史本身更重要，这种解释也可以指向历史思想史，其目的主要是消除“历史的异化”。

从伽达默尔与马克思的比较可见，所谓的公共阐释必须指向历史世界，在此基础上，所谓的历史的公共解释必然意味着对普遍的历史经验、历史意识提出应有的公共性理解，进而表达一种使过去、当下和未来得以贯通的公共价值，实际上，马克思早已表明，“历史活动是群众的事业”[③]，恩格斯随后补充论述，历史事变是由无数个力的平行四边形相互作用的结果，这些无数的“力”所反映的就是无数个个人的意志和愿望，但是它们最终会被整合到一个整体的公共价值和公共意志之中，在此情况下，所谓的权威、英雄和领袖代表实现的必然是公共利益，与之相应，马克思主义哲学解释世界的任务也必然以公共利益和公共价值为立足点，这是在历史的逻辑中实现美好生活奠定了存在论、认识论和价值论基础。由是观之，以伽达默尔为代表的当代解释学并未将问题延伸至公共性问

① ［德］伽达默尔：《哲学解释学》，夏镇平等译，上海译文出版社 2004 年版，第 13 页。
② ［德］伽达默尔：《哲学解释学》，夏镇平等译，上海译文出版社 2004 年版，第 40 页。
③ 《马克思恩格斯文集》第 2 卷，人民出版社 2009 年版，第 104 页。

题的存在论基点，这为我们开显马克思主义历史观的公共性视域奠定了基本背景。

二　马克思主义历史观的公共性解读

从总体上看，公共性问题几乎构成了马克思主义思想发展的一条主线。约略而言，马克思早年对摩泽尔河农民利益的关注和辩护其实就已经彰显了其发动哲学革命的公共性立场，之后，在对资本主义早期产业工人异化生存现实的批判性揭露中，马克思实际上扩展了这种公共性立场。在1848年欧洲革命风暴爆发之际，马克思在《共产党宣言》及第一国际运动中所展现的其实是一种通过政治手段实现工人利益的现实努力。在晚年的岁月，尽管马克思从社会舞台退回到了书房，但是，其对东方社会的世界历史性思考以及对史前社会的人类学研究更是体现了一种大尺度的公共性审视。因而，我们认为，从市民社会的基本矛盾出发，在追求人的自由全面发展的向度，马克思同时表达了实现公共利益以及进行公共阐释的历史主义向度，这是我们解读其公共性意蕴的一个基本维度。依循着这样的思考，马克思主义历史观的公共性维度大致有三个层次。

首先，自然史和人类史的统一，此乃公共性问题的历史性范围。

在马克思哲学革命的起点处，对自然问题、自然科学以及自然知识的讨论是一个重要环节，这一点，我们可以从马克思对费尔巴哈人本主义思想资源的批判性继承以及恩格斯在马克思逝世之后对自然科学的成果及其对马克思唯物主义辩证法的奠基性意义的论证中得到有效验证。

在马克思看来，自然固然是人的无机身体，人是自然界的一部分，"没有自然界，没有感性的外部世界，工人什么也不能创造。自然界是工人的劳动得以实现、工人的劳动在其中活动、工人的劳动从中生产出和借以生产出自己的产品的材料"①。但是，作为类存在物以及"有意识的生命活动"，人和自然之间不是简单的适应与被适应关系，而是改造与被

① 《马克思恩格斯文集》第1卷，人民出版社2009年版，第158页。

改造关系，“正是在改造对象世界的过程中，人才真正地证明自己是类存在物。这种生产是人的能动的类生活。通过这种生产，自然界才表现为他的作品和他的现实”①。这意味着，在马克思这里，没有纯粹的自然，只有人化的自然。只有在人化的自然中，我们才能看到人作为类存在物的动机和意义，实际上，这个人化的自然已经蕴含着对人的社会属性的存在论承认，无怪乎马克思直言道：“主观主义和客观主义，唯灵主义和唯物主义，活动和受动，只是在社会状态中才失去它们彼此间的对立，从而失去它们作为这样的对立面的存在。”② 与此同时，马克思进一步指明，“工业是自然界对人，因而也是自然科学对人的现实的历史关系。因此，如果把工业看成人的本质力量的公开的展示，那么自然界的人的本质，或者人的自然的本质，也就可以理解了；因此，自然科学将抛弃它的抽象物质的方向，或者更确切地说，是抛弃唯心主义方向，从而成为人的科学的基础，……通过工业——尽管以异化的形式——形成的自然界，是真正的、人本学的自然界”③。正是因为通过工业来理解自然，所以，马克思才认为，历史就是自然界生成为人的过程的现实部分，人的科学和自然科学是同一门科学，人类史和自然史是同一部历史，社会是自然界的真正复活，是人的实现了的自然主义和自然界的实现了的人道主义，所谓的共产主义是自然主义与人道主义的双重完成以及二者矛盾的真正解决。

马克思逝世之后，恩格斯从自然科学史的角度对马克思主义哲学的世界观与方法论进行了补充与辩护，同时，他还对费尔巴哈那种只知道自然，不理解政治的形而上学做法进行了批判。在世界观的层面，以“哲学基本问题”为抓手，恩格斯强调到，马克思的世界观是唯物主义世界观，它同时意味着世界的可知性，在这个维度，自然、历史和人的思维是其哲学世界观的基本对象，在此维度，推动哲学家前进的是实验和工业，而非什么形而上学想象。在方法论层面，以自然科学的发展——尤其是三大发现——为抓手，恩格斯强调到，从 18 世纪末开始，自然科学已经实现了由“搜集材料”向“整理材料”的转变，这意味着对事物

① 《马克思恩格斯文集》第 1 卷，人民出版社 2009 年版，第 163 页。
② 《马克思恩格斯文集》第 1 卷，人民出版社 2009 年版，第 192 页。
③ 《马克思恩格斯文集》第 1 卷，人民出版社 2009 年版，第 193 页。

的发生发展过程、事物之间以及事物内部的联系的整体性、归纳性、系统性研究成为可能，以研究动植物机体过程为要旨的生理学、以研究单个有机体从胚胎到成熟发育过程为要旨的胚胎学和以研究地壳形成过程为要旨的地质学代表了“从事实中发现联系”的自然辩证法的基本成形，在此维度，康德的“自在之物”以及以往的自然哲学那种用观念的、幻想的联系来代替尚未知道的联系的做法已经变得十分多余。十分关键的是，站在与马克思同样的立场，恩格斯强调：“适用于自然界的，同样适用于社会历史的一切部门和研究人类的（和神的）事物的一切科学。”① 质言之，自然和历史都存在某种内在的可被发现和验证的物质的联系，问题只在于发现这种联系，这意味着旧唯物主义和旧形而上学的终结。

借助上述分析，我们进一步的问题是，使自然史和人类史得以统一的那个物质联系又是什么呢？很显然，这个联系就是基于人的现实需要得以可能的各种生产实践。我们注意到，在批判旧唯物主义和旧形而上学的过程中，马克思早年所用的实践概念实际上有一个同义置换，也即是说，在唯物史观创立之后，马克思已经开始有意识地用劳动、生产、生产方式、生产关系等概念来置换早年哲学变革环节的实践概念。实际上，这是马克思从哲学批判转向政治经济学批判的必然要求和有效象征，也正是基于这些概念体系的构建，作为多样性需求的现实的人、作为多样性生产的社会有机体、作为多样性发展的世界历史才得到了渐次呈现和巩固，这是我们理解马克思公共性概念的一个存在论基础。

其次，生产和交往的统一，此乃公共性问题的实质性内涵。

如果说基于社会去理解自然意味着马克思主义创始人对公共性论域之地基的清理，那么，从生产和交往的角度去定义社会形态和历史变革则意味着其对公共性问题的本质表达。与近代西方政治哲学的若干前辈（如霍布斯、卢梭、孟德斯鸠等）相比较可见，马克思并不是一般地承认市民社会，更不是一般地声讨市民社会的恶，而是要从生产和交往的张力中去解析市民社会及其内在矛盾使资本主义特殊矛盾及人类社会基本矛盾得以可能的存在论机制。质言之，社会基本矛盾运动理论代表了马克思对公共性问题的科学内涵及其性质的实质性把握。

---

① 《马克思恩格斯文集》第4卷，人民出版社2009年版，第301页。

在《德意志意识形态》中，在批判德国的观念论哲学的同时，马克思和恩格斯对使人类的公共生活得以可能的唯物主义前提进行了大体的阐明。在他们看来，人类的公共生活乃至人类历史之所以可能，主要基于四种生产和四种关系，即物质生活资料生产和物质生活关系、生产方式生产和生产关系、生命生产和家庭关系、精神生产和观念关系。我们注意到，在解释生产力概念时，马克思和恩格斯专门强调，生产力是人们在一定生产方式和一定生产阶段下的“共同活动方式”，那么，这种共同活动方式又如何可能呢？实际上，这是社会分工的自然结果，反过来说，正是因为社会分工（或所有制）才使自然生产和社会生产、物质生产和精神生产、统治阶级和被统治阶级得以分化。在此基础上，人类的公共生活往往以共同体的形式得以组织和延展，问题在于，在分工、私有制、国家、阶级等现象消除之前，由于受特殊利益的制约，真正的共同体只能是幻想，或者说，人们都不同程度地生活在虚幻共同体之中，较之于自由个性的发展，这种虚幻的共同体只能有限地实现人的自由，只不过，与那些资产阶级社会理论家不同的是，马克思和恩格斯不仅发现了虚假共同体和真正共同体之间的矛盾，而且指明了作为真正共同体之利益代表的无产阶级对于消除虚假共同体的实质性意义，也正是在此意义上，共产主义不是一种现实应当与之相适应的理想，而是一种消灭现存状况的现实的运动，与之相应，无产阶级必然是一种世界历史意义的存在。

在《〈政治经济学批判〉序言》中，马克思更为直接而简明地对唯物史观理论的公共性特质进行了表达，这便是综合社会生产和生产关系、经济基础和上层建筑两组范畴所阐述的社会基本矛盾理论。我们认为，这一理论科学地阐释了人类的社会生活和历史发展的公共性本质，原因是：（1）作为不同社会和不同时代之标志的社会化生产首先具有公共性。在马克思看来，凡是能够代表时代并促成历史变革的生产一定是社会化生产，或者说，生产的社会化程度越高、分工越细致，人类公共生活的范围越广、程度越深，这同时意味着科学技术及其实践应用的广泛效用。在此意义上，“物质生活的生产方式制约着整个社会生活、政治生活和精神生活的过程”①。（2）生产关系（或财产关系）总是具有公共性。

① 《马克思恩格斯文集》第2卷，人民出版社2009年版，第591页。

马克思认为，财产关系是生产关系的法律用语，换言之，法律确保并维护的是特定的生产和分配关系，这背后体现的是人们在社会公共生活中的权利和义务关系。（3）上层建筑的公共性。在马克思看来，没有抽象或纯粹的意识形态和精神生产，经济基础的变更必然意味着庞大的上层建筑的或慢或快的变革，因此，我们必须从物质生活的矛盾中，从社会生产力和生产关系的矛盾中去解释时代变革的根据。

由此可见，马克思主义不是一般地谈论公共性，而是从人的社会属性、社会生产、社会交往和社会意识中去谈论公共性，这种公共性是无数个体意志和生活方式共同作用的结果。其内在的特征是：一方面，它不以人的意志为转移；另一方面，它内含着新旧事物之间的矛盾，即"无论哪一个社会形态，在它所能容纳的全部生产力发挥出来以前，是绝不会灭亡的；而新的更高的生产关系，在它的物质存在条件在旧社会的胎胞里成熟以前，是绝不会出现的"①。正是因此，人类只能提出自己能够解决的任务，这意味着公共性问题的具体性和历史性。

最后，历史与逻辑的统一，此乃公共性问题的方法论蕴涵。

恩格斯曾经说："历史从哪里开始，思想进程也应当从哪里开始，而思想进程的进一步发展不过是历史过程在抽象的、理论上前后一贯的形式上的反映。"② 这句话其实道出了马克思主义阐释公共性问题的一般方法。原因是，在马克思主义这里，人类的公共生活其实是历史生存和当下生存的内在贯通，而绝非对当下生活的片段式理解，所以，马克思主义的阐释学其实是一种历史阐释学，这种历史阐释蕴涵着公共性维度，其直指政治经济学批判本身，它意味着政治经济学批判方法对于公共性问题本身的适用性。

马克思曾说："我们越往前追溯历史，个人，从而也是进行生产的个人，就越表现为不独立，从属于一个较大的整体；……人是最名副其实的政治动物，不仅是一种合群的动物，而是只有在社会中才能独立的动物。"③ 此处，马克思用"政治动物"给人下定义的方法颇具深意。我们理解，马克思主义所谓的政治性具有中性的意味，而非一种狭隘的意识

① 《马克思恩格斯文集》第2卷，人民出版社2009年版，第592页。

② 《马克思恩格斯文集》第2卷，人民出版社2009年版，第603页。

③ 《马克思恩格斯文集》第8卷，人民出版社2009年版，第6页。

形态界定。这种政治性首先意味着人与人在共同的社会生活中结成的基本交往关系，这种关系在本质上定义着人的社会属性、规范着人的社会生产、表征着人的历史联系。正是在此意义上，马克思主义政治经济学所谓的具体其实是许多规定的综合和多样性的统一，因而，当我们以公共性的视野观察历史时，我们既要看到历史的短时段，也要看到历史的长时段，短时段的历史是狭义的历史，长时段的历史意味着逻辑。历史和逻辑的内在辩证机制是，一方面，历史的具体不是散乱的、随意的具体，而是思想总体的产物，只有在逻辑力量的涵摄中，具体才获得规定性并具有意义；另一方面，整体也不是抽象的、纯粹的整体，而是基于实践性对世界的整体理解，这个实践性可以指向劳动、货币、分工等简单经济范畴。马克思同时提醒我们，“比较简单的范畴，虽然在历史上可以在比较具体的范畴之前存在，但是，它在深度和广度上的充分发展恰恰只能属于一个复杂的社会形式，而比较具体的范畴在一个比较不发展的社会形式中有过比较充分的发展”[①]。因此，“人体解剖对于猴体解剖是一把钥匙。反过来说，低等动物身上表露的高等动物的征兆，只有在高等动物本身已被认识之后才能理解”[②]。这里，“猴体”和“人体”体现的是同一事物不同的发展阶段和形式，二者有差异也有统一，这种统一是共时和历时的统一，这足以说明，马克思主义的公共性是一种历史的公共性，马克思主义阐释学是一种历史的阐释学，它实现了“观念的历史叙述”和“现实的历史叙述”的内在统一。

三　马克思主义史学中国化的基本进路

“欲知大道，必先为史。”如李大钊所言，历史尽管起源于记录，但历史绝不等于记录，因而，我们不仅要理解历史事实，而且要追寻历史进步的真理。[③] 很显然，马克思主义史学符合这一公共性要求。对于马克思主义史学而言，所谓的历史解释就是基于特定的历史条件对历史

① 《马克思恩格斯文集》第8卷，人民出版社2009年版，第27页。

② 《马克思恩格斯文集》第8卷，人民出版社2009年版，第29页。

③ 参见《李大钊选集》，人民出版社1959年版，第484页。

的存在论结构及其作用机制和形式进行科学阐释，而绝非一种寻章摘句的“饾饤之学”。此乃马克思主义史学之公共性的第一重意境。此外，马克思主义史学天生是朝着历史的规律和发展趋势去的，而中国的马克思主义史学也契合了这一点，翦伯赞先生就明确指出，“我们研究历史，不是为了宣扬我们的祖先，而是为了启示我们正在被压抑中的活的人类；不是为了说明历史而研究历史，反之，是为了改变历史而研究历史”①。事实是，以中国共产党为领导、组织和宣传力量，马克思主义史学不仅科学地阐释了中国的历史现实，而且有效地推动了中国社会形态的历史性变革，此乃马克思主义史学公共性的第二重意境。

从根本上说，马克思主义史学解决的是中国革命的理论合法性问题，其实质是唯物史观的基本原理对中国社会的性质、形态、阶段、方向如何保持理论的解释力问题，这一问题大致展开如下所述。

首先，依照社会基本矛盾理论界定中国社会的性质。

马克思主义史学中国化的首要问题一定是中国社会的性质问题，其实质是回应“中国从何处来”，这是中国马克思主义史学形成的话语之源，此问题所具有的历史公共性十分明显。历史地看，近代国人对半殖民地半封建社会的认识直接源于共产国际的认定，中共“六大”纲领接受了此认定，只不过，在公共阐释的意义上，以毛泽东为代表的共产党人对这一问题进行了细化。在《中国革命和中国共产党》中，毛泽东意在表明，中国社会之所以是半封建社会主要是因为帝国主义的侵入使中国发生了资本主义因素，使完整的封建经济得到了破坏，变成了一个半封建的社会；中国社会之所以是半殖民地社会主要是因为中国还不是完全的殖民地社会，封建地主阶级对农民阶级的剥削依然占据优势，与此相应，中国社会的矛盾呈现为“帝国主义和中华民族”以及“封建主义和人民大众”两类矛盾，这两类矛盾决定了中国发生革命的必然性，中国革命的任务必然是民族革命和民主革命同时并存，中国革命的对象必然是反帝与反封建并存，这两件事情互相区别又互相统一，它是中国革命的同一个问题的两个方面，而不是两个截然不同的阶段。

其次，依照阶级分析方法锚定中国社会的阶级结构和矛盾态势。

① 翦伯赞：《历史哲学教程》，载《翦伯赞全集》第6卷，河北教育出版社2008年版，第35页。

在唯物史观的解释框架下，阶级分析方法是一个十分重要的解释原则，这一原则在马克思主义中国化的过程中得到了显著的应用。从中国革命的性质和任务出发，毛泽东同志指出，地主阶级和资产阶级是中国革命的敌人，工人阶级和农民阶级是中国革命的朋友，小资产阶级和民族资产阶级是中国革命团结的对象，与之相应，中国革命的领导阶级只能是代表广大无产阶级利益的中国共产党，但是，在中国社会的性质没有根本改变之前，中国必须先进行新式的、特殊的资产阶级民主主义革命，其一方面是为资本主义扫清道路，另一方面又替社会主义创造前提，因而，结束半殖民地半封建社会的过程是向社会主义过渡的必要阶段，所以，对于作为领导新民主主义革命的中国共产党来说，他必须利用一切条件尽可能地扩大民主统一战线，实现革命阶级的联合，以实现最广泛、最坚决、最彻底的革命。当然，毛泽东同时也看到，由于中国革命对象的强大性和顽固性，中国革命必然要经历一个艰难困苦的斗争过程才能走向胜利，在此前提下，任何形式的“速胜论”和“亡国论”都必须予以反对，为此，中国共产党必须担负起领导中国革命的艰巨任务，以使中国革命在正确的道路上前进并最终取胜。

再次，依照阶级立场阐明社会历史变革的主体。

尽管毛泽东有鲜明的阶级立场，但他也明确指出，农民问题是中国革命的基本问题，农民阶级是中国革命的主要力量，工人阶级是中国革命的领导力量。但是，在民族矛盾和民族革命的任务面前，毛泽东并没有固守这种单纯的阶级划分，而是力求尽最大努力实现广泛的阶级联合，这当然包括与蒋介石集团以及广大士绅阶层之间的革命联合，其目的是团结一切抗日和进步的力量，摆脱亡国灭种的危险。实际上，除了满足革命需要之外，毛泽东深知，“人民，只有人民，才是创造世界历史的动力”①。透过历史，他更是看到，“历史本来不是帝王将相创造的，而是劳动人民创造的”②。纵览世界，中国的革命战争更是世界反法西斯战争的一个重要部分。但是，人民不会自动成为历史的创造者，只有受到先进思想教育并觉悟的民众才会对历史变革产生巨大的推动力，所以，在波澜壮阔的革命大潮的洗涤下，中国共产党人的党性和人民性获得了历史

① 《毛泽东选集》第3卷，人民出版社1991年版，第1031页。

② 《毛泽东文集》第4卷，人民出版社1996年版，第325页。

的统一，在某种意义上，这种人民性已经在历史和现实相贯通的时间维度以及国内与国际相贯通的空间维度得到了双重提升。

最后，依照社会形态理论确定中国社会的发展方向。

早在马克思主义传入中国之前，西方的进化史观在中国社会就已经得到传播，实际上，社会达尔文主义根本无助于对中国社会矛盾的把握与解决。当然，只有在历经了“左”和右的错误和大范围的整风运动之后，中国共产党人才意识到了矛盾对立统一规律对于理解中国问题的理论指导意义，在此基础上，毛泽东更是看到，社会发展的原因既不能用社会外部的地理、气候条件去说明，也不能用矛盾的数量增减和场所变更去说明，换言之，中国社会乃至人类社会形态更替变换的原因只能从社会的生产力和生产关系、经济基础和上层建筑的矛盾运动中去说明。在此理论的指引下，毛泽东不仅承认中国社会有矛盾，而且其主要矛盾和矛盾主要方面会根据社会条件的变化而变化，中国共产党党内正确与错误思想之间的矛盾就是不同的社会矛盾、阶级矛盾在党内的反映。所以，矛盾的对立统一法则既是自然和人类社会运动的根本法则，也是思维活动的根本法则，基于此，我们才能既把握历史的整体，又能把握历史的具体，才能看到中国历经旧民主主义社会、新民主主义社会再进入社会主义社会的宏大历史逻辑和发展方向。历史和实践说明，在中国共产党的领导下，马克思主义中国化的进程实际上在理论和现实两个层面同时展开，因此，我们既形成了以毛泽东思想和中国特色社会主义思想体系在内的马克思主义中国化的理论成果，也开拓出了一条适合中国国情并体现唯物史观基本原理的中国化道路。当然，我们也要承认，中国道路的确与马克思所理解的西欧社会发展道路不同，但是，从人类走出农业文明转向工业文明的总体进程来看，这种不同只是条件、阶段和进程的不同，就大的经济社会形态和技术社会形态而言，中国道路并未脱离人类历史发展的大道，这无不说明唯物史观所揭示的人类社会发展的历史的公共性意涵之科学性。

公共价值的生成逻辑与“公共人”的公共精神之培育

贾英健*

公共性是一个并非为人们所陌生的概念，而在新的时代条件下要对其做出一种科学且具有时代性的理解，却也并非易事，特别是当要为现实实践中公共文明的建设以及公共精神的塑造和培育提供某种有力的理论依据的时候，对于公共性深层含义的探讨便成为一种必要。本文拟通过对于公共性含义及其理论源流的探讨与分析，进而阐释公共性所具有的确证人的“类”超越性功能的属人的品格和人在其全面发展中的公共性价值存在性，从而为“公共人”的公共精神的培育和塑造提供理论依据。

一

“公共性”显然是与“公共”有关并由其派生出来的一个概念。不过，在实际运用的时候，该词又经常在多种含义上来使用，如指公共交往的场所、得到公共认可的东西以及拥有荣誉、名誉等。举凡对所有公众开放的，我们都称之为公共的。

从词源上说，公共一词最早是在 17 世纪中叶的英国出现的。随后在法语、德语中也得到了广泛的流传。不过，德语的“公共”一词除了含

* 作者简介：贾英健，中共山东省委党校（山东行政学院）哲学教研部主任、教授。

有上述公共的含义外，还兼有了"进行批判"的含义，批判本身表现为公共舆论，而公众范围内的公断，则具有公共性。在中文里，"公共"通常的含义是"公有的，公用的，公众的，共同的"。因此，自古以来，"公共"的中文语义强调多数人共同或公用。因此，从起源上看，"公共"更多的意指社会层面的非个体性。在现代英语中，"公共"既保留了这个词所具有的一些本来寓意，也丧失了自身所具有的一些本来寓意。我们用公共泛指社会中的所有的人，而对他们不加以区分。比如，公立学校是向所有的人都开放的学校，人们认为公立学校是向人们传授一般知识的地方。大众传媒也是面向所有人的，公共图书馆也是如此。英国的酒吧（是公共场所的简称）一直是社区居民聚会的场所。我们用"公众人物"一词描述那些人们都理解其责任、甚至其生活的人。随着时代发展，当代的"公共"概念已发生很大改变，并发展为与政治、与政府同义语的观点。这些观点在哈贝马斯、汉娜·阿伦特和杜威等人的思想中得到了体现。他们都试图以公共性理论及其所获得的社会关注和信任为依托，求得对人类社会当下面临的一系列棘手问题的重大突破。因而，真正意义上的公共性概念的完整内涵是在近现代社会特定的发展过程中逐步获得的。

不过，在当代功利主义哲学取代古希腊人的公共观，并成为支配政治的思想和实践的时候，对政治与政府的研究，也就变成了对政治与政府的实践。这样，对个人的欢乐或所得、个人效用或成本收益的斤斤计较，取代了为了更大的善而治理的集体努力。政府的目的被降低为为私人谋取福利。人们以结果或后果作为判定福利、快乐或者效用的标准，而结果或者后果是通过官僚化的、技术的或者科学的方法来测定的。这里已毫无公共可言，公共成为原子化的个体的集合。除了个人利益的简单相加之外，不存在任何公共利益之类的东西①。私人事务与公共事务的区别在于，人的行为仅仅是对一个人还是对许多人产生影响，或者人的行为是以自我为中心还是以他人为中心的。根据杜威的看法，当某些人的行为会对其他人的福利产生影响的时候，这种行为就"需要一种公共的能力"。在杜威看来，公共并不是固定不变的，而是可以创造的或再创造的，这取决于人的行为和人们之间的相互作用。公共之所以丧失，是

① ［美］乔治·弗雷德里克森：《公共行政的精神》，张成福、刘霞等译，中国人民大学出版社2003年版，第18—20页。

因为人们似乎不能或不愿意组织起来，参与到以维护共同利益为目的的政治共同体之中。公共之所以丧失，是因为它不能像公共那样行事。然而，李普曼认为，公共之所以丧失，是因为缺乏一种公共的哲学。在他看来，主张个人权利所导致的结果便是人们不关注个体决策的后果，丧失了公共责任感。根据李普曼的观点，在缺乏公共哲学的情况下，由于没有人对公共行为负责，所以大多数人的行为的后果都是相当自私的。

关于公共，阿尔伯特·赫希曼是这样界定的，“公共包括公共行动、追求公共利益以及公共幸福的行动，也就是政治领域中的所有行动，以及公民参与公共与社区事务的行动……相比较而言，‘私人’则意味着为个人或为家庭追求更好的生活，这里所说的‘更好的生活’主要是指物质福利的提升。当然，这只是当今人们对追求公共利益与谋求个人利益之间差异的一般理解”。赫希曼继而又说明了在公共利益与私人利益之间的循环转换的原因。他认为，人们为公共行为和/或私人利益而改变偏好的原因是由于人们的失望造成的①。

汉娜·阿伦特对“公共”的解释是：“‘公共’一词表明了两个密切联系却又完全不同的现象。它首先意味着，在公共领域中展现的任何东西都可为人所见、所闻，具有可能最广泛的公共性……由于我们的存在感完全依赖于一种展现，因而也就依赖于公共领域的存在，在这一领域中，事物可以从被掩盖的存在的阴影中走出并一展其风貌，因此，甚至是照亮了我们的私人生活的微光，最终也从公共领域中获得了更为耀眼的光芒。……其次，就对我们所有人都一样而言，就不同于我们在其中拥有的个人空间而言，‘公共’一词表明了世界本身。然而，这个作为人类活动的有限空间以及有机生命存在的一般环境的世界，并不等同于地球或自然。它更多地与人造物品及人类双手的创造相连，与共同生活在这个人造世界中的人类事物相连。共同生活在这个世界上，这在本质上意味着一个物质世界处于共同拥有它的人群之中，就像一张桌子放在那些坐在它周围的人群之中一样。这一世界就像一件中间物品一样，在把人类联系起来的同时，又将其分隔开来。”②

---

① ［美］乔治·弗雷德里克森：《公共行政的精神》，张成福、刘霞等译，中国人民大学出版社2003年版，第6页。

② ［美］汉娜·阿伦特：《人的条件》，竺乾威等译，上海人民出版社1999年版，第38页。

从上面的分析中不难看出，公共性表达的不过是与私人性相对的关于公共价值的合理性的一种理想。作为一种公共理性，它既表达了处在公共领域中的每一个人对其共同实在性的体验，也表达了人对公共理性运用的公开性，以及对公共领域的共同拥有。

二

公共性是与人的生活实践联系在一起的。对任何人来说，其自身的存在和发展是与其利益的实现分不开的。利益作为对需要的满足，因需要的多样性而表现出多样性。在多样的利益需要中，最基本的是物质利益需要和精神利益需要。但是，由于能够满足人的上述利益需要的资源并不是无限的，因而人们在思想各自的利益需要中不可避免地会发生矛盾冲突。冲突对于交往中的任何一方来说，都意味着交往活动的失序。因此，它客观上必然会产生对避免和消除人类冲突和矛盾的生活秩序的诉求。对个体来说，由于其自身的有限性，也决定了人们必然要通过结合而成的共同体来实现自己的利益要求。历史地看，虽然人们在追求自己的利益的过程中经常发生矛盾和冲突，但人类从来都没有因为这种矛盾和冲突而减少交往和合作，这表明，不仅在每个人的各自的私利之外，还存在一种大家公认的公共利益，而且也表明在实现个人私利的私人活动之外，还存在实现公共利益的公共活动。就个人利益与公共利益的关系来看，在一个由分工而组成的社会中，任何人的私利的获得和满足都要通过人的交往活动来实现。因此，当人的利益实现的时候，一方面，要将自己的全部需要和利益中的一部分让渡给共同体；另一方面，在这种让渡中，人也从社会共同体中获得更为有利的生存条件和发展资源。这表明，个人之所以要让渡于共同体自己的部分能量和资源，是因为这种让渡能够使其从社会共同体中获得最有利于自己生存的手段。让渡指的是人的社会化过程，称为个人性的，它包括物质的、精神的和身体的条件和资源。那些让渡出去的部分，称之为公共性。由此看来，个人性与公共性在本质上并不是对立的两种利益和两种属性。在原生态意义上，二者是统一的。正因为如此，在本质上说，公共性是一种放大了的个体性。

既然公共性表现出了与个体性与私人性的单个经验完全不同的规定性，而且它又是与社会群体共同体相伴而生的。因此，作为这种共同体的公共理念，一定是要反映社会共同体组织形式的。不过，在马克思主义看来，共产主义以前的社会共同体只不过是一种非自愿的共同体。在这样一种非自愿的基础上形成的共同体，就难免会带有“虚幻的共同体”的特征。马克思用“虚幻的共同体”来表征作为公共权力之代表的国家共同体。马克思认为，真实的、自愿的共同体只有在共产主义社会的“联合体”中才能实现，不过，这种自愿的共同体必须建立在一定理想的物质条件基础之上。这就是说，马克思把共产主义的实现与公共性的理想目标的真实性存在联系在一起，因为共产主义联合体中的公共性是建立在自愿的基点上的。在这样的联合体中，由于它向进入该公共领域的所有人的开放。每一个人借助于公共场合，去尽情地体验在私人领域无法体验到的那种感受和对象，并在这一过程中积极肯定人的“类”特征及其“能群”的本性。正是在这个意义上，可以说，公共性的存在及其属人的品格具有确证人的“类”超越性的功能，是人对自身全面丰富的理解的一种结果。马克思说：“人对自身的关系只有通过他对他人的关系，才成为对他来说是对象性的、现实的关系。”① 这就决定我们不可能单纯自足于个体性的的私人生活，而必须要由私人生活走向公共生活，走向“类”生活。“换言之，正是由于他是类的存在物，他才是有意识的存在物，也就是说，他本身的生活对他说来才是对象，只是由于这个缘故，他的活动才是自由的活动。”② 这就是说，自由对于任何物种的意义不用在该物种之外去寻证，每一物种的生命的自我延续和存在本身就是对自由价值的最内在的证明。人这样一种存在也不例外，他不会只停留在私人场所和个体化经验所带给自己的那种对私人情感和私人体验的填充，因为“即使是最丰富最惬意的家庭生活（私人生活）也只能使一个人自己的立场以及与之相伴的各种视点和方面得到延长与倍增……但它永远无法取代从一个物体呈现在众多的观看者面前的各个方面的总和中

① 《马克思恩格斯选集》第1卷，人民出版社2012年版，第59页。

② 《马克思恩格斯选集》第1卷，人民出版社2012年版，第59页。

产生出来的那一现实"①。

从人的生产实践活动与公共性的上述关系出发，我们不难看出，各个人的活动的意志、情感、理性从表面上看虽然看上去是受个人的价值、需要、利益驱动的一种自由、自觉、自主的思维和行为，但是，实际上，每个人的个体活动都不过是由共同体的公共意志、公共情感、公共理性在其公共价值、公共需要、公共利益引导下的不完全或完全不以个人的意志为转移的结果。在这里，马克思所理解的公共性实际上是指作为个人意志、个人情感、个人理性、个人价值、个人需要、个人利益的代表性或体现度的公共意志、公共情感、公共理性、公共价值、公共需要、公共利益②。这样，虽然公共空间的出现在西方是伴随着广场文化与私人领域共同产生的，但是，真正意义上的公共性还是发生在近代公共领域和私人领域的分离之后。前者通常被称为政治生活空间，后者则称为市民生活空间。从一定意义上说，政治生活的空间既是一个与社会变迁和结构转型有关的问题，又是一个与公共精神空间密切相关的问题。一个社会的人的生活，如果离开了公共政治生活空间，那么社会政治生活的运作就只能会变成一个要么完全是由私人的支配，要么是由有私利的集团控制的，这样，整个社会政治思想也就必然是某种具有绝对政治权威的个人观念，或者是某种集团观念的私有化精神空间。这样，无论是超然于任何个人与特定集团之上的那些公共意志、公共情感、公共理性等"公共精神"，还是超然于任何个人与集团之上的那些由公共需要、公共价值、公共利益等联结而成的"公共精神空间"都无从出现。正是从这一认识出发，我们把凡是具有公共性质的共同体的问题都称为公共性问题。可见，公共性与现代理性和主体性，是一种决定与被决定的关系。当然，在这种决定关系中，不是理性和主体性决定公共性，而是相反。

三

从上面的分析中不难看出，人不仅仅是一个个体的概念，人的意义

---

① ［美］汉娜·阿伦特：《人的条件》，竺乾威等译，上海人民出版社1999年版，第44页。

② 袁玉立：《公共性：走进我们生活的哲学范畴》，《学术界》2005年第5期。

只有在社会关系或类的关系中才有意义。从根本上说，人是一个公共存在和公共性的价值存在，人的公共性规定和公共性价值都诉诸每个人的自由全面发展这一公共的价值目标。

在马克思那里，人的全面发展是针对旧式分工将个人局限于某一特定的职业或工种而造成的个人发展片面性的状况而提出的。这样，基于对个人片面性的超越的人的全面发展的价值理想，是指人的劳动能力、社会关系和个体素质等方面的全面发展。马克思主义不仅阐明了人的全面发展的科学含义，而且将它与社会形态的演进和社会制度的变革紧密联系起来，揭示人的全面发展的历史生成性。在前资本主义时期，“人的依赖关系”中的人虽然表现出其发展的全面性，但那不过是一种原始的丰富性，另外，生产力低下、私有制的出现，都难以使人获得全面发展。在资本主义社会，以物的依赖性为基础的人的独立性，一方面使人的发展受到物的奴役和资本占有关系的束缚，另一方面也为自由个性和人的全面发展创造条件。但是，资本主义社会的个人尽管具备了全面发展的物质基础，却由于受到种种物质条件和精神条件的束缚，尤其是私有制条件下的强制性分工导致了个人能力片面性和畸形化发展。在共产主义社会，伴随着私有制和旧式分工的消除，人对人的剥削、压迫和产品对生产者的统治也被彻底克服。在这种情况下，每个人都能和其他人一样，获得充分体现自己特长的、深刻挖掘自己潜能的、完全符合自己心愿的、最丰富多彩的发展，使自身的个性得到充分展示。与此同时，每个人的全面发展又为其他人获得全面发展创造了条件，每个人都在通过自身的全面发展推进和促进其他人的全面发展，从而实现了个人全面发展和社会全面进步互为条件的良性促进。正是在这种意义上，马克思把人的全面发展称为人类社会最高的公共价值追求。

需要指出的是，人的全面发展作为对人类发展的至高理想目标的一种理论上的设定，或者说是一种以完整人为公共价值目标的终极关切，它的最大价值在于为人的发展提供了一个生成的价值视界，在现实中是永远都不存在，而只能存在于可能性的领域中。相对于全面发展来说，现实中的一切永远都是作为片面的东西而存在的。从这个意义上说，人的发展的全面性只能是一个人永恒趋近但却无法达致的终极目标。这样，全面发展的人也就是完整的人体现了理想与现实、规范尺度与描述尺度的统一。在现实面前，任何“全面”和“完整”都将被贬为“片面”、“不完整”，并促使其走向一种更高水平的“全面”和“完整”。正如马克思所言：“人不是在某一种规定性上再生产自己，而是生产出他的全面性；不是力求停留在某种已经变成的东西上，而是处在变易的绝对运动之中。”① 总之，人的全面发展作为人类发展的公共目标，表达的不过是作为信念和生活支撑，以及价值和意义之源的对人的一种终极关怀。

人的发展不仅是全面的，而且最终要落实到每一个个体身上，但是，以往人们在谈到这个问题的时候，总是对人的全面发展与“个人的全面发展”不加区分，并经常用人的全面发展来代替个人的全面发展。这虽然从表面上看似乎有一定的道理，但实际上并不符合马克思的思想原意。马克思在谈到人的全面发展的时候，总是立足于现实的个人这一出发点的，而人的全面发展在马克思那里总是作为类的理想目标而存在的。而在作为体现类的人的全面发展的理想社会目标中，每个人自由而全面的发展构成未来新社会的主要特征。马克思不仅没有抹杀个体人的存在，而且还赋予个体一定的地位，并且在对未来的共产主义进行展望的过程中，总是从个体主体的自由度上去反观人类总体发展达到的程度。正因为如此，“个人的全面而自由的发展”在马克思那里占有非常重要的地位。不过，马克思认为，就个人来说，个人之所以为个人，在于这样的个人是相对于群体而言的，而任何群体，包括类主体作为一个有机整体，又是以每一个个体的存在为前提的。不仅如此，对任何个体来说，它与群体和类还具有直接的同一性。“每个人”也就是“类”，具有整体的代表性，不过，相对于更大的整体来说，“类”又是作为“每个人”而出现的，在这里，个体通过每一个个体差异的“平均数”面目来体现“类”中“每个人”的发展状况。所以，在马克思这里，“类”中的“每个人”和“每个人”中的“类”，虽然在表述上看似不同，但实质是一样的。从这种观点出发来理解全面发展，我们不难看出，“个人”从来都是全面发展的主体出发点，但其在发展过程中，主体必然会逐渐扩大到更多的人，达到“类”的共同发展，最后在类的全面发展中，每个人的自由而全面的发展是其主要特征。在这里，我们看到了个人全面发展是人的发展的

① 《马克思恩格斯选集》第2卷，人民出版社2012年版，第739页。

理想价值目标，作为一种理想目标，它把人的全面发展作为个人的终极关怀的最高境界来加以考察。从这个意义上说，个人的全面发展同样具有类的公共价值的深刻意义。

个人的全面发展通常是与个人的自由发展联系在一起的。个人的发展不仅是全面的，而且是自由的。说人的发展是全面的，一是指这种全面发展的人要落脚到每一个个体的人身上。二是指人在能力方面实现需要满足的全面化、现实关系和观念关系的全面化、精神感觉的深刻化等的价值发展目标。三是指人的职业的自由转换、异化劳动的消除、自由时间的增多、自由个性的形成等的全面发展上。在这里，我们看到了一幅自由与全面有机结合在一起的人的自由全面发展的美丽画卷。一方面，人的特殊发展需要建立在“表现本身的真正个性的积极力量”[①] 的具备之上才是可能的；另一方面，每一个个体的全面发展只有在“我和大家共有的、我和大家在同样程度上具备的属性，既不构成我的性格，又不构成我的特长，也不构成我的特殊本质”[②] 的情况下才能实现。

四

既然人的概念是一种公共性的存在和价值，那么，公共性理应成为人的内在规定和品质。所以，人的发展问题，实际上指的是人的公共性品格的完善和发展。这样，具有公共性品格的“公共人”便成为一种重要的价值目标，实现这样的价值目标需要致力于对公共人的公共精神的培育。

何谓公共精神？一种观点认为，公共精神可以理解为社会成员在公共生活中对人们共同生活及其行为的准则、规范的主观认可并体现于客观行动上的遵守、执行。[③] 一种观点认为，公共精神是指以利他方式关心公共利益的态度和行为方式。[④] 这两种观点虽然在表述上有所不同，但

① 《马克思恩格斯文集》第1卷，人民出版社2009年版，第335页。
② 《马克思恩格斯全集》第40卷，人民出版社1982年版，第338页。
③ 潘强恩：《论公共精神》，《光明日报》2003年11月5日。
④ 李萍：《论公共精神的培养》，《北京行政学院学报》2004年第2期。

是，其核心思想基本上是一致的，即它们都把对公共事物和公共利益的特性的关心作为公共精神的重要内涵来理解，应该说这样的界定是有道理的，不过，问题在于，这种公共精神是否能够包容个人利益的问题。事实上，公共精神非但不排斥个人利益，反而还要建立在个体发达的基础上。因此，要想对公共精神的概念进行界定就需要考察公共生活与公共精神的关系。

公共生活是指在私人之外、涉及多数人交往的社会生活。在公共生活中，每一个人都是作为独立的个人身份自主参与到其中的，因此，在公共生活中并不排除个体对自己个人利益的追求，它是由于独立个体的参与而形成的，当然，个体虽然构成公共生活的先在条件，这并不意味着这样的个体如同传统哲学所理解的那样是一种生物学意义上的个人，而是指具有自我意识和明确行为判断能力的人，他们作为主体都有着对自身利益的积极诉求，这种多重利益主体的共存从一开始就奠定了公共生活理解的现实基础。这就是，公共生活孕育了一种公共精神，这种公共精神源于公共交往活动中的公共交往空间的形成，在公共交往空间中从事交往活动的人，实际上是指那些独立自由的个体超越个人私人性，追求一种整体感的公共人。这样的"公共人"既具有一种公共的意识，又具有一种对公共利益的关怀，同时还具有通过对公共活动的广泛参与实现自身的价值。

从意识的层面来看，公共精神首先是指一种公共意识，即具有独立的主体地位的个体在交往中形成的处理人与人之间关系时所具有的一种整体的意识或观念。在这里，人的主体意识和独立气质构成现代人公共精神的前提。就人作为主体来说，强调人的主体性则意味着这种主体性是一种超越外部环境限制的一种活动自由，但是，这种自由虽然不能缺少外部的条件的保障，不过，如果缺少了个人行动的能力，那么，人则无法实现自己的行动自由的权利，同样，人作为主体，其行动也是一种建立在自律基础之上的行动自由，这种自由主张从自己出发按照自己制定的行为规则进行行为选择。但是，人的行动之所以要按照自律的要求行事，并不完全是按照自己的主观意志来进行，相反，人是社会性的存在，社会性的人在自己的交往活动中与他人之间确立了共存的关系。所以，所谓自律自由只有在这种共存的关系中才具有意义，它体现为人们在对这些共同规则具有内在的体认的基础上产生的自我约束的行为。总之，公共意识就是指人在与其他主体的整体性联系中所形成的彼此之间的共同联系，以及在这种共同联系基础之上所确立的共同的规则。因此，对于主体来说，他不仅具有一种自利的需要，而且也需要拥有一种对公共善的承诺，更重要的是作为社会的人的主体，他要将自己的私利放到更为广阔的社群的整体中来理解，既认识到自利作为社会性生活的基础性地位，同时又认识到社会性生活作为个体所不可避免的生活方式的重要性。

从态度层面看，公共精神也是指一种公共关怀的态度。态度是人们的一种心理表现，人的交往行动总是与其价值取向息息相关，价值取向从深层上影响着人们对待事物的态度，并通过态度对个人的行为产生直接的影响作用。如前所述，由于每一个主体在自己的活动中，总是超越个人的私人性的局限，而将自己的关注的对象指向自身以外的与他者共存的世界，并把这种共存的世界作为自己的私利和价值实现的重要条件，同时，每一个主体还总是基于他对他人与自己的主体自由和价值的平等性的认同和对待，自觉地把关心社会和公共秩序作为自己的生存态度，习惯于把维护公共利益作为衡量和评价人的行为的重要尺度，以追求公共秩序的和谐作为其重要的价值指向。总之，对于个人来说，他在自己的活动中，总是表现为一种对公共利益和价值、公共事物、公共秩序等的一种自觉的关心和关注的公共关怀的态度。

从行为层面看，公共精神还指公共参与行为的普遍化。对于任何个人来说，公共意识和公共态度固然是重要的，但是，它们毕竟只是停留在主观的层面上，要想使这种公共的意识和态度发生对人的行为的直接的作用，还离不开主体的公共参与。所以，公共的意识、公共的态度必然会引发交往活动的公共性。原因很简单，每一个人所体认的公共利益和价值，以及公共态度，总是表现为一种公共关怀的实际行动，并通过这种以公共性为致思取向的公共行动来实现。这就需要每一个人都通过自己积极地参与公共生活，自主地参与公共事务的管理，确保公共价值目标的实现。密尔强调：“任何参加，即使是参加最小的公共职务也是有益的。”① 这就是说，人们只有在参与中才能切身体会到自己的权利和义

① ［英］密尔：《代议制政府》，汪瑄译，商务印书馆1982年版，第35页。

务，并逐渐形成理性的参与意识，学习并实践具有理性主义务实特征的推理方式。

可以看出，马克思对公共人的公共精神的阐述，并不是在自己的头脑中想象出来的，相反，它体现了马克思对资本主义个人私利的批判与超越。在马克思看来，资本主义时代是一个追求个人私利的原子式的时代，每一个人都把追求自己的私利的满足看作自己的生存目的，根本或者很少考虑公共利益和公共价值等公共性问题，因此，从人的角度来看，人的公共性精神出现了缺失，正是着眼于对现实的公共性缺失的深刻分析，马克思提出了处理人与人之间公共交往关系的公共原则和公共价值，并由此把人的公共精神的塑造和培育问题作为走向全面发展的人的过程中的重要环节。

这里，首先需要指出的是，公共精神的培育需要有公共领域向所有人的开放。公共领域是每一个人都生活于其中的领域，这种领域的存在既构成人存在的公共空间，又构成公共人品格的重要体现。作为生活在公共领域中的每一个人，他们在这个领域中具有天然的平等性，他们不仅为这个公共领域的形成贡献着自己的创造，而且也通过各自的努力维护着这个公共领域的存在，更重要的，生活在公共领域之中的每一个人都与其他人共同分享着各种公共资源。不仅如此，公共领域的存在还表征着生活在公共领域之中的人是一个公共的人，或者说是一个具有公共性品格的人。作为公共人，个人不仅要追求自己的个人利益，而且也要顾及他人，洞悉社会趋势，修正自己的好恶，以普遍、中立的态度对待一切人，一视同仁，行为表现出谨慎，追求彼此有别、相互尊重、求同存异的局面。

但是，应该看到，即便是有公共领域的发育和成熟，也并不一定能够做到完全体现公共精神。这是因为，对于公共领域来说，在其发展中经常出现受私人领域的商业动机与国家公共权威领域的权力阴谋等方面的侵蚀，从而使自己失去自己的公共性使命。一方面，市场经济遵循的利己主义与追逐利润的原则往往会对公共领域带来许多消极影响，在这种私利影响面前，公共领域则有可能因追求实现自我私利而与自身作为不谋求私利的精神相抵触。另一方面，公共领域也经常会在私利化的影响下使国家公共权力变成一种为某一种私利的满足而进行斗争的工具，从而使公共领域变成一种权力间相互倾轧的场所。因此，公共领域的维护并非仅仅靠一种权利意识所实现的。除此之外，他还需要依赖公共领域中的每一个人所具有的一种公共“美德”。这种公共的品德不仅仅只是一种政治上的品德，而是与人之为人之道相联系的。而这样的公共品德也不是一朝一夕就可以养成的，而是在人们的公共活动中逐渐习得的结果。而这样一种过程又离不开各种社会条件的催生基础之上。因此，除了人自身的公共精神的培育之外，还应该建立一种体现公共精神要求的公共社会，这样的公共社会就是由公共人所构成的社会。因此，通过建立公共人广泛参与的社会，增大公民互动的频率，开放公民参与领域，等等，将有利于实现人们的公共交往和公共生活基础上形成一种公共人的共同体，并在其中孕育而生出一种公共人的公共精神。

新时代美好生活及其建构

新时代我国社会主要矛盾转化的哲学思考

何小勇*

一　新时代我国社会主要矛盾转化的哲学辨识

党的十九大报告在我国处于并将长期处于社会主义初级阶段的基本国情没有变的判断下，对中国特色社会主义发展新阶段的社会主要矛盾做出了新的重大论断，即“我国社会主要矛盾已经转化为人民日益增长的美好生活需要和不平衡不充分的发展之间的矛盾”①，并把社会主要矛盾的转化作为“中国特色社会主义进入新时代”的主要依据。十九大报告对新时代中国特色社会主义主要矛盾的研判是一个历史性、全局性、关键性的重大战略判断，是辩证唯物主义和历史唯物主义的世界观方法论的运用和发展，正确反映了时代变化和实践发展的新要求，有其客观依据、哲学基础和价值诉求。

从我国现阶段的客观实际来看，经过改革开放40多年的发展，我国稳定解决了十几亿人的温饱问题，总体上实现了小康，人民生活显著改善，对美好生活的向往更加强烈，不仅对物质文化生活提出更高要求，而且在民主、法治、公平、正义、安全、环境等方面的要求日益增长，再只讲“物质文化需要”已经不能真实全面反映人民群众的愿望和需求。经过改革开放40多年的发展，我国社会生产力水平也得到了极大的提高，我国的经

* 作者简介：何小勇，西北政法大学教授。

① 习近平：《决胜全面建成小康社会　夺取新时代中国特色社会主义伟大胜利——在中国共产党第十九次全国代表大会上的报告》，人民出版社2017年版，第11页。

济实力、科技实力、国防实力、综合国力在很多方面进入了世界前列，“落后的社会生产”的提法已经不能真实反映中国发展的现状。经过改革开放40多年的发展，党的面貌、国家的面貌、人民的面貌、军队的面貌、中华民族的面貌发生了前所未有的变化，我国国际地位实现了前所未有的提升，中华民族迎来了从站起来、富起来到强起来的伟大飞跃，迎来了实现中华民族伟大复兴的光明前景。党的十九大报告强调指出：“经过长期努力，中国特色社会主义进入了新时代，这是我国发展新的历史方位。”① 明确历史方位，顺应现代社会发展的历史必然性，才能更好地发挥人民的主体性，在极其复杂多变的国际环境中创造新的中国奇迹，为世界和平与发展提供中国方案和中国智慧。我国社会主要矛盾的转化是生产力发展和社会进步的历史必然，特别是改革开放以来加速发展的实践必然。

唯物辩证法认为，事物的矛盾既有普遍性又有特殊性。不同事物的矛盾各有其特点，同一事物的矛盾在发展的不同过程和阶段上各有不同的特点，构成事物的诸多矛盾以及每一矛盾的不同方面各有不同的性质、地位和作用。只有如实地分析矛盾的特殊性，才能认清事物的本质和发展规律，才能采取正确的方针和措施。生产力和生产关系、经济基础和上层建筑的矛盾是社会发展的基本矛盾，在人类社会发展的不同形态、不同阶段中具有普遍性，但矛盾的普遍性要通过具体历史条件下的矛盾的特殊性表现出来。毛泽东在著名的哲学论著《矛盾论》中指出：“在复杂的事物的发展过程中，有许多的矛盾存在，其中必有一种是主要的矛盾，由于它的存在和发展规定或影响着其他矛盾的存在和发展。”② 中国共产党善于运用矛盾分析法和抓主要矛盾的工作方法，在重要的社会历史发展节点上，都要对我国主要矛盾做出科学的判断。1981年党的十一届六中全会指出，我国社会的主要矛盾是人民日益增长的物质文化需要同落后的社会生产之间的矛盾。这个科学论断，决定了当时的根本任务是集中力量发展社会生产力。党的十九大关于主要矛盾的研判，在表述上的明显变化是从“物质文化需要”转化为“美好生活需要”，从“落后的社会生产”转化为“不平衡不充分的发展”。中国特色社会主义进入新时代，虽然我国仍处于并将长期处于社

① 习近平：《决胜全面建成小康社会　夺取新时代中国特色社会主义伟大胜利——在中国共产党第十九次全国代表大会上的报告》，人民出版社2017年版，第10页。

② 《毛泽东选集》第1卷，人民出版社1991年版，第320页。

会主义初级阶段，但是“必须认识到，我国社会主要矛盾的变化是关系全局的历史性变化，对党和国家工作提出了许多新要求”①。

从价值诉求来看，新时代中国特色社会主义主要矛盾的新论断、新认识和新思想是马克思主义人民价值观和社会价值观在新的时代条件下在新的发展阶段上的具体化。马克思主义认为，人类社会的发展是客观规律性与主体选择性的统一，是历史逻辑与价值逻辑的统一，社会发展既是一个“自然历史过程”，也是“人们自己创造自己的历史”的过程。实现人的全面解放和自由发展是马克思主义的最高价值追求和理论旨趣，历经“人的依赖性”的发展阶段、“以物的依赖性为基础的人的独立性”阶段，达致“建立在个人全面发展和他们共同的社会生产能力成为他们的社会财富这一基础上的自由个性”阶段，是社会发展与人的价值实现辩证统一的历史过程。中国特色社会主义是没有经历“以物的依赖性为基础的人的独立性”阶段的社会主义，在这个阶段才形成的“普遍的社会物质交换，全面的关系，多方面的需求以及全面的能力的体系”又不可逾越，这就要不断重新认识资本主义和社会主义两种制度体系，以清醒的理性思维和价值判断来支撑对新时代中国特色社会主义主要矛盾的判断和定位。党的十九大对新时代中国特色社会主义主要矛盾的概括和表述，体现了习近平关于“人民对美好生活的向往，就是我们的奋斗目标”这一庄严宣誓所体现的马克思主义价值观，丰富和发展了毛泽东提出的“为人民服务”思想和邓小平提出的“三个有利于”价值标准，在新的条件下赋予了作为唯物史观的群众史观新的具体化的内涵，并把美好生活、共享发展、公正发展等价值注入了对社会主义的本质要求。

二　“人的需要”和“美好生活”的哲学意蕴

新时代中国特色社会主义主要矛盾的新论断、新思想，具有很强的现实针对性、工作导向性和具体的实践要求。我国社会主要矛盾的变化，要求从全局的高度，在价值理念、思想方法和工作方法的层面，深刻理

① 习近平：《决胜全面建成小康社会　夺取新时代中国特色社会主义伟大胜利——在中国共产党第十九次全国代表大会上的报告》，人民出版社2017年版，第13页。

解和把握主要矛盾，正确解决和处理社会矛盾。

在马克思的哲学视野中，“需要”是一个内涵丰富的概念。对“需要”概念的理解和把握，制约着认识和满足需要的方法。马克思指出，“在任何情况下，个人总是‘从自己出发的’，……他们的需要即他们的本性”①。这就意味着对人的需要的考察实际上是对人的本性的探究。而对人的本性、需要的本性的考究应当“把它们当作感性的人的活动，当作实践去理解”②。这就要求运用辩证唯物主义和历史唯物主义的实践思维去对待和分析人的需要。马克思主义对人的实践活动的本质是主体客体化与客体主体化的双向对象化活动的揭示，对实践活动的客观物质性、主体能动性、具体历史性等特征的阐释，同时也是实践思维方法的一般要求。人的需要既是个人生命活动的原动力，也是社会发展、实践创新的原动力；既包含坚硬的物质性内容，又蕴含丰富的超越性的意义和价值期待；既有个体化个性化的诉求，又要在社会互动和复杂的利益关系中来实现；既有日益增长、不断上升的发展趋势，又有特定阶段和社会条件下的确定内容；既有普遍性、绝对性、无限性、客观性，又有特殊性、相对性、具体性、主体性；等等。人的需要的这种辩证历史本性要求必须用辩证唯物主义和历史唯物主义的方法论来看待和对待它。对于新时代中国特色社会主义主要矛盾的需求侧“人民日益增长的美好生活需要”，也应作如是观。

“美好生活需要”这个具有高度涵盖性的称谓，可以包容人民群众随着社会进步而不断增长的各个方面的需要。“经过改革开放近40年的发展，我国社会生产力水平明显提高；人民生活显著改善，对美好生活的向往更加强烈，人民群众的需要呈现多样化、多层次、多方面的特点，期盼有更好的教育、更稳定的工作、更满意的收入、更可靠的社会保障、更高水平的医疗卫生服务、更舒适的居住条件、更优美的环境、更丰富的精神文化生活。”③ 党的十九大报告中也指出：“人民美好生活需要日益广泛，不仅对物质文化生活提出了更高要求，而且在民主、法治、公平、正义、环境等方面的要求日益增长。”④ 辩证把握“人民日益增长的美好

① 《马克思恩格斯全集》第3卷，人民出版社1960年版，第514页。

② 《马克思恩格斯选集》第1卷，人民出版社1995年版，第54页。

③ 《习近平谈治国理政》第2卷，外文出版社2017年版，第61页。

④ 习近平：《决胜全面建成小康社会　夺取新时代中国特色社会主义伟大胜利——在中国共产党第十九次全国代表大会上的报告》，人民出版社2017年版，第11页。

生活需要”，必须重点关注美好生活需要的多方面、多样性、多层次、广泛性等特点在中国特色社会主义新时代的当下的具体内涵和样态，进而探寻与之相适应的工作理念和思想方法。“人民日益增长的美好生活需要”的“多方面”主要指美好生活需要表现出来的方面或种类很多，是十分丰富的，从中国特色社会主义事业“四个全面”的战略布局和“五位一体”的总体布局的要求看，至少有经济、政治、文化、社会、生态等大的方面的需要，需要从全面建成小康社会、全面深化改革、全面依法治国、全面从严治党等大的方面推进各项工作。“多样性”是说这些不同方面的需要，它的内部又可能具体化为许多具体的需要种类，比如政治生活需要方面的民主、法治、公正、正义、安全等，社会生活方面的公平、正义、安全、和谐、诚信等，而这些需要又可以再具体化为更多样的需要，渗透在各个领域、各个行业、各项工作之中。“多层次”是指各种需要各自内部存在某种体系或结构，具有层次性的特点，也指不同种类不同方面的需要之间具有某种联系或结构，具有层次性的特点，不同层次的需要之间又有先后关系、交叉关系、强弱关系等极其复杂的联系。“广泛性”是指所有这些需要的主体承担者具有广泛的社会性，不是对少数社会成员内心欲求和对未来社会预期的反映，而是对人民大众的需要的真切反映和现实观照，但是当下的“人民群众”并不是同质化、均质化的，而是可以具体地界分为更多的社会阶层、更广泛的社会群体甚至更复杂多变的生活风格族群等，他们各自都有对美好生活的强烈向往和热切追求，而这些对美好生活的向往和要求中，始终存在普遍与特殊、共性与个性的辩证关联和复杂转换。“美好生活需要”的当下具体性和主体复杂性都要求运用辩证唯物主义和历史唯物主义的方法进行具体分析。

三　发展哲学视野下正确处理新时代主要矛盾的思考

“发展”在不同的学科领域和语境中具有极其不同的所指。就哲学领域而言，发展概念在三个广狭不同的范围内使用。一是在整个宇宙或世界的范围内指任何事物的普遍性质和存在状态，在这个意义上，哲学史上对发展有两种不同的理解，正如列宁所说：“有两种基本的（或两种可能的？或两种在历史上常见的？）发展（进化）观点：认为发展是减少和增加，是重复；以及认为发展是对立面的统一（对立物之分为两个互相排斥的对立面以及它们之间的相互关系）。”① 马克思主义辩证法认为整个物质世界是普遍联系和永恒发展的过程的集合体。二是在社会历史的范围内指人类社会的运动变化即社会发展。在这个意义上，发展指人类社会由低级向高级的演进过程，它包含明确的时间性、方向性、合规律性以及合目的性等丰富的内涵。马克思主义的唯物史观揭示的就是人类社会历史发展的最一般规律。三是在人类历史的特定时期或阶段即现代化的范围内特指一个国家或社会从传统社会向现代工业社会转变从而具有更多的现代性的社会变革过程。这个意义上的发展概念与现代化、现代性概念是相通的，发展就是不断推进现代化、追求现代性的发展。现代化概念亦有广义与狭义之分。我国著名现代化研究专家罗荣渠先生指出：“广义而言，现代化作为一个世界性的历史过程，是指人类社会从工业革命以来所经历的一场急剧变革，这一变革以工业化为推动力，导致传统的农业社会向现代工业社会的全球性的大转变过程，它使工业主义渗透到经济、政治、文化、思想各个领域，引起深刻地相应变化；狭义而言，现代化又不是一个自然的社会演变过程，它是落后国家采取高效率的途径（其中包括可利用的传统因素），通过有计划的经济技术改造和学习世界先进，带动广泛地社会改革，以迅速赶上先进工业国和适应现代世界环境的发展过程。”② 当代各种发展研究基本上是在这个层面以现代化问题为核心研究对象和内容的，发展是现代化的内在逻辑要求。

发展作为实现现代化的社会历史过程，本身是辩证的、历史的，没有绝对平衡、绝对充分的发展。唯物辩证法认为，生产力与生产关系的矛盾、经济基础与上层建筑的矛盾是推动社会发展的基本矛盾，社会主要矛盾是社会基本矛盾在特定发展阶段和发展状态下的集中表现。而社会主要矛盾的性质又是由矛盾的主要方面决定的，在新时代中国特色社会主义发展实践中，在人民日益增长的美好生活需要和不平衡不充分的

① 《列宁选集》第2卷，人民出版社1995年版，第557页。

② 罗荣渠：《现代化新论——世界与中国的现代化进程》（增订本），商务印书馆2004年版，第17页。

发展之间的矛盾中，不平衡不充分的发展是矛盾的主要方面，是制约人民日益增长的美好生活需要的主要因素，因而也是新时代坚持和发展中国特色社会主义要着力解决好的突出问题。“不平衡不充分的发展”既涉及社会生产力的发展状况，也涉及生产关系和经济基础的制度体系，还受制于上层建筑的各种因素，因而必须以历史唯物主义关于社会基本矛盾辩证关系的观点和方法为指导来具体分析研究。发展的“不平衡”和“不充分”本身也有其辩证内涵。不平衡作为事物内部诸多因素之间的不均质、不匹配、不相称、不协调等状态，是事物存在和发展的常态，不平衡是绝对的，平衡是相对的，任何事物都处在不平衡与平衡既相对立又相统一的矛盾之中，并且正是由于这种矛盾，才是事物发展的真正源泉和动力，现代科学的耗散结构理论也证明了“非平衡乃有序之源”。但是，不平衡毕竟意味着事物的矛盾出现了某种程度的失序或无序状态，需要人们关注并力求通过协调系统内部以及系统与环境之间的物质、能量和信息交换，使其达到相对有序的稳定状态，从而相对更充分更高效地发挥系统本身的功能。

作为新时代中国特色社会主义主要矛盾的主要方面，当下中国发展的不平衡问题主要表现在：一是社会基本结构之间的不平衡，社会政治、经济、文化、社会、生态发展不平衡，特别生态发展严重滞后于经济发展。二是社会主体结构发展不平衡，国家、社会组织、个人之间权力权利不平衡，个人权利意识增强，国家行政权力强化，而作为国家权力与公民个人权利调节器的社会力量相对较弱，社会协调、社会整合、社会治理作用发挥不足，大社会小政府的格局还没有形成。三是区域发展不平衡，梯度发展特征明显，西中部发展相对较慢，东部沿海发达地区对内地发展的示范和拉动效应不够。四是社会各阶层发展不平衡，社会阶层分化明显并有代际社会遗传之势，社会流动不畅致使阶层相对固化。五是物质科技发展与人的精神心态发展不平衡，人的精神信仰迷茫，剥夺感相对比较强烈而安全感、获得感、幸福感相对不足，心理冲突和精神焦虑成为常态。发展不充分问题主要是指社会创新能力不足，社会整合与治理的机制体制不畅，发展质量和效益还不高，发展的成果没有为社会成员所共享，社会向心力和凝聚力不足，国际形象和影响力也有待提升，等等。人民日益增长的美好生活需要和不平衡不充分的发展之间的矛盾，可以相对具体地表述为发展结构与美好生活需要之间的矛盾、发展方式与美好生活需要之间的矛盾、发展质量与美好生活需要之间的矛盾、发展效益与美好生活需要之间的矛盾等。

关于新时代中国特色社会主义主要矛盾的认识和研判，是习近平新时代中国特色社会主义思想的重要内容和组成部分，是马克思主义矛盾学说和矛盾分析方法的坚持、运用和发展，既讲了新时代我国社会主要矛盾是什么、怎么看，又讲了怎么办、怎么干，既是认识论，也是方法论，对其思想方法和工作方法层面的丰富意蕴还需要不断挖掘和阐释。习近平总书记在中共中央政治局第二十次集体学习时强调，要学习掌握事物矛盾运动的基本原理，不断强化问题意识，积极面对和化解前进中遇到的矛盾。问题是事物矛盾的表现形式，我们强调增强问题意识、坚持问题导向，就是承认矛盾的普遍性、客观性，就是要善于把认识和化解矛盾作为打开工作局面的突破口。客观存在的矛盾只有被转化为被主体自觉意识到的问题，才有可能被认识和破解，这就要始终树立强烈的问题意识，实事求是地分析和研究主要矛盾呈现出来的大问题，通过正确处理和化解主要矛盾，破解大问题、难问题。当前我国发展环境复杂多变，发展任务繁重艰巨，各种利益关系和利益格局快速重组，主要矛盾的具体表现千头万绪，要求我们客观、冷静、敏锐地把握矛盾、处理问题，在对立中把握统一，在统一中把握对立，坚持全面协调、科学统筹，善于抓住、抓好主要矛盾和矛盾的主要方面，从而带动全局，推进中国特色事业整体稳健发展。面对人民日益增长的美好生活需要和不平衡不充分的发展这个主要矛盾，从价值理念和思想方法层面来说，要从根本上更新发展理念，坚持和落实“创新、协调、绿色、开放、共享”五大发展理念。要切实增强有效制度供给，创新发展模式，补齐制度缺失、制度扭曲、制度虚置、制度冲突等制度短板，把新发展理念落实于具体的制度安排和秩序建构之中，为新时代中国特色社会主义发展提供可持续的制度供给和理性预期，也为世界现代化进程提供中国的制度方案和发展模式。要培育良善公民，提升人民的人文素养与道德修养，使人民基于社会发展的客观规律与个体自身的价值诉求之间的历史辩证法，对“美好生活需要”做出无愧于社会时代和人的本性的理性辨识和理智选择，以创造性的工作和生活实践融入新时代中国社会发展的潮流。

破解“李约瑟难题”的实践哲学进路

——以普遍性与特殊性的关系为线索

王时中[*]

“李约瑟难题”（或称李约瑟之谜、李约瑟问题）在学界广为人知，其关于“现代科学为何不出现于中国”的追问引起了中国学界的持续而深远的兴趣。1954 年此难题提出之时，正是国家百废待兴之际。李约瑟关于中国文明长期领先于世界的论断，大大地鼓舞了中国人的民族自信心；而李约瑟关于近代以来中国科学技术逐渐落后的原因的揭示，又激起了有志之士的扼腕兴叹。近百年来，很多学者沿着李约瑟提出的问题与开辟的思路，从中西方政治制度、哲学宗教观与自然观的差异出发，反思中国科学技术之历史与现状，寻求科技发展与社会制度之间良性互动的进路与模式。从这个意义说，“李约瑟难题”凝聚了哲学、人文科学、社会科学与自然科学各个领域的思考焦点，成为一个时代的“最大公约数”，任何破解“李约瑟难题”的方案，也作为“李约瑟难题”的“效果史”而持续地发挥影响力。但正如有论者所言，“李约瑟问题并不是一个像数学中那样存在定解乃至多解的智力问题，它只是一个高度凝练的、借以展开宏大叙事的启发式论纲”①。因此，如何在“李约瑟难题”的启发下推动中国社会科学的深入研究，才是这个问题的真正价值所在。本文仅以普遍性与特殊性之间的关系为线索，以李约瑟考察中西文明差异的“滴定”方法为研究对象，对其内容、意义与限度作一个批

* 作者简介：王时中，南开大学哲学院教授。

① 刘钝：“序”，载李约瑟《文明的滴定》，张卜天译，商务印书馆 2016 年版，第Ⅵ页。

判性的考察，以推动“李约瑟难题”研究的深入。

一　现代科学为何不出现于中国：李约瑟对文明的“滴定”与疑难

在化学实验中，“滴定”是一种简便、快速和应用广泛的定量分析法，即是将已知强度的标准溶液来测定未知溶液化合物的浓度的方法。作为一个生物化学家，李约瑟很熟悉这种方法，并援引这种方法对各种文明进行“互相滴定”：“我们必须对各大文明在社会或思想上的种种成分加以分析，以了解为什么一种组合在中世纪遥遥领先，另一种组合却后来居上并产生了现代科学。”① 而他“滴定”各种文明形态的“标准溶液”，则是现代科学（也被译为“近代科学”），其基本特征就是：“把数学假说应用于自然，充分认识和运用实验方法，区分第一性质和第二性质，空间几何化，接受实在的机械论模型。”其中最主要的便是实验方法与数学的结合而普遍化，因为只有这样，“自然科学才成为全人类的共同财富”②。

而李约瑟之所以将“异质的”中国文明作为“滴定”的对象，一方面受到了后来成为其夫人的鲁桂珍等中国留学生的影响，后者向他展现了一个与西方文化传统相异的中国传统。相对于西方文化传统中的造物主观念及机械论世界观，中国的长青哲学（Philosophia Perennis）即有机唯物论（organic materialism）对李约瑟相当具有吸引力。在他看来，中国的传统宇宙观按照等级秩序彼此关联的有机论，其整体和谐、相反相成与内在演化的特点，迥异于笛卡儿以来的机械论世界图景，并呼应着物理学中的场论与生物学中的有机观念。正因为这样，李约瑟再三强调有机主义哲学是解决数学还原论问题的关键。但另一个更重要的原因则是李约瑟同时作为科学家、基督徒与马克思主义同情者的身份，因此，他可以轻松地将基督教的博爱精神与社会主义的平等信念、现代科学“百川归海”的普遍性观念结合在一起，认为科学在本质上是一种普适于人

① ［英］李约瑟：《文明的滴定》，张卜天译，商务印书馆2016年版，第2页。

② ［英］李约瑟：《文明的滴定》，张卜天译，商务印书馆2016年版，第5页。

类的事业，而不可能被任何一个民族文化垄断。这还赋予他一种类似于信徒般的热忱，有人因此称其为中国科技的"宣教士"。

而李约瑟之所以能够以现代科学作为标准来"滴定"中国文明，也是基于两个前设。第一，在他看来，现代科学融汇了中、欧、印等文明的精华，因而具有普遍性的品质，可以作为滴定的普遍性标准。"近代科学是所有古代人类传统遗产的结晶。当然，它最初是在欧洲被统合的，但是它并不只基于欧洲传统之上，在此之前的所有文明都是有贡献的，这与中国的'百川归海'的思想方法是同样的，即古代、中世纪的科学之河融入16、17世纪近代科学这个大海之中。近代科学是带有普遍性的，而且是平等的，是所有人类的共同财富。"① 在"近代科学的普遍性""最充分意义的科学""完善的自然科学世界观""普遍正确的世界科学"这样一些措辞中，李约瑟把近代科学称为"普遍的科学"："普遍的科学对于全人类是潜在开放的，也是全人类都可以理解的。这种科学被看作是一种新宇宙神教的基础。将为把'各种族劳动人民统一在一个宽容而合作的社会'中开辟道路。"②

第二，李约瑟自信能够"滴定"中国文明，也根源于他对马克思主义的理解。他将现代科学的诞生与资本主义的起源、文艺复兴的产生视为一个整体，"资本主义、民主和现代科学无疑是一起成长的"。③ 因此，追问为何现代科学技术在欧洲社会而没有在中国发展起来，就等于追问"为何中国没有产生资本主义，没有文艺复兴，没有宗教改革，没有产生15至18世纪巨变时期的所有那些划时代现象？"④ 关于这个问题，李约瑟明显受到德国学者魏特夫（K. A. Wittfogel）以马克思亚细亚生产方式观点分析中国经济与社会的影响，后来又受到苏联物理学家黑森（Boris M. Hessen）关于资本主义的需求推动现代科学发展的观点的影响，更重要的启发也许来自犹太哲学与历史学家齐塞尔（Edgar Zilsel），后者以社会结构变迁与科学产生、发展之间的关系为研究对象，提出了这样的问

① 刘钝、王扬宗编：《中国科学与科学革命：李约瑟难题及其相关问题研究论著选》，辽宁教育出版社2002年版，第105页。

② 刘钝、王扬宗编：《中国科学与科学革命：李约瑟难题及其相关问题研究论著选》，辽宁教育出版社2002年版，第185页。

③ ［英］李约瑟：《文明的滴定》，张卜天译，商务印书馆2016年版，第127页。

④ ［英］李约瑟：《文明的滴定》，张卜天译，商务印书馆2016年版，第163页。

题：现代社会大规模的货币商业是现代科学产生的必要条件，而中国同样有货币商业，何以没有资本主义与实验科学呢？这些论题几乎被李约瑟全盘接收。相对于科学史研究的"内在论"视角，即"内史"的视角，以上三个学者都是从科学与社会发展相区分的"外在论"视角，即"外史"的视角来考察现代科学的起源与发展的，带有强烈的历史唯物主义特征。由此可见，李约瑟表面上探讨的是科学问题，实际上裹挟着社会政治与历史问题，他固然"一直不同意马克思主义那种想要寻找一切文明'都必须经历'的社会发展的一成不变的单一公式的思想倾向"①，但是，马克思主义对社会的分析视角及其对资本主义的整体批判，显然具有无可辩驳的理论说服力。因此，以马克思主义的基本观点来考察社会发展与科学技术之间的关系，进而考察中国的文明，当然是正当而且可行的。②

如上所论，李约瑟以现代科学作为"标准溶液""滴定"中国文明，提出了两个相关的问题，第一个问题是："为什么从公元前 1 世纪到公元 15 世纪，在把人类的自然知识应用于人的实际需要方面，中国文明要比西方文明有效得多呢？"③ 第二个问题是："为什么现代科学没有在中国（或印度）文明中发展，而只在欧洲发展出来？"④ 李约瑟摒弃了从思想缺陷或者哲学传统的缺陷来解释这个问题的传统思路，而是从社会经济制度出发，区分了欧洲的"贵族军事制度"与亚洲的"官僚封建制度"，认为"亚细亚的官僚封建制度起初有利于自然知识的增长，有利于为了人类的利益而把它应用在技术上，但后来却抑制了现代资本主义和现代科学的兴起，而在欧洲，另一种形式的封建制度通过自身的衰败和产生新的商业社会秩序而促进了现代资本主义和现代科学的兴起"⑤。由于以商业为主导的社会秩序不可能与官僚封建制度相兼容，因此，中国社会即使有资本的积累，也不可能出现资本主义；即使有发达的技术发明，

---

① ［英］李约瑟：《文明的滴定》，张卜天译，商务印书馆 2016 年版，第 177 页。

② 值得注意的是，李约瑟以马克思主义来"滴定"不同的文明，进而考察资本主义与民主、科学的整体关联方式，却忽视了马克思主义作为一种"历史科学"与"自然科学"的根本差异，这一问题至今很少引起人们的批判反思，由于主题所限，本文不拟展开。

③ ［英］李约瑟：《文明的滴定》，张卜天译，商务印书馆 2016 年版，第 176 页。

④ ［英］李约瑟：《文明的滴定》，张卜天译，商务印书馆 2016 年版，第 176 页。

⑤ ［英］李约瑟：《文明的滴定》，张卜天译，商务印书馆 2016 年版，第 182 页。

也不可能出现现代意义的科学。

但是，李约瑟以现代科学作为普遍性标准来测度中国文明，面临"方枘圆凿"的诸多疑难，很多人因此认为"李约瑟难题"只是一个假问题。美国科学史家席文（Nathan Sivin）则根本上否定了文明之间比较的可能性，遑论李约瑟所谓的"滴定"了，他说："在从事各门学科的人的头脑中，所有这些学科之间似乎并不存在一种系统的联系。它们并不像在欧洲或伊斯兰世界的大中学校中那样，被统一在哲学的范畴内。他们具有各门学科的专门知识，但不是综合了各门学科的科学，他们没有一个可以统括所有学科的单一的概念或词汇。"① 吴国盛则批评李约瑟奠定文明时所持的普遍主义科学观乃是一个"误区"："事实上，现代科学必须被看成是西方文化的一个特定现象，它在数百年的现代中占据西方文化的主流和核心位置，但它过去不是主流和核心，将来也不会永远是主流和核心。"② 陈方正在《继承与叛逆：现代科学为何出现于西方》中则以"李约瑟难题"为出发点，认为李约瑟的实证研究虽然开拓了宽广的新领域，并且赢得了举世学者的衷心敬仰，但是他的观点却并不能由是得到证明。"事实上，如许多西方科学史家所一再指出，这观点是有深刻缺陷的。"陈方正指出，如果国人不正视这些缺陷，提出批判，并且开拓新研究方向，那么是不可能对于解决上述问题取得决定性进展的。③ 他皇皇七十万字的大著《继承与叛逆：现代科学为何出现于西方》正是对李约瑟进行文明"滴定"的"标准溶液"——现代科学作了进一步的"滴定"，这种对"滴定"的"再滴定"路径，值得我们深入地考察。

二　现代科学为何仅出现于西方：陈方正对"滴定"方法的再"滴定"

如果说李约瑟探讨的是"现代科学何以不出现于中国"的问题，而

① 席文：《为什么科学革命没有在中国发生——是否没有发生》，载刘钝、王扬宗编《中国科学与科学革命：李约瑟难题及其相关问题研究论著选》，辽宁教育出版社2002年版，第502页。

② 吴国盛：《世纪之交话转折》，《科学》1999年第3期。

③ 陈方正：《继承与叛逆：现代科学为何出现于西方》，生活·读书·新知三联书店2009年版，第1页。

陈方正探讨的则是"现代科学何以仅出现于西方"的问题。两个问题似乎一体两面，互相补充，但就方法论意义来说，却是层层递进的：李约瑟以现代科学作为"滴定"的普遍性标准，试图为中西方科技文化的差异寻找社会政治制度的根由，而陈方正则是要对这个普遍性标准进行"再滴定"，即对现代科学在西方文明中的产生与发展做历史的梳理，以确立其内涵、特征与边界。如果李约瑟是将现代科学作为"批判的武器"，那么，陈方正则是对"武器的批判"。

简单地说，陈方正从两个方面批判"李约瑟难题"：第一，他将现代科学纳入西方文化大传统内部的连续性与革命性关系之中，认为现代科学基本上是西方大传统的产物，而不是如李约瑟所说的那样"百川归海"，是文明交汇的结果；第二，相对于李约瑟从社会与科学的互动的关系来研究科学技术的发展，陈方正坚持从科学发展的内在历史展开。即在"外在论视角"与"内在论视角""外史"与"内史"的关系中，陈方正从"内在论视角"出发，将科学技术发展的"内史"贯彻到底，消解了科学史的内外之分。

就第一个方面来说，在陈方正看来，西方科学虽然经历了转折、停滞、长期断裂和多次移植，但从方法、理念和内涵来看，"自古希腊以迄17世纪欧洲仍然形成一个前后相接续的大传统"①。而现代科学绝不是天外飞物，而是西方文化之"一个传统，两次革命"所致。他所说的"西方"，不只是限于"欧洲"，而是广义地包括欧洲、埃及、北非、巴勒斯坦、两河流域，乃至伊朗、中亚等区域。因此，西方科学传统也可以分为古希腊科学（公元前550年—公元550年）、伊斯兰科学（750年—1450年）以及欧洲科学（1170年—1700年）三个主要时期。这就意味着，现代科学只是西方科学之连续性传统之下的革命性产物，并未曾脱离西方科学的大传统。陈方正还总结了西方科学的三个特征，以进一步实现对现代科学的"再滴定"。

首先，西方科学的"连续性"与"革命性"能够内在兼容，"西方科学的历史极为漫长，其源头可以一直追溯到公元前18世纪，即现代科学出现之前3500年，而且在此期间它虽然曾经有转折、断裂，却仍然形

---

① 陈方正：《继承与叛逆：现代科学为何出现于西方》，生活·读书·新知三联书店2009年版，第1页。

成一个先后相承的传统”①。但连续性之所以能够保持并被辨认，乃是通过其内在的突破与革命表现出来的。即连续性可以与革命性相兼容，而两者可以相得益彰。在陈方正看来，西方科学的两次革命性突变，一次是公元前4世纪至公元前5世纪的毕达哥拉斯革命，他称之为“新普罗米修斯革命”，一次是16—17世纪的牛顿革命，即今天我们所说的“科学革命”，它结束了老传统，同时也开创了牛顿以来的三百年“现代科学”的传统。

其次，西方科学的“连续性”与科学中心的“移动性”能够互相促进。它的发展中心并非固定于特定地域或者文化环境，而是缓慢但不停地在欧、亚、非三大洲许多不同地点之间转移②。结合第一点关于西方科学的连续性与突变性特征，陈方正以为，“正唯西方科学发展既有强韧久远传统，又无固定地域或者文化背景为其桎梏，因此在旧传统中注入新意从整体上改造之，使之脱胎换骨成为可能”③。

最后，西方的科学精神与宗教精神能够相得益彰。虽然科学与宗教之间的共生关系也曾出现于中国，且中国古代也并非没有数学，但在陈方正看来，由于中国古代数学和宇宙探索是分家的，“一方面，牵涉数量关系的数学与历算都以实用为至终目标，甚至术数、占卜等应用组合数学者也不例外；另一方面，以解释宇宙现象与奥秘为目标的阴阳五行、生克变化等学说，则缺乏数学思维的运用”④。而西方的科学传统则不同，从毕达哥拉斯学派开始，数学观念就和宇宙生化、建构过程紧密结合，无论是柏拉图的《蒂迈欧篇》，还是阿基米德的静力学，抑或伽利略的动力学，“亦无非是将数理精神贯彻到亚里士多德物理学上去的结果而已”⑤。除此以外，科学家需要废寝忘食地苦思冥索，这种精神上的高度集中对于常人来说极为不自然，但是在宗教热忱的驱使之下，则是极为

① 陈方正：《继承与叛逆：现代科学为何出现于西方》，生活·读书·新知三联书店2009年版，第33页。

② 陈方正：《继承与叛逆：现代科学为何出现于西方》，生活·读书·新知三联书店2009年版，第33页。

③ 陈方正：《继承与叛逆：现代科学为何出现于西方》，生活·读书·新知三联书店2009年版，第633页。

④ 陈方正：《继承与叛逆：现代科学为何出现于西方》，生活·读书·新知三联书店2009年版，第629页。

⑤ 陈方正：《继承与叛逆：现代科学为何出现于西方》，生活·读书·新知三联书店2009年版，第629页。

自然的。如毕达哥拉斯与牛顿都具有无比强烈的宗教意识与向往，由此可见，信仰与科学探索之间也就可以相通而成了①。

就第二个方面来说，陈方正批评了考察科学革命及其历史的两种“外在论视角”：一种是“宗教外在说”，一种是“社会外在说”。前者将科学革命的根源诉诸宗教精神，后者则是以马克思主义关于社会历史发展的整体观点来分析科学的发展。在陈方正看来，对于科学发展来说，哲学、宗教以及科学本身的传统等文化因素是具有中心地位的。相对于学界对“外史”的强调，他要矫枉过正，强调“内史”的重要性：“事实上，内史亦即科学家与他们思想、发现的研究，毫无疑问仍然是科学史的核心，而外史所侧重的社会、经济、技术等因素对科学虽然可能有影响，但却是很间接、不确定与辅助性的，因此绝不可能取代内史。”②社会经济变革虽然对于科学发展不无影响，但是，“将现代科学这样基本上属于思想与智性的活动完全或者主要归因于社会因素，则颇难令人信服”③。具体来说，由于社会的变动，科学的发展固然也会随之出现某些突变，但是传统的力量依然不可忽略。在陈方正看来，16 世纪的文艺复兴是科学革命的前奏，但却不能够仅仅从战争“火器化”、海外探险、早期资本主义兴起等一连串近期社会经济变化来理解，因为“倘若忘记了 12 世纪的拉丁翻译运动和 13 世纪大学的兴起，那么，15—16 世纪的欧洲学术便不可能真正理解，只能够笼统地视为错误的亚里士多德传统”。④这样一来，牛顿所说的“巨人的肩膀”，即彩虹研究的先驱者维提罗（Witelo）和西奥多里克（Theodoric）等人的工作就将全部被忽略。因此，“将文艺复兴与它之前的‘中古’割裂开来是个错误，这样是没有可能求得现代科学出现过程之真谛的”⑤。

① 陈方正：《继承与叛逆：现代科学为何出现于西方》，生活·读书·新知三联书店 2009 年版，第 634 页。

② 陈方正：《继承与叛逆：现代科学为何出现于西方》，生活·读书·新知三联书店 2009 年版，第 27 页。

③ 陈方正：《继承与叛逆：现代科学为何出现于西方》，生活·读书·新知三联书店 2009 年版，第 31 页。

④ 陈方正：《继承与叛逆：现代科学为何出现于西方》，生活·读书·新知三联书店 2009 年版，第 28—29 页。

⑤ 陈方正：《继承与叛逆：现代科学为何出现于西方》，生活·读书·新知三联书店 2009 年版，第 28 页。

综上所述，通过对西方文化传统的再梳理，陈方正对李约瑟之"滴定"方法做了双重批判：一方面现代科学被纳入西方文化传统之中，这就将李约瑟"滴定"文明的标准溶液做了"再滴定"，实际上将李约瑟所持的普遍性标准还原成了一个特殊性的存在，这就釜底抽薪地摧毁了李约瑟"滴定"中国文明的正当性："滴定"如果还有必要"再滴定"，那就意味着"滴定"的方法丧失了普遍性的品格；同时，"再滴定"依然有待继续"滴定"，这就可能陷入无穷"滴定"的恶循环之中。另一方面，陈方正以科学发展的"内史"批判"外史"，消解了"李约瑟难题"中所蕴含的科学与社会之间的互动关系。按照陈方正的说法，"虽然科学的外史往往被赋予狭义解释，即局限于社会、经济制度，但相关文化领域，诸如哲学和宗教对科学这种智力活动的影响其实更大、更直接。因此，对这种影响的探讨其实同样构成外史的一部分——当然，这样一来，所谓内史外史之分也就根本失去了意义"①。

对李约瑟进行双重批判之后，陈方正自己也承认，虽然中国与西方的比较是我们最关注的问题，但是，"就这两个文明的基本倾向或曰精神相差极远，它们之间的枝节比较，其实并没有太大意义，甚至反而会产生误导作用"②。这似乎意味着，"李约瑟难题"已经没有继续存在的意义了。但问题是，陈方正的这个结论是建立在西方科学传统之特殊发展路径之上的，他对西方科学的梳理也持一种类似于李约瑟文明"滴定"的标准与方法，即将希腊科学的发生、与伊斯兰科学的交融与现代科学的革命纳入一种自圆其说的叙事话语之中。否则，他无以展开一种西方科学的"辉格史观"。同时，他最终还是以西方的科学发展作为人类科学的普遍形式，并得出了现代科学之特殊性与"滴定"中西文化之不可能的结论。从这个意义说，他实际上也犯了与李约瑟一样的混淆普遍性与特殊性的错误。但是，对于陈方正"辉格史观"的"再滴定"，我们目前却缺乏更高的阿基米德点予以推进。在这里，我们似乎陷入了一个思维的困局。

---

① 陈方正：《继承与叛逆：现代科学为何出现于西方》，生活·读书·新知三联书店2009年版，第28页。

② 陈方正：《继承与叛逆：现代科学为何出现于西方》，生活·读书·新知三联书店2009年版，第31页。

三　普遍性与特殊性关系的三重区分：破解“李约瑟难题”的实践哲学进路

如果以普遍性与特殊性的关系为视角，则可以将李约瑟与陈方正的对立“转译”如下：李约瑟以现代科学的普遍性来测度中国文明的特殊性，但将中国的有机论视为现代科学的机械论的突破，实则消解了作为“滴定”之标准溶液的普遍性，混淆了“滴定的手段”与“滴定的对象”；陈方正以西方科学传统的普遍性消解了李约瑟所持的现代科学的普遍性，并将其还原为一个传统之下、第二次革命的特殊性形式，实则是对李约瑟的“滴定”实施了“再滴定”，其意义自不待言。但陈方正自己却有意无意地将西方的科学传统当作科学的普遍性形式，无视李约瑟对现代科学之“百川归海”的普遍性特征的规定，实际上也犯了他所批评的李约瑟之混淆普遍性与特殊性的错误，这就意味着“李约瑟难题”并未得到真正的破解。从这个意义说，要走出李约瑟与陈方正的双重混淆，尚有待在新的基础上重新确立普遍性与特殊性的关系。这种新的基础至少应该解决以下两个问题：一是解决普遍性与特殊性之不能同时存在的困境，既能保存李约瑟文明“滴定”的积极意义，又能回应陈方正对“滴定”的“再滴定”所导致的无限后退的恶性循环。二是解决普遍性与特殊性之相得益彰的难题，既承认特殊性之存在的客观性与正当性，又能在此基础上接受普遍性对特殊性的统摄与提升，使普遍性与特殊性能够有机关联，相辅相成。有鉴于此，我们拟在实践哲学的立场上，以普遍性与特殊性的关系为主线，从理论活动与实践活动的界划、法权规范与道德规范的区分、理论整合与实践整合的区分三个层次出发，以较为全面地处理普遍性与特殊性之间的关系，深入“李约瑟难题”的研究。

所谓理论活动与实践活动的“界划”，就是划清理论与实践的界限，区分开理论层次上的普遍性与特殊性关系与实践层次的普遍性与特殊性关系。一般来说，在理论认识的层次上，对象的特殊性与认识的普遍性之间存在不可还原的非对称性，即理论认识层次的普遍性，只是以概念符号的形式把握对象的本质，而对象的客观实在始终是在人的认识活动之外的特殊性；理论认识固然可以通过反思来否定思维的抽象性与普遍性，以获得关于认识对象的越来越具体、丰富的规定性，但是，这种普遍性与特殊性的统一，归根到底还只是在观念中的统一。理论思维之所以能够以观念的方式实现普遍性与特殊性的统一，乃是因为人类的认识结构具有相对的恒常性与稳定性，并构成了人类认识和掌握世界现象之网的"纽结"。从这个意义说，理论层次上的普遍性与特殊性关系是不可还原的相对关系。但是在实践层次上的普遍性与特殊性关系，却是不同于理论层次的普遍性与特殊性关系，最根本的原因就是出现了实践主体，即"人"这种特殊的存在，而人是"是其所不是，不是其所是""一半是天使、一半是野兽"的特殊存在，人的二重性可以同时兼具普遍性与特殊性而不会自相矛盾。一般来说，现实的实践主体总是从事现实的实践活动，如生产活动、规范活动与精神活动，任何从事实践活动的主体，一方面必定是个别的、特殊的，因为世界上没有相同的两片树叶，人世间岂有完全相同的两个人？但另一方面，实践活动又不仅仅是个别的、特殊的，因为它作为一种体现着客观规律性的活动同时又具有普遍性，否则，人类社会与历史就没有可以互通的可能性了。从这个意义说，实践活动中的个别性与普遍性是可以同时兼容于主体的实践活动之中，这是理论活动与实践活动的重大差异。对于理论活动与实践活动的界划，是我们以普遍性与特殊性为线索所做的第一重区分。界划的目的在于既保持理论层次上的普遍性与特殊性之间的相对关系，又在实践层次上为人的实践活动开掘出一个自由的空间。

区分了理论活动与实践活动之后，在实践活动的层次，还有待做进一步的区分，原因在于，现实的实践主体，总是多样的、特殊的、个别的，如果不能以一种价值理想予以规范与引导，则人类社会便是一盘散沙，且互相争斗，与动物无异。但是人类关系的"规范"方式也是不同的，一种是法权的方式，一种是道德的方式；前者是他律的方式，后者是自律的方式。这个区分源于对人性的预设层次不一样：前者是现实性的，后者是理想性的[①]；前者是将人预设在较低的层次上，主张以强制的方式予以规范；后者是将人预设在较高的层次上，主张以道德的方式予

① 王南湜：《论马克思主义哲学中理想性与现实性的界分》，《中国社会科学》2007 年第 5 期。

以规范。于是，我们可以继续区分两种不同的普遍性与特殊性关系：一种是以国家的强制力为普遍后盾的、以法权的方式规范特殊性方式；一种是以普遍的理想信仰为范导，能够使个体与法则和谐共存的方式①。借用康德的区分来说，前者是法律的法则，后者是伦理的法则。前者的要求是：“外在地要这样去行动：你的意志的自由行使，根据一条普遍的法则，能够和所有其他人的自由并存。”② 即以强制的力量来整合自由与法则的关系，而后者的要求则是“要这样行动，使得你的意志的准则任何时候都能同时被看作一个普遍立法的原则”③。与前者对“自由”与“法则”之并存的要求相比，后者对“我应该做什么”已经有着普遍的、绝对的规范，任何主语人称的转换对宾语的内容没有丝毫的影响。

规范了实践活动的空间，还需要彰显实践的能动性。如上所论，由于普遍性与特殊性之间在理论认识中存在不可还原的非对称性，如果理论活动基于一个单一的视角试图整合各种知识，妄称自己以“普遍的具体性”能够吞并特殊的具体性，那么，正如康德所揭示的，这就必定会陷入自相矛盾或者“消极的辩证法”，最终“反噬”了自身的确定性，那么，实践基础上对特殊性与普遍性的整合，则可能使之获得积极的意义。因为不同于理论活动对普遍性与特殊性的整合，实践活动是以一种宽容的态度整合普遍性与特殊性，既允许多种特殊性的并存，又可能以某种普遍性为原则，对各种特殊性予以有机的整合。普遍性与特殊性在这个意义上才实现了真正“和解”，并能在最大程度上实现了最优的配置，显示出实践的能动性力量。

综上所述，我们以普遍性与特殊性关系为线索，做了三重的区分，一是理论活动与实践活动的区分，二是规范实践活动的现实性维度与理想性维度的区分，即法权规范与道德规范的区分，三是理论整合与实践整合的区分。借用克罗齐的“两度四阶说”④，我们所做的第一重区分是“度”与“度”的区分，即“理论的度”与“实践的度”的区分；第二重区分是同一个“度”之内的不同的“阶”的区分，即实践活动之内的

---

① 施展：《枢纽——3000 年的中国》，广西师范大学出版社 2018 年版，第 28 页。

② ［德］康德：《法的形而上学原理》，沈叔平译，商务印书馆 1991 年版，第 41 页。

③ ［德］康德：《实践理性批判》，邓晓芒译，人民出版社 2003 年版，第 39 页。

④ ［意］克罗齐：《黑格尔哲学中的死东西与活东西》，王衍孔译，商务印书馆 1959 年版，第 49 页；［意］克罗齐：《美学原理》，朱光潜译，作家出版社 1958 年版，第 51 页。

"道德的高阶"与"法权的低阶"的区分；但与克罗齐不同，我们需要再推进一步，在同一个"阶"之内做第三重区分，即"权"与"用"的区分，明确权责关系，再通过某种协调与整合机制，对各种特殊性实现最优的配置。通过这三重区分，普遍性与特殊性的关系被分门别类地予以处理，我们可以以之作为方法论，回过头来考察"李约瑟难题"的破解方案。

不难发现，李约瑟是以理论认识的普遍性来测度中国文明特殊性的，殊不知，中西文化之间不是理论哲学内部的关系，而是理论哲学传统与实践哲学传统之间的关系①。而在不同的哲学传统中，存在不同类型的普遍性与特殊性关系。李约瑟对此显然缺乏充分的自觉，但瑕不掩瑜，李约瑟的历史贡献就在于以"难题"（Puzzle）的方式显示了两种哲学传统、文化传统之间的不对称关系。从这个意义说，他对中西文明的大胆"滴定"，其中所展示出来的敏锐的问题意识与持续的学术关怀，至今依然具有不可超越的意义。而陈方正意识到李约瑟混淆了两种不同的文化类型，即将西方文化传统之内的理论认识的普遍性与特殊性关系混同于中国传统文化之下的实践活动中的普遍性与特殊性关系，而试图对李约瑟所谓的普遍性做一个理论认识意义上的前提性批判。陈方正的这个工作类似于康德的"纯粹理性批判"，但陈方正显然没有达到康德处理"知性"与"理性"关系的思想深度，因此也无法像康德那样从"理论理性批判"突破到"实践理性批判"，因此，在梳理完西方科学史之"一个传统、两次革命"之后，他不得不放弃了李约瑟所提出的中西文化之比较论题。陈方正的理论终局表明，围绕普遍性与特殊性关系的纷争，在理论认识之内已经无法找到突破口，而必须另觅他途。

按照以上关于普遍性与特殊性关系的三重区分，我们可以为李约瑟与陈方正的思想困局确立一个新的突破方向：首先通过理论活动与实践活动的区分，我们将普遍性与特殊性的关系引入实践活动之中。实际

① 王南湜：《进入实践哲学的理路》，《开放时代》2001 年第 3 期。李约瑟的"文明滴定"方法之所以被批评为"方枘圆凿"，原因正是在于其作为"滴定"之"标准溶液"的现代科学是理论哲学的形式，而理论哲学与实践哲学之间存在难以公度的困局。因此，李约瑟缺乏一种恰当的、可操作的科学化形式来真正彰显中国的实践哲学特征，这就给我们提出了一个更为深层次的问题，即如何为实践哲学构造一种可操作的科学化形式，进而以之作为考察中国的实践哲学之具体特征的一般形式。因论题所限，此处不拟展开。

上，李约瑟与陈方正已经展示了作为实践主体的特殊性及其普遍性诉求：作为一位西方人，李约瑟矢志不渝地写作《中国科学技术史》，目的是论证普遍科学的客观性，而作为一位中国人，陈方正却认认真真地用中文写作西方科学史，目的也是证明一种普遍科学是可能的，虽然他所谓的普遍科学不再是李约瑟意义上的普遍科学，但作为实践的主体，两者同时展现了特殊性的视角与普遍性的追求这双重的指向，且并不矛盾。

在此基础上，我们才能为中西方文明的互相“滴定”确立边界。在李约瑟与陈方正那里，这种边界是明显的，否则，李约瑟作为一个西方人，就不会对“异域”的中国文明的“特殊性”如此兴趣盎然且矢志不渝，同时，陈方正也是基于中西之别，鉴于国人被“李约瑟难题”的表象迷惑、“只是为中西科学发展的巨大差异寻求浅易和简单的解释，但对于西方科学发展过程本身以及其文化、政治、社会背景，则既不熟悉，也不大注意”①，才急切地想写作一部异于中国科技传统的、客观的西方科学文化史。他们一个探讨的是“现代科学革命何以不出现在中国”，一个探讨的是“现代科学革命何以仅出现于西方”，这两个问题虽成掎角之势，但依然不矛盾，因此绝不能混淆！

现在的问题是，如何才能在实践中整合李约瑟与陈方正的研究成果，进而真正消解他们之间的纷争，使两者的研究成果能够相得益彰。我们在这里可以引入“科斯定理”。关于科斯定理比较流行的说法是：只要财产权是明确的，并且交易成本为零或者很小，那么，无论在开始时将财产权赋予谁，市场均衡的最终结果都是有效率的，实现资源配置的帕累托最优。简单地说，科斯对财产权的归属与使用效率之间关系的回答就是：你的固然是你的，我的也是我的，但在市场上，谁用得好，就是谁的！这就意味着，如果接受法权规范，明确了产权归属，许多表面上不共戴天的纷争，如果按照市场的原则开展，最终都能够实现效率的最优配置，即达到最优的整合结果。以此为参照，李约瑟与陈方正虽然各自追问现代科学在中西方传统的差异，但是，真正重要的问题不是停留于对这种差异及其原因的理论解释，而是将各自的研究成果置于观念市场、

① 陈方正：《继承与叛逆：现代科学为何出现于西方》，“自序”，生活·读书·新知三联书店2009年版，第XXI页。

思想市场之中[①]。这样才可能展示各自不同的风景：一个是从西方人的视角展示中国灿烂的科学技术，一个是从中国人的视角展示西方科学技术发展的跌宕多姿！在这种展示中，文化的互动与交融已经超越了单纯的地域与时效之争。从这个意义说，无论古今，罔顾中外，即使他们在理论认识上对普遍性与特殊性的关系存在何等巨大的分歧，如围绕现代科学革命在中国之有无发生、中西文明在发展中的优劣等问题上存在着无穷无尽的争论，但在思想市场中，通过实践活动的整合与交融，却能够珠联璧合，并行不悖，且互相促进，相得益彰。

这种意义上的实践整合就是一种实践智慧，正如有论者所言，“这种智慧的根本之点是一种对于特定理论视角有限性的承认，承认任谁也不能包揽真理，任何一个理论视角必定包含着其合理的东西，因而必须允许其他视角的存在，必须在与其他视角的对话与竞争中发展自身，而不能僭越本分，试图一统江湖，雄霸武林。这样一种实践智慧的基本点，可归结为一种‘宽容原则’或‘共和原则’”[②]。如果基于这种“实践智慧”重新反思李约瑟提出的“难题”与陈方正的回应，则不难看出，两者都是基于某单一的理论视角：李约瑟是从现代科学的普遍性出发来考察中国科学技术的特殊性，而陈方正是从西方科学传统的普遍性来考察现代科学的特殊性，两者互相对峙，各自言之成理，且难以沟通，但是，若是从实践整合的“宽容原则”或“共和原则”来看，两者却各自显示了对方所缺失的盲点，且互不排斥：李约瑟从一个西方人的“旁观者”视角开掘出中国几千年灿烂的科技文明，而后者恰恰是包括陈方正在内的中国学者所有意或者无意忽略的；陈方正则向我们展示了西方科学传统的连续性与革命性特征，为重新理解中国的科技文化，乃至中国文明确立了一个有力的参照。而我们的实践整合，就是要将不同的，甚至相对的理论视角达成一种“视域的融合”。从这个意义说，后来者对“李约瑟难题”的回应与破解方案，都在“视域融合”中作为“李约瑟难题”的“效果史”而持续地发挥影响力，正是在这种“效果史”中，不仅科学技术得以交流与互动，而且中西文化也逐渐从漠视、对立到互动、交

① 罗君丽：《罗纳德·科斯的思想市场论》，载张曙光、盛洪主编《科斯与中国：一位经济学大师的中国影响力》，中信出版社 2013 年版，第 154 页。

② 王南湜：《作为实践智慧的辩证法》，《社会科学战线》2003 年第 6 期。

融，进而产生出新的文明形态。也是在这里，"李约瑟难题"才得以真正破解，实际上是在实践论的立场被"消解"在这种"效果史"之中了。

本文从实践哲学的立场出发，以李约瑟文明"滴定"方法中所蕴含的普遍性与特殊性关系为线索，在理论与实践的关系中，为实践的界划、规范与整合构造了一个立体的模型，并以之作为破解"李约瑟难题"的可能方案。本文的结论是：只有基于实践哲学的立场，才可能真正安置好普遍性与特殊性之间的多重关系，进而走出近百年来中西文明纷争的死胡同。

美好生活观的历史转变及其反思

——由一个概念辨析谈起

邓 莉*

“美好生活”是人们在日常生活中常常提及的一个词语，近年来，它更是成为学术研究、政治话语中频繁出现的概念。我们注意到，人们常常不加区分地使用“美好生活”和“幸福”，把它们当作一个层面的、相互等同的两个概念。应当说，在日常生活中，人们的确没有必要对它们进行严格的区分，但是，当它们被作为学术概念进行讨论时，这样做就并不恰当。“美好生活”与“幸福”固然有着深刻的内在联系，但也存在重要区别。幸福与美好生活间的区别与联系是重要的理论问题，但明晰这种区别与联系不是为了满足思维上的乐趣，而是关系到人们应当以何种态度来塑造自己的生活的现实问题。

一 “美好生活”与“幸福”的词义辨析

“美好生活”和“幸福”都是现代汉语的表达方式，但是，无论是在古汉语的原初语境中，还是在英文和现代汉语中，要在词义上对它们进行区分并不困难。

在汉语中，“美”和“好”都是会意词。《说文解字》分别这样解释它们的含义：“美，甘也。从羊从大。羊在六畜主给膳也。美与善同意。”

* 作者简介：邓莉，中共中央党校哲学部教授（北京 100091）。

“好，美也。从女子。”这就是说，“美”的本意是羊大肥美能给人以味觉上的快感，而“好”的本意则是女子貌美能给人带来愉悦的感受。“美”“好”二字并用则最早出于《庄子·杂篇·盗跖》，孔子称赞盗跖长得魁梧高大、相貌美好、人人喜爱：“生而长大，美好无双，少长贵贱见而皆说之。”在几乎同时代的《九章·抽思》，屈原反复咏唱“憍吾以其美好兮”，其中“美好”也是指相貌漂亮。不难看出，“美好”一词在古汉语中是用来形容给人带来愉悦心情的事物，那么，“美好生活”的原初含义就是令人愉悦、快乐的生活状态，这种对“美好生活”的理解是极具中国文化特色的，突出了美好生活中的感性的、“乐”的维度。

在《说文解字》里，对于幸的解释是“吉而免凶也”。在《小尔雅》中又有：“非分而得谓之幸。”可见，在古汉语中，幸的基本含义是免去灾害或意外地得到。在《说文解字》中也有对福的解释，“福，祐也”，即福就是得到上天、神灵的庇佑；《老子》中有“祸兮福所倚，福兮祸所伏”，这就是认为福与祸相对，免于祸患就是福。中国古人一般认为康贵富德寿齐备就是福。可见，在古汉语语境中，“幸福”是指人生中一种幸运的、好的或完美的境况，相对而言，“幸福”的原初词义更多的是对生活的客观状况的描述，没有突出强调某一种好，也没有突出强调主体的感性体验。仅从汉语中两个词的原初词义来看，“美好生活”与“幸福”是词义有部分重合，但又明显不同的两个概念。

作为现代汉语的表达方式，“美好生活”“幸福”在与西方文化和语言的互动中形成自己的含义，因此，我们还有必要在与西语的对照中来重新理解它们。在英文中，“美好生活”“幸福”各自对应着不同的表达方式。“美好生活”一般被译为“good life”，与“幸福”相对的则主要有两个词，“happiness”和“well-being”。其中，“happiness”和“well-being”虽然都被译为幸福，但它们有着重要差别。“happiness”的词源是“happy”，意思是愉快的、幸运的、令人满意的，这是一个用来形容人的情绪与感受的词，当它名词化为“happiness”时，强调的就是人的主观体验上的好。“well-being”意为好的存在状态，但是它可以广泛用于一切事物之上，当然也可用于描述好的生活状态，此时它的意思就是“good life”。好的生活状态（“good life”）不是某个方面或某种特殊的好，是总体上的好，在这种好中，包含好的生活状态必然引起的情感体验，即

“happiness”。简单地讲，“well-being”的含义宽于“good life”，“good life”中则包含“happiness”，“good life”在主观体验的层面就是“happiness”。不难看出，“good life”倒是和古汉语语境中的“幸福”更为接近，古汉语语境中的“美好生活”倒由于凸显了中国文化中的“乐”的维度和“happiness”更为接近。不过，“幸福”一词的原初语义已经逐渐丧失，在今天人们的表达中，“幸福”主要用于表达一种心理满足、心情舒畅的主观感受与体验。而“美好生活”则是一个既表征了中国文化特色，又意味着总体上好的生活状态的概念。仅从上述的简单分析，我们就不难感受到不同语言间的准确对译十分困难，时代的发展、文化互动与交流最后以略显奇怪的方式体现在了语言现象中。

值得一提的是，关于“happiness”、“well-being”和“good life”的含义，有一个为人们所熟知的“公案”，即对亚里士多德的“eudaimonia”的翻译问题。“eudaimonia”原意是受神的庇护、有好的运气或生活得好。亚里士多德认为，“eudaimonia”是“至善”，即人们追求的最高目标：“就其名称来说，大多数人有一致意见。无论是一般大众，还是那些出众的人，都会说这是幸福，并且会把它理解为生活得好或做得好。”① 做得好是指做出优秀的德性行为，活得好是指以一定的外在善为基础将优秀的德性行为持续一生的状态。在英文中，人们总是难免把“eudaimonia”翻译成“happiness”，与之相对应的，人们在中文里将其对译为“幸福”。但是，按照亚里士多德的意思，“eudaimonia”显然不是形容一种情感状态或主观体验，它是一种客观的、好的人生存在状态，这与“happiness”差异很大，它指的是人生的“well-being”，即“good life”。我们认为，亚里士多德实际谈论的不是现代语境下的“幸福”，而是“美好生活”。

二　传统的美好生活观及其基本特点

如前所述，从词义上对“美好生活”与“幸福”进行辨析并不困难，但是，人们对词语、概念的理解的变化不是单纯的语言现象，“美好生

① ［古希腊］亚里士多德：《尼各马可伦理学》，廖申白译，商务印书馆 2003 年版，第 9 页。

活”与“幸福”的混同，是美好生活观转变的直接反映。人为什么追求美好生活，人所追求的美好生活应当是怎样的？对这些问题的回答最终要指向人如何理解人本身、如何理解人性。对于人而言，只有合乎人性的生活才是美好的，才能使人们达到幸福的主观感受。在人类漫长的思想史上，对这些问题从来没有形成统一的答案，但是，概括而言，在传统文化的语境中，人们对于美好生活的见解有以下几个彼此相关的基本特点。

一是从人与动物相区别、超越生物本能的角度来理解人。人是复杂的存在物，在人的身上，集合了多种甚至看似互相矛盾的特质。自苏格拉底提出“认识你自己”这一主题以来，“人是什么”就成为一切思想理论体系无法回避的基础性问题。无论在西方还是中国，从强调人与动物的区别、超越生物本能的角度来理解人，是人们关于人性的主流观点。比如，苏格拉底认为，人与动物仅仅是服从生物本能与欲望不同，人是理性的存在，与人的这种本性相一致，未经审视的人生是没有价值的，美好生活只有利用理性来反思和寻找“公正”“勇气”“节制”“虔诚”等美德才可以获得。柏拉图提出，人的本性就是人的灵魂，虽然人的灵魂由理性、激情和欲望构成，但是只有激情和欲望都接受理性的领导各安其位，灵魂才会达到和谐。作为中国传统文化主流的儒家思想与上述西方哲人的观点不无相似之处。儒家的思想家们并不否认人的物质欲望，他们认为，欲望是人的自然本性，孔子说：“富与贵，人之所欲也。”（《论语·理仁》）但是，正是伦理道德使人区别于动物。孟子说：“人之所以异于禽兽者几希；庶民去之，君子存之。舜明于庶物，察于人伦，由仁义行，非行仁义也。”（《孟子·离娄下》）这就是说，除了自然欲望，人还是有道德和理性的动物，伦理道德是人所独有并贵于万物的原因。

二是强调德性与美好生活的内在一致性。美好生活是过一种合乎德性的生活，德性是美好生活的前提，甚至就是美好生活本身，这是与对人本身的主流观点相一致、甚至直接同一的看法。比如，在儒家看来，伦理道德是人区别于动物的本性，通过欲望的满足而带来的快乐都是短暂而有限的，真正的幸福是坚持内在的道德情操，做一个有道德的人。《礼记·乐记》中说：“乐者，通伦理者也。”这是说，真正幸福的人就是有道德的人。《礼记·中庸》里有："故君子尊德性而道问学"，这是说君子既要尊崇与生俱来的德性，又要不断学习和发展德性。在儒家看来，德性的完善既可以带来个体的幸福，又有利于社会整体的美好生活，一个国家和社会得到良好的治理一定是德治。统治者从个人的道德品格做起，"内圣"而"外王"，以道德来感化和教育人，使人心向善、知耻辱而无奸邪之心，就能实现和谐的社会生活。传统西方文化同样把德性置于核心位置。苏格拉底认为，真正重要的事是"很好地生活"，而很好地生活意味着荣誉地或公正地生活，也就是要根据德性来生活。亚里士多德认为，"最优良的善德是幸福，幸福是善德的实现，也是善德的极致"[①]。需要指出的是，在传统文化语境中，"德性""美德"的含义并非现当代语境中频繁使用的"品德""道德"。在希腊语中，"德性"是指使一个事物状态好并使其自身很好地实现自身本性的品质，因此，对于人而言，德性就是使人成为真正的人、"好人"或实现自我完善的一系列美好的品质。人们拥有这些品质，就可以通过明智的选择和恰当的行为更好地适应人类的生活条件，过上一种真正合乎人性的美好生活。

三是提供具有普遍性的整体性的美好生活图景。传统社会的美好生活观，不是为某些人提供生活智慧，而是提供普遍适用的人生指南；美好生活不仅是个体私人生活的美好，也不仅是人们生活的某个方面的美好，而是一种整体性的美好生活。比如，在苏格拉底那里，要理性地审视人生显然是一个具有普遍性的建议，而且，这种理性的反思不仅仅指向自身，更要指向关于自身和共同体生活的一系列信念、价值和原则，美好生活是个体灵魂的完善和有秩序的城邦生活的有机统一。在柏拉图看来，美好生活既是灵魂各部分各自实现自己的功能，也是城邦中各个等级按其本性各安其分、各司其职，从而使"正义"这一最高的德性得到实现。亚里士多德提出，人是"城邦的动物"，"一个人的善离开了家庭和城邦就不存在"[②]。在中国的儒家那里，每个个体都应该进行严格的道德修养，而达成人格的完美不是一己私事，一个人不仅要"修身""齐家"，还要"治国""平天下"。在儒家的描述中，美好生活是上下有序、

① ［古希腊］亚里士多德：《政治学》，吴寿彭译，商务印书馆 1965 年版，第 364 页。

② ［古希腊］亚里士多德：《尼各马可伦理学》，廖申白译，商务印书馆 2003 年版，第 178 页。

万民和乐、处处充满雅颂之声的和谐社会，在其中，个体成为“君子”“圣贤”的过程就是构建美好生活的过程，个体的德性与理想社会紧密相关。

三　美好生活观的现代转变：感性化、去道德化与私人化

“美好生活”与“幸福”的确存在深刻的内在关联，这使关于“美好生活”和“幸福”的讨论不可避免地存在相当高程度的重合。但是，值得注意的是，“美好生活”与“幸福”被混同，实际上是近代以来的事情，这个现象可能是人们对“美好生活”的理解中所存在的下列三个相互关联的趋势的结果。

一是“美好生活”的感性化。人首先是感性存在物，正如马克思所说，人必须要满足吃、穿、住、行的需要，才能谈得到创造历史。在思想史上，一贯存在与主流人性观相对的另一种观点，即强调人的自然属性，认为人性就是人的自然本性。在苏格拉底之前，德谟克利特就提出，人的自然本性是趋利避害，人的活动的目的就是追求快乐、避免痛苦。伊壁鸠鲁认为，人生的目的是追求快乐，快乐是最高的善、最大的幸福，快乐的生活就是最好的生活：“我们的一切取舍都从快乐出发；我们的最终目的乃是得到快乐，而以感触为标准来判断一切的善。”① 这种快乐主义的美好生活观虽然历史悠久，但是，它真正深刻而广泛地影响人们的思想与生活却是十分晚近的事。在西方，文艺复兴以来，人们长期被贬抑的世俗生活、物质欲望得到了极大的释放，人及其感性存在得到前所未有的肯定。17 世纪英国著名哲学家洛克指出，极度的幸福就是我们所能享受的最大快乐。其后，同样是英国哲学家的边沁把快乐主义发展为功利主义。边沁认为，“自然把人类置于两个至上的主人——‘苦’与‘乐’——的统治下。只有它们两个才能够指出我们应该做什么，以及决定我们将要怎样做”②。边沁与前人不同之处在于，他认为快乐是可以

① 周辅成：《西方伦理学名著选辑》上卷，商务印书馆 1996 年版，第 103 页。

② 周辅成：《西方伦理学名著选辑》上卷，商务印书馆 1996 年版，第 210 页。

计算的，因此应当追求最大多数人的最大幸福。利己主义是快乐主义的本质特征，个体的快乐是快乐主义理解的美好生活的实质。在快乐主义这里，一己的快乐就是最大的利益，个人的快乐是最高目标。如果要追问功利主义什么是美好生活，那么，功利主义的回答必定是幸福，而判定一种生活是否幸福，终极标准就是是否能给人带来快乐的情感体验。

二是“美好生活”的去道德化。应当说，除了极端的非道德主义者，无论对德性与美好生活的关系持何种观点，人们不会否认德性尤其是道德对于美好生活的重要性，关键的分歧在于，德性与美好生活是否具有内在一致性。比如，功利主义的另一代表密尔认为，幸福不是简单的快乐，而是一个包含不同层次的快乐，是一个追求健康、美德、个体自由的整体，其中，具有高级趣味、高尚道德情操的人更有可能享受到高级的快乐。在功利论者看来，德性与幸福纵然并非全然无关，这种相关性也是一种外在的相关性，德性不是幸福本身，德性并不必然带来幸福，它仅仅是实现幸福的一种工具，或者是幸福的一个并非主要的组成部分。又比如，德国古典哲学的开创者，也是义务论的代表康德认为，判定一个人的行为是否道德，不是像功利主义一样看行为的结果，而是看他是否自觉地遵守道德法则，在康德这里，道德产生于对法则的遵守。康德还认为，德性对于幸福当然十分重要，但它仅仅是配享幸福的资格或合理条件，一个人是否具有德性与他是否能实现幸福没有必然联系，一个有高尚道德的人并不一定能获得幸福。近代以来，传统美好生活观的根基德性被窄化为道德上的德性，道德上的德性又从高尚的美德降格为道德上的正当。确如麦金太尔所说，人类进入了一个“德性之后”的时代，不再有统一的德性观与“好”观念，特定社会条件下合理的原则规范取而代之，德性乃至于道德与美好生活的关系被逐渐割裂了。正如黑格尔所说，哲学是思想中把握的时代，这一变化不过是传统社会与传统道德逐渐解体、资产阶级生活方式与价值观逐渐占据主流在思想上的反映。

三是“美好生活”的私人化。对“美好生活”理解的感性化、去道德化就已经可以合逻辑地解构普遍的、总体的美好生活图景。除此以外，一方面，在科学与历史两大现代世界的力量的推动下，普遍的“美好生活”图景彻底成为不可能。近代以来自然科学的发展使实证成为近代以来的时代精神，人们关于社会历史的知识也被要求按照科学与实证的标准重构；作为实证主义的社会科学必然结果，历史主义否定一切值得人们永恒追求的普遍价值与事物，在这样的潮流下，探求关于美好生活的普遍理解、追求整体性的美好生活的做法就不合乎科学，从而应当抛弃。进而言之，过一种有德性的生活，不过是诸多美好生活的可能性中的一种，而且是最难实现、只能沦为乌托邦的一种美好生活方案。另一方面，随着个体主义的兴起，在现代政治理论中，"美好生活"成为一个纯粹的私人议题。在现代政治理论中居于主流的自由主义看来，个体权利与自由是居于首位的价值，个体权利的满足程度和私人利益的实现程度是判定政治体制好坏的标准，维护个体权利和自由才是社会政治生活的核心。在这种理解下，个体被认为有能力为自己选择目的及与之相应的生活方式，政府应当承认并相信个体的这种自由与能力，它的职责不是确立一种特定的关于美好生活的观念，而是在各种价值观间保持中立，提供中立的权利框架。"政府必须在好生活观念上保持中立，以便将个人作为自由、独立并有能力选择自身目标的自我来予以尊重。"① 总之，任何人都无法为他人提供关于美好生活的普遍理解，美好生活是政治哲学应当敬而远之的纯粹的私人议题，个体是否能实现美好生活取决于他是否发现和创造出了最适合自己的目标与生活方式。

四 小结与反思

通过上述分析，我们指出了近代以来美好生活观经历了明显的历史转变，在这种转变之后，对"幸福"的讨论已逐渐取代对"美好生活"的讨论，在功利论那里，"幸福"甚至被等同于快乐。将"美好生活"与"幸福"混同，甚至最终归结于"快乐"显然不是单纯的语言现象，事实上，这是一起典型的现代事件，其影响不仅表现在学术讨论中，也体现在人们的现实生活过程中。美好生活观转变的背景是近代以来生产方式和整个社会生活的改变，在社会生活本身的变化的基础上，人们关于自身及美好生活的看法不可避免地发生改变。我们认为，历史地看，将

① ［美］迈克尔·桑德尔：《公共哲学：政治中的道德问题》，朱东华等译，中国人民大学出版社 2013 年版，第 13 页。

"美好生活"与"幸福"混同是一个可以理解的语言现象，但是，至少在严肃的学术讨论中不有意识地将它们加以区分是不可取的。

人是感性的存在物，追求愉悦、快乐的感受是人们许多行为最直接、最原始的动力，从主观感受的层面，使人感到不幸、痛苦的生活绝不可能是美好生活。美好生活当然应该是一种幸福的、快乐的生活，美好生活的具体落脚点是每个个体的幸福，美好生活也应当最终体现为每个个体的幸福。但是：第一，快乐、幸福是由于需要的满足而产生的主观体验，这种主观体验情况下不可能依赖主体自身就能获得，人必须与外部世界打交道，在社会生活中才能获取满足需要的客观条件与手段。第二，快乐、幸福是个体的、私人的，但是，如果在一个社会中仅有一部分人在生活中感受到幸福，而另一部分人则感到不幸，甚至一部分人的不幸是另一部分人实现幸福的条件与手段，这种社会生活状况当然算不上美好。第三，快乐、幸福作为心理事实不具有规范性，只要人们的某种需要得到满足，无论这种需要是何种层次的需要，也无论这种需要是否合理、正当，个体都会产生或强或弱、或长或短的快乐情绪，并因而感受到幸福，但是，如果人们沉迷于从某种不合理的需要的满足中来寻求快乐，以损害他人幸福的途径获取个体的快乐，这样的社会生活状况自然也算不上美好。第四，是从任一种或几种特殊需要的满足中得到的快乐是片面的、易逝的，而人们的需要和人们的生活却是整体的和可持续的，片面的、短暂的快乐不是真正的幸福，更不是美好生活。概而言之，从主观体验的层面而言，美好生活最终当然表现为每个个体的幸福感受，"happiness"是主观的、私人的、个体的、暂时的，"good life"却是主客观的统一、公共性与私人性的统一，美好生活是整体性与持久的，如果将美好生活等同于幸福或快乐，就把它主观化、个体化、相对化和片面化了。

我们认为，在理论的层面，将相互关联又存在重要区别的概念混为一谈，会使我们不能真正明确讨论的问题到底是什么，这种讨论得到的意见的参考意义自然大打折扣。更为重要的是，这种概念上的混淆对于实践十分有害，因为一旦我们把美好生活等同于个体私人的主观情绪体验，美好生活的主观的、感性的、个体的方面就得到了片面的强调，与之相对的，对使人们的需要得到普遍满足的客观条件、对社会生活的整体和谐、对人们的公共生活则缺乏深刻而现实的关注，这样，每个个体私人生活的美好也难以得以保证。因此，我们认为，应当在直面近代以来传统美好生活观遭遇的诸种挑战的基础上，以美好生活为核心论题构建当代形态的马克思主义政治哲学，从而重新提供合乎时代需要的、公共的、整体性的美好生活方案。

新时代“美好生活”的哲学逻辑：生成根基、观念认知与价值关怀

胡军良*

美好生活是人类孜孜以求的愿景和向往，也是人类世代相续的梦想与追寻。中国文化传统中充盈着天人合一、充实至美、富足和谐、仁者爱人、民胞物与、仰不愧天、俯不怍人、道法自然、人间大同等有关美好生活图景的思想构画，西方精神谱系中也不乏至善生活、沉思生活、理性生活、审美生活、上帝之城、道德王国、自由王国、本真生活、诗意栖居等关乎美好生活图绘的哲学话语。这些思想构画与哲学话语，或者揭示了美好生活得以可能的自然基础、物质前提、人格力量、生命情怀和价值诉求，或者彰显了美好生活得以可能的现实动因、观念认同、心理需求、文化语境与实践向度。步入新时代的中国更是将美好生活的向往作为自身新现代性建构的重要目标。新时代的美好生活诉求固然有必然的现实逻辑，但也有内在的哲学逻辑，其充分展开离不开这样几个维度：一是本源维度，在本源性语境中，我们可以立足感性生活、德性生活与超越性生活的共生，来守护新时代美好生活的生成根基；二是认知维度，在认知性架构中，我们能够基于传统、现代与后现代生活方式的共在，来重塑新时代美好生活的观念认知；三是价值维度，在价值性守护中，我们可以基于意义逻辑、价值尺度与品质境界的共显，来映照出新时代美好生活的价值关怀。

* 作者简介：胡军良，西北大学哲学学院教授（710127）。

一 新时代“美好生活”的生成根基：感性、德性与超越性的共生

美好生活并非无涉现实的玄思妙想，亦非意义封闭的既定存在，而是涵摄真、善、美且有着自身生成根基的观念体系与实践诉求。其生成根基主要通过人的感性需要、感性活动、感性解放、德性坚守、共善守护以及对有限与必然的超越来完成，或者主要通过“美”的属性、“好”的品格以及“超越性”维度来成就。因而从某种意义上说，美好生活就是感性生活、德性生活与超越性生活的有机统一。如果说感性生活聚焦的是生活本身所具有的日常性、现实性与实践性，德性生活所着眼的是生活本身所具有的伦常性、规范性与理想性，那么超越性生活所注目的则是生活本身的属人性、主体的创造性以及主体对生存规定的超越性。在美好生活的生成根基上，感性维度所成就的是其物质之基，德性维度所成就的是其道德之基，而超越性维度所成就的是其自由之基。

其一，美好生活生成根基的感性之维。如前所述，美好生活是既关涉“美”又相涉“好”的生活，因此，美好生活在逻辑上可定位为美的生活与善的生活。思想史上有关“美”的论争虽众喙不一，但美与感性之间存在内在关联的观念业已成为一种不易之论。所谓“美是理念的感性显现”（黑格尔），所谓“美是感性的完善”（杜夫海纳），诸如此类的话语在具体的思想所指上虽不无差异，但也共同表征了如是的观念，美学乃感性学的深度践履，关涉感性直观的“美”同作为本真生活的日常感性生活之间存在不可还原的勾连。马克思以感性需要—感性活动—感性解放的思想逻辑，揭明了感性存在论的观念构架和感性原理的生成机理，也使感性解放一跃成为哲学的一项根本任务。马尔库塞基于马克思早期手稿所奠定的感性存在论基调，援引和改造弗洛伊德的本能压抑思想，将感性从充当知觉的单一性功能中解救出来，从而凸显感性解放的爱欲之维。以马克思的感性存在论为镜，不难理解，直面和守护美好生活生成根基的感性维度，下述几个方面不可或缺。

一是直面生活主体的感性需要。作为感性主体（现实性存在抑或身

体性存在）的生活主体，既有能动性的感性意识，又有受动性的感性需要，既需要对自身生存境况有直接性感知，又需要对自身的物质生活条件予以充分满足，从而确立美好生活得以可能的物质基础。一如马克思的识见：“全部历史是为了使‘人’成为感性意识的对象和使‘人作为人’的需要成为需要而准备的历史（发展的历史）。”① “人们为了能够‘创造历史’，必须能够生活。但是为了生活，首先就需要吃喝住穿以及其他一些东西。”② 可以说，人的需要构成了“一切人类生存的第一个前提，也就是一切历史的第一个前提”③。不过，守护美好生活的感性根基，并不意味着要唯感性是举，奉行僭越精神愉悦的感官享乐，奉行此时此刻即是一切的日常生存美学，或者奉行“我欲故我在”的行动逻辑而走向感性异化和非本真的沉沦，而是意味着要坚守感性意识与感性需要的统一，在感性具体的展开中彰显生命的丰富性、具体性和鲜活性，使整体的生命需求能够得到有效满足，使生命意义和价值能够获致确证的物质基础。

二是聚焦生活主体的感性活动。通过生活主体的感性活动，来展示自身作为有别于抽象存在的感性存在，从而确证美好生活主体的本质力量。生活主体对对象世界所做的感性把握，同时也是其对自身本质力量的确证。一如马克思所言：“人不仅通过思维，而且以全部感觉在对象世界中肯定自己。”④ 美好生活的展开离不开感性世界的奠基，而感性便是现实，人之存在感性特征的重要表现乃是其对象性及其实现。因此，我们有必要“把感性世界理解为构成这一世界的个人的全部活生生的感性活动”。⑤ 生活主体在其感性活动中，通过对纯粹欲望化意识的超越同存在本身相照面，从而为其自身的存在本性、行动依凭与意义生成做出实在性奠基。同时，基于感性活动，生活主体既可创造出自身存在与发展的种种可能条件，又可建构出彰显自身创造性的诸种可能意义世界，还可深度回归涵摄文化与价值乃至道德选择的生活世界，从而使同美好生活密切相关的文化、社会和个人的物质再生产成为可能。

---

① 《马克思恩格斯文集》第1卷，人民出版社2009年版，第194页。
② 《马克思恩格斯文集》第1卷，人民出版社2009年版，第531页。
③ 《马克思恩格斯文集》第1卷，人民出版社2009年版，第531页。
④ 《马克思恩格斯文集》第1卷，人民出版社2009年版，第191页。
⑤ 《马克思恩格斯文集》第1卷，人民出版社2009年版，第530页。

三是实现生活主体的感性解放。作为身体存在或对象性存在，主体生命活动的展开需要愿望意志、身体机能等一切感觉和特性的参与。不过，人的一切感觉和特性等身体性的感性并不自然而然地具有审美的意义，其审美维度的凸显需要越出自身的身体性而走向自由与解放。通过历史活动以及在现实的世界中使用现实的手段，来祛除感性的功利化、工具化、单一化乃至异化，克服感性中所潜藏的非人属性，从而实现感性的完善（美的充分彰显），实现对具有丰富性、全面性与多样性的肯定和占有。在这种完善、肯定和占有中，美好生活的主体不再为功利性、工具性与有用性所支配，其存在方式不再落入功利实用的窠臼，而为超功利审美所浸润，同时与不可剥夺、不可转让的精神位格相契洽；其存在属性也不再依照个体存在物来辨别，而是经由类存在物来厘定。

其二，美好生活生成根基的德性之维。好的生活（善的生活）无不是同善之观念和理想人格（德之完善）内在相涉的。因为，"善的生活就是与人的存在的自然秩序相一致的生活，是由秩序良好的或健康的灵魂所流溢出来的生活。善的生活简单说来，就是人的自然喜好能在最大程度上按恰当秩序得到满足的生活，就是人最大程度地保持头脑清醒的生活，就是人的灵魂中没有任何东西被虚掷浪费的生活。善的生活就是人性的完美化"①。从这个意义上说，美好生活的生成离不开德性之坚守和良善之守护。

尽管正义原则业已成为审视与评判现代生活的道德规尺，甚至正当优先于善的观念依然独超众类，但是我们不能据此动辄将德性拒斥于人类的道德生活之外，不能否认德性之于美好生活的道德奠基作用。现代生活虽可以用正义原则扮演道德法则，以规定人们不应做什么和彰显一种刚性的力量，但是也需要德性为之充当道德理想；以规定人们应该做什么和展现一种柔性的力量。对于个体而言，"德性是这样一些品质，拥有它们就会使人获得幸福，缺失它们就会阻碍他达其目的"。因此，德性是人类美好生活展开和生成的内在必要条件，德性的践行也是人生必要的核心部分。对于社会而言，拥有它们就会使得自身获得内在的高阶价值，可以为人们凝塑值得追求和渐次接近的道德理想，缺失它们，社会

① ［美］列奥·施特劳斯：《自然权利与历史》，彭刚译，生活·读书·新知三联书店 2003 年版，第 128 页。

就会失却趋向美好明天的前行方向。就此而言，德性既可以维持人们在实践中所发生的关系，使人们获得内在于实践的善，又可以维持个人生活的形式，在该形式中，每个人追求作为其个人整体生活的善，还可以维持传统，为主体实践和个人生活提供所必需的历史关联①。

生活主体如果具有德性，就会获致内在于实践的善，因为德性归根到底乃是实践所需的品质。因此，善既与德性密不可分，又同人之目的紧密相连。作为人类本性意义上的目的，善既是人类所特有的追求目标，又是人类所朝向的最终幸福，亦即其所过的美好生活。不过，美好生活所关涉的“善”与其说是“至善”，毋宁说是“共善”，因为德性唯有在共善的实现中才能获得自身存在的意义。德性虽是能够使个体践履其社会角色的品质，抑或能够使个体趋向实现人类特别目的的品质，但是德性唯有坐落在生命共同体中或者说唯有同社会生活相关联，才能祛除道德个人主义与相对主义之流弊，展现其在共同体生活中对品格建构、美德教育等方面所展现的规范之光，真正为美好生活的可能内嵌高阶的价值之维和奠定坚实的道德之基。

其三，美好生活生成根基的超越性之维。人的美好生活无疑是在追求人的美好生活中度过的生活②。就此而言，美好生活具有明显的属人性，而人又是一种超越性存在，能在种种转化中实现自身生命的超越，也能依凭自身的实践能力或者说实践创造性突破现实的限制乃至自身的限度，其既可超越生物性、有限性而走向精神性、无限性，也可超越现实性、必然性而趋向可能性、自由性，因此，美好生活又是一种超越性生活。

生活主体作为“在世之在”无疑内蕴着有限性的品格，主体所生活其间的世界之事物也无不打上有限性的烙印。有限虽然构成美好生活得以展开的地平线，但并不意味着生活主体就应该时刻身陷有限的泥潭，或者经受有限的约束而不能越雷池一步。生活主体之可贵就在于其不仅能尊崇有限，更能超越有限。在尊崇有限中，主体虽可以守护生存的本真之美、境域性的存在之善（好），但毕竟有限的世界是规约性、限制性甚至封闭性的世界，其美善均存在有待超越的种种限度，均存在有待克

① 参见姚大志《现代之后——20世纪晚期西方哲学》，东方出版社2000年版，第173页。

② Alasdair MacIntyre, *After Virtue: A Study in Moral Theory*, Indiana: University of Notre Dame Press, 2007, p. 219.

服的种种不完满性。基于对有限的超越，生活主体可以拓展自身的存在空间而获得存在之自由，可以实现现实的人化和创造人化的现实，可以突破有限的存在处境而将自身的自由创造、价值规设、意义建构、美善考量鲜明在并不脱离有限的无限美好世界之中，凝结在并不远离时间的永恒链条之上，挺立在并不疏离具体事物的美善王国之内。

生活主体无疑是自然的，因为其本身就是自然之子，或者说是自然之所产。生活主体既需要自然为之提供生存资料，在现象王国中需服从因果法则，受制于必然；但是生活主体更是自由的，因为其可以超越自然律而给自身订立法则从而确证自身的自由。生活主体既可以依凭理性走向道德自律从而实现意志之自由，也可以依照对自我及世界的理性理解来展开其行动，还可以依凭先行决断来确认和实现其自由。生活主体所确证的自由与其说是单一的，毋宁说是全面的，与其说是既定凝固的，不如说是生成变动的，因为其是自然、社会与精神等诸多因素所造就的统一体，是类本质与现实本质的有机统一，因为其所展开的生命并不是机械的生命，而是通达存在、回归存在的超越性生命。生活主体的自由全面发展的实现既要聚焦现实与具体，立足现实语境和基于实践活动来发展社会、改造世界以及发展和改造自身，也要超越不完满的现实，在面向未来和理想的筹划中回溯理想之源、臻于超越之境、追寻美善之光。

二　新时代“美好生活”的观念认知：传统、现代与后现代的共在

新时代美好生活的可能固然离不开感性、德性与超越性等本源性维度的奠基，但也离不开观念上的认知与认同，而生活主体观念的认知与认同实际上又是通过其对生活方式的抉择与尊奉来加以鲜明的。生活方式的理念可用来描述构成群体或个体生活样式的特殊典范与显著特征。……生活方式被视为现代社会形成的构成部分，以呈现其中所涵摄的抉择与分殊程度以及创生性或抵御性的文化可能性。[①] 因此，内蕴着生

① Tim O'Sullivan et al., *Key Concepts in Communication and Cultural Studies*, London and New York: Routledge, 1994, p. 167.

活主体观念认知的生活方式的抉择和奉行，也将从根本上影响美好生活的基本面貌和出场形态。而指涉生活经验、生活际遇、社会关系、意识形态、习俗惯制、文化传统的生活方式，既昭示着生活主体对周围事物的认知乃至文化、实践与审美趣味，也彰显着其对生活的种种观念及其自我表达以及对生活风格的自我意识，同时还透显着自身所内蕴的关涉生活类型的认知价值和观念解释力。由于新时代是传统、现代与后现代并存的时代，既闪烁着传统的光辉，又流溢着现代的韵味，也散发着后现代的芬芳，故而裹挟着生活方式的美好生活在观念认知上自然也就离不开传统、现代与后现代维度的渗透与比肩。

其一，美好生活观念认知的传统之维。从语义上看，传统表示历代交相递嬗的风俗习惯、宗教信念、道德价值观念和文化常例。作为活生生历程的传统，足以保证文化的历史持续性及内在连贯性。但是传统也可能沦为一套僵硬不变的见解与习惯，可能会对新的调整必要性视若无睹，而僵化地死守传统几乎必然会引发对传统的片面拒斥。[①] 由于每个人至少从属于某种传统，并通过对其传统所指示东西的效仿或反抗而成长，故而其对传统的观念认知自然也就会影响自身在传统生活方式观念认知上的定位。人们对传统的认知定位主要在保守主义与进步主义的基本构架中来进行，比如，保守主义认为我们应该尊重传统，并认为大规模的变革，尤其是暴力革命，只能导致灾难，而进步主义则会认为传统是阻碍社会进步和个人自由的力量，应予以反对与拒斥[②]。

同样，人们对传统生活方式的观念认知定位也会出没与穿梭在进步与保守的二维空间之中。比如，有人认为中国传统生活方式是一种典型的精神性生活方式，其反求诸己、养性立命、圆融一体、乐感性善、榜样示范、内在超越等基本特质，有别甚至优越于西方传统生活方式所昭示的外求征服、理性致知、分析两离、罪感性恶、律令规范、外在超越等基本特质。因此之故，新时代美好生活的实现唯有回溯与拥抱中国传统的生活方式，才能祛除现代性之流弊，医治工业文明所招致的环境污

① ［德］布鲁格编著:《西洋哲学辞典》，项退结编译，（台北）华香园出版社 2004 年版，第 542—543 页。

② ［英］尼古拉斯·布宁、余纪元编著:《西方哲学英汉对照辞典》，人民出版社 2001 年版，第 1008 页。

染、人文缺失、自由阙如、意义丧失等伤痛，才能带着自身的族性和文化主体性而真正挺立在我们生于斯、长于斯、成于斯、感于斯、喜于斯和怒于斯的坚实大地与本己境脉。但也有人认为，传统已属尘封之物且缄默不言，往往处于意义封闭的惯性之中，与此相应，传统的生活方式也就难祛保守性、封闭性甚至落后性之特质，在现代性高奏凯歌和全球化势如破竹的态势之下，中国传统生活方式更是因其难同市场主义、消费主义、进步主义与发展主义的基调相协调而应被彻底批判和全盘否定。

关乎中国传统生活方式观念认知的否定性逻辑，虽有其理论视域与言说边界中的某种合理性，但不可据现代性的巨大冲击力甚或解构力以及现代生活方式的感召力乃至辐射力，来否定传统先行于我们的实践反思和构成我们生活言行之逻辑始点的基本定位，以及否定传统生活方式在某种程度上塑造我们知识建构、道德情操、审美趣味乃至宗教情怀的基本功能。步入新时代的中国虽然仍不乏现代化的刚性诉求，仍需高扬现代科学主义之旗帜，但是一方面尚需珍视和看待我们自身的传统宗教伦理、文化风俗，比如，儒、释、道三家所蕴含的仁爱说、正义观、善恶论以及对自然的尊重敬畏等观念，以慰藉人们脆弱的心灵和对现代化的刚性诉求扮演柔性的缓冲作用①；另一方面尚需聚焦和认知我们自身的传统生活方式，让仁爱之心、孝悌之义、圆融之美、知足之乐光大于新时代美好生活的诉求与践履之中，从而彰显美好生活所应有的天人合一、知行合一、情理合一的“一体”之美，重生乐生、安贫乐道、知足常乐、知天乐命的“乐感”之美，以及展示美好生活回溯心灵世界、重视人格养成、力求道德完善的“内倾”之善。

其二，美好生活观念认知的现代之维。新时代美好生活的践履需要传统的维度，需要在生活方式的观念认知上为传统的维度留置应有的地盘。毕竟，传统构成了我们的前见和出发点，生活主体也无一不被抛置在传统之中，同时传统生活方式在构设生活氛围、鲜明生活意义、规制生活规范、范导生活情致上也具有不可替代的价值。但是，我们不能拘泥传统的生活方式而拒斥关乎现代生活方式的观念认知，遮蔽现代生活方式的意义与效度，从而游离在人类现代文明的大道之外。因为新时代

① 参见原祖杰《东方与西方，还是传统与现代？——论“东西方”两分法的历史渊源和现实误区》，《文史哲》2015 年第 6 期。

仍然是以现代性为取向和旨归的时代，仍不可避免地遭遇和直面全球化和市场化的洪流而卷入全面且深入的现代化进程。据此而言，新时代美好生活的塑造也就不可避免地会同现代生活方式及其观念认知相纠缠。

人们往往倾向于从观念认知上将现代生活方式定位为如是的生活式样，它追寻自身主体的独立性，冲破历史、传统和文化的限制，以科技为利器，竭尽所能地掌控和安排自然环境，并通过经济利益来权衡审美对象及其相应的评价①。在“现代性”之光的引领下，人们深信社会历史的进步和发展，力主以理性为建构社会规范的准则，以进步为社会文明的鹄的，以通俗化的人文主义为建构社会文化的核心。祛魅世界的“现代性之光”，既带来技术和政治的巨大进步，促使社会的高度组织化，也加速生活的整体节奏，催生出全新的生活质料和环境。如此一来，现代生活方式的认知与奉行对于新时代美好生活的实现可谓意义非凡，一方面，新时代美好生活之成就需要在思想、社会、科学、文化、道德等层面尽显“自主化”的倾向，在对过去的批判和反思中，自己创造自己的规则，制定自己的生活标准，以促进经济生产力、道德进步和社会正义以及将生活主体从不自由的状态中解放出来。另一方面，以理性为中心的现代生活方式可以综合人类迄今创造的全部正面价值与理想，绘制关于人类社会逐步发展和完善的理性蓝图，构设以富强、民主、自由、平等、公正为取向的美好生活图景②。不过，现代生活方式的认知及践履虽有无法悬置的积极意义，但其所闪烁的理性光辉并不足以祛除自身所固有的流弊，其所内蕴的同一性诉求会使人们的生活环境、生活目标、生活内容与生活意义朝同一化的趋向迈进，以致生活本身的多元性与丰富性退隐至生活之幕后而让位于单一性和贫乏性。不惟如此，现代生活方式也容易导致社会的非人格化与生活本身的非生态化。凡此种种都离不开后现代生活方式的深度介入，离不开其从认知与行为两个层面来纠现代生活方式的偏狭。

其三，美好生活观念认知的后现代之维。现代生活方式所追求的自

① 参见［英］尼古拉斯·布宁、余纪元编著《西方哲学英汉对照辞典》，人民出版社 2001 年版，第 630 页。

② 参见章国锋《关于一个公正世界的“乌托邦”构想——解读哈贝马斯〈交往行为理论〉》，山东人民出版社 2001 年版，第 65 页。

我实现、无上尊严、至高权利并未导致人类的解放，相反，主体意识的物化、社会关系的异化、信仰危机、贫富差距、环境污染可以说业已成为现代性抹之不去的污渍。在此态势下，旨在颠覆和消解现代性以及反思现代生活方式的诸种思潮此起彼伏、争奇斗艳。从某种意义上说，后现代的出现和风靡，标志着现代世界观在理论和实践层面的破产，而备受该世界观影响的现代生活方式亦不可避免地遭受冲击①。后现代的"反现代性""非现代性"旨在从根本上颉颃统一性、总体性、同一性的僭越与宰制。比如，德勒兹认为，哲学家的任务就是要否定同一性而肯定差异性，拒绝普遍性而拥抱多元性、生成性和流动性②。德里达依凭延异性解构逻各斯中心论，意在将共时性同历时性相统合，使差异性同同一性相疏离。利奥塔通过对现代性宏大叙事的瓦解宣判现代性知识合法性的无效，基于对异质性、差异性、多元性的推崇宣告终极性、普遍性与同一性的式微。

彰显和坚守美好生活观念认知的后现代之维，一是要给多元的生活方式留置空间，接纳他者，向他者开放，拓宽生活边界，放弃城邦思维和城邦式的生活，倡导游牧思维和游牧式的生活，无拘无束，自由奔放。与前一种生活方式相较，"游牧式的生活是一种创造与变化的实验，具有反传统和反顺从的品格"③。二是要弱化现代生活方式对现实性的迷恋，而朝向多元开放的可能性，放弃对宏大叙事、超常事物的迷执，而转向对微型叙事、平常事物的关注，从"好大喜功"走向"以小为美"，从对生活本身进行效率的考量走向对自身生活是否有质量和意义的聚焦。三是要与极端理性的机械生活相诀别，同各式各样的消费主义、物质主义、发展主义乃至线性的进步主义相抗争，避免使自身沦为一架永远进行着欲望生产的"欲望机器"。应当看到，后现代所主张的不确定性、差异性与多元性，在一定意义上是对后工业社会中人们社会生活变化在思想层面的集中反映，也的确凸显了现代性的一些负面因素，后现代生活方式的认知和奉行对于纠正现代生活方式的偏狭也确实

---

① 王治河：《别一种生活方式是可能的——论建设性后现代主义对现代生活方式的批判及启迪》，《华中科技大学学报》（社会科学版）2009 年第 1 期。

② 参见张志伟等《西方哲学问题研究》，中国人民大学出版社 2000 年版，第 185 页。

③ ［美］道格拉斯·凯尔纳等：《后现代理论》，张志斌译，中央编译出版社 1999 年版，第 13 页。

具有不可替代的意义，比如可以有效警惕现代性对自然的帝国主义态度、对传统的虚无主义态度、对科学的盲目崇拜、对理性的过分迷信以及对自由的单向度理解[①]。我们当然不能因噎废食而全盘否定现代性所具有的自我超越的可能性，毕竟现代性仍旧依凭历时性的权力系统和共时态的货币系统强有力地把控着我们的公共生活。但我们也不应忘却，在新时代美好生活的向往上，后现代生活方式可以保持对现代生活方式纠偏和超越的诸种张力。

三　新时代“美好生活”的价值关怀：意义、价值与境界的共显

美好生活的新时代构型除了需立足本源层面审察其生成根基，以及在认识层面明辨其观念认知，还需在价值层面观照其价值关怀。美好生活总是会以或此或彼的方式相牵相涉于生活目的、存在意义、生存价值和生命境界，总是会竭力尊重人的本性，维护人的尊严，以及建构属于人的精神家园，塑造奠基生活的价值根基和追寻成就生活的终极价值。美好生活价值关怀的映照可以立足意义逻辑、价值尺度和境界维度来予以展开，通过意义逻辑来摆脱资本逻辑的支配，以深度凸显美好生活对生活质量与意义的聚焦；通过价值尺度来摆脱工具尺度的支配，以全面塑造属人的生活和增强美好生活主体的尊严感、获得感、幸福感、安全感；通过境界维度来范导美好生活主体的人生观、价值观与生活观，以提升生活的内涵与质量和形塑有品质和有境界的生活。

其一，美好生活价值关怀的意义逻辑。追寻生活的意义是美好生活的核心旨趣，这是因为，一方面，意义构成了美好生活的意图或目标，构成理想世界的尺度与根据，生活本身的丰盈离不开意义的充分介入，一旦呈现意义危机，那么生活也势必会陷入危机，事实上，大多数生活危机实质就是意义危机。另一方面，“正像人占有空间位置一样，他在可以被称作意义的向度中也占据位置。人甚至在尚未认识到意义之前就同

---

① 参见王治河《中国的后现代化呼唤第二次启蒙》，《马克思主义与现实》2007 年第 2 期。

意义有牵连。他可能创造意义，也可能破坏意义；但他不能脱离意义而存在。人的存在要么获得意义，要么叛离意义。对意义的关注，即全部创造性活动的目的，不是自我输入的；它是人的存在的必然性"①。既然生活的意义在于可能生活的创造，那么可能生活的创造便是生活意义的显示方式②。生活主体通过创造生存意义的生命活动造就出属人的生活，虽然动物也不乏生命活动，但"动物和自己的生命活动是直接同一的。动物不把自己同自己的生命活动区别开来。它就是自己的生命活动。人则使自己的生命活动本身变成自己意志的和自己意识的对象"③。如果说动物在其生命活动中生成自身的生存世界，那么人类则在其生活活动中创设自己的生活世界。生活世界乃是有意义的世界，是创造性活动的可能场所，人类依凭其把握世界的一切方式与生生不息的生活活动，创造属于自身的生活世界的意义，因而意义也就构成人类生活世界的"普照光"④。

既然意义是由主体在生活世界的实践中被授予的⑤，那么美好生活的形塑就应该坚守生活世界作为承载生命意义的先验境域和作为意义来源的原初语境，免除资本逻辑对生活世界的侵蚀，既防止生活主体沦为资本的附庸以及消费欲望和商品交往的奴隶，又防止生活主体的私人生活被商品化原则所支配以及防止其休闲娱乐、家庭生活沦为商品化所聚焦的目标⑥，从而真正凸显生活自身的意义逻辑。同时基于该意义逻辑，来反拨人们对日常生活实践意义的疏离，强化人们对生命意义的守护，走出意义阙如和价值虚无的精神危机。对于意义逻辑，我们既要警惕虚无主义的态度，以消解链条和否定逻辑拒斥一切意义，且认为意义并不存在于我们的世界和人生之中；也要警惕主观主义的态度，认为意义只不过是主体主观意愿的投射，抑或是主观建构的产物。不惟如此，我们还要避免将意义做狭隘的形上学理解，认为生活的意义只能是最后的、宇

---

① ［美］赫舍尔：《人是谁》，隗仁莲、安希孟译，贵州人民出版社1995年版，第52页。

② 参见赵汀阳《论可能生活》，生活·读书·新知三联书店1995年版，第24页。

③ 《马克思恩格斯文集》第1卷，人民出版社2009年版，第162页。

④ 孙正聿：《寻找"意义"：哲学的生活价值》，《中国社会科学》1996年第3期。

⑤ ［德］胡塞尔：《欧洲科学的危机与超验现象学》，张庆熊译，上海译文出版社1988年版，第16页。

⑥ 参见胡军良《哈贝马斯对"生活世界"话语的哲学重构》，《西北大学学报》（哲学社会科学版）2018年第2期。

宙的、世界之外的存在，或者只能依凭上帝的存在、超验的神灵来诠解生活的价值与意义，也要避免将意义做狭隘的客观主义理解，认为以客观价值面貌出现的意义必须且只能出现在所谓客观事物之中①。事实上，它也可以出现在所有的个人生活之中，它或者表现为成就某种有价值事物的责任，或者彰显为成就某种事业的雄心，或者表征为自我规设、自我抉择、自我塑造、自我决定和自我实现的承诺。基于种种责任、雄心与承诺，我们不再将物质财富的占有量与物质消费的自由度作为权衡生活意义之尺度，而是克服种种“物化”的状态走向丰盈的内在精神之涵养，通过关涉生活意义的多元化自我确证，来拓展和丰富生活意义的内在结构与外在表达。

其二，美好生活价值关怀的价值尺度。美好生活的展开无疑离不开工具尺度，即工具理性的介入，因为工具理性能够为美好生活提供实体性条件和发挥现实支撑效用。不过，工具理性即使有如是的巨大功用，也不可将人类社会生活缩减在狭小的认知工具尺度所权衡的范围之内。不能以技艺人的眼光看待一切，不能信奉手段—目的范畴能够适用于所有范围，不能迷执功利原则可以解决生活领域中的所有问题以及阐明生活主体的所有动机②，不能任由浮躁、功利的科技，经济社会体系的支配而失却自身的理性反思能力，更不能任由工具理性（工具尺度）超越其自然边界而使货币化、商品化、工具化、隐匿化和虚无化的态势侵蚀人类生活的规范和价值基础。

工具尺度和科学技术逻辑虽有重塑人类行为及其意义的强大力量，但实际上并不完全适合用来描述、建构与实践人类的道德经验、标准与图景，一如卢梭的识见，倘若奉行科学技术的那套思维方式，践履科学技术的刚性逻辑，不仅人的自然本性会渐次泯灭，人类递相绵延的美德也会逐渐沦丧。祛魅世界的工具理性不仅使人类主体渐次生活于丧失方向感、失却神圣感的世界之中，也致使价值准则、意义根基日渐凸显慢慢解体与动摇之势。自由日益被工具理性所侵蚀，主体的行动日渐被作

① ［德］R. 基普克：《生活的意义与好生活》，张国良译，《国外社会科学》2015 年第 4 期。

② Hannah Arendt, *The Human Condition*, Chicago & London: University of Chicago Press, 1998, p. 305.

为铁笼的官僚机构所限制，具有支配性意味的工具理性变成唯一被肯定与推行的合理性形式。① 因此，战略与策略维度上的工具理性构成了威胁社会关系纯粹性的重要污染源，事实上，人类社会生活中还存在一些更为庄重的东西，诸如人的价值与尊严。就此而言，美好生活的实践一方面应破除物性对人性的主宰，塑造良好的社会精神气质，防止生活主体陷入意义弱化和价值迷失的陷阱；另一方面应基于同理想信念、实践的终极目的及积极正当的价值理论密切相关的价值尺度，尊重美好生活主体作为人的内在本性，维护其尊严，关注其价值、权益、自由、生活质量、发展潜能和幸福指数，尊重其作为精神性存在的价值，充分肯定其对幸福的追寻，塑造其理想信念以及朝向提升其生活之精神向度的终极关怀。

其三，美好生活价值关怀的境界维面。美好生活是有内涵、有质量、有品质和有境界的生活，是可持续、可欲求和可期待的生活，其重要的表征就在于它不仅关涉意义与价值，更关涉品质和境界。意义与价值层面的观照主要涉及美好生活的价值关怀之“用”，即将生活意义与价值予以主题化并对之作出相应的审察与评价，进而渗透在生活的各个维面，而品质和境界层面的观照则主要涉及美好生活的价值关怀之“体”，即立足形上层面对生活的意义与价值本身予以认知、反思甚至批判，进而内化在生活主体的精神品质之中，外显在主体的行为方式之上，以及全面范导生活主体的人生观、价值观与生活观。

追慕境界，构成了中华民族精神世界中的内在基因以及中华文化得以生成延展的不竭动力。传统儒家的入世境界、道家的超世境界、释家的出世境界，古典诗词中的物境、情境、意境、有我之境、无我之境，现代新儒家的“自然境界、功利境界、道德境界与天地境界”（冯友兰）、“心灵九境”（唐君毅）、“物质境界、生命境界、心灵境界、艺术境界、道德境界和宗教境界”（方东美），无一不是关乎“境界之思”的哲学阐扬。它们或者旨在确立信仰之途、安顿生命之道，或者意在开拓文化境域、提升精神向度，或者重在涵养道德工夫、显现存在意义。以此为镜，新时代美好生活境界维面的开显主要应在两个方面着力。

---

① ［英］埃德加：《哈贝马斯：关键概念》，杨礼银等译，江苏人民出版社 2009 年版，第 85 页。

一是聚焦美好生活的“信仰”之维。信仰构成了生活主体之为生活主体的“硬核”和“主心骨”，彰显着生活主体对自身精神家园的不懈追索、对终极关怀的隐秘憧憬和对自身本质力量的深度确证，因而信仰类型的抉择会从根本上决定生活境界形态的出场。生活主体倘若以利益最大化为取向，就会趋向功利境界；如若以社会正义和道德法则为归向，就会臻于道德境界；假若以超验存在和神灵意志为皈依，就会走向宗教境界。如是观之，信仰不仅能赋予生活主体以神圣性意义来充分展开其生命结构，以神圣性尺度来统合其人生的诸种要素和际遇，且能赋予生活主体以在场性精神姿态、能动性精神活动和终极性精神依托来范导其生活的状态、节奏与层级。二是聚焦美好生活的“文化”之维。境界既有个体意义上的“心性”指涉，可以通过主体的价值取向与内在信仰来加以表征，也有社会意义上的“文化”呈现，可以经由民族精神、文化基调和时代精神来予以彰显。作为社会性的整体系统和自觉的社会意识，文化一方面规约着人的生存品性和存在境域，界划着人性得以延展的圆周范围①，以及规设着人与动物得以区分的逻辑坐标，另一方面凝构着群体的生活境界，象征着民族生活的“样法”②，塑造着国家的“软实力”。就此而言，美好生活在境界上的突破，既有赖生活主体不断提高自身的精神境界，透显出追寻和构造至真、至善、至美生活的精神与信仰自觉，也端赖生活主体对民族精神、文化传统的不懈坚守和时代精神的自觉弘扬。生活主体一方面通过扎根相续不绝的民族文化传统来塑造自身的生活境界，同时也通过生活境界来展现自身的文化存在品格和社会的文化价值诉求，另一方面通过扎根新时代所规约和造就的精神谱系以及立足新时代的思想变革和实践洪流，来更新生活境界的存在类型和实践生成，同时也通过生活境界的生成和重构来展现思想和精神谱系中的新时代。

---

① ［德］卡西尔：《论人：人类文化哲学导论》，刘述先译，广西师范大学出版社 2006 年版，第 99 页。

② 梁漱溟：《东西文化及其哲学》，商务印书馆 1999 年版，第 32 页。

马克思“社会生活”概念的三维向度与新时代美好生活需要

刘荣军*

马克思在《关于费尔巴哈的提纲》中对“人的本质”与“社会生活的本质”作出了根本性界定。“两个本质”思想由于揭示了人的“社会关系本质”与社会生活的“实践本质”，不仅成为我们研究马克思社会生活思想的主要依据，高度浓缩并凝练着马克思对社会基本矛盾与社会主要矛盾的历史唯物主义基本原理，而且构成了我们考察新时代我国社会主要矛盾和人民美好生活需要的崭新立足点。

一 社会生活的实践本质与新时代社会主要矛盾

在《关于费尔巴哈的提纲》第六条中，马克思结合他从批判费尔巴哈哲学之“感性的对象”与黑格尔哲学之“纯粹的活动”而对“实践”概念所作的“感性的活动”“对象性的活动”的最简单、最基本的规定，以及他对费尔巴哈“把宗教的本质归结于（抽象的）人的本质”的批判中提出了“人的本质”的经典定义：“人的本质不是单个人所固有的抽象物，在其现实性上，它是一切社会关系的总和。”① 在这个定义中，“在其

* 作者简介：刘荣军，华侨大学现代社会与政治哲学研究暨哲学与社会发展学院教授、博士生导师（福建厦门 361021）。

① 《马克思恩格斯选集》第1卷，人民出版社2012年版，第135、139页。

现实性上”和“一切社会关系”作为“人的本质”的两个基本要义是互相规定、互相限制的。它说明，作为“人的本质”的“一切社会关系”肯定会因其所处的不同“现实性”处境而呈现出具体的社会性情境和历史性变化，而人的本质的这种情境性变化与历史性表现，正是适应现实的人的感性活动与对象性活动的必然表现。

人的本质问题是历史唯物主义的基础理论和核心问题之一，而人的本质与社会生活的本质是内在相通的。当马克思站在“感性的活动”“对象性活动”的实践观立场提出了“人”的“现实性”、“社会关系本质”并将之投射到费尔巴哈从来都没有真正了解过的“社会”的时候，他便发现了这样一个秘密：“全部社会生活在本质上是实践的。”① 这句看似平淡实则高深的论述说明，马克思已经从社会生活必须以一定的社会关系为纽带的角度阐释了新唯物主义的两个前提性的观念问题：一是社会与生活的关系。社会是形式，生活是内容。生活是人的自为性的、自由性的根本目的，社会则是人们达成其生活的形式和载体。但是，人的个人生活与他的社会生活是紧密联系在一起的。脱离了社会的生活或脱离了社会生活的个人生活是不存在的。马克思、恩格斯说：“人总是生活在社会中的”，“必须和周围的个人来往”②。二是社会生活与实践的关系。社会是形式，生活是内容，实践则是本质，是实现社会与生活之间双向互动、同构与共生的关键枢纽。实践是使人成其为人、形成为人、自由地创造其社会生活的根本所在，所以，社会生活在本质上只能是实践性的、创造性的。马克思说：“因为人的本质是人的真正的社会联系，所以人在积极实现自己本质的过程中创造、生产人的社会联系、社会本质。”③

社会生活的实践性本质在现实中的展开与落实，就是“生命的生产”④ 或“直接生活的生产和再生产”⑤。这里唯一不同的是，尽管“生命的生产”或“直接生活的生产和再生产”都包括了物质资料生产（劳动）与人类自身生产（生育）这样两种生产，而且这两种生产都是既包含自然关系又包含社会关系，但马克思首先关注的却是围绕着“吃喝住

① 《马克思恩格斯选集》第1卷，人民出版社2012年版，第135页。
② 《马克思恩格斯选集》第1卷，人民出版社2012年版，第161页。
③ 马克思：《1844年经济学哲学手稿》，人民出版社2000年版，第170页。
④ 《马克思恩格斯选集》第1卷，人民出版社2012年版，第160页。
⑤ 《马克思恩格斯选集》第4卷，人民出版社2012年版，第13页。

穿以及其他一些东西"而进行的"物质生活资料"或"物质生活本身"的生产。正因此，马克思、恩格斯从"不是意识决定生活，而是生活决定意识"[①]的基本原则出发，实现了社会生活观上的两个根本变革：第一，从生产与生活相统一的自然关系角度，把"物质生活资料"或"物质生活本身"的生产确立为人与动物相区别的基本标志。马克思说："个人怎样表现自己的生命，他们自己就是怎样。因此，他们是什么样的，这同他们的生产是一致的——既和他们生产什么一致，又和他们怎样生产一致。"[②]就此来说，无论是马克思对"生产生活"[③]的人类学意义的阐述还是他和恩格斯对"生活生产"[④]的历史性意义的揭示，都说明现实的人的生产与生活构成了历史的现实基础和当然前提。第二，从自然与历史相联结的社会关系角度，把人们在"直接生活的物质生产""自己生活的社会生产"中形成的"物质生活的生产方式"提升为社会发展的决定力量。马克思说："人们在自己生活的社会生产中发生一定的、必然的、不以他们的意志为转移的关系，即同他们的物质生产力的一定发展阶段相适合的生产关系。这些生产关系的总和构成社会的经济结构……物质生活的生产方式制约着整个社会生活、政治生活和精神生活的过程。"[⑤]由于"生产方式"概念标志着生产力与生产关系相统一的"生产总体"，既包含作为人类生存之自然必然性的生产，也包含生产的社会形式，这使马克思能够成功地把生产力和生产关系、生产的自然性质和社会性质理解成"现实的人"之"生命的生产"的双重方面或双重关系[⑥]，

---

① 《马克思恩格斯选集》第1卷，人民出版社2012年版，第152页。

② 《马克思恩格斯选集》第1卷，人民出版社2012年版，第147页。"个人怎样表现自己的生命"中的"生命"一词，在《马克思恩格斯选集》中文第1版第1卷第25页、第2版第1卷第67页都被译作"生活"。在德语中"生活"与"生命"是同一个单词"Leben"。

③ 马克思说："劳动这种生命活动、这种生产生活本身对人来说不过是满足一种需要即维持肉体生存的需要的一种手段。而生活就是类生活。"参见马克思《1844年经济学哲学手稿》，人民出版社2000年版，第57页。

④ 马克思、恩格斯说："实行全面变革的物质因素"的一个重要条件就是必须形成"反抗旧的'生活生产'本身、反抗旧社会所依据的'总和活动'的革命群众"；"现实的生活生产"作为"历史的现实基础"不应该"被看成是某种脱离日常生活的东西，某种处于世界之外和超乎世界之上的东西"；德国历史编纂学的问题就在于"用宗教的幻想生产代替生活资料和生活本身的现实生产"。参见《马克思恩格斯选集》第1卷，人民出版社2012年版，第172—174页。

⑤ 《马克思恩格斯选集》第2卷，人民出版社2012年版，第2页。

⑥ 吴晓明：《历史唯物主义的主体概念》，上海人民出版社1993年版，第201—202页。

从而把“劳动”这个“人以自身的活动来中介、调整和控制人和自然之间的物质变换的过程”①，发展成了个人追求自由全面发展的内在动力和社会谋求整体解放与全面进步的有力手段。可以说，正是看到了“实践的人的活动即劳动”②“物质生活的生产即劳动”③的之于个人与社会发展的本体论意义，马克思才根本性地超越了旧唯物主义对“外部自然界的优先地位”的形而上学坚执，为新唯物主义和新历史观找到了一个可以作为逻辑起点、逻辑中介和逻辑终点的关键概念。正如马克思、恩格斯所说：“这种活动、这种连续不断的感性劳动和创造、这种生产，正是整个现存的感性世界的基础。”④

更为深入地说，社会生活的实践性本质及其作为生产活动或生产劳动的展开，赋予了社会生活自身以公共性的价值蕴含。“公共性”问题不仅是近现代西方哲学与政治思想追求公共利益、公共意志、公共生活等的一个核心范畴，而且是马克思哲学的一个重要内容，构成了马克思哲学革命的一个重要维度。然而，在马克思的理论视野中，公共性问题总是同社会生活、政治生活、公共生活联系在一起，并且与马克思对经济问题和政治问题的高度重视本质相关。依马克思的观点，既然“人们的存在就是他们的现实生活过程”，而“社会结构和国家总是从一定的个人的生活过程中产生的”，那么，“从直接生活的物质生产出发阐述现实的生产过程，把同这种生产方式相联系的、它所产生的交往形式……理解为整个历史的基础”⑤就成了一个事关社会生活的最基本的公共性问题。在这里，如果说“生产方式”就是最大的公共利益，那么与之相关，最基本的生活问题就是物质生活本身（即“吃喝住穿以及其他一些东西”）的生产与再生产，而最重要的公共性问题就是“社会”公共空间的历史拓展与质性改变（从私利性为主的“市民社会”向公共性为主的“人类社会”的转变）。这就意味着，历史唯物主义既然在人类活动意义上体现为“人改造自然”与“人改造人”相统一的“关于现实的人及其历史发展的科学”，那它在公共性意义上就得体现出与“生命的生产”紧密相关

① 马克思：《资本论》第1卷，人民出版社2004年版，第207—208页。

② 马克思：《1844年经济学哲学手稿》，人民出版社2000年版，第55页。

③ 《马克思恩格斯选集》第1卷，人民出版社2012年版，第209页。

④ 《马克思恩格斯选集》第1卷，人民出版社2012年版，第157页。

⑤ 《马克思恩格斯选集》第1卷，人民出版社2012年版，第151—152、171页。

的“生产、生活与生态”相统一的发展逻辑。

从原则的高度说，正是把握住了社会生活的实践性本质及其公共性蕴含，马克思才从“不是人们的意识决定人们的存在，相反，是人们的社会存在决定人们的意识”这个非常简单的历史唯物主义事实和原理出发，提出了“必须从物质生活的矛盾中，从社会生产力和生产关系之间的现存冲突中”（两个“从中”）判断“一个变革时代”的“根据”①。如果说，“物质生活的矛盾”在根本上就是生产与生活、生产与需要、供给与需求的矛盾，那么在归根结底的意义上，正是“物质生活的矛盾”引致了“社会生产力和生产关系之间的现存冲突”。因此，生产力内部的生产与生活、生产与需要、供给与需求之间的矛盾不仅成为社会生产力与生产关系之间的矛盾运动的最初动因和根本动力，而且成为我们判断一个社会或一个时代的主要矛盾是否变化的基本标准和最后根据，成为因社会主要矛盾变化所带来的社会发展进步而从中受益的最大多数人的最大公共性问题。就此来说，当党的十九大报告提出“中国特色社会主义进入新时代，我国社会主要矛盾已经转化为人民日益增长的美好生活需要和不平衡不充分的发展之间的矛盾”② 的时候，就已经从“中国特色社会主义进入新时代”和“我国社会主要矛盾已经转化”的相互诠释与相互印证中，凸显了“人民日益增长的美好生活需要和不平衡不充分的发展之间的矛盾”对于“实现社会主义现代化和中华民族伟大复兴”所应发挥的决定性作用和历史性意义。它说明，满足人民日益增长的美好生活需要作为新时代中国特色社会主义的最大公共性问题，不仅需要我们在生产领域着力解决好发展不平衡不充分这个更加突出的问题和主要制约因素，坚定走生产发展、生活富裕、生态良好的文明发展道路，而且需要我们在民生领域坚持人民性的基本立场和共享性的发展理念，始终把人民利益摆在至高无上的地位，让改革发展成果更多更公平惠及全体人民，朝着实现全体人民共同富裕不断迈进。为达此目的，我们就必须打造共建共治共享的社会治理格局，形成不断促进社会公平正义的良好社会秩序，使人民获得感、幸福感、安全感更加充实、更有保障、更可持续。

---

① 《马克思恩格斯选集》第2卷，人民出版社2012年版，第2—3页。

② 习近平：《决胜全面建成小康社会　夺取新时代中国特色社会主义伟大胜利——在中国共产党第十九次全国代表大会上的报告》，人民出版社2017年版，第11页。

二 社会生活的层级结构与美好生活需要的多种样态

理解了“社会生活”的实践本质及其公共性蕴含这个问题，接下来的第二个问题是：马克思所说的“社会生活”究竟是什么意思？它都包括了哪些方面的基本内容？

事实上，当马克思在《提纲》第八条中指出“全部社会生活在本质上是实践的”① 的时候，他已经赋予了“全部社会生活”一种更加开放、更具包容性的全称理解。而“全部社会生活”的具体内涵，就包括在马克思《〈政治经济学批判〉序言》中的这句论述中：“物质生活的生产方式制约着整个社会生活、政治生活和精神生活的过程。”② 在这句被恩格斯称为“不仅对于经济学，而且对于一切历史科学都是一个具有革命意义的发现”的“原理”③ 的重要论述中，包含了“物质生活”“物质生活的生产方式”“整个社会生活、政治生活和精神生活”这样几个重要的关键词。排除了“物质生活的生产方式”就是“生产方式”的完整说法，因而是与“物质生活”根本不同的两个概念，马克思在这里其实提到了“物质生活”“社会生活”、“政治生活”和“精神生活”这样四种生活样态。这四种生活样态构成了“全部社会生活”在内容上的整体结构。

这里，涉及对马克思“社会生活”概念的两种理解问题。

一是社会生活的基本样态。正如任何一般（普遍）都要表现为个别（特殊），只能通过个别（特殊）才能显露出来一样，马克思所说的“社会生活”概念，应该包括广义和狭义两种基本含义。广义的社会生活概念就是《提纲》第八条所说的“全部社会生活在本质上是实践的”中的“全部社会生活”；

① 《马克思恩格斯选集》第 1 卷，人民出版社 2012 年版，第 135 页。值得注意的是，马克思讲的是“全部社会生活”（das gesellschaftliche Leben），恩格斯讲的是“社会生活”（参见《马克思恩格斯选集》第 1 卷，人民出版社 2012 年版，第 139 页）。单纯从逻辑意义上说，“社会生活”之前是否加有“全部”这个修饰量词并不影响对“社会生活”实践本质的理解，但加了“全部”这个修饰语之后无疑更能引起人们注意，说明马克思强调的是社会生活之“一切”而非社会生活之“一种”。

② 《马克思恩格斯选集》第 2 卷，人民出版社 2012 年版，第 2 页。

③ 《马克思恩格斯选集》第 2 卷，人民出版社 2012 年版，第 8 页。

狭义的社会生活则是马克思在《〈政治经济学批判〉序言》中所说的与"物质生活""政治生活"和"精神生活"相并列的"社会生活"。就是说，由"物质生活的生产方式"制约着的"整个社会生活、政治生活和精神生活"同"物质生活"一道，构成了"全部社会生活"所包括的四种生活样态。在这四种生活样态中，"物质生活"指人们"为了生活"，"首先就需要"为满足"吃喝住穿以及其他一些东西"而进行的各种"生产物质生活本身"的生产活动，当然也包括与这种物质生活的生产和再生产直接相关的生产、分配、交换、消费等方面的经济活动（经济生活）；而"社会生活"（狭义的）、"政治生活"和"精神生活"则分别指人们为了满足更高更好的生存资料、享受资料和发展资料而在社会生活领域（主要是日常生活领域）、政治生活领域和精神文化生活领域而从事的各种社会活动和社会生活。

二是社会生活的层级结构。事实上，当马克思阐述"物质生活的生产方式制约着整个社会生活、政治生活和精神生活的过程"这一历史唯物主义原理的时候，他不仅说明了广义的社会生活所包括的物质生活、（狭义）社会生活、政治生活和精神生活这四种生活样态，而且已经把这四种社会生活样态划分成了两个大的层级结构，即：由"物质生活"构成的基础层级以及由物质生活的生产方式制约着的"整个社会生活、政治生活和精神生活"构成的高级层级。不仅如此，考虑到马克思在阐述上述原理之前就先行地论述了"人们在自己生活的社会生产中发生一定的、必然的、不以他们的意志为转移的关系，即同他们的物质生产力的一定发展阶段相适合的生产关系。生产关系的总和构成社会的经济结构，即有法律的和政治的上层建筑竖立其上并有一定的社会意识形式与之相适应的现实基础"这个基本原理，从而把社会结构划分成了经济基础—政治上层建筑—社会意识形式（观念上层建筑）这样三个层级结构，因而他关于物质生活、社会生活（狭义）、政治生活和精神生活这四种生活样态的划分，又可以被进一步划分成与三个社会结构层级相适应的三个社会生活层级，即物质生活—社会政治生活—精神生活。很显然，这种关于广义的社会生活概念的二层级结构或三层级结构的划分，由于使"社会政治生活"（内含狭义的"社会生活"与"政治生活"）成为连通"物质生活"（"经济生活"）与"精神生活"（"文化生活"）截然对立的中间环节，形成了"物质生活"（"经济生活"）↔"社会政治生活"↔"精神生活"（"文化生活"）之间的互动结构。

正确理解马克思关于社会生活四种样态及其层级结构的思想，具有重要的理论意义与现实意义。在以往，我们对于社会生活的划分，一般是从个人生活与社会生活、物质生活与精神生活的二元对立中来进行的。如果说个人生活与社会生活的划分只是就生活主体或生活领域的划分①而没有涉及具体的生活内容与生活样态，因而还可以作为一对概念而使用的话，那么物质生活与精神生活之间那种简单的二元区分则随着现代社会中经济与政治之间既高度分离又高度依赖的互动关系的发展而逐渐失去了原有的解释意义与表达能力。道理很简单，物质生活与精神生活作为社会生活四种样态中最基础和最上层的两种社会生活表达与诉求，它能够满足经济文化比较落后的发展情况下人们对物质生活与精神生活的简单对应追求，但却无法适应经济文化发展起来以后人们追求更高水平的社会生活与政治生活的要求，从而阻断了物质生活与精神生活之间的社会政治生活通道。正因此，马克思很少把物质生活与精神生活作为一对相反相成的范畴进行使用，相反却使用了"现实生活"与"观念生活"（"理论生活"）这对能够更好地包容上述四种生活样态的概念。比如，在《1844 年经济学哲学手稿》中，马克思深刻指出："宗教的异化本身只是发生在意识领域、人的内心领域中，而经济的异化是现实生活的异化，——因此对异化的扬弃包括两个方面。不言而喻，在不同的民族那里，运动从哪个领域开始，这要看一个民族的真正的、公认的生活主要是在意识领域中还是在外部世界中进行，这种生活更多地是观念的生活还是现实的生活。"② "理论的对立本身的解

① 事实上，由于个人与社会的现实关联性，个人都是社会中的个人，社会都是个人的社会，因而个人生活与社会生活的区分只具有相对意义而不具有绝对意义。正如马克思所说："个体是社会存在物。因此，他的生命表现，即使不采取共同的、同他人一起完成的生命表现这种直接形式，也是社会生活的表现和确证。人的个体生活和类生活不是各不相同的，尽管个体生活的存在方式是——必然是——类生活的较为特殊的或者较为普遍的方式，而类生活是较为特殊的或者较为普遍的个体生活。"（马克思：《1844 年经济学哲学手稿》，人民出版社 2000 年版，第 84 页）"人是最名副其实的政治动物，不仅是一种合群的动物，而且是只有在社会中才能独立的动物。孤立的一个人在社会之外进行生产——这是罕见的事情，在已经内在在具有社会力量的文明人偶然落到荒野时，可能会发生这种事情——就像许多个人不在一起生活和彼此交谈而竟有语言发展一样，是不可思议的。"（《马克思恩格斯选集》第 2 卷，人民出版社 2012 年版，第 684 页）正因此，马克思十分强调要从人的社会关系方面来考察物质资料生产方式及其所影响和制约着的生活方式，认为"人们用以生产自己的生活资料的方式"，在根本上就是"这些个人的一定的活动方式"，是"他们表现自己生命的一定方式、他们的一定的生活方式"（《马克思恩格斯选集》第 1 卷，人民出版社 2012 年版，第 147 页）。

② 马克思：《1844 年经济学哲学手稿》，人民出版社 2000 年版，第 82 页。

决，只有通过实践方式，只有借助于人的实践力量，才是可能的；因此，这种对立的解决绝对不只是认识的任务，而是现实生活的任务，而哲学未能解决这个任务，正是因为哲学把这仅仅看作理论的任务。"① 从归根结底的意义上，马克思和恩格斯创立历史唯物主义的过程，就是他们站在意识形态批判的高度对生活与意识的关系或者更具体地说是对现实生活与观念生活的关系进行拨乱反正的结果，是他们确立"不是意识决定生活，而是生活决定意识"②"不是人们的意识决定人们的存在，相反，是人们的社会存在决定人们的意识"③ 这个基本原理的过程。

以上述分析观照新时代我国社会主要矛盾的转化，可以发现，党的十九大报告提出的"中国特色社会主义进入新时代，我国社会主要矛盾已经转化为人民日益增长的美好生活需要和不平衡不充分的发展之间的矛盾"这一重大判断，是在"没有改变我们对我国社会主义所处历史阶段的判断"基础上对"我国发展新的历史方位"（"经过长期努力，中国特色社会主义进入了新时代"）的全新考量，体现了"变"与"不变"（从十八大报告的三个"没有变"发展为十九大报告的一个"已经转化"和两个"没有变"）完美结合。它说明，我国社会主要矛盾从当初的"人民日益增长的物质文化需要与落后的社会生产之间的矛盾"转化为现在的"人民日益增长的美好生活需要和不平衡不充分的发展之间的矛盾"，是改革开放长期努力的结果，是对社会主义初级阶段基本路线中奋斗目标从酝酿、形成到不断完善的必然结果④。它还说明，从最初处于萌芽状

---

① 马克思：《1844 年经济学哲学手稿》，人民出版社 2000 年版，第 88 页。

② 《马克思恩格斯选集》第 1 卷，人民出版社 2012 年版，第 152 页。

③ 《马克思恩格斯选集》第 2 卷，人民出版社 2012 年版，第 2 页。

④ 党在初级阶段基本路线的雏形萌芽于 1982 年《宪法》和 1982 年修订的《党章》。1982 年《宪法》确定的发展目标是"把我国建设成为高度文明、高度民主的社会主义国家"。1982 年党章也做了相应规定。1987 年党的十三大报告在首次提出的社会主义初级阶段的基本路线中确定的发展目标是"把我国建设成为富强、民主、文明的社会主义现代化国家"。2006 年党的十六届六中全会通过的《决定》指出：社会和谐是中国特色社会主义的本质属性，强调要"把我国建设成为富强民主文明和谐的社会主义现代化国家"。2012 年党的十八大指出建设中国特色社会主义"总布局是五位一体"，提出了"全面落实经济建设、政治建设、文化建设、社会建设、生态文明建设五位一体总体布局"，但在有关的发展目标的叙述中仍然使用了"在新中国成立一百年时建成富强民主文明和谐的社会主义现代化国家"的话语表达。2017 年党的十九大把发展目标调整为要"把我国建设成为富强民主文明和谐美丽的社会主义现代化强国"，从而真正实现了"五位一体"总体布局与"富强民主文明和谐美丽"相统一的话语表达。

态的“高度文明、高度民主”发展为后来的“富强民主文明”和“富强民主文明和谐”再发展到现在的“富强民主文明和谐美丽”，我们的发展目标更加明确、更加具体，也更加全面了。从原则的高度说，这种“富强民主文明和谐美丽”的“五位一体”式表达，由于体现了人民在经济、政治、文化、社会、生态等方面日益增长的需要，因而既是对人民美好生活需要日益广泛的直接要求，也是对物质文化生活提出的更高要求，是从社会生活的多种样态与层级结构角度上对辩证唯物主义与历史唯物主义“全面论”观点和方法的继承、创新和发展。

三　社会生活的特指内容与美好生活需要的哲学向度

最后的问题是，既然“全部社会生活”即广义的社会生活概念在马克思那里包含四种生活样态和三个层级结构，那么，这些生活样态中肯定会有一种甚至两种在不同的社会形式、历史阶段和时代发展中展开并落实为具有某种社会特征、历史内涵与时代烙印的主导性生活样态，从而使这种生活样态相对于其他生活样态来说具有如马克思所说的“普照的光”“特殊的以太”① 那样的地位和作用。那么，马克思所说的“全部社会生活”在现代社会中的展开与落实首先会表现为什么样的主导性生活样态呢？

有学者认为，马克思所说的“全部社会生活”指的就是“物质生活”。通过对相关文本的解读和研究，我们认为，这种说法不符合马克思（和恩格斯）思想的本意和原意。首先，在《提纲》中，马克思论述“全部社会生活在本质上是实践的”的时候，他是从更加抽象的意义上指证了以社会关系为本质的人的全部“社会生活”或“社会活动”所具有的实践性本质或社会性特征。因此，“全部社会生活”指涉的仅仅是“活动或享受，无论就其内容或就其存在方式来说，都是社会的活动和社会的享受”② 这样一个基本事实。其次，在《德意志意识形态》中，

① 《马克思恩格斯选集》第 2 卷，人民出版社 2012 年版，第 707 页。

② 马克思：《1844 年经济学哲学手稿》，人民出版社 2000 年版，第 83 页。

马克思和恩格斯已经揭示了"为了能够创造历史，必须能够生活"—"为了生活，首先就需要吃喝住穿以及其他一些东西"—"为了满足这些需要的资料，就必须进行生产，即生产物质生活本身"① 的发展逻辑，阐述了"生活"是一个比"物质生活"包容性更大、目的性更强的重要概念。最后，马克思在《资本论》中说过："社会生活过程即物质生产过程。"②。确实，由于广义社会生活过程是一个包括了物质生活、社会生活（狭义）、政治生活与精神生活等四种生活样态的"全部社会生活"系统，而物质生产过程也是一个包含了物质生产、人的生产、社会关系生产、精神生产以及人与自然关系生产等五种生产的生产巨系统，所以马克思把"社会生活过程"同"物质生产过程"看成具有同等程度的对应关系，但这并不表明物质生产过程就只是物质生活的生产而没有别的生活的生产。在马克思那里，物质生产过程是一个包括了物质生活但又不能归结为物质生活的生产过程。因此，认为马克思说的"社会生活"就是"物质生活"，这无非是把"社会生活"缩小为了"物质生活"、把"物质生活"扩展为了"社会生活"。这种说法在通常的、简洁的意义上可以，但从科学的、分析的意义上，它并不符合马克思的原意和本意。

在我们看来，"全部社会生活"虽然包括了四种主要的生活样态，但它在马克思所致力研究和批判的现代社会中表现出来，就是以物质生活为基础、以社会政治生活为核心、以精神生活为底蕴的全部社会生活体系。撇开精神生活这种生活样态不谈，仅就物质生活与社会政治生活来说，马克思的思想很明显：现代贫困是同资本主义生产方式一起成长的，因此，进行革命的首要目的就是消除贫困，反贫困遂成为马克思革命思想的议题和主题。但是，在马克思那里，革命的目的本身就是双重的，既要消灭社会贫困，又要消灭与这种社会贫困相伴随的政治统治。就此来说，阿伦特对马克思的批判具有一定的理论意义。阿伦特认为，自亚里士多德的人是"政治的动物"（zōon politikon）被塞涅卡翻译为"社会的动物"（animal socialis）并经托马斯·阿奎那阐释为"政治的和社会的动物"之后，希腊人对政治的原初理解就随着"社会"一词对"政治"一词的"无意识转换"而逐渐丧失掉了。在拉丁语把"政治的"置换成

① 参见《马克思恩格斯选集》第1卷，人民出版社2012年版，第158页。

② 《资本论》第1卷，人民出版社2004年版，第97页。

“社会的”背后体现出来的是一种“深刻的误解”，这就是在起源上与现代同时出现并在民族国家中获得了它的政治形式的“社会领域的出现”①。这种社会公共领域作为联结私人家庭领域和传统公共政治领域的环节和中介，构成了马克思终其一生都在探讨的现代市民社会或现代资产阶级社会。正因此，阿伦特从劳动、工作与行动的内在差别出发，一方面赞美马克思是最伟大的现代劳动理论家，认为马克思颠覆了西方传统政治理论的哲学基础，但另一方面又批判马克思把政治活动的最主要意义定位在了劳动者的生物性劳动上。

如果说阿伦特对马克思的批判本身就是对马克思政治哲学的一种误读，那么阿伦特的误读也给我们提出了一个更为深刻的问题：马克思是否只关注物质生活而没有关注到社会政治生活？回答是否定的！马克思超越传统西方政治哲学的地方，在于他不仅仅承认了作为社会关系的政治关系和作为社会生活的政治生活，最为重要的是他还告诉我们，包含了“政治关系”“政治生活”于自身之内的“社会关系”“社会生活”，首先是受到“和生产力密切联系”的“生产关系”的影响和制约的。正因此，在马克思对由生产关系、生活活动扩展而来的社会关系、社会生活的论述中，他从来都没有放弃社会关系与政治关系、社会生活与政治生活之间的内在关系这个传统西方政治哲学的重要议题。仔细推敲马克思在《〈政治经济学批判〉导言》中所说的“人是最名副其实的政治动物，不仅是一种合群的动物，而且是只有在社会中才能独立的动物”② 以及在《资本论》第一卷中所说的“人即使不像亚里士多德所说的那样，天生是政治动物，无论如何也天生是社会动物”③ 这两个重要论述，可以发现，与其说马克思是在一般意义上认为人是一种社会动物，倒不如说马克思是在以退为进的特别意义上认为人是一种政治动物，或者更准确地说，是一种包含了政治性于自身之内的社会性动物。它说明，马克思视野中的“社会关系”首先是对传统西方政治哲学有关“政治关系”的历史传承，只不过马克思将这种传统关系奠基在了受生产力决定和影响的生产关系上面。因此，如果说生产关系构成了社会关系中最简

① 参见阿伦特《人的境况》，王寅丽译，上海人民出版社 2017 年版，第 14—32 页。

② 《马克思恩格斯选集》第 2 卷，人民出版社 2012 年版，第 684 页。

③ 马克思：《资本论》第 1 卷，人民出版社 2004 年版，第 379 页。

单、最原始、最基本的关系，那么马克思通过生产力与生产关系的矛盾运动所要加以说明的，也正是传统政治哲学和历史哲学所无法科学解释的人的社会关系和社会生活的本质问题。在马克思看来，传统的政治哲学和历史哲学带有某种与生俱来的神秘性质和思辨色彩，乃是因为他们仅仅局限于传统的社会关系和政治关系来思考社会、政治和国家问题，而没有深入到与这种社会关系和政治关系内在相关的生产力与生产关系的最深处。既然无法正确把握社会关系和政治关系背后的生产力与生产关系，当然也就无法正确把握受生产力与生产关系决定与影响的社会关系和政治关系。

明白了上述道理，我们就会发现这样一个现象：马克思在《提纲》中所说的"一切社会关系"和"全部社会生活"这两个非常重要的全称量词，绝非没有条件、没有内容、没有主次的"一切社会关系"和"全部社会生活"的简单"总和"，而是"在其现实性上"既体现了"和生产力密切联系"的"生产关系"又包含了"政治关系"于自身之内的"社会关系"。这种社会关系的逻辑展开与现实呈现，就是马克思从生产力和生产关系（交往形式）的矛盾运动出发考察与之内在相关的社会与政治、社会与国家、经济与政治等问题的原则立场。它在马克思文本中的体现，就是一个虽然经常出现但却并不被人注意的文本事实：马克思在论述生产力、生产关系或生产方式的时候，总是会在其后把"社会XY"与"政治XY"相提并论地使用（如"社会关系和政治关系""社会结构和政治结构""社会生活与政治生活""社会制度与政治制度"等等）。

以"社会关系与政治关系"的并置并用为例。在《德意志意识形态》中，马克思（和恩格斯）指出："以一定的方式进行生产活动的一定的个人，发生一定的社会关系和政治关系。经验的观察在任何情况下都应当根据经验来揭示社会结构和政治结构同生产的联系，而不应当带有任何神秘和思辨的色彩。社会结构和国家总是从一定的个人的生活过程中产生的。"① 在《资本论》"第一版序言"中，马克思又指出："除了现代的灾难而外，压迫着我们的还有许多遗留下来的灾难，这些灾难的产生，

① 《马克思恩格斯选集》第1卷，人民出版社2012年版，第151页。

是由于古老的、陈旧的生产方式以及伴随着它们的过时的社会关系和政治关系还在苟延残喘。”① 对这两段话的思想解读不是本文的重点，我只想指出一点：仅考虑到《德意志意识形态》之于历史唯物主义的创立与《资本论》之于政治经济学研究和批判的重要性，我们也应该充分重视并估计马克思在这两段话里将“社会关系与政治关系”放在生产力与生产关系相结合的生产方式之后并列使用的全部理论效应与社会意义。从原则的高度说，当马克思把“社会关系与政治关系”相提并论地放在生产力、生产关系甚至生产方式之后论述的时候，他已经充分地奠定了其新唯物主义和新历史观的基本立场：在国家必然存在而且必须存在的现代社会，政治关系始终都是由生产关系所决定和制约的一种基本社会关系。马克思的论述说明，在现代社会，当现代生产和国家作用已经本质重要地深入社会生活方方面面的情况下，孤立地谈论独立于生产关系和政治关系之外的社会关系和社会生活已经毫无意义了。

以上述分析再次观照新时代我国社会主要矛盾的转化，我们发现，党的十九大报告对美好生活需要的话语表述，除了“在经济、政治、文化、社会、生态等方面日益增长的需要”即“富强民主文明和谐美丽”这个“五位一体”式的全面论表达之外，还有一个“非常六加一”式的重点论表述：“人民对美好生活需要日益广泛，不仅对物质文化生活提出了更高要求，而且在民主、法治、公平、正义、安全、环境等方面的要求日益增长”②。如果说，“对物质文化生活提出了更高要求”是对以前我国社会主要矛盾中“物质文化需要”的质性超越，那么“在民主、法治、公平、正义、安全、环境等方面的要求日益增长”则说明我国社会主要矛盾已经转化了以后必须着手解决的重点问题。如果说，民主、法治、公平、正义作为社会政治生活的主题是不言而喻的，而安全问题也是一种高级的社会政治问题③，环境问题则是从人与自然的关系角度对美

① 马克思：《资本论》第1卷，人民出版社2004年版，第9页。

② 习近平：《决胜全面建成小康社会　夺取新时代中国特色社会主义伟大胜利——在中国共产党第十九次全国代表大会上的报告》，人民出版社2017年版，第11页。

③ 如果说安全问题本身就是一个包括了上至国家安全、政治安全下至国民安全、食品安全、网络安全、生态安全等在内的巨大安全体系，那么安全问题在本质上就是一种社会政治问题。马克思在《论犹太人问题》中就曾批判指出：“安全是市民社会的最高社会概念，是警察的概念。……安全是它（即市民社会）的利己主义的保障。”参见《马克思恩格斯全集》第3卷，人民出版社2002年版，第184页。

好环境生活的重视[①]，那么很显然，党的十九大报告罗列出来的这六个方面主要涉及的是人们的社会政治生活与美好环境生活这两个方面。这说明，经过改革开放多年的发展和努力，当代中国已经超越了"物质文化需要"过于重视物质生活与文化生活的二元对立，更加具体、更有针对性地深入了社会生活、政治生活与生态环境生活的运动场。从原则高度说，这是新时代中国实现社会主义现代化和中华民族伟大复兴，从"站起来、富起来"的时代走向"强起来"的时代的理论自觉与实践自觉。

① 生态环境生活虽然没有包括在马克思关于社会生活的四种生活样态中，但这并不意味着马克思就没有关注过生态环境问题，也不意味着生态环境生活就不包含在马克思所说的"全部社会生活"范围之内。生态环境生活在当代中国被普遍关注，只能说明它在马克思那个时代还没有成为最为突出的社会生活问题，而只是近几十年来随着全球化和现代化的普遍发展和高速发展，它才成了一个具有根本性的社会生活问题。正如我们的发展目标从"富强民主文明"发展到"富强民主文明和谐"再发展到"富强民主文明和谐美丽"一样。

重思人民美好生活需要*

——引领性、实证性、局限性与矛盾性

刘志洪**

尽管哲学理当成为黎明报晓的高卢雄鸡，但它作为密纳发猫头鹰待黄昏时再起飞也有必要。“沉思执著于追问。追问乃通向答案之途。”① 在热闹言说后静心反思，往往能在沉思中通过追问洞察某些喧嚣中难以发现的问题，进一步接近无蔽状态。合理理解人民美好生活需要，是满足这一需要、化解社会主要矛盾的基本前提。新时代社会主要矛盾命题提出后，学界迅速形成研究热潮，取得一批有价值的阶段性成果。但总体而言，目前的重心主要集中于不平衡、不充分发展方面，相关研究较多且更为深入；而对美好生活需要方面的重视与研究明显不足，尤为欠缺深度的哲学思索，还出现了某些模糊以至错误的观念。对人民美好生活需要展开既有“原则高度”又有理论深度的哲学省思，对于进一步澄明新时代社会主要矛盾，推动中国社会更高发展和中华民族伟大复兴富有裨益。黑格尔认为，哲学无法令生活年轻化，“对灰色绘成灰色，不能使生活形态变得年轻，而只能作为认识的对象”②。但事实上，通过对生活需要合理的引导、校正与发展，哲学完全有能力让生活和社会变得更美好。

---

* 本文系北京市社会科学基金研究基地重点项目“新时代人民美好生活需要研究”和中国人民大学2019年度中央高校建设世界一流大学（学科）和特色发展引导专项资金阶段性成果。

** 作者简介：刘志洪，中国人民大学副教授。

① ［德］海德格尔：《面向思的事情》，陈小文、孙周兴译，商务印书馆1996年版，第67页。

② ［德］黑格尔：《法哲学原理》，范扬、张企泰译，商务印书馆1961年版，“序言”，第16页。

一 不宜简单将美好生活需要定为次要方面

研究者们一般认为，解决发展不平衡、不充分问题，实现平衡而充分的发展，是解决新时代社会主要矛盾的主要着力点。“真正解决社会主要矛盾的是后一方面，即‘发展’的方面。”换言之，在研究者心目中，美好生活需要并不能真正解决社会主要矛盾。因此，不平衡、不充分的发展被绝大多数研究者视为这一矛盾的主要方面①。但笔者认为，不宜简单地将人民美好生活需要判定为矛盾的次要方面，而应以复杂性范式思索其与不平衡、不充分发展的内在关系。

在马克思主义诞生前，许多思想家都认识到需要在人类社会历史中的作用。爱尔维修曾尝试用物质需要解释人类的社会发展和智慧发展。马克思主义创始人更科学地阐释并强调了需要的社会历史意义，特别是对于人类生产和发展的意义。“人们之间一开始就有一种物质的联系。这种联系是由需要和生产方式决定的。”② “已经得到满足的第一个需要本身、满足需要的活动和已经获得的为满足需要而用的工具又引起新的需要，而这种新的需要的产生是第一个历史活动。”③ 马克思和恩格斯认为，没有需要就没有生产。在马克思主义理论视野中，这也可理解为，没有需要就没有发展。需要是发展的不竭源泉和强大动力。

较之对经典作家思想的引证，更重要的是理论的分析。首先，在新时代社会主要矛盾中，人民美好生活需要的实现亦即美好生活，是目的的向度，而发展是手段的向度。“任何社会的首要目标都必须是满足人类的基本需求——食物、住所、健康、教育。”④ 社会的发展正是为了实现人民的美好生活。良性和理想社会的主要表现，就是为这种美好生活提

---

① 参见庞元正《新时代我国社会主要矛盾转化需要深入研究的若干问题》，《哲学研究》2018 年第 2 期；谢富胜《如何理解中国特色社会主义新时代社会主要矛盾的转化》，《教学与研究》2018 年第 9 期。

② 《马克思恩格斯选集》第 1 卷，人民出版社 2012 年版，第 160 页。

③ 《马克思恩格斯选集》第 1 卷，人民出版社 2012 年版，第 159 页。

④ ［美］阿·斯塔夫里阿诺斯：《全球通史：从史前史到 21 世纪》（上册），吴象婴等译，北京大学出版社 2006 年版，第 12 页。

供条件，让人们过上美好生活。当然，发展在一定程度上也是目标——一种手段性目标，但美好生活是成就性目标。确若发展伦理学家德尼·古莱所言，“虽然在某些方面，发展本身是追求目的，但在更深层方面，发展从属于美好生活”①。“在伦理道德上合情合理的唯一发展目的是使得人们更加幸福。这也是在伦理道德上合情合理地不要发展的惟一目的。”②美好生活或良善生活不仅是政治哲学长期的理论主题，而且是人的哲学恒久的理论主题。与其说最高的哲学问题为“人是什么”③，不如说是“人如何良性存在”，亦即“人如何美好地生活”。这不仅是“终极”的哲学问题，而且是“终极”的现实（实践）问题。美好生活是人类生存的永恒主题，实现美好生活是人民群众的根本利益，从而成为中国共产党人不懈奋斗的目标，构成中国革命、建设和改革一以贯之的主线。在这个意义上，对更好或美好生活的需要一直引领着中国的发展进程。

人的需要特别是美好生活需要，还具有某种程度的解放意蕴。在黑格尔看来，人的需要可以区分为三种或三个层次：自然需要、社会需要和精神需要。作为“高尚需要”的精神需要能够生成解放的作用。“社会需要是直接的或自然的需要同观念的精神需要之间的联系，由于后一种需要作为普遍物在社会需要中占着优势，所以这一社会环节就含有解放的一面。”④ 虽然这一观点是从客观唯心主义立场作出的，但对于理解美好生活需要也有启发。真正的美好生活需要能够荡涤错误的欲求，让人从众多欲求的枷锁中挣脱出来，实现更高程度的解放与自由。美好生活既是最高目的，也是价值标准。判断社会的发展是否平衡、充分，甚至判定一种发展是否实质性地发展，社会主要矛盾是否得到较好解决，主要标准正是是否有效满足人民美好生活需要，而非其他。有充分理由认为，一切悖逆人民美好生活需要的“发展”都是“反发展”。

其次，美好生活需要对社会主要矛盾的解决以至社会的总体发展具有关键意义。人民美好生活需要并非如研究者们所认为的那样只需或只

① ［美］德尼·古莱：《发展伦理学》，高铦、温平、李继红译，社会科学文献出版社 2003 年版，第 43 页。

② ［美］德尼·古莱：《发展伦理学》，高铦、温平、李继红译，社会科学文献出版社 2003 年版，第 241 页。

③ ［德］康德：《逻辑学讲义》，许景行译，商务印书馆 2010 年版，第 23 页。

④ ［德］黑格尔：《法哲学原理》，范扬、张企泰译，商务印书馆 1961 年版，第 236 页。

能被动、消极地等待发展对它予以满足，只是单向度地受发展决定，而是同时也能动地反作用于发展，在很大程度上规约着对它的满足即发展的取向、方式和趋势。用惯常的方式说，有什么样的需要就有什么样的发展。在这个意义上，这种需要决定着社会是否能够真正走向发展与昌盛。不够合理的生活需要不可避免地影响社会的发展。譬如，如果按有的人那样仅仅把重回世界第一作为美好生活的根本，那么中华民族的发展就可能只停留于这个层次，而难以走向促成人类命运共同体和平发展、人与自然生命共同体和谐生长的更高境界。不合理的生活需要甚至可能将社会发展引向迷途弯路！而合理的美好生活需要能够有力地将人民的生活和社会的发展引上正确道路。

社会当前的发展程度同人民对美好生活的当前需要间的距离，就是当下努力的重点。"我国社会主要矛盾的变化是关系全局的历史性变化，对党和国家工作提出了许多新要求。"① 在归根结底的意义上，是人民的美好生活需要对工作提出了新要求。因为，这种需要构成发展不平衡、不充分状态的理据，并要求加以有效解决。不断提升的美好生活需要还会不断对社会发展提出新的更高要求，从而使发展的不平衡性、不充分性及其后果暴露出来，也引发整个社会对这一矛盾的重视与解决，趋向更高水准的美好生活需要，进而实现更平衡、充分亦即更高水平的发展。在这个意义上，美好生活需要及其发展对于社会主要矛盾的解决富有裨益，或者说也能实际地解决问题。

再次，从更高理论层面上看，并非所有矛盾在任何条件下都能区分出主要方面和次要方面，或者说并非所有矛盾主次方面的区分在任何条件下都有意义。哲学原理具有条件性。机械化的运用、无条件的生搬硬套很容易出现难题与不良后果，唯有有机地结合具体实际，既有原则性又有灵活性才可能是合理的运用。用荀子的话说，就是"能定能应"（《荀子·劝学》）。譬如，至今仍在流传的对内外因关系原理的绝对化理解：内因在任何条件下都是主要原因，外因在任何条件下都是次要原因的观点，实际上并不符合辩证法的精神。事物的地位不是绝对和固定不变的，完全可能随条件变化而改变。内因或许变成次要原

① 《中国共产党第十九次全国代表大会文件汇编》，人民出版社2017年版，第9页。

因，而外因也可能转为主要原因。按照目前的主流观点，恐龙的灭绝是由小行星撞击地球造成的。小行星撞击这一外因构成恐龙灭绝的主因。

在一般理论上，的确可以认为每个矛盾都有主要方面与次要方面之别。但在特定条件下，一些矛盾诸方面的地位差别并不明显，甚至接近于无，难以甄别出主次。譬如，在抽象意义上，自然地理中的东西南北、上下左右就没有多少地位上的差别，很难说当它们构成矛盾时何者是主要方面或次要方面。只有在具体语境中，它们中的某个方面才会突出出来，成为主要方面。可见，不宜绝对地说任何矛盾在任何条件下都有主要方面和次要方面之别，也不应绝对地认定某些方面永远是主要方面，另一些永远是次要方面。对新时代社会主要矛盾主次方面的理解，必须注意现实条件和适用范围，具体细致而非简单粗糙地展开。人民美好生活需要并非其“绝对”次要的方面。从理论基础处准确把握这一需要的真实地位，不仅有益于强化对它的研究，而且有助于加强在现实中对它的把握与实现，更好地促进新时代社会主要矛盾的化解。

二 切实把握美好生活需要的内容

“有的放矢”是人类自觉活动的基本要求。满足人民美好生活需要，实现更平衡和充分的发展，当然必须以准确把握人民有哪些或者说怎样的需要为前提。这是一个最为基本的要求。然而，迄今为止，学界对人民美好生活需要的实际内容仍旧欠缺具体深入的把握。甚至可以说，对于人民究竟期待怎样的美好生活这个最基本的问题，在美好生活需要正式提出已逾两年的今天，仍旧知之不多、研究更少。而且，更严重的问题还在于，目前的研究观念与研究方式存在根本性欠缺，凭借它们无法真正把握这一需要的内容！

在一些研究者那里，美好生活需要的内容仿佛是自明的，根本无须研究。这种“自明”的“想象”原始地制约了对美好生活需要内容的掌握与理解。确若黑格尔所言，熟知并非真知，而且恰恰可能妨碍真知。

“熟知的东西所以不是真正知道了的东西，正因为它是熟知的。”[①] 人们以为，美好生活需要的内容是一个“妇孺皆知”的简单问题，而不认真求解、穷根究底。结果，造成这个必须透彻研究的基础性问题少有人深度涉足，从而无法取得应有果实。研究始于问题。没有明晰的问题意识，难有通透的结果！

更让人担心的是，在一些研究者看来，它已有现成的“标准答案”，只需引述并作为研究的出发点即可。涉及人民美好生活需要的内容时，人们往往只是引证习近平总书记的相关论述，如“我们的人民热爱生活，期盼有更好的教育、更稳定的工作、更满意的收入、更可靠的社会保障、更高水平的医疗卫生服务、更舒适的居住条件、更优美的环境，期盼着孩子们能成长得更好、工作得更好、生活得更好”[②]。或者引证党的十九大报告的相关论述，如“幼有所育、学有所教、劳有所得、病有所医、老有所养、住有所居、弱有所扶”[③]。这几乎成为定式。然而，仅有这样的基础而不加以拓展显然是很不够的。

引证权威表述当然是必要和有意义的，但理论的分析和论证不能只是诉诸引证，即便是权威表述。马克思曾强调，“如果事物的表现形式和事物的本质会直接合而为一，一切科学就都成为多余的了”[④]。同样，如果靠引证权威表述就能深入把握人民的美好生活需要及其内容，那么，我们的研究也就成为多余之举。“学不可以已”（《荀子·劝学》）。事实上，党和国家重大政治文件不可能深入至具体细微的层面。这恰恰构成研究者的任务与作为。还有一些研究停留于对民主、法治、公平、正义、环境以及安全感、获得感、幸福感等需要的一般性认识和表述上。这固然不错，但不得不说，同应有的深度与水准还有明显距离。“学者不可以不深思而慎取”（《游褒禅山记》）。

作为“现实的人及其历史发展”[⑤] 的科学，马克思主义始终致力于切中与变革现实的人和人的现实。马克思当年批评德国哲学：“德国

① ［德］黑格尔：《精神现象学》（上卷），贺麟、王玖兴译，商务印书馆1979年版，第20页。

② 《习近平谈治国理政》第1卷，外文出版社2014年版，第4页。

③ 《中国共产党第十九次全国代表大会文件汇编》，人民出版社2017年版，第19页。

④ 《马克思恩格斯全集》第46卷，人民出版社2003年版，第925页。

⑤ 《马克思恩格斯选集》第4卷，人民出版社2012年版，第247页。

人习惯于用‘历史’和‘历史的’这些字眼随心所欲地想象，但就是不涉及现实。”① 值得警醒的是，当前的美好生活需要研究又何尝不是如此！十分明显，如果连人们究竟对美好生活有怎样的憧憬都了解得不全面、不深入、不准确，那么，还谈何满足这种最主要的需要，解决社会主要矛盾。倘若不切实把握现实的人的实际需要，我们对社会主要矛盾的解决就可能出现上下断裂的危险，即理论、原则的正确性未必能真正有益于人民美好生活需要的实现和中国社会的更高发展②。

进而言之，如果不改变目前的研究状态，马克思主义始终坚持的“现实的人”和“人的现实”之原则与方法就可能沦为教条，止于抽象观念的演绎和语言修辞的口号，而令真正“现实的人”和“人的现实”为高亢话语所遮蔽。在《日常生活批判》第二版“序”中，列斐伏尔将人们不能正确地认识自己的生活，认定为日常生活批判的“主题”“根本问题”。他富有针对性地强调道：“进步的或社会主义的政治家必须了解人民的生活和需要，了解人民的眼前利益或根本利益。”③ 这对作为时下研究者的我们不无启示。对人民美好生活需要的理论澄明，“决不是敲敲打打就能成功的”，也不是轻轻松松就能深刻的。谨严的研究不能停留于对相关权威表述的引证，而必须开展进一步、更具体深入的探索，以切实把握人民美好生活需要的内容，并助益其满足与发展。缺失这一环节，对美好生活需要和社会主要矛盾的研究，很可能沦为空洞的抽象。

为切实把握人民美好生活需要的内容，必须展开科学的研究，包括实证性研究。“日常生活批判旨在提出，展开一个名为‘我们怎样生活’的广泛调查。”④ 列斐伏尔这一思路值得借鉴。目前学界对美好生活需要的研究尤其哲学思索，还很欠缺实证性研究及其成果作为坚实根基。研究者们甚至尚未生成这种自觉意识。应该说，一些研究者也有意强化了对人民美好生活需要内容的经验观察，但这还不够。经验观察只是实证

① 《马克思恩格斯选集》第1卷，人民出版社2012年版，第158页。

② 参见沈湘平《价值观研究亟需自觉的人类学视角》，《哲学动态》2016年第11期。

③ ［法］亨利·列斐伏尔：《日常生活批判》第1卷，叶齐茂、倪晓晖译，社会科学文献出版社2018年版，第82页。

④ ［法］亨利·列斐伏尔：《日常生活批判》第1卷，叶齐茂、倪晓晖译，社会科学文献出版社2018年版，第180页。

研究的萌芽或雏形。将哲学思辨与实证方法有机统一起来，以实证研究结果为基础并加以合理批判与吸收，哲学研究能够达至更高的真理性。在正确立场、观点和方法的前提下，倘能加强对美好生活需要的实证研究以及对其结果的利用，那么，对于美好生活需要和社会主要矛盾的理解将上升至新的高度，确立起进一步反思和引导的牢固基石。而且，这种实证研究具有可能性与有效性：人民美好生活需要的内容是能够借助和运用实证研究方式予以把握的。除具体内容外，人民美好生活需要的复杂性[①]、变化历程和未来趋势等问题也需有意识地运用实证研究方式予以考察，方能形成对这种需要实际状况系统的精准把握。提升实证性，是未来美好生活需要研究的重要突破方向。

三　美好生活需要也具有局限性

在一些研究者心目中，人民美好生活需要不但是自明的，而且是绝对合理、无须反思的。这是一种隐含严重风险的错误观念，迫切需要加以批判。"美好"二字容易让人只看到它的合理性与进步性，而忽视其真实存在的局限性。没有局限的事物是非现实的。的确，在应然层面上，美好生活需要应当是美好的。但"黄金有疵，白玉有瑕"，再美好的事物也有不尽完美之处。在实然层面上，人们对美好生活的需要更是确定无疑地存有局限，不能总是准确认识自己应有怎样的美好生活需要。

即使在理想或理论的维度上，美好生活需要也不是绝对合理的，而具有历史局限性。凡是现实的都是有局限的，一切现实的存在都是局限性的存在。诚如马克思所言："一切发展中的事物都是不完善的，而发展只有在死亡时才结束。"[②] 始终处于发展过程中的美好生活需要不可能达至完善，总是应该并实际地被新的美好生活需要代替。历史性是人及其存在的基本规定性，也是人的需要的规定性。这种历史性决定了需要包括美好生活需要的有限性。人们总是在特定社会条件和主体条件基础上

---

① 参见沈湘平、刘志洪《正确理解和引导人民的美好生活需要》，《马克思主义研究》2018 年第 8 期。

② 《马克思恩格斯全集》第 1 卷，人民出版社 1995 年版，第 164 页。

生发自己的美好生活需要。每一时代的共同体与个体对美好生活及其需要的把握都是有限度的，美好生活需要实际上总是对一定程度的美好生活的需要。它必然总是不同程度地包含不合理的因素与内容，甚至可能存在虚假或错误的“需要”。在此意义上，人对美好生活的需要永远都存在局限，不同之处只在于局限性程度或者说不完善程度的差别。

在现实的向度上，人民的美好生活需要更是具有显著局限性。现实中的美好生活需要不同于理想或理论中的美好生活需要，它唯有诉诸现实的认识与实践才具有实际的可能性或现实性。然而，无论认识还是实践，都注定无法臻于完善。不论传统认知型哲学把理性认识当作完善的活动，抑或过往实践型哲学把感性实践视为完善的行动，都是有问题的。认识同时包含至上性与非至上性，同样，实践也兼具至上性与非至上性。对人类实践本身严肃认真的反思与改造，是“实践的唯物主义者”的应有作为。从而，现实中的美好生活需要势所必然地存在局限。

需要通过认识生成和建构。但人们对自身需要包括美好生活需要的理解不可能是绝对合理的，必定夹杂不合理因素。亚里士多德说，“如果从人们所过的生活来判断他们对于善或幸福的意见，那么多数人或一般人是把快乐等同于善或幸福。所以他们喜欢过享乐的生活”①。迄今为止，这种把快乐当作幸福美好的现象仍旧相当普遍。“逃避自由”一度成为许多人的共同选择。德勒兹等人甚至激烈地认为，法西斯主义是人们最需要的。人们对自身需要的认识还可能是模糊的，甚至并不总能准确知道和表达自己的需要。列斐伏尔尖锐地指出，“人们不了解他们自己的生活：他们通过意识形态的论题和伦理价值，看待自己的生活和过自己的生活。尤其是，他们不适当地认识他们的需要和他们自己的根本态度；他们没有很好地表达他们的需要和他们自己的根本态度；除开最一般的和最基本的需要和愿望之外，在有关他们的需要和愿望问题上，他们欺骗了他们自己”②。这些问题都必然使对美好生活的需要，在合理性总体中包含须加以扬弃的不足。

① ［古希腊］亚里士多德：《尼各马可伦理学》，廖申白译注，商务印书馆2003年版，第11页。

② ［法］亨利·列斐伏尔：《日常生活批判》第1卷，叶齐茂、倪晓晖译，社会科学文献出版社2018年版，第87—88页。

需要通过实践表现和实现。但人们不可避免地追逐某些不应追求的东西，或是不合理的欲望，或是超越历史条件的需要。一些人总是难以把美好需要从不合理欲望中区别以至解放出来。在人类历史中，将不合理乃至丑陋的欲求当作美好的需要予以追逐的现象比比皆是，造成了许多严重的社会问题。罗曼夫人说，“自由啊，多少罪恶假借你的名义横行！”我们也可以说，人们难免在追求美好生活的名义下追逐一些实际上并不美好的东西。的确，在需要和欲望之间非但没有泾渭分明的界限和无法逾越的鸿沟，而且时常相互纠缠，当中的尺度不易把握。总之，人们的美好生活需要并不是天然合理的，也不是永远合理的，更不是绝对合理的。在这个意义上也可以说，美好生活需要本身可能是不美好的。这种生活需要的局限性映现了康德所说的人的“不成熟状态”①。

上述问题在当前我国人民对于美好生活的需要中也不同程度地存在。人们无法准确区分需要和欲望，自觉或不自觉地把美好生活“想要”（wants）当作美好生活需要（needs）。更严重的是，还时常争相追求不合理的欲求，并以其实现为荣耀，构成“优越感”的源泉。美好生活需要的满足以既定历史条件为前提。然而，在谈论对民主、法治、公平、正义、安全、环境以及尊严、体面、自由等方面新要求时，一些人试图超越历史阶段和客观实际，追求“超现实”的“美好生活”。我国正处在社会主义初级阶段，尽管我们努力实现对幸福美好的向往，但在当前条件下，也只能一定程度而无法完全实现这种期待。事实上，党的十九大报告对人民美好生活需要的局限性早有认识。形容人民美好生活需要时用的是“日益增长”而非“日益发展”，更多强调的是其量的变化，而非质的发展。这可以理解为，人民群众的需要虽已达到美好生活需要的水平，但只是刚进入美好生活需要初级阶段，尚未达至高级阶段。

非批判地满足虚假或错误的“美好”生活需要无疑是有害以至危险的。唯有实现真实的美好生活需要才能创生真正的美好生活。而只有不断加以深刻反思和自觉校正的美好生活需要才可能是真实的。黑格尔曾就所有权的合理性指出：“所有权所以合乎理性不在于满足需要，而在于扬弃人格的纯粹主观性。”② 同样的道理，生活所以美好不（仅）在于满

---

① ［德］康德：《历史理性批判文集》，何兆武译，商务印书馆1990年版，第22页。

② ［德］黑格尔：《法哲学原理》，范扬、张企泰译，商务印书馆1961年版，第57页。

足需要，而（更）在于扬弃需要的历史局限性。这是更好地满足这一需要、化解社会主要矛盾、推动中国社会发展的关键向度。充分意识到自身美好生活需要的局限性，有助于自觉地反思、矫正和发展这种需要，使之达至更高的高度。

四 美好生活需要内含深刻矛盾

在一些研究者的模糊观念中，没有局限的美好生活需要也没有矛盾。这同样是一种脱离实际的“想象”。事实上，美好生活需要不仅同不平衡、不充分发展构成矛盾，而且自身内部也蕴含诸多矛盾。矛盾是“一切运动和生命的根源；事物只因为自身具有矛盾，它才会运动，才具有动力和活动”①。不深度解剖其内含的深刻矛盾，就无以实现对人民美好生活需要深入的理解与揭示。然而，美好生活需要内在固有的矛盾性目前尚未在相关研究中展露出来。可以从主体与需要等角度，如不同主体的相同需要、不同主体的不同需要、相同主体的不同需要之间的矛盾这三个具体向度予以考察。

人民内部不同主体的矛盾始终存在。不同人美好生活需要间的矛盾，是当前最主要的需要矛盾，也是当下人民内部矛盾的集中展现。诸多群体和个体从自身出发对美好生活的诉求，不可避免地产生冲突。北京疏解低端产业的举动，就含有并绽露出“谁之美好生活”问题。许多外来务工人员认为只有留在北京这样的大都市，才能为自己和家人赢得美好生活；而一些本地居民却认为唯有让外来人员离开北京，方能实现美好生活。“美美”分歧、诸善冲突，或者说不同主体美好生活需要间的矛盾在此显露无遗。所有人都追求自己的美好生活，却可能因为各自的美好生活需要存在冲突而美好不起来。“古老”的私人利益与公共利益矛盾以一种新的形式展现出来。

具体而言，不同主体之需要的矛盾有两种形式，一种是相同需要间的矛盾，另一种是不同需要间的矛盾。同为新时代中国人，人们对美好

① ［德］黑格尔：《逻辑学》下卷，杨一之译，商务印书馆1976年版，第66页。

生活的需要自然有许多相同的方面。然而，有时正是由于这种相同而导致需要满足的冲突。人们都想实现某种或某些需要，但在特定现实中，实现这些需要的条件是有限的，无法同时满足所有人的需要，从而必然出现不同主体相同需要之实现的冲突。相对于这种矛盾，不同主体之不同需要间的矛盾更为明显。人们追求的需要、利益和目标不同，更容易出现分歧与冲突。由于社会阶层、团体高度分化，利益多元化、价值多样化成为客观事实，利益冲突、价值矛盾在所难免。你有你特殊的美好生活需要，我有我独特的美好生活需要，协调和实现起来更为困难。

无论是对何谓美好生活的理解，还是对美好生活实现路径的认识，在不同主体间都存在明显差异乃至尖锐冲突。某种意义上，不同人美好生活需要及其实现的矛盾业已成为当前中国最为核心的矛盾。而对它的解决——构建公共的美好生活，也构成实现人民美好生活需要，促成中国社会更高发展的关键。唯有公共的美好生活才可能是真正的美好生活，正如只有在共同体中才有个人自由。这要求全体社会成员自觉以主体性—公共性的方式，协调各自对美好生活及其需要的理解与实现。但必须注意的是，人民关于美好生活的需要无法完全统一。新时代中国的发展工作必须格外细致与耐心，最大程度地尊重、满足和弥补每个人的正当需要。

不仅不同主体，而且相同主体的不同需要之间也会出现矛盾。在一般意义上，每个个体、群体以至人类整体都有众多种类的需要。从而，列奥·施特劳斯的提示值得深思：“各个社会和它们的各部分之间有着许多互相冲突的需求，优先性的问题就由此产生了。如果我们没有某种标准来据以在真实的需求和虚幻的需求之间作出区分，并分辨出各种真实需求之间的高下之别，这个问题就无法以理性的方式得到解决。”① 从不同视角和标准出发，人的需要，包括相同主体的需要，可以划分为自然（物质）需要、社会需要和精神需要等；经济需要、政治需要、社会需要、文化需要和生态需要等类型。在满足需要的总条件有限这一前提下，即使同一主体，也不可能同时完全满足自己的全部甚至大多数需要。从而，这些需要的实现定然出现应加以妥善处理的矛盾。

---

① ［美］列奥·施特劳斯：《自然权利与历史》，彭刚译，生活·读书·新知三联书店2016年版，第4页。

正如我们的发展是不平衡、不充分的一样，我们的美好生活需要也存在不平衡、不充分问题。总体而言，虽然文化需要、政治需要、社会需要、生态需要逐步凸显，但物质需要仍旧占据首要地位，并一定程度地制约其他需要。不少国人还不得不或被动或主动地以压抑某些重要需要之生成与实现的方式创造“美好生活”。譬如，通过过度损耗身体获取更好的物质条件或更高的社会地位，以实现自己心目中的美好生活。这样的生活当然不是真正美好的。但很多人还是心甘情愿地为优先实现某种或某些需要而牺牲其他众多需要。在他们看来，这种或这些需要是最为重要的，它或它们的满足与否构成生活是否美好的决定性因素。这具有深厚的现实环境。此外，一些应有的具体需要虽然生成，但并不充分，从而也未能实现。譬如，对亲人团聚等十分重要的事情，虽也有一定程度的意识，但时常被“更为重要或紧迫”的事情抑制而无法实现。还有一些应有的需要甚至尚未完全生成。这些问题要求每个渴望实现美好生活的主体，进一步厘清各种需要及其实现之间的关系，合理确定不同需要的重要性与优先等级，并以“重”“急”为先。马克思、恩格斯的需要思想和马斯洛的需要层次理论等，为解决这一问题提供了思想基础，但还应在新的时代条件下创新性发展。

上述矛盾及其解决状况在某种程度上决定了人民美好生活需要的合理性或局限性与现实性，同时也推动着美好生活需要超越自身的局限性，达至更高的合理性与现实性，进而推动社会主要矛盾的解决。“永恒的生命即是永恒地产生对立并且永恒地调解对立的生命。”① 在这一思路启示下，也可以说，人民的美好生活即是永恒地产生矛盾并且永恒地调解矛盾的过程。虽然当前人们美好生活需要间的矛盾显著，但它们的存在并不可怕，而且能够成为新时代中国阔步前行的机制性动力。诚如黑格尔所言，“在变化中即表现出定在固有的内在矛盾。内在矛盾驱迫着定在不断地超出自己”②。抓住并解决当中的关键性矛盾，对于人民美好生活需要的实现和社会主要矛盾的破解富有实际意义。当然，前提是必须最大程度地合理理解进而有效化解这些矛盾。

---

① ［德］黑格尔：《哲学史讲演录》第 4 卷，贺麟、王太庆等译，商务印书馆 1978 年版，第 420 页。

② ［德］黑格尔：《小逻辑》，贺麟译，商务印书馆 1980 年版，第 206 页。

结语：不懈提升美好生活需要的合理性

人民美好生活需要是新时代中国一切工作的指针。实现并发展这种需要，是每个中华儿女的权利与义务。促进社会主要矛盾的有效解决，不仅应通过平衡和充分的发展满足美好生活需要，而且须科学地引导、校正和发展这种需要，不断提升其合理性。这是新时代中国发展的必由之路和关键环节。需要的发展是人类和社会发展的重要标志与动力，甚至还是内容本身。美好生活需要不是抽象的，而是具体的；不是永恒的，而是历史的；不是固定的，而是变动的；不是完美的，而是有待发展的。不仅需要的程度必须增强，而且需要的内容和层次也有待提升。总体而言，当前我国人民对美好生活的需要还是初步的，是对美好生活较低层次的需要，应深刻地加以反思、批判、引导和校正。苏格拉底强调，只有智慧指引的生活才是真正的美好生活。同样，唯有智慧引领的生活需要才可能成为真正的美好生活需要。新时代中国的马克思主义哲学研究者，更有责任以思想理论的方式不断深化对人民美好生活需要的反思与引领、批判与矫正，以匹配其在当代中国社会进步中的关键地位，更有力地实现和发展之。

美好生活的价值反思与文化自觉[*]

马军海[**]

美好生活的憧憬作为现代中国人不断面对和持续思考的重要话题，内嵌在中国现代化的实现、中国现代性的构建之中。由于19世纪中叶以后，中国遭遇千年未有之变局，在中西交锋中频频失利，中国的现代化道路始终是以“富强”为首要诉求。这一诉求表现在思想观念上是追求和强调文化的物质成就。再加上经济决定论、物质本体论的教条式影响，以及文化传统的潜在作用，人们似乎不太关注和思考生活的价值基础、形上意义，以及文化的精神成就，甚至线性地思考文化、生活的变化，乐观地相信文化、生活会越来越好。随着现代社会的深度转型，以及现实世界种种矛盾与危机的爆发，建构合乎人性的生活图景再一次被提上日程。美好生活的本质不在于物质发展成就，而在于人性的生成与生命的高度。面对“百年未有之变局”，如何建构与中华民族伟大复兴相匹配的文明秩序、生活图景？在我们看来，关键在于顺着中国人的历史、思维和体验，把握现代社会的文化矛盾，在观念更新与切中现实的意义上探索文化的路向，寻找和凝练中国道路的价值基础。

---

* 本文系教育部哲学社会科学研究重大课题攻关项目“马克思主义意识形态理论研究”（16JZD004）、教育部人文社会科学研究青年基金项目“新时代中国特色社会主义的文明意蕴研究”（18YJC710050）的阶段性成果。

** 作者简介：马军海，哲学博士，东北师范大学哲学院讲师。

现代社会的文化矛盾

伴随着历史向世界历史的转变，人类社会出现了巨大的变化，从传统社会走向工业时代、后工业时代。迄今为止，人类社会已然取得了令人惊叹的发展成就。经济的增长和技术的更新，不断给人类带来显而易见的益处、福利，改变着人们的生存状况、生活方式与思想观念。在这一过程中，人们的需要得到极大的满足，人们相信生活会越来越好。20世纪的两次世界大战，以及21世纪的金融危机、贸易争端等问题，打破了人们对“进步”的信念，暴露了文化及其价值的限度。

现代社会的到来并不必然带来生活的幸福与美好。人生的幸福与生活的美好，不是经济增长和技术进步的必然结果。我们也不能奢望经济—技术的发展可以解决所有问题，能够必然表达合乎人性的精神追求、价值观念。现代社会的发展一方面提高了人们的生活水平，改变了人们的生活方式、生命体验及其意义；但另一方面也给人们的生活带来不少的困惑、紧张、矛盾，生活的意义和价值遭到不同程度的解构。德国学者奥伊肯在20世纪初就敏锐地捕捉到人类生活的这一境况。他说：“虽然取得了一切令人惊异的成就和持续不断的进步，我们实际上并不幸福，没有一种普遍的信任感和安全感，相反，倒有一种强调人的微不足道、藐视人在宇宙中地位的倾向。”① 现代社会的发展，在很大程度上消解着生活本身的意义与价值。特别是随着市场经济的发展，经济效益、工具价值在整个社会的价值取向中占据压倒性优势，这一价值取向极大冲击了其他可能的价值，使人们只得承认和屈服于它。

美国学者丹尼尔·贝尔用“文化矛盾”这一概念描述资本主义的文化状况，以此说明现代社会结构同文化价值的紧张与断裂。在他看来，资本主义的发展，特别是以自由市场为主导的经济体系的发展，一方面消解了传统价值观，即理性至上、注重实效的资产阶级价值观；另一方面又滋长了物质主义、拜金主义、享乐主义的价值观，这极大地解构了

① ［德］奥伊肯：《生活的意义与价值》，万以译，上海译文出版社1997年版，第2页。

资本主义精神中的清教徒精神和新教伦理。"随着资本主义的演变，由消费耐用品的技术革命释放出来的获取欲望，依靠分期付款方式和消费品信用贷款的帮助，毁坏了性格中的基石——新教伦理的朴素、谨慎和先劳动后享受的消费观。"① 在他看来，资本主义的发展，特别是以自由市场为主导的经济体系的发展消解了传统价值观，社会结构同文化价值之间出现了紧张与断裂。这一文化矛盾的出现，在很大程度上是因为经济—技术的发展本身有其巨大的溢出效果。这些领域所遵循的效用原则等逐渐渗透到社会生活的方方面面，给社会注入一种实用主义、功利主义、享乐主义的观念。经济—技术领域所催生的文化形式瓦解了传统社会的价值基础，改变了人们的精神趣味和价值憧憬，并把现代社会的联结方式推向利益。

现代社会的文化矛盾一开始集中表现为现代社会结构同传统的价值规范之间的断裂，随着资本逻辑对现代社会生活的全面宰制与渗透，资本逻辑与人性逻辑之间的冲突愈益显著。"资本的扩充已达惊人的地步，资本的势力在今天已伸延到许许多多此前未曾受到商品化的领域里去。"② 资本已经成为现代社会的意识形态，承担着对生活意义、生命体验的解释。资本的本质是不断增殖，追逐利润。如此一来，经济活动已无可争议地占据着当今社会生活的中心，经济利益成为人们的最高追求。一切东西都可以被化约为商品，人们的社会关系也表现为物与物的关系。人们的生活陷入物化当中，生活秩序呈现为非精神化、娱乐化、浅薄化的特征，在生活的原则和方向上陷入了失调、失序。无孔不入的资本渗透到人们的日常生活中，以大众文化、流行文化的形式持续存在着。大众文化形象地反映了现代社会的文化矛盾。按照阿多诺的看法，这就是文化工业的存在。文化工业通过大众媒介、大众文化影响着民众的心智能力和意识水平。确切地说，今天，影响人们对时代、世界的认识和理解的，在一定程度上就是大众媒介与大众文化。大众文化是被文化工业这架机器生产出来的文化形式，成为现代社会文化生活的主要表现形式。阿多诺认为，"文化工业的一切所作所为都在于把赤裸裸的赢利动机移接

---

① ［美］丹尼尔·贝尔：《资本主义文化矛盾》，严蓓雯译，人民出版社 2010 年版，第 317 页。

② 宁跃：《后资本主义是现实存在马克思主义的课题》，《国外社会科学》1996 年第 3 期。

到种种文化形式上。……在文化工业最典型的产品中，第一要务乃是追求精确而彻头彻尾地算计出来的效力，直截了当，毫不掩饰”①。文化工业的产品作为商品充斥着人们的社会生活，生产了平庸、媚俗的文化内容，使人们的日常生活呈现出拜物特性。大众文化商品化遵循的仍是商品逻辑、资本逻辑，这侵蚀着人们对美好生活的价值追求，失去了文化自身的内在价值。阿多诺等人看到了文化的商品化，以及文化工业对大众文化的宰制，揭示了大众文化的标准化、拜物性、伪个性、欺骗性等特征。在法兰克福学派这一思想的影响下，大众文化被视为意识形态的说教工具，被视为人文精神失落的罪魁祸首。许多西方学者从不同方面分析了资本主义对自身道德基础、价值基础的消解与破坏，当然也有一些学者认为资本主义自身的发展有益于公共福祉，生成着新的价值基础。在大众文化的理解上，有学者认为“大众文化不是消费，而是文化——是在社会体制内部，创造并流通意义与快感的积极过程：一种文化无论怎样工业化，都不能仅仅根据商品的买卖，来进行差强人意的描述”②。尽管大众文化以商品的方式进行生产和流通，但大众文化归根结底是大众创造的，是“在文化工业的产品与日常生活的交界面上创造出来的”③。大众文化体现着人们的生活方式，贯注着人们对自己生存经验、生命意义的领会。人们对大众文化或者批判或者肯定，这体现了文化立场、文化观念的差异。不论大众文化这一现代文化形式之于现代社会的积极意义或消极意义，都表明文化之于社会发展的重要影响与作用。

社会总是围绕着一定的文化形式来组织和运转的。这些文化形式通过各种符号、形象描述我们所处的世界，影响着我们对时代现实的感受，在一定程度上左右着我们对世界的理解。文化形式虽为经济—技术领域所决定，但它所滋生的文化与价值具有相对的自主性、独立性，在市场机制的作用下这些文化、价值往往迎合了经济领域的效用原则、功利主义，进而消解或瓦解了现代社会的道德基础、价值基础。所以，我们要反思现代社会的文化精神、文化形式，更要切己地体会和发掘文化自身

---

① ［德］阿多诺：《文化工业述要》，赵勇、曹雅学译，《贵州社会科学》2011 年第 6 期。

② ［美］约翰·费斯克：《理解大众文化》，王晓钰、宋伟杰译，中央编译出版社 2001 年版，第 28 页。

③ ［美］约翰·费斯克：《理解大众文化》，王晓钰，宋伟杰译，中央编译出版社 2001 年版，第 31 页。

的意义。文化作为人类的生存经验、存在意义的表征，是人们的心理容器、生命框架，能为人们的生存体验、生活经验提供某种意义支撑和合法性根据，能为经济—技术的发展奠定价值的基础，既使文化同社会结构的变迁保持一种统一性，又能对社会结构作出深刻的洞察与观照。“最终指导经济的还是经济深植于内的文化价值体系。经济政策作为一种手段可以十分有效；但只有在塑造它的文化价值体系内，它才合理。”① 经济的持续增长、社会的长足发展，不可能离开它们所在的文化、价值体系。但这一文化与价值，不是传统价值的重写，也不是对工具价值的迎合。

美好生活的价值基础

现代社会的文化矛盾，不是西方社会所特有的，所有处在现代化进程中的国家和地区都在不同程度上存在这一文化矛盾。如何应对现代社会的文化矛盾，克服现代化过程所滋生的负面价值，也是中国思想理论界必须面对的重大问题。为了理解和把握这一问题，我们需要深入中国的发展道路、中国人的生存经验之中，寻找和凝练现代化道路背后的精神追求、价值观念，从中憧憬和瞩望美好生活。美好生活的追求和建构不是根据头脑中先验的原则来设计和探讨的，它内在于人们的实践活动之中。因此，我们不能外在于中国道路来思考美好生活，而应该在中国道路自身中挖掘美好生活的价值基础。

众所周知，经过改革开放四十余年的发展，中国已经从“站起来”走向了“富起来”。在这一发展过程中，中国积聚了丰富的物质财富和强大的物质力量，人们的生存状态和生活方式发生了重大变化。正如习近平总书记所说：“中国特色社会主义进入了新时代，这是我国发展新的历史方位。”② 深刻理解和把握“新时代”，反思我们自身的生存境遇，

---

① ［美］丹尼尔·贝尔：《资本主义文化矛盾》，严蓓雯译，人民出版社 2010 年版，第 2—3 页。

② 习近平：《决胜全面建成小康社会　夺取新时代中国特色社会主义伟大胜利——在中国共产党第十九次全国代表大会上的报告》，人民出版社 2017 年版，第 10 页。

是当前思想理论界的重要课题。中国的发展令世人震惊，但也令人困惑。在许多外国人的眼中，中国向他们呈现和输出的是“物”，他们并不清楚中国有着怎样的价值追求，以及建立怎样的文明秩序。如果仅有经济实力等硬实力的吸引，没有价值的影响力、精神的感染力，那么中国特色社会主义就不会取得如此的成就，也不会持存下去。中国四十年来的发展并不仅仅是经济性的、物质性的，而是蕴含了深刻的价值、精神内涵。中国正在形成的生活方式、生存经验，其背后也必然存在价值、精神的支撑。因此，当前思想界的首要任务应是理解我们自己所走过的道路，界定我们自己的生存方式，深入反思蕴含在道路中的精神、价值。

在中国走向富强的过程中，工具理性、效用原则已经不可避免地全面渗透到人们的日常生活中，消费异化、资本拜物教、文化多元、价值分化等现代性问题也纷至沓来。面对生活世界所顺向滋生的个人主义、消费主义价值观，中国特色社会主义的价值理想如何能够逆流而上且深入人心？确切地说，中国特色社会主义如何发挥文化的力量以实现价值认同与秩序的整合，创造和彰显与中国的现代化道路、中国特色社会主义实践相匹配的生活理想？要想回答这些问题，就必须更新我们的概念框架、思想观念，揭示并切中中国的时代现实。

党的十九大报告指出，“我国社会主要矛盾已经转化为人民日益增长的美好生活需要和不平衡不充分的发展之间的矛盾”①。人民对美好生活的需要是新时代中国特色社会主义建设必须回应的课题。美好生活这一提法，表达了人们对文化的期待，蕴含着新时代的文化精神。一提起美好生活，往往会直观地想象到衣食无忧的生活、欲望的普遍满足。人们习惯于从经济收入、消费水平等方面去定义美好生活的具体内涵。这种认识肯定了物质条件之于美好生活的重要性，但若把美好生活仅仅定位于财富的占有、欲望的满足，就没有通达美好生活的真正内涵。人民对美好生活的需要，不只是一种物质性、经济性的需要，还是一种价值性、精神性需要。美好生活代表着人们对生活意义的期待、对生命体验的领会。但是现代社会的文化矛盾表明效益、资本已成为文化的建构性要素，

① 习近平：《决胜全面建成小康社会　夺取新时代中国特色社会主义伟大胜利——在中国共产党第十九次全国代表大会上的报告》，人民出版社 2017 年版，第 11 页。

这在一定程度上改变了人们的联系纽带，使人们把社会凝聚的纽带建立在私利、利益的基础上。人们生活当中的原则和方向不能完全等同于经济领域的原则和方向，而且整个社会应该有一个合乎人性且有共识的价值基础，不可能完全放任效益原则、功利原则的泛滥。不同于此，美好生活所表达的是一种合乎人性的精神追求、价值诉求。布卢姆认为："文化观念的建构是为了在现代科学的背景下发现人的尊严。……人身上肯定还有另外一些因素，它解释了人的完美性，阻止以人的野蛮性为前提的政治和经济安排使人退化到那种野蛮状态。"① 在布卢姆看来，文化观念的建构表达的是人的尊严。文化彰显的是人的自我觉解，新时代文化建设应达到人的高度，应不断觉解人自身的存在方式。人不同于其他存在物的重要特征在于人不仅拥有本能生命、自然生命，而且具有超自然生命，即社会生命、文化生命。人不可能安于自身的自然存在，"超越边界的冲动是人类存在最持久、最普遍和最稳定的特性"②。人总是力图超越自己的本能生命、自在存在，通过感性的生命活动不断创造属于自己的意义世界。美好生活意味着人们对超本能生命、超自然生命的追求和向往，它是一种真正合乎人性的状态。在这种意义上对美好生活的向往实际上构成了人们得以不断超越自我、实现自我的动力。人们对美好生活的追求和向往，从根本上来说源于人的生命本性，是人本身的真实需要，与人的自我超越、自我发展的过程相一致。

美好生活作为人的内在需要，并不是抽象的、悬空的，而是蕴含在一定的文化形式和文化环境中，落实为具体的生活方式、生活理想。在人类历史中，美好生活一直为人们所向往，在不同的文化环境和社会条件中也形成了不同的理解。在古希腊，美好生活是经由理性审视的生活，是"沉思的生活"，是"城邦的生活"；到了近现代，人们把美好生活建立在权利、契约的基础上，把正义视为美好生活的品质。在传统中国，美好生活是"小康""大同"，"大道之行也，天下为公，选贤与能，讲信修睦。"（《礼记·礼运》）中国人对美好生活的憧憬，强调合于人心、人性、人情，具有很强的人伦色彩。尽管人们对美好生活的表述各有不同，但都表达了这样的思想：美好生活作为一个动态的过程，它体现的是人

① ［美］布卢姆：《美国精神的封闭》，战旭英译，译林出版社 2011 年版，第 149 页。
② ［美］鲍曼：《被围困的社会》，郇建立译，江苏人民出版社 2005 年版，第 235 页。

们对"现存生活"的反思，以及对更好生活的追求。美好生活不是一种事实性描述，而是一种价值性追求，它所指向的是人对自己生存状态、生命境界的反思，具有一种形而上的意义。美好生活的内涵表现为人性的内涵、价值的意蕴。确切地说，人民对美好生活的需要，是一种全方位、总体性的文化需要。我们应该在价值的视域中思考和回应人们对美好生活的需要。文化建设对于满足人民群众日益增长的美好生活需要至关重要，也最为紧迫。"伴随着经济、社会的快速发展，建设一种足以掌握并协调日益巨大的物质力量并使之获得自由表现的文化形态，正成为一项紧迫的任务。"① 新时代中国最为紧迫的思想任务之一就是建设与美好生活相适应、与新时代相匹配的文化形式及其文化精神。新时代文化精神的建构根据，不是抽象的意识形态，也不是市场经济的利益原则、资本原则，而是生命的价值与人性的尊严。从思想资源上看，新的文化形式及其文化精神建立在对马克思主义、中国传统文化与西方文化的会通融合之中。只有通过文化结合的锻炼，才能创造出与新时代相适应的生活样式、生活理想。

文化观念的更新

面对现代社会的文化矛盾，即传统价值与现代社会结构之间的紧张，现代社会所滋生的价值及其世俗化与文化的人文性、理想性之间的紧张，以及中国道路的实践展开，与美好生活相匹配的文化观念是：一是立足于古今之变的连续性思维；二是立足于中西之别的自主性原则；三是立足于时代观照与未来憧憬的超越性理念。

第一，立足文化生命的连续性，根据自己的文化传统定义自身。美好生活的追求与创造首先面对的思想资源是传统文化。传统文化作为与传统中国社会相适应的价值体系、生活样式，在塑造规范、凝聚人心方面发挥了重要作用，随着现代社会的变迁，文化自身也在发生着变化。就此而言，文化观念、生活理念更新的首要任务就是要实现传统文化的

① 吴晓明：《当代中国文化建设的思想路径》，《中国社会科学报》2012 年 10 月 31 日。

现代转化。传统文化与现代中国的关系，从根本上来说，并不是简单的古今关系，不能仅在时间性维度上把握两者的关系，而应深入现代中国之于中国传统文化的传承发展，以及中国传统文化之于现代中国的影响，在时代性与民族性、连续性与创造性双重维度上加以阐释。具体来说，就是要在连续性思维的意义上审视古今之变，把握传统文化的现代转化。

文化连续性，意味着中国作为一个共同体长期持久存在，而且这一共同体的持存并不是仅仅依赖于某种强力，而是更多地依靠内部价值的凝聚、整合与共识。中国人对美好生活的向往，要传承中华民族一贯的精神追求、价值共识，不断保有某些使中国在历经变化后仍能保持自身认同的文化要素。习近平总书记在讲话中多次强调“一个抛弃了或者背叛了自己历史文化的民族，不仅不可能发展起来，而且很可能上演一场历史悲剧”①。新时代中国文化的发展、中国人美好生活的建构，必须置于中华民族文化生命的脉络中，根据自己的文化传统、价值观念和生活方式来定义自身。在中国文化的传统当中，我们从来不靠宗教等彼岸性价值、终极性关怀来建构我们的自我认同，确立我们的生活理想。中国人建构自我认同、生活理想的方式有其独特的人文主义传统。这一人文主义传统，强调在人伦日用中存心养性和经世致用。中华民族的精神追求方向不在彼岸、人之外，而在人世间。新时代中国人的精神追求和生活理想，依然是一种“无神论”、人文主义的价值系统。面对现代社会的世俗化、拜物性，中国文化的人文精神有其独特的治疗意义，能为现代人生活样式的建构提供丰厚且持续的精神滋养。

第二，立足文化生命的自主性原则，锻造中国特色的话语体系与生活样式。现代生活的基本理论依据多是源自西方的，人们习惯于用西方的话语方式表达我们的生存经验。新时代中国人应当运用自己的话语体系表达自己的存在经验、生活理想，从依附于西方的话语体系当中解放出来。人们如此推重西方的典范，一方面与现代性率先在西方形成和出现有关，另一方面也与西方文化的入侵与冲击有关。这一原初的语境带来的是对传统文化的反叛和对西方文化的依傍。从世界文化的状况和趋势来看，从西方文化商品到西方意识形态，正在全球范围内扩张并取得

① 习近平：《在哲学社会科学工作座谈会上的讲话》，人民出版社2016年版，第17页。

了相当大的影响力，甚至表现为某种文化霸权。英国学者汤林森指出：“西方的文化口味及文化习惯正在变成全球的口味和习惯。无论看什么标志，从服装到食品，到音乐，到电影和电视，到建筑（只要人们认为是文化的东西，这清单都包括），世界各地任何有人居住的地方，决不会看不见西方的文化商品、文化习惯和方式的大量存在。”① 西方现代性已成为具有世界性影响的制度与模式。在现代性的理解上，人们视西方现代性为现代性的典范。而且随着西方现代性的强势入侵和全球性的影响，西方现代性成了现代性的唯一模式。

虽然现代性率先在欧洲出现，并成为迄今为止最具影响力和话语权的叙事模式，但这绝不意味着现代性仅有西方现代性这一模式。现代性表征的是现代人的生活样式，而各个地区、国家的生存境况和文化背景有着很大的差异和区别，人们所能生成和造就的生活图景必然有所不同。西方现代性表达的是西方人的生活样式及其自我理解，这种生活样式的主要特征是资本主义。“资本主义不外乎以持续不断的、理性的资本主义‘经营’（Betrieb）来追求利得，追求一再增新的利得，也就是追求‘收益性’。”② 西方资本主义所展现的现代性模式，相比于中国人的文化传统、生存体验来说，是外在的、抽象的，与中国的现代性问题和时代性需要也不完全匹配。改革开放以后，伴随着西学的持续输入，西学在许多领域和问题上拥有某种话语权。中国思想界关于文化认同的论争也多表现为西方现代性内部不同思想流派、理论主张的分歧，没有完全摆脱西方话语，中国经验甚至沦为西方某些理论的“注脚”。中国道路的理论和实践已经表明，在解决中国问题的出路上不能一味盲目地向西方学习、输入西方学理，更不能以西方为是，走西方自由民主的道路。因此，不能一味地以西方的发展道路和理论模式来评价和衡量中国的文化道路、生活模式，要勇于突破按照西方话语进行自我理解的外在思路，要顺着我们自己的历史与思维来表达自己的存在经验，对当代中国人的生存结构作出内在反思，挖掘和凝练中国特色社会主义实践中所蕴含的新的价

---

① ［英］约翰·汤林森：《文化全球化与文化帝国主义》，《大众文化研究》，陆扬、王毅选编，生活·读书·新知三联书店2001年版，第8页。

② ［德］韦伯：《新教伦理与资本主义精神》，康乐、简惠美译，广西师范大学出版社2010年版，第5页。

值理念。

第三，立足文化生命的超越性理念，憧憬文明新形态。美好生活的追求与向往，一方面要切中时代现实，与人们的需要程度相匹配；另一方面要对文明格局的变动有前瞻性领会和谋划。

在西方，面对现代社会的文化矛盾、道德滑坡，一些人寄希望于宗教复兴，以此提高社会的黏合度，实现社会整合。但在现代社会，宗教不再具有某种强制性，无法有效地整合社会。西方社会宗教复兴现象的出现，并不是某种宗教保守、虔诚的简单反应或一时冲动，它实际上传达了西方人的精神需要，在一定程度上也向我们昭示了西方现代文明的限度。福山认为，西方社会“人们回归宗教传统，并不一定是因为他们接受了真理的启示，而恰恰是因为团体的缺乏和俗世中社会关系的无常让他们渴求仪式和文化传统”①。人们向宗教的回归，恰恰是人性的内在需要。这一人性的内在需要，反映的是公共生活与个人生活之间的分裂，即“以日常工作为象征的公共生活与表现个人真情实感的个人生活之间发生了分裂”②。现代西方文化未能有效克服这一分裂，在解决社会团结、人心凝聚等问题上甚至有些手足无措。当然，不少西方学者早已意识到西方文明的限度、危机，对西方现代文明作了深入的批判性分析，这些批判性分析主要集中在对理性主义、个人主义等观念的检讨。通过对西方现代文化的分析，我们会形成这样的认识和判断：生活样式的建构，要抓住人性的内在需要，不能诉诸外部的抽象原则。中国人的文化精神、生活理想，在切中人性的内在需要的同时，还要对世界秩序与文明格局的大变动保持清醒的认识与深刻的洞察。中国作为目前世界上第二大经济体，它的崛起与复兴已经使中国彻底从近代的积贫积弱中走了出来。换言之，中国正在逐渐改变由西方发达资本主义国家主导的世界格局。世界格局这一可能的变动，并不意味着世界格局、全球秩序主导权的转移，而是蕴含着一种新文明形态的探索与开启。因此，领会和谋划美好生活，要在新文明形态的意义上加以澄清和界定。

---

① ［美］福山：《大断裂：人类本性与社会秩序的重建》，唐磊译，广西师范大学出版社2015年版，第280页。

② ［美］詹姆逊：《后现代主义与文化理论》，唐小兵译，北京大学出版社1997年版，第103页。

分工:透析现代生活的棱镜

薛秀军*

分工，是马克思构建历史唯物主义的重要基石，也是马克思透析现代生活的重要棱镜。在把握和勘定现代生活内在结构和本质规律的多维探索中，马克思选择作为劳动技术组合方式和所有制关系典型代表的分工，借助对分工生成、演变和发展的历史性考察，厘清了现代生活以资本增殖逻辑为核心的根本运行机制，把握了现代生活个体化悖论的实质与根源，并以此为基础探寻和找到了实现个人解放的现实道路。

一　揭示现代生活个体化的悖论

在马克思的语境中，个人，特别是“现实中的个人”，始终是马克思哲学关注的焦点。但是，与之前或者其同时代的学者不同，马克思对个人的关注，不是从个人自身的一般抽象或者脱离现实的某种精神物如“绝对精神”的抽象运动中去分析和把握，而是从个人所置身的以物质生产实践活动为基础和核心的与他人结成的一定的现实的社会关系的历史性展开中，从不断处于历史生成和流变的现实生活中去审视和思考。由此，在马克思的视域中，考察人，探寻和发现人真正走向自由和解放的现实道路，就不能仅仅局限于对人自身的省思，而是更要着眼于对人所

* 作者简介：薛秀军，华侨大学哲学与社会发展学院党委书记、副院长，教授、博士生导师（福建 厦门 361021）。

置身和所结成的现实社会关系、所置身和所推动的现实生活历史性变迁，特别是人为了生存而不断展开的物质生产实践活动及其内在的不断发展演变的分工来进行考察。

“个人怎样表现自己的生活，他们自己就是怎样。因此，他们是什么样的，这同他们的生产是一致的——既和他们生产什么一致，又和他们怎样生产一致。因而，个人是什么样的，这取决于他们进行生产的物质条件。”① 在这里，决定“个人是什么样的”物质生产条件既包括他们已有的和需要再生产的生活资料本身，也包括他们作为群体化的存在联合开展的物质生产实践活动所结成的内在的人与人的劳动技术组合方式，即分工。在这里，分工直接反映着“他们怎样生产”，同时，也间接地反映着“他们生产什么”。因此，把握了分工，就能从根本上把握人们为了生存所开展的持续不断的物质生产实践活动以及在此基础上所形成和缔结的各种社会关系，就能从根本上把握人的生活、人的历史，把握人本身。

“分工起初只是性行为方面的分工，后来是由于天赋（例如体力）、需要、偶然性等等才自发地或‘自然形成’分工。”② 此时，真正独立的个人并不存在，个人只是被“自然形成的共同体的脐带”联结在一起的“有生命的个体”，他们“差不多完全受着同他异己地对立着的、不可理解的外部大自然的支配”，“部落始终是人们的界限，无论对别一部落的人来说或者对他们自己来说都是如此：部落、氏族及其制度，都是神圣而不可侵犯的，都是自然所赋予的最高权力，个人在感情、思想和行动上始终是无条件服从的。这个时代的人们，虽然使人感到值得赞叹，他们彼此并没有差别”③。但是，人不会总处于这一阶段。随着人为了生存而不断展开的物质生产实践活动的扩大，随着人联合起来的生产能力以及与之相伴随的人与人在生产实践中的劳动技术组合方式的提高和优化，剩余财产开始出现，私有制、阶级和国家也随之产生。此时，分工本身也发生了变化，由单纯的人与人在物质生产实践中的劳动技术组合方式转变为以“物质劳动和精神劳动分离”为基础的对生产资料的不同占有

① 《马克思恩格斯选集》第1卷，人民出版社1995年版，第67—68页。
② 《马克思恩格斯选集》第1卷，人民出版社1995年版，第82页。
③ 《马克思恩格斯选集》第4卷，人民出版社1995年版，第96页。

和支配关系。而“分工只是从物质劳动和精神劳动分离的时候起才真正成为分工”①。在这种与私有制相伴生的新的社会分工形式中，一方面，人类摆脱了蒙昧，进入了文明的时代，个人借助于对私有财产的不同占有关系，开始作为有意识的独立的个人而存在；另一方面，原始生产和占有的共同性被瓦解，私人占有成为占优势的规则，生产者对自己的生产过程和产品的支配被颠覆，生产对他们来说成为异己的力量，“生产者丧失了对自己生活领域内全部生产的支配权，这种支配权商人也没有得到。产品和生产都任凭偶然性来摆布了”②。并且，在一系列正在生成的新的分工和交换关系中，“用不了多久就又发现一个伟大的‘真理’：人也可以成为商品；如果把人变为奴隶，人力也是可以交换和消费的”，于是，“人们刚刚开始交换，他们本身也就被交换起来了”③。不管人们愿意不愿意，主动态变成被动态，人成为个人，但是，他们也成了完全“屈从于分工的个人”。

随着文明时代的发展，个人的独立意识与独立性要求越来越强烈，个人对不断扩大化、细化和强化的社会分工，对本来源于自身但现在却完全与自身相异的外在的物的力量的屈从也越来越强烈。这些，在资本主义所开启的现代生活中达到了极致。“资产阶级在它已经取得了统治的地方把一切封建的、宗法的和田园诗般的关系都破坏了。它无情地斩断了把人们束缚于天然尊长的形形色色的封建羁绊，它使人和人之间除了赤裸裸的利害关系，除了冷酷无情的‘现金交易’，就再也没有任何别的联系了。”④ 它逐步瓦解了种族、民族、等级、地域乃至行业和职业对个人的限制，使个人逐步摆脱了对人自身的天然种属、对他人的依附，而日益成为个人。随着资本主义社会的发展，随着现代生活的展开，这一趋势显然正在被不断地强化。但是，与此同时，资产阶级所开创的现代生活，也使个人更加依赖于物，更加依赖于对他而言似乎是完全异己的、无法把控的、偶然的外在的物的交换关系，使个人不断陷入并不得不屈从于由此展开和不断生成的更加严密、细致、更具有外在强制性的分工

① 《马克思恩格斯选集》第1卷，人民出版社1995年版，第82页。
② 《马克思恩格斯选集》第4卷，人民出版社1995年版，第175页。
③ 《马克思恩格斯选集》第4卷，人民出版社1995年版，第176页。
④ 《马克思恩格斯选集》第1卷，人民出版社1995年版，第275页。

之中。于是，在现代社会和现代生活中，一方面，个体化的趋势不断增强，个人日益作为现实的、独立的个人而存在，个人自由和独立的意识与追求在不断增强，这是现代社会区别于传统社会的根本之处；但另一方面，个人对物、对作为连接自身与他人的唯一的中介物——资本的依赖性也在不断增强。这既造成了资本对人的完全统治，对人的生活、对人的发展的完全支配，同时，也使摆脱资本对人、对人的生活、对人生存和发展的控制，成为现代生活最根本的追求与贯穿始终的核心性命题。

二 展现现代生活资本技术化的本质运行逻辑

马克思借助对分工发展历史线索的梳理，把握和呈现了现代生活个体化的悖论。同时，马克思更借助对资本主义分工发展演变的考察，厘清和明晰了支配现代生活的资本增殖逻辑的内在运行规律，勘定和揭示了现代生活不断生成的个体化发展悖论的真正实质与根源。

马克思看到，分工本来只是人与人在物质生产实践活动中所结成的内在的劳动技术组合方式，其反映着生产力的发展水平，并成为形塑人的一切现实的社会关系的基础。然而，随着私有制的出现，分工不再仅仅表现为人的物质生产实践活动中内在的劳动技术组合方式，而是更多地表现为人对生产资料的不同占有关系，表现为私有制本身。随着生产力的不断发展，分工和私有制的表现形式都在不断丰富和完善。资本主义以前的私有制分工，更多的还只是行业、地域、民族、种族的、松散的、偶然性的分工，是生产领域中的自然形成的粗陋的分工，是阶级之间显而易见的职能分工。资本主义时代，则不仅在地域、民族、种族、国家之间进行不平等的生产分工，而且在全球化和社会生产的不断扩大化中，还不断地强化、深化和扩大这种分工，并将这种分工作为实现资本增殖的重要手段，按照资本的意图不断地去重新划分和定位整个世界。这在带来资本增殖的同时，也必然造成全球性的“竞争强制”，造成国家与国家、地域与地域、民族与民族、种族与种族持续不断、永不停歇的冲突与对立。不仅如此，资本主义还在社会生产和社会运作的行业与行业，特别是在部门与部门之间、岗位与岗位之间，在社会生产和社会运作的各个环节之间，不断地调整、制造和植入各种新的分工。这样做，一方面有利于提高生产效率、增强劳动强度，以便更好地实现资本增殖；另一方面，则会进一步造成个人生产技能的单一，造成个人对资本的完全依赖，从而在根本上保障和维护了资本对个人的统治。虽然，不断调整变化的分工确实迫使人们为了生存而不断地去学习和掌握新的生产技能，但实际上他们都是完全按照资本的要求而不是按照自己的内在要求去做选择。他们看起来获得了更多的自主选择性，实质上只是被赋予和增加了更多的外在强制性。只不过这种外在强制性不再是通过外在的、直接的、赤裸裸的、强制的形式表现出来，而是通过他们内在的看似自主的实际是完全被资本所规定和设计的自我选择性的形式表现出来。而且，资本为了增殖、为了实现对个人的持续统治，还会不断地调整、创造、植入新的分工，不断地在不需要分工的地方强行加入分工，这在推动资本主义生产持续发展的同时，也必然造成资本统治下的整个世界的持续波动与风险，造成资本所塑造和支配的现代生活的永远的动荡与不安。

而且，资本还使职业分工逐步褪去了与等级和身份相关联的神圣光环，用一种专业化的同时也是更加技术化的思维逻辑规范和取代了人与人最为核心的职业交往和社会联系，这无疑提高了整个社会的效率，使整个社会更加丰富，但与此同时，其也必然造成个人的贫乏，造成个人发展的片面化。并且，在社会生产和社会运作中不断普及和强化的技术化和职业化分工，也会使资本的统治不断匿名化，从而使个人联合起来对资本的反抗在现实生活中会越来越感到无从着力、无所依凭。随着生产力水平的不断提高，随着发达资本主义国家借助不平等的国际分工将直接的剥削更多地转向发展中国家，发达国家内部的物质生活得到了普遍的提高，同时，文化工业也获得了迅速的发展。文化工业既拓展了资本无限增殖和扩张的新的场域，更成为资本对个人、对广大民众，不仅是对发展中国家也是对发达国家民众进行思想控制和意识形态塑造的重要手段。在这些力量的交相作用下，个人的独立意识、反思精神、解放愿望、对自我内在价值的发掘和展现、对个人自由的体会和追求等，都被不断虚无化，而无尽的物欲、超出人自身真实需要的消费，却成为个人唯一的追求——这本身既是资本增殖逻辑所塑造的，更是资本实现对人的统治、资本保持和实现无限增殖所必需的——这必然进一步造成个人的独立意识、反思精神、解放愿望、对自我内在价值的发掘和展现、对个人自由的体会和追求等的缺失，从而不断形塑个人的单向度化；与此同时，其也由于无度地开发和消耗着自然所无法负载的资源和环境而不断地加剧了人与自然的矛盾。

本来，分工有其自身发展的自我否定性，有其自身自我发展到极致而实现自我跨越和反弹的技术可能性。“现代社会内部分工的特点，在于它产生了特长和专业，同时也产生职业的痴呆。”“自动工厂中分工的特点，是劳动在这里已完全丧失专业的性质。但是，当一切专门发展一旦停止，个人对普遍性的要求以及全面发展的趋势就开始显露出来。自动工厂消除着专业和职业的痴呆。”① 然而，资本为了实现无限增殖，为了实现对个人的持续控制与支配，必然不断地阻止和延缓分工自身的技术性反弹。资本会想尽办法在个人与个人本来可以进行直接联合的地方通过维持和强化、细化原有的分工，通过创造和设计新的分工来切断个人与个人的直接联系，来分割个人，来制造个人与个人的对立以及个人对资本的唯一依赖性。这样做，进一步强化了资本借助分工同时也在不断瓦解分工发展本应有的技术性反弹这一充满矛盾性的技术化逻辑来实现对世界的整合、重塑与控制。而在这一系列充满悖谬的资本技术化运作逻辑的支配下，现代社会、现代生活必然呈现出持续不断的矛盾和冲突，必然泛化和表现为各种层出不穷的现代性的“病”。解决的根本办法，只能是消灭分工，消灭私有制，彻底地扬弃资本增殖逻辑对现代生活的统治——唯有以此为基础，重构一个“每个人的自由发展是一切人的自由发展的条件”② 的真正个人与个人实现自由联合的现代社会、现代生活，才具有可能性。

三　勘定现代生活走向自由和解放的现实道路

马克思借助分工透析了资本增殖逻辑的技术化运作对现代生活、对

① 《马克思恩格斯选集》第1卷，人民出版社1995年版，第169页。

② 《马克思恩格斯选集》第1卷，人民出版社1995年版，第294页。

现代生活中的个人的操纵和控制，揭示了现代生活个体化发展的悖论、现代生活不断生成和呈现的各种“病”的真正实质与根源。同时，马克思也借助对分工发展的历史性考察，探寻和勘定了现代生活扬弃资本增殖逻辑，消灭分工和私有制，实现个人自由与解放的现实道路，即真正把个人解放植入现代生活发展变迁的历史性逻辑之中，从而使个人解放成为真正现实的运动。

“哲学家们在不再屈从于分工的个人身上，看到了他们名之为‘人’的那种理想，他们把我们所阐述的整个发展过程看作是‘人’的发展过程，从而把‘人’强加于迄今每一历史阶段中所存在的个人，并把他描述成历史的动力”，“由于这种本末倒置的做法，即一开始就撇开现实条件，所以就可以把整个历史变成意识的发展过程了”①。对此，马克思所要做的正是要把这种本末倒置的做法重新颠倒过来。也就是说，在马克思看来，使个人从其不得不屈从的分工中摆脱出来，真正实现自由与解放，不是在头脑中想象的意识的发展过程，而是一种现实的历史运动过程，而把握这一过程的内在规律，特别是把握这一过程中分工发展演变和自我扬弃的规律，就能探寻到个人摆脱分工、真正走向自由和解放的现实道路。

正如前文所提到的，马克思很早就发现了分工有其自身发展的自我否定的可能性。并且，随着分工的发展，特别是资本支配下的各种分工的不断扩展、细化、强化，其在保障资本增殖并制造一系列现代性的悖谬和困境的同时，也在不断创造和强化自我否定的现实力量。

分工作为物质生产实践中的人与人的劳动技术组合方式，其不断发展变化，反映着生产力本身的发展变化。换句话说，在现代生活中，分工的每一次拓展和更新，都意味着生产力的发展和飞跃。虽然这种生产力的发展和飞跃，从根本上看仍是为了满足资本增殖的需要，但是，它客观上也带来了人们的物质生活水平的整体提升。并且，生产力的发展和飞跃，创造的大量的物质产品，使人们为争夺生活必需品而不得不开展的斗争的残酷性和激烈性都会不断下降，从而为人与人直接进行联合创造和提供着现实的基础与保障。

---

① 《马克思恩格斯选集》第1卷，人民出版社1995年版，第130页。

分工在世界范围内的不断拓展与深化，虽然建立起了不平等的国际贸易分工体系，不断地制造不同国家、地域、民族、种族发展的矛盾和对立，但是，其也使普遍的世界交往和广泛的世界联系成为可能。分工发展还使不断地创造和应用先进的生产工具和生产技术、使大规模的科研开发成为可能。科学技术的不断发展，在促进生产力发展的同时，也不断地革新和便捷了人与人的更为广泛、深入、多元的交往和交流。这些，都有利于人不仅摆脱阶级的种属，而且摆脱地域的、民族的、国家的、种族的种属，真正作为更具有独立性的个人而存在。

分工的发展变化在强化人的专业化、职业化的同时，也带来了人在不同专业、职业和岗位被迫的流动，塑造了人的不断学习的能力、广阔的视野和发散性的思维。特别是在文化工业不断发展壮大、在信息互联网不断扩展扩张的时代，正如尼葛洛庞帝所言，资本增殖的手段和场域将越来越从物质的生产转向“比特的生产”①，这既为资本的无限增殖提供了更大的可能，同时也必然使资本增殖将更加依赖于个人的创意生产、依赖于个人的内在创造性——这必然要求资本为自身增殖的考虑出发，也必须为个人的自由创造至少在生产领域留下更多的自由发展的空间。

今天，现代资本主义一方面在不断地努力开掘个人的创造能力，在不断地为个人创意留下更多自由发展的空间；但另一方面，现代资本主义也在不断地用强化或新制造的分工来限定个人自由创造的边界，来拆解个人在自由创造中必然生成的自由的联合。但是，随着生产力和分工的发展，随着在这一过程中个人独立意识和自由追求的不断增强，随着生产对个人独立意识和自由追求的要求的不断扩大与提升，于是，一旦当自由创造成为生产的真正主导，一旦生产力的发展能够完全满足每一个人的基本生存需要，一旦全球性的普遍交往彻底地消除了每个人身上的天然种属性，一旦当人们意识到个人的自由创造所展现和呈现的内在价值不必需要资本的同质化逻辑来衡量和认可，完全可以在人与人的直接交往中得到充分的分享与呈现，也就是说，一旦当“各个人必须占有现有的生产力总和，这不仅是为了实现他们的自主活动，而且就是为了保证自己的生存”② 时，则个人跳出资本为其所勘划和设计的分工，摆脱

---

① ［美］尼葛洛庞帝：《数字化生存》，胡泳、范海燕译，海南出版社1997年版，第3页。

② 《马克思恩格斯选集》第1卷，人民出版社1995年版，第129页。

对资本的依赖，实现个人与个人真正自由的联合就成为可能。此时，也只有在此时，“自主活动才同物质生活一致起来，而这又是同各个人向完全的个人的发展以及一切自发性的消除相适应的”。而“随着联合起来的个人对全部生产力的占有，私有制也就终结了”，与之相伴生的分工，也必然成为历史。由此，“在迄今为止的历史上，一种特殊的条件总是表现为偶然的，而现在，各个人本身的独自活动，即每一个人本身特殊的个人职业，才是偶然的”①。

今天，现代生活的不断展开正在现实地呈现这一运动过程。借助马克思审视分工的视野，借助马克思把握现代生活的分工这面棱镜，我们能真切地发现和感受到这一运动正在不断增强和加速的趋势。当然，“一个社会即使探索到了本身运动的自然规律”，“它还是既不能跳过也不能用法令取消自然的发展阶段”，但是，通过对这一规律的把握，通过在把握这一规律的基础上而自觉地开展行动，我们毕竟“能缩短和减轻分娩的痛苦”②。

① 《马克思恩格斯选集》第1卷，人民出版社1995年版，第130页。
② 《马克思恩格斯选集》第2卷，人民出版社1995年版，第101页。